安徽省志

Chorography of Anhui Province

科学技术志

Science and Technology

（1986—2005）

安徽省地方志编纂委员会办公室
Compilatory Commission of Anhui Chorography

方志出版社
Publishing House of Local Records

图书在版编目（CIP）数据

安徽省志·科学技术志：1986—2005 / 安徽省地方志编纂委员会办公室编. — 北京：方志出版社，2018.12
ISBN 978-7-5144-3164-3

Ⅰ. ①安… Ⅱ. ①安… Ⅲ. ①安徽省—地方志②科学研究事业 — 概况 — 安徽 — 1986—2005 Ⅳ. ①K295.4

中国版本图书馆CTP数据核字（2018）第173189号

安徽省志·科学技术志（1986—2005）

编　　者：安徽省地方志编纂委员会办公室编
责任编辑：陈　菁

出 版 人：冀祥德
出 版 者：方志出版社
地址　北京市朝阳区潘家园东里9号（国家方志馆4层）
邮编　100021
网址　http://www.fzph.org
发　　行：方志出版社图书经销中心
电话（010）67110500
经　　销：各地新华书店
印　　刷：安徽联众印刷有限公司

开　　本：889 × 1194　　1/16
印　　张：39.125印张
字　　数：770千字
版　　次：2018年12月第1版　　2018年12月第1次印刷
印　　数：0001-1500册

ISBN　978-7-5144-3164-3　　定价：380.00元

安徽省地方志编纂委员会

主　　任：王翠凤

副 主 任：傅　博　史涤云　吴　行　江刘伍　雷起平　郭德成

委　　员：刘玉杰　沈小平　范荣晖　陈昌虎　李国庆　周　勤
胡再生　金　燕　夏　辑　柯文斌　王俊贵　陈超英
朱艾勇　林　海　潘海滨　刘少为　徐敬启　朱永东
黄　英　何长风　高俊文　张　健　项小龙　王大军
董恒康　程　胤　朱训义　李孝全　陈一胜　程潜龙
吴　静　施立业　樊忠厚　单　强　孙传琴　安润斌
佘方勇

曾任安徽省地方志编纂委员会成员

（按姓氏笔画为序）

马新民　王　信　王　洵　王守亚　王宇铭　王佛生
王金山　王林建　王学银　王宜斌　方志华　邓顺华
叶如强　田唯谦　毕美家　吕振凡　朱　宁　朱文根
仲建成　任兆祥　刘　泉　刘成典　刘志祥　刘战平
江明安　孙永吉　孙亚军　李　明　李　斌　李玉华
李迎春　李抗美　李明阳　李维勇　杨本清　杨绿章
肖桂兰　吴　浩　吴韦人　吴世平　吴桂和　余　群
汪华东　汪建国　汪炳瑜　沈　毅　张　永　张少国
张正耀　张华建　张武扬　张岳峰　陈　平　陈亚萍
陈运才　陈素伟　林　红　罗　宏　罗建国　罗曙生
周　庆　周建春　郎　涛　郑　宏　赵卫弘　胡　冰
俞凤翔　洪治社　洪禹候　秦亚东　聂庆义　聂皖辉
莫　欣　夏邦文　夏育才　徐礼国　徐家声　高　莉
高维岭　郭　敏　郭本纯　黄发友　黄玉明　黄红文
黄家华　曹承锋　崔海燕　董　庆　董介林　蒋传华
蒋福亮　谢广祥　楚建平　蔡建平　樊　勇

《安徽省志》总编室

主　　任：郭德成
副 主 任：吴　静　吴良琴
成　　员：（按姓氏笔画为序）
王富宏　计媛媛　史五一　朱海滨　孙　平　苏爱梅
杜中文　李宇涵　杨永成　余祖本　张　军　周小平
胡　利　胡卫星　章慧丽

《安徽省志·科学技术志》审稿组

初　　审：吴良琴　方太升
复　　审：吴　静　夏　辑
核　　审：郭德成　宛晓春

审查验收

安徽省人民政府

1998年9月,中共中央总书记江泽民到科学岛视察中国科学院合肥分院,并为“科学岛”题词

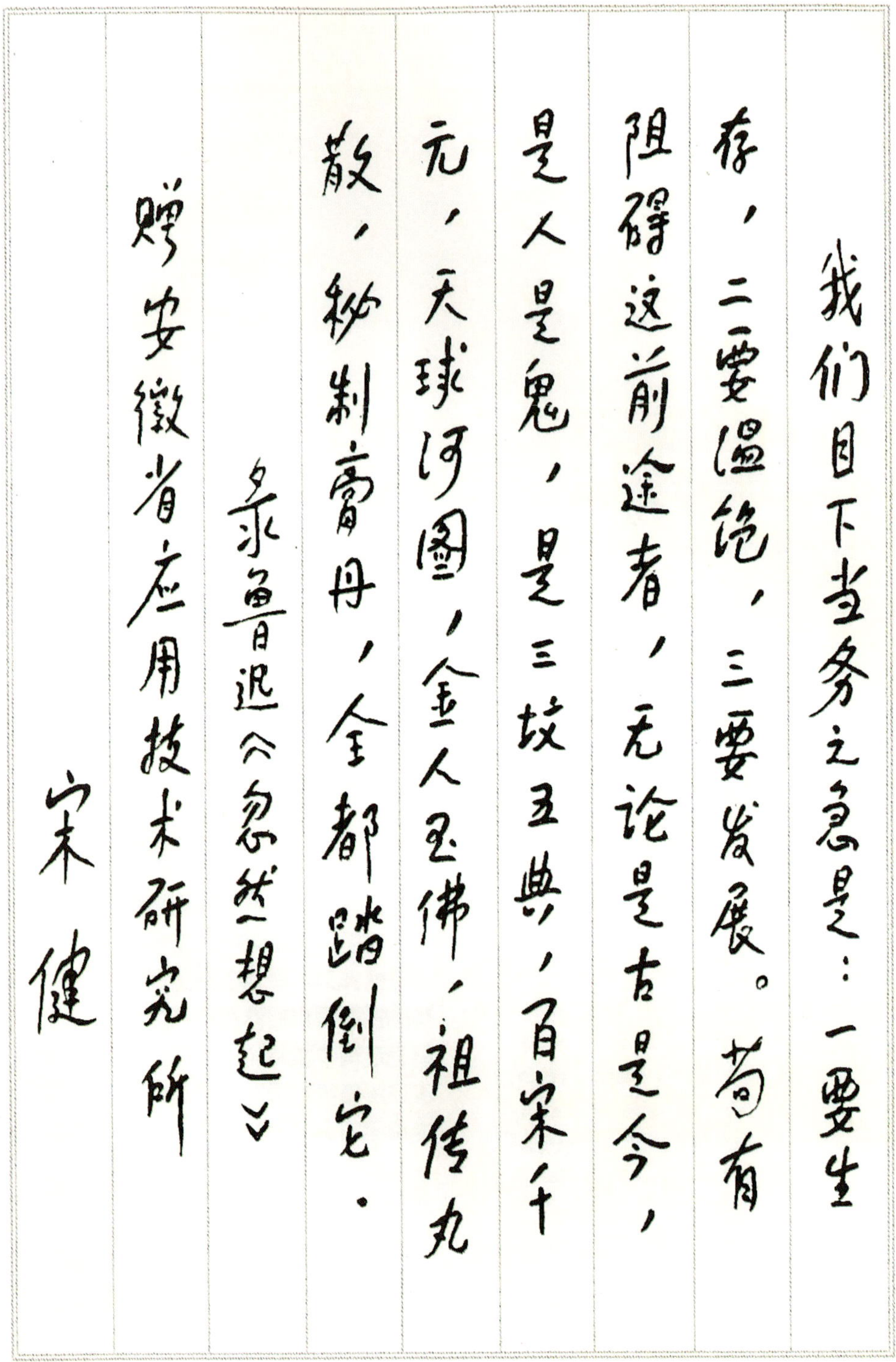
我们目下当务之急是：一要生存，二要温饱，三要发展。苟有阻碍这前途者，无论是古是今，是人是鬼，是三坟五典，百宋千元，天球河图，金人玉佛，祖传丸散，秘制膏丹，全都踏倒它。

录鲁迅《忽然想起》

赠安徽省应用技术研究所

宋健

1987 年 6 月，国务委员、国家科学技术委员会主任宋健为安徽省科技体制改革试点宿县地区应用技术研究所题词

1985 年 5 月 12-15 日，全省科技工作会议在合肥召开，省委、省政府负责人：杨海波、杨纪珂、卢荣景、黄璜、王郁昭、孟富林、刘广才（前排自左至右）在会议期间接见有突出贡献的特邀代表

1986 年 8 月 18 日，省委书记李贵鲜（右排中）会见国家科学技术委员会金寨县扶贫开发团成员

1989 年 8 月 30 日，首届安徽省星火奖在合肥举行授奖大会

1991 年 4 月 4 日，安徽省科学技术委员会、省委组织部在合肥联合召开科技副县长座谈会，省委常委、省委组织部部长刘广才（右二）在座谈会上讲话

1992 年 4 月 20–22 日，安徽省科技兴企工作会议在马鞍山举行，会议确定实施科技先导型企业“125”计划，副省长张润霞（右四）出席会议并讲话

1999 年 9 月 28 日，安徽省科学技术馆开馆典礼

2003 年 9 月 28 日，全省科学技术奖励大会在合肥召开

2003 年 9 月 28 日，省委书记王太华在全省科学技术奖励大会上颁奖

2005 年 8 月，第十三届海峡两岸都市交通学术研讨会在合肥召开

2005 年 9 月 17 日，安徽省开展全国科普日宣传活动

2003年“非典”期间，安科生物工程股份有限公司捐赠药品

1995年，安科生物工程股份有限公司“单克隆抗体的研制”项目获国家科技进步奖三等奖

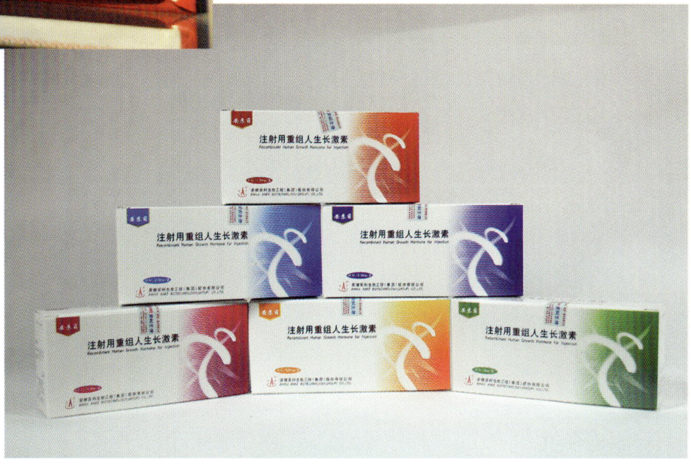

安科生物工程股份有限公司研制的安苏萌产品

2004年7月21日，国家科学技术部、安徽省人民政府在北京举行会商会议，科学技术部部长徐冠华（前排左）、省长王金山（前排右）等领导出席会议，并分别代表科学技术部和安徽省签署部省工作会商制度议定书

2004年11月7日，合肥国家科技创新型试点市揭牌暨示范区开工仪式

2004"生态安徽"博士科技论坛

2005 年 1 月 20 日,2003 年度安徽省科学技术奖励大会在合肥举行。省委书记郭金龙(左一)、省长王金山(左二)为获得安徽省重大科技成就奖的金会庆(右一)、宋礼华(右二)颁发证书和奖金

2005 年 6 月 16 日，国家节能环保汽车工程技术研究中心揭牌仪式在安徽奇瑞汽车有限公司举行。国家科学技术部部长徐冠华(左)、安徽省人民政府省长王金山(右)出席揭牌仪式并为中心揭牌

2005 年 6 月 16 日,国家科学技术部部长徐冠华在奇瑞参加省部会商活动

2005 年 6 月 28 日，纪念《科学技术普及法》颁布实施三周年座谈会

2005 年 7 月 24 日，“保护知识产权——我们在行动”联合采访团到安徽采访

2005 年 8 月 29 日，合肥国家科技创新型试点市建设动员大会

2005 年 11 月 23 日，安徽省常务副省长任海深(后排左二)、浙江省副省长王永明等出席皖浙经济技术专题合作项目推介会暨签约仪式。安徽省科学技术厅厅长徐根应(前排右三)与浙江省科学技术厅副厅长罗卫红签署科技合作协议

2005年12月27日,国家制造业信息化重点城市(合肥·芜湖)验收会

2006年3月6日,中国科学院与安徽省签署科技合作协议

奇瑞汽车工程研发总院

安徽中科大讯飞信息科技有限公司成功研制面向网络及嵌入式环境的语音合成技术和 XF31XX 系列语音合成芯片

位于科学岛上中国科学院合肥分院安徽光机所的合肥大气光学试验场(2003 年获国家科技进步奖二等奖)

1994 年,中国科学院合肥分院等离子体物理研究所研制成功的中国首个超导托卡马克装置——HT-7

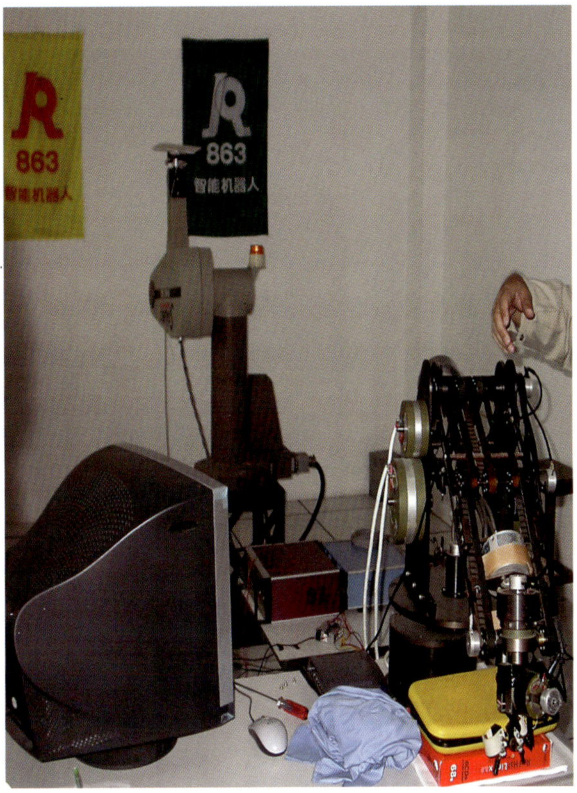

中国科学院合肥分院智能机械研究所研发的具有人机交互功能的机器人遥操作系统

中国电子科技集团第38研究所成功研制中国第一部国土防空三坐标雷达——383三坐标雷达，1985年获国家科技进步奖一等奖

中国电子科技集团第38研究所研制成功的中国第一部数字波束形成体制三坐标雷达——305A机动式三坐标雷达，2003年12月完成设计定型，2005年获国家科技进步奖一等奖

中国电子科技集团第 8 研究所特缆生产车间

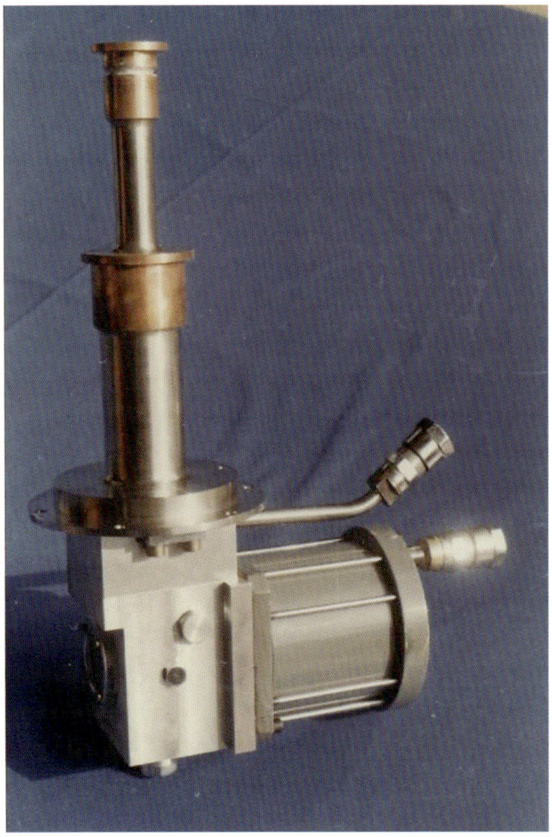

中国电子科技集团第 16 研究所 1988 年研制成功的 G-M 制冷机

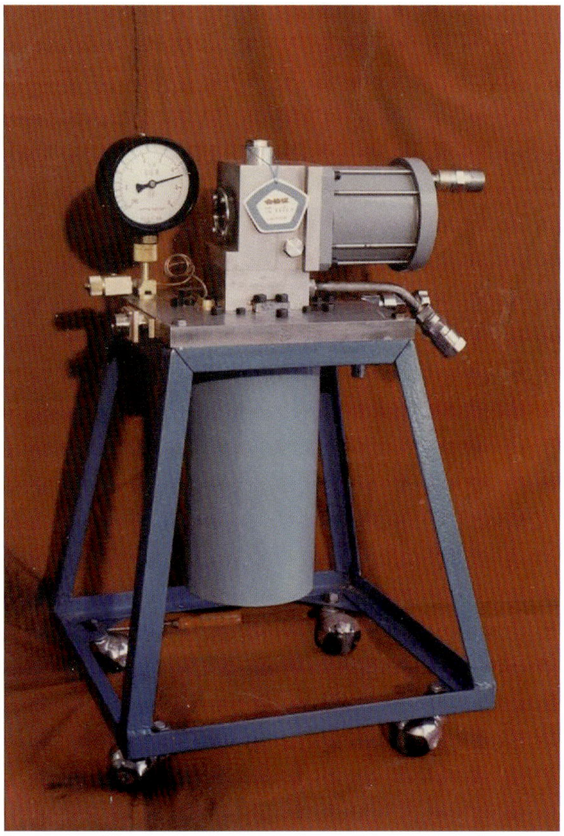

中国电子科技集团第 16 研究所 1993 年研制成功的低温泵

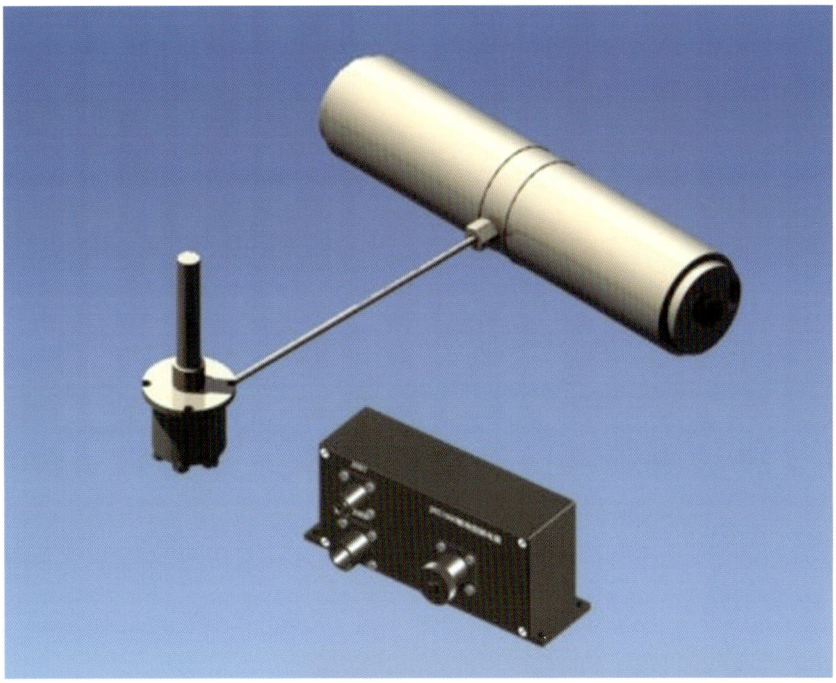

中国电子科技集团第16研究所1998年研制成功的SFZ1750/01型斯特林制冷机

中国电子科技集团第40研究所研发的“照明按钮开关”,1995年12月获得电子工业部科技进步奖三等奖

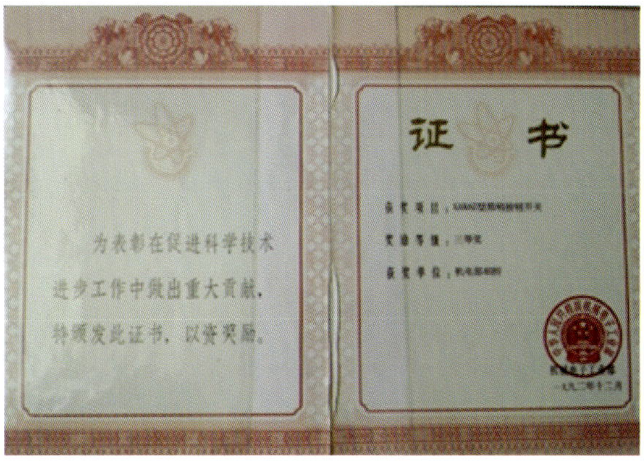

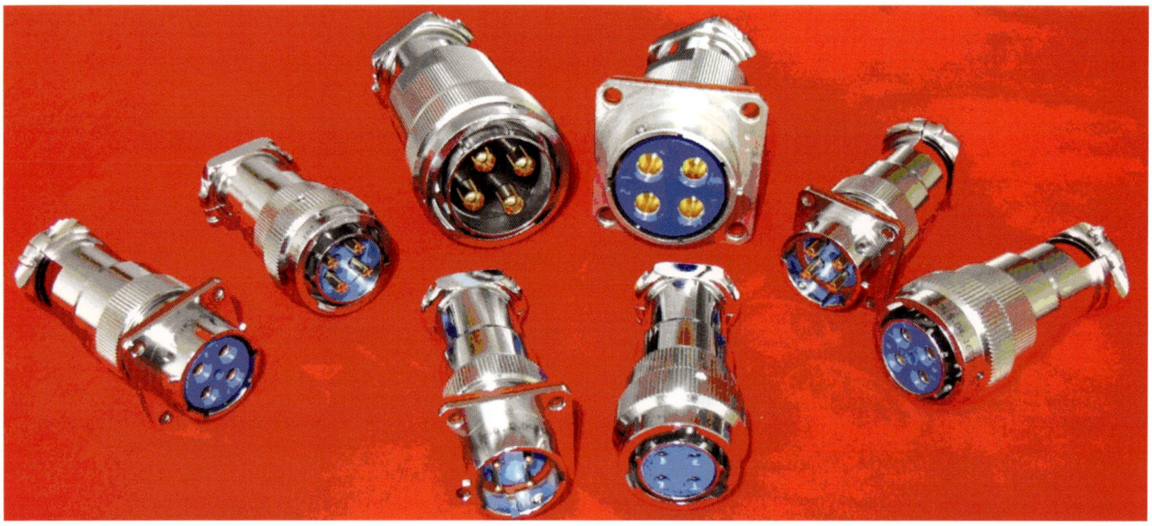

中国电子科技集团第 40 研究所研发的“QH 型穿墙式和墙式法兰安装快速分离圆形电连接器”2001 年获国防科学技术奖二等奖

荣誉证书

2001GFJ2170-1

国防科学技术奖

为表彰在推动国防科学技术进步、对国防现代化建设作出突出贡献的单位，特颁此证，以资鼓励。

获奖项目：QH 型穿墙式和墙式法兰安装快速分离圆形电连接器

获奖等级：二等奖

获奖单位：信息产业部电子第 40 所

获奖日期：二〇〇一年十二月

中华人民共和国国防科学技术工业委员会

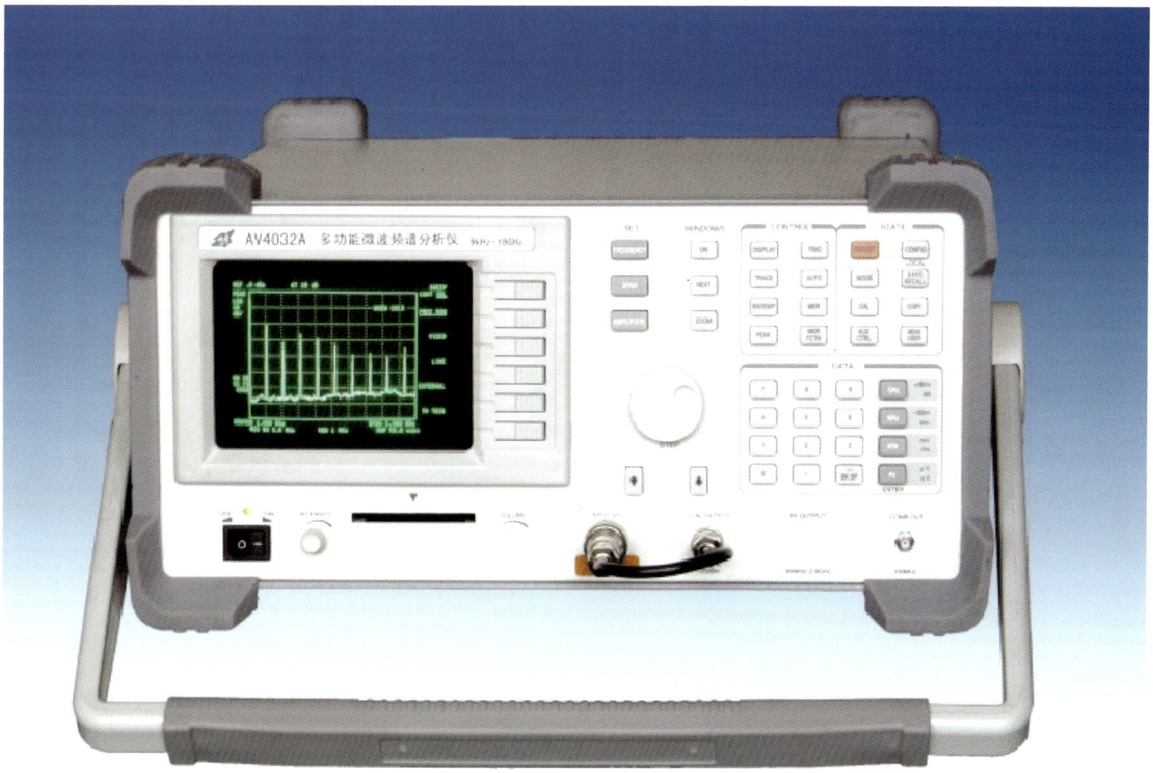

中国电子科技集团第41所研发的AV4032多功能微波频谱分析仪获1999年信息产业部科学技术进步奖一等奖

合肥通用机械研究院在上海炼油厂再生器检验现场

合肥通用机械研究院在国内最早采用声发射技术对大型原油储罐进行检测(2003年5月)

合肥通用机械研究院开发的制冷空调设备检测技术及装置(2005年7月)

合肥通用机械研究院在上海宝钢管道检验现场(1998 年 10 月)

合肥通用机械研究院承担完成的海南炼化球罐总承包项目(2005 年 6 月)

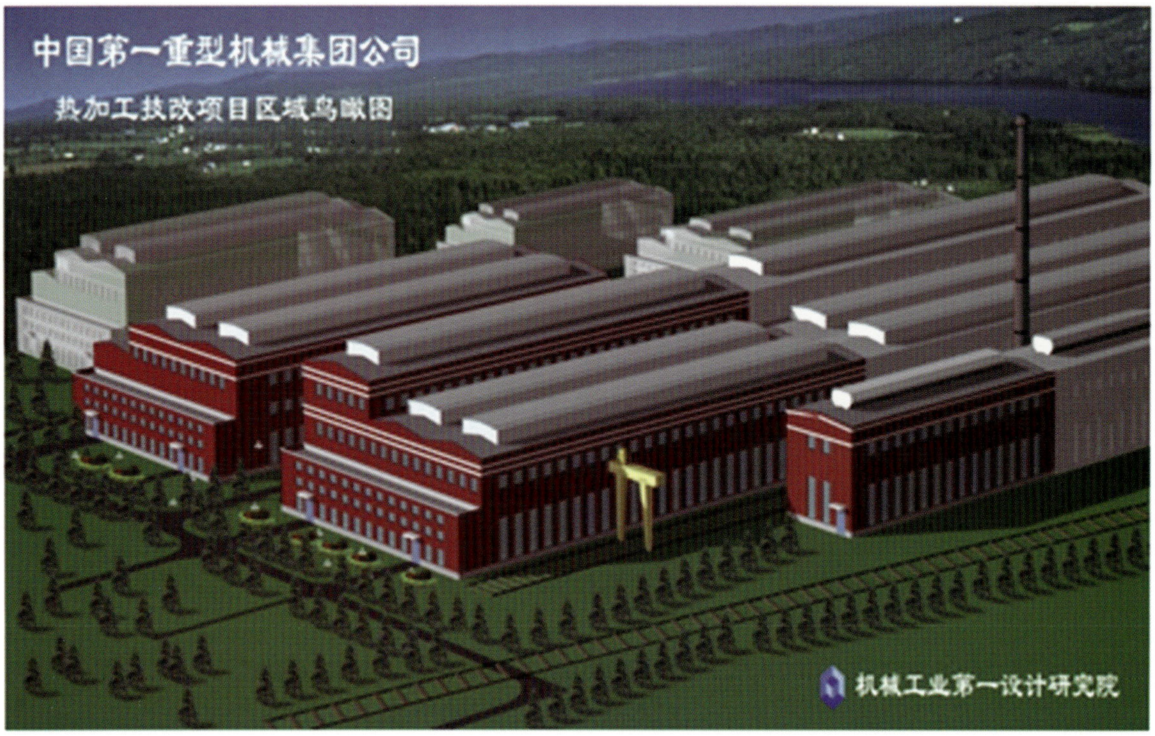

机械工业第一设计研究院中国第一重型机械集团公司设计的热加工技改项目(行车吨位 550 吨,国内最大)

合肥水泥研究设计院设计的南阳 6000td 新型干法烧煤窑外分解生产线

合肥水泥研究设计院研制的 HRM 大型生料立式磨之一

合肥水泥研究设计院研制的 HRM 大型生料立式磨之二

合肥水泥研究设计院研制的 N-TDG 大型窑尾钢丝胶带提升机

合肥水泥研究设计院研制的开流高产高细管磨机

2002 年 12 月，东华科技股份有限公司甲乙酮工程照

1991 年 4 月，中国钢铁集团马鞍山矿山研究院第二届青年学术讨论会

中国钢铁集团马鞍山矿山研究院

中冶华天科技电力谐波滤波器获 1996 年冶金工业部科技进步奖三等奖

中冶华天科技高效蓄热式加热炉获 1987 年冶金工业部科技进步奖三等奖

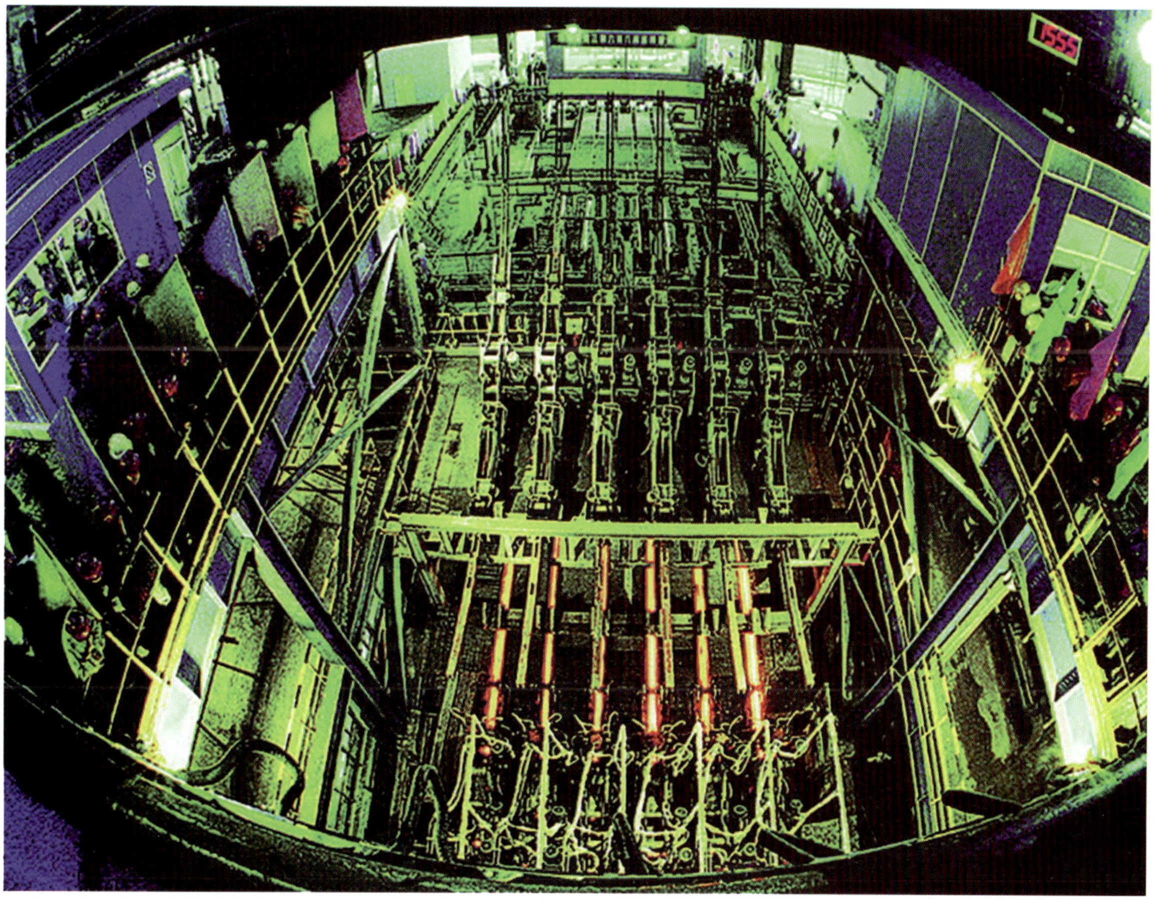

中冶华天科技六机六流方坯连铸机工程获 1993 年冶金工业部科技进步奖二等奖

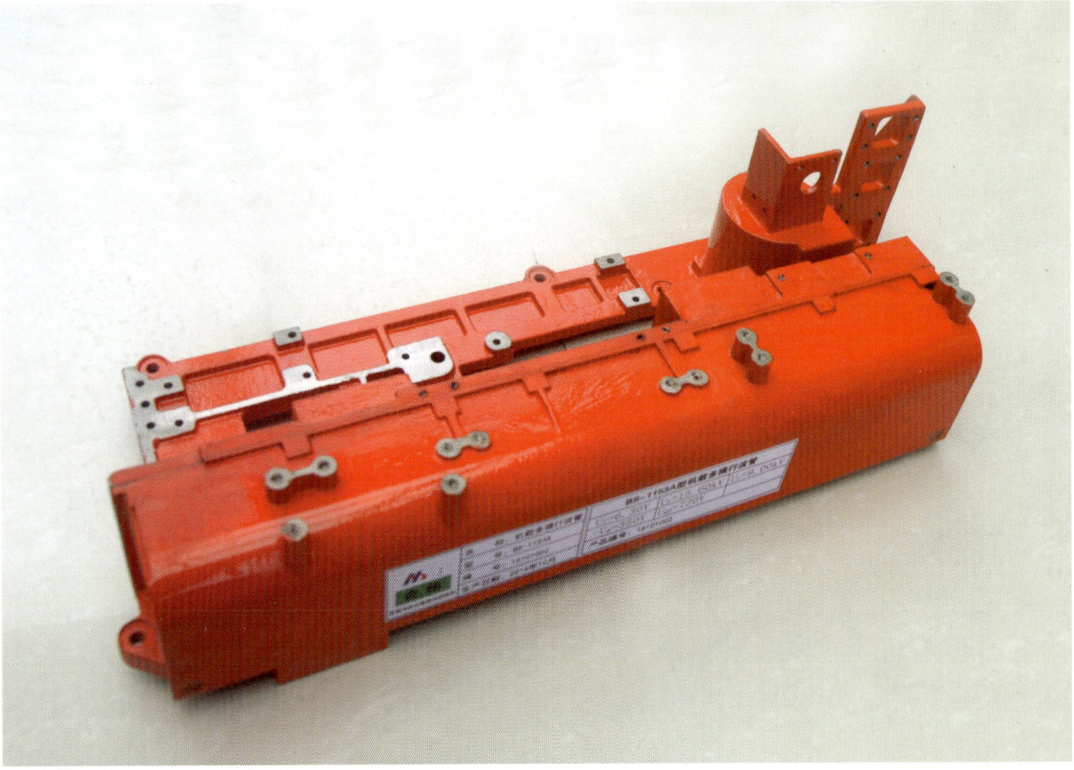

安徽华东光电技术研究所为某重点型号飞机配套的大功率双模行波管

安徽华东光电技术研究所为天宫系列飞船配套的宇航多功能液晶显示器

1993 年，安徽省农业科学院皖系粗毛型长毛兔新品系 2 获国家发明奖三等奖

安徽省农业科学院优质多抗西瓜专用型品种选育与产业化研究获 2007 年度农业部中华农业科技奖一等奖、2005 年度安徽省科学技术奖二等奖

安徽省农业科学院获1999年度安徽省科学技术进步奖一等奖——优质、超高产、多抗杂交中粳新组合80优121(皖稻34)的选育及研究

安徽省农科院获2007年度国家科学技术奖二等奖——甘蓝型油菜隐性上位互作核不育三系选育及制种方法

总 凡 例

一、编纂《安徽省志(1986—2005)》,坚持以马克思列宁主义、毛泽东思想、邓小平理论、“三个代表”重要思想、科学发展观、习近平新时代中国特色社会主义思想为指导,坚持辩证唯物主义和历史唯物主义的立场、观点和方法,全面、客观、系统地记述1986—2005年间安徽省自然、政治、经济、文化、社会等方面的情况。

二、本志贯彻国务院《地方志工作条例》《安徽省地方志工作条例》,依法修志。

三、本志遵循中国地方志指导小组《地方志书质量规定》,力求存真求实、客观公正、全面系统,寓观点于记述之中。

四、本志各分志名称为《安徽省志·××志(1986—2005)》。

五、本志记述的地域范围为2005年的安徽省行政区域;时间上限为1986年,下限为2005年,少数分志的时限根据情况作适当上溯或下延,特色分志不设时限。

六、本志采用述、记、志、传、图、表、录等载体,以志为主。各分志一般为篇章节条目体,部分为章节条目体,个别分志根据实际需要用条目体。

七、入志人物坚持生不立传的原则。除人物志外,各分志坚持以事系人、人随事出的原则,不设人物录、人物简介。

八、本志采用规范书面语体文、记述体。表述力求严谨、朴实、简洁、流畅。语言文字、标点符号、计量单位等使用规范,按国家规定执行。

九、本志资料由各承编单位搜集整理,文中不注明出处。

十、本志采用省统计部门公布的法定数据,没有列入统计范围的,采用业务主管部门的统计数据。

十一、本志所涉及组织、机构、法律法规、文件、会议等专有名称,第一次使用时用全称,简称括注于全称之后。各类译名以新华通讯社译文为准。

十二、本志所用地图均以安徽省测绘部门和有关部门绘制或审定的为准。

十三、本志设总凡例,各分志设凡例。

凡　　例

一、本志为二轮《安徽省志（1986—2005）》分志，前承首轮《安徽省志·科学技术志》，上限为1986年，下限为2005年。为使内容更加完整、连贯、充实，个别章节和图片适当上溯或下延，如第二篇第一章“省农业科技”中第一、二节，第五篇第四章“科普产业”中第二、三、四、五节。

二、本志中机构、部门、社会团体等名称多次重复出现者，第一次出现时用全称，以后一般用简称。

三、本志表格按所在篇章编排顺序。如“表1-3-1”为第一篇第三章第一表。表格中缺失的数字用空格表示，无此数字则用“-”表示。

四、本志资料由承担初稿撰写任务的单位根据编纂大纲要求收集，主要源于档案和相关单位提供的资料。

五、本志数据一般采用安徽省统计局公布的数据，其他则以“安徽省科技统计公报”和相关单位的统计部门资料为准。

目　录

概述 …… 1

第一篇　科技资源 …… 15

第一章　科技机构 …… 17

第一节　科研开发机构 …… 17

第二节　安徽省农业科学院 …… 22

作物研究所　水稻研究所　植保研究所　情报研究所　畜牧研究所　水产研究所　土肥研究所　园艺研究所　蚕桑研究所　茶叶研究所　棉花研究所　烟草研究所　原子能农业应用研究所　绿色食品工程研究所

第三节　中央驻皖科研机构 …… 24

中国科学院合肥物质科学研究院　安徽光学精密机械研究所　等离子体物理所　固体物理所　合肥智能机械研究所　强磁场科学中心　中国电子科技集团公司第38研究所　中国电子科技集团公司第16研究所　中国电子科技集团公司第8研究所　中国电子科技集团公司第43研究所　中国电子科技集团公司第40研究所　中国电子科技集团公司第41研究所　中国兵器工业集团第214研究所　合肥通用机械研究院　合肥水泥研究设计院　东华工程科技股份有限公司　蚌埠玻璃工业设计研究院　机械工业第一设计研究院　中钢集团马鞍山矿山研究院　中冶华天工程技术有限公司

第四节　企业开发机构 …… 33

第二章　科技队伍

第一节　队伍建设 …… 35

第二节　平台建设 …… 35

合肥国家科技创新型试点市建设　国家技术创新工程试点省暨合芜蚌自主创新综合改革试验区建设　重点实验室、工程技术研究中心等科研平台建设　院士工作站建设

第三节　安徽省自然科研系列职称评审 …… 36

第四节　安徽省民营科技企业职称评审 …… 37

第三章　科技经费 …… 38

第一节　“七五”期间(1986—1990年) …… 38

自然科学技术领域科技经费的筹集与支出　科研机构科技经费的筹集与支出　大中

型工业企业科技经费的筹集与支出
第二节 “八五”期间(1991—1995 年) …… 39
自然科学技术领域科研机构科技经费的筹集与支出 大中型工业企业科技经费的筹集与支出 高等学校科技经费的筹集与支出
第三节 “九五”期间(1996—2000 年) …… 44
全省科技经费筹集与支出 全省研究与发展(R&D)经费支出 科研机构科技经费筹集与支出 大中型工业企业科技经费筹集与支出 大中型工业企业科技经费的筹集与支出 高等学校科技经费的筹集与支出
第四节 “十五”期间(2001—2005 年) …… 50
全省科技经费筹集与支出 全省研究与发展活动经费支出 独立科研机构科技经费筹集与支出 大中型工业企业科技经费筹集与支出 大中型工业企业研究与发展经费支出 高等学校科技经费的筹集与支出
第五节 安徽省科技三项费用投入 …… 60
“七五”期间安徽省科技三项费用投入 “八五”期间安徽省科技三项费用投入 “九五”期间安徽省科技三项费用投入 “十五”期间安徽省科技三项费用投入 安徽省科技三项费用运行效益分析
第四章 科技基础条件 …… 66
第一节 重点实验室 …… 66
省级重点实验室发展概况 重点实验室研究方向 重点实验室研究队伍 重点实验室科技合作及学术交流 重点实验室运行管理机制
第二节 科技器材 …… 68
大型精密仪器协作网 大型精密仪器协作主要文件 大型精密仪器调查
第三节 实验动物 …… 68
实验动物起步时状况 实验动物管理主要文件 实验动物中心 实验动物质量监督检测中心 实验猕猴中心 实验动物人才培训基地
第五章 信息资源 …… 70
第一节 科技信息网及数据库 …… 70
第二节 科技文献与出版物 …… 70
科技文献资源
第三节 科技档案管理 …… 73

第二篇 应用科技 …… 75

第一章 农业科技 …… 77
第一节 农业科技创新 …… 77
种植业科技创新 种植业创新成就 研发土壤肥料与施肥技术 创新作物栽培与耕作制度 作物病虫害综合防控 畜牧业科技创新 良种科技创新 良繁科技创新

饲养管理创新　渔业科技创新　渔业品种创新　渔业养殖和加工新技术　渔业资源保护　渔业养殖科技成就　农机科技创新　农机培训　农机化技术创新与成就
第二节　农业科技推广 …… 87
双低油菜　植物组织培养与脱毒技术　超级稻推广　农业转基因生物安全管理　家畜饲养管理技术推广　家禽饲养技术推广　饲料饲草技术推广　环境控制技术推广　废弃物处理技术推广　疫病防治技术推广　水产技术推广　大型水库渔业综合开发技术　小麦机械化播种　小麦机械化联合收获　水稻机械化耕整地　水稻机械化收割
第三节　林业科技创新与推广 …… 95
林木良种　种苗繁育基地　林木采种基地　林木种苗示范基地　林木良种繁育中心　林木育种　林木引种　良种审定　绿化造林　“1463”林业技术开发工程　林业科技经济七亿元工程　森林生态网络体系示范工程　林业科技推广“2111”示范工程　世界银行贷款造林林业科技推广项目
第四节　水利科技创新与应用 …… 104
安徽省·水利部淮河水利委员会水利科学研究院　合工大水利科学研究所　滁州市白蚁防治研究所　水文实验研究　水土保持实验研究　灌溉实验研究　农田水利实验研究　淮河中游河床演变研究　淮河干流淮滨至正阳关段防洪工程模型试验研究　大型河工模型自动检测与控制系统　水库泄洪洞掺气减蚀研究　水工建筑物渗流控制研究　水工建筑物动力学研究　水利科技奖励　水文新技术应用　水利水电勘测设计新技术应用
第五节　农村与社会发展 …… 111
农业科技园区　农业科技专家大院　科技扶贫
第二章　工业科技 …… 113
第一节　煤炭 …… 113
煤田地质与勘探　煤矿建设及采煤　安全技术状况　煤与瓦斯突出防治技术　瓦斯煤尘爆炸防治技术　瓦斯抽采技术　矿井通风防尘技术　矿井火灾热害防治技术　煤炭加工与利用技术
第二节　电力 …… 118
水电　火电　抽水蓄能电站　响洪甸抽水蓄能电站　琅琊山抽水蓄能电站　国产首台600兆瓦机组　超临界发电机组　繁昌变电站　肥西变电站　皖电东送战略
第三节　机械 …… 126
通用机械　工程机械　机床　电工电器　农业机械　基础件　冷热加工与表面处理
第四节　汽车 …… 143
江淮汽车　奇瑞汽车　微型汽车　改装汽车　汽车关键部件
第五节　冶金 …… 151
钢铁工业　有色金属工业
第六节　电子 …… 152
电子材料及元器件　雷达与电子仪器　计算机与应用系统　显示技术　语音技术

第七节　化工 …… 156
无机化工　有机化工　高分子化工　精细化工　橡胶工业
第八节　轻工 …… 162
食品饮料　日用陶瓷　搪瓷制品　日用化学制品　造纸与皮革　家用电器　轻工机械
第九节　纺织 …… 169
棉纺织　毛纺织　麻纺织　化学纤维纺织
第十节　非金属材料 …… 172
水泥　玻璃　化学建材　非金属矿深加工
第三章　城市建设科技 …… 181
第一节　规划与设计 …… 182
编制城市规划　基础设施建设　城乡和区域协调发展　发展和应用信息技术
第二节　建筑工程与建筑材料 …… 183
工程质量和施工技术　科技成果推广应用　危旧住房改造与安居工程建设　安徽省重点建设工程与新技术　徽派古建筑保护技术
第三节　市政公用事业 …… 187
科技成果应用　政策法规保障
第四章　医药科技 …… 189
第一节　中医 …… 189
中医科研　中医文献整理研究　新安医学研究　华佗学术研究
第二节　西医 …… 197
科研计划　科研经费　科研成果　成果选介　成果推广　实验动物　重点学科建设
第三节　计划生育 …… 206
节育手术　优生优育
第五章　环境科技 …… 209
第一节　气象 …… 209
灾害性天气预报　气候研究与应用
第二节　地震 …… 210
地震监测系统组成与地震监测能力　省遥测地震台网建设　KS-2000 宽频带数字地震观测系统建设　地震监测信息系统建设　地震分析会商技术系统建设　地震预测预报工作　年度地震趋势预测　中期地震趋势预测　震后地震趋势判定　地震科技项目　地震科技成果　科技论著与论文
第三节　环境监测 …… 221
水环境　空气环境　声环境　废物处理与综合利用　生态环境
第六章　公共事业科技 …… 225
第一节　交通运输 …… 225

科技成果 科研机构、学会、协会及成果 铁路 科技研发应用
第二节 邮政与电信 …… 244
安徽邮政 科技管理及政策 科技成果及活动 安徽电信 中国移动安徽分公司
中国联通安徽分公司 中国铁通安徽分公司 中国网通安徽分公司
第三节 测绘 …… 256
安徽省测绘科学研究所 科研成果及活动 网络安全与网络技术
第四节 广播与电视 …… 259
节目采录 节目制作 节目传输与播控
第五节 体育 …… 262
运动训练 运动选材 运动生理生化 运动营养 运动心理 情报资料 医疗保障
社区体育 反兴奋剂工作 国民体质监测
第六节 文物 …… 277
勘探与发掘 遥感技术应用于考古勘探取得新的成果 田野调查和发掘结合新兴科技手段 样品检测技术 修复与保护利用 运用局部电蚀法去除青铜器“粉状锈”
激光全息文物无损检测 硅胶漆器脱水法
第七节 商品质量监测 …… 280
产品质量检测技术机构 科研工作实务 科研开发成果

第三篇 高新技术及其产业 …… 287

第一章 高新技术 …… 289
第一节 电子信息技术及项目 …… 289
第二节 生物工程和新医药技术及项目 …… 292
第三节 新材料技术及项目 …… 293
第四节 先进制造技术及项目 …… 294
第五节 新能源与高效节能技术及项目 …… 295
第六节 现代农业技术及项目 …… 296
第七节 资源与环境保护技术及项目 …… 297
第二章 高新技术企业及高新技术项目 …… 299
第一节 高新技术企业 …… 299
高新技术企业总量及分布 高新技术企业的经济运行情况
第二节 火炬计划项目 …… 303
第三节 科技型中小企业创新基金项目 …… 304
第四节 高新技术产品 …… 305
第五节 科技企业孵化器 …… 305
第六节 高新技术产业基地 …… 308
国家火炬计划铜陵电子材料产业基地 国家火炬计划软件产业基地——合肥软件园

安徽省光电缆高新技术产业基地　安徽省车用仪表及电器高新技术产业基地　安徽省特种电缆高新技术产业基地　安徽省非金属矿物深加工及应用高新技术产业基地　芜湖医药高新技术产业基地　安徽省玻璃新材料高新技术产业基地　淮南生物工程及新医药高新技术产业基地　安徽省汽车零部件高新技术产业基地
第三章　高新技术产业开发区 …… 310
第一节　合肥国家高新技术产业开发区 …… 310
园区基本建设　经济运行　高新技术企业集群
第二节　芜湖高新技术产业开发区 …… 313
经济运行　科技型中小企业创新创业　高新技术支柱产业　创新创业服务体系　科技兴贸
第三节　蚌埠高新技术产业开发区 …… 314
经济运行　招商引资　基本建设　生物质产业　电子信息产业　装备制造业　碳纤维与玻璃新材料

第四篇　科技管理与服务 …… 319

第一章　科技管理机构 …… 321
第一节　安徽省科技行政管理机构 …… 321
安徽省科学技术委员会　安徽省科学技术厅
第二节　地方科技行政管理机构 …… 326
行署、市、县科学技术委员会　市、县科学技术局
第二章　科技人员管理 …… 328
第一节　专业技术人员职称评定 …… 328
职称制度　职称改革工作　专家选拔　博士后制度　专业技术人员继续工程教育
第二节　国外智力引进 …… 332
机构设置与发展　外国专家管理与奖励　引智项目与基地建设　出国(境)培训工作
第三章　科技计划 …… 336
第一节　科技发展规划 …… 336
编制科技发展规划　区域性战略规划研究　编制跨部门、跨行业发展规划
第二节　科技发展计划 …… 337
基本科技计划　重大科技攻关
第三节　三个百亿元工程和八项科技工程 …… 347
三个百亿元工程　八项科技工程
第四节　重大科技专项 …… 349
8个重大科技专项　11个重大科技专项
第四章　科技政策与法规、规章 …… 351
第一节　科技政策 …… 351

科技体制改革　科教兴皖　发展高科技,实现产业化　自主创新
第二节　科技法规、规章 …… 352
《安徽省科学技术进步条例》《安徽省技术市场管理条例》《安徽省专利保护和促进条例》《安徽省促进科技成果转化条例》《安徽省科学技术普及条例》《安徽省科学技术奖励办法》《安徽省科学技术国防动员办法》
第三节　民营科技企业及群众团体 …… 354
民营科技企业　科技群众团体
第五章　科技体制改革 …… 357
第一节　科技计划管理体制改革 …… 357
第二节　安徽省属科研院所改革 …… 359
安徽省属科研院所管理体制改革　安徽省属科研院所科研事业费拨款制度改革
第三节　省部会商和省院会商 …… 363
第六章　科技成果 …… 366
第一节　科技成果管理 …… 366
科学技术成果鉴定　科学技术成果登记　科学技术成果转化
第二节　科技奖励 …… 367
科技奖励发展及历史沿革　科技奖励成果
第三节　技术市场与成果交易 …… 432
技术市场管理机构　技术市场相关的政策法规　技术市场　举办各类科技成果交易会　技术经纪人　技术合同认定登记
第七章　科技合作与交流 …… 447
第一节　国际科技合作与交流 …… 447
主要合作与交流活动　主要计划项目　主要政策文件　招商引资活动
第二节　区域科技合作与交流 …… 456
第八章　知识产权保护 …… 458
第一节　知识产权管理机构 …… 458
安徽省专利管理局　安徽省知识产权局
第二节　专利申请与授权 …… 459
第三节　知识产权保护与专利应用 …… 460
《安徽省专利保护条例》　专利执法检查　中国(安徽)知识产权维权援助中心　建立专利专项资金
第四节　专利管理与服务 …… 461
合肥专利代办处　知识产权试点工作　知识产权保护媒体宣传　知识产权专家讲师团　知识产权培训中心
第五节　安徽省与国家知识产权局会商 …… 462

第五篇　科技群众团体 …… 463

第一章　科协组织 …… 465
第一节　历次代表大会 …… 465
省科协第四次代表大会　省科协第五次代表大会　省科协第六次代表大会　省科协第七次代表大会
第二节　宗旨和任务 …… 466
宗旨　任务
第三节　组织状况 …… 467
省、市级学会　市县科协及基层组织　省科协机关部室及直属单位
第四节　主要工作概述 …… 468
第二章　学术活动 …… 470
第一节　品牌学术活动 …… 470
安徽科技论坛　安徽省自然科学学术年会　安徽省兴皖之光青年学术年会　安徽博士科技论坛　其他学术活动
第二节　安徽省自然科学优秀学术论文评选 …… 473
第三节　学术期刊 …… 474
第四节　学术交流 …… 475
国际民间学术交流　对台民间学术交流
第三章　科普工作 …… 476
第一节　农村科普 …… 476
科技培训　科技推广　科技扶贫　科技下乡　农村专业技术协会　科技队伍　科普设施　科普示范县　科普示范基地
第二节　城市科普 …… 479
科技活动周　科普日　科技报告会　科普法宣传　专题科普宣传　科技馆　科普大篷车　科普教育基地　科普网　科普示范市　科普示范社区
第三节　科普调研及科普工作会议 …… 484
公众科学素质调查　农技协调研　科普工作会议
第四节　青少年科普 …… 484
中小学生科技活动　科技夏令营　青少年活动中心及青少年活动基地　青少年科技竞赛　科技辅导员队伍建设
第四章　科普产业 …… 489
第一节　科普产业理论研究与政策支持 …… 489
第二节　科普产业市场培育和开发 …… 489
第三节　科普产业技术研发与创新 …… 490
第四节　科普产业园区和基地建设 …… 490

第五节 发展科普产业大事纪要 …… 491

附录 …… 495

重要文献辑存 …… 497

安徽省人民政府关于科研事业费拨款管理的暂行规定(1986年11月) …… 497

安徽省人民政府关于放活科研机构放宽科技人员政策的若干规定(1987年9月) …… 499

安徽省人民政府关于深化科技体制改革的若干规定(1988年8月) …… 502

安徽省科学技术进步条例(1994年7月) …… 506

安徽省人民政府关于印发《安徽省促进科技经济一体化“三个百亿元工程”规划》的通知(1995年11月) …… 513

安徽省人民政府办公厅关于印发《培育皖北星火技术密集区规划纲要》和《培育皖江高新技术产业带规划纲要》的通知(1998年1月) …… 518

安徽省人民政府关于进一步扶持高新技术产业发展的若干规定(1999年11月) …… 525

安徽省人民政府关于批转安徽省“十五”高新技术产业发展规划的通知(2001年7月) …… 530

安徽省科技厅等部门关于深化省属科研机构管理体制改革的实施意见(2001年11月) …… 538

安徽省人民政府令(第136号)发布安徽省科学技术奖励办法(2001年11月) …… 543

安徽省促进科技成果转化条例(2003年10月) …… 547

中共安徽省委 安徽省人民政府关于进一步加强科协工作发挥科协作用的决定(2003年11月) …… 552

安徽省科学技术国防动员办法(2004年10月) …… 556

安徽省专利保护和促进条例(2005年10月修订) …… 559

图表索引 …… 566

编纂始末 …… 571

Main Contents

Preface …… 1

Part 1 Science and Technology Resources …… 15
Chapter 1 Science and Technology Institutes …… 17
Chapter 2 Science and Technology Talents Team-Building …… 35
Chapter 3 Science and Technology Fund …… 38
Chapter 4 Science and Technology Research Conditions …… 66
Chapter 5 Information Resources …… 70

Part 2 Applied Science and Technologies …… 75
Chapter 1 Agriculture Science and Technology …… 77
Chapter 2 Industry Science and Technology …… 113
Chapter 3 Unban Construction Science and Technology …… 181
Chapter 4 Medicine Science and Technology …… 189
Chapter 5 Environment Science and Technology …… 209
Chapter 6 Social Affairs Science and Technology …… 225

Part 3 High Technologies and Industries …… 287
Chapter 1 High Technologies …… 289
Chapter 2 Hi-tech Enterprises and Programs …… 299
Chapter 3 Hi-tech Industry Development Zones …… 310

Part 4 Science and Technology Management and Services …… 319
Chapter 1 Science and Technology Governing Bodies …… 321
Chapter 2 Science and Technology Human Resources Management …… 328
Chapter 3 Science and Technology Plans …… 336
Chapter 4 Science and Technology Policies and Regulations …… 351
Chapter 5 Science and Technology Institutional Reform …… 357

Chapter 6 Science and Technology Achievements ······························ 366
Chapter 7 Science and Technology Cooperation and Exchange ·················· 447
Chapter 8 Intellectual Property Rights Protection ································ 458

Part 5 Science and Technology Organizations ··························· 463
Chapter 1 Associations for Science and Technology ····························· 465
Chapter 2 Academic Activities ·· 470
Chapter 3 Science and Technology Popularization ································ 476
Chapter 4 Industry of Science and Technology Popularization ··················· 489

Appendix ··· 497

Chart Index ·· 566

Afterword ·· 571

概　　述

1986—2005年20年间，展现在眼前的是一段始于20世纪80年代科技体制改革，到90年代实施科教兴皖战略，再到21世纪初加强自主创新，建设创新型安徽的科学技术志。

一

20世纪80年代，安徽科技发展的主题是改革科技体制，破解“科技经济两张皮”。

20世纪80年代，随着改革开放的逐步深入，国家开始推进科技体制改革。原来计划模式的科技体制难以适应新的形势，突出问题就是“科技与经济两张皮”。为了解决长期存在的科技与经济脱节的问题，解放科技生产力，1985年，中共安徽省委、安徽省人民政府作出《贯彻〈中共中央关于科学技术体制改革决定〉的若干意见》，1987年，安徽省人民政府作出“放活科研机构放宽科技人员政策的若干规定”，1988年，作出《深化科技体制改革的若干规定》。改革率先从改变拨款制度和开拓技术市场突破，断“皇粮”逐步实现经济自立，改“人头费”为“办事费”。1986年，安徽省科委在宿县地区应用技术研究所召开现场会，推广其实行所长负责制，兴办中试工厂和机械厂，自主经营，自负盈亏的经验。在安徽省合成材料科研所、合肥市电子科研所等试点的基础上，各科研院所结合实际制订改革方案，十几个省属科研所试行所长负责制，筹办科技开发实体。省科委确定55个省属科研所进行拨款制度改革，按照不同类型科学技术活动的特点，实行经费的分类管理。对技术开发型科研单位加快事业费的削减速度。1989年，19个省属开发型科研单位事业费平均递减35%，省科委直属所更是递减到55%。递减下来的事业费不再用作吃饭发工资，而是用作科研开发，更新仪器设备。改革中用行政手段“稳住一头”的同时，更多地采用经济手段“放开一片”，推动科研单位服务企业，努力创收。1989年，安徽科研单位创收1.07亿元。这个数字同当年财政拨款的1.15亿元相差无几，中华人民共和国成立以来沿袭40年“供给制”的拨款方式终于被打破。

开拓技术市场，实行科技成果商品化是科技体制改革的切入口。安徽是全国开拓技术市场较早的省份之一。1986年，有9个常设技术市场。1987年，成立安徽省技术市场办公室。1989年，出台《安徽省技术市场管理暂行办法》，建立技术合同认定登记制度。从交易情况看，中小企业和小微企业购买的技术商品占整个技术市场商品比重

40%左右。作为最大卖家的科研单位,通过技术市场认定登记的技术合同成交额3547万元,占全年创收的三分之一以上。

放活科研机构放活科技人员,是安徽科技体制改革中的一大创新。安徽的若干政策由国家科委和国务院科技领导小组办公室转发全国。1989年,全省实行所长负责制或任期目标责任制的研究所40多个,占省属独立科研所70%以上。80多个科研所兴办各类经济实体,30多个科研所进入企业或企业集团,10多个研究所实行租赁经营。全省有2000多名在职和离退休人员创办200多个集体、个体研究所,6000多人承包、领办一批中小企业和乡镇企业。民办科技企业230多家,从业人员2100多人。

科技体制改革不是孤立进行的,伴随经济体制改革,双管齐下,汇聚起强大的力量,破解"科技经济两张皮"。1989年,全省有4800多名科技人员近500个单位参加14项74个课题的重大科技攻关及266个重点科研项目。其中近百项获得国家和安徽省科技进步奖,一批科技成果应用于生产后,年增产值12亿元。重点科研项目"异步电机分层目标优化设计软件系统",投资1.4万元,推广应用后经济效益3700万元,荣获国家科技进步一等奖。

二

20世纪90年代,安徽科技发展的主题是深化科技体制改革,实施科教兴皖战略。

进入90年代,在邓小平视察南方谈话精神指引下,全省加大改革开放的步伐,科技事业跨入新时期。在这个新时期,科技界坚定不移地贯彻执行"经济建设必须依靠科学技术,科学技术工作必须面向经济建设"的方针,继续深化科技体制改革,把服务经济建设作为科技工作的首要任务,把工农业生产第一线当做科技工作的主战场,依靠科技进步促进安徽由农业大省向农业强省、资源大省向加工业大省、人口大省向经济大省的跨越。

这一时期的历史标杆,是1995年中共安徽省委、省人民政府树立起的实施科教兴皖战略。1996年中共安徽省委六届二次全会进一步把实施科教兴皖战略置于跨世纪三大战略之首。

旨在促进科技经济一体化的"三个百亿元工程"和八项科技工程,是安徽省委、省政府作出的重大决策。由此打响科教兴皖的攻坚战。省政府拨款3000万元作为工程的启动资金,省科委从科技三项费中动用2400万元,各地匹配资金数千万元,贷款8亿多元,支持项目的实施。省科委会同省经委、省经贸委、省农业厅、省林业厅、省乡镇企业局编制规划,明确目标任务,分解到各地,检查督促,考核奖励。各级政府把工程纳入议事日程,加强领导,制定具体计划,加大投入,组织实施。全省上下联动,以八项科技工程为"点",以培育皖江高新技术产业带和皖北星火技术密集区为"线",以"三个百亿元工程"为"面",抓点牵线带面,促进科技成果向现实生产力转化。1999年,提前完成整个工程。其中，由省科委分工负责的高新技术产业实现营业收入260亿元，高新技术产业产值302.6亿元，利税30.6亿元，出口2.6亿美元。

科技兴农。围绕发展“两高一优”农业，安徽在国内首次将离子束注入技术引进农作物育种领域，育出一批水稻、小麦、甘薯、玉米新品种，在棉花、烟草诱变育种上获得一批新品系。三系杂交稻协青早A的选育和应用，确立安徽在全国水稻杂交优势利用中的地位。皖油11号是全国第一个双低白菜型油菜品种。全省每年农作物品种不断更新，良种覆盖率90%以上，安徽成为国家重要的商品粮基地。国家技术发明一等奖获得者赵乃刚的人工半咸水工厂化育苗技术，促进全省河蟹养殖业的发展。皖系长毛兔单只兔毛年产量1200克以上，粗毛率位居全国第一，推广到十多个省市。1995年，在阜阳市召开全国秸秆养牛示范县技术推广大会，国务委员、国务院办公厅秘书长陈俊生到会讲话。在全省甚至全国掀起秸秆养牛的高潮，玉米青贮技术成为家喻户晓的常规技术。黄牛改良、瘦肉猪繁育、黄淮山羊、地方家禽培育等取得一系列新突破。机耕机播、地膜覆盖、模式化栽培、配方施肥、节水灌溉、病虫害综合防治等技术的推广应用，使农业增产增收增效。科技进步对农业增长的贡献率由80年代的35%提高到90年代的45%以上。

农科教结合是安徽在科技兴农中推出的一项新举措。农业、科技、教育三个部门统筹协调，通过农科教结合，进一步完善农村人才培训、技术推广和社会化服务三大体系，涌现出一批高水平的农科教结合的示范县、示范乡镇、示范村、示范企业、示范项目。部分地区把农科教一体化与贸工农一体化结合起来，直接服务于农民。

乡镇企业以扶持10个县(市、区)、20个乡镇、30个村和50个企业为突破口，以培育皖北星火技术密集区为重点，以科研院所、大专院校和大中型企业为依托，大力推广适用新技术和新工艺，积极开发新产品，强化科学管理，使相当一批乡镇企业技术上水平，产品上档次，企业上规模。2000年，全省乡镇企业中科技先导型企业2000多家，宁国中鼎公司、天长天大集团、淮北杭淮丝绸厂、临泉达裕公司等获得自营进出口权。

科技兴企。省科委会同省经委引导和扶持企业建立健全技术开发机构，加强中试基地和行业研究开发中心建设，集中力量解决阻碍行业发展的共性技术和关键技术。大力促进产学研结合，共同开展科技攻关。1998年，全省770家大中型工业企业建立技术开发机构416个，比1986年增加269个。省科委实施科技兴企“125工程”，培育125个科技先导型企业，由近百名专家组成的科技兴企专家团，为科技先导型企业提供服务。科技先导型企业都拥有自己的专利和拳头产品，很多企业创出名牌。如马钢轮箍、高速线材占据市场制高点。合肥“合力”牌叉车覆盖全国叉车市场的四分之一。“美菱”“扬子”牌家用电冰箱和“荣事达”牌洗衣机是全国家用电器中最畅销的产品，加上其他轻工名牌，安徽荣膺“轻工大省”的称号。安徽海螺集团的“海螺”牌水泥是国家重点建设工程的专用水泥，质量高、品种多、产量大，为同行业之最。1998年，安徽国有大中型工业企业开发新产品1357项,新产品的产值88.64亿元,销售收入75.18亿元,利税8.55亿元。这三个数字和科技体制改革初期的1986年相比,十二年间新产品的产值由1.86%上升到9.19%,销售收入由1.34%上升到8.51%,利税由0.80%上升到9.46%。

建立健全企业技术进步的长效机制是建立现代企业制度的重要内容和搞好国有大中型企业的关键环节。有鉴于此,全省在科技兴企中改革创新厂长(经理)领导下的总工程师技术负责制,赋予总工程师相应的职责和权力,由总工程师决定和处理技术上的重大问题,支配和使用研发经费,调用厂里的技术人员。同时建立健全企业对科技人才的吸引、培训、使用和激励机制,尤其鼓励职工开展群众性的技术革新活动。2000年安徽科技进步对工业增长的贡献率由80年代的30%左右提高到50%以上。

加快高新技术产业化。省科委把“提升老企业,培育新产业、塑造大企业”作为重点任务,坚持有所为,有所不为的原则,抓住关键,突出重点,强化创新,加强集成。发展一批能够出口创汇的高新技术企业,一批具有自主知识产权的高新技术产品,一批应用高新技术改造传统产业的示范企业,一批具有支柱产业的高新技术园区,一批发展高新技术产业的科技人才和经营管理人才。使高新技术产业在重点区域形成气候,重点行业形成规模,重点领域形成特色,重点产品创出名牌,逐步形成以高新技术产业为主导的经济发展新格局。高新技术产业化的布局,突出合肥科教基地,在“一带三区五领域”发力。“一带”,指培育皖江高新技术产业带。“三区”,指合肥、芜湖、蚌埠三个高新技术产业开发区。“五领域”,指电子信息、新材料、生物医药、机电一体化及新能源、节能与环保。按照这样的布局,省科委精选一批项目,加大资金投入,加大攻关力度,加大招商引资,助推成为经济发展新的增长极。2000年,安徽高新技术企业445家,高新技术产业产值379.3亿元,高新技术产业增加值117.8亿元,占全省国内生产总值的3.9%,占全省工业增加值的10.7%。高新技术营业收入333亿元,出口3.5亿美元,占全省出口的15.9%。

对传统产业的改造,着重在生产中推广应用计算机辅助设计(CAD)、计算机集成制造系统(CIMS)、柔性制造系统(FMS)、制造资源计划(MRP-11)等一批共性关键技术和先进管理方法,培育一批应用CIMS精密成型及加工、工业机器人、数控系统、自动检测等科技含量高的示范企业。1997年, 省科委建立安徽省CAD技术咨询中心, 对500家企业进行CAD技术指导和咨询服务,培训各类CAD人员7万余人次。在机械、汽车、轻工家电、纺织服装等重点行业,培育20多家应用示范企业,其主导产品CAD覆盖率98.3%,设计人员普及率95.2%,产品开发周期平均缩短54%,新增产值38.8亿元,降低成本1.06亿元。1998年在全省大中型工业企业生产设备中, 微电子设备所占比重14.55%,比1986年提高13.3个百分点。合肥叉车厂、江淮汽车厂等成为运用制造资源计划方法进行科学管理的典型。

继续深化科技体制改革。90年代安徽科技体制改革从80年代侧重科研机构运行机制的转变深化到科技系统的结构调整、人才分流和机制创新,从以独立科研机构为改革的主要对象深化到企业和高等学校,从科技领域的单项改革深化到与经济领域多项改革的关联配套。改革的目标是构造以少而精的独立科研机构、高等学校为主体的科学研究体系,以企业为主体、产学研结合的技术开发体系,以及社会化科技服务体系。为此,安徽省科委重点推进结构调整和机制创新。在稳定和加强一批精干的独立科研机构的同时,力推 19 个省属开发型科研机构转制为企业,取得企业法人资格,自主经营,进入市场。具有综合服务能力的科技机构转变成科研开发中心、生产力促进中心、创业服务中心、科技咨询与服务中心,实行企业化经营。运行机制的改革重在项目管理中引入竞争机制,探索项目招标、竞标制度,首席专家项目负责制度,项目跟踪评估制度,以及项目的保障监督制度等,使科技计划发挥出引导科技资源优化配置的作用。帮助民营科技企业理顺产权关系,完善内部管理,开发新产品,扩大产业规模。1993 年,世界第一台 VCD(镭射数字影碟机)在民营科技企业安徽万燕电子系统有限公司问世。到 1997 年,全国 VCD 生产厂家 500 多个,年产量 2000 多万台。1998 年,安徽民营科技企业 2887 家,营业收入 45 亿元。许多地市建起民营科技企业园。安庆、合肥市被科技部批准为国家民营科技企业示范区。技术市场依据《安徽省技术市场管理条例》纳入法制化管理。1999 年,安徽建成逾 2000 多平方米场地,具备科技成果交易、信息集散、技术经纪三项功能的常设技术市场。在全国率先开设“网上技术市场”和“企业技术需求及难题招标热线”,组织“百所百校”科技成果网上交易会、视频发布洽谈会等,常年展示交易项目近 300 项,入网项目近 3000 项。

多渠道、多层次地增加科技投入,在科教兴皖中强化科技管理系统自身建设。科技投入水平低是阻碍科技事业发展的绊脚石。针对这个“老大难”问题,安徽省第八届人民代表大会常务委员会第十一次会议通过的《安徽省科学技术进步条例》规定:“县级以上财政每年安排的科技三项费用不低于本级财政支出的 1%”。省委、省政府多次在文件中重申这个 1%。省人大几次组织执法检查,每次都把能否落实 1%作为检查的硬指标。经过多年不懈地努力,1998 年,安徽省本级财政科技三项费用的投入超过财政支出的 1%,20 多个全国科技进步先进市、先进县财政科技三项费用的投入,全部达到或超过财政支出的 1%。

企业技术开发和技术创新投入不断攀升。1998 年, 安徽国有大中型工业企业用于技术开发经费支出 11.92 亿元,比 1986 年增长 5.87 倍,年均增长 17.4%。

1999 年,全省科技机构、高等学校、大中型工业企业等单位用于科技活动的经费支出 25.3 亿元,其中用于研发的经费 7.9 亿元,分别比上年增长 15.8%和 21.7%。科技投入的增加为各类科技计划的实施夯实经费基础,确保安徽省科学研究类、创新基地和基础条件平台类、科技成果转化和产业化类的基本科技计划 + 重大战略产品开发、共性关键技术攻关或重大工程的重大科技专项的科技计划体系良性运转,科技管理系统自身建设得到加强。

三

跨入 21 世纪，安徽科技发展的主题是不断深化科技体制改革，加强自主创新，建设创新型安徽。

21 世纪初，安徽把“加强技术创新，发展高科技，实现产业化”确立为跨世纪的战略目标。三件事全国开先河。一是安徽省人民政府与科技部共创奇瑞名牌。2005 年 7 月 21 日，安徽省人民政府省长王金山与科技部部长徐冠华在省部会商会议上就共创奇瑞名牌，支持合肥科技创新型试点市建设等问题签订协议书。科技部支持奇瑞公司研发资金 6000 万元，批准建立奇瑞国家节能环保汽车工程技术研究中心。安徽省科技厅设立“节能环保汽车”专项。新型轿车很快下线，具有自主知识产权的发动机备受青睐。奇瑞的发展受到各方关注。中共中央政治局常委、国务院总理温家宝在全国科技大会上把奇瑞作为民族汽车工业自主创新的典型，予以高度评价。二是 2005 年 4 月 20 日，国务委员陈至立在京专题听取安徽省人民政府关于合肥国家科技创新型试点市建设情况汇报，得到充分肯定并表示积极支持。国务院办公厅印发会议纪要，建立以科技部为组长单位的部际协调小组，解决试点中的重大问题。同年 11 月 27 日，省委、省政府隆重举行合肥国家科技创新型试点市揭牌暨示范区开工仪式。三是省委、省政府作出的“大力发展科普产业”的决定，上升为国务院“全民科学素质行动计划纲要”中“逐步建立公益性科普事业与经营性科普产业并举机制” 的重要举措。2004 年 5 月 28 日—31 日，在芜湖市举办首届中国科普产品博览交易会。此后连续承办三届。1300 多家国内外厂商参展，展项 2 万多件，交易额 11.5 亿元，参与公众 110 多万人次。中国科协决定中国科普产品博览交易会举办权永久落户芜湖。

深化体制机制改革，以市场为导向，构建以企业为主体的技术创新体系。省科技厅改变过去以科研院所、高等学校为主体承担科研项目，转变为以企业为主体，或以企业牵头、联合科研院所、高等学校承担项目的模式。对项目的立项，则在科技发展规划纲要的指导下，以市场需不需要为前提，革除先搞项目后出成果再找“婆家”的弊端，从源头开始就把后期成果直接交给企业推向市场，形成主要由市场决定创新项目和经费分配、评价成果的机制。2003 年—2005 年，在 270 多项科技攻关计划中，企业主体项目占 60%以上。围绕优势产业和骨干企业，省科技厅从人财物方面支持企业建立的省级工程（技术）研究中心 35 个，重点实验室 4 个。全省有省部级工程（技术）研究中心 54 个（其中国家级 4 个），重点实验室 38 个，企业技术中心 195 个（其中国家级 8 个），企业与科研院所、高等学校合办研发机构 284 个，在省外建立研发设计机构 125 个。这些研发机构支撑起以企业为主体的技术创新体系。2005 年，由他们投入的研发经费 70 多亿元，占销售收入的 4.5%，完成新产品新技术开发项目 3500 多项，实现销售收入 460 亿元，占企业产品销售收入的 29%。2005 年，技术市场签订合同 5113 项，成交 14.26 亿元。令人兴奋的是，这一年科技成果在本省转化的技术合同成交额占总成交额的61%，首次超过流向省外的技术合同成交额。备受诟病的科技成果"墙内开花墙外香"的现象，历经长达20年的科技体制改革后，终于止步于企业为主体的技术创新体系前。总之，就企业技术创新主体方面而言，2005年，安徽企业出现"六个60%的态势"，即58%的研发机构设在企业，59%的科技活动人员集中在企业，61%的研发经费源于企业，63%的省级科技计划项目以企业为主体承担，57%的省级科技成果出自企业，64%的拳头产品由高新技术企业自主研究开发。

支持合肥国家科技创新型试点市建设，构建区域创新体系。为推动合肥国家科技创新型试点市建设，2005年，安徽省人民政府与科技部、中国科学院、国家知识产权局建立会商机制。科技部除与省政府共创奇瑞名牌外，还共同推进技术创新引导工程，共同推进合肥科技创新型企业培育计划，共同推进巢湖水污染综合治理，共同推进科技基础条件建设，共同推进粮食丰产科技工程和富民强县专项行动计划。批准在合肥建设"脉冲功率激光技术国家重点实验室"。把安徽节能环保汽车、高性能建筑用钢、生物质能源和生物新材料、煤矿瓦斯安全生产关键技术等分别纳入国家科技计划，安排经费1.59亿元。省科技厅整合资源，重点倾斜，加大对合肥的支持力度。在第一批科技攻关计划中，合肥项目占总项目数的47%，新增经费项目中占46%。中国科学院决定把合肥建成国家重要的战略高技术和基础科学研究创新基地，先期启动国家大科学工程强磁场实验室建设。

国家知识产权局决定支持安徽省建立专利数据全库和汽车专利数据库，开辟专利申请绿色通道，共同举办合肥高新技术项目资本对接会，将芜湖、铜陵市列为国家知识产权试点城市。

合肥市通过创新工作机制、创新企业培育机制、创新成果转化机制、创新产学研合作机制、创新人才培育机制、创新科技融资机制，推进科技创新，促进结构调整，转变发展方式，引领新型工业化发展。全市经济社会保持平稳较快增长，2005年，实现地区生产总值、固定资产投资、规模以上工业增加值、财政收入等主要指标增幅，均列全国省会城市之首。合肥的做法和经验，为区域创新起到示范作用。

安徽省科技厅聚焦资源要素，把火炬计划、重大科技攻关计划、科技型中小企业创新计划、重大科技专项等集成起来，凝练出一批重大项目，拉长拉深产业链，加强链条上下游的分工协作，高低端产品的有序研发，做大做强优势产业，培育扶持新兴产业，改造提升传统产业。突出高新技术园区建设，高新技术产业开发区着力在"二次创业"上下功夫，探索和实践创新型管理体制和运行机制，将产业集聚向深度推进。强化科技服务，组织制造业信息化"专家江淮行"等活动，发挥创业服务中心等科技企业孵化器的作用。继续办好大学科技园、软件园、留学生创业园、民营科技工业园，培育出更多的科技型小微企业和中小企业。加大创新引导经费投入，拓宽投融资渠道，兑现财税、金融、政府采购、技术引进、产品出口等优惠政策，加强创新创业人才队伍建设，保护知识产权,开拓国内外市场,加强国际科技合作与交流等,不断优化高新技术产业发展的创新创业环境。

2001—2005 年,安徽高新技术产业以年均增长 30%的速度发展。2005 年,高新技术产业产值 1236.47 亿元,营业收入 1212.95 亿元,利税 141.6 亿元。高新技术产业增加值 339.63 亿元,占全省国内生产总值的 6.3%,占全省工业增加值的 18.5%。高新技术产业出口 12.94 亿美元,占全省出口额的 24.9%。高新技术企业 660 家,其中营业收入 10 亿元以上的企业 23 家,国家重点高新技术企业 39 家,上市高新技术企业 30 家。民营科技企业 5413 家,营业收入 998 亿元,年增长 30%以上。科技企业孵化器 24 个(其中国家级 5 个),孵化场地面积 41.11 万平方米,在孵企业 794 家,毕业企业 349 家。合肥、芜湖、蚌埠三大高新区营业收入 940.95 亿元。马鞍山新材料、铜陵电子材料、淮南生物医药、亳州现代中药、池州非金属矿深加工、无为特种电缆等 10 个高新技术产业基地形成各具特色的产业集群,2005 年,实现销售收入 200.81 亿元。

加快建立农业科技创新体系。省科技厅对不同类型的农业科技机构进行分类改革。重点抓好省级农业科研院所建设,建立 6 个国家农业专业重点实验室,十几个国家和省级农业工程技术研究中心,担当起解决全局性、关键性农业科技问题,指导全省农业技术开发与推广的重任。市级农业科技机构主要从事重大农业科技成果的引进、二次开发和推广应用工作,成为区域性农业科技成果扩散中心。县、乡级农业科技机构主要以技术推广和技术服务为主。通过深化改革,统筹规划,合理布局,形成科研、开发、推广与服务三个层次的配置,同时培育和发展各类农民专业协会、农民技术推广与服务组织,构建农业科技创新体系。

围绕省委、省政府确定的重大农业科技工程,省科技厅加大"星火计划"、农业科技攻关和重大科技专项力度,取得一大批科技成果。全省有 200 多个农作物新品种通过国家或省审定,良种优质化推广面积 4400 多万亩,增效 24.8 亿元。列入国家支撑计划的"粮食丰产科技工程",4 年种植面积 5000 多万亩,增产粮食 400 多万吨,增效 60 多亿元。实施国家农业科技成果转化资金项目 100 多项。建立试验示范区 670 多个,培训人员 23 万人,纳税 4000 多万元,净增利润 2.58 亿元。20 多个试点县(市)实行"科技富民强县专项行动计划",引进 170 多项关键技术,开发 430 多个新品种,申报发明专利 140 项,其中 57 项获得授权,培训 14.6 万人次。以特色产业为支柱,进行产业化开发,增加财政收入 8 亿多元,增加就业 4 万多人,农民人均增收 1100 多元。30 多个省级农业科技园区在发展农业产业化经营,转变农业增长方式,带动农业增效、农民增收方面发挥重要作用。18 个农业科技专家大院成为产学研结合服务现代农业的窗口，聘专家建基地办学校带产业兴经济,是农村科技工作的重大创新。农业"115 创新团队"培育出一批农业技术带头人。上千名科技特派员战斗在 200 多个乡(镇)、村和 300 多个农业企业及示范基地,他们带项目带技术带信息带资金,开展多种形式的科技创新与服务"三农"活动。大别山区科技扶贫把科学知识和适用技术送进穷乡僻壤,送到贫困农户,逐步实现依靠科技从脱贫解困到脱贫致富的目标延伸。以实施“安徽省农村科技信息化示范工程”为重点，选择12个县开展农村科技信息化综合服务示范，让科技信息入乡进村到企入户。示范县市光缆宽带数据网络初具规模，网上农产品和生产资料的交易日趋活跃。

关注社会发展科技，推进安徽可持续发展。2001—2005年，安徽着重在医药创新、灾害防治、环境保护、广播电视、城市建设等方面开展科学研究，营造宜居宜业的生态生活环境，助推可持续发展。

中医药现代化取得新进展。国家一类中药“银杏内酯 β 注射剂”等401个新药获临床研究批件或新药批件。与国内同类研究相比，安徽的中药有效成份提取分离技术有独到之处，为中药提取物的工业化生产新药及质量标准制定奠定基础。中药饮片业迅速发展，药都亳州市饮片交易量占全国的三分之一以上。有4个实验室获批国家中医药三级实验室。在全国独树一帜的新安医学研究、华佗学术研究取得一系列新成果。西医方面，到2005年，全省实施省级以上项目81个，其中国家科技攻关项目3个，卫生部科研项目21个。获得卫生部科技进步奖10项，其中二等奖5项。新医药专项中，国家一类生物制品抗精子抗体检测试剂盒投入生产，国家一类新药盐酸安妥沙星申报国家新药注册批件，国家一类复方降压新药获临床研究批件。中药配方颗粒研究与产业化制定出10种中药配方颗粒规范化生产工艺和质量标准，对300味中药药效学进行研究。

在防灾减灾上，气象部门开发建设的新一代天气雷达，“掌上气象台”，移动气象应急指挥服务平台，“基于GIS技术的农业气象灾害测评系统”等科研成果，在重大气象灾害应急服务和防汛抗洪中发挥良好作用。地震部门在地震监测、分析预报、科学研究三结合上卓有成效。“安徽KS-2000宽频带数字地震观测系统”的应用，为安徽及邻省周边地区的地震基础科学研究提供依据。

环保部门全面开展地表水、地下水、空气、酸沉降、饮用水水源地、噪声、生态等各种环境要素的常规监测，每年为各级政府和相关部门提供监测数据近1500万个，通过各种媒体向社会公开，满足公众的环境知情权。厂矿企业强化环保意识，加大节能减排，综合治理的力度。淮北矿业集团通过对高突出矿井瓦斯综合治理模式与技术的系统研究，构建起灾害治理技术体系，瓦斯抽采率由25%提高到50%，安全成效显著。淮矿集团成为国内煤层气(矿井瓦斯)第一个成功注册联合国相关项目的单位，是全国5个瓦斯综合治理示范矿区之一。马鞍山钢铁公司吨钢综合能耗由1986年的1.7吨标煤降到2005年的0.79吨，固体排放物94%达标，煤气回收及余压发电、轧钢冷却水重复使用，实现钢铁工业可持续发展。

广播与电视。2004年，安徽人民广播电台各套节目实现网络在线直播。2005年，启用数字音频资料管理系统，实现与制作播出网的连接。同年安徽电视台播出全面实现数字化。新建的“六频道全数字播控系统”荣获国家广电总局科技创新二等奖和安徽省广电总局科技创新一等奖。全省完成广播电视播出设备的全面固态化改造。

城市建设方面,建设部门重点对墙体保温材料与技术进行改进,编制出行业标准与技术导则。加强照明、水专项等建筑节能技术研究,2001—2005 年,“长江中路交通改善设计研究”等多个项目获建设部华夏科技奖,“F 型钢承口钢筋砼排水管(顶管)”、“混凝土多孔砖砌体工程施工及验收规程”等 10 个项目获安徽省科技进步奖。安徽省、市两级建筑科技成果推广转化率 65%。中国古建筑重要流派之一的徽州古建筑,以其独特的建筑风格和建筑形式走出徽州。个别徽州古民居移地保护,成为城市中的文物文化建筑。有的房地产开发商参照徽派建筑,设计建成徽风皖韵十足的现代小区,成为一道景观。

淮南市毛集区、合肥包河区两个国家可持续发展实验区探索出适合安徽省情的经济、社会和资源环境协调发展的机制和模式,起到示范引领作用。

开展科学普及活动,提高公民科学素质。进入 21 世纪,安徽省科协率先在全国提出“大力发展科普产业”的理念,创意并成功举办四届中国(芜湖)科普产品博览交易会。以“产学研用”的创新理念创建全国首家省级科普产品工程研究中心,与芜湖市人民政府联合创建全国首家科普产业园推动科普产业集聚发展。

科技活动周是从 2001 年起设立的城市和农村大规模的群众性科学技术活动。每年五月第三周由省科技厅、省委宣传部、省科协等部门联合举办。2001—2004 年,相继举办以“科技在我身边”“科技创造未来”“依靠科技、战胜非典”“科技以人为本,全面建设小康”为主题的科技活动周。2005 年,科技活动周突出宣传科学发展观,构建社会主义和谐社会。各地成立由分管领导挂帅的活动周组委会,各主办单位发动社会公众广泛参与,活动规模、社会影响力、媒体关注度、实际效果提升到新的高度。

安徽省科协在开展科普活动中,围绕行业热点难点问题精选学术活动主题,形成安徽省科协年会、“兴皖之光”青年学术年会、博士科技论坛等品牌学术活动。农村科普是重中之重,农村科技培训、科技推广、科技扶贫、科技下乡、百名专家乡村学堂、农村专业技术协会等搞得有声有色。省科协与省委组织部联合制订《2001—2005 年农村党员基层干部科学素质培训计划》,仅 2003 年一年就培训 5.4 万人。同年科普大篷车下乡 20 多场次,行程 5000 多公里,参加群众 7 万多人。2005 年科协系统开展的以“科技服务三农,促进农村经济发展,带动农民致富”为主题的“七个一百”实践活动,深受农民欢迎。青少年科普十分活跃,中小学生科技活动、科技夏令营、青少年活动中心及青少年活动基地、青少年科技竞赛、科技馆、科普教育基地、科普网等,激发青少年爱科学、学科学、用科学的兴趣与热情。为推动企业自主创新,省科协经常组织学会、协会、研究会,中国科学院和中国工程院院士,深入厂矿企业,就制约企业发展的技术难题,开展咨询服务,答疑解惑。对重大项目或重大工程进行可行性论证,提出对策建议。

弘扬科学精神,树立科学态度,普及科学知识,学习科学方法,使全民科学素质得到极大的提高。安徽省公民科学素质调查数据表明,全省 18~69 周岁公民具备基本科学素质的比例为2.3%,其中科学知识、科学方法、科学与社会三个指标的比例,分别为10.2%、9.3%、77.9%。

建设高水平的科技人才队伍，在创新创业人才集聚上取得新突破。从2001年开始,除国家规定的政策性安置任务和特殊需要外,各类人才和用人单位均进入人才市场,实行个人自主择业,单位自主用人。国有企事业单位建立以聘用合同制为核心的用人制度。深化专业技术职称制度改革,推行评聘公开,把以学历资历取向为主调整为以能力业绩取向为主。对有突出贡献的专业技术骨干,特别是中青年拔尖人才,可破格申报和晋升相应的专业技术职称。自收自支和非财政拨款的科研院所可根据工作需要自主设岗、自主聘任。财政拨款的科研院所取消专业技术职务指标,实行结构比例控制。改进专业技术人员考核办法,实行竞聘上岗和聘期、岗位管理。改革分配制度,把科技人员的报酬与其岗位职责、工作业绩及成果转化中产生的社会经济效益挂钩,加大津贴、奖金等“活工资”比例,拉开分配差距。对企业经营者和科技骨干实行年薪制和股权、期权制。确保技术要素参与收益分配和转化成果收益的相关规定落到实处。完善在皖院士津贴、省政府特殊津贴制度,重奖有突出贡献的科技人才。选拔培养中青年学术、技术带头人,对省级带头人后备人选实行动态管理,在科研开发、课题研究、专著出版、学术交流等方面给予支持。每年选拔一批重点学科领域有发展潜力的专业技术人才出国留学或进行访问研究,学成后按合同回省工作。通过企业技术中心培训企业技术创新人才。通过大学科技园、留学生创业园、科技企业孵化器等培养青年创新创业人才。鼓励高等学校、科研院所和企业设立博士后活动站和工作站。对经省里批准引进急需的国内外人才,由政府和用人单位解决其住房、科研经费以及成果转化等问题,帮助落实配偶和子女的户口、就业、医保、上学、保险等。放开工资待遇,从优确定报酬。建立安徽省人才开发专项资金,主要用于高层次创新创业人才培养、引进和奖励,以及人才储备。

上述举措的实施,加快安徽科技人才队伍建设。这支队伍175万人,具有高级专业技术资格人数89936人。全省高等学校和科研院所设立博士后科研工作站和流动站39个,企业设立48个,招收博士后研究人员400多人,其中研究工作期满出站的280多人。全省有两院院士19人,国家“百千万人才工程”人选24人,省学术和技术带头人187人,省学术和技术带头人后备人选438人,享受国务院特殊津贴1581人,享受安徽省人民政府特殊津贴1650人。这支队伍在2001—2005年期间取得省部级以上重大科技成果2364项,授权专利7733项,百名科技工作者荣获安徽省人民政府表彰奖励。其中,常印佛、朱清时、吴华夏、钱逸泰、何多慧、金会庆、宋礼华、范维澄荣获安徽省人民政府重大科技成就奖。

加快国际科技合作与交流,推动技术创新。安徽省通过官方与民间渠道,与美国、俄罗斯、英国、法国、德国、日本、韩国、南非、澳大利亚、巴西、阿根廷、芬兰等70多个国家和地区建立科技合作与交流关系。其中,安徽省科技厅与美国马里兰州、比利时瓦隆布拉邦省等建立科技合作长效机制。通过国际合作与交流，直接引进外资 2.83 亿美元，科技招商 11.79 亿美元，合同利用外资 8 亿多美元，引进技术 224 项，引进智力 16000 人次。2001—2005 年，全省派出各类科技人员 560 批 1907 人前往 60 多个国家和地区，接待 50 多个国家和地区的专家、科技管理人员 522 批 5000 多人次。省科技厅组织和参加 30 多次有省部级领导参加的重大科技活动，组织科技人员出国考察培训 254 人次，安排 79 项国际科技合作项目，获科技部批准的项目 29 项，得到各类合作研究经费 4000 多万元。经国务院批准，合肥高新区成为亚太经合组织(APEC)科技工业园。

安徽省科协开展民间学术交流。2000 年，省科协与中国科技大学联合举办第三届全球智能控制与智能自动化大会。2004 年，省科协与日本国立职业卫生研究所联合主办，三联学院和三联事故预防所共同承办 21 世纪公共卫生中日国际研讨会。2005 年，安徽省科协与上海市科协、台北市交通安全促进会联合主办，安徽省公路学会承办第十三届海峡两岸都市交通研讨会。

2001—2005 年，安徽省外国专家局引进国外技术管理人才 1072 人次，实施项目 764 个，国家资助 1385 万元。出国(境)培训 3556 人，执行项目 2042 项，国家资助 525 万元。受聘专家英国 Bruce Fitt 教授获 2002 年安徽“黄山友谊奖”，Alastair Mccartney 教授获 2004 年国家“友谊奖”和安徽“黄山友谊奖”。

安徽科技事业发展中还存在不少问题和差距，主要表现在：

科学技术是第一生产力的思想尚未得到全面落实。科技体制改革触动旧的思想观念和利益格局，步入深水区改革面临的矛盾都是难啃的硬骨头，问题多、阻力大，冲破旧有思想观念的障碍，突破利益固化的藩篱尚待时日。

科技进步对经济增长的贡献份额偏低，重大科技成果的转化比较缓慢。国民经济主要还是依靠外延扩大再生产的发展模式，尚未转移到依靠科技进步和提高劳动者素质的轨道上来。

原始创新不足，关键技术的自给力低，企业技术创新主体地位并未真正确立，产学研用结合不够紧密，创新体系的整体效能还要提高。

缺乏高层次创新人才、领军人才，特别是对青年创新创业人才培养重视不够，创新团队建设有待加强。

科技资源配置过度行政化，科技管理跟不上创新发展的要求，项目及经费管理不尽合理，科研评价体系和科技奖励导向需要进一步改善，科研诚信和创新文化建设薄弱。

科技投入不足，半数以上市、县财政科技三项费用的投入未达到法定比例，相当一部分企业缺乏技术开发的经费。科技投融资机制、风险保障机制等尚不完善。

高新技术产业占经济总量的比重不高，对转变经济增长方式、调整产业结构的带动作用不大，产业链分工处于中低端的多，高端的少，缺乏市场前景好，竞争力强的高新技术产品。

民营科技企业规模小，拥有关键技术“专精特新”的企业少，抗风险能力弱。许多民营企业产权关系不明晰，内部管理不规范，缺乏制度约束，员工素质较低。贷款难招工难，优惠政策不落实。

上述问题亟需在建设创新型安徽的过程中加以解决。有几点经验或可借鉴：

坚持把科技体制改革和科技事业发展结合起来，以科技体制改革促进科技事业发展，在科技事业发展中深化科技体制改革。要充分认识改革面临的矛盾和困难，增强与时俱进，攻坚克难的勇气，既勇于冲破思想观念的障碍，又努力突破利益固化的藩篱，通过全面深化改革，建立有利于加速科技进步和技术创新的体制与机制，特别要组织科技体制和经济体制的配套改革，从根本上解决科技与经济脱节的问题。

坚持科学技术工作面向经济建设，经济建设依靠科学技术的战略方针。科学技术门类众多，服务对象广泛，但是为经济建设服务，要摆在首要地位。经济建设要解决的重大问题，离不开科技进步。科学技术也只有同经济建设密切结合，才能充分发挥作用和具有广阔的前景。

坚持科学组织力量，加强宏观指导，合理配置科技资源，围绕国民经济和社会发展中的重大科技任务，实行集体攻关，集中力量办大事。20 年间科技战线取得的累累成果，无不是在省委、省政府正确领导下，统筹规划、官产学研用协同配合，集中集体智慧，发挥个人专长，调动广大科技人员积极性完成的。

坚持科学发展观，审时度势，解放思想，实事求是，锐意创新。每当安徽经济社会发展到关键时期，省委、省政府便对科技发展做出重大的战略布局。每一次号召，“向新科技革命进军”“科学技术是生产力”“科教兴皖”“自主创新”“建设创新型安徽”，都带来全省科技发展的新飞跃，深刻影响着安徽经济和社会的发展。题在科技，意在全局，富有时代特征安徽特色的重大科技事件，尽蕴含在科技发展史中。

坚持自力更生为主，国际合作为辅。20 年间安徽国际科技合作与交流十分活跃，这是完全必要的。但更要坚信江淮儿女的智慧和创造才能，努力弘扬民族自尊心、自信心，提倡爱国主义、集体主义精神和社会主义、共产主义思想，在独立自主的基础上坚持改革开放，积极吸收各国科学技术发展的先进成果、先进经验，引进技术、引进人才，从安徽实际出发，进行消化、吸收、提高、创新。正是坚持这一原则，才使安徽自己的科技力量得以健康成长，少走弯路，迅速壮大。国家大科学工程超导托卡马克装置、同步辐射装置以及国家和省部级科技奖励成果、专利的大量涌现，就是最好的印证。

坚持科技人员同实践相结合，同工人、农民相结合，坚持提高和普及相结合，坚持专家、技术人员的研究工作和群众性技术革新、技术改造相结合。在结合过程中，集中群众经验和创新以提高科学技术水平，推广科技成果和普及科学知识以提高全民科学素质，是群众路线在科技工作中的生动体现，践行群众路线是每个科技工作者应尽的职责。

坚持“百花齐放、百家争鸣”的方针，为科技创新营造宽松的环境。鼓励和支持科技人员在求真务实的基础上提出新观点、新理论，创立新学说，探索新领域。提倡不同学派、不同学术观点的争鸣，开展朋友式的切磋讨论，共同推进科学技术的繁荣。反对用行政手段干预学术自由，对学术问题妄加评论，擅作结论。科学领域的真伪和是非，最终要靠实践去检验。科学研究具有探索性，要宽容失败，鼓励创新。安徽大院大所大校比较多，基础研究和应用基础研究力量比较强，是科技战线上的主力军，提出此点尤有必要。

1986—2005 年，科技发展 20 载，历史长河一瞬间。2005 年，建设创新型安徽这个梦才刚开始。“雄关漫道真如铁，而今迈步从头越”，再过 15 年，当《国家中长期科学技术发展规划纲要（2006—2020 年）》实现之日，便是安徽省跨入创新型省份行列圆梦之时，期盼这一天早日到来，在下一轮续志中目睹其风采。

第一篇　科技资源

第一章　科技机构

第一节　科研开发机构

安徽省属科研机构初创于20世纪50年代，再创于20世纪80年代初，近70%的科研院所是在1978年全国科学大会后设立或恢复的，由省级财政拨款，省直主管部门分头管理。1987年，科学事业费拨款制度改革以后，共有70家省属科研机构经费划归省科委管理，行政主管序列不变。

1986年年底，全省县级以上（不含县级）政府部门所属有183个科研院所，其中中央部门和中科院属科研院所19个；职工总数17140人，主要从事科技活动人员12257人，其中科学家、工程师5588人，主要集中在农业和工业两大部门；农、林、牧、渔、水利业部门有49个科研机构，拥有职工3020人，其中科学家、工程师734人，其他科技人员603人；工业部门73个，拥有职工9893人，其中科学家、工程师3238人，其他科技人员1823人。全省技术开发服务机构124个，职工人数1870人，从事科技活动人员1201人，其中科学家、工程师817人；1986年举办技术交易会4次，展出1748项技术，成交技术5项。另外全省还有县级政府部门所属科研机构85个，其中农、林、牧、渔、水利业部门58个，工业部门20个，其他行业8个。

1986年，全省推广宿县地区应用技术研究所经验，省科委直属科研机构实行所长负责制，明确55个省级科研事业单位为拨款制度改革划转单位，制定《安徽省科研事业单位拨款管理暂行规定》。

1987年9月，安徽省人民政府颁发《关于放活科研机构、放宽科技人员政策的若干规定》，全省科研所进一步扩大自主权，普遍实行所长负责制，试行技术合同制、承包责任制，使科研所面向主战场，研发出一大批科研成果。1987年地方科研与开发机构的经费收入5811万元，其中政府拨款2554万元。

1989年，省科委制定《关于贯彻国务院批转国家科委、财政部、人事部、国家税务总局〈关于深化改革科研单位事业费拨款和收益分配制度的意见〉的具体实施办法》。56个省属独立科研所中实行所长负责制或任期目标责任制的有41个，实行承包经营24个，与企业联营的10个，独资创办实体7个，中外合资1个。

1991年，全省县以上部门属自然科研与开发机构合计171个，其中省属60个、地市属98个、国务院部门属9个、中国科学院属4个；职工总数12697人，科学家及工程师5969人、其他科技人员3117人；经费收入18624万元，其中政府拨款6928万元；经费支出16230万元，其中资产购建支出2636万元。另外县以上部门属科技情报与文献机构19个，社会科学与人文领域科技机构9个。

1992年，邓小平南方谈话后，省委、省政府下发《关于贯彻〈中共中央国务院关于加速科学技术进步的决定〉的实施意见》，进一步加快科研机构进入经济主战场的进程，科研机构进入全面改革阶段。

1996年，全省县以上部门属科研机构247个，其中自然科学和技术领域165个、科学技术信息和文献机构19个、社会科学与人文领域科技机构11个、县属研究与开发机构52个。职工总数14118人，科学家及工程师5638人、其他科技人员2355人；经费收入59519万元，其中政府拨款15232万元；经费支出54891万元，其中劳务费12135万元；固定资产原值75621万元；专利授权数27项、科技论文1535篇、科技成果登记404项、成果奖励110项，其中国家级5项、省部级72项。

1997年，省属科研所推进企业化管理，全年技工贸收入超过6000万元，上缴各种税费500万元以上，涌现出省应用技术研究所（科苑集团）、省生物研究所（安科公司）等一批拥有自主知识产权的典型，省应用技术研究所被国家科委批准为"国家脂肪酸研究推广中心"。

2000年，省科委推进省属科研所转制工作，选择省生物所等进行转制试点，积累经验。报请省政府批准《安徽省省属科研机构深化体制改革的实施意见》。三年内实行分类改革。由面向市场能力的科研机构转为科技型企业、整体或部分进入企业，或转为企业性的中介服务机构；向社会提供公共服务、无法得到相应经济回报的科研机构，在调整结构、分流人员的基础上，按非盈利性机构的机制运行和管理。

2000年，全省自然科学研究机构138个。其中，省属研究与开发机构55个，地市级部门属72个，中央部门属11个，其中中科院4个。职工总数9369人，其中科技活动人员6537人、科学家及工程师4396人；经费收入72672万元，其中政府拨款26988万元；经费支出69857万元，其中科技经费支出46910万元。全省另有情报和文献研究机构18个、社会与人文科学研究机构10个。

2001年12月，省政府出台《关于深化省属科研机构管理体制改革的实施意见》。2002年5月9日，省政府召开的"深化省属科研机构管理体制改革动员大会"，对省属科研机构实行企业化转制，过渡期5年，即2002年1月1日至2006年12月31日。省化工研究院等19家开发类科研机构作为首批改革单位，开始实施企业化转制。2003年12月，省编办、省科技厅印发《关于开展省属社会公益类科研机构管理体制改革试点工作的通知》，省属公益类科研机构改革试点工作也启动，省广播电视科研所等5家公益类科研机构被列入改革试点单位。

2005年，全省部门属科研机构182个。其中，县以上部门属科研机构125个，县属科研机构40个，非政府部门属科研机构有研究与发展活动的事业单位1个，转制科研机构 16 个。科研机构从业人员 10968 人，从事科技活动人员 7221 人，其中科学家和工程师 4598 人，分别占从业总人数的 66%和 42%。

2005 年，全省研发经费内部支出 37097 万元，比上年度增加 5661 万元，增长 18%，主要用于基础研究、应用研究和试验发展研究，分别占内部支出的 40.21%、32.41%、27.38%。

2005 年，省科技厅归口管理的科研事业单位共有 52 个，其中技术开发单位 19 个，社会公益单位 28 个，干部培训机构 1 个，其他科研机构 3 个，国际学术交流机构 1 个。52 家科研事业单位在职职工 2212 人，75%为科技人员，高、中级专业技术人员占在职职工 50%以上。享受国贴、省贴的有突出贡献的专家 124 人，获优秀中青年专家称号 10 人。国有资产总值 5.8 亿元，其中固定资产 3.8 亿元，食品设备总值近 1 亿元。

2001—2005 年，省属科研机构经济创收能力快速增长，科技创新能力不断增强，公益类院所的公共服务功能也得到较好的体现，科研院所改革取得实质进展。承担各类课题 1053 项，其中国家级课题 34 项、省部级 205 项、厅局级 272 项。共发表论文 1726 篇，获得专利授权 30 项，其中发明专利 10 项；获得新药证书近 20 个，临床批件 30 多个；获各类科技成果奖 74 项，其中省部级一等奖 7 项，二等奖 6 项。省化工研究院、省药物研究所同其他单位联合共建安徽省绿色高分子实验室和安徽省中药研究与开发重点实验室；省生物研究所改制的安科公司，通过合作、兼并、收购等方式，不断扩大产业规模与开拓新领域，于 2009 年成功实现上市。（见表 1–1–1）

2005 年安徽省属科研院所一览表

表 1–1–1

单位名称	单位地址
安徽省审计科学研究所	合肥市庐江路 77 号
安徽省财政科学研究所	合肥市阜南西路 238 号
安徽省价格研究所	合肥市花园街招商大厦
安徽省监狱研究所	合肥市安庆路 310 号
安徽省血吸虫病防治研究所	芜湖市镜湖东郊路 207 号
安徽省老年医疗保健研究所	马鞍山市党校路
安徽省教育科学研究所	合肥市长江中路 232 号
安徽省化工研究院	合肥市庐阳区阜阳北路 363 号
安徽电子科学研究所	合肥市高新技术开发区开波路 5 号
安徽省农业机械研究所	合肥市西七里塘樊洼路 4 号
安徽省机械科学研究所	合肥市蜀山区金寨路 71 号

续表 1–1–1

单位名称	单位地址
安徽光电技术研究所	合肥市濉溪路 312 号
安徽省建筑材料科学研究所	合肥市安庆路 233 号
安徽省冶金科学研究所	合肥市裕溪路 872 号
安徽省轻工科学技术研究所	合肥市陈村路 29 号
安徽省交通科学研究所	合肥市长江东路 1157 号
安徽省生物研究所	合肥市濉溪路 312 号
安徽省粮油科学研究所	合肥市潜山路 432 号
安徽省纺织服装研究所	合肥市庐江路 112 号
安徽省纺织工业科学研究所	合肥市铜陵路 23 号
安徽省商标设计研究所	合肥市长江路省委大院
安徽省科技研究开发中心	合肥市黄山路 601 号
安徽商业科技研究所	合肥市屯溪路合肥工大电子商城 3 号 508 室
安徽省芜湖仪器仪表研究所	芜湖市工农路 63 号
安徽省蚌埠工业自动化研究所	蚌埠长乐路 414 号
安徽省淮南煤炭化工研究所	淮南市陈洞北路 3 号
安徽省林业科学研究院	合肥市长江西路 820 号
滁州市原子能利用研究所	滁州市凤凰湖 2 村 27 室
安徽省水利部淮委水利科学研究院	安徽省蚌埠治淮路 771 号
安徽省药物研究所	合肥市黄山路 202 号
安徽省医学科学研究院	合肥市永红路 15 号
安徽省计划生育科学技术研究所	合肥市淠河路 14 号
安徽省计算机中医应用研究所	合肥市梅山路 103 号
安徽省脑立体定向神经外科研究所	合肥市庐江路 17 号（安徽省立医院内）
安徽省心血管病研究所	安徽省合肥市庐江路 17 号
安徽省安全生产科学研究院	合肥市长江中路 333 号 10 楼
安徽省科学技术情报研究所	合肥市巢湖路 287 号
安徽省机械情报所	合肥市金寨路 71 号

续表 1–1–1

单位名称	单位地址
安徽省电子情报研究所	合肥市屯溪路 435 号省人大办公楼 13 层
安徽省医学情报研究所	合肥市永红路 15 号
安徽省科学技术研究院	合肥市濉溪路 312 号
安徽省国际经济贸易研究所	合肥市金寨路 162 号安徽国际商务中心 B 座 7 楼
安徽省体育科学技术研究所	合肥市芜湖路 97 号
安徽省广播电视科研所	合肥市桐城南路 359 号
安徽省文物考古研究所	合肥市金寨路 469 号
安徽省艺术研究院	合肥市徽州大道 272 号
安徽省煤炭科学研究院	合肥市宣城路 81 号
合肥国家大学科技园发展责任有限公司	合肥市黄山路 602 号
安徽省标准化研究院	合肥市包河区延安路 13 号
安徽省计量测试研究院	包河工业区延安路质监小区
安徽省产品质量监督检验研究院	合肥市包河工业区延安路 13 号
安徽省纤维检验局	合肥市包河工业区延安路 13 号
安徽省国家农业标准化与检测中心	合肥市包河区产业园
安徽省环境科学研究院	合肥市长江西路 10 号
安徽省农业科学院作物研究所	安徽省合肥市庐阳区农科南路 40 号
安徽省农业科学院水稻研究所	安徽省合肥市庐阳区农科南路 40 号
安徽省农业科学院植保研究所	安徽省合肥市庐阳区农科南路 40 号
安徽省农业科学院情报研究所	安徽省合肥市庐阳区农科南路 40 号
安徽省农业科学院畜牧研究所	安徽省合肥市庐阳区农科南路 40 号
安徽省农业科学院水产研究所	安徽省合肥市庐阳区农科南路 40 号
安徽省农业科学院土肥研究所	安徽省合肥市庐阳区农科南路 40 号
安徽省农业科学园艺研究所	安徽省合肥市庐阳区农科南路 40 号
安徽省农业科学院蚕桑研究所	安徽省合肥市蜀山区霍山路 15 号
安徽省农业科学院茶叶研究所	安徽省黄山市祁门县文峰南路 1 路
安徽省农业科学院棉花研究所	安徽省安庆市迎江区华圣路 21 号

续表 1-1-1

单位名称	单位地址
安徽省农业科学院烟草研究所	安徽省滁州市凤阳县洪武路 63 号
安徽省农业科学院原子能农业应用研究所	安徽省合肥市高新区长江西路 669 号
安徽省农业科学院绿色食品工程研究所	安徽省合肥市庐阳区农科南路 40 号

第二节　安徽省农业科学院

安徽省农业科学院前身溯及 20 世纪 50 年代初建立的皖北、皖南农业试验场，历经安徽省农业试验场、安徽省农业试验总站，1960 年成立安徽省农业科学院，是省政府直属综合性研究机构。下设研究机构有作物、水稻、植保、情报、畜牧、水产、土肥、园艺、蚕桑、茶叶、棉花、烟草、原子能农业应用、绿色食品工程 14 个专业研究所。建有国家水稻育种合肥分中心、国家茶树育种安徽分中心、农业部安徽优势农作物科技创新中心、安徽省农作物品质改良重点实验室、安徽省水稻遗传育种重点实验室、安徽省种质资源基因库、安徽省烟草研发中心、安徽省杂交棉工程技术中心等科研平台。另外，至 2005 年农业部(合肥)转基因生物产品监督检测中心、国家棉花育种分心等正在积极筹建中。

该院主要开展粮食作物、经济作物、畜禽、水产等新品种(组合)培育及示范推广、主要农作物高产栽培技术和主要畜禽鱼类饲养管理技术、主要农作物病虫害和畜禽鱼类疾病的流行规律与防治技术、土壤改良、施肥技术和耕作制度改革、新技术在农业上的应用以及农业管理的应用性理论等研究工作，为安徽省全面建设小康社会、推动农业科技进步和持续发展、促进社会主义新农村建设发挥科技支撑和引领作用。

1986—2005 年，该院共获得科技成果 600 余项，其中国家级奖项 2 项。该院下设 14 个研究所，在职职工 1031 人，其中研究员 66 人，副研究员 147 人，博士 15 人，硕士 108 人，国家、省级突出贡献专家 10 人。

作物研究所　主要从事小麦、油菜、大豆、甘薯、玉米、花生、芝麻、食用豆、大麦等作物新品种选育与示范推广、耕作栽培和品种加工利用以及农业现代化宏观研究工作。承担农业部优势农作物科技创新中心、安徽省农作物品质改良重点实验室、安徽省种质资源基因库、农业部“安徽省野生大豆种质资源淮河下游原位保护区”、农业部甘薯新品种皖薯 3 号原原种扩繁基地和农业部玉米原原种扩繁基地工作。

水稻研究所　主要从事水稻新品种(组合)的选育与示范推广、种质资源创新与利用、水稻基因工程技术研究、水稻栽培技术等方面研究，参与 863 高新技术的应用研究。承担国家水稻育种合肥分中心、安徽省水稻遗传育种重点实验室、国家水稻原原种安徽省农业科学院水稻研究所扩繁基地工作。

植保研究所　主要从事农业病虫草等有害生物的发生流行规律和综合防治技术、生物防治技术、新农药研制和应用推广、农药安全性评价、农产品安全生产等方面的技术研究。与作物所共同承担安徽省农作物品质改良重点实验室工作。

情报研究所　主要从事农业科研情报资料、图书期刊和信息的收集和整理，现代农业、农村经济、区域农业发展、农业科技发展战略、农业发展规划研究；开展现代农业数字化、智能化，农情与灾害遥感监测研究，编辑出版省级专业学术刊物《安徽农业科学》《现代农业科技》；开展图书文献查询与农业信息咨询等。

畜牧研究所　主要从事畜禽及牧草育种、标准化健康养殖、动物营养与饲料、疾病诊断及综合防治、畜产品加工、循环农业等方面研究。

水产研究所　主要从事鱼类优良品种选育、淡水养殖、湖泊生态渔业、渔业资源环境监测保护、中小型水库开发利用、水产品加工及综合利用、特种水产品的研究与开发等研究。

土肥研究所　主要从事安徽省土壤资源合理利用与保护、中低产土壤改良、作物营养调控与科学施肥、新型肥料产品研制与开发、农业资源可持续利用和环境保护等研究。

园艺研究所　主要从事果树、蔬菜的品种选育与栽培技术研究，果品贮藏、加工利用研究，组织培养在育种上的应用研究、花卉新品种的引进、选育与开发等研究。

蚕桑研究所　主要从事家蚕和桑种质资源保存和新品种选育、桑树高产栽培和养蚕技术、茧丝绸资源多功能应用技术研究及产品质量检测检验、蚕桑病虫害防治等研究。

茶叶研究所　主要从事茶树新品种选育、茶树高产优质高效生产技术研究、茶园土壤与肥料、茶叶加工与资源利用、茶树病虫害防控等研究。承担国家茶树育种安徽分中心工作。

棉花研究所　主要从事棉花新品种(组合)的选育与示范推广、棉花高产优质低耗栽培技术研究、棉业主要病虫害综合防治技术等研究。承担国家棉花改良中心安庆分中心、安徽省杂交棉工程技术研究中心、国家棉花原原种扩繁基地、创世纪转基因棉花安徽育种站工作。

烟草研究所　主要从事烟草新品种的选育、烟草栽培烘烤技术研究、烟草病虫害防治技术和成果推广应用等研究。承担安徽省烟草研发中心、安徽省烟草病虫害预测预报综合防治站、安徽省烟叶土壤测试分析中心工作。

原子能农业应用研究所　主要从事动植物诱变育种技术及应用研究、同位素示踪技术研究、辐射贮藏保鲜及辐射加工工艺技术研究、农业辐照技术服务等研究。承担安徽农业辐照中心工作。

绿色食品工程研究所　主要从事绿色食品的开发与加工研究、绿色食品的测试分析和检验鉴定、绿色食品的中试生产等研究。

第三节 中央驻皖科研机构

中国科学院合肥物质科学研究院 中国科学院合肥物质科学研究院(简称合肥研究院)地处合肥市西北郊董铺水库西岛——董铺岛,即现今的科学岛,占地约2775亩,由五个独立法人单位整合而成。早在1970年,安徽光学精密机械研究所成立,成为中国科学院(简称中科院)在岛上最早的一个科研机构。全国科学大会的召开,中科院进行较大规模的收回和新建科研机构的工作,在岛上先后成立合肥分院、等离子体物理研究所、智能机械研究所、固体物理研究所,自固体物理研究所成立后至2000年一直保持着这样合肥分院下辖4个研究所的规模。

2000年,根据中科院实施知识创新工程试点工作的总体部署,中科院合肥分院和四个研究所(安徽光学精密机械研究所、等离子体物理所、固体物理所、合肥智能机械研究所)开始酝酿、讨论整合成立中国科学院合肥研究院。2001年11月,中科院批准合肥分院及安徽光学精密机械研究所、等离子体物理研究所、固体物理研究所合并成一个法人单位。2001年12月19日,中科院合肥分院召开全体研究员及处以上干部大会,新领导班子成立,各项工作正式启动。2003年5月8日,中央机构编制委员会办公室正式批复中国科学院合肥分院、中国科学院安徽光机所、中国科学院等离子体物理所、中国科学院固体物理所合并为合肥研究院。2003年6月17日,中科院正式行文批准合肥研究院成立。2004年4月16日,中科院批准同意智能所取消法人资格,归属合肥研究院。

合肥研究院凝练的主要学科方向是等离子体物理与磁约束核聚变、大气光学、纳米科学和材料物理、环境光学与环境监测遥感技术、应用激光技术、低温超导磁体和电力节能应用、强磁场科学与技术、离子束生物工程、仿生感知与控制、智能信息系统。

至2005年底,合肥物质科学研究院有在职职工1475人,其中专业技术人员1005人,院士2人。博士110人,硕士167人,离退休职工1113人。下属5个科研单位:安徽光学精密机械研究所、等离子体物理所、固体物理所、合肥智能机械研究所、强磁场科学中心。

安徽光学精密机械研究所 安徽光学精密机械研究所成立于1970年12月3日,是中国科学院基地型研究所,从事大气光学、环境光学与监测技术、遥感技术与辐射定标、激光技术与应用等有特色、有优势的科学研究。承担着国家重点科技攻关、国家“八六三”计划、国家自然科学基金、国家部委预研、中科院重大以及省市地方科技攻关等项目。研制成功的空气质量长程差分吸收监测系统、机动车尾气遥测系统、便携式大气探测激光雷达、车载测污激光雷达等设备,已在中国环境污染监测等国防和国民经济建设中发挥着重要作用。

等离子体物理所 等离子体物理研究所成立于1978年9月。主要从事高温等离子体物理，磁约束核聚变技术及相关高技术的研究和开发。承担着国家发改委、科技部、国家基金委和中国科学院多项重大科研项目。它是中国最重要核聚变研究基地之一，是世界实验室在中国设立的核聚变研究中心，也是国际受控热核聚变计划 ITER 中国工作组最重要的单位之一。HT-7 托卡马克实验研究团队被院评为“中国科学院重大创新贡献团队”。

固体物理所　固体物理研究所成立于 1982 年 3 月，其创始人是著名金属物理学家、中国科学院院士葛庭燧研究员。2001 年，进入中科院知识创新工程试点单位，是中科院材料物理重点实验室、安徽省纳米材料与技术重点实验室、安徽省纳米材料工程技术中心、合肥物质科学研究院物质科学计算中心的依托单位。主要研究方向为：纳米材料与纳米结构、新型功能材料与固体内耗、计算材料物理。

合肥智能机械研究所　智能所成立于 1979 年 10 月，主攻以智能机器为目标的机器智能技术及为之配套的传感技术，相应发展有关敏感元件与新型传感器的研究。承担国家自然科学基金、国家“863”计划、“973”计划、省部及地方重点科技攻关课题等千余项。

强磁场科学中心　2005 年 12 月 28 日，由合肥物质科学研究院和中国科学技术大学联合共建，挂靠合肥研究院的非法人研究单元“合肥强磁场科学技术研究中心”成立。其主要职能是组织强磁场实验装置项目的建设及强磁场科学技术的研究。为开展凝聚态物理、化学、材料科学、地学、生物学、生命科学和微重力等学科的前沿研究提供强磁场平台，使中国的强磁场水平跻身于世界先进行列。

中国电子科技集团公司第 38 研究所　中国电子科技集团公司第 38 研究所（又名华东电子工程研究所），是国家一类研究所。1965 年，建于贵州都匀，1988 年，搬迁安徽合肥。曾先后隶属于第四机械工业部、国防科学技术委员会、空军、第四机械工业部、电子工业部、机械电子工业部。其中，1983—1987 年，隶属于电子工业部；1988—1992 年，隶属机械电子工业部；1993—1997 年，隶属于电子工业部；1998—2002 年 6 月，隶属于信息产业部；2002 年 7 月起隶属于中国电子科技集团公司。

该所拥有设计、制造、测试、集成、试验等发展信息产业完整平台，先后研制出中国第一部国土防空三坐标雷达、第一部全相参脉冲多普勒天气雷达、第一部数字波束形成三坐标雷达、第一部机载雷达等，在地面雷达技术、合成孔径成像雷达技术、新体制雷达技术、浮空平台系统等方面形成具有国际先进水平的核心技术，业务领域涵盖信息装备研发制造、信息技术服务、信息装备浮空平台三大战略领域，成为中国军工电子行业的骨干力量。

1986—2005 年间，该所共获得国家级科技进步奖 13 项、省部级科技进步奖 85 项，其中 383 三坐标雷达、384 三坐标雷达、JY-9 雷达、305 机动式三坐标雷达先后荣获国家科学技术进步奖一等奖。20 年来，共有 6 型产品通过设计定型鉴定工作，5 项预研课题通过部级技术鉴定、验收。

2005年,该所职工共计2893人,其中专业技术类894人,高级工程师189人,研究员级高级工程师40人。形成中国电科浮空平台研发中心、安徽省汽车电子工程研究中心等科技创新平台,并创立“中国雷达第一股”四创电子等五家子公司,产品出口近十个国家,是一家军品民品并举、研发生产一体的高科技、集团型研究所。

中国电子科技集团公司第16研究所 中国电子科技集团公司第16研究所(以下简称16所),成立于1966年6月,1982年11月,由陕西省略阳县整体搬迁至安徽省合肥市。随着国家机构的调整,16所先后隶属于中国科学院、国防科学技术委员会、第四机械工业部、机械电子工业部、电子工业部、信息产业部等,现隶属于中国电子科技集团公司。

1986—2005年,获得8个技术引进、技术改造项目,完成GB/T19001和GJB9001A质量管理体系建设,组建由16所控股的“安徽万瑞冷电科技有限公司”,通过“国防武器装备科研生产单位保密资格认证”资格审查认证并获得国家二级保密资格;获得首批信息产业部认可的军用电子元器件合格供应商和军工电子装备科研生产许可证,取得科技成果奖励近50项,形成较完整的低温制冷技术、低温液体贮存技术、高温绝热技术、低温电子技术、超导电子技术、微波和毫米波技术等专业技术体系,显示16所在这些专业技术领域的优势地位。

1986—2005年,16所在主营业务的各个领域全面发展, 在小型低温制冷机领域,实现以“长波160元光导碲镉汞红外探测器用斯特林制冷机”为代表的分置式斯特林制冷技术发展,主要产品SFZ1750/01型斯特林制冷机从研发、各阶段装机试用至设计定型,成为中国唯一机载平台应用的分置式制冷机。在低温真空领域,实现以“CP200型低温泵”为代表的G-M制冷机、低温泵技术发展。在普冷领域,实现以“QKR-38Y型汽车空调器”为代表的十几个品种汽车空调的研发和生产,为各种异型汽车配套,并建立蒸发器、冷凝器生产线。在微波领域,实现以“带精密数字式STC控制系统的RF-IF放大器组件”为代表的一批军用微波器组件的研发、设计定型。在毫米波领域,实现以“8mm集成前端”为代表的一批军用毫米波组建的研制、鉴定。

中国电子科技集团公司第8研究所 中国电子科技集团公司第8研究所(以下简称8所),成立于1970年,是国内从事光纤光缆传输技术的专业化研究所,也是中国最早从事光纤光缆传输技术研究、开发、推广及应用的单位。主要专业有:光纤光缆及连接器技术、光纤传感技术、光纤光缆工艺专用设备技术和光纤通信系统工程技术等。

第8研究所于1970年7月筹建于甘肃省徽县,1982年6月,成建制调整搬迁到安徽省淮南市(现淮南东所区),1982年,更名为电子工业部第8研究所,1987年8月,淮南新所区(现淮南西所区)建所项目全面启动,1988年,更名为机械电子工业部第8研究所,1993年,更名为电子工业部第8研究所,1998年,更名为信息产业部第8研究所,2002年,更名为中国电子科技集团公司第8研究所。

1986—2005年取得重大科研成果主要有:“国家光通讯试点示范工程—天安门电

视监控工程”（1988 年）、“国内第一根实用化浅海光缆及接头盒”（1989 年）、“国内第一根光纤鱼雷线导光缆”（1997 年）、“可带中继的浅海光缆及连接器” 获国防科技二等奖（2002 年）、“首条大长度无中继跨海光缆及接头盒”（2005 年）。

中国电子科技集团公司第 43 研究所　中国电子科技集团公司第 43 研究所成立于 1968 年。1982 年 4 月，由陕西凤县整体搬迁至安徽省合肥市。1992 年，43 所被国家计委、总参、国防科工委确定为国家一类军工研究所；随着国家机构的调整，43 所现隶属于中国电子科技集团公司。

43 所是从事微电子技术研究的国家一类研究所，根据系统、装备和整机的小型化需求，在混合微电子及相关技术领域探索、研究，为国防事业做出贡献。43 所拥有厚膜混合集成、薄膜混合集成、LTCC、PCB&SMT、金属外壳、工业窑炉与电镀设备、AlN 材料、电子浆料等生产线，在混合集成电路及微组装技术领域具有明显的综合优势并引领国家行业发展，是国内军工市场中二次电源、金属外壳等产品的最大供应商。拥有 EDA 设计、质量检测、技术情报和标准化等四个中心，是国内专业设置最为齐全的混合集成电路专业研究所。

中国电子科技集团公司第 40 研究所　中国电子科技集团第 40 所（以下简称 40 所），1983 年 4 月—1988 年 9 月，40 所隶属电子工业部元器件工业管理局。1988 年 9 月—1993 年 6 月，40 所隶属机械电子工业部。1993 年 6 月—1999 年 7 月，40 所隶属电子工业部。1999 年 7 月—2002 年 8 月，40 所隶属信息产业部。2002 年 8 月起，40 所隶属于中国电子科技集团公司。

1986—2005 年，40 所取得科研成果主要有：“CATV 专用连接器及无源部件”，1986 年开始，该所先后研发 CATV 专用连接器及无源部件，其中包括 JJRS 系列的 21 个品种规格、FL10 系列 20 品种规格、Z/F 系列 10 种、F/F 系列 6 种及 KS 系列等多种连接器，经用户使用，完全能替代进口。

中国电子科技集团公司第 41 研究所　前身是中国人民解放军第 1406 研究所（兰字 828 部队），隶属于国防科学技术委员会第 14 研究院。1968 年始建于陕西凤县，1982 年迁入安徽省蚌埠市，2002 年 8 月至今，中国电子科技集团公司第 41 研究所（华东电子测量仪器研究所），隶属中国电子科技集团公司。41 所是中国国防科技工业系统唯一的专业电子测量仪器研究所，在电子测试领导取得多项成果主要有：

1.频谱分析仪

1986—2005 年，41 所相继推出 AV403X 系列微波毫米波频谱分析仪，填补多项国内空白，打破国外技术封锁和产品垄断，广泛用于航空、航天、通信等领域，发挥重要的测试和保障作用。1994 年，研制出国内第一台智能微波频谱分析仪——AV4031 智能频谱分析仪，频率范围 50kHz~22GHz，实现微波频谱分析仪零的突破。1998 年，研制出国内第一台多功能微波频谱分析仪——AV4032 多功能微波频谱分析仪，频率范围 30Hz~26.5GHz。成果获得 1999 年度信息产业部科学技术进步奖一等奖。2001 年，研制出国内第一台高性能微波频谱分析仪——AV4033 高性能频谱分析仪。2005 年,研制出国内第一台毫米波频谱分析仪——AV4036 频谱分析仪。

2.矢量网络分析仪

41 研究所于 1995 年成功研制出国内首台分体式矢量网络分析仪系统，项目获 1996 年度获电子工业部科技进步奖一等奖。1999 年,首套国产一体化矢量网络分析仪诞生、国产脉冲矢量网络分析仪研制成功。2001 年,3 毫米波矢量网络分析仪研制成功,成果获 2002 年度国防科学技术奖二等奖。2003 年,AV3627 宽带一体化矢量网络分析仪研制成功结束当时国内无 40GHz 一体化矢量网络分析仪的历史。

3.光时域反射计

41 所于 80 年代末，研制开发第一代 AV3628 型智能光时域反射计，填补国内空白。AV3662A 型光时域反射计在 1996 年的全军通信兵大比武中获得“一锹准”的称号。41 所不断加快产品的更新换代速度，先后研制 AV6411A 小型化光时域反射计、AV6413 高性能微型光时域反射计、AV6415 模块化光时域反射计,AV6416 掌上型光时域反射计及 AV6418 高性能多功能光时域反射计等系列化产品。

4.光纤熔接机

光纤熔接机是光纤应用领域必备的基础设备之一。自 1988 年中国第一台光纤熔接机在 41 所问世以来,经过科研人员不懈努力,先后攻克“超高分辨率三维自动微调技术”“高保真光学显微放大技术”“保偏光纤特征图像识别及图像处理技术”“直视纤芯光纤透镜效应显微成像技术”等一系列关键技术,打破国外高端熔接机产品禁运,成果先后获得国家科技进步奖三等奖、机电部科技进步奖一等奖、国家科委火炬杯金奖等各类重要奖项。

中国兵器工业集团第 214 研究所　面对陆装武器发展的历史使命和重大机遇,以及兵器工业的光电行业核心技术的配套性,第五机械工业部(即兵器工业部)着手组建以光电系统所需集成器件及其他特殊专用集成器件的研制与生产为发展方向的专业研究所。

1979 年 5 月,第五机械工业部第 207 研究所分所成立,原第 207 研究所第四研究室整体从山西祁县迁移至安徽省蚌埠市。地师级编制,规划建筑面积两万平方米;1986 年 11 月 25 日,兵器 207 所分所更名为“兵器工业部第二一四研究所”(简称“兵器 214 所”),第二所名为“华东光电集成器件研究所”。

2001 年 6 月 18 日,更名为“华东光电集成器件研究所”(中国兵器工业集团第二一四研究所),事业编制 580 名。20 年来,多项科研项目获国家奖励,其中,“歼十飞机工程”2006 年度获国家科技进步奖,“先进战机机载制氧系统研制”“SC05R 型分置式斯特林制冷机”“热像仪工程化研究及产业化实践” 分别于 1999 年、2002 年、2006 年获国家科技进步奖。

合肥通用机械研究院　1956 年成立于北京,1969 年搬迁至合肥,1999 年转制为科技型企业，是机械工业部直属的国家一类研究所，现隶属于中国机械工业集团公司。自成立以来，共经历初始创建（1956—1968年）、搬迁重建（1969—1982年）、改革调整（1983—1998年）、创新发展（1999年起）四个发展阶段。成立时名称为第一机械工业部化工与通用机械研究所，2005年，正式更名为合肥通用机械研究院。

作为国内通用机械领域的多专业、综合性国家级科研院所，合肥通用机械研究院主要从事石化、能源、冶金、燃气、环保、国防军工等行业通用机械及化工设备的设计、开发、研制、检测、监理、工程承包、设备成套和职业教育等。2003年，经科技部批准组建国家压力容器与管道安全工程技术研究中心。截至2005年，有职工近700人，研发人员占80%以上，高级职称200余人；是通用机械相关专业4个全国标准化技术委员会的挂靠单位，设有压缩机制冷设备、泵阀和密封件产品等3个国家质量监督检验中心。

20年来，取得许多重大科研成果，其中，“在役重要压力容器寿命预测与安全保障技术研究”获2005年度国家科技进步奖二等奖；“制冷空调设备检测技术、装置及标准的研究与应用”相关成果获2002年和2005年度安徽省科技进步奖一等奖；“压力容器缺陷评定规范推广应用” 获1988年度国家科技进步奖二等奖；“大型高参数球罐国产化研制与工程应用”相关成果获1992年度国家科技进步奖二等奖、1997年度国家科技进步奖三等奖和2003年度安徽省科技进步奖一等奖；“超高压旋转水射流技术及其表面处理工程应用” 相关成果获2002年度中国机械工业科技进步奖二等奖等多项省部级奖励。

合肥水泥研究设计院　合肥水泥研究设计院前身是建材部北京水泥研究院，1953年，在北京组建，文化大革命中被分割下放至四川江油、河北唐山和辽宁小屯，成立水泥工艺研究所、水泥机械研究所和水泥自动化研究所，1978年，三所合并重建成立合肥水泥研究设计院并迁入合肥。合肥水泥研究设计院是原国家建材局直属的重点科研院所和甲级设计单位，1999年7月1日，改制进入中央大型企业——中国建筑材料集团公司。

合肥水泥研究设计院地处安徽省合肥市，有院本部和2个科技产业园，总占地面积近33.33公顷，建筑面积69500平方米。2005年，有职工700余人，外聘员工1600余人。其中具有中级及以上职称的专业技术人员有近500人。合肥水泥研究设计院配有各种先进的试验仪器，测试手段完备，专业工种齐全技术力量雄厚，建成国家认定的企业技术中心。主要从事水泥工业生产技术装备的开发和应用研究，并承担各种窑型水泥生产线的工程设计、技术服务、设备成套、工程承包和环境评价任务。20年来坚持为水泥工业的技术进步服务，瞄准国内外的先进水平，着重研究开发“水泥生产过程中节能、环保和自动化技术的新工艺、新装备”，形成以水泥热工、粉体工程、水泥工业自动化、环境保护工程、水泥原料优化开采和资源综合利用为代表的优势专业。

2005年，全院实现工业产值15亿元；在全国工程勘察设计百强企业评比中，位列第14名；在中国建材机械行业20强企业中列前3甲；位列安徽省外经营业额第1名。

1986—2005年，合肥水泥研究设计院优秀成果主要有：“水泥窑烧煤窑外分解技术”由合肥水泥研究设计院研制成功的国内第一台烧煤窑外分解窑(邳县型窑),是国内自主研发的新型干法水泥生产技术,填补国内空白。在该成果的基础上,相继研制成功各种规格的新型干法水泥窑外分解生产线,并大量投入应用。该成果荣获国家科技进步奖二等奖和国家科技攻关奖。“开流高产高细水泥管磨机”项目两次获国家科技进步奖二等奖,并取得国家发明专利权和英德法美专利权。“HCGG 大型水泥辊压机”两次荣获国家科技进步奖二等奖,并取得中国、欧洲和澳大利亚专利权。“HRM 大型生料立式磨”成果荣获国家科技进步奖二等奖。“N-TDG 大型窑尾钢丝胶带提升机”荣获国家科技进步奖二等奖。

东华工程科技股份有限公司 1963 年 3 月,经化学工业部与安徽省人民委员会商定,将安徽省重工业厅设计院更名为化工部淮南化工设计院,隶属化工部直接领导,并将设计院迁至淮南。1965 年 3 月,更名为化学工业部第三设计院。1978 年 8 月,化三院改由化工部和安徽省双重领导,以化工部为主。1979 年,化三院被国家建委确定为全国勘察设计单位首批进行企业化收费试点的单位之一。1986 年 2 月, 化学工业部第三设计院从淮南搬迁回合肥。1998 年,因国务院机构改革,化三院划归国家石油和化学工业局领导。1999 年,国家石化局以国石化企发〔1999〕425 号文明确化三院为中国化学集团公司下属单位。2001 年 7 月 18 日,以化学工业部第三设计院为主发起人,联合中成进出口股份有限公司、中国环境科学研究院、安徽省信用担保集团有限责任公司和安徽淮化集团有限公司共同发起成立东华工程科技股份有限公司,标志着化三院成功实现由事业单位体制向现代企业制度的跨越。

20 年来,东华工程科技股份有限公司在“氯化法钛白工艺”“油漆涂料新技术”“硫铁矿制酸技术”“大型磷酸成套技术”“正丁烯直接水合生产甲乙酮成套工艺技术”等研究领域取得多项科技成果,其中“1000t/a 氯化法(一氧化碳法)钛白工业装置”获 1988 年度化工部科技进步奖二等奖,1989 年获得国家科技进步奖二等奖。“涂料专用搅拌釜优化研究开发和系列产品设计”获 1992 年度化工部科技进步奖二等奖,1993 年度国家科技进步奖三等奖。“年产 20 万吨硫酸大型国产化装置”获 1995 年度化工部科技进步奖一等奖,1997 年度国家科技进步奖二等奖,国家“八五”科技攻关重大科技成果。“年产 12 万吨大型磷酸成套装置”获 2003 年度中国石油和化学工业协会科技进步奖一等奖。“3 万吨 / 年正丁烯直接水合生产甲乙酮成套工艺技术”获 2004 年度安徽省科学技术奖一等奖。

蚌埠玻璃工业设计研究院 蚌埠玻璃工业设计研究院(以下简称蚌埠院),成立于 1953 年,是国家级综合性甲级科研设计单位,国家重点高新技术企业,2000 年,加入中国建材集团并改制成立中国建材国际工程集团有限公司, 是凯盛集团的核心企业,产业基地遍布全国内,经营网络覆盖全球。

作为中央应用研究院,蚌埠院大力实施集成化、产业化、工程化、国际化战略,打造凯盛玻璃、凯盛光伏、凯盛材料、凯盛装备、凯盛工程等五大业务平台,拥有玻璃、水泥、矿石、新型房屋、新能源、环境污染治理的工程设计、总承包、咨询、监理等甲级资质及对外经营权。连续多年跻身美国《ENR》全球顶级工程设计咨询公司200强，跻身全国勘察设计企业、工程项目管理企业和工程总承包企业前10强。

1986—2005年，蚌埠院取得多项科研成果并获国家奖励。“太阳能电池用微铁高透过率玻璃成套技术及产业化开发”，项目突破国外“窄液流成型工艺”的传统技术理念，成功开发“宽液流成型工艺”技术，通过集成大型熔窑节能新技术，开发世界单体规模最大的光伏玻璃生产线。“浮法玻璃微缺陷控制与节能关键技术及产业化应用”，首次开发成功世界最大规模的1200t/d优质浮法玻璃生产线。“超薄电子玻璃关键技术”项目集成创新TFT-LCD玻璃基板溢流成形技术，成功开发出超薄浮法电子玻璃变量熔化，等梯度温降成形技术，形成中国具有完全自主知识产权的超薄电子玻璃工业化制备核心技术及成套装备，稳定量产国内最薄0.2mmTFT-LCD玻璃基板和0.15mm超薄浮法电子玻璃基板。“玻璃熔窑全氧燃烧技术”是国家重点节能减排项目之一，第一条具有自主知识产权的全氧燃烧技术，开创国内玻璃行业转型升级的新局面，对于玻璃行业实现节能减排和可持续发展具有划时代意义。

机械工业第一设计研究院　1952年8月，创建于北京，1970年，迁址安徽蚌埠市。1987年4月，改名为国家机械工业委员会第一设计研究院，1988年12月，改名为机械电子工业部第一设计研究院，1993年，改名为机械工业部第一设计研究院。2000年10月，与政府脱钩改为中央直属科技型企业，隶属于机械科学研究总院，2001年6月，改名为机械工业第一设计研究院。

机械工业第一设计研究院为国家机械、建筑、石油天然气、市政公用、军工、船舶机械六个行业甲级工程设计单位，电力、电子通讯、商物粮、市政公用、轻纺家电五个行业乙级工程设计资质单位；拥有工程咨询、工程总承包、工程造价、工程建设监理甲级资质，环境污染防治工程乙级工程设计证书，国有资产评估资质，机械工业建构筑物可靠性检测鉴定甲级资质；工程桩动测单位资质；具有压力管道设计资质，一、二、三类压力容器设计资格；有开展对外经济技术合作业务权。

2005年，机械工业第一设计研究院有员工700多人，专业技术人员580多人。建院以来共承担并完成国家大、中型重点工程和境外工程的工程咨询、工程设计、工程承包及工程建设监理2800多项，科研业务建设成果1700余项，非标设备、生产线2000多台（套）。负责起草国家及行业标准、规范、设计标准图集和通用图集100余项，获得国家、省（部）级三等奖以上的科学技术进步奖、优秀工程设计奖及质量管理成果奖220余项（其中国家级奖40余项）。共获实用新型专利12项。发表科技论文1500余篇，出版科技著作100余部。在工程机械、重型机械、新能源、汽车零配件、医疗建筑等行业的工程咨询、设计及工程管理方面在全国处于引领、主导地位，其中工程机械、重型机械两个行业国内市场占有率均超过70%，具有很强的市场影响力和良好的声誉。涂装、工业炉窑等装备方面在全国处于领先地位，为相关行业的技术进步做出了重要的贡献。

中钢集团马鞍山矿山研究院 1982年1月8日,马鞍山矿山研究院恢复地专级单位。1998年,马鞍山矿山研究院由国家冶金工业局主管。1999年7月1日,转制为科技型企业,马鞍山矿山研究院进入中国钢铁工贸集团公司,成为以中钢为主管理的双重领导体制。2002年3月28日,矿院与安徽恒信投资发展有限责任公司、安徽中周实业(集团)有限公司、安徽省国有资产运营有限公司、中国冶金矿业总公司、北京金泰宇财务咨询开发有限公司、马鞍山市森隆房地产开发有限公司作为发起人,以发起方式设立安徽天源科技股份有限公司,矿院持股比例为70%。马鞍山矿山研究院以2005年9月30日为基准日将持有的控股子公司——安徽天源科技股份公司51%股权划转至中钢集团公司,国资委以国资产权〔2005〕1553号文办理安徽天源科技股份有限公司股权划转手续,划转股权后中国中钢集团公司和马鞍山矿院分别持有2040万股和760万股,分别占总股本的51%和19%。

20年来取得多项重大科研成果,主要有:

"大型露天矿陡帮开采技术研究"是国家"七五"攻关项目之一。该项成果填补国内大型露天矿山汽车运输陡帮开采工艺的空白,达到国际先进水平。1991年,获冶金部科技进步奖一等奖,1992年,获国家科技进步奖二等奖。

"陡坡铁路运输系统的研究"是"十五"国家科技攻关项目"大型深凹露天矿高效运输系统及强化开采技术研究"的专题二。该项目成果获2004年中国冶金矿协科技进步奖特等奖、中国钢铁协会与中国金属学会科技进步奖一等奖、四川省科技进步奖二等奖。其他还有"梅山无底柱分段崩落法加大结构参数研究"获冶金部科技进步奖特等奖,国家科技进步奖二等奖。"姑山铁矿红矿强磁—高梯度阶段磨选工艺研究"项目1993年获安徽省科技成果奖二等奖。"新型低场强脉动磁选机新工艺新设备研究"项目1999年获国家冶金局科技成果三等奖。

中冶华天工程技术有限公司 原名冶金工业部马鞍山黑色冶金设计院,成立于1962年(以下简称马院),为冶金工业部所属甲级大型设计院,到2005年为隶属中国冶金建设集团所属的科技型企业。1994年8月之前,马院属冶金工业部直接领导,1994年8月,马院由中国冶金建设集团管理。1999年6月,"冶金部马鞍山钢铁设计研究院"更名为"中国冶金建设集团马鞍山钢铁设计研究总院"。2000年10月1日,马鞍山钢铁设计研究总院由事业单位改为企业,成为中国冶金建设集团公司全资科技型企业。2004年7月,马院主业改制成立股权多元的"中冶华天工程技术有限公司",进入中冶华天工程技术有限公司及其控股公司的在职职工共计665人。

1986—2005年,完成科研开发共计226项,完成业务建设任务386项,获国家科技进步奖4项,全国优秀设计软件奖5项,部省级科技进步奖73项,80年代"MYF方坯连铸机""高炉煤气高效加热炉"分获冶金工业部科技进步奖二、三等奖。马院是国内最早研究开发滤波技术的单位,1990年"双调式低能耗滤波装置及方法"获发明专利,在全国推广,为马院赢得广阔市场。90年代中期,"干式煤气柜"的研制开发,赢得客户青睐,

“布帘密封干式煤气柜” 获得国家专利授权;“强夯加固大型原料堆场淤泥质粉质黏土地基的研究”获省科技进步奖二等奖;120吨转炉设备,获得国家优质工程一等奖。1998年,马院成立“蓄热式加热炉技术开发组”获得3项实用新型技术专利权,蓄热式燃烧技术被国家纳入“2002年国家技术创新项目”,在全国推广应用。

第四节　企业开发机构

1985年,对全省80个大中型企业的技术开发状况进行科技普查,60%的企业没有建立技术开发机构,平均每家企业开展的技术开发项目1.2项,从事技术开发人员占职工总数的0.9%,新产品产值率7.8%。

1990年,全省大中型工业企业技术开发机构236家,科技人员13262人,其中科学家及工程师5076人;科技经费24649万元,支出22087万元,其中开发新产品10567万元;占销售收入0.86%。到2000年年底,大中型工业企业办技术开发机构262家,科技人员54294人,其中科学家及工程师26123人;科技经费220607万元,支出200945万元,其中开发新产品84477万元,占产品销售收入1.79%;研究与试验发展经费79982万元,新产品项目1871项。

到2005年年底,全省大中型工业企业办技术开发机构321家,科技人员44067人,其中科学家及工程师27230人;科技活动经费836569万元,支出858763万元,其中开发新产品325644万元,占销售收入2.56%;研究与试验发展经费238344万元,开发新产品3365项。全省规模以上工业企业办技术开发机构530个,科技人员20589人,科技活动经费支出312385万元, 开发新产品3983项。拥有发明专利603件, 专利申请数1272件。

2001—2005年,省级2364项科技成果中,企业完成的成果1189项,占50.30%;大专院校完成的成果477项,占20.18%;独立科研机构完成的成果320项,占13.54%,企业占据研究开发的主体。企业投入所占比例逐年增加,由2001年的62.7%增加到2005的92.9%。全省工业企业出现 “五个65%以上的态势”, 即65%的科技机构设在企业, 67%的科技活动人员集中在企业,68%的R&D经费源于企业,84%的省级科技计划项目由企业为主体承担,73%的省级科技成果出自企业。

1994年,启动建设重点实验室。1996—2000年先后建设4家省级重点实验室,省部共建5家重点实验室,9家重点实验室拥有一批高中级科技人员,其中研究员22人,引进和培养博士22人、硕士40余人。承担各类科技计划项目近200项,发表论文533篇,专利10件,取得近100项科研成果。

1998年,省科委开展工程技术研究中心建设工作,依托一批重点科研院所、高校和高新技术企业,组建一批省级工程技术研究中心,对科研成果进行系统化、配套化和工程化研究,为企业提供可规模化生产的成套技术工艺和装备。首批启动计算机软件、基因工程药物、农产品生物化工 3 个工程技术研究中心。每个中心申请省财政专项经费 50 万元。1999 年,省科委印发《安徽省工程技术研究中心管理办法(试行)》,首批同意成立“安徽省中药工程技术研究中心”等 4 家中心。

2000 年建成国家级、省级重点实验室 8 家,省级以上工程技术研究中心 9 家、企业技术中心 132 家。芜湖电真空研究所成为国家特种显示工程技术研究中心,获科技部 500 万元资金支持。2002 年年底,共有省级和省部共建重点实验室 21 家,省级工程技术研究中心 14 家、国家级工程技术研究中心 2 家。

重点实验室、工程技术中心等研发基础平台成为全省区域创新体系建设和学科发展的重要组成部分。到 2005 年年底,全省共有各级重点实验室 60 家,其中国家实验室 1 家,国家重点实验室 1 家,省级重点实验室 21 家,教育部、中科院等部门属重点实验室 15 家,高校重点实验室 22 家;国家和省级工程技术研究中心 37 家,其中国家级工程技术研究中心 4 家。国家和省级企业技术中心 187 个,其中国家级企业技术中心 8 家。

第二章　科技队伍

第一节　队伍建设

1986年以来，全省科技人员队伍建设成效显著。科技人员的社会地位明显提升，科技人员队伍规模不断扩大，整体素质不断提高，在全省科技进步和经济社会发展中的作用显著增强，已形成不同层次相结合、整体实力较强的科技人员队伍。截至2010年，全省专业技术人才210万人；研究与发展（R&D）人员94610人。两院院士24人，国家级“百千万人才工程”人选30人，安徽省杰出专业技术人才40名，省学术和技术带头人403人，省学术和技术带头人后备人选856人，享受国务院特殊津贴专家1629人，享受省政府特殊津贴专家1760人。

科技人员队伍建设虽然取得长足发展，但与全省经济社会发展需要还有一些不相适应的地方，主要表现在：高层次创新人才匮乏，基层科技人员短缺，科技人员队伍结构、分布不合理，科技人才培养和投入力度有待进一步加大，科技人员工作体制机制有待进一步完善，科技人员成长发展的社会环境还需进一步改善。

第二节　平台建设

合肥国家科技创新型试点市建设　以合肥国家科技创新型试点市示范区为载体，通过政府引导，市场化运作的方式，坚持以科技创新为战略支撑，坚持走新型工业化道路，围绕“创新主体、创新载体、产学研一体”三体建设，着重抓好创新主体培育、创新载体建设、产学研合作机制创新、创新要素集聚及综合配套改革等，充分发挥科技创新在合肥跨越式发展中的重要推动作用，使科技创新示范区成为一流科技成果的转化基地，构筑高层次创新人才高地。

国家技术创新工程试点省暨合芜蚌自主创新综合改革试验区建设　按照省委、省政府的决策部署，着力于创新主体的培育和打造，围绕取得产业、科技、人才、改革四大成果，进一步突出创新主体、创新载体、产学研一体和创新人才队伍建设，聚焦精力、人力、财力，努力在打造核心企业、核心项目、核心载体上取得突破，集聚一批高层次创新创业人才和团队。通过努力，合芜蚌自主创新试验区硕果累累，取得一批有广泛影响的科技成果，涌现出一批科技领军人物及创新团队，科技综合能力不断增强，自主创新能力进一步提高。

重点实验室、工程技术研究中心等科研平台建设 重点实验室、工程技术研究中心等科研平台建设,促进全省重点学科和科研机构的发展,提高科技成果的成熟性、配套性和工程化水平,提高自主创新能力和市场竞争力,聚集和培养高层次科学研究和工程技术人才开展产学研合作,强化创新群体和创新团队建设,带动相关行业或领域的技术进步。全省共有国家级、省级已验收或在建的工程技术研究中心 133 家;国家(重点)实验室 4 家、部(院)属重点实验室 30 家、省重点实验室 33 家、省级实验室 82 家。

院士工作站建设 截至 2010 年,全省建设院士工作站 11 家,"柔性引进"院士 22 人,分布在合肥、蚌埠、芜湖、安庆、马鞍山 5 个市,为安徽经济建设和社会发展提供有力的才智支撑。建设院士工作站,不仅探索新型的产学研合作机制、促进企业创新平台的建设,而且放大人才引进效应,优化人才结构,为全省培养创新型人才创造条件。

第三节 安徽省自然科研系列职称评审

中共中央、国务院《转发〈关于改革职称评定、实行专业技术职务聘任制度的报告〉的通知》,启动职称改革工作。1986 年,安徽省职称改革领导小组办公室成立并设在省科委(1989 年,该职能划转省人事局),全省 21 个专业技术职务系列中,省科委主管自然科学研究、实验系列。1987 年,省职称改革领导小组转发《安徽省关于贯彻执行〈自然科学研究人员职务试行条例〉的实施细则(试行)》。1992 年,职称改革转入经常化制度安排,省科委、省人事局下发《关于一九九二年度自然科研系列专业技术职务任职资格评审工作的通知》,以后每年评审一次。1994 年后,多次对自然科研系列专业技术职务任职资格评审条件进行修订:1994 年,省科委、省人事局印发《安徽省自然科研系列高级专业技术职务任职资格条件》《省自然科研系列专业技术职务任职资格两个破格评审意见》;1997 年,省科委、省人事厅印发《安徽省自然科研系列高级专业技术职务任职资格评审条件》;1998 年,省科委、省人事厅印发《安徽省实验系列高级实验师任职资格评审条件》;1999 年,省科委、省人事厅印发《安徽省自然科研系列高级专业技术职务任职资格评审条件》《安徽省自然科研系列破格申请副研究员任职资格评审条件》;2001 年,省科技厅、省人事厅印发《安徽省自然科研系列高级专业技术职务任职资格评审条件》和《安徽省自然科研系列破格晋升副研究员任职资格评审条件》,省科技厅印发《自然科研助理研究员、工程师、实验师专业技术职务任职资格评审条件》;2005 年,省科技厅、省人事厅印发《安徽省自然科研系列专业技术职务标准条件(试行)》《安徽省自然科研实验专业技术资格标准条件(试行)》。1993 年到 2005 年,共评审研究员 300 人、副研究员 774 人、高级实验师 8 人。

第四节　安徽省民营科技企业职称评审

1988年,省职称改革领导小组下发《关于转发〈关于安徽省民办科技机构实行专业技术职务评聘工作的报告〉的通知》,成立"安徽省民办科技机构职称改革领导小组",其办公室设在省科委科技政策处,在全省民办科技机构开展职称评审工作。1993年,省职称改革领导小组下发《关于在全省民办科技机构中继续开展专业技术职务任职资格评审工作的通知》,调整"安徽省民办科技机构职称改革领导小组"。将其办公室设在省科委人事处,并印发《安徽省民办科技机构专业技术职务任职资格评审暂行办法》。1998年,省科委、省人事厅印发《安徽省民营科技企业专业技术职称(资格)评审工作暂行办法》《安徽省民营科技企业高级专业技术职称(资格)评审条件》。2005年,省科技厅、省人事厅印发《安徽省民营科技企业自然科学研究高、中级专业技术资格评审条件(试行)》。

第三章 科技经费

全社会的科技活动经费（以下简称科技经费）是指实际用于研究与发展（R&D）活动、R&D 成果应用及相关的科技服务活动的经费。安徽省统计局对科技经费的统计起步于 20 世纪 80 年代，但真正进行有序地采集、调查和保存记载是在 90 年代初，特别是在 1995 年以后才建立较为规范、统一口径的统计体系。1986—2005 年，全省科技经费的筹集、支出、地方财政科技拨款等科技经费相关指标均呈现出不同幅度的较快增长。1990 年，自然科学和技术领域经费收入仅为 3.01 亿元，到 2005 年达 6.37 亿元，比 1990 年增加 1.1 倍，年均增长 5.1%。1995 年，全省科技经费筹集额 15.34 亿元，到 2005 年达 133.18 亿元，比 1995 年增加 7.68 倍，年均增长 24.1%。政府的科技经费投入大幅增长，2005 年科技经费中，来自政府财政的经费达到 31.39 亿元，比 1995 年 15.34 亿元增长 9.7 倍，年均增长 7.4%。作为科技经费核心部分的 R&D 经费，增长更加显著，1995 年，全省 R&D 经费支出 2.74 亿元，到 2005 年达 45.61 亿元，比 1995 年增加 15.65 倍，年均增长 32.5%。

第一节 “七五”期间（1986—1990 年）

自然科学技术领域科技经费筹集与支出 1990 年，全省自然科学技术领域经费收入 4.56 亿元，其中当年收入 3.01 亿元，上年结转 1.55 亿元。从当年收入的筹集渠道看，来自政府的资金 1.29 亿元，占 42.9%；来自事业收入 1.31 亿元，占 43.5%；来自银行贷款 0.27 亿元，占 9.0%；其他收入 0.14 亿元，占 4.6%。

科研机构科技经费的筹集与支出 独立科学研究与技术开发机构（以下简称独立科研机构）是全国科技活动的主要执行部门之一，按其研究开发的不同领域和功能，又分为自然科学研究机构、信息和文献研究机构、社会人文科学研究机构三大类。独立科研机构的科技经费主要由政府资金、企业资金、银行贷款等来源筹集。政府资金都是独立科研机构最主要的经费来源。

1989 年，县以上自然科学研究与开发机构经费收入总额 2.66 亿元，其中，政府拨款 1.15 亿元，占 43.2%。在政府拨款中，科学事业费 0.40 亿元，占 34.8%；科技专项费 0.44 亿元，占 38.2%；科学技术基金 0.12 亿元，占 10.4%；基建拨款 0.21 亿元，占 18.3%。1989 年，县以上自然科学研究与开发机构经费支出总额 2.49 亿元，其中，劳务费 0.48

亿元，占 19.3%。

1990 年，县以上自然科学研究与开发机构经费收入总额 3.01 亿元，其中，政府拨款 1.29 亿元，占 42.8%；事业收入 1.31 亿元，占 43.5%；科技贷款 0.27 亿元，占 9.0%；其他收入 0.14 亿元，占 4.7%。1990 年，县以上自然科学研究与开发机构经费支出总额 2.71 亿元，其中，内部支出 2.55 亿元，占 94.1%；转拨科研经费 0.02 亿元，占 0.7%；归还贷款支出 0.09 亿元，占 3.3%。

大中型工业企业科技经费的筹集与支出　企业是科技投入的主体，也是应用研究与试验发展资金的获取主体，这其中大中型工业企业占有重要的地位。

1989 年，大中型工业企业技术开发经费总额为 3.50 亿元，比上年增长 10.8%，其中，本年筹集经费 2.90 亿元，比上年增长 10.8%，占经费总额的 83.8%。在是年筹集的经费中，政府拨款占 3.3%；专项贷款占 39.1%；企业自筹款首次过半，占 54.2%，与上年相比上升 17.8 个百分点。1989 年，企业自筹技术开发经费比上年明显增长，增幅高达 65.4%；政府对企业拨款比上年减少 25.3%；企业科技专项贷款也因银根紧缩，比上年减少 11.3%。

1990 年，大中型工业企业技术开发经费总额为 3.07 亿元，比上年减少 12.3%，其中，当年筹集经费 2.47 亿元，比上年减少 14.8%，占经费总额的 80.5%。在当年筹集的经费中，政府拨款占 8.2%；专项贷款占 33.7%；企业自筹款占 56.0%，与上年相比上升 1.8 个百分点。

第二节　“八五”期间（1991—1995 年）

自然科学技术领域科研机构科技经费筹集与支出　“八五”期间（1991—1995 年），全省自然科学技术领域科研机构从 1991 年的 171 个调整为 1995 年的 167 个，经费收入逐年增加。1995 年为 4.82 亿元，比 1991 年增长 2.96 亿元，年均增长 26.9%。从经费筹集渠道看，1995 年来自政府的资金 1.24 亿元，占经费收入总额的 25.7%，比 1991 年增长 0.55 亿元，但占经费收入总额的比重比 1991 年下降 11.4 个百分点；来自事业收入 3.15 亿元，占 65.4%，比 1991 年增长 2.20 亿元，占经费收入总额的比重比 1991 年增长 14.3 个百分点；来自银行贷款 0.19 亿元，占 3.9%；其他收入 0.25 亿元，占 5.2%。

省政府加大对自然科学技术领域科研机构投入力度，政府资金拨款 1995 年比 1991 年增长 79.7%，但政府资金占科技经费筹集额的比重在“八五”期末比“七五”期末下降 17.2%。

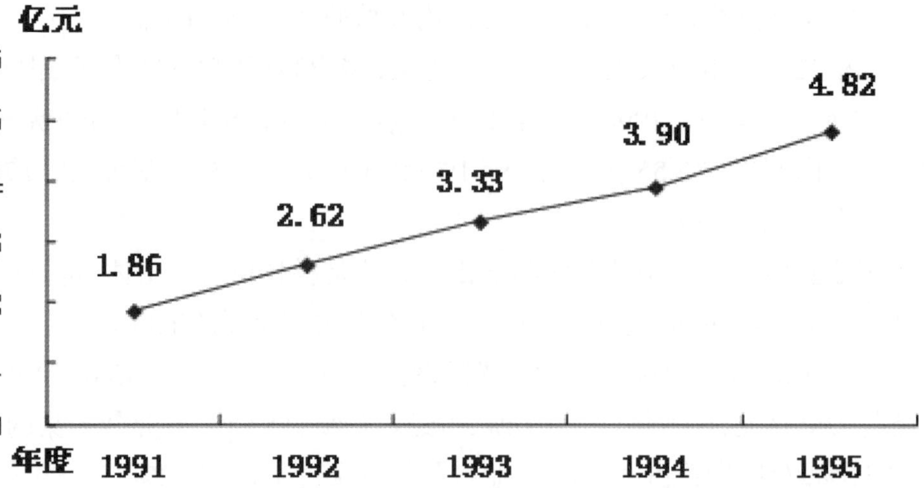

图 1-3-1　1991—1995 年安徽省自然科学技术领域科研机构经费筹集变化趋势图

1991—1995 年“八五”期间安徽省自然科学技术领域经费筹集情况统计表

表 1-3-1　　单位:亿元

年份	经费收入合计	其中:							
		政府资金	比重(%)	事业收入	比重(%)	银行贷款	比重(%)	其他收入	比重(%)
1991	1.86	0.69	37.1	0.95	51.1	0.14	7.5	0.08	4.3
1992	2.62	0.89	34.0	1.38	52.7	0.20	7.6	0.15	5.7
1993	3.33	1.00	30.0	1.89	56.8	0.26	7.8	0.18	5.4
1994	3.90	1.13	29.0	2.23	57.2	0.22	5.6	0.31	7.9
1995	4.82	1.24	25.7	3.15	65.4	0.19	3.9	0.25	5.2

说明:资料来源于《安徽统计年鉴》,安徽省统计局编,中国统计出版社

从科技经费支出情况看，省自然科学技术领域科研机构 1995 年为 4.58 亿元,比 1991 年增长 2.82 亿元,年均增长 27%。从经费支出结构看,1995 年自然科学技术领域科研机构经费支出总额 4.58 亿元中,劳务费 1.03 亿元,占 22.5%,比 1991 年增长 0.64 亿元,占经费支出总额的比重与 1991 年基本持平;科研业务费 0.83 亿元,占 18.1%;比 1991 年增长 0.30 亿元,但占经费支出总额的比重比 1991 年下降 12 个百分点;管理费 0.35 亿元,占 7.6%;比 1991 年增长 0.15 亿元,占经费支出总额的比重比 1991 年下降 3.8 个百分点;资产购建支出 0.64 亿元,占 14.0%;比 1991 年增长 0.38 亿元,占经费支出总额的比重比 1991 年下降 0.8 个百分点。(见表 1-3-2)

1991—1995年“八五”期间安徽省自然科学技术领域科研机构经费支出情况统计表

表1-3-2　　单位：亿元

年份	经费支出合计	其中：												
		劳务费	比重（%）	科研业务费	比重（%）	管理费	比重（%）	资产购建支出	比重（%）	生产经营支出	比重（%）	其他支出	比重（%）	外部支出
1991	1.76	0.39	22.2	0.53	30.1	0.20	11.4	0.26	14.8	—	—	0.14	8.0	0.14
1992	2.62	0.52	19.8	0.67	25.6	0.29	11.1	0.43	16.4	0.40	15.3	0.17	6.5	0.14
1993	3.40	0.71	20.9	0.77	22.6	0.38	11.2	0.84	24.7	0.67	19.7	—	—	—
1994	3.84	0.94	24.5	1.03	26.8	0.41	10.7	0.42	10.9	0.75	19.5	—	—	—
1995	4.58	1.03	22.5	0.83	18.1	0.35	7.6	0.64	14.0	1.49	32.5	—	—	—

说明：资料来源于《安徽统计年鉴》，安徽省统计局编，中国统计出版社

大中型工业企业科技经费筹集与支出　大中型工业企业从1990年的382家增加到1995年的665家，大中型工业企业的科技活动经费也迅速攀升。从1990年到1995年，全省大中型工业企业科技经费的筹集额由2.47亿元增长到7.60亿元，增长2.1倍，其中自筹资金占科技经费筹集额的比重在“八五”期末比“七五”期末增长9.2%。

1991—1995年“八五”期间安徽省大中型工业企业科技经费筹集情况统计表

表1-3-3　　单位：万元

年份	科技经费筹集额	其中：			
		上级拨款	比例（%）	自筹资金	比例（%）
1991	34578	7072	2.0	15836	45.8
1992	50878	1396	2.7	35613	70.0
1993	49378	1989	4.0	30406	61.6
1994	61037	2294	3.8	35341	57.9
1995	75954	2561	3.4	49504	65.2

说明：资料来源于《安徽统计年鉴》，安徽省统计局编，中国统计出版社

大中型工业企业科技活动经费支出大幅增加，科技活动经费支出额由1990年的2.21亿元增长到1995年的6.44亿元，增长1.9倍，但开发新产品费用支出占科技活动经费支出的比重和科技活动经费支出占产品销售收入的比重均有所减少。（见表1-3-4）

1991—1995 年“八五”期间安徽省大中型工业企业科技经费支出情况统计表

表 1–3–4　　单位:万元

年份	科技经费支出额	其中:		科技经费支出占产品销售收入的比重(%)
		开发新产品用款	比例(%)	
1991	26528	13824	52.1	0.84
1992	40857	15952	39.0	1.05
1993	37717	14853	39.4	0.65
1994	54056	23768	44.0	0.86
1995	64353	30480	47.4	0.80

说明:资料来源于《安徽统计年鉴》,安徽省统计局编,中国统计出版社

高等学校科技经费筹集与支出　高等学校科技经费的筹集来源主要有包括科研事业费、高校主管部门和其他政府部门拨付的专项费等渠道的政府资金、由企事业单位委托收入的企业资金及其他各类收入转入科技活动经费的自筹资金、银行贷款等其他来源的资金。

理科高等学校的科技经费筹集额由 1991 年的 0.84 亿元增长到 1995 年的 1.21 亿元,增长 44%。其中,由于省政府对高等学校及高校科技活动的高度重视,加大政府资金的投入力度,同时高等学校也加大自筹资金的投入力度,政府资金在“八五”期末比“八五”初期增加 96.6%,自筹资金“八五”期末比“八五”初期增加 2.6 倍,占当年科技经费筹集额的比重增加 11.3 百分点。

1991—1995 年“八五”期间安徽省理科高校科技经费筹集额及来源结构变化情况统计表

表 1–3–5　　单位:万元

	1991 年		1995 年	
	金额	%	金额	%
科技经费当年筹集额(万元)	4510.2	100.0	12088.3	100.0
其中:政府资金(万元)	2705.3	60.0	5319.2	44.0
自筹资金(万元)	1419.1	31.5	5173.7	42.8
银行贷款(万元)	140.8	3.1	32.5	0.3
各种收入中转为 R&D 经费	245.0	5.4	107.9	0.9

说明:资料来源于《安徽统计年鉴》,安徽省统计局编,中国统计出版社

高等学校科技经费内部支出主要包括人员劳务费、业务费、固定资产购建费及其他与科技活动相关的费用。全省理科高等学校科技经费支出额由 0.37 亿元增长到 1.22 亿元，增长 2.3 倍，其中，固定资产构建费增长 2.2 倍。

安徽省高校科技经费内部支出额及部分支出项目比重情况统计表

表 1–3–6

	1991 年		1995 年	
	金额	%	金额	%
科技经费内部支出额（万元）	3676.3	100.0	11137.6	100.0
其中：人员劳务费（万元）	162.1	4.4	282.4	2.5
固定资产构建费（万元）	810.9	22.1	2627.2	23.6

说明：资料来源于《安徽统计年鉴》，安徽省统计局编，中国统计出版社

理科高等学校研究与发展经费连续 5 年徘徊不前，且在“八五”期末大幅度减少，由 1991 年的 245 万元减少到 1995 年的 107.9 亿元，减少 56%。而同期安徽省全社会 R&D 经费支出的年均增幅为 148.2%，这一对比数据显示出高等学校在 R&D 经费投入上存在严重不足。

1991—1995 年“八五”期间安徽省理科高等学校科技经费筹集和支出情况统计表

表 1–3–7　　单位：万元

年份	合计	1991	1992	1993	1994	1995
当年科技活动经费筹集	49427.9	4510.2	12609.8	9818.7	10400.9	12088.3
其中：政府资金	25055.1	2705.3	8781.4	4077.8	4171.4	5319.2
自筹资金	25281.6	1419.1	3323.4	9534.1	5831.3	5173.7
银行贷款	475.3	140.8	152.0	49.0	101.0	32.5
科技活动经费支出	44500.9	3709.4	9644.9	9053.2	9856.9	12236.5
其中：科研人员费	1530.1	162.1	210.4	421.9	453.3	282.4
资产购建费	11219.7	810.9	3516.3	2374.5	1890.8	2627.2
R&D经费内部支出	947.3	245.0	230.4	155.8	208.2	107.9

说明：资料来源于《安徽统计年鉴》，安徽省统计局编，中国统计出版社

第三节 “九五”期间(1996—2000 年)

全省科技经费筹集与支出 “九五”期间,安徽省科技经费筹集额逐年增加,1996 年 19.00 亿元,1997 年 24.00 亿元,1998 年 27.20 亿元,1999 年 33.00 亿元,2000 年达到 49.00 亿元。从筹集渠道看,2000 年来自政府的资金 13.88 亿元, 占科技经费总额的 28.3%;来自单位自筹的 25.44 亿元,占 51.9%;来自银行贷款的 5.17 亿元,占 10.5%;其他渠道 4.51 亿元,占 9.2%。

从科技经费支出情况看,1996 年支出 15.65 亿元,1997 年支出 21.59 亿元,1998 年支出 21.59 亿元,1999 年支出 28.23 亿元,2000 年支出 27.40 亿元。从支出渠道看,2000 年独立科研机构支出 5.80 亿元,占 21.2%;高等院校支出 2.68 亿元,占 9.8%;大中型工业企业支出 19.06 亿元,占 69.6%。

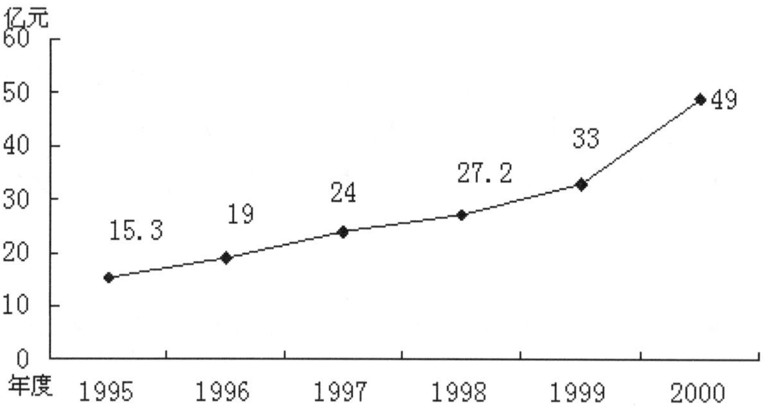

图 1-3-2 1995—2000 年安徽省科技经费筹集变化趋势图

全省研究与发展(R&D)经费支出 研究与试验发展(R&D)经费是指实际用于基础研究、应用研究和试验发展活动的经费,是衡量一个国家或一个地区科技实力的重要标志。“九五”期间,全省研究与发展经费在 R&D 经费支出总额、R&D 支出占 GDP 的比重和按人口的人均 R&D 支出等重要指标上,增长速度均远高于全国 R&D 指标同期增长速度,也大大高于全省同期科技活动经费投入总额的增长速度。2000 年总的 R&D 经费支出 20 亿元,接近全省科技经费支出总额的一半,比 1995 年的该项支出 2.74 亿元增长约 6.3 倍。虽然研发经费投入有较大的增长,但是这种增长是在起点位置较低的低位增长,无论在投入总量上或是在 R&D 经费投入占 GDP 的比例和人均 R&D 经费支出上,安徽省距全国平均水平及周边多数省份仍有较大的差距。(见表 1-3-8)

全国和安徽省 R&D 经费投入增长情况统计表

表 1-3-8

项目 / 年份	研究与发展经费支出总额(亿元)		R&D 支出占 GDP 比重(%)		人均 R&D 支出(元)	
	全国	安徽	全国	安徽	全国	安徽
1995	348.7	2.74	0.60	0.14	29	5
2000	897.7	20.02	1.00	0.66	71	32
"九五"期间年均增长幅度	21%	49%	11%	36%	20%	45%

说明:资料来源于国家统计局,科学技术部《中国科技统计年鉴 2001》、安徽省统计局《安徽统计年鉴 2002》

2000 年 R&D 经费按活动类型分布,用于基础研究的经费为 2.58 亿元,占 R&D 经费总额的 12.9%;用于应用研究的经费为 2.36 亿元,占 R&D 经费总额的 11.8%;用于试验发展的经费达 15.08 亿元,占全省 R&D 经费总额的 75.3%。"九五"末,R&D 经费投入中在总投入快速增加的情况下,用于基础研究和试验发展的经费比例有所增加,用于应用研究的经费比例下降。与全国平均水平相比,2000 年全省用于基础研究和应用研究的经费占 R&D 经费总投入的比例仍高于全国此项比例 3 个百分点以上,特别是因为中央驻皖高校将其 R&D 经费的 60%以上达 1.65 亿元的资金投入基础研究,使全省用于基础研究的经费占 R&D 总经费的比重远高于全国平均 5%的比例,达 12.9%。

全国和安徽 R&D 经费按活动类型的分布比例比较情况统计表

表 1-3-9　　单位:%

	全国平均			安徽省		
	1998 年	2000 年	增或减	1998 年	2000 年	增或减
基础研究占 R&D 经费比例	5.3	5.0	-0.3	8.0	12.9	+4.9
应用研究占 R&D 经费比例	22.6	16.4	-6.2	19.1	11.8	-7.3
试验发展占 R&D 经费比例	72.1	78.6	+6.5	72.9	75.3	+2.4

2000 年总的 R&D 经费支出 20 亿元，从 2000 年 R&D 经费按执行部门的分布看，科研机构 R&D 经费投入 5.89 亿元，占 29.5%；高等学校 R&D 经费投入 3.87 亿元,占 19.5%；大中型工业企业 R&D 经费投入 7.99 亿元，占 40%；其他单位 R&D 经费投入 2.28 亿元,占 11%。分布比例如图 1-3-3。

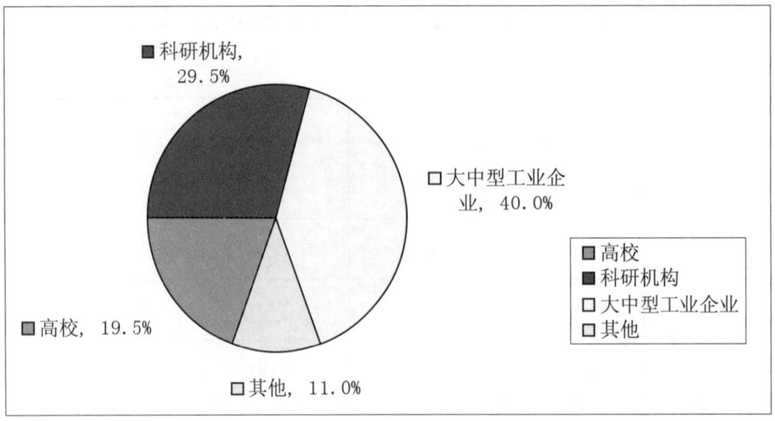

图 1-3-3　2000 年安徽省 R&D 经费按执行部门分布比例图

科研机构科技经费筹集与支出　县以上政府部门属研究与开发机构及情报文献机构(以下简称"独立科研机构")从 1995 年的 196 个调整为 2000 年的 167 个,但独立科研机构的科技活动经费却迅速攀升。从 1995 年到 2000 年,全省独立科研机构科技经费的筹集额由 4.96 亿元增长到 10.62 亿元,增长 1.1 倍;科技经费支出额由 4.71 亿元增长到 5.80 亿元,增长 23%。

省政府加大对独立科研机构投入力度，政府资金拨款 2000 年比 1995 年增长 1.2 倍,但政府资金占科技经费筹集额的比重基本没有增长,在"九五"期末与"八五"期末基本持平。

安徽省独立科研机构科技经费筹集额及来源结构变化情况统计表

表 1-3-10

	1995 年		2000 年	
	金额	%	金额	%
科技经费筹集额(万元)	49598	100.0	106202	100.0
其中:政府资金(万元)	13420	27.1	29174	27.5

说明:资料来源于《安徽统计年鉴》,安徽省统计局编,中国统计出版社

1996—2000 年"九五"期间安徽省独立科研机构科技经费筹集情况统计表

表 1-3-11　　单位:万元

年份	经费收入合计	其中:					
		自然科学技术领域		社会人文科学技术领域		科技情报和文献机构	
		经费收入合计	其中:政府资金	经费收入合计	其中:政府资金	经费收入合计	其中:政府资金
1996	56086	54512	13605	837	572	737	548

续表 1-3-11

年份	经费收入合计	其中：					
		自然科学技术领域		社会人文科学技术领域		科技情报和文献机构	
		经费收入合计	其中：政府资金	经费收入合计	其中：政府资金	经费收入合计	其中：政府资金
1997	64262	61955	15370	1338	1027	969	693
1998	111742	108670	29516	1227	808	1795	1479
1999	113140	109934	50583	1839	1210	1367	877
2000	106202	98004	26988	1871	1231	1513	955

说明：资料来源于《安徽统计年鉴》，安徽省统计局编，中国统计出版社

科技经费支出是独立科研机构开展科技活动实际支出的全部费用。“九五”期间，安徽省独立科研机构科技经费支出在1999年以前逐年增加，但在2000年大幅下降，其中主要是自然科学技术领域的独立科研机构经费支出大量减少。

1996—2000年“九五”期间安徽省独立科研机构科技经费支出情况统计表

表 1-3-12 单位：万元

年份	经费收入合计	其中：					
		自然科学技术领域		社会人文科学技术领域		科技情报和文献机构	
		经费收入合计	其中：基本建设支出	经费收入合计	其中：基本建设支出	经费收入合计	其中：基本建设支出
1996	51581	50102	10791	771	403	708	334
1997	60273	57829	12351	1521	772	923	404
1998	98263	95936	17439	1326	562	1001	489
1999	111998	109065	22418	1712	618	1221	591
2000	57975	48804	—	1740	—	1363	—

说明：资料来源于《安徽统计年鉴》，安徽省统计局编，中国统计出版社

大中型工业企业科技经费筹集与支出 “九五”期间，全省大中型工业企业中有技术开发机构的企业从1995年的483家调整为2000年的262家，但大中型工业企业的科技活动经费却迅速攀升。从1995年到2000年，全省大中型工业企业科技经费的筹集额由7.60亿元增长到22.06亿元，增长1.9倍，其中自筹资金占科技经费筹集额的比重在“九五”期末比“八五”期末增加12.9%。

1996—2000 年“九五”期间安徽省大中型工业企业科技经费筹集情况统计表

表 1-3-13　　　　单位:万元

年份	科技经费筹集额	其中:			
		上级拨款	比例(%)	自筹资金	比例(%)
1996	100394	4192	4.2	60692	60.5
1997	132324	5748	4.3	88931	67.2
1998	147342	12171	8.3	90580	61.5
1999	168344	16102	9.6	131980	78.4
2000	220607			172194	78.1

说明:资料来源于《安徽统计年鉴》,安徽省统计局编,中国统计出版社

“九五”期间,全省大中型工业企业科技活动经费支出大幅增加,从 1995 年到 2000 年,科技活动经费支出额由 6.44 亿元增长到 20.09 亿元,增长 2.1 倍;科技活动经费支出占产品销售收入的比重由 0.8%增长到 1.8%,增长 1%,但开发新产品费用支出占科技活动经费支出的比重有所减少。

1996—2000 年“九五”期间安徽省大中型工业企业科技经费支出情况统计表

表 1-3-14　　　　单位:万元

年份	科技经费支出额	其中:		科技经费支出占产品销售收入的比重(%)
		开发新产品用款	比例(%)	
1996	79529	48472	60.9	0.92
1997	119421	58722	49.2	1.26
1998	119199	60001	50.3	1.35
1999	157723	84804	42.2	1.61
2000	200945	84477	42.0	1.79

资料来源:《安徽统计年鉴》,安徽省统计局编,中国统计出版社

大中型工业企业 R&D 经费支出持续增长，但大中型工业企业 R&D 经费支出占全省全社会 R&D 经费支出的比重却持续下降，由 1998 年的 64.5%下降到 2000 年 39.9%。同期,全省全社会 R&D 经费支出的年均增幅为 79.0%,而全省大中型工业企业 R&D 经费支出的年均增长幅度仅为 29.8%,可见,大中型工业企业 R&D 经费投入总规模虽然年年有增长,但投入强度仍然较低,R&D 经费支出的年均增长幅度大大低于同期全省全社会 R&D 经费支出的年均增长幅度，技术创新主体地位还不够突出。

"九五"期间安徽省大中型工业企业 R&D 经费情况统计表

表 1-3-15　　　　单位:万元

年份	1998	1999	2000	1998—2000 年年均增幅(%)
全省全社会 R&D 经费支出额	77587	115224	200215	79.0
大中型工业企业 R&D 经费支出额	50046	63501	79882	29.8
大中型工业企业占全社会 R&D 支出比重(%)	64.5	55.1	39.9	

说明:资料来源于《安徽统计年鉴》,安徽省统计局编,中国统计出版社

高等学校科技经费筹集与支出　全日制普通高等学校从 1995 年的 35 所增加到 2000 年的 42 所,高等学校的科技活动经费也迅速攀升。从 1995 年到 2000 年,全省高等学校科技经费的筹集额由 1.57 亿元增长到 4.03 亿元增长 1.6 倍,科技经费内部支出额由 1.20 亿元增长到 2.68 亿元,增长 1.3 倍,研究与发展经费支出由 0.62 亿元增长到 1.73 亿元,增长 1.8 倍。高等学校科技经费上述指标的增长幅度,在全省科技活动三大执行部门中是最高的。

省政府对高等学校及高校科技活动高度重视,加大资金投入力度,政府资金占科技经费筹集额的比重在"九五"期末比"八五"期末增加 8.6 倍。

安徽省高校科技经费筹集额及来源结构变化情况统计表

表 1-3-16

	1995年		2000年	
	金额	比重(%)	金额	比重(%)
科技经费筹集额(万元)	12087	100.0	40266	100.0
其中:政府资金(万元)	3019	25.0	29000	72.0
自筹资金(万元)	124	1.0	964	2.4
银行贷款(万元)	36	0.3	130	0.3

说明:资料来源于《安徽统计年鉴》,安徽省统计局编,中国统计出版社

高等学校科技经费内部支出大幅增加,人员劳务费用和固定资产购建费用在科技经费内部支出中所占比重也都有较大幅度上升,显示出高等学校在科技活动的人员投入和设备条件投入方面均在作出更大的努力。

安徽省高校科技经费内部支出额及部分支出项目比重情况统计表

表 1-3-17

	1995年		2000年	
	金额	比重(%)	金额	比重(%)
科技经费内部支出额(万元)	12235	100.0	26816	100.0
其中:科技人员费(万元)	2824	23.1	3309	12.3
固定资产构建费(万元)	2627	21.5	12442	46.4

说明:资料来源于《安徽统计年鉴》,安徽省统计局编,中国统计出版社

高等学校 R&D 经费支出虽然有较快增长,但同期全社会 R&D 经费支出的年均增幅为 148.2%, 而全省高等院校 R&D 经费支出的增长仅有 35.3%的年均增长幅度。另外,高等学校 R&D 经费支出占全省全社会 R&D 经费支出的比重由 1995 年的 22.8%下降到 2000 年的 7.5%。

安徽省高等学校 R&D 经费增长情况统计表

表 1-3-18

	1995年	2000年	1995—2000 年 5 年年均增幅(%)
全省全社会 R&D 经费支出额(万元)	27421	230636	148.2
全省高等学校 R&D 经费支出额(万元)	6246	17259	35.3
高等学校占全社会 R&D 支出比重(%)	22.8	7.5	—

说明:资料来源于《安徽统计年鉴》,安徽省统计局编,中国统计出版社

第四节　“十五”期间(2001—2005 年)

全省科技经费筹集与支出　“十五”期间,全社会研究与试验发展(R&D)经费投入呈现快速增长态势。全省科技活动累计总投入达 1955.40 亿元,是“九五”期间总投入 797.60 亿元的 2.5 倍。省级科技计划用 19.60 亿元的政府资金,引导社会资金 850.80 亿元,政府资金与社会资金的投入比为 1∶43。

财政科技投入是指在财政支出中用于支持科技发展和创新的经费。“十五” 以来,财政科技投入累计投入 24.39 亿元,且财政科技投入的绝对量逐年增加,由 2001 年的 3.90 亿元增至 2005 年的 5.96 亿元,年均增长 11.2%。从省财政科技投入占全省国内生产总值 GDP 的比重来看,每年变化不大,基本维持在 0.12%。全省财政科技投入占财政

支出的比重2001年为0.97%,2005年为0.84%,略有下降。

2001—2005年“十五”期间安徽省财政科技投入情况统计表

表1-3-19　　单位:万元

年份	财政科技投入	占全省GDP比重	占全省财政支出比重
2001	38975	0.12%	0.97%
2002	44075	0.12%	0.96%
2003	45849	0.12%	0.73%
2004	55462	0.12%	0.92%
2005	59559	0.11%	0.84%
合计	243920	0.12%	0.87%

说明:资料来源于《安徽统计年鉴》,安徽省统计局编,中国统计出版社

科技活动经费筹集总额487.05亿元,按来源来分,政府资金为121.11亿元,企业资金269.45亿元,其他资金96.49亿元。其中,企业资金占科技活动经费筹集总额的比重达55.3%,占有主要地位。与2001年相比,2005年企业资金增长45.81亿元,年均增长25.5%;政府资金增长17.08亿元,年均增长21.7%;其他资金增长16.23亿元,年均增长29.7%。

2001—2005年“十五”期间安徽省科技活动经费筹集情况统计表

表1-3-20　　单位:万元

年份	经费筹集总额	政府资金		企业资金		其他资金	
		数额	比重(%)	数额	比重(%)	数额	比重(%)
2001	38975	143157	26.48	308841	57.13	88635	16.39
2002	44075	236608	30.53	422977	54.57	115479	14.90
2003	45849	231180	21.74	517989	48.72	313987	29.53
2004	55462	286197	24.67	677758	58.43	195931	16.89
2005	59559	313917	23.57	766983	57.59	250895	18.84
合计	243920	1211059	24.87	2694548	55.32	964927	19.81

说明:资料来源于《安徽统计年鉴》,安徽省统计局编,中国统计出版社;《中国科技统计年鉴》

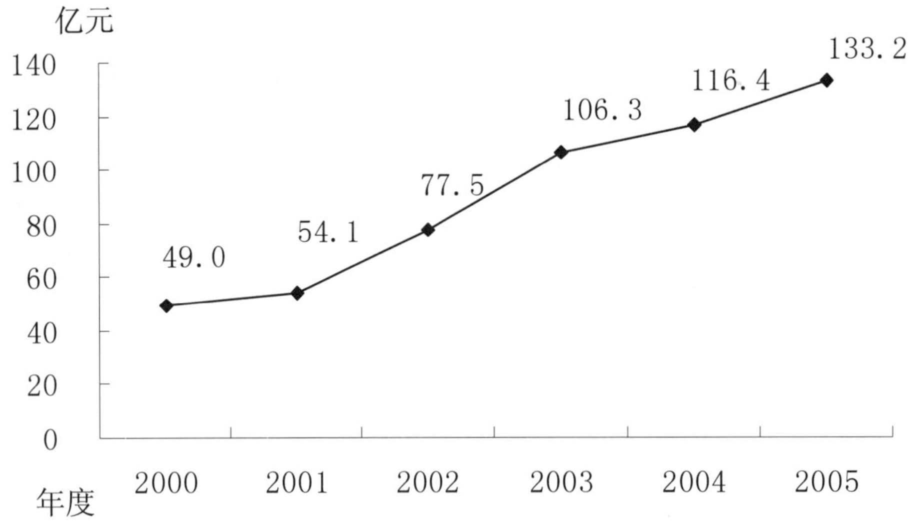

图 1-3-4　2000—2005 年安徽省科技经费筹集变化趋势图

全省科技活动经费支出总额为 432.22 亿元，按投入对象分，用于科研机构的为 31.36 亿元，占 7.3%，所占比例且呈逐年递减的趋势；高等院校为 45.29 亿元，占 10.5%；大中型工业企业为 264.44 亿元，占 61.2%；其他机构为 91.11 亿元，占 21.1%。由此可见，科技活动经费的筹集主要来自于企业，又主要用于企业的科技活动。

2001—2005 年“十五”期间安徽省科技活动经费支出情况统计表

表 1-3-21　　单位：万元

年份	经费支出总额	科研机构		高等院校		大中型企业		其他机构	
		数额	比重(%)	数额	比重(%)	数额	比重(%)	数额	比重(%)
2001	527172	46677	8.85	45247	8.58	267311	50.71	167757	31.82
2002	655528	68005	10.37	62789	9.58	380444	58.04	144290	22.01
2003	834709	66656	7.99	112667	13.50	479083	57.40	176303	21.12
2004	1028527	65419	6.36	122722	11.93	658781	64.05	181605	17.66
2005	1276294	66852	5.24	109522	8.58	858763	67.29	241157	18.90
合计	4322230	313609	7.26	452947	10.48	2644382	61.18	911112	21.08

说明：资料来源于《安徽统计年鉴》，安徽省统计局编，中国统计出版社；《中国科技统计年鉴》

从科技投入结构看，省财政直接拨款的科研经费主要包括：科技三项费用、科学事业费、科研基建费。省财政科技投入累计 24.39 亿元，其中科学事业费累计投入 9.95 亿元，占 40.8%；科技三项费累计投入为 13.47 亿元，占 55.2%；科研基建费及其他累计

0.97 亿元,占 4%。

2001—2005 年“十五”期间全省财政科技投入结构情况统计表

表 1-3-22 单位:万元

年份	全省财政科技投入	科学事业费		科技三项费用		科研基建费及其他	
		数额	比重(%)	数额	比重(%)	数额	比重(%)
2001	38975	16136	41.40	20769	53.29	2070	5.31
2002	44075	17324	39.31	24998	56.72	1753	3.98
2003	45849	18210	39.52	27109	59.13	530	1.16
2004	55462	22153	39.94	29904	53.92	3405	6.14
2005	59559	25687	43.13	31930	53.61	1942	3.26
合计	243920	99510	40.80	134710	55.23	9700	3.98

说明:资料来源于《安徽统计年鉴》,安徽省统计局编,中国统计出版社;《中国科技统计年鉴》

从全省财政科技投入的结构变化看,随着科技投入不断增加,科技三项费用和科学事业费逐年上升,年均增长分别为 11.4%和 12.3%。

2001—2005 年,科学事业费在整个财政科技投入中的比重变化不大,稳定在 40%左右,科技三项费用在整个财政科技投入中的比重稳定在 50%~60%之间;科研基建费与其他所占比重则出现较大地波动,最低为 2003 年的 1.16%,2004 年所占比重达 6.14%,至 2005 年又降到 3.26%。

全省研究与发展活动经费支出 R&D 经费内部支出总额为 162.09 亿元,占科技活动总经费支出的 37.50%,占全省 GDP 的 0.77%。2001 年,全省全社会 R&D 活动经费支出总额为 21.05 亿元,占当年科技活动经费的支出比重为 39.93%,占当年全省 GDP 比重为 0.64%。2005 年,全省全社会 R&D 活动经费支出总额为 45.61 亿元,占当年科技活动总经费的支出比重为 36.19%,占当年全省 GDP 比重为 0.74%。可以看出,R&D 经费内部支出的绝对量在逐年增加,2005 年比 2001 年增加 24.56 亿元,年均增长 21.33%。其占全省 GDP 的比重也由 2001 年的 0.64%增长到 2005 年的 0.85%,,虽然 2004 年略有下降,但总的还是呈现出增长趋势。(见表 1-3-23)

R&D 活动由基础研究、应用研究和试验发展三部分构成。从 R&D 经费按研究类型分布看,基础研究经费合计支出 20.72 亿元,应用研究经费合计支出为 26.61 亿元,试验发展经费合计支出为 100.60 亿元。2005 年,基础研究经费支出 4.12 亿元,应用研究经费支出为 9.15 亿元,试验发展经费支出为 27.99 亿元。三者占 R&D 经费总额的比重分别为 9.03%、20.06%和 61.37%。相比较 2001 年,基础研究所占比重下降 13.12%,应用研究和试验发展分别增长 5.46%和 8.95%。

2001—2005 年“十五”期间安徽省 R&D 经费支出及其占地区生产总值的比重情况统计表

表 1-3-23 单位:万元

年份	R&D经费内部支出	占全省 GDP 比重	占科技活动经费支出比重
2001	210513	0.64%	39.93%
2002	256977	0.72%	39.21%
2003	324219	0.82%	38.84%
2004	373028	0.78%	36.27%
2005	456122	0.85%	35.74%
合计	1620859	0.77%	37.50%

说明:资料来源于《安徽统计年鉴》,安徽省统计局编,中国统计出版社;《中国科技统计年鉴》

2001—2005 年“十五”期间安徽省 R&D 经费按活动类型分布情况统计表

表 1-3-24 单位:万元

年份	R&D经费内部支出	基础研究		应用研究		试验发展	
		数额	比重(%)	数额	比重(%)	数额	比重(%)
2001	210513	46636	22.15	30744	14.60	110343	52.42
2002	256977	28342	11.03	38724	15.07	173457	67.50
2003	324219	47495	14.65	38316	11.82	206492	63.69
2004	373028	43486	11.66	66875	17.93	232760	62.40
2005	456122	41206	9.03	91481	20.06	279939	61.37
合计	1620859	207165	12.78	266140	16.42	1005991	62.07

说明:资料来源于《安徽统计年鉴》,安徽省统计局编,中国统计出版社;《中国科技统计年鉴》

从 R&D 经费按执行机构分布看,2005 年, 国有独立核算的科研院所 R&D 经费支出 9.66 亿元,比 2001 年增长 5.71 亿元,年均增长 25.05%;高等学校支出 7.68 亿元,比 2001 年增长 1.17 亿元,年均增长 4.22%;大中型工业企业支出 27.87 亿元,比 2001 年增长 19.56 亿元,年均增长 35.33%。“十五”期间,大中型工业企业 R&D 经费支出占全省 R&D 经费总支出的 53.26%,占有比较重要的地位。

2001—2005 年“十五”期间安徽省 R&D 经费按执行机构分布情况统计表

表 1-3-25 单位:万元

年份	R&D经费内部支出	科研院所	高等学校	大中型工业企业	其他机构
2001	210513	39516	65139	83068	22790

续表 1-3-25

年份	R&D经费内部支出	科研院所	高等学校	大中型工业企业	其他机构
2002	256977	83209	40256	128757	4755
2003	324219	93089	77908	149315	3907
2004	373028	75896	69682	223549	3901
2005	456122	96631	76806	278652	4033
合计	1620859	388341	329791	863341	39386

说明：资料来源于《安徽统计年鉴》，安徽省统计局编，中国统计出版社；《中国科技统计年鉴》

独立科研机构科技经费筹集和支出　独立科研机构从 2000 年的 167 个减少到 2005 年的 125 个，独立科研机构的科技活动经费也随之下降。从 2000 年到 2005 年，全省独立科研机构科技经费的筹集额由 10.62 亿元减少到 6.99 亿元，下降 34.2%。

省政府资金对独立科研机构拨款 2005 年比 2000 年增长 90%，政府资金占科技经费筹集额的比重在“十五”期末比“九五”期末大幅度增加，这种状况表明，在当前独立科研机构多渠道的科技投入机制中，政府资金仍具有不可或缺的主体地位和作用。今后，通过企业和银行等其他渠道进一步扩大科技经费的来源，也有着极大的潜力。

“十五”期间安徽省独立科研机构科技经费筹集额及来源结构变化情况统计表

表 1-3-26

	1995年		2000年	
	金额	比重(%)	金额	比重(%)
科技经费筹集额(万元)	106202	100.0	69881	100.0
其中：政府资金(万元)	29174	27.5	55471	79.4

说明：资料来源于《安徽统计年鉴》，安徽省统计局编，中国统计出版社

2001—2005 年“十五”期间安徽省独立科研机构科技经费筹集情况统计表

表 1-3-27　　单位：万元

年份	经费收入合计	其中：					
		自然科学技术领域		社会人文科学技术领域		科技情报和文献机构	
		经费收入合计	其中：政府资金	经费收入合计	其中：政府资金	经费收入合计	其中：政府资金
2001	50266	46047	31672	2504	1625	1715	960

续表 1-3-27

年份	经费收入合计	其中:					
		自然科学技术领域		社会人文科学技术领域		科技情报和文献机构	
		经费收入合计	其中:政府资金	经费收入合计	其中:政府资金	经费收入合计	其中:政府资金
2002	76202	71147	45701	2865	1479	2190	1026
2003	71092	65797	40707	3069	1809	2226	1181
2004	66572	60801	48477	3652	2042	2119	1928
2005	69881	63694	51429	3991	2268	2196	1774

说明:资料来源于《安徽统计年鉴》,安徽省统计局编,中国统计出版社;《中国科技统计年鉴》

独立科研机构科技经费支出增减变化不大，科技经费支出总额 2005 年比 2000 年增加 15.3%。

2001—2005 年“十五”期间安徽省独立科研机构科技经费支出情况统计表

表 1-3-28　　单位:万元

年份	经费支出合计	其中:		
		自然科学技术领域	社会人文科学技术领域	科技情报和文献机构
		经费支出合计	经费支出合计	经费支出合计
2001	46677	43276	1838	1563
2002	68005	63008	2651	2346
2003	66656	62308	2424	1924
2004	65419	60211	3041	2167
2005	66852	61396	3026	2430

说明:资料来源于《安徽统计年鉴》,安徽省统计局编,中国统计出版社

全省独立科研机构科技经费支出合计为 31.36 亿元，其中人员劳务费和固定资产购建费支出分别占科技经费支出合计的 34.63%和 23.89%，两者合计超过当年科技经费支出的一半。

全省独立科研机构的 R&D 经费内部支出增长较快，其 R&D 经费内部支出为 38.83 亿元。2005 年为 9.66 亿元,相比 2001 年增长 5.71 亿元,年均增长 25.05%。

“十五”期间安徽省独立科研机构科技经费筹集和支出情况统计表

表 1-3-29　　单位:万元

年份	合计	2001	2002	2003	2004	2005
科技活动经费筹集	334013	50266	76202	71092	66572	69881
其中：政府资金	236078	34257	48206	45697	52447	55471
企业资金	43075	8882	16791	9356	4061	3985
银行贷款	3680	782	1323	1506	0	69
其他资金	51180	6345	9882	14533	10064	10356
科技活动经费支出	313609	46677	68005	66656	65419	66852
其中：人员费用	108611	16299	25564	23205	25369	18174
资产购建费	74927	10253	14366	16995	17312	16001
其他支出	130071	20125	28075	46456	22738	32677
R&D经费内部支出	388341	39516	83209	93089	75896	96631

说明:资料来源于《安徽统计年鉴》,安徽省统计局编,中国统计出版社

大中型工业企业科技经费筹集和支出　大中型工业企业中有技术开发机构的企业从2000年的261家增加到2005年的321家,大中型工业企业的科技活动经费也迅速攀升。从2000年到2005年,全省大中型工业企业科技经费的筹集额由22.06亿元增长到83.66亿元,增长2.79倍。

2000—2005年安徽省大中型工业企业科技经费筹集情况统计表

表 1-3-30　　单位:万元

年份	科技经费筹集额	其中:			
		上级拨款	比重(%)	自筹资金	比重(%)
2000	220607	—	—	172194	78.1
2001	268455	—	—	228559	85.1
2002	389932	—	—	318153	81.6
2003	665984	—	—	422987	63.5
2004	688099	—	—	564584	82.0
2005	836569	—	—	627619	75.0

说明:资料来源于《安徽统计年鉴》,安徽省统计局编,中国统计出版社

大中型企业用于技术开发经费的支出增长幅度很大，2005 年达到 85.88 亿元，2001—2005 年年均增长率达到 44.25%。企业用于新产品开发的经费也逐年增加，新产品销售收入占产品销售收入的比重由 2001 年的 2.31%增加到 2005 年的 2.56%。R&D 经费也由 2001 年的 8.31 亿元增长到 2005 年的 23.83 亿元，年均增长 30.13%。这说明全省大中型工业企业在进行新产品的市场开发，以拥有自主知识产权，获得市场占有率的意识和能力逐渐增强。

2000—2005 年安徽省大中型工业企业科技经费支出情况统计表

表 1-3-31　　单位：万元

年份	科技经费支出额	其中：		科技经费支出占产品销售收入的比重（%）
		开发新产品用款	比例（%）	
2000	200945	84477	42.0	1.79
2001	267311	93584	35.0	2.31
2002	380444	119432	31.4	2.62
2003	479083	162624	33.9	5.58
2004	658781	194838	29.6	1.83
2005	858763	325644	37.9	2.56

说明：资料来源于《安徽统计年鉴》，安徽省统计局编，中国统计出版社

大中型工业企业研究与发展经费支出　大中型工业企业 R&D 经费支出快速增长，大中型工业企业 R&D 经费支出占全省全社会 R&D 经费支出的比重，由 2001 年的 39.5%上升到 2005 年 52.3%。同期，全省大中型工业企业 R&D 经费支出的年均增长幅度达到 39.7%，高于全社会 R&D 经费支出的年均增幅 25.6%，并高于“九五”期间全省大中型工业企业 R&D 经费支出的年均增长幅度。

“十五”期间安徽省大中型工业企业 R&D 经费支出情况统计表

表 1-3-32　　单位：万元

	2001 年	2002 年	2003 年	2004 年	2005 年	2001—2005 年年均增幅（%）
全省全社会 R&D 经费支出额	210513	256977	324219	373028	456068	29.2
大中型工业企业 R&D 经费支出额	83068	107457	127298	184162	238344	
大中型工业企业占全社会 R&D 支出比重（%）	39.5	41.8	39.3	49.4	52.3	46.7

说明：资料来源于《安徽统计年鉴》，安徽省统计局编，中国统计出版社

高等学校科技经费筹集与支出　全日制普通高等学校从 2000 年的 42 所增加到 2005 年的 81 所，高等学校的科技活动经费也迅速攀升。全省高等学校科技经费筹集总额 51.67 亿元中，政府资金为 31.73 亿元，占总筹集额的 61.41%，银行贷款为 4.34 亿元，占总筹集额的 8.40%。从 2001 年到 2005 年，全省高等学校科技经费的筹集额由 5.58 亿元增长到 12.19 亿元，增长 1.2 倍，但政府资金占科技经费筹集额的比重在“十五”期末比“九五”期末减少 14.7%。

“十五”期间安徽省高等学校科技经费筹集和支出情况统计表

表 1-3-33　　单位：万元

年份	合计	2001	2002	2003	2004	2005
科技活动经费筹集	516694	55820	81290	128792	128931	121861
其中：政府资金	317257	29459	50793	86730	80457	69818
银行贷款	43400	5925	5190	3415	28767	103
其他资金	156037	20436	25307	38647	19707	51940
科技活动经费支出	452947	45247	62789	112667	122722	109522
其中：劳务费	60879	7010	8388	15550	13477	16454
资产购建费	124343	14425	1677	43655	41729	22857
其他支出	267725	23812	52724	53462	67516	70211
R&D经费内部支出	329791	65139	40256	77908	69682	66574

说明：资料来源于《安徽统计年鉴》，安徽省统计局编，中国统计出版社

全省高等学校科技经费支出总额为 45.29 亿元，其中劳务费 6.09 亿元，占 13.45%，固定资产购置费 12.43 亿元，占 27.45%。从 2001 年到 2005 年，科技经费内部支出额由 4.53 亿元增长到 10.95 亿元，增长 1.4 倍。

“十五”期末安徽省高校科技经费内部支出增长情况统计表

表 1-3-34

	2000年		2005年	
	金额	比重(%)	金额	比重(%)
科技经费内部支出额(万元)	26816	100.0	109522	100.0
其中：人员劳务费(万元)	3309	12.3	16454	15.0
固定资产购建费(万元)	12442	46.4	22857	20.9

说明：资料来源于《安徽统计年鉴》，安徽省统计局编，中国统计出版社

高等学校科技经费内部支出大幅增加,但人员劳务费用在科技经费内部支出中所占比重增幅不大,固定资产购建费用占比有较大幅度上下降,显示出“十五”期间高等学校在科技活动的人员投入和设备条件投入方面支出不大。(见表1-3-34)

高校R&D经费内部支出总额为32.97亿元,且每年都有一定的变化波动。从2001年到2005年,高等学校R&D经费内部支出由6.51亿元增长到6.66亿元,增长2.3%,R&D经费支出占全省全社会R&D经费支出的比重,由2000年的7.5%上升到2005年14.6%。同期,全社会R&D经费支出的年均增幅为19.6%,而全省高等院校R&D经费支出的增长达到57.2%的年均增长幅度。可见,高等院校R&D经费支出的年均增长幅度不仅大大高于同期全省全社会R&D经费支出的年均增长幅度,而且高于“九五”期间全省高等学校R&D经费支出的年均增长幅度。

“十五”期末安徽省高等学校R&D经费增长情况统计表

表1-3-35　　　　单位:万元

	2004年	2005年	2000—2005年 5年年均增幅(%)
全省全社会R&D经费支出额(万元)	230636	456068	19.6
全省高等学校R&D经费支出额(万元)	17259	66574	57.2
高等学校占全社会R&D支出比重(%)	7.5	14.6	

说明:资料来源于《安徽统计年鉴》,安徽省统计局编,中国统计出版社

第五节　安徽省科技三项费用投入

“七五”期间安徽省科技三项费用投入　科技三项费用,在中国科学技术研究经费总额中占主要部分。1949年以来,这部分费用随着国民经济的发展和财政体制的变化,名称和资金渠道都发生较大的变化。1972年,国家计委、财政部、中国科学院发布《关于新产品试制、中间试验、科学研究补助使用管理的几项规定》,文中明确规定:“科学技术三项费用,由国家财政预算拨款,主要用于国务院各有关部门和各省、直辖市、自治区安排全国性的和具有地区特点的新产品试制、中间试验、重要科学研究项目”,至此,科技三项费用这个财政术语正式启用,它由新产品试制费、中间试验费和重要科研补助费组成。

1982年省财政体制改革时,省政府关于实行“划分收支,分级包干”财务管理体制的通知中明确规定,新产品试制费(即科技三项费用)列省级预算,不作地市县级经费支出包干基数,而省财政厅在和地市县财政局划分包干基数时,则决定将科技三项费用列入各级财政支出包干范围,地市县级的科技三项费用均由同级财政拨给,省财政

相应地扣除省科委掌握的科技三项费用预算支出指标。“七五”期间，由于种种原因财政每年安排的全省科技三项费用支出预算时，不仅没有达到国家及省规定的不低于整个财政支出的1%比例数，更谈不上每年应有增长，而应由地市县级财政拨给的科技三项费用也不能落实。如1987年省财政预算安排科技三项费用支出指标的2480万元，实际全省只落实1100万元左右，其中省级为798万元，地市县级为300万元左右。1988年省财政向省人代会报告的全省科技三项费用支出预算数为2680万元。1988年3月，省科委向省政府并副省长张润霞提交“关于要求落实全省科技三项经费预算支出数的报告”，要求落实全省科技三项费用支出预算数，并建议将包干给地市县级的科技三项费用预算指标收回，由省科委统一安排管理。

“八五”期间安徽省科技三项费用投入　“八五”期间，省级财政预算安排的科技三项费用逐年增加，科技三项费用投入总量为21142万元，年平均增长速度为34.85%，占地方财政支出的比重为0.46%，其中1991年到1995年投入的科技三项费用分别为3103万元、3115万元、3123万元、4716万元、7085万元，占同期地方财政支出总额的比重分别为0.39%、0.42%、0.43%、0.50%、0.52%。前三年科技三项费用增长速度虽然很缓慢，但由于地方财政支出处于下降趋势，因此，科技三项费用投入占地方财政支出的比重呈稳定增长趋势，1994年是科技三项费用投入增长的转折点，比1993年净增加1593万元，年增长速度达51%，1995年科技三项费用投入比上年增加的绝对值为2369万元，是5年中增长最快的一年，但由于当年地方财政支出增长也很大，因而科技三项费用投入占地方财政支出的比重增加不大。

1991—1995年“八五”期间安徽省科技三项费用投入状况统计表

表1-3-36　　单位：万元

年份	全省财政支出总额	科技三项费用投入	科技三项费用投入比上年增长(%)	科技三项费用投入占全省财政支出总额比重(%)
1991	797667	3103	20.13	0.39
1992	741097	3115	0.38	0.42
1993	720085	3123	0.25	0.43
1994	932746	4716	51.00	0.50
1995	1358700	7085	50.23	0.52

说明：资料来源于《安徽统计年鉴》，安徽省统计局编，中国统计出版社

1993年10月，省科委制定《安徽省科委科技三项费管理暂行规定》。主要内容有：对科技三项费的管理，要全部实行合同制，并根据不同类型科技项目计划，实行分类管理；逐步实行招标制；经费使用根据不同项目类别实行无偿、部分有偿、全部有偿及有偿有息。合同项目经费可委托银行发放并监督回收，回收的经费继续用于发展科技事

业。科技三项使用范围为列入省各类科技计划的项目。开支项目:(1)专用仪器设备购置及使用费。(2)研究材料及样品费。(3)专用业务费。(4)科技开发项目垫息费用及人员培训费。科技三项费的划拨由省科技计划项目年度经费根据项目的合同和项目实施情况采取按期和缓拨,经研究终止的项目一律停拨。三项费分有偿及无偿两大类,无偿部分可以通过部门转拨给承担单位,由归口管理部门按项目进度、监督使用。合同有偿部分经费或由省科委通过银行委托贷款的办法发放和回收,或改革投放方案采取更有效的发放回收办法,回收经费按《安徽省科委关于回收科技计划项目有偿经费的暂行规定》办理。

"九五"期间安徽省科技三项费用投入 科技三项费用和科学事业费投人总量为14.97亿元,年平均增长速度为15.9%,占地方财政支出的比重为1.2%,2000年上述科技三项费用和科学事业费拨款额为3.50亿元,比1995年的1.65亿元增长112%。其中,科技三项费2000年比1995年增长197%,科学事业费增长47%。

2000年,安徽省的科技三项费和科学事业费支出在全国31个省区中的排名为第20位,处中游靠后的地位;在周边六省中仅高于江西,而低于浙江、山东、江苏、河南和湖北;在同属中部地区的黑龙江、吉林、山西、河南、湖北、安徽、江西、湖南等八省中,安徽省的上述财政科技支出也仅高于山西和江西,低于其他省而居于中下游的第6位。特别应引起重视的是,"九五"期间,安徽省财政支出的增幅达137%,与之相比,科技拨款的增幅低25个百分点。2000年,全国省、直辖市、自治区地方财政的科技三项费和科学事业费支出占地方财政总支出的比例平均为1.90%,而安徽省此项比例为1.08%,在中部八省中仅略高于江西,在全国也只高于江西、海南和西藏,居第28位。这也表明安徽省财政对进一步增大科技投入仍具有较大的潜力。

1996年1月4日,省科委向省财政厅提交关于要求增加科技三项费用预算安排的报告。报告提出:希望省财政厅在1996年的财政预算中按省科技进步条例关于"科技三项费用不低于本级财政支出的1%"的规定安排省级科技三项费,同时要求新增部分仍由省科委管理。

1996年6月,省科委向省政府提交关于贯彻执行《科技三项费用管理办法(试行)》若干意见的报告,并于1996年6月19日就关于制定《科技三项费用管理办法实施细则》若干意见,致函省财政厅,建议在科技三项费用管理办法(试行)的实施细则中采纳以下意见:科技三项费用支持的各类科技计划由科技计划管理部门根据职能分工提出项目计划并会同同级财政部门联合下达。科技三项费用按规定程序办理划拨手续。由科技计划管理部门根据联合下达的科技计划,分期分批编制项目预算,向同级财政部门申请拨款,并于收到款项后一个月内将经费划拨到项目承担单位。对开发类科技项目实行部分经费有偿使用,由科技计划管理部门负责回收,回收经费主要用于下一轮科技计划预算安排。自然科学基金、软科学研究计划因项目多,平均资助强度低拨款手续繁杂。科技计划管理部门到项目单位的拨款时限放宽到两个月左右。

1995—2000 年安徽省财政科技拨款占财政支出比重情况统计表

表 1-3-37　　单位:亿元

年份	财政支出总计	其中:			占财政支出的比重(%)
		合计	科技三项费	科学事业费	
2000	135.88	1.65	0.71	0.94	1.21
2001	178.71	2.14	1.03	1.11	1.19
2002	211.53	2.67	1.63	1.05	1.26
2003	242.07	2.89	1.61	1.27	1.19
2004	288.60	3.77	2.32	1.45	1.30
2005	322.47	3.50	2.11	1.39	1.08

说明:资料来源于国家统计局《中国统计年鉴》2001,安徽省统计局、省科技厅、省教育厅、省计委、省经贸委《安徽科技统计年鉴》1999 卷、2000 卷、2001 卷

2000 年周边邻省及中部地区各省财政科技拨款情况比较一览表

表 1-3-38　　单位:亿元

项目＼省份	浙江	山东	江苏	安徽	江西	河南	湖北	湖南	黑龙江	吉林	山西
地方财政科技拨款额(科技三项费、科学事业费)	13.14	13.10	12.55	3.50	2.19	6.31	5.53	5.55	6.95	4.38	3.34
占地方财政支出比重(%)	3.05	2.14	2.12	1.08	0.98	1.42	1.50	1.60	1.82	1.68	1.48
在全国位次	1	6	7	28	29	22	18	14	10	11	19

说明:资料来源于国家统计局《中国统计年鉴 2001》

1997 年 2 月,省科委制定《关于科技三项费用有偿使用管理的若干意见》,主要内容有:有偿使用经费包括:星火、火炬、成果推广基金等有偿使用年度切块经费和历年有偿回收经费。每年年初计划处根据当年财政预算和有偿经费的回收情况,提出有偿经费年度切块方案,报委党组同意后执行。有偿经费优先支持各类科技计划和工程。有关业务处受理和筛选项目,经计划处综合平衡,报委领导审定后下达项目计划。有偿经费必须采用银行承兑汇票质押担保或定向存款方式,以保证安全回收,加快资金周转。有偿经费的占用费按同期银行贷款利率收取。有偿经费由计划处归口管理。

1997 年 5 月 14 日,省科委向省人大教科文卫委员会提交关于开展科技三项经费专项执法检查有关问题的报告,依据《安徽省科技进步条例》和国家有关法律规定,检查各地(市)、县(市、区)1994—1996 年科技三项费用落实、使用和管理情况及实际存在

的问题。

1997年12月,省科委、省财政厅印发《安徽省科技发展基金使用管理办法》。主要内容包括科技发展基金的主要来源、基金的主要用途、基金的申请与审批、报审程序以及基金的管理。

1999年9月,鉴于全国财政会议提出财政资金不得有偿使用的精神,结合省情,省财政厅、省计委、省经贸委、省科委联合制定《安徽省科技三项费用管理办法实施细则》,对1997年印发的《安徽省科技三项费用管理办法实施细则(试行)》有关条文进行修订。

"十五"期间安徽省科技三项费用投入 "十五"期间,全省科技三项费用财政支出决算总量为14.04亿元,年平均增长速度为20.3%,科技三项费用占财政支出的比重基本保持在0.5%左右。2005年全省科技三项费用支出为3.77亿元,比2000年的2.10亿元增长78.9%,但占全省财政支出的比重为0.5%,比2000年下降0.2%。

2000—2005年安徽省科技三项费用情况统计表

表1-3-39 单位:万元

年份	全省财政支出	全省科技三项费用支出	科技三项费用支出占财政支出比(%)
2000	3224688	21049	0.7
2001	4037988	20769	0.5
2002	4568579	24998	0.5
2003	5074398	27109	0.5
2004	6015280	29904	0.5
2005	7130633	37659	0.5

说明:资料来源于《安徽统计年鉴》,安徽省统计局编,中国统计出版社

安徽省科技三项费用运行效益分析 随着科技三项费用投入的增加,全省科技三项费用支持的各类科技计划取得许多成果,经济和社会发展急需的关键技术有效地推动企业技术进步,促进生产力的发展,优化产品结构,提高企业产品的技术含量和更新换代速度,取得显著的经济效益和社会效益,同时为经济建设和科技进步事业,培养和造就大批人才。根据有关文件规定,结合科技事业发展实际需要,全省科技三项费用主要用于列人省级科技计划的项目、科技工程和筹建科技基金。"八五"期间承担省级科技计划项目的单位以高校和科研院所为主,企业约占10%。通过对《安徽统计年鉴》中的相关数据进行分析,1996—2000年间各地市科技三项费发展趋势基本一致且变化较小,2001—2005年间各地市科技三项费发展趋势较一致且有所上升。"九五"期间,只有合肥市科技三项费稍有波动,其他各市在"九五"期间财政科技三项费大都在1000万

元以下的较低投入水平。“十五”期间，各市都维持在2000万元以下的支出水平，没有大的波动，只有合肥市的科技三项费维持在3000万元左右的水平。各地市的财政支出中科学事业费支出数据显示，1996—2000年间各地市科学事业费处于较低水平且基本发展趋势较一致，2001—2005年间各地市科学事业费出现缓慢的上升。“九五”期间，阜阳和滁州两市科学事业费最高，其余各地市科学事业费均呈稳定的状态，只在1999年出现一个稍大的波动。

第四章 科技基础条件

安徽省政府高度重视科技进步在经济和社会发展中的战略作用,1986—2005 年,省政府大力发展科学技术事业,推动科学技术体制改革,逐年增加对科技的投入,从重点实验室科技器材、实验动物等方面不断加强科技基础条件建设。

第一节 重点实验室

安徽省重点实验室自 1994 年启动建设,初期目标任务是深化科研院所体制改革,建立具有新型研究实验机制的现代科研院所制度,改善和加强科研基础设施条件,加强行业科研成果转化为现实生产力的能力。“九五”期间,省科委共批准建设 8 家省部级重点实验室(包括 1 项国家重点实验室),其中大部分是依托省属科研院所组建的。“十五”期间,为适应科技体制改革需要,强化应用基础研究,整合各方优势科技资源,建立开放共享的科技基础条件平台,省科技厅依托高等院校和在皖的中央和省属科研院所,按照高起点、高标准、严要求,本着“开放、流动、联合、竞争”的运行机制,批准建设 16 家省部级重点实验室(包括 1 项国家重点实验室),目标是能承担重大的关键性、综合性、前瞻性的科研任务,成为重要的创新研究基地、凝聚培养人才阵地和科技合作与交流的中心。到 2005 年年底,全省建成国家重大科学工程 2 家、国家重点实验室 1 家、部属重点实验室 13 家、省级重点实验室 14 家,正在建设的国家实验室 1 家、省级重点实验室 10 家(其中已有 4 家提出验收申请),初步形成国家、部门和省级满足不同需要和定位的研究实验体系,成为安徽省区域创新体系建设的重要组成部分。

“十五”期间,通过增加重点实验室建设专项资金投入,建立开放运行补助和优秀科研带头人培养计划,修改重点实验室管理办法,加大资源整合力度,省级重点实验室建设在科学研究、人才培养、合作交流、资源整合、提高自主创新能力等方面取得较大进展。主要表现在:

省级重点实验室发展概况 “十五”初期,针对科技体制改革的形势和科技创新工作的需要,省科技厅决定把重点实验室建设作为本省自主创新、人才引进培养和科技合作交流的重要科技平台,摆在重要位置。通过资源整合和优化,积极争取多渠道投入,到“十五”末,省级重点实验室建设专项投入 1740 万元,依托单位和主管部门配套资金 2.6 亿元,并整合大量已有科技资源,省级重点实验室环境和布局得到优化。据统计,省级重点实验室总面积已达6万多平方米,仪器设备总值超过2.67亿元,实验室整体实力得到进一步增强,科学仪器设备数量大大增加,质量、水平和档次大大提高,特别是一批大型仪器设备的添置,为省级重点实验室提供有力的保证;省级重点实验室布局合理整齐,面积相对集中,管理统一,运行规范;初步构建支撑安徽省优势产业和学科领域的人才队伍和实验研究技术平台。

重点实验室研究方向　重点实验室承担一批科研任务,取得一批重要成果。省级重点实验室紧紧围绕经济社会和科技发展需求,跟踪世界科技发展前沿目标,突出自身优势,不断调整凝练省级重点实验室研究方向和目标,积极承担国家和省科研任务,产生一批较有影响的科研成果和发明专利,取得一批具有重大应用前景的高新技术,在科技界产生一定的影响,为全省经济建设和社会发展提供有效的成果源和技术储备,并通过知识、技术和成果转化,实现省级重点实验室良性循环和自我发展。“十五”期间,省级重点实验室共承担国家级科研项目224项、省部级科研项目520多项,获各类科研经费2.42亿元。

重点实验室研究队伍　省级重点实验室,始终将队伍建设和人才培养放在所有工作的突出位置,营造宽松和谐、学术创新气氛浓厚的研究环境,发挥各自优势,通过项目合作研究和招收或委培博士和硕士研究生,引进凝聚优秀人才,培养一批应用研究和成果转化人才,汇聚一批高层次人才。到2005年,省级重点实验室共有博士授权点31个,硕士授权点57个,有各类人才621人,其中正高职称人员250多人,国家杰出青年基金、国家百千万人才工程(一、二层次)、中科院“百人计划”、安徽省学术技术带头人后备人选、“皖江学者”等90多人次,有博士160多人。“十五”期间,省级重点实验室共培养博士研究生345人、硕士研究生941人、学术学科带头人119人。

重点实验室科技合作及学术交流　省级重点实验室重视开展国内外交流和合作,通过凝聚特色、优势互补、强强联合、互派访问学者、短期出国进修和培训、合作研究、举办和参加国际国内学术会议和讲座等多种形式,加强与国内著名高校和研究所以及世界一些知名大学和研究机构的合作与交流。据不完全统计,省级重点实验室与加拿大多伦多大学,美国哥伦比亚大学、俄亥俄医学院、康奈尔大学、劳伦斯国家实验室,德国马普化学所、汉堡大学,日本京都大学、千叶大学、日本产业技术综合研究所等国际著名高校和学术研究机构开展合作研究和交流。到2005年,省级重点实验室共开展国内、国际交流与合作1348人次。

重点实验室运行管理机制　各省级重点实验室创新运行机制和管理模式,在建设与运行管理中,按照“开放、流动、联合、竞争”的基本要求,探索优势学科联合、优秀人才集中、仪器设备统一管理、项目课题分级负责、管理责任明确到人、开放共享的运行管理模式,实行实验室主任负责制、学术委员会评审制,建立和完善开放研究机制、人才引进培养机制、激励分配机制、设备开放共享机制、成果转移机制和管理联席会议机制,制定和完善岗位责任制、考核和考勤制度、仪器设备档案管理制度等一系列的规章制度。大多数省级重点实验室建立主任基金、优秀人才引进基金和开放基金,促进实验室开放运行和共享服务。

第二节 科技器材

大型精密仪器协作网 1987年,省科委批准成立安徽省大型精密仪器协作网(简称"协作网",下同),组织大型精密仪器协作共用。1987年,协作网有36个科研院所、高校成员单位,科学仪器802台(套),总值17670万元。至2005年底,入网单位有101个,30万(含30万元)以上入网仪器692台(套),原值3.69亿元。10万元以上(含10万元)大型仪器1196台(套),原值4.78亿元。国家及省级重点实验室14个,专业分析测试机构21个。

大型精密仪器协作主要文件 1987年4月,省科委为明确安徽省大型精密仪器协作共用财务收支管理,根据国家科委关于颁发《大型精密仪器管理暂行办法的通知》,经和省财政厅、省税务局协商同意,制定《关于大型精密仪器协作网费用收支管理规定(试行)》。

1997年8月,省科委、省财政厅共同研究制定《省属科研单位仪器设备更新和危房修缮专项资金管理的暂行规定》。2005年6月,省科技厅、省教育厅、省财政厅共同制定《安徽省大型科学仪器设备协作共用实施管理办法》。

大型精密仪器调查 2003年7月,省科技厅根据国家科委《关于开展大型科学仪器设备调查的通知》要求,开展大型科学仪器设备调查。调查对象为省属科研机构和事业单位;调查内容为各单位1985年以来不同时期获得的单台(套)原值10万元人民币以上(含10万元)仪器设备总值情况,以及1997年以来获得的单台(套)原值50万元人民币以上(含50万元)的仪器设备情况。

第三节 实验动物

安徽省实验动物工作起步较晚,1986年9月,省科委在合肥召开安徽省第一次实验动物科技工作座谈会。1986年,全省有动物房7000平方米,生产饲养实验动物700只。2005年,全省有动物房13000平方米,生产饲养实验动物31000只。

实验动物管理主要文件 1989年5月17日,省科委、省教委、省卫生厅、省医药管理局印发经国务院批准,由国家科委发布实施的《实验动物管理条例》及安徽省贯彻《实验动物管理条例》实施意见。2005年12月,省科技厅、省卫生厅、省教育厅、省农委、省质监局、省药监局联合发文《关于贯彻实施实验动物国家标准加强实验动物质量管理的意见》。

实验动物中心 1995年,省科委、省教委、省卫生厅、省医药管理局印发文《关于建立安徽省医学实验动物中心的请示》,开始筹建安徽省医学实验动物中心,2003 年正式成立(2005 年更名为安徽省实验动物中心)。

2003 年,省科技厅、省卫生厅、省教育厅、省农委、省质量技术监督局、省药品监督管理局、省出入境检验检疫局联合发文《关于印发安徽省实验动物许可证管理办法实施细则的通知》。同年 3 月,省科技厅印发《关于成立安徽省实验动物管理委员会的通知》。安徽省实验动物管理委员会(简称“省动管会”),下设办公室(简称“省动管办”)和专家组。

2005 年 4 月,省科技厅批复安徽医科大学《关于安徽省医学实验动物中心更名的请示》。省医学实验动物中心更名为安徽省实验动物中心,主要负责为全省生命科学研究、医药产业发展和其他产品检定提供等级实验动物及标准动物实验环境。

实验动物质量监督检测中心　2005 年 4 月,省科技厅批复安徽省医学科学研究所关于建立安徽省实验动物质量监督检测中心的申请。省实验动物质量监督检测中心经国家实验动物质量检测中心技术审查组的技术审查,认为专业知识及技能两项现场考核总成绩良好,合格者达 85%,基本符合《省级实验动物质量检测机构技术审查细则》要求。该中心受省科技厅委托,按照实验动物国家标准,负责全省实验动物的质量监督检测,开展实验动物检测技术培训和指导工作,保障安徽省实验动物的质量。

实验猕猴中心　2005 年 5 月,省科技厅批复黄山市猕猴驯养繁殖中心《关于请求建立安徽省实验猕猴中心的请示》。实验猕猴中心经实验动物质量检测机构的质量和环境设施检测合格,并通过专家组现场验收。

实验动物人才培训基地　2005 年 6 月,省科技厅批复安徽医科大学《关于申请成立安徽省实验动物人才培训基地及从业人员上岗考试考点的请示》。

第五章　信息资源

第一节　科技信息网及数据库

安徽省科技信息网始建于1998年。通过省网络中心和17个市级分中心建设，构建覆盖全省的科技信息网络系统，为全省科技管理和科技信息服务的电子化和网络化提供环境保障和技术支撑。

省科技信息网拥有90平方米的中心机房，建有100M光纤Internet接入，100M光纤省电子政务网宽带接入，100/1000M的Internet主干交换，集成基于包过滤的硬件防火墙、入侵检测系统、防病毒网关、上网行为管理、网页防护等的网络安全保障系统，36KVA大功率的后备电源，20多台高性能专用服务器，FC-SAN架构的近40T容量的数据存储，机房环境监控等。提供DNS、E-MAIL、WWW、FTP、TELNET、SQL SERVER、虚拟主机、主机托管等基础服务以及“安徽省科技厅门户网站”“安徽省科技厅内部办公系统”“安徽省科技信息网”“安徽省市县科技工作网”“安徽省国际科技合作网”“安徽省科技成果网”“安徽省科技成果奖励网上管理系统”“安徽省科技计划项目管理系统”“安徽省科技统计系统”“安徽省科技文献资源共建共享平台建设”“长三角科技共享服务平台科技文献服务系统——安徽分中心”“维普、万方、同方等数据资源安徽镜像站系统”、网上视频会议系统等网上应用服务。

第二节　科技文献与出版物

科技文献资源　维普信息资源系统　主要包括：中文科技期刊数据库（全文版），收录1989年至今约12000多种期刊全文，全文文献总量3000余万篇，以每年近300万篇的速度递增；中文科技期刊数据库（引文版），是目前国内检索期刊种类最多的引文数据库，总数据量673万余篇，源文献482万余篇，参考文献1830余万篇，数据增量每年50余万篇；中国科技经济新闻数据库，遴选自国内420多种中国重要报纸和12000多种科技期刊的409万余条新闻资讯，并以每年15万条的速度更新；外文科技期刊数据库（文摘版），提供1992年以来世界30多个国家的11300余种期刊，920万余条外文期刊文摘题录信息，数据增量每年100余万条。

CNKI知识网络服务平台　主要包括：中国学术期刊网络出版总库，收录国内7644

种重要学术类期刊，累积学术期刊文献总量3217多万篇，每工作日更新；中国优秀硕士学位论文全文数据库，收录全国600多家硕士培养单位的优秀硕士学位论文，累积硕士学位论文全文文献97.5万多篇，每工作日出版；中国重要会议论文全文数据库，收录1999年以来国家二级以上学会、协会、高等院校、科研院所、学术机构等单位的论文集，累积会议论文全文文献133万多篇，年更新约10万篇论文；中国重要报纸全文数据库，收录国内公开发行的500多种地市级以上报纸，累积报纸全文文献727万多篇，每工作日出版。

万方数据资源系统　主要包括：中国数字化期刊群，集纳8大类100多个类目的近5500余种各学科领域核心期刊，实现全文上网，累积数据总量1730万余篇；商务信息系统，已收录96个行业的近20万家企业详尽信息；科技信息子系统，汇集近百个数据库，提供最丰富、最权威的科技信息。

中国生物医学文献数据库　收录1978年以来1800多种中国生物医学期刊，以及汇编、会议论文的文献题录，年增长量约40余万篇，数据总量达637.7余万篇。

国家及行业标准全文服务系统　共收录国家标准、行业标准共12万余条。

国研网数据库　收录国务院发展研究中心国家级专家自1985年以来发布的有关中国经济和社会发展诸多领域的所有调查研究报告。

中国科学文献服务系统　主要包括：中国科学引文数据库，从1989年到现在的论文记录300万条，引文记录近1700万条；中国学科文献数据库，收录国内出版的期刊1800余种和200余种国外出版的期刊上发表的研究论文；中国科学文献计量指标数据库，收录1999年以来的数据；中国科技期刊引证指标数据库，提供1999年以来的数据，2004年以来的统计指标达到10余种。

人大复印资料全文数据库　从全国3000多种报刊上精选出人文、社会科学论文的全文，囊括1995年以来印刷本《复印报刊资料》百余种专题刊物的全部原文，共34万余条记录，每年增加文献约2.5万篇。

中外专利数据库服务平台　提供全部中国专利信息数据库，同时拥有多个国家、组织及地区在内的海量专利数据库，其中中国专利说明书全文500多万条，国外专利说明书全文2400多万条。

全球产品样本数据库　收录9000多家企业132余万件产品样本。

国家法律法规数据库　收录1949年至今颁布的国家法规及部委规章等。

1984—2005 年安徽省科技出版物情况一览表

表 1-5-1

刊名	宗旨	创刊时间	停刊时间	发行对象
决策参考	反映国内外重大科技动态及趋势和反映本省经济建设中的问题、建议意见,为领导决策服务	1984.11	1989	省级及厅局、大学、地市领导、地市科委
安徽科技情报通讯	加强情报机构间的协作，交流经验,提高情报学研究水平,探索情报工作的新路子	1984.4	1997	县以上科委、外省情报所、学会会员
安徽科技信息	向农村专业户、乡镇企业提供最新科技、经济信息	1984.5	2001	公开发行
安徽科学技术成果研究公报	通报本省重大科技成果	1987		县以上科委、成果持有者
中外技术情报	引进、介绍中外先进适用技术为经济建设服务	1988	1997	公开发行
浓缩科技信息	为大别山科技扶贫县科技副县长服务，后扩大到为全省贫困县、科技示范县服务	1988.5	1989	科技副县长及有关县
市场快讯	以快速沟通供求信息渠道,发展安徽省经济为目的	1989.7	1989.12	安徽技术经济市场信息协作网网刊。面向网员
《安徽科技》杂志	宣传科技方针政策，传播典型经验,探讨热点话题,贴近基层工作,普及科学知识	1997		公开发行
《华东地区外国和港台科技期刊预订联合目录》	—	1997	2004	—
《安徽科技年鉴》		2005		

第三节　科技档案管理

安徽省科技档案工作在1978年全国科技大会召开以后，得到建立和恢复。随着科学技术事业的发展，省级科技管理部门在科技管理活动中产生大量科技档案资料，如何对这些实体进行有序、系统、科学高效的管理，以适应科学技术工作发展的需要，政府部门由此加大对科技档案工作的支持力度。

1979年5月，省科委决定成立档案科，隶属办公室，配备三名专职档案工作人员，负责文书档案和科技档案管理。1988年8月，在省科委档案科基础上成立“安徽省科学技术研究成果档案馆”，隶属省科委，内设办公室和业务科。1992年1月，更名为安徽省科学技术档案馆，明确该馆是永久保管安徽省科技成果的基地，是利用科技成果档案资料的信息中心。其主要任务、职责为：负责对全省重大科技成果档案资料集中统一管理，逐步实现档案管理现代化，并对全省科研档案工作进行统筹规划、组织协调，负责监督和指导。同时继续承担省科技厅机关档案管理职能。在业务上接受省档案局的指导。

至2005年，科技档案事业快速发展。科技档案管理科学化、现代化和社会化服务水平不断提升。省科技档案馆这些年取得以下主要成果和荣誉：

1983年获安徽省省级先进集体称号（省科委办公室档案科）；

1985年获安徽省档案工作先进单位（省科委办公室档案科）；

1987年科研成果“微机档案管理系统”先后获国家档案局和安徽省科技进步四等奖；

1989年科研成果“开发利用档案信息资源为科技工作服务方式的研究”获安徽省科技进步四等奖；1990年获安徽省机关档案管理一级先进单位；1991年先后获安徽省机关档案系统先进集体和全国档案系统先进集体；

2001年和省农科院科技情报所合作完成全国“九五”农业科技成果数据库（安徽省部分，该课题获得2004年北京市科学技术奖二等奖，中国农科院农业信息研究所为主持单位）；

2003年、2005年先后被安徽省档案局评为省直单位档案工作先进单位；

2007年被省档案局评为“十五”期间安徽省档案工作优秀集体。

安徽科技进步的迅猛发展，促使省科技档案馆馆藏内容不断得到丰富，各类档案的数量也在逐年递增。截至2005年年底，该馆保管的各类档案共47213卷（件），其中文书档案21441卷（件），会计档案3094卷，科技档案21898卷，声像档案248盒（册），其他档案532卷，档案资料6000余册。

第二篇　应用科技

第一章　农业科技

1986—2005年的20多年间，是安徽省农业科技发展的最好时期，农业科技投入逐步增加，科研、推广条件明显改善，农业科技创新、农技推广取得显著成效，为农业生产方式转变、农业结构调整优化、农业发展、农民增收起到很大的支撑作用。

第一节　农业科技创新

种植业科技创新　1986—1990年，全省建立健全种子管理机构和以县种子公司为主的经营服务体系，形成以政府控制为主的种业体系。杂交水稻、杂交油菜培育成功，并推广应用，推进种子商品化加快发展。高产高效栽培技术创新应用，取得良好效果。植物保护防治药剂主要以沙蚕毒素、有机磷及生物农药井冈霉素和杀菌剂为主。

1991—1993年，农地膜覆盖技术应用于育苗（秧），以及山芋、玉米、棉花、花生、蔬菜、茶叶等作物生产，以促进生产方式转变，提高复种指数。以种子工程建设为重点，推进种子产业化发展。1997年，丰乐种业成功上市，成为中国种业第一股。植物保护以化防为主，但农药结构发生重大变革，有机磷农药控害作用减退，杂环类农药上升，形成新（杂环类）、老（有机磷、菊酯类）并存格局。

1992年，安徽省承建第一个原原种扩繁基地建设项目——水稻原原种扩繁基地，截至2011年，全省已承建国家农作物原原种扩繁基地建设项目9个，中央投资760万元，涉及水稻、玉米、甘薯、小麦、油菜、棉花等6类农作物。其中甘薯、小麦、棉花等原原种扩繁基地已建成，并发挥作用。

1998年，安徽省承担第一个“948”项目——《工业化养鱼水净化技术》，截至2011年，全省承担国家“948”项目10项，中央投资811.9万元，涉及水稻、玉米、茶叶、奶牛等领域。其中由省农委、安农大共同实施的《出口创汇型特色茶叶加工技术引进项目》，在黄山休宁荣山茶厂建成国内首条自动化、清洁化、智能化炒青绿茶叶加工生产线。

2000年，安徽省承建第一个国家农作物改良中心分中心项目—国家水稻改良中心合肥分中心，截至2009年底，全省承建国家农作物改良中心分中心、育种中心4个，总投资3013.1万元。其中改良分中心3个；育种中心1个。3个改良分中心分别为省农科院水稻所承建的国家水稻改良中心合肥分中心、省农科院棉花所承建的国家棉花改良中心安庆分中心、省农科院作物所承建的国家油菜改良中心合肥分中心。1 个育种中心为省农科院茶科所承建的国家茶树育种中心。水稻分中心、茶树育种中心、棉花分中心均已建成通过验收;油菜分中心正在建设中。

2004 年，安徽省承担第一个农业科技跨越计划项目——《长江中下游地区优质中籼稻新品种(组合)试验示范及产业化》,截至 2011 年,全省承担农业科技跨越计划项目 5 项,中央投资 500 万元,涉及水稻、小麦、饲料、水产等领域。其中《巢湖流域农田废弃物循环利用技术集成与示范》《长江胭脂鱼资源增殖放流技术集成与示范》两个项目正在实施中。

种植业创新成就 培育出一批优良品种,提高主要农产品供给能力。安徽省在世界上首先将离子束注入技术引进农作物育种领域,先后育出一批水稻、小麦新品种和甘薯、玉米新品系,同时在棉花、烟草诱变育种上也获得一批新品系。三系杂交稻协青早 A 的选育和应用，确立安徽在全国水稻杂交优势利用中的地位;20 世纪 90 年代,安徽省两系杂交粳稻研究处于全国领先水平。全省每年育成高产优质新品种和稳定品系 100 多份,育种水平和效率显著提高。《中华人民共和国种子法》实施以来,全省共审定品种 136 个,批准引种 35 个。全省形成良(原)种生产基地 70 余万亩,年生产良(原)种 2.3 亿公斤,良种自给率近 90%。2008 年农作物良种覆盖率达 96%,全省主要农作物品种实现 2—3 次大规模更新换代，推动主要农作物单产不断提高。如粮食亩产由 1949 年 63.3 公斤提高到 1984 年的 215.6 公斤、2008 年的 307.2 公斤。棉花亩产由 1949 年 7.1 公斤提高到 1984 年的 46.7 公斤、2008 年的 64.5 公斤；油料亩产由 1949 年 33.9 公斤提高到 1984 年的 86.8 公斤、2008 年的 162.3 公斤。

研发土壤肥料与施肥技术 从 20 世纪 80 年代中期开始，在土壤普查基础上,开展配方施肥试验、示范和推广应用。从 1996 年开始平衡配套施肥示范推广,在全省建立 2 个部级、3 个省级平衡施肥“百县千村”重点示范县,建设 35 万亩示范区。2005 年以后,开展测土配方施肥,项目覆盖 95 个县(市、区),为农民免费开展测土配方施肥服务。据统计,2005 至 2008 年，全省 91 个项目县累计推广测土配方施肥面积 11875 万亩。推广配方肥 250 万吨,应用 6202 万亩。全省测土配方施肥项目区亩均节肥 2.23 公斤(折纯,下同),共减少不合理用肥 24 万吨;亩节本增效 47.8 元,累计效益 64.94 亿元。20 世纪 80—90 年代,因地制宜改造中低产田,年治理 200 万亩,使中低产田由 20 世纪 90 年代前的 85%,下降到目前的 74%,显著提高耕地生产能力。

创新作物栽培与耕作制度 农业生产由传统种植不断向现代农业栽培方向转变,成效显著。通过各项农业技术推广,每年增收达 100 多亿元。在粮食作物栽培方面,先后推广旱育稀植、地膜覆盖、模式化栽培、轻简栽培等多项重大技术,累计推广 10 多亿亩次,增产粮食 400 多亿公斤。在经济作物栽培方面,累计推广地膜覆盖栽培、高产保优栽培、高产优质高效栽培等技术 3.8 亿亩次,增收 180 多亿元。

作物病虫害综合防控 基本查清小麦条锈病、稻瘟病、稻飞虱、棉铃虫等 30 多种重大病虫害的发生流行规律、迁飞规律，提出中短期预测预报技术，准确率达到70%以上。截至2009年，全省农作物主要病虫防治亩次占发生亩次的比例提高到110%；防治方式也由农业防治发展到化学防治、专业化防治；防治用药主要有植物源农药、生物农药，有机氯、有机磷农药和杂环类农药。近几年大力发展专业化防治，2008年达到1000万亩以上，约占稻麦种植面积15%，机动喷雾器防治比例也迅速上升。近30年平均防控农业有害生物21900亩次，挽回粮食损失265万吨，为改革开放前年均的6.66倍和12.37倍，挽回的经济作物棉花、油料及果蔬的产量也相当于前30年的10倍以上。

畜牧业科技创新 1994年3月26日，成立安徽省兽医卫生监督所，与省动物检疫所一个机构两块牌子。1996年9月11日，撤销安徽省动物检疫所，组建安徽省畜牧技术推广站，加挂安徽省兽医卫生监督所牌子。2006年，根据《安徽省人民政府关于推进兽医管理体制改革的实施意见》，组建省、市、县动物卫生监督机构，机构名称统一为“动物卫生监督所”。

良种科技创新 猪。安徽地方猪种资源丰富，已列入品种志的有定远猪、寿霍黑猪、皖北猪、皖南花猪、皖南黑猪、六白猪、圩猪等优良地方品种，2002年全省确定一批省级重点种猪场和55个二元母猪定点繁殖场为三元杂交瘦肉猪生产基地。每年投入上百万元用于畜禽品种保护。先后引进一批如长白、大约克、杜洛克等国外良种猪。初步形成多种机制并存的繁育体系，即原种—祖代—父母代种猪和商品猪场。

牛。20世纪70年代后期开始，安徽省在皖北地区大力推广黄牛改良，引进西门塔尔、夏洛来、利木赞等品种，与皖北黄牛、鲁西黄牛、南阳牛、秦川牛等杂交利用。近年来还引进南德温斯、安格斯等专用肉牛品种以提高产肉性能。目前，皖北地区80%以上的母牛，都是西杂或夏杂等杂交改良牛，西杂二、三代母牛非常普遍。皖南山区主要的饲养品种，是当地的大别山黄牛和皖南黄牛等，以及与引进品种杂交的后代，生产性能大幅度提高。

羊。20世纪80年代前，安徽省主要饲养黄淮山羊（安徽白山羊），占养羊总量的95%以上。80年代后，因其体型偏小、产肉性能不高，黄淮山羊养殖比例逐年下降，加上市场羊肉需求量增加，皮、毛等羊产品市场需求下降，全省养羊业生产方向转为以提供羊肉为主，通过引进外来品种，广泛开展以提高羊产肉性能为主的品种改良工作。先后引进萨能奶山羊、马头山羊、南江黄羊等国内主要优秀山羊品种，对本地山羊进行改良。其中，以萨能奶山羊改良效果较好，其杂交羊生产性能提高10%~20%以上。1997年，全省开始引进南非波尔山羊，用于改良本地山羊，使本地山羊生长性能提高近50%。

兔。在科技部科技成果转化基金项目“（皖Ⅲ系）粗毛兔及其高效配套技术的试验与示范”支撑下，安徽省兔毛主产区对皖江长毛兔进行试验示范，鉴定其高产性、优质性、能繁性、适应性、耐粗饲性，为该品种大面积推广奠定一定基础。在颍上、界首、寿县、绩溪等地建立示范推广基地。1988 年培育出“皖系长毛兔”获得省科技进步奖二等奖;1992 年培育出“皖系粗毛型长毛兔”,获得省科技进步奖一等奖、国家发明三等奖。1993 年研究出配套养兔技术,并获得多项成果奖。在全国率先建立兔毛交易专业市场。20 世纪 80 年代末,在兔毛主产区颍上县建立谢桥镇兔毛交易市场,吸引大批国内外客商,交易量可观。固镇种兔场(国家级重点场)连续几次出口种兔到朝鲜、南非等国家。兔生产除选用良种外,还推广如下技术:改散养为笼养,使用全价料、颗粒料,人工授精,母仔分笼,拔毛,初加工兔毛。

禽。安徽省地方家禽资源丰富,主要有皖南三黄鸡、天长三黄鸡、淮南麻黄鸡、淮北麻鸡、五华鸡、黄山黑鸡、枞阳媒鸭、巢湖麻鸭、皖西白鹅、雁鹅等,为培育畜禽新品种提供优良的品种资源,全省先后培育江淮 1 号麻黄鸡配套系、皖江黄鸡配套系、皖江麻鸡配套系、富安白鹅配套系、乡鸡配套系、风达绿壳乌骨蛋鸡配套系、风达粉壳乌骨蛋鸡配套系、山中鲜鸡配套系、五星黄鸡配套系等省级新品种(配套系),并获得“畜禽新品种(配套系)证书”。全省饲养的引进品种主要有艾维因肉鸡、红宝肉鸡、罗曼蛋鸡、海兰蛋鸡、樱桃谷鸭等。

良繁科技创新　1979 年,建立家畜品种改良站(现更名为安徽省畜禽遗传资源保护中心),开始畜禽良种繁育体系系统化建设,省家畜品种改良站已由原来单一的种公牛站,发展成为集冻精、蛋种鸡、肉种鸡、种山羊、种猪为主导产品的种畜禽繁育、生产、推广、新技术培训为一体的省级畜禽良种繁育推广中心,成为全省畜禽良种体系建设的龙头。主要发展历程:1979 年,建立种公牛站,生产冷冻精液,开展黄牛改良、培训、推广牛的人工授精技术。1987 年,建成全省第一家祖代蛋种鸡场,在全国率先引进德国罗曼褐壳祖代蛋鸡。1992 年,新建省肉种鸡场,推广 AA 及艾维茵肉种鸡。1996 年,承担农业部日本和牛胚胎移植项目,建立日本和牛繁育和推广基地。1997 年,引进法国凯苏公司生产的世界一流的细管冻精生产成套设备,实现全省黄牛改良从颗粒冻精到细管冻精质的飞跃。1998 年,引进南非波尔山羊,建成全省第一家波尔山羊纯繁场。1999 年,与安农大合资创建江淮家禽育种有限公司,培育出独具地方特色的配套系——江淮Ⅰ号麻黄鸡。2000 年,与澳大利亚 NHK 国际育种公司合作,建立波尔山羊胚胎移植中心。2001 年,利用国债资金,投资兴建省原种猪场,从美国一次性引进 SPF 杜洛克种猪 100 头,通过繁育、推广,作为生猪三元杂交生产的终端父本,大大提高胴体重和瘦肉率。2002 年,祖代蛋鸡场改扩建二期工程,规模翻番,可存栏种鸡 2 万套,繁育、试验、推广罗曼褐壳父母代、商品代蛋种鸡。2003 年,利用世界银行贷款项目,改扩建种公牛站二期工程,实施规模翻番,可存栏种公牛 60 多头,增加水牛、奶牛、乳肉兼用型新品种,开展南方水牛杂交改良,开辟新奶源。同时,建设“优质肉牛繁育及杂交利用技术示范推广基地”,主要是开发利用日本和牛世界级优质资源。

饲养管理创新　自 1986 年以来,安徽科技学院动物科学学院开展大量动物营养与饲料方面的研究,取得一系列实用技术成果,以省内凹凸棒石粉、沸石粉、麦饭石粉和沼液的饲料化利用为目标,优化畜禽全价饲料、浓缩饲料的配制技术;开发出棉、菜籽粕中有毒有害物质简易、高效、实用的去毒方法和综合配套应用技术;畜禽饲料中酶制剂的适宜添加量和配套应用技术;绿色饲料添加剂(主要集中于中草药及其提取物、姜黄素、大蒜素、壳聚糖、异黄酮类化合物、茶多酚、多糖类物质、酸化剂、微生态制剂、谷氨酰胺、蜂花粉)的应用效果及系列化配方应用技术;畜产品品质改良预混剂的开发和配套应用技术;维生素C、氯化钾、碳酸氢钠防止蛋鸡热应激的应用技术;微量元素硼、钼的中毒原因、发生机理、病理变化及硼、钼中毒的防治技术;乌骨鸡日粮适宜蛋白质水平研究,提高乌骨鸡日粮配制技术。

20世纪80年代初,安徽科技学院开展秸秆青贮和氨化饲料转化的科学研究,在凤阳县进行技术推广。采用尿素氨化麦秸喂牛,研究证明:麦秸经氨化处理后,消化率由59%提高到64%,每公斤饲料单位增加蛋白质20~25克;用青贮和氨化麦秸喂牛,比麦秸直接喂牛日增重提高0.28公斤;用氨化麦秸喂牛,每公斤尿素可增值1.88元。

渔业科技创新 1986年5月,安徽省水产技术推广总站成立。1988年,全省29个地市县相继建立水产技术推广机构,初步形成省地(市)县三级技术推广体系和有广大农民渔技员参加的技术推广网络。2000年,全省水产技术推广人员2240人,水产独立建站的有547个,其中乡镇站474个。2009年,全省共有水产技术推广站647个,其中省级站1个、市级站17个、县级站85个、区域站10个、乡镇站534个。全省水产独立建站的仍有159个,综合站488个,其中,技术人员1139人。

《中华人民共和国渔业法》于1986年1月20日颁布,7月1日开始实施。基本形成覆盖全省的集渔政、渔监、船检“三位一体”的渔业行政执法管理网络。

1987年12月16日,省水产局向省政府报告《关于我省渔政管理工作情况和今后意见的报告》,并召开全省渔政工作会议。建立健全渔政管理机构,初步形成管理网络。1987年,省水产局成立渔政处;各地市水产局(农牧渔业局)设立渔政科(站);大部分县设立渔政股或配备专职渔政员;全省已建立46个渔政站(科),38个江河湖库管委会,23个渔业公安局、派出所,有专职渔政人员683人。此外,很多区、乡采用治安承包、渔政联防、护渔队等形式,配合专业队伍,实行专管与群管相结合。深入宣传贯彻渔业法,增强人民群众的法制观念。加强渔政管理,保护渔业资源。实行渔业捕捞许可证制度。全省共发放渔业捕捞许可证3万多份,控制捕捞力量盲目发展,使一些水域的渔业资源得以休养生息,促进资源增殖。如黄山市太平湖1984年到1986年共发证2870份,共收取资源增殖费52万元,其中半数用于资源增殖,鱼产量由1984年的302.5吨提高到1986年的500吨,增长65.3%。实行“两禁”“两清”(禁渔区、禁渔期、清理有害渔具渔法、清理外地渔民)。全省大型湖库设立“禁渔区”40多处,总面积30多万亩,使鱼类得以休养生息,成效显著。及时处理渔事案件。实行大水面增殖放流。

1988年,成立“长江安徽段渔业资源管理委员会”,办事机构挂靠在省水产局渔政处,成员由沿江二地四市水产局分管渔政负责人组成;管委会下设安庆、芜湖管理站,协助管委会对长江渔业资源管理实行统一领导、分级管理。

全省县以上渔政监督管理机构98个,在编渔政渔港监督管理人员826人,有渔政船63艘,难以适应快速发展的渔业生产和渔政管理的需要。

渔业品种创新 河蟹。1986年1月,省里在巢湖地区召开长江幼蟹、人繁蟹苗协调会议,在抓好长江幼蟹开发资源的同时,还在滁州、五河、望江等地建立蟹苗繁育基地,组织各市、县到沿海崇明、赣榆等地采购蟹苗,促进河蟹生产发展。

鳜鱼。秋浦河的鮨科鱼类有翘嘴鳜、大眼鳜、长体鳜、斑鳜、暗鳜。这些鱼类体色斑驳、丰富多彩,因产于秋浦河,统称"秋浦花鳜"。秋浦花鳜(翘嘴鳜)子代同样养殖环境中,生长速度较其他水体鳜鱼苗种生长速度快10%~20%。2002年,贵池区政府设立秋浦花鳜种质资源保护区(秋浦河及长江贵池段),结合每年长江春禁,在保护区严格禁渔制度,有效保护秋浦花鳜种质资源。秋浦河成为全国唯一的秋浦花鳜种质资源库。2006年,省里制定"秋浦花鳜"以下标准:秋浦花鳜(翘嘴鳜)亲本选育技术规程DB 34/T632—2006、大规格鱼种培育技术规范DB 34/T633—2006、活鱼运输技术规范DB 34/T634—2006。

淡水小龙虾。淡水小龙虾又叫克氏螯虾,20世纪90年代初,全省开始发展淡水小龙虾,在小龙虾苗种繁育、生态养殖、生产加工上均取得科技成果。2009年,小龙虾产量8.3万吨,占全省虾产量的66.6%。全国渔业协会授予合肥市"中国淡水小龙虾之都"称号。

黄鳝。全省创新网箱养鳝及赡养技术,促进黄鳝生产发展。

泥鳅。怀远县渔业发展有限公司、安农大动物生命科学院和怀远县水产技术推广站,联合开展池塘、稻田养殖泥鳅研究,取得施肥、投饵、放养密度等一批技术成果。

鮠科鱼类。2002年12月26日, 省水产良种审定委员会组织验收组对淮南市窑河渔场的基础设施、江黄颡、黄颡鱼、粗唇鮠种质和各项管理工作进行全面的现场验收,综合考证合格,确认该场为省级水产良种场(鮠)科鱼类良种场,主要任务是引进、保存、选育江黄颡、黄颡鱼、粗唇鮠等鮠科鱼类良种亲本,按照国家、省制定的良种标准和良种技术操作规程,保持亲本及子一代优良性状不退化、种质不混杂,为苗种场和养殖单位提供优良的苗种。淮南市窑河渔场与上海海洋大学合作,年产江黄颡、黄颡鱼、粗唇鮠、鳜鱼苗种5000万尾,销往苏、浙、赣、湘等省。

珍稀贝类。1999年3月16日,省人民政府水产局向东至县水产局下达《关于开展背瘤丽蚌资源调查的通知》。背瘤丽蚌主要分布于黄泥湖, 是省一级保护水生野生动物,具有较高的经济价值。筹建安徽省黄泥湖背瘤丽蚌省级自然保护区,委托东至县水产局于1999年上半年开展湖泊生态环境,背瘤丽蚌主要生物学特性,在湖区的分布密度、种群结构和资源量,变动怀着,人工繁殖等情况调查。

渔业养殖和加工新技术 网箱养殖。1987年,全省网箱养鱼639亩,比上年426亩增长50%。霍山、金寨、太湖、固镇、涡阳等县开展大面积网箱养鱼,亩产平均4000~5000公斤。围网养鱼扩大到7848亩,比1986年2047亩增长283%。嘉山、凤阳、望江、怀远等县积极推广大面积围网精养，亩产400至500公斤。

生态健康养殖。2001年，以当涂县为代表的河蟹主产地，开展调查研究，在上海水产大学专家指导下，形成以“种草、移螺、活水、稀放、配养”的生物修复技术为核心的河蟹生态养殖模式，使河蟹品质和规格大幅度提高，150克以上大规格优质蟹比例由不足5%提高到35%以上，亩养蟹利润由不足500元，提高到1500元，高的达到3000元以上，被誉为“当涂模式”，被农业部肯定与推广。开始推广生态健康养殖技术，2010年，全省拥有市级以上健康养殖示范场132个，其中部级32个。全省河蟹、黄鳝、小龙虾、泥鳅等名优品种生态健康养殖面积近500万亩。

综合养殖技术。20世纪90年代初期，通过提高投放鱼种规格、多品种混养、调优品种、投喂配合饲料以及自动投饵机、增氧机应用，推广池塘80∶20精养高产模式、池塘无公害标准化养殖、生态健康养殖等综合养殖技术，大幅度提高池塘养殖单产、品质和效益。

水产品加工。安徽按照国际标准发展水产品深加工，提高产品加工质量，增加出口和创汇能力，提高资源利用率和农民收入。2005年，全省出口水产品3600吨，出口额2600万美元，位居内陆省份第4位。2005年，全省有20个水产品被认定为省级名牌产品、6个绿色产品、74个无公害产品。

渔业资源保护　长江禁渔。长江渔业资源是全省渔业经济的重要支柱。安徽江段长463公里，有鱼类86种，有鲥鱼、刀鱼、中华绒螯蟹等名贵水产品，还有白暨豚、中华鲟等珍稀水生动物。为保护长江水产资源发展水产业，1987年7月13日，省水产局向省政府报告《关于加强长江安徽段渔业资源管理工作实施意见的报告》，全省在长江实施禁渔，主要是：从1987年起，对入江上溯的鲥鱼亲体禁捕三年，亲蟹和抱卵春蟹禁捕三年。

2002—2010年，每年4月1日12时—6月30日12时，除凭省渔政渔港监督管理局发放的专项特许《渔业捕捞许可证》在规定的区域和时间内可以捕捞实行专项管理的长江刀鲚和凤鲚外，全省境内长江干流禁止所有渔船捕捞作业，达到春季禁渔期间“江中无渔船，水中无网具，市场无江鱼”的基本目标。

湖泊禁渔业区、禁渔业期。2004年10月22日，省农委向各有关市、县(区)渔业主管局(委、站)，各大型湖泊渔业管理机构下达《关于泊湖等96处水面实施禁渔制度的通知》。设置人工鱼巢，增殖天然鱼类。巢湖水体水生植物分布面积少，巢湖渔业技术人员根据湖盆形态，选择浅滩、湖湾、河口水域，设置柳树须、棕榈束等人工鱼巢，增殖鲤、鲫鱼等天然资源：2003年，12处设置鱼巢3万束，可繁育天然鱼苗300万尾；2007—2010年，在12~20处、22~28公顷区域，设置鱼巢2.5万~4万束，附卵率62%~65%，可孵化育鲤、鲫鱼苗600万~1000万尾，形成资源量270吨~420吨。

采煤沉陷区渔业开发技术。1987年，淮北市水产品产量为1664吨，人均1.2公斤。烈山区开挖鱼塘1000亩、杜集区开挖500亩鱼塘。2005年，沿淮和皖北地区的淮南、淮北、皖北、新集矿业集团采煤沉陷区域 341 平方公里,为发展水产养殖和休闲渔业提供条件。

1988 年,宣州市水科所为其经营的 24 公顷精养基地在保险公司投保。1991 年,全区已有 7 家养殖单位或个人为渔业投保,投保资产 100 万元;同年 7 月,该区遭受特大洪水袭击,渔业损失巨大,而参加投保的 7 家养殖单位由于投保而得到保险公司 70 万元的经济赔偿,灾后生产自救,塘埂修复和鱼种补放等项工作进展顺利,渔业得到迅速恢复和发展。

全省设立国家级、省级水产种质资源保护区 24 处。安庆市政府自 2004 年实施"灌江纳苗"工程,丰富白湖、白荡湖等 14 个湖泊的生物多样性。2004 年起,省农委组织向长江、淮河、新安江放流经济鱼类苗种 2.15 亿尾,其中,向长江投放胭脂鱼苗 37.5 万尾。2010 年,农业部、省渔业环境监测中心分别对 17 个市养殖基地、良种场、水产品交易市场进行水产品质量安全监督检查,合格率分别为 99.2%和 99.8%。

渔业养殖科技成就 良繁技术。"河蟹繁殖的人工半咸水及其工业化育苗工艺"研究成果的应用。赵乃刚试验成功的人工半咸水工厂化育苗技术,促进全国河蟹养殖业的发展。1988—2000 年, 安庆市通过本地繁殖与沿海繁殖相结合的办法, 共育蟹苗 2195.3 千克。1996 年,全省投产的 16 个河蟹育苗场,共生产蟹苗 561 千克(其中安庆市 256 千克),1997 年 856.5 千克(其中安庆市 513 千克)。2002 年,全省境内河蟹人工半咸水育苗场全部停产,滁州、巢湖、安庆、马鞍山等地在沿海利用天然海水土池繁殖蟹苗,以降低成本。2004 年,全省建立幼蟹培育基地 0.7 万公顷,产幼蟹 20 多亿只,除满足本省需要外,还销往外省。

稻田养鱼技术。1986 年 1 月 12—13 日, 省政府在安庆召开全省水产工作会议,确定重点推广亩产百斤鱼、千斤稻的稻田养鱼技术。

池塘养蟹技术。1986 年,省里通过星火计划项目与合肥市、马鞍山市、巢湖无为县共同建立三个池塘养蟹试验片,共投资 30 万元,完成池塘养蟹 787 亩,投放幼蟹 3571 公斤。全省共举办池塘养蟹培训班 84 期,受培训的 600 多人次。

湖泊渔业开发技术。1988 年 1 月 17 日,省水产局向农牧渔业部水产局报送《关于报送〈花园湖渔业技术开发课题八七年执行情况〉的函》。生产上取得全湖总产 120 万公斤的鱼、虾、蟹产量的好成绩(其中大湖鱼产量 90 万公斤,网围养鱼产量 10 万公斤,河蟹 10 万公斤,虾 10 万公斤),平均亩产 23.53 公斤,完成并超过下达计划产量指标(92 万公斤)30.43%,比 1986 年的 65 万公斤增产 84.46%。首次开展较大面积网围、网箱养鱼。按围养面积 410 亩(实测、含网箱)来看,虽然只占全湖面积的 0.8%,但总产却占全湖总产的 8.33%;按参加围网养鱼渔民来看,已有 119 户,占全湖渔民(356 户)的 33.4%。还首次开展一定规模网箱育种试验。全湖约有育种网箱 15 亩,总产 25~100 克 / 尾以上大规格鱼种 10550 公斤,平均亩产 703 公斤。

鱼苗空运技术。1981 年,蚌埠市怀远县荆山湖渔场尝试鱼苗空运,第一架次数千万尾鱼苗全部报销，第二次架次副县长姜满堂（时任蚌埠市水产局长）亲自押运成功，在哈尔滨机场一杯杯过数至深夜，一架次盈利万元，开创蚌埠市鱼苗销售东北的新路。

农机科技创新　1986年11月，安徽省农机化技术服务推广总站（副处级，自收自支的事业单位）成立。1991年7月，省编制委员会"关于核定省农机局直属事业机构编制清理整顿方案的批复"，同意经费供给渠道由差额预算改为全额预算。1995年2月，该站更名为安徽省农业机械技术推广总站，自此，全省农机科技推广工作稳步推进，从1987到2007年先后获得部省级科技进步奖一、二、三等奖27个。

1990年，安徽省农机安全监理总站（正县级，差额拨款的事业单位）成立。2009年，省编制委员会同意省农机安全监理总站经费预算形式由差额预算改为全额拨款。1997年12月19日，《安徽省农业机械管理条例》经省第八届人民代表大会常务委员会第35次会议通过，1998年2月1日起施行。2006年，《安徽省农业机械管理条例》经省第十届人民代表大会常务委员会第二十一次会议修订为《安徽省农业机械化促进条例》，并于2006年3月1日起施行。新修订的条例立足"促进"，强化"管理"，更加符合农机化发展的要求。

农机培训　农机校农机培训。主要是面向农民开展短期实用技术培训。全省农机校按照农业部《拖拉机驾驶员及农民农机技术员培训教学计划、教学大纲》，培训农民机手和操作工320万人次。社会化农机培训。2004年8月，农业部41号令《拖拉机驾驶培训管理办法》颁布以后。拖拉机驾驶员培训走上法制化轨道，开展社会化办学，拖拉机驾驶培训资质实行行政许可。培训按照农业部2004年11月15日印发的《大中型拖拉机驾驶员培训教学计划、教学大纲》《小型拖拉机驾驶员培训教学计划、教学大纲》《联合收割机驾驶员培训教学计划、教学大纲》执行。省农机局根据要求，结合实际制定"安徽省拖拉机驾驶培训学校（班）审批管理规定""安徽省拖拉机驾驶培训学校（班）资质条件""安徽省拖拉机驾驶培训教学从业人员考核管理办法"，并建立拖拉机驾驶培训学校评审专家库。经过培训考试，认定拖拉机驾驶培训教员588名。到2008年底，全省共审批拖拉机驾驶培训学校69所，每年培训拖拉机驾驶员3万人左右。

农机化技术创新与成就　"两深一精"（即土壤深松、化肥深施和小麦精少量播种）技术在小麦高产创建中得到充分应用。2007年4月，省农机局下发《关于进一步提高小麦机械化播种质量的通知》。2008年10月，省农委和省农机局联合在蒙城、凤台分片召开全省小麦机械化播种现场会。各地农业、农机部门密切配合，加快小麦生产机械化的转型升级，加大大功率拖拉机和高效节能复式作业机械的推广力度，扩大"两深一精"小麦高产技术的应用范围，通过试验、示范，不断完善农机、农艺结合的小麦高产攻关农机化技术措施，形成科学合理的技术操作规范和机具配套方案，为小麦高产攻关提供农机化技术保障。

水稻机械化育插秧。机插秧是水稻全程机械化的主要环节和难点所在，也是稻区农民的迫切愿望。1988—1990 年,《水稻工厂化育秧与机插技术试验示范》项目在怀远县实施,引进延吉生产的水稻插秧机。但受当时农村自然、经济条件的限制,未能大面积推广。1998 年,《中央财政支持农业科技成果应用示范项目》投资 120 万元,在芜湖县埭南乡建立温室大棚,实行工厂化育秧,示范推广水稻育插秧机械化技术。在开展 4 年示范后,因运行成本过高,难以形成商品供秧市场而停止运营。到 2004 年国家实施购机补贴政策以后,水稻育插秧机械化又重新列为重点发展,2007 年,安徽省在中央补贴 30%的基础上,省财政安排 300 万元专项资金用于插秧机叠加补贴和示范推广,使插秧机补贴率不低于 50%,实行随买随补,确保农民购机需求,一些市、县(市、区)也采取补贴措施,促进水稻育插秧机械化的发展。2004—2008 年,全省水稻插秧机保有量连年翻番, 实现跨越式发展。由 2003 年的 114 台发展到 2008 年的 3816 台。机插秧面积由 2003 年的 10 万多亩扩大到 2008 年的 85 万亩。

机械化烘干。1991 年,省内开始烘干机械化试验示范,在全省建干燥试点 11 处,引进小型试验机型 9 种,对小麦、水稻、油菜籽及烟叶、药材、苔菜等多种经济作物进行干燥试验。1992 年 1 月,省长傅锡寿决定拨款 360 万元用于大型粮食烘干设备试点,其中 260 万元,在怀远县建立"安徽粮食处理中心"。设备仅进行试运行,因不符合当时当地农业生产实际,设备一直闲置,直到报废。另 100 万元分别在省农垦潘村湖、龙亢两农场建立 2 个种子烘干加工流水线,目前仅龙亢农场运转正常。

2001—2002 年,繁昌、青阳两县实施农业部《粮食产地烘干机械化技术》项目,推广低温循环式谷物烘干机。此后,省农机部门先后引进推广三久、金子等品牌烘干机械,沿江、沿淮地区的一些粮食原种场、农场、种粮大户和粮食储运企业,实行粮食及种子的收获、烘干和贮存不落地清洁生产,取得较好效果。到 2008 年,全省谷物烘干机达到 1053 台,批处理粮食能力达到万吨以上。特别是沿江的部分县以烘干为载体,带动地方粮食产业化生产,取得较好经济效益。

玉米机收。2007 年开始,省农机局集中力量建设一批技术培训和示范基地,实施项目带动,逐步扩大玉米收获机械补贴的实施范围。2007 年,省财政拿出 100 万元在 9 个玉米生产大县进行玉米收获机械购置补贴试点。同年 9 月 20 日,在固镇县召开全省玉米收获机械化技术研讨演示会, 全面启动安徽省玉米收获机械化技术的推广工作。2008 年,全省加大补贴力度,在国家购机补贴资金向玉米收获机械倾斜同时,另行安排 550 万元资金对玉米生产重点县农民购置玉米收获机械进行专项补贴, 还在省 500 万亩玉米生产核心示范区,建立玉米生产机械化示范区,加强农机农艺结合,放大示范推广效应。全省 31 个农机装备项目也同时启动玉米收获机械购置补贴工作,玉米机收市场呈现出加速发展态势。全省玉米联合收割机由 2006 年的 138 台增加到 1024 台,玉米机收面积由 25 万亩增加到 96 万亩。

油菜机械化播种。2003 年,省农机局立项在宣城、滁州、马鞍山、合肥、巢湖、六安、安庆开展《油菜播种机械化技术》项目,试验示范油菜整地机直播、免耕机直播、机开沟覆盖免耕直播三种油菜播种技术，以宣城市为代表的油菜机开沟覆盖免耕直播技术和以滁州市为代表的油菜浅旋耕机直播技术取得明显成效。同年，省农机推广总站分别从陕西宝鸡和浙江宁波引进两种油菜排种器专利，与蚌埠淮丰农机有限公司合作开发两种小拖配套的油菜播种机。2004年6月，宣城市"油菜机开沟覆盖免耕直播技术研究与推广"通过省科技成果鉴定。2005年5月，省农机局在繁昌县召开全省油菜生产机械化技术推广研讨会。

油菜机械化收获。2000年，省农机推广总站制定《安徽省油菜机械化收获试验大纲》，此后两年间，在巢湖市居巢区进行油菜机收试验，对油菜联合收获、分段收获两种工艺模式进行探索。初期选择推广的油菜收获机型主要为稻麦油兼用型全喂入履带自走式联合收割机。随着技术的改进，油菜联合收割机性能逐渐完善，机型趋于成熟。

2007年1月，安徽省地方标准DB34/T 667—2007《油菜机械化播种作业技术规范》发布实施。省承担的农业部《宣州区油菜生产机械化技术试验示范》项目开始启动，建立核心示范区5000亩。这一时期，省农机推广总站和相关单位在高速公路沿线的蒙城、肥东、包河等县（区）重点实施国家科技支撑计划——农田循环高效生产模式关键技术研究与集成示范项目，开展油菜秸秆全量还田对比试验、油菜收获机械关键数据搜集、油菜机直播实验等课题研究，取得重要突破。

2008年秋种，省农业、农机部门联手在油菜主产区开展高产创建活动，强化油菜生产关键技术的推广应用。全省确定3个部级示范县和6个省级示范县，建立61个油菜生产机械化示范点，以油菜机械化播种和收获为突破，开展油菜生产耕整地、播种、收获、烘干全程机械化示范。在种植环节，重点推广浅旋耕机条播配套技术，适度发展免耕撒播机开沟栽培技术；在收获环节，重点推广联合收割技术。当年9月，省农机局下发《关于推进安徽省油菜生产机械化工作的指导意见》和《安徽省油菜生产机械化技术试验示范项目实施方案》，提出全省油菜生产机械化发展思路、近期目标和主要措施。省农机、农艺专家和部分市县农机部门专家还就如何推进油菜生产机械化技术进行专题研究。农机部门还加大油菜直播、开沟、联合收获、秸秆还田等机械的补贴力度，农民和农机服务组织购买上述机械可享受不少于30%的购机补贴。9月28日，省农委、省农机局联合在全椒县召开全省油菜种植机械化技术推广现场会。2008年，全省油菜收割机达到684台，油菜开沟机26890台，油菜直播机598台。全省油菜机播18.9万亩、机收12.3万亩，分别占油菜面积的1.59%、1.03%。

第二节　农业科技推广

双低油菜　1986—2005年，安徽省双低油菜发展虽有波折停滞，但总体上发展迅速，双低油菜普及率不断提高。

1986—1987年,是优质油菜发展的第一个高峰,以单低(低芥酸)优质油菜为主,双低油菜少量种植,主要在淮河以北油菜新区推广第一个低芥酸优质油菜新品种"皖油410",1985年,通过安徽省品种审定,1986年,通过河南省品种审定,是国内第一个跨省审定推广的优质油菜新品种,在安徽省阜阳、河南信阳等地区大面积推广,1986年,获安徽省首届科技进步一等奖,并被确定为国家级重大科技成果。

1988—1993年,优质油菜生产出现较大滑坡。期间育成双低甘蓝型油菜品种"698—141"。

1994—1997年,双低优质油菜启步发展。以中双4号、华油杂3号为代表的双低油菜品种在产量方面已接近中油821,加上政府推动,全省双低优质油菜发展启步,1997年达到150万亩。期间育成双低甘蓝型油菜品种皖油10号、双低白菜型油菜品种皖油11号,皖油11号也是全国第一个双低白菜型油菜品种。

1998—2003年,双低油菜快速发展。1998年300万亩,1999年达到450万多亩,双低油菜普及率达到30%,2003年,双低油菜普及率达到70%。期间自育双低杂交油菜品种7个,双低常规油菜品种1个。《安徽省优势农产品区域布局规划》将双低油菜列为全省10大优势农产品。

2004—2008年,双低油菜逐步普及。全省双低率已达到90%以上,油菜单产大幅提升,品质明显改善,但油菜播种面积和总产连续三年下滑,2008年有所恢复。全省大力示范推广油菜机械化、轻简化高效生产技术,在油菜生产大县开展双低油菜万亩高产攻关行动。其间,全省自育双低杂交油菜品种8个,双低常规油菜品种2个。

其中皖油14是安徽省第一个双低杂交油菜新品种,2004年获省科技进步一等奖。

植物组织培养与脱毒技术　全省组织培养起步于20世纪70年代。安徽省农业科学院作物研究所率先建立植物组织培养实验室,主要开展水稻花药,玉米胚培养(同时,铜陵市农科所,安徽劳动大学农学系相继开展水稻花药培养)。1979年,省农科院组织在九华山召开全省第一次组织培养会议。1978年,省农科院机构调整,作物所组培室部分人员进入水稻所,主要从事水稻分子育种。部分人员进入园艺研究所,并于1984年,正式成立组织培养研究室,主要从事园艺作物细胞育种以及组织培养快繁技术应用研究。先后开展辣椒、乌菜体细胞育种技术研究,建立葡萄、梨、番茄、辣椒、马铃薯、甘薯、草莓、栝楼、红芽芋、花卉、中药材等植物组织培养快速繁育无性系。

80年代至90年代,安徽大学、安徽农业大学、安徽科技学院、皖西学院等院校,相继开展植物组织培养教学研究实验和相关科研。

90年代起全省农业科研所和农业技术推广部门纷纷建立组织培养实验室,从事地方特色经济作物种苗的组培快繁。如阜阳农科所、黄山市科技站、池州农业技术推广中心、淮南农科所、长丰农技推广中心等,分别主要开展甘薯、菊花、草莓等种苗组培快繁。

2000年以后全省很多农业示范园、涉农企业开始建立组培室，进行农业产业化开发，如宿州市农业科技示范园、淮北相山组培中心、太和县恒进农业科技发展公司、安徽兰君园艺有限公司、凤台县苗圃、泗县甘薯协会等，主要从事甘薯、马铃薯、花卉的产业化生产和种苗繁育。

组织培养技术在作物育种上，安徽省先后培育出水稻、辣椒、乌菜等新品种。一批科研单位和企业利用组织培养技术开始种苗(种薯)的工厂化生产和繁育，作物种类涉及马铃薯、甘薯、草莓、花卉、中药材等十多种。如：在各级政府支持下，1996年以来，阜阳农科所、安徽薯类脱毒中心、宿州农科所、界首市绿源高效农业开发有限公司等单位累计在全省推广脱毒甘薯面积达到3000万亩，起到示范和带动作用；省农科院园艺研究所、太和恒进农业科技发展公司，每年生产马铃薯试管苗上百万株，繁育马铃薯微型种薯上千万粒，马铃薯脱毒技术深入广大种植户，全省脱毒马铃薯种薯种植率达到60%，年增收5000万元以上；在淮南草庵镇、长丰水家湖镇、阜阳闻集镇、广德县郊区、黄山徽州区、岳西县响肠镇、安庆郊区、肥东撮镇镇等草莓集中种植区，脱毒草莓的增产效果显著；在黄山、亳州、潜山、六安等地，菊花、霍山石斛、栝楼等中药材组织培养种苗逐步推广；全省各地采用组织培养技术实现蝴蝶兰、君子兰、红掌等多种花卉的组织培养技术的规模化应用。

组织培养技术先后获得多项省科技进步奖。1982年《应用花药培养育成粳稻新品种晚粳76》获省农科院三等奖；1986年《玉米雌雄幼穗组织再生植株及体细胞无性系研究》获省科技进步奖三等奖；1992年《体细胞变异育种方法的研究及获得辣椒、水稻两个新品种》获省科技进步奖三等奖；1997年《体细胞无性系变异选育耐热乌菜》获省科技进步奖三等奖；1999年《甘薯脱毒及脱毒苗快繁技术研究》获省科技进步三等奖；2000年《甘薯茎尖脱毒及快繁技术研究》获省科技进步奖三等奖；2002年《马铃薯脱毒微型薯种薯的生产及推广应用》获省科技进步奖二等奖；“霍山石斛种苗、天麻种麻脱毒快繁和工厂化繁育技术的研究”项目获得省科技进步奖三等奖等。

1996年，省政府批准成立“安徽省甘薯脱毒中心”，2000年，更名为“安徽省薯类脱毒中心”；1999年，“安徽省脱毒甘薯种薯繁育中心”成立，挂靠在宿州市农业科技园脱毒种薯(苗)中心；2006年，合肥市植物组织培养工程技术研究中心成立，挂靠在省农科院园艺研究所。

2000年前后全省农业掀起脱毒技术产业化应用高潮，各类相关研究项目立项，脱毒甘薯、马铃薯、草莓等种植普及率迅速提高。

超级稻推广　安徽省于2000年开始推广超级稻，主要成效表现：

品种选育处于全国先进水平，全省育成的Ⅲ优98是唯一推荐南方粳型杂交稻品种，新两优6号和丰两优4号是推荐的9个籼型两系杂交稻品种中的2个。

2005—2008年，全省累计推广超级稻3034万亩，2008年全省推广超级稻866万亩，占水稻种植面积的四分之一以上，比2005年增加260多万亩。

2008 年，推广的 20 多个超级稻品种中，推广 50 万亩以上有 7 个品种，其中育成的新两优 6 号和丰两优 4 号推广面积均在 100 万亩以上。

应用精确施肥、节水灌溉、病虫害综合防治等配套技术，有效降低了肥、水、药施用量，氮肥节约 15%~20%，节水 20%~30%。

农业转基因生物安全管理　2003 年，成立安徽省农业转基因生物安全管理领导小组，省、地市级农业行政主管部门设有相应的机构及人员。制定《安徽省农业转基因生物安全评价管理办法》等三个管理办法。开展培训，培训人数累计达 400 多人次。全省 100 多个市县区市发放 200 多个执法证。2002—2010 年，共批准农业转基因生物环境释放、生产性试验和安全证书试验申请 200 多项，对试验情况进行检查 100 多次。共受理标识审查 8 份，其中转基因大豆油、转基因棉花种子分别为 2 份和 6 份。进行市场标识检查，累计检查 10 多次。对转基因抗虫棉种子、转基因水稻市场进行 10 多次检查，共查处 2 起非法案例。加快技术支撑体系建设，推进检测机构双认证和基本建设项目实施，研制和发布检测等技术标准，完善监管手段和条件。

家畜饲养管理技术推广　猪。畜牧所科技人员从 20 世纪 80 年代开始对“商品瘦肉猪生产配套技术”展开系列研究，如规模化猪场分阶段饲养技术，将商品猪生产分为哺乳、保育、生长和育肥期，针对不同阶段制定出各阶段饲养要点和饲料配方，以提高养殖效率。90 年代开始在黄山市推广生猪生产综合配套技术。针对地方品种生长慢、瘦肉率低，饲养效益差，畜牧所开始对地方品种进行杂交利用研究，制定相应的无公害集约化规模养殖配套技术，即猪场实行自繁自养，全进全出制生产工艺组织生产，猪群的配种、怀孕、分娩、保育、生长和育肥采用流水线形式，实行常年按计划配种繁殖、常年产仔、均衡生产。畜牧所 2004 年研制“猪场生产管理系统”，对猪场各种信息记录实现电脑化操作，方便管理，提高效率。

牛。随着肉牛集中育肥生产的发展，全省开展配合饲料使用、秸秆利用、绿色添加剂应用和全混日粮（TMR 技术）应用技术研究。其中配合饲料使用主要由混合料到科学配方料使用。大型养殖户、养殖场开展配合日粮应用，其中安徽省瀚森荷金来肉牛集团有限公司、凤阳大明牛业开展全混日粮（TMR 技术）的应用，多数肉牛育肥场使用青贮、酒糟、秸秆加工等关键技术，最主要是添加碳酸氢钠酸碱平衡剂，有效改善瘤胃酸碱平衡，提高饲料利用效率和养殖效益。绿色饲料添加剂的研究和应用，主要是开展复合酶制剂为主的绿色肉牛添加剂研制，使肉牛养殖效益提高 20%，并向无公害牛肉生产迈进一大步。

兔。安徽省是全国家兔生产主产区之一，特别是长毛兔在全国颇有影响。进入到 20 世纪 90 年代后，养兔业由淮北地区迅速发展到江淮、皖南等地。养兔品种也由原来单一长毛兔扩大到有肉兔，獭兔等品种；养兔规模也由原来家庭散养发展到养兔专业户（场）；饲养方式也由原来地下散养逐渐改成笼养。

1986—1993 年是发展高潮期。继 1986 年之前的养兔高潮后，此阶段是全省养兔历史上的最高峰期,1992 年年底统计,全省存栏长毛兔 1100 万只(含少量的肉兔、獭兔)。

1993—2001 年是养兔稳定期。这期间兔毛有所下降,全省主要生产粗兔毛,市场价约高出细毛 40/%,加上良种推广,配套技术应用,养兔处于稳定期。

2002—2003 年是养兔相对低潮期。这其间市场波动,养兔经济效益下滑,影响兔的发展。2004 年后市场逐渐恢复。特别是獭兔,饲养量占全省总存栏 800 万只的 1/3。2003 年后,肉兔一直呈现发展趋势,数量占生产 1/3。

经过 20 多年的研究和推广,皖系长毛兔,单只兔毛年产量已提高到 1200 克以上,粗毛率位居全国第一。已推广到全国 10 余个省市,累计推广 300 万余只。2006 年经省农委批准,更名为"皖江长毛兔"新品种。

家禽饲养技术推广　1986—1988 年,在六安、宣城、广德、郎溪等地推广雁鹅人工孵化技术、雁鹅蛋及鸡蛋器械孵化技术;1987 年,在滁州安庆芜湖等地推广栅上、网上养鸭技术;1986—1990 年,在全省推广细绿萍、水浮萍、水葫芦等水生作物种植及养鸭、鹅技术;1986—1996 年,在全省大型机械化养鸡场,推广工厂化养鸡技术;1986—1990 年,在安徽省及省周边地区推广雏鸡孵化技术(机械孵化和土法孵化);1988—1990 年在安徽省及周边地区推广种鸡笼养、平养技术,主要是:断喙、人工授精、光照、喷雾降温;在机械化养鸡场推广纵向横向通风技术及湿帘降温;1990—1996 年,在六安市推广鹅鱼混养;1988—1994 年,在六安市推广养鹅夜饲;1990—1996 年,在六安市、巢湖市、合肥市推广种草养鹅技术;1987—1991 年,在合肥市长丰县进行大棚蔬菜、蘑菇、养鸡综合养殖技术示范推广;1990—1996 年,在六安、巢湖等市进行栅上、网上养雏鹅技术推广;1986—1990 年,在安徽省、河南省示范推广养鹅全价配合料;1990—1996 年,在安徽省、河南省、山西省等地推广畜禽生理调节剂。

1988 年 7 月,开始在蒙城县推广鸡舍负压纵向通风、湿帘降温技术,解决夏季养鸡高温防暑问题,此后,在全省各地推广。

饲料饲草技术推广　饲料。"全价配合"模式(20 世纪 80 年代)。开始应用动物营养知识进行饲料配方筛选设计, 在多数县市粮食部门上马年产 5000 吨的全价饲料生产线,并在养殖生产中推广应用,促进养殖业生产水平显著提高。80 年代中后期全国第一个饲料添加剂诞生,并在全省生猪生产上推广应用。

"多样化"模式(20 世纪 90 年代)。此阶段上半时期,各类添加剂在市场上推出,但良莠不齐。现科学命名叫预混料(PREMIX)的产品由正大集团深圳工厂以浓缩料名称生产上市并推广。1994 年, 全省第一个预混料产品在省农科院畜牧所饲料实验室研发成功,并在部分饲料工厂推广应用,但未形成产业化;正大集团进入合肥与合肥市饲料公司合资新建全省第一家中外合资饲料企业。中期全省部分饲料工厂通过技术改造上马颗粒料生产线,全价颗粒饲料进入市场;后期真正的浓缩料(以料精等多种俗名)上市,为农村自配料带来方便。

“成熟”模式(21 世纪)。此阶段各种饲料(畜禽、水产、宠物等)、各种料型(颗粒、膨化、半膨化等)、添加(1%、5%、10%、20%、35%等)的预混料与浓缩料均在市场占有一席之地;全价料基本基于电脑配方与完善成熟的生产设备进行生产;饲料企业竞争加强,企业重组步伐加快,大集团企业产品在市场形成越来越强的竞争力,许多中小型企业倒闭。

20 世纪 80 年代到 90 年代的前半期,全省肉牛蓬勃发展。肉牛存栏量一度达到 724 万头。饲料技术得到推广和应用。1986—1992 年,省农科院畜牧兽医研究所开展常用饲料营养成分价值的研究,主要对于猪鸡等消化试验代谢的研究、主要饲料营养成分的研究,特别是研究制订“肉牛营养需要和饲料营养成分价值表”技术的推广,对全省肉牛业的发展带来革命性的变化,使得过去简单饲喂方式,走向配合饲料饲喂成为可能,为集约化育肥效益的提高奠定良好技术基础。

氨化秸秆、青贮玉米、微贮饲料的研究和利用。氨化饲料、青贮玉米等技术是国际上通用的秸秆加工技术,主要在奶牛上应用较多,20 世纪 80 年代开始,在阜阳、亳州、宿县、蚌埠,以及淮南、六安等地大力推广。1995 年,全国秸秆养牛示范县技术推广大会在阜阳市召开,国务委员、陈俊生到会并讲话。技术的推广,掀起全省甚至全国秸秆养牛的高潮,玉米青贮技术已经成为常规技术。

稻草、麦秸微贮技术的应用。2000 年以后,全省开展稻草、麦秸微贮技术应用研究,其中省农科院畜牧所开展麦秸打包微贮技术研究和饲养对比试验, 用微贮麦秸替代 25%的青贮玉米,取得良好养殖效益。开展稻草微贮育肥试验,取得良好效果。阜阳市畜牧技术推广站(中心)开展肉牛麦秸微贮技术饲养研究;蚌埠市的蚂蚁山奶牛场开展膨化稻草技术应用,用膨化稻草可以替代 1/3 的羊草饲喂奶牛。

环境控制技术推广　畜牧所种猪基地设计出一种节能环保育肥猪舍,可起到冬暖夏凉作用,降低能耗,实现雨污分流,减轻污水处理负荷。

安徽科技学院动物科学学院 90 年代中期, 开始研究猪场生产过程中的干湿分离工艺,通过对畜舍结构的合理设计和环境卫生的精细管理,有效改变传统粪尿混合工艺,提高舍内环境卫生状况,降低猪群发病率,提高生产性能。2000 年,开始在校内畜牧科技园中引进国外的水帘降温系统,即纵向负压水帘降温系统,直接用于夏季蛋鸡舍的降温。之后又大力推广应用于大棚养鸡, 解决夏季蛋鸡养殖的控温难题。2002 年开始,动物科学学院重点开展畜舍环境因子研究,如氨气、硫化氢、温度、湿度、光照、噪声等对家禽和奶牛生产以及产品品质方面的影响,取得良好效果。

废弃物处理技术推广　2001—2005 年,安徽省农科院畜牧所承担省攻关项目“规模化畜禽场粪尿综合处理技术”和省自然基金项目“微生物对猪粪堆肥臭气控制的研究”, 在猪场粪污处理方面, 畜牧所在猪科研基地建设大型沼气工程和有机肥生产车间,采用最先进的 UASB 厌氧发酵工艺,既解决养殖污染问题,也促进粪便有效利用,实现经济效益、社会效益和生态效益的统一。

动物科学学院在90年代初，进行养殖业废弃物处理技术研究，取得成果，并在畜牧业生产中推广应用。90年代中期，开始将干清粪工艺推广应用于滁州周边地区，取得良好的经济效益和社会效益。2001年，推广畜禽粪便生产沼气技术，建设沼气工程，有效解决园内能源问题，推进无公害生产畜禽产品。2004年，王立克教授带领研究团队，完成教育厅重点项目《建立宣城市沼液喂猪生态养殖模式的研究》，并将成果推广应用，取得良好效果。2005年，安徽科技学院通过与南京农业大学合作，研究推广发酵床技术在养肉猪和养肉牛业（如凤阳大明牧业有限公司）中的应用，解决部分关键技术难题。

疫病防治技术推广　鸭病毒性肝炎。1985年，安徽沿江鸭场相继暴发“鸭病毒性肝炎”。5~15日龄雏鸭死亡率高达90%以上。省农科院畜牧兽医研究所，于1988—1989年从巢湖等地的养鸭场分离出鸭病毒性肝炎病毒2株，经鉴定均为血清I型。通过对分得的鸭病毒性肝炎病毒株两年的致弱研究，于1990年成功培育出鸭病毒性肝炎A66弱毒株，用其制成的弱毒苗对雏鸭有良好的安全性和保护力，接种后产生抗体快，既可免疫种鸭又可免疫雏鸭。该疫苗各项性能达到或超过国际同类产品的先进水平，1991年该项研究获省科技进步三等奖。

1993—1997年，研制并推广禽霍乱灭活苗和免疫血清防治禽霍乱技术，共防治家禽500万只，有效率达到93%，有效地遏制当时禽霍乱疾病的频发。

兔瘟。1986年，研制出能够产生坚强免疫力的脑脏器灭活苗，并在全省养兔集中区域推广使用，有效控制兔病毒性出血症。

猪高热病。2006年5月开始，首先在皖南的郎溪、广德、宣城等地发生，临床上以高热、呼吸困难和发病率、死亡率高为特点，疫情由南向北扩散蔓延，8月底几乎传遍全省各地养猪区域。给养猪业带来巨大损失。2007年6月初，该病再度发生，流行趋势和所造成的危害大致同2006年。2007年农业部将该病认定为猪高致病性蓝耳病，并很快生产出预防猪高致病性蓝耳病的灭活疫苗，用于该病的预防。省农科院畜牧所对此病进行几年的跟踪调研和防治研究，认为该病主要的原发病原是猪蓝耳病病毒、圆环病毒等免疫抑制性病原，由于它们的感染导致猪体抵抗力下降，再加上饲养管理不当、饲料霉变等因素的诱发，导致猪瘟、伪狂犬、附红细胞体、副猪嗜血杆菌等病原的继发或混合感染，使病情复杂化，难以取得好的治疗效果。防治试验表明，采取抗病毒、抗菌防治继发感染和抗应激、提高机体抵抗力的用药原则，加上改善饲养管理，提高猪高热病防控效果。

1995—2000年，推广“γ球蛋白注射液防治仔猪大肠杆菌－沙门氏杆菌病”技术，有效率达到95%。

水产技术推广　大水面河蟹放流技术。1988年，全省人工蟹苗放流面积1.12万公顷（沱湖、花园湖、霍邱城西湖、水门塘、鹿塘湖），池塘养蟹467公顷，全省河蟹产量和出口量显著增加。

1984—1988 年安徽河蟹产量与出口量情况统计表

表 2–1–1

年份	1984	1985	1986	1987	1988
产量(吨)	889	904	1182	1662	2000
出口量(吨)	100	—	150	175	206.7

说明:出口离岸价为 8000~10000 美元/吨

河蟹生产已成为名特优水产品生产的支柱。全省河蟹养殖始于 20 世纪 70 年代末、80 年代初。在 80 年代中期,通过“星火计划”“丰收计划”等项目对大水面河蟹人工放流技术进行较系统研究,当时的种苗主要来自长江张捕,生产方式开始由人工放流转向人工养殖。90 年代以来,鉴于河蟹生产的高效益,河蟹养殖业迅猛发展,养殖方式迅速由粗放走向精养,形成大水面放流、围拦网半精养和池塘精养并举;生产方式逐步形成由人繁育苗—仔、幼蟹培育—成蟹养殖—加工销售一条龙的系列化格局。1996 年全省河蟹增养殖面积 200 万亩,生产河蟹 13000 吨,占名特优水产品产量的 10%。2009 年养殖产量达 83505 吨,捕捞产量 8455 吨,均居全国第二位。望江县池塘仔幼蟹培育实现了“五个一”目标(一亩池塘,投放一斤蟹苗、育幼蟹一万只、产值一万元,利润一千元),效果很好。宿松县大水面开发利用的主要是河蟹放流,1994 年河蟹产量 500 多吨,通过上海口岸出口 400 吨,占上海口岸出口量的 2/3,河蟹成为全县经济的主要支柱、财政收入重要来源。

大型水库渔业综合开发技术 1987 年 8 月 4 日,“太平湖渔业综合开发研究总体组”制定的《太平湖渔业综合开发研究课题(草案)》。太平湖即原陈村水库,总面积 13.2 万亩,其中可养殖面积 10.3 万亩,总库容 28.25 亿立方米,鱼产量 75 万公斤,亩均单产 7.5 公斤,处于产出偏低状况。经过省内外许多专家学者的反复酝酿基础上,确立开发方案,并被国家计委、农牧渔业部水产总局批准列为淡水鱼基地建设,纳入计划实施,开发总投资规模为 950 万元。全国一次性渔业综合开发这样大的水库为数不多,投资规模在全国内陆水域水产基建方面是较大的项目。研究的内容包括:养增殖及其配套、捕捞队扩建、科研设施建设和水产品加工四个方面,采用养殖、增殖、捕捞、加工一条龙产方案。项目期三年,至 1990 年底。本研究设置六个子课题:大水面增殖措施研究;网箱、库培育大规格鱼种和养殖成鱼研究;苗种繁育措施研究;饲料措施研究;水产品加工技术研究;开发方案的再评价与综合开发经营管理问题研究。

小麦机械化播种 1991 年夏季,安徽省遭受历史罕见的洪涝灾害,秋种小麦种子缺口 4000 万公斤。为解决这一难题,省政府要求在全省大力推广小麦播种机械化技术,实施机播小麦 800 万亩,亩节种 5 公斤。10 月,省农机局在灵璧县召开“全省秋种机械化技术推广现场会”,极大地推动全省小麦机播,当年全省实际机播小麦 1085 万亩,仅省种一项即节约成本 1.2 亿元。自此,小麦机械化播种技术在全省稳步推进,到 2005 年,全省播种机发展到 36.35 万部,小麦机播水平达 82%。

小麦机械化联合收获　实行农业生产责任制后,一家一户种植,田块小,农业机械发展以小型为主。1996 年前,全省小麦收获主要靠割晒机,1995 年,全省割晒机和机动收割机保有量为 9.2 万台。从 1996 年起,小麦机械化联合收获技术开始发展。农机部门组织跨区作业,大大激发农民购置联合收割机的积极性,既可以解决自种地收获问题,又可以通过跨区作业获得额外收入。1997 年联合收割机增加量较 1996 年翻一番。到 2004 年,国家实施购机补贴政策以后,农民购买联合收割机积极性更加高涨,割晒机则呈逐年下降的趋势。

水稻机械化耕整地　全省发展水稻机械化是从水田耕整地开始,1988 年,省农机推广总站从湖南耒阳引进水田耕整机,在沿江、江南地区开展水田耕整地机械化技术推广。1990 年,原南陵县机械厂开始批量生产"神牛"牌水田耕整机。1992 年 5 月 28 日,"安徽省南方水田耕作机械化技术推广现场会"在无为县召开,副省长汪涉云到会并作讲话。到 1995 年,全省累计推广水田耕整机 2 万台(套)。全省水田机械化耕整水平近 20%。到 2008 年,水田机械化耕整水平达 97.56%。

水稻机械化收割　1996 年,水稻机械化联合收获技术开始为稻区农民群众接受和得到政府的重视。东至县袁由理和王文江两位农民率先购买的一台日本"洋马"联合收割机,当年收割 2000 多亩水稻,在全省产生极大影响。1997 年,全省联合收割机突破 3000 台。水稻机收面积达 476.7 万亩,是 1996 年的 2.5 倍。

第三节　林业科技创新与推广

1984—1990 年,安徽在建设速生丰产用材林基地中,首次采用多项先进、实用的林业科学技术,营造林质量明显提高。1989 年 10 月,林业部贯彻落实《国务院关于依靠科技进步振兴农业加强农业科技成果推广工作的决定》,提出"科技兴林"的重大决策。1989—2005 年,省委、省政府陆续作出"五年消灭荒山、八年绿化安徽""开展林业二次创业""建设万里绿色长廊"以及"建设森林生态网络体系"的四个林业战略性决定,省林业厅配套出台《安徽省科技兴林方案》《安徽省林业科技推广体系建设规划》《关于促进林业科技进步的决定》《安徽省林业科技"十五"规划》等文件,在建立林业科技推广体系,实施科技兴林工程,兴办科技示范点,加强国内国际科技交流,推广运用林业新品种、新技术、新材料等方面均取得较好成绩。2005 年,全省林业研究人员占科技机构职工人数的 52.2%,比 1985 年提高 14.2 个百分点,研究人员中具有高级职称人数比 1985 年提高 12.1 个百分点。全省以乡镇林业工作站为基础,省、市、县三级林业科技推广中心(站)为骨干的林业科技推广体系基本成型,中心(站)由 1985 年的 18 个增至 77 个;从事林业科技推广人员由 1981 年的 185 人增至 778 人,有一半的科技推广人员具有高、中级专业技术职称。全省共获林业科技成果 290 多项，比 1985 年前增加 45%，其中获部省级科学技术进步二等奖以上的有 34 项。发表科技论文 390 余篇，比 1985 年前增加了 2.6 倍；还出版科技著作 68 本。国际国内林业科技交流频繁，引进多个林业科技项目。全省林业科技进步贡献率由 1986—1990 年的 25.7%,1991—1995 年上升到 31.1%；90 年代至 2005 年，主要林业科技成果应用率达 60%。2001 年中国林业科学研究院与省政府在合肥签订《全面林业科技合作协议书》，安徽林业科技以前所未有的发展势头向前迈进，一系列重大林业科研推广项目列入国家重点扶持计划，并相继转化为林业生产力。

林木良种　采种。自 1986 年起，在林木采种上一是定点定向采种，即在重点产种地区，选择质量好的林分或母树进行采种；二是开始在母树林、种子园生产提供良种；三是从省外、国外调进紧缺的林木良种。

1986—1989 年，营造以杉木、松树为主的速生用材林基地建设，所需各类林木种子实行由林业部门统一管理，计划采收，定约收购。

1990—1994 年，人工造林和飞机播种造林所需种子量较大，全省采集林木种子 230 万公斤，从国外省外调进松、杉、栎等种子 15475 公斤，苏铁、龟背竹、鹤望兰种子 1.36 万粒，百合、郁金香种球 6000 多个，雪松种子 100 公斤。由省调剂的林木良种 20 余万公斤。

1995—2000 年，安徽先后开展“林业二次创业”和“万里绿色长廊”建设，全省采集林木种子 645.9 万公斤，其中林木良种 9.6 万公斤，经济林的采种量约占全省采种量的 64%。其间进口湿地松、火炬松、雪松等种子 3.5 万公斤，调进杉木良种等 9.35 万公斤，由省调剂的林木良种 10 万余公斤。

2001—2005 年，全省建设森林生态网络体系和退耕还林项目，全省采集林木种子 494.9 万公斤，从省外调进杉木 5000 公斤。全省主要造林树种种子合格率为 90%，一级种子占 60%。

采穗。全省对于杨树、法梧、泡桐等育苗所需穗条(根)，由各育苗单位根据育苗需求，自行建立采穗(根)圃进行采集，省林业厅编制采种(条)计划，组织调剂。1990 年全省产穗条 19855 万根。省林业厅调剂杉木、杨树、泡桐等新品种的优良无性系母条，1989 年 10 万根，1991—1995 年 1507.6 万根，1996—2000 年 1000 万根，2001—2005 年 1600 万根。

种苗繁育基地　林木良种基地。1975 年在休宁县西田林场建成全省第一个杉木无性系初级种子园，到 1985 年全省营建种子园、母树林、采穗圃等林木良种生产基地 13 处，面积 14532 亩，涉及杉木等 9 个树种。

1986—1990 年，安徽提出“从全局出发，统筹安排，突出重点，分级营建”的良种基地建设原则，抓住自 1984 年起同林业部联合营建林木良种基地的契机，加上省与县(市)联建，调整、新建、续建林木良种基地 9033 亩，其中种子园 1944.5 亩，母树林 6201

亩,采穗圃144亩,繁殖圃106.5亩,实验林636亩。

1991—1995年,全省继续加大对林木良种基地建设的投入,共投资642.8万元,其中国家投资190万元、省投资251.4万元,续建、新建林木良种基地18314.1亩,其中种子园3689亩,母树林10701亩,采穗圃1003.3亩,繁殖圃221.3亩,各种实验林2419.9亩,示范林44.6亩,涉及杉木等17个树种,分别安排在黄山市林木良种林场等32个生产单位。

1996—2000年,林木良种建设本着突出重点,注重质量、讲究效益的原则进行适当调整,加大经济林良种建设比重,建设杉木二代种子园,良种基地由30处调整为25处,续建、新建良种基地面积19556.6亩(新建2340亩),其中种子园3580亩,母树林10701亩,采穗圃1468亩(新建银杏采穗圃200亩,板栗30亩,枣树10亩,油茶、油桐各50亩,续建板栗、枣树采穗圃998亩),无性系繁殖圃200.5亩,实验示范林3607.1亩。同时对在1991—1995年建立的火炬松母树林4312亩,马尾松母树林276亩,池杉母树林500亩,铅笔柏母树林823亩,安排一定经费用于病虫防治和护林,以管护为主。良种基地树种在原17个树种基础上,又增加杂交柳、无刺刺槐、银杏、梨、枇杷、杨梅、青梅、笋用竹8个树种。良种基地总投资480万元。到2005年,共产良种30万公斤,优良穗条(根)6000万根,全省工程造林良种使用率达60%,世行项目造林达95%,初步形成以黄山市林木良种繁育中心为骨干,以休宁县西田林场、全椒县瓦山林场等重点良种基地为依托,以面上良种基地为基点的林木良种繁育体系。

2001—2005年,安徽林木良种基地建设重视先进技术设施和科研成果的运用,注重科学管理,布局趋于合理,品种进一步优化。在19个市县续建新建良种基地21处,面积14116亩,其中种子园2620亩,母树林2311亩,采穗圃909亩,种质资源收集区2515亩,良种繁育区1724亩。总投资2644万元,其中国家投资1703万元,建设信息网络中心等基础设施。可年产林木良种5.6万余公斤,优良无性系1597.3万根,主要造林树种良种使用率达65%。

截至2005年年底,全省良种基地面积由10065亩扩大到21060亩,树种由9个增加到24个。年生产良种能力由2.84万公斤提高到5.6万公斤,优良穗条由162.39万根提高到1600万根,主要造林树种良种使用率提高到65%,形成具有一定规模的良种生产和繁育体系。

林木采种基地 1986年12月,林业部下达《速生丰产用材林基地管理暂行办法》,要求各地杉木等丰产林基地造林的种苗,必须选用种子园、母树林和优良林分的种子。1987年,安徽针对良种基地供种甚少的矛盾,除从省外调进杉木良种外,因地制宜选择现有杉木优良林分,通过经营改造,建立丰产林用种采种基地。1992—2002年,又陆续营建其他用材林、经济林等树种的采种基地。范围包括17个县(市、区),树种有杉木等16个,总规模10.43万亩。

1987年,在皖南、皖西的16个国营林场和11个乡村林场,建立杉木采种基地

3900亩。

1992年9月，林业部和省林业厅联合在岳西县建设黄山松采种基地，面积共5.8万亩,其中母树林3000亩。

1993年,省林业厅与黄山区、潜山县联合建设马尾松采种基地5万亩,其中母树林6000亩。

1995年5月,省林业厅与青阳县联合建设杜仲采种基地,落实在杨田乡五梅村,面积538亩。

2000年始,国家林业局在安徽18个县(市、区)相继新续建林木采种基地101310亩。

林木种苗示范基地 2000年12月，安徽省林木种苗示范基地经国家林业局批准实施,在安徽省林业高科技开发中心建立,总面积1080亩,总投资2459万元。基地从2001年10月起进行大田生产区、多品种示范区和珍稀树种收集区的建设,到2004年建成120亩银杏示范区、80亩蜀桧生产示范区、100余亩香樟生产区、40余亩珍稀树种收集区、30亩引种区、70余亩杨树多品系区。2002年3月，进入全区生产管理阶段,先后引种法国、美国、以色列等国优良花卉品种,并进行蝴蝶兰等优良品种的组培。

林木良种繁育中心 2002年,省林木良种繁育中心也座落在安徽省林业高科技开发中心,总面积645亩,总投资完成1121.86万元(其中中央预算内资金727万元),主要完成采穗圃90亩,收集种质资源200多个共120亩,良种繁育圃120亩,引种和示范试验区315亩,形成年产林木种子3000公斤、穗条240万条的生产能力。

林木育种 20世纪80年代初,安徽在林木育种上实现零的突破。1980年,涡阳县林科所从中国林科院杨树育种室于1979年用母本Ⅰ-69杨与父本Ⅰ-63杨杂交育种的100个F1代杂交实生苗株系中,经过10年的筛选实验,选育出“中涡1号杨”。2000年,通过省级林木良种审定,2004年,国家林业局审定为良种。

1991年,省林科所研究培育出皖1、皖2等8个刺槐优良无性系和楸树8611等5个优良品种。

2001年10月,根据科技部和日本JICA签署的合作协议,中日合作安徽省马尾松松材线虫病抗性育种项目开始实施。

林木引种 1949年后,安徽引种悬铃木、雪松、刺槐、火炬松、湿地松、水杉、美国杨、加拿大杨等外来树种获得成功,水杉引种推广到1986年年底达1亿多株;到2005年,除美国杨、加拿大杨被优良新品种杨树更新代替外,其余6个树种已成为丘陵荒山或城市和道路的主要绿化树种。

20世纪70年代中期,经林业部安排,安徽从美国引进湿地松、火炬松种子,种植在32个国有林场作为母树林来培育，面积共52364亩。1986—1999年推广造林182万亩。

20世纪80年代以后,各地在选择当地优良树种作为主要造林树种的同时,积极开展林木引种,引种成功并具有推广价值的外来树种(品种)有杉木、火炬松、湿地松、黑杨、雪松、水杉、池杉、日本冷杉、薄壳山核桃、铅笔柏、日本花柏等用材、经济、观赏树种200多种。1980年代初引进的I-69、I-214、I-63、I-72、I-46等黑杨,具有适应性强、速生、丰产、易繁殖等特点,在淮北、江淮和长江两岸的平原圩区得到迅速推广,到2005年年底,累计营造杨树林180万亩,成为平原农田林网和四旁绿化的主要造林树种。同时,在沿江和圩区的25个县发展两杉一杨(水杉、池杉、杨树),先后从湖北引进水杉、池杉种子8000余公斤,推广面积达20余万亩,并形成天长、全椒、颍上、凤台、霍邱、宿松、望江、和县、当涂等县一部分以水杉、池杉为主栽树种的农田林网建设。

1995—2005年,先后从日本、美国、意大利和国内部分省市引进甜柿、银杏、板栗、布朗李、欧州榛子、胡柚等经济林树种,雪松、美国红枫、北美鹅掌楸、日本三桠等名贵园林树种共20余种,有的已取得成效。

良种审定　1997年8月15日,根据《中华人民共和国种子管理条例》,省林业厅成立安徽省林木良种审定委员会。2002年6月24日,根据国家种子法,更名为安徽省林木品种审定委员会,制定安徽省林木良种(品种)审定暂行办法。1997—2002年分四次进行审定,共有板栗、银杏、香榧、柿、枇杷、桃、石榴、杉木、杨树等经济林,用材林树种的优良品种26个获得审定通过,发布公告予以推广,其中中涡1号杨编号为国S-SC-PD-007-2004,公告规定中涡1号杨在淮北平原及长江沿江平原种植推广。优良品种是:

WS-板栗1号-处署红-广德县林业局-19971105

WS-板栗2号-大红袍-广德县林业局-19971105

WS-板栗3号-大油栗-广德县林业局-19971105

WS-板栗4号-软刺早-宁国市林业局-19971105

WS-板栗5号-二新早-宁国市林业局-19971105

WS-板栗6号-黄栗蒲-宁国市林业局-19971105

WSLZ7-板栗7号-叶里藏-舒城县林业局-19981112

WSLZ8-板栗8号-粘底板-舒城县林业局-19981112

WSLZ9-板栗9号-蜜蜂球-舒城县林业局-19981112

WSLZ10-板栗10号-早栗子-金寨县林业局-19981112

WSLZ11-银杏1号-大茶果-金寨县林业局-19981112

WSLZ12-柿1号-临泉贡柿-临泉县林业局-20001228

WSLZ13-板栗11号-大红光-太湖县林业局-20001228

WSLZ14-板栗12号-小红光-太湖县林业局-20001228

WSLZ15-杨1号-中涡1号-涡阳县林业局-20001228

WSLZ16-安徽省杉木无性系改良代种子园1号-西田133-休宁县林业局-20001228

WSLZ17- 香榧 1 号 - 花生榧 - 黟县林业局 -20001228

WSLZ18- 香榧 2 号 - 小米榧 - 黟县林业局 -20001228

WSLZ19- 枇杷 1 号 - 歙县大红袍 - 歙县林业局 -20020702

WSLZ20- 枇杷 2 号 - 光荣 - 歙县林业局 -20020702

WSLZ21- 桃 1 号 - 历山佛桃 - 东至县林业局 -20020702

WSLZ22- 板栗 13 号 - 节节红 - 东至县林业局 -20020702

WSLZ23- 杨 2 号 - 皖林 1 号 - 安徽省林科所 -20020702

WSLZ24- 石榴 1 号 - 软籽 1 号 - 淮北市林业局 -20020702

WSLZ25- 石榴 2 号 - 软籽 2 号 - 淮北市林业局 -20020702

WSLZ26- 石榴 3 号 - 软籽 3 号 - 淮北市林业局 -20020702

绿化造林 1978 至 80 年代末是林业建设拨乱反正,加速发展时期,省委、省政府对林业实行一系列扶持政策。在林业建设方针上纠正山区以粮为纲的错误,确立“以林为主、多种经营、全面发展”的生产方针,全省先后划定 20 个以林为主的山区县(市),普遍开展造林、封山育林和退耕还林工作,恢复林业在国民经济中的基础地位。1981—1989 年,全省经检查验收完成造林 1778 万亩,其中速生丰产林 143 万亩,飞机播种造林 74 万亩,封山育林 484 万亩。

1989 年,省委、省政府作出《关于动员全省人民实现消灭荒山、八年绿化安徽的决定》(简称,实施“五八”绿化规划,下同),要求从 1990 年起,五年内完成现有 1800 万亩宜林地造林和封山育林任务;八年内,使新造林和封育林木郁闭成林,实现城市和平原县绿化造林,并实现公路、铁路、道路两旁、水库周围和城镇、村庄绿化。当年春,省委书记卢荣景先后在全省造林整地现场会和山区工作会议上立下誓言,“要把造林绿化纳入各级党政领导任期目标责任制,动真格的。全省搞得不好,首先责任在我身上,如果三五年还不能改变荒山面貌,我这个省委书记应当引咎辞职。安徽的荒山绿了,我们死也瞑目”。10 月 5 日在合肥举行“安徽省造林绿化目标责任书签字仪式”,省长傅锡寿与 16 个地市的专员、市长在责任书上签字,并层层落实到县、乡,乃至行政村、村民组和农户,从省到县实施“五八”规划,做到“党委保证、政府实施、人大监督”,形成全社会的共识和行动。

在实施“五八”造林绿化规划中,多渠道、多层次筹集林业资金,以扶持“灭荒”单位和林农进行造林绿化。凡有灭荒任务的单位和个人,坚持自力更生为主,积极投劳投资,同时国家给予一定扶持。省财政 1990 年安排造林补助费 1620 万元,1991—1995 年每年安排 2350 万元;金融部门安排年林业贴息贷款 2000 万元左右;还首次利用世界银行贷款和德国无偿援助款等外资 2.41 亿元人民币;同时市县财政及相关部门都安排一定数额的资金用于“灭荒”;社会团体和个人自愿捐款支持“灭荒”。

在实施“五八”造林绿化规划中,受到党和国家领导人以及林业部领导的赞许。1993 年 6 月 3—10 日,中共中央政治局常委、全国政协主席李瑞环在安徽考察。李瑞环说安徽给我留下深刻印象的是绿化。皖南山区的绿化,可以跟世界上发达国家比一比,有这个大气派,应该说是很超前的。当得知安徽省已在实施“五年消灭荒山、八年绿化安徽”的“五八”规划时,李瑞环说这是造福子孙万代的事,是精神文明建设的一大成果,把保护生态环境变成广大人民群众的自觉行动,很有战略眼光,气魄很大,这很了不起。1995 年 9 月 13 日,国务委员陈俊生到黄山考察林业时说,百闻不如一见,证明安徽省消灭宜林荒山是实在的。皖南地区造林、封山育林搞得好,生态环境特别好,给人一种新鲜感觉;而且安徽平原绿化也搞得好。1998 年 4 月 12—18 日,全国人大常委会副委员长姜春云深入黄山、贵池等地调研依法治林、造林绿化及森林法修改等,赞扬安徽山青水秀,五年消灭荒山八年绿化安徽取得很大成功。1990 年 4 月 9—16 日,林业部部长高德占到安徽检查林业工作时说,安徽省委、省政府作出实施“五八”规划的决定,决心下得好、板拍得好,是继广东主要领导重视抓林业之后,安徽学习广东经验,真抓实干又有新发展,确实是“功夫下在绿化之内、影响超出绿化之外”。看了现场很受鼓舞,对我们做好林业工作也是一个很大推动。1994 年 11 月 16—24 日,林业部部长徐有芳一行在安徽考察“灭荒”和山区开发,高度评价安徽造林绿化,并提出“灭荒”后搞好林业战略转移的指导性意见。

1993—1994 年,在各单位“灭荒”自查验收的基础上,安徽省消灭荒山核查组逐个按“验收办法”进行确认,并报省政府批复发给“灭荒”达标单位奖牌、证书和造林绿化奖金。1994 年 10 月 20 日,林业部厅函资字 32 号《关于安徽省消灭宜林荒山荒地核查验收结果的函》称,安徽省实现基本消灭宜林荒山荒地的目标。

1995 年 3 月 1 日,中共中央、国务院决定,向安徽省委、省政府颁发“实现荒山造林绿化规划省”奖牌和证书,安徽成为继广东、福建、湖南之后全国第四个实现基本消灭荒山的省,也是按国家颁发的消灭宜林荒山荒地标准核查验收的第一个省份。1997 年 11 月 4 日,省委、省政府在合肥召开新闻发布会正式宣布,安徽省如期完成“五年消灭荒山、八年绿化安徽”任务,全面绿化安徽土地目标基本实现。从 1990 年起,八年共完成造林绿化 1976 万亩,“四旁植树”17.3 亿株;全省 105 个县(市、区)通过省级核查验收;全省林业用地绿化率 96%,道路绿化率 91.9%,省辖市城区绿化覆盖率 30.7%,县(市、区)城区绿化覆盖率 26.4%,村庄绿化覆盖率 49.9%,江河渠道绿化覆盖率 91.5%,农田林网建网率 85%。与八年前相比,林业用地绿化率提高 33.3 个百分点,农田林网建网率提高 31.2 个百分点,公路绿化覆盖率提高 23.4 个百分点,江河渠道绿化覆盖率提高 25.3 个百分点,省辖市城区、县城区绿化覆盖率分别提高 4.7 和 8.2 个百分点,村庄绿化覆盖率提高 4.9 个百分点,造林绿化使安徽的生态环境和两个文明建设发生可喜变化。

1995 年 3 月 9 日,省委、省政府作出《关于开展林业建设第二次创业的决定》。

1999 年 3 月 8 日,省委、省政府作出《关于建设万里绿色长廊工程的决定》。

2001 年 11 月 7 日,省政府作出《关于建设森林生态网络体系的决定》。

1986—2005年，安徽累计完成造林2948.86万亩；育苗331.79万亩，总产苗量120.95亿株；四旁植树41.9亿株；年封山育林面积在672万~901万亩；还加大山区(林业)综合开发，丘陵、平原林业开发，林木抚育管理的力度。尤其是1990—2005年，安徽的造林绿化经历"五八"造林绿化规划、林业二次创业、建设万里绿色长廊和建设森林生态网络体系四个阶段，林业发展的战略部署一个紧跟一个，造林绿化任务一个衔接一个，成为安徽林业建设历史上造林绿化速度快，持续发展时间长、造林育林质量好、林业的生态、社会、经济效益明显的最佳时期。

2004年1月29日，省委、省政府发出"关于贯彻《中共中央、国务院关于加快林业发展的决定》的实施意见"(以下简称《实施意见》)，确立本世纪20年内全省林业发展思路是：走以生态建设为主的林业可持续发展道路，以建设山川秀美生态省为目标，加速推进城乡绿化和植树造林，大力护林，科学育林，建立以森林植被为主体的国土生态安全体系；合理利用和综合开发森林资源，壮大林业产业，实现由传统林业向现代林业的跨越。省林业厅为此制定《关于进一步推进全社会办林业的通知》《关于进一步加快林业经济体制改革的意见》《关于支持民营经济发展林业的意见》等配套文件。

"1463"林业技术开发工程 1990年，安徽省实施"2823"科技兴农工程，"1463"林业技术开发工程是其组成部分。根据工程规划，在全省25个县(市)，通过采用先进适用的林业技术与传统的林业生产技术相结合，进行组装配套，到1993年完成14万亩荒山造林，6万亩低产林改造和3个平原县绿化达标(简称"1463"林业技术开发工程)。工程区内造林平均成活率(保存率)和幼林生长量，分别比同类型造林提高5%以上，平原绿化达到国家林业部颁发的南方平原县绿化标准。并以此辐射带动100万亩荒山造林和15个平原县(市、区)实现绿化达标。

"1463"林业技术开发工程，比原定计划提前一年超额完成任务，工程区内造林26.6万亩，到主伐时可增益25159.3万元。辐射带动造林113.2万亩，到主伐时可增益67920万元。3个平原县新营造的农田林网，使71.8万亩农田得到有效庇护，农业产量提高10%以上，可实现林业产值73542万元。

林业科技经济七亿元工程 1995年6月，省委、省政府在全省科技大会上，作出组织实施促进科技经济一体化"三个百亿元工程"的决定。其中农业百亿元工程是用现代科学技术改造传统农业，大力发展"两高一优"农业和农村经济，到本世纪末依靠科技进步新增产值100亿元。分解给林业行业的目标任务，通过推广新品种、新技术，1997年达到年增产值4亿元，到2000年实现年增产值6亿元；在重大森林病虫害防治中，通过综合防治，年减少损失1亿元，即为安徽省林业科技经济七亿元工程。工程覆盖11个地(市)的38个县(市、区)，具体实施计划有8项：营造和改造50万亩板栗林；营造和改造25万亩人工原料林；营造和改造20万亩杨树丰产林；营造和改造20万亩笋竹两用毛竹林；培育30万亩集约经营毛竹丰产林；培育50万株优质丰产银杏树；培育和改造0.5万亩优质高产猕猴桃园；病虫害防治挽回经济损失1亿元。

安徽省林业科技经济七亿元工程,实施到1998年就已提前2年超额完成任务,实现年增产值7.8亿元,比计划总指标高出11个百分点。

森林生态网络体系示范工程 2001年11月9日,省委、省政府在合肥召开全省林业工作会议,宣布实施安徽森林生态网络建设决定,把安徽建设成为生态环境优美省份。森林生态网络体系示范工程正式启动,由六大工程组成:以长江和淮河防护林为主体的林业生态工程,包括安徽境内长江、淮河、新安江及巢湖流域的绿化造林、封山育林、退耕还林、平原绿化等;城市、集镇、村庄绿化工程,要求绿化覆盖率分别达到35%、23%和50%以上;万里绿色长廊二期工程,要求道路、河渠绿化里程各新增1万公里和农田林网建网率达90%以上;江淮分水岭"把树种上"工程,尽快使该地区森林覆盖率达到全国平均水平;自然保护区和森林公园建设工程;商品林基地建设和林业产业化工程。工程实行点、线、面相结合,即全面加快全省城市、集镇、村庄绿化,以及森林公园、森林类型自然保护区建设步伐,以此为"点";加快推进道路、江河渠道绿色长廊建设向纵深发展,加快大地园林化建设步伐,以此为"线";大力营造生态公益林和商品林,以此为"面",着力构建全省森林生态网络体系,使森林资源逐步朝分布均匀、结构合理、功能完备、效益兼顾的方向发展。

林业科技推广"2111"示范工程 2001年,安徽省实施林业科技推广"2111"示范工程,主要内容是:为"两大体系"(比较完善的林业生态体系和比较发达的林业产业体系)建设提供强有力的科技支撑,从国内外引进与自主开发10项林业新技术(包括新材料),引进与自主开发100项林业新品种(包括种、品种、品系、无性系等),培养1000个林业科技示范户(场、点),以带动更多的农户、企业进行高效林业开发,推进林业科技创新,促进林业产业经济持续、稳定、高效发展。截至2005年年底,累计向37个单位投入项目经费130万元,引进推广10项先进林业技术,引进林业新品种170个以上,建立林业科技示范户800余户。《实施意见》进一步强调:"加强林业应用技术的研究,推广普及林业实用技术。继续实施科技兴林'2111'工程,以林业生态和林业产业两大体系建设为主战场,在全省建立1万个科技兴林示范户(点),推广100个林业新品种,普及10项林业实用技术。"工程延续到2006—2010年。

世界银行贷款造林林业科技推广项目 1990—2005年,安徽省利用世界银行贷款,连续成功实施"国家造林项目""森林资源发展和保护项目""贫困地区林业发展项目",项目区覆盖黄山、宣城、池州、铜陵、安庆、巢湖、六安7市的35个县(市、区)。在世行项目实施期间,根据国家林业局世行项目管理中心和中国林科院世行项目办公室联合制订的《科技推广与培训计划》,安徽组建集管理、科研、财务和生产"四位一体"的科技推广与培训组织体系,制订每期世行项目的科技推广与培训计划,将重点放在先进、实用技术的推广应用上,直接把技术传授给广大林农和基层林业技术人员,累计举办乡村级育苗、栽植、抚育、间伐、修枝、嫁接、垦复、施肥、病虫害防治等技术培训班2.7万多期,接受培训的有28.7万人次,发放技术资料38.6万份。同时发挥省市县科技人员骨干作用,组建若干科技课题小组,分别建立试验、示范林,及时总结经验再向面上辐射推广,有效提高项目造林实施质量。世行贷款国家造林项目实施期间,安徽大力推广林业部推出的20项科研成果,重点抓好杉木、松树良种壮苗培育技术,容器育苗技术,生根粉应用技术,除草剂应用技术,杉木优良无性系繁育技术,"两带一道"(造林前整地开辟水平草埂水土保持带、森林防火带和作业道)环保措施技术等,通过全方位、多层次的造林示范,建成科技示范林322.5亩,科研试验林282.5亩,实现项目造林的良种育苗率100%,一级苗使用率99.9%,"两带一道"环保合格率98.5%。世行贷款森林资源发展和保护项目实施期间,除推广上期的技术项目外,还增加杨树插干造林,微胶囊防治松树、杨树天牛,松树育苗切根截顶,杨树多品系造林等技术推广,使项目造林的良种使用率达100%,一级苗使用率97.4%,平均生长量与标准之比率为105.8%,造林地环保合格率99.5%;建设示范、试验林26804亩、占项目造林总面积的4.8%;还建立5个环保监测点、5个病虫害监测点。世行贷款贫困地区林业发展项目实施期间,增加见效快、经济效益好的毛竹和板栗、山核桃、青檀、杜仲等经济林的育苗造林技术推广,建立6个用材林,3个竹林和10个经济林模型,加大科研成果和实用技术推广应用力度,使项目造林的良种使用率达100%,一级苗使用率97.7%~98.5%,造林成活(保存)率98.5%~99%,环保合格率98.8%~99.2%,用材林平均生长量达标率为94.1%,生长量株数达标率为85.8%,均达到或超过项目规定的标准。三个世行项目的造林,经三年后复查一类林达85.8%~88.3%。

第四节 水利科技创新与应用

20世纪80年代,锥探灌浆、减压井导渗等技术在水利工程中得到广泛应用。低压管道灌溉技术在淮北地区试验、示范;水稻节水灌溉技术在休宁、全椒、颍上等县推广取得成功;渠道装配式建筑物在淠史杭引用外资项目区得到推广。1995年,中共中央、国务院作出《关于加速科学技术进步的决定》、水利部作出《关于实施科教兴水战略的决定》,省水利厅颁布《安徽省科教兴水战略实施办法》,水利科学研究获得新的发展机遇。安徽省把农田水利列为重点科研项目,并于1998年年底成立安徽省农村水利水资源重点试验室。随着计算机技术、信息化技术、水生态修复技术等领域的科学进展,安徽水利科研不断开拓新的研究领域,在淮河中游河床演变研究、淮河重要河段非稳定流模型研究试验、水资源优化配置与生态环境治理研究、土壤墒情测报与抗旱减灾系统研究、节水高效农业研究试验、安徽数字长江系统研究等方面取得重要科学进展。

1986—2005年,有129项水利科技成果获得省科技进步奖、星火科技奖、农村科技奖。2005年,经省科技厅同意,安徽省水利学会设立"安徽水利科学技术奖",并开展第一届安徽水利科技奖评选。

随着经济社会和科学技术发展,安徽省水利建设与管理普遍采用新技术、新材料、新方法，安徽省水文局、安徽省水利水电勘测设计院，将信息技术、计算机技术、空间测绘技术、水下爆破技术、钢纤维混凝土新材料、高压灌浆技术、测控技术、有限元先进计算方法等，用于水文信息采集、水文自动测报、水质监测、水利水电工程勘测设计、水利工程除险加固、工程质量检测等方面，显著提高安徽水利建设管理的技术水平和工作质量。

安徽省·水利部淮河水利委员会水利科学研究院 始建于1951年，原名为安徽省水利科学研究所，1986年，经省政府和水利部批准实行省水利厅和水利部治淮委员会双重领导，更名为“安徽省·水利部治淮委员会水利科学研究所”，简称安徽省水科所。安徽省建筑工程质量监督检测站、淮河流域水工程质量检测中心、安徽省水利工程质量检测中心站及安徽省大禹工程建设监理咨询部分别于1985年、1988年、1991年、1993年在省水科所挂牌。1996年5月，省机构编制委员会批准省水科所改名为“安徽省·水利部治淮委员会水利科学研究院”，简称省水科院，原有的土工、材料结构、水工、农田水利、水文水资源5个研究室改为研究所。2000年12月，增设自动化研究所。2005年，农田水利研究所更名为农村水利与水土保持研究所。另设有4个实验站（基地）及梅山高速水流试验室。研究领域包括：常规的土工试验、建筑材料试验、水工模型试验、农村水利、水土保持、水文水资源研究等。省水科院有：新马桥农田水利综合试验站五道沟水文水资源实验站、江淮丘陵区肥东八斗农水试验站、水工河工模型试验基地等实验站（基地）。1999年，省科委和省水科院签订《关于建立安徽省农村水利水资源重点实验室的合同》，投资用于购置设备和基础设施建设。2004年12月28日，安徽省农村水利水资源重点实验室通过省科技厅组织的专家组验收。2005年，省农村水利水资源重点实验室更名为“安徽省水利水资源重点实验室”，其主要研究工作为：节水型灌溉实用新技术的研究开发，主要农作物灌溉成套实用技术，江淮分水岭易旱地区水资源开发利用，建立和完善“墒情预报和抗旱减灾信息系统”等。

合工大水利科学研究所 成立于1984年5月，设置冰凌工程研究室、工程结构与力学研究室、工程流体力学研究室和水资源工程研究室等。研究所以水利科学研究为中心，兼顾研究生培养，现已成为科学研究、研究生培养及部分本科生实验的研究与教学基地。

滁州市白蚁防治研究所 成立于1981年，隶属于水利系统，从事白蚁防治质量检测、白蚁室内饲养及白蚁标本鉴定；水利堤坝、房屋建筑、农林及古建筑的白蚁防治等领域研究。

水文实验研究 1986年，安徽省各类水文实验站有4处：省水科院五道沟水文实验站、淠史杭蒸发实验站、三连圩水文实验站和滁州城西水文实验站。其中，淠史杭蒸发实验站包含望城岗蒸发实验站和姚李水文试验站。

城西水文实验站包括两部分实验内容，一部分由省水文局管理，另一部分归南京水利科学研究院管理。前者侧重流域水文实验，开展降水、径流、蒸发、塘坝蓄水项目监测,以解决江淮分水岭区、高塘坝蓄水区流域产汇流计算方法问题。后者侧重成因实验,主要研究径流成因,同时研究同位素示踪法在径流成分识别中的应用,以及中子法测定土壤含水率等。

淠史杭蒸发实验站重点研究蒸发和淠史杭灌区农业灌溉制度。原归省水文局(省水文总站)直接管理,2000 年 12 月,划归六安市水文局代管。

三连圩水文实验站隶属于省水文局,重点开展圩区水文规律,为防治渍害提供技术支撑。

五道沟水文水资源实验站承担的实用土壤墒情预报研究由省水科院主持,蚌埠市水利局、省水利厅农水处、固镇县水利局协作,于 1992 年开始实施。经对安徽淮北 24 个代表雨量站和五道沟水文水资源实验站近 30 年的相关资料结合大量针对性试验资料分析计算,较好地解决大范围农田适量灌溉和旱情发生发展及对策问题。经过 4 年在蚌埠市、淮北市辖区示范推广,取得较显著的抗旱减灾和节水增产效益。

水土保持实验研究 为研究大别山区、皖南山区水土流失成因,探索水土保持措施效益,20 世纪 80 年代,省水利厅建设霍山等 4 个水土保持科学试验站,为全额事业单位,隶属当地水行政主管部门管理。1984—2005 年,水土保持科学试验站先后进行坡耕地水土流失规律研究、生物措施保护利用地坎综合效益研究、坡地综合治理、开发建设项目水土流失监测等试验研究。

灌溉实验研究 2003 年 10 月 9 日,省水利厅建立以新马桥农田水利综合试验站为省级灌溉试验中心站的全省灌溉试验站网体系,下设萧县岱西灌溉试验站、肥东八斗农水试验站、淠史杭灌区试验站和天长二峰试验站。陆续开展灌溉试验站代表区域背景数据调查整理、灌溉试验资料(1987—2003 年)整编、灌溉农业年度基础数据采集与整理和全国主要作物节水高效灌溉制度协作研究。

农田水利实验研究 1986—1990 年,开展砂姜黑土区排涝技术研究;明沟和暗管防涝防渍工程标准及水肥效应试验;华北平原农业项目安徽省项目区水土研究,包括水土资源、灌排技术、综合治理及经济效益分析;低压管道输水灌溉技术试验研究与示范推广。1991—1995 年,完成提高旱涝渍害中低产田生产力综合研究重大科技项目,对淮北砂姜黑土区、沿江沿淮洼地、皖南山丘区的旱涝渍害中低产田的综合治理具有重要作用;淮北地区中低产田综合治理科研任务;无为县沿江圩区棉花排水与涝渍旱综合治理研究,江淮丘陵天长岗丘区小麦排灌技术和土壤水肥关系研究,以及安徽省利用世界银行贷款加强灌溉农业项目 4 个专题即主要农作物灌溉技术、农田排水指标、砂姜黑土水肥效应和河灌区低压管道输水技术的试验研究;淠史杭蒸发试验站针对水稻浅湿间歇节水灌溉技术进行试验研究。1996—2000 年,完成淮北砂姜黑土区节约水资源灌溉技术与应用,江淮分水岭易旱地区节水灌溉技术,淮北平原大沟蓄水与农田水资源调控技术,淮北地区作物 - 水模型与优化灌溉制度等项研究。2001—2005 年,完成农业高效抗旱保水剂应用及其配套灌溉技术,江淮分水岭地区塘坝生态系统的试验研究。农田排水科研成果直接推广面积约6万公顷，间接推广达221万公顷；灌溉试验研究成果直接推广面积约8万公顷，间接推广达70.5万公顷；综合治理研究成果直接推广面积10万公顷，间接推广200万公顷。

淮河中游河床演变研究　由省水科院负责，与规划设计、河道管理、水文、水情4个单位协作进行研究。开展11个专题研究和河床演变观测。提出扩大行洪通道过流能力的新思路和重点河段的整治方向。研究成果已应用于规划设计和科研。研究成果获1999年省科技进步奖一等奖。

淮河干流淮滨至正阳关段防洪工程模型试验研究　由省水科院主持，淮委规划设计院与省水利水电勘测设计院参加。试验河段长201公里，模型面积5000平方米，模拟淮河洪水过程，是国内最复杂的大型非恒定流河工模型。模型设计和试验采用多项先进技术，包括十字板加糙、闸堰流态分区图、闸堰部位复合变态模拟及闸堰流量计算公式。研究成果应用于治淮决策和规划设计，促使临淮岗枢纽工程上马，研究成果获1998年省科技进步奖二等奖。

大型河工模型自动检测与控制系统　是省水科院为淮干正阳关至淮南段河工模型试验研制的。该系统采用数字化量水堰和差动尾门技术可同时对多处入流、出流和尾水自动调节；采用红外调制流速传感器和工业化计数模型取代传统的多路流速仪，使流速测量稳定可靠，引入工控组态软件技术，开发出可视化测控软件系统。研究成果获2002年安徽省科技进步奖二等奖。

水库泄洪洞掺气减蚀研究　省水科院从1996年开始，在水利部科研基金和国家自然科学基金支持下，开发并研制出针式掺气流速仪，应用于黄河小浪底水库泄洪洞和白莲崖水库泄洪洞的掺气模型试验和掺气水槽专题研究，提出"掺气减蚀小气泡保护理论"，同行专家认为是掺气研究的重大突破。针式掺气流速仪被四川大学、西北水科院等多家单位订购使用；研究论文已为EI Compendex和ISTP收录。

水工建筑物渗流控制研究　2001—2004年，省水科院研究蚌埠闸扩建工程基坑降水及对老闸沉降的影响，提出"直线补给边界基坑降水渗流分析新方法研究及应用"的研究成果，并应用于蚌埠闸扩建工程及姜唐湖蓄（行）洪区退水闸工程，收到缩短工期、节约投资的效果。

水工建筑物动力学研究　对佛子岭连拱坝进行原体动力试验、模态分析及抗震验算。研究成果"用瞬态微振法进行水工结构模态识别"，获水利部1989年科技进步三等奖。

水利科技奖励　1986—2005年，经省水利厅推荐评奖的成果中，有129项获得省级科技进步奖、星火科技奖、农村科技奖，其中，一等奖5项，二等奖21项，三等奖45项，四等奖及以下58项。

水文新技术应用　水文信息采集。省水文局在河流流量、流速、水位等测量等方面，广泛应用新技术采集相关信息。其中：

2001 年,引进声学多普勒剖面流速仪(ADCP),2004 年引进无线 ADCP,2007 年,引进哨兵式 ADCP,实现流量在线观读。

2002 年,开展 AHSW·LQK-1 水文缆道自动测流系统研发。自动完成流速测验,并计算流量成果。

水位信息采集。2003 年,启用气泡式自记水位计,实现水位自动测报。

降水信息采集。2001 年,引进固态存储雨量计,实现雨量自动测报。

蒸发信息采集。2005 年,引进蒸发信息自动采集系统并投入试用。

水质监测。1985 年, 省水文局中心实验室增加原子吸收分光光度计,1991 年以后,又陆续新增气相色谱仪、离子色谱仪、双光束紫外可见分光光度计等大型分析仪器设备。1995 年以后, 省水文局各直属局实验室均陆续新增原子吸收分光光度计、原子荧光仪、离子色谱仪等,省中心实验室还增添进口高效液相色谱仪、原子吸收仪、便携式多参数水质现场测定仪及 GPS 水质采样定位仪等先进的仪器设备。水质监测分析方法,从最原始的比色法、重量法、容量法发展到现代的光谱法,监测能力进一步提升。

水文预报。1986—1991 年,省水文局与河海大学合作,开发研制《淮河上中游实时洪水预报调度系统》。1994—1996 年,省水文局与水利部水文局合作,开发研制《淮河干流实时水情预报综合分析系统》。2003 年,省水文局开发集预报和调度于一体的洪水预报调度系统,在大别山区梅山、响洪甸、佛子岭、磨子潭、花凉亭以及皖南山区陈村、港口湾等 7 个大型水库应用。2005—2008 年,省水文局与河海大学合作,开发研制淮河临淮岗以上预报调度模型。

水文情报。1996 年,六安、阜阳、蚌埠和安庆至合肥的水情信息启用 X.25 网传输,其它仍采用电信报文传递。至 2000 年,结束电信报文传递业务,全部启用 X.25 公共网络平台;2005 年,开始采用水利骨干网络作为水情信息传输的主要传输通道,同时基于公共网络,建立虚拟专用网(VPN)作为备用水情信息传输通道。

1998 年,开发水情编码译电系统,建设实时雨水情数据库,同步开发水雨情信息查询系统(C/S)。2000 年 5 月,开发基于 Web 水情信息查询(触摸屏)系统。2001 年开通安徽水情信息网。至此,实现从纸介质向电子介质信息传输与发布的跨越,并先后建设实时雨水情数据库、旱情数据库。

水文自动测报系统。1987—1989 年,由水利部水调中心组织,北京大学、淮河水利委员会、省水利厅等单位共同承建淮河正阳关以上流域水文自动测报系统,自动采集传输处理雨量、水位等水文信息。

2000—2001 年, 水利部国家防汛抗旱指挥系统一期工程在全国实施 20 个水情分中心示范区建设,其中在安徽省建设阜阳、芜湖两个水情分中心,建设规模为两个水情分中心及其全部 42 个中央报汛站的测验、报汛通信和分中心集成, 采用超短波和 PSTN 双信道组网。

2004 年,省水文局先后完成佛子岭、磨子潭、梅山、响洪甸、陈村、港口湾六大水库水文自动测报系统联网建设,实现 49 个遥测站,43 个雨量项目和 16 个水位项目信息共享。

2005 年,省防指批复建设省级雨量报汛站自动测报应急工程(第一期),建设 1 个省水情中心、175 个省级雨量站,共享 35 个气象雨量站信息。2006 年建设合肥、巢湖、蚌埠、六安 4 个水情分中心,2007 年建设宿州、滁州、安庆、黄山 4 个水情分中心,两年完成 8 个水情分中心共 94 个中央报汛站水文测验、报汛通信和分中心集成的建设任务。2007 年完成全省 100 座中型水库坝址雨量及部分水库坝上水位自动测报系统建设,并先后完成临淮岗、巢湖闸、淮干一期工程带水文中的水文自动测报系统建设。

截至 2008 年,省水文局完成国家防汛抗旱指挥系统一期工程阜阳等 10 个水情分中心建设,实现 470 个雨量、160 个水位项目的采集、传输、处理的自动化,水文自动测报站点覆盖全省。

水文资料整编。1985—1997 年,省水文局研制开发基于 Windows 操作系统、数据库管理方式的水文资料整编软件。截至 2005 年,该软件可处理 95%以上各类水文要素资料,生成近 70 种成果表和 15 种年度统计表。

水文数据库。安徽省国家水文数据库从 1994 年开始建设,1998 年,省水文局开发安徽省国家水文数据库应用系统,1999 年,水文数据库基本建成,入库水文数据量达到全部水文数据总量的 80%。

水资源评价。20 世纪 80 年代安徽省曾开展第一次水资源评价和水资源利用规划工作。自 2002 年 3 月始,开展第二次水资源评价工作,评价系列截至 2005 年。全省按流域水系分成 3 个一级区、8 个二级区、13 个三级区、29 个四级区和 60 个计算单元。

水功能区划。2001 年开始,省水文局开展水功能区划及相关技术研究工作,编制《安徽省水功能区划》,2003 年 10 月 9 日经省政府批准实施。

水利水电勘测设计新技术应用　测绘新技术应用。1994 年,省水利水电勘测设计院引进一台 SOKKIA SET2C 全站仪等设备,把测绘手段从光学仪器转向电子仪器。同时实现数据自动记录、计算和存储。

自 1995 年开始,省水利水电勘测设计院逐步引入计算机技术,实现测量数据采集、处理、成果计算及资料整编的电子数据格式。

1998 年,省水利水电勘测设计院引进全球定位系统(GPS)接收机,应用于地面点三维坐标的空间定位。2001 年,省水利水电勘测设计院引进首套 Trimble4700 RTK 等设备,实现大面积水下地形测量。

1998—2002 年,省水利水电勘测设计院利用成图软件,获得数字地形图。2003 年开始,该院引进内外业一体化测图系统,实现无纸化测图。

2003 年,省水利水电勘测设计院引进全数字航空摄影测量工作站,开始航测方法的应用。

勘察新技术应用。1992年,省水利水电勘测设计院引进SM胶、配合双管单动专用金刚石钻具的钻探新技术,首次应用于伊朗卡尔赫水电站勘察。

1997年,省水利水电勘测设计院引进理正勘察软件2.0版,由最初应用在工民建等勘察工程到堤防以及水闸、泵站等软基工程和大中型水库及水电站的岩基勘察工作中,实现勘察报告及图件电子版化。

2000年,省水利水电勘测设计院在上海的近海工程勘察中,使用信标机进行勘探孔放样,其成果既满足工程技术要求,又节省工程费用、缩短勘察工期。

2003年,省水利水电勘测设计院开始将手持GPS测量手段运用到地质勘察专业勘探点放样上,解决不能用常规测量手段进行勘探点定位的问题。

试验、检测新技术应用。1994年,省水利水电勘测设计院在琅琊山蓄能电站地下厂房平洞内及1996年在白莲崖水库坝肩平洞内进行岩体变形试验和岩体直剪试验。岩体变形试验采用刚性承压板法,岩体直剪试验采用平推法或斜推法。1996年在白莲崖水库坝基岩面、2001年在蚌埠闸扩建工程闸基土面及2002年在临淮岗洪水控制工程12孔深孔闸基土面进行混凝土与岩(土)体接触面抗滑试验,试验采用平推法。同年,该院还在琅琊山蓄能电站地下厂房平洞内、坝基岩体,1996年在白莲崖水库坝肩平洞内、坝基岩体,1999年在石梁河水库扩建工程闸基岩面,2005年在佛—磨蓄能电站地下厂房平洞内进行弹性波测试。其中,地震波测试使用地震仪,声波测试使用超声波仪。

2001—2005年,省水利水电勘测设计院对淮河流域淮北大堤、沙颍河大堤、洼地治理等工程及长江流域支流圩堤等200多座涵闸、近百座泵站、几十座中小型水库,对临淮岗船闸、东淝闸、蚌埠闸、荆山湖进洪闸等大、中型水闸,进行混凝土质量检测。

2003年9月,建成局域网。

2005年6月,完成《计算机应用集成系统》,实现办公自动化、档案管理、市场经营以及项目管理。

1990年,基本建成的凤凰颈泵站,工程设计中引用高压喷射灌浆技术,建造垂直防渗构筑物,其防渗效果十分显著。

安徽省第一座抽水蓄能电站响洪甸抽水蓄能电站于1994年12月动工建设,2001年6月投产发电,工程设计中采用水下岩塞爆破方法修建进/出水口,首次将毫秒电磁雷管应用于水电工程爆破上,并应用由闸门井充水在岩塞底形成缓冲气垫技术,削减爆破冲击力和突泄水体的动水冲击力,避免井喷,保证周围建筑物的爆破安全。

2002年,安徽省水利水电勘测设计院在佛子岭水库除险加固工程设计中,在国内首次使用钢纤维混凝土应用于水库大坝加固,大规模采用硬质发泡聚氨酯保温材料对大坝进行保温防护;在国内首次采用高压固结灌浆技术对薄壁拱坝坝基进行加固处理。

第五节 农村与社会发展

1998年,国家科委批准安徽省阜南持续高效农业技术示范区(代表黄淮海平原类型区),为国家级持续高效农业技术示范区。

农业科技园区 2001年,科技部依据《农业科技发展纲要》,制定《农业科技园区指南》和《农业科技园区管理办法(试行)》,要求建立一批符合21世纪现代农业发展方向、对不同地区农业和农村经济发展具有较强示范带动作用的农业科技园区。

2002年,科技部通过考核批准宿州农业科技园区为国家农业科技园区(试点)。

2002年,安徽省科技厅批准建设23个省级农业科技园区(其中:综合类18个、畜牧类2个、水产类3个)。

截至2005年,安徽省有国家级农业科技园区2个,省级农业科技园区32个,对提升全省农业区域创新能力,促进农业结构调整和产业升级,起到示范和引领作用。

农业科技专家大院 农业科技专家大院是组织调动农业科技资源服务"三农"、加速科技成果转化、推动农业与农村经济发展的有效形式,也是地方科技工作的重要抓手。农业科技专家大院自2001年启动实施以来,省科技厅出台《关于开展农业科技专家大院工作的意见》,明确指导思想、目标任务和重点措施。

农业科技专家大院的指导思想:以农业企业为主体,以农业科技园区、各类农业开发示范区和农业科教基地为载体,以市场为纽带,引导和组织科技资源与农业产业的对接,实行产学研紧密结合,大力开展农业科技成果转化和技术培训服务,促进农村经济发展,带动农民致富,为发展现代农业和建设社会主义新农村提供科技支撑。

农业科技专家大院的总体思路:继续按照"聘一位专家,建一处基地,办一所培训学校,孵化一批科技产业,振兴一方经济"的总体思路开展农业科技专家大院工作。

农业科技专家大院的重点任务:充分发挥科技专家的智力资源,围绕区域主导产业,依托企业、农民合作经济组织和专业技术协会,开展农业科技成果的研发示范、推广转化、技术培训、中介服务和产业开发,实现农民增收、产业发展和科技进步。

截至2005年,已建设各类农业科技专家大院18个,安排省级财政投入190万元,涉及粮油作物、蔬菜、瓜果、苗木花卉、畜禽、水产、食用菌、中药材、茶叶以及农产品加工等各个行业,共引进和转化科技成果146项,有20项专利获得授权,培训农民5700人次,产生社会经济效益2100万元。

科技扶贫 安徽省贫困人口主要分布在大别山革命老区、皖南山区和沿淮行蓄洪区。为帮助革命老区人民依靠科技加快摆脱贫困,1986年,国家科委决定开展科技扶贫,当年选派科技扶贫开发团进驻安徽大别山区的金寨县,指导开展科技扶贫;1987年选派科技扶贫开发团进驻安徽,指导金寨、霍山、六安、潜山、岳西、太湖六县开展科技扶贫工作。省科委同时选派科技人员进驻大别山区金寨、霍山、六安、潜山、岳西、太湖六县,帮助开展科技扶贫工作。1988 年,为发挥科技扶贫的技术支撑、指导和服务,引导各贫困县与高等院校和科研机构建立技术依托关系,各有关高等院校和科研机构选派科技副县长加强技术依托,指导科技扶贫。1988 年,省财政投入 2000 万元科技扶贫专项资金,面向大别山革命老区、皖南山区和沿淮行蓄洪区 19 个县开展科技扶贫,实施 54 项科技扶贫项目,开展技术培训,带动脱贫致富。

截至 2005 年,累计安排国家和省级各类科技扶贫项目 595 项,落实财政科技经费 3010 万元。项目实施期间,扶持贫困地区企业和农村组织 425 个,共转化 1030 项先进适用技术成果,实现产值 6.3 亿元,利税 6500 万元;共举办培训班 1070 期,培训贫困农户 16.52 万人次,印发技术资料 740 万份,带动贫困农户 5 万户近 18 万人,有 2.1 万户 7.3 万人实现脱贫致富。

第二章 工业科技

第一节 煤 炭

安徽是煤炭资源大省,全省总面积13.9万平方公里中,含煤面积约1.79万平方公里,占全省总面积的12.8%,其中2000米以下的含煤面积约8476平方公里。截至2005年年底,全省累计探明储量近300亿吨,煤炭赋存量居华东第一,占华东地区60%以上。

煤炭行业以新型工业化为核心,以结构调整为主线,以深化改革为动力,努力适应宏观经济环境新变化和区域竞争新格局,从而使发展速度明显加快,运行质量不断提高,规模和总量进一步扩大。2000年,安徽原煤产量为4783万吨,2002年以来,煤炭产量以年均6.7%的增幅递增。截至2006年,全省煤炭科研机构有安徽省煤炭科学研究院、煤炭工业合肥设计研究院、淮北爆破技术研究所等。淮南矿务局、淮北矿务局、皖北矿务局、国投新集集团、中煤矿山建设集团及各厂、矿、处也设有研究机构。此外安徽理工大学为煤炭工业高等学校,设煤田地质及勘探、矿井建设工程、采煤工程、煤矿通风与安全等10多个专业。

1986—2005年间,安徽煤炭工业在煤田勘探、矿井建设、煤炭生产与安全等方面的科技水平有很大进步与提高。全省煤炭系统共获得全国科学技术大会奖、国家发明奖等国家级多项大奖,获省、部级科技成果奖、科技进步奖等多项。其中瓦斯综合防治、"三下一上"采煤技术(建筑物下、铁路下、水体下、承压水体上)、"一通三防"关键技术(通风,防尘,防瓦斯,防火)、煤与瓦斯共采、深部矿井热害防治及降温、烟煤制民用型煤燃烧与防污、井壁破裂防治技术、风排瓦斯发电、煤矿立井高效提升、井高地应力新型煤巷支护和高应力极软岩巷锚注锚封一体化支护、矿井地热利用、锚注支护新技术、高应力极软岩工程锚注支护技术、煤矿深井岩巷掘进动态破岩与围岩控制技术、瓦斯地质保障技术、瓦斯灾害预警技术、软岩支护技术、以及光爆锚喷等新技术、高瓦斯较薄厚煤层综放开采等技术居国际或国内先进水平。

煤田地质与勘探 安徽煤田地质首开全国煤炭地质行业第一个中外合作勘探的先河,历经5年,圆满完成淮南煤田刘庄矿区精查综合勘探项目,获得煤炭资源储量13.3亿吨,标志着全国煤田地质综合勘探技术开始步入现代化的发展轨道,创造多个第一:第一次在地质勘探中引进使用数字地震仪;第一次应用高分辨率地震勘探技术开展煤田精查;第一次实现以地震勘探为主控制井田构造;第一次使地震勘探定量解释精度提高一个数量级;第一个研发微机地质工作站,成功提交数百件煤田勘查、水源勘查、矿井补充勘查,以及矿井建设、生产地质报告,在全国煤田钻探计算机应用和地质成果数字化处理领域迈出重要一步;第一个将三维地震勘探技术运用于煤矿采区勘探;第一个将勘探精度由查明落差大于10米的断层提高到落差大于5米。

全省累计完成各类科研项目100余项,完成一批高水平的科研成果,为煤田地质勘探的技术进步提供有力支撑和保障,取得良好经济效益和社会效益。其中"采区高分辨率三维地震勘探"获国家科技进步奖三等奖,"三维三分量地震勘探技术在煤矿生产中的应用"获得省科技进步奖二等奖,"强反射层屏蔽下薄煤层高精度三维地震勘探方法研究"获得省科技进步奖三等奖,"中国东部煤田滑脱构造与找煤研究"获煤炭部科技进步一等奖,"南华北煤田东部综合手段深化找煤理论与方法研究""煤田地质微机工作站"获煤炭工业科技进步三等奖。

煤矿建设及采煤 1986—2005年,中煤矿山建设集团在煤矿深井建设、特殊凿井工程、冻结工程、井壁设计、破岩滚刀材料研究、钻井工程等新技术推广应用方面取得重大突破。《508米深井钻井法凿井技术》《桃园矿冻结井新型井壁》1987年分别获煤炭部科技进步一等奖、三等奖,《AS9/500钻机》1988年获国家科技进步奖二等奖,《钻井法凿井钻具打捞技术研究》《谢桥西风井大直径薄井壁结构设计及钻井施工技术》1994年分别获煤炭部科技进步奖三等奖,《祁南风井高强钢筋砼钻井井壁及施工技术研究》1995年获煤炭部科技进步奖三等奖,《陈四楼矿主副井深井冻结凿井技术》1996年获煤炭部科技进步奖一等奖。《复合型竖井楔齿破岩滚刀材料研究》1996获国家科技进步三等奖,《水下冻结施工技术研究》2000年获省科技进步奖二等奖,《488米深厚表土冻结技术研究与应用》2004年获省科技进步二等奖。《龙固主井(双井筒)近600米钻井法凿井技术研究与应用》2006年获国家科技进步二等奖。进入20世纪80年代,两淮及周边矿区,多个矿井发生井壁破裂灾害。省煤炭科学研究院《井壁破裂防治技术》1998年获煤炭部科技进步奖二等奖。

1986—2005年,全省国有重点煤矿企业在安全高效采煤技术、软岩支护技术、光爆锚喷等新技术推广应用方面取得重大进展。其中,《"三小"光爆锚喷岩巷掘进作业线的推广应用》1995年获煤炭部科技进步奖二等奖,《淮南谢桥矿极软岩巷道支护机理及技术的试验研究》1996年获煤炭部科技进步奖二等奖。《采煤机交流变频电牵引装置扩大使用范围的研究》1999年获煤炭部科技进步奖一等奖,《高应力极软岩工程锚注支护机理及技术研究与应用》2002年获国家科技进步奖二等奖,国家级重点项目《复杂特困条件下高瓦斯煤层群瓦斯抽放理论研究与工程实践》2003年获国家科技进步奖二等奖。《煤矿极易离层破碎型顶板预应力控制理论研究及工程应用》2005年获国家科技进步奖二等奖。2005年10月,经国家发展改革委批准,由淮南矿业集团和中国矿业大学联合组建煤矿瓦斯治理国家工程研究中心,是首个煤矿瓦斯治理领域的国家级研究中心。

省煤炭科学研究院在煤矿水害防治、开采与支护技术研究领域取得一系列研究成果。《两淮北新区矿井缩小防水煤柱的试验研究》1986年获省科技进步奖三等奖，《淮北朱仙庄矿厚松散含水层下采煤试验研究》1988年获能源部煤炭工业科技进步奖三等奖，《淮北临焕矿区煤系上覆含水层富水特性及提高回采上限的研究》1993年获煤炭部科技进步奖三等奖，《石门揭煤固化防突技术的研究》和《KJZ1型煤矿生产安全检测系统》1994年获煤炭部科技进步三等奖，《极易离层破碎型煤巷围岩预应力控制理论研究及工程应用》2004年获省科技进步一等奖，《煤矿极易离层破碎型顶板预应力控制理论研究及工程应用》2005年获国家科技进步二等奖。

安全技术状况　大多数煤矿企业依法生产意识进一步增强，安全生产水平明显提高。煤炭生产秩序和安全生产条件有所改善，安全管理和技术装备水平有所提高。在煤炭经济快速发展、煤炭产量不断增加的情况下，全省煤矿安全生产形势持续稳定好转。特别是近几年，全省煤炭行业2000年死亡121人；2001年117人；2002年97人；2003年174人；2004年85人（煤炭生产领域没有发生一次死亡3人以上重特大事故）；2005年77人；百万吨死亡率由1999年的2.98下降到0.44。为煤炭工业乃至全省经济又好又快发展、为构建“平安安徽”“和谐安徽”做出应有贡献。

煤与瓦斯突出防治技术　淮北矿业集团通过对高突出矿井瓦斯综合治理模式与技术的系统研究，制定瓦斯灾害综合治理总体规划，研发出具有自主知识产权的区域性瓦斯治理的核心技术，构建煤与瓦斯突出矿井灾害综合治理技术体系，使淮北矿区连续多年杜绝瓦斯事故的发生，瓦斯抽采率由2002年的25%提高到2005年的50%，安全成效显著。淮北矿业集团成为国内煤层气（矿井瓦斯）第一个成功注册联合国CDM项目的单位，是全国5个瓦斯综合治理示范矿区之一。同时与中国矿业大学合作开展的《深井煤与瓦斯突出煤层区域性瓦斯灾害防治关键技术及应用》课题，构建以区域性瓦斯治理技术为核心，瓦斯灾害综合治理总体规划和管理保障相结合的深井煤与瓦斯突出煤层区域性瓦斯治理技术体系，获5项发明专利授权。针对祁南矿煤层瓦斯含量高、透气性差，且顺层抽放效果不理想的实际情况，通过对煤层、顶底板、岩性物理特性的分析及对煤层瓦斯压力、含量、透气系数等参数进行测试，找出煤层瓦斯涌出、涌出量及采掘过程中的瓦斯涌出规律。同时对深孔爆破增透机理、煤层深孔爆破新型材料、爆破器材的垂距离传爆等关键技术进行攻关。提出利用深孔预裂爆破技术增加煤层透气性，提高瓦斯抽放效果，为高瓦斯低透气性煤层瓦斯抽放提供一种新的有效途径，为矿区瓦斯治理提供新思路。通过对桃园煤矿新副井所揭各煤层瓦斯赋存规律的研究，根据各个煤层特点将煤层分成两组进行揭煤管理，并结合揭煤前探煤、测试指标情况及打钻现象，制定竖井井筒“三步法”揭穿煤层技术方案。通过新副井揭穿突出煤层的工程实践，摸索出竖井工作面快速测压、快速施工排放钻孔、冲煤扫孔加速瓦斯排放等技术，为新建、扩建矿井竖井安全揭穿突出煤层提供完整的技术规范和技术体系，保证竖井安全快速揭穿突出煤层，为煤与瓦斯突出矿井竖井安全揭穿煤层提供参考和借鉴,推动煤与瓦斯突出矿井的科技进步。

2001—2005年,淮南矿务局集团公司及时掌握国内外“一通三防”、瓦斯综合治理与利用技术的发展趋势和方向,推广应用以防治煤与瓦斯突出、瓦斯抽放为重点的新技术、新工艺、新装备、新材料。1998年以来,淮南矿区推广应用煤与瓦斯共采技术,效果显著。2005年与1997年比,瓦斯抽采量达1000万立方米,翻了15倍,瓦斯抽采率由5%提高到43%,实现煤与瓦斯共采,控制重特大瓦斯事故,保护生命,创造效益近百亿元。淮南瓦斯综合治理成果还在全国20多个高瓦斯矿区推广应用,效果显著。

瓦斯煤尘爆炸防治技术 省内针对瓦斯煤尘爆炸重大危险源预测、评价及监测监控技术进行深入研究,取得以下成果:建立矿井瓦斯煤尘爆炸危险性评价模型,开发瓦斯煤尘爆炸危险性预测评价技术和防治专家系统。开发基于工业以太环网+现场总线技术的新一代煤矿综合监控系统,主干网达到100兆/1000兆,系统反应速度、控制灵活性和系统容量显著提高,集成能力大幅度增强,为实现重大灾害预警提供可靠平台。红外原理瓦斯检测技术进展顺利。基于非散射红外(ND IR)原理、采用进口敏感元件研制的红外甲烷传感器投入实际应用,调校周期超过半年,使用寿命可达3年。以系统工程理论为指导,监测监控对象从工况、环境参数拓展到“人”和“设备”,开发井下人员定位系统和电网监控系统。

瓦斯抽采技术 淮北矿务局研发的《突出煤层下向顺层长钻孔递进掩护区域性瓦斯抽采方法》《远距离、超远距离、极薄和组合保护层的采动卸压作用与有效瓦斯抽采方法》,淮南矿业集团的《沿空留巷Y型通风采空区顶板卸压瓦斯抽采的方法》取得国家知识产权局授权。《低透气性煤层群无煤柱煤与瓦斯共采关键技术》同时开展低透气性煤层群无煤柱煤与瓦斯共采理论、方法和技术研究,并在沿空留巷围岩稳定性控制技术、巷旁充填材料与快速留巷充填工艺系统、留巷钻孔瓦斯抽采技术等三项关键技术上实现突破或集成创新。本项技术在卸压开采抽采瓦斯的基础上,提出首采层无煤柱沿空留巷替代预先布置的专用瓦斯抽采岩巷,改U型通风为Y型通风方式,在留巷内布置钻孔连续抽采采空区卸压瓦斯的技术路线;研究揭示首采层开采后,采动影响区应力场分布规律、采空区顶底板岩层裂隙的分布及动态演化规律、无煤柱Y型通风采空区瓦斯分布特征;成功实现基于锚杆支护的留巷围岩控制、无煤柱Y型通风煤与瓦斯共采,抽采出的瓦斯浓度高达60%~100%,被卸压煤层瓦斯预抽率达70%以上,并具有采气周期长、抽采成本低等特点,解决低透气性高瓦斯煤矿安全高效开采技术难题,打破国外学术界认为在松软低透煤层中瓦斯难以抽采的论断。该项技术获2008年煤炭工业科技进步特等奖,2009年国家科技进步奖二等奖。

矿井通风防尘技术 两淮矿务局研发并应用“长江风机集控系统”“矿井通风机在线集控系统”对矿井通风系统可靠性评价与决策技术、矿井灾变风流动态模拟及虚拟现实技术进行深入研究,完善矿井自动风门远程控制技术,初步实现矿井通风系统监测、分析、决策及控制各环节的闭环运行,提高矿井通风系统的抗灾能力。应用涡流控尘装置、KCS系列新型湿式除尘器和CPC高压喷雾降尘装置。机掘工作面综合除尘技术配套装备更加完善,采煤机高压喷雾总粉尘降尘效率提高到85%以上,用水量减30%,受到煤矿企业广泛欢迎。应用直读式测尘仪和粉尘浓度传感器,实现粉尘浓度快速、实时检测。

矿井火灾热害防治技术 省内对煤矿火灾标志气体进行深入系统研究。迄今为止,标志气体仍然是煤矿火灾预测预报最主要的技术手段,近年来的发展主要集中在与之配套的分析仪器,省内有些矿务局或煤炭行业集团相继应用煤矿专用气相色谱分析仪、红外线分析仪和井下气体传感器等。应用灌(注)浆防灭火等措施,围绕新型灌浆材料及其添加剂的研究也取得较好的成果。针对浆液远距离输送的沉淀、管损、堵管等难题,开发应用新型悬浮剂、胶凝剂、复合胶体材料及配套工艺设备,解决砂土、粉煤灰、黄土、山沙等灌浆材料大流量、高浓度的制浆和悬浮问题。应用以粉煤灰、黄泥为骨料的气固液三相泡沫,提高注浆材料在采空区或高冒带的扩散能力,封装在泡沫之中氮气能较长时间滞留在灌注区域,改善防灭火效果。

矿井热害方面,省煤炭科学研究院在矿井热害治理技术、个人防护技术、矿用降温服及相关装备、及对应的实验平台建设等方面进行一系列研究。先后成立并完成相关省、部级科研课题7项。建立矿井热害个人防护系列实验室及实验平台。先后开发出降温服、降温帽、降温围巾等产品。

煤炭加工与利用技术 1986—2005年,在煤炭加工利用技术方面,结合煤矿实际,按照变低质量为高质量、变单一产品为多种产品、变单一经营为多种经营、从初级加工向高级加工发展的“三变一发展”的方针,实施“选(筛选、洗选)、电(坑口电厂、联合电厂)、型(粉煤成型)、建(建材)、气(煤制气、煤层气)”配套发展和多元发展的方案,并参照工业先进国家经验,提出“煤－电－化”“煤－焦－化”“煤－盐－化”等工业体系发展思路,以取得更好的企业和社会效益。

全省现有淮南、淮北、皖北、国投新集4个大型煤炭企业,40多个国有重点煤矿,18座洗煤厂。2005年,原煤产量约8000万吨,洗煤823万吨。1986—2005年,煤炭工业合肥设计研究院先后承担皖北百善、任楼、刘二、五沟选煤厂、国投新集花家湖选煤厂、界沟矿业公司界沟选煤厂、淮北矿业集团桃园、祁南选煤厂等多项设计项目。其中,皖北煤电集团百善选煤厂荣获煤炭工业协会2000年优秀工程设计三等奖;国投新集能源股份有限公司花家湖选煤厂二期工程荣获省2001年城乡建设优秀专业工程设计二等奖。

安徽省煤炭科学研究院(原煤炭科学研究总院合肥研究所)是全省唯一的煤炭综合性科研机构,在煤炭加工利用技术方面承担过10多项省部级科研项目,特别是在粉煤成型方面,从民用型煤到工业气化型煤都取得大量科研成果。主持的课题“烟煤制民用型煤燃烧与防污研究”获1986年中国科学院科技进步三等奖;由该院研制的“无烟燃烧民用节能灶具”获1991年能源部煤炭工业科技进步二等奖,并获得四项实用新型专利;工业气化型煤技术的研发在国内同行中处于领先地位,其中一项技术在淮南凤台化肥厂投入使用。

在煤矸石综合利用、煤层气综合利用技术方面也取得很多成果。至2005年,宿州煤矸石电厂6兆瓦机组二台、淮北芦岭煤泥煤矸石电厂12兆瓦机组二台、淮北杨庄煤矿煤泥煤矸石电厂12兆瓦机组两台、新集花家湖煤泥煤矸石电厂12兆瓦机组等已投入运营;煤层气(瓦斯)利用方面,淮南矿业集团取得显著成果,已有多家瓦斯发电站,至2005年淮南矿业(集团)公司谢桥、潘一、张集、新庄孜、潘三等5座矿井瓦斯发电站(规模分别为2×1412千瓦、2×1360千瓦、2×1360千瓦、1×1360千瓦、2×1360千瓦)已投入运营,取得很好的社会效益和经济效益。另外,在瓦斯综合利用科技创新方面,创新高浓度(CH_4大于等于30%)、低浓度(CH_4小于30%)、风排低浓度瓦斯发电技术,热电冷联产技术(瓦斯发电,余热制冷:潘一、顾桥、丁集)。

经过多年发展,全省煤化工产业从无到有,逐步形成门类齐全、品种较多的产业结构。2001—2005年,尿素、甲醇、焦炭等煤化工产品产量显著增加,为带动全省相关国民经济行业的持续发展做出巨大的贡献。煤炭资源得到初步利用,建立煤电联产、煤焦化、煤气化3大产品体系,形成煤化工的产业雏型,主要有炼焦及焦化下游产品的深加工,煤气化制甲醇、合成氨及深加工,电石法PVC和PVA等。在空间布局上,根据煤资源分布特点,基本形成淮南、淮北两大生产基地。

2005年,全省煤化工产业实现生产总值约70亿元。主要产品有精甲醇、合成氨、浓硝酸、焦炭、电石等。全省合成氨产量231万吨,位于全国第8位;浓硝酸产量32.5万吨,位于全国第1位;焦炭产量488万吨(其中机械焦424万吨),位于全国第12位;电石产量5万吨,位于全国第20位;精甲醇28万吨,位于全国第7位。是年,生产二甲基甲酰胺3.3万吨,甲醛22万吨,混甲铵2.6万吨,三聚氰胺1.5万吨,聚氯乙烯8万吨等。

第二节 电　　力

1985年, 全省国民经济迅速发展, 电力供需矛盾逐渐突出, 全省实际用电量达127.73亿千瓦时,年增长9.1%,超出国家统配计划用电量10.53亿千瓦时,超出华东电网调整后的用电计划11.84亿千瓦时。巨大电力缺口是装机容量发展的起飞动力,并使其从1986年便高速增长。全省装机容量从1986年年底的285.64万千瓦快速发展到2005年年底的1224.78万千瓦,年平均增长率高达7.6%。全省电网渐渐转变成为华东电网中重要电源提供者,为长三角经济区高速发展提供能源保障。特别是2001—2005年“皖电东送”战略的提出,更加凸显安徽在华东地区能源大省的地位。

为配合淮南洛河、平圩两电厂工程建设，1978 年 4 月，开始建设 500 千伏淮沪超高压输变电工程，输电线由洛河发电厂出线，经繁昌变电所、浙江瓶窑变电所至上海南桥变电所，全长 601 公里。至 1990 年年末，全省境内先后建成 500 千伏线路 4 条，总长 643 公里，回路长度 656．59 公里，其中大跨越 3 处，总长 6．59 公里，回路长度 13．18 公里，500 千伏繁昌变电所主变压器容量 50 万千伏安，完成投资 4．3 亿元。之后通过多年建设维护，各电压等级输电线路得到较大发展。500 千伏输电线路长度由 1986 年底的 383 公里增长到 2005 年年底的 1858 公里，20 年来平均年增长率 8.2%。220 千伏输电线路长度由 1986 年年底的 2360.96 公里增长到 2005 年年底的 6213 公里，20 年来平均年增长率 5.0%。110 千伏输电线路长度由 1986 年年底的 4654 公里增长到 2005 年年底的 8144 公里，20 年来平均年增长率 2.8%。

从 1986 年到 2005 年的 20 年间，电力科技工作取得突出成绩。获得省部级以上科技奖励 100 余项、获得专利 400 余项、在各级刊物中发表论文几千余篇。“不同串型绝缘子覆冰直流闪络特性的研究”“六氟化硫气体质量全过程监控研究”“YC 型系列无功电压自动调控装置”等科研成果在行业内产生重大影响力。

水电　全省水力资源理论蕴藏量 398.08 万千瓦，占全国 0.6%。据 1980 年普查，可开发的水力资源为 116.85 万千瓦，居全国第二十位，占全国 0.3%。因此，属于水电资源相对匮乏的省份。1985—2005 年水电装机容量发展缓慢，从 1986 年年底的 34.06 万千瓦到 2005 年底的 73.93 万千瓦，20 年来平均年增长率仅为 4.0%。水电年发电量增长同样缓慢，从 1986 年的 8.68 亿千瓦时到 2005 年的 11.5 亿千瓦时，20 年来平均年增长率仅为 1.4%。

1986—2005 年安徽省水电装机容量情况统计表

表 2-2-1

年份	水电装机容量（万千瓦）	水电年发电量（亿千瓦时）
1986	34.06	8.68
1987	36.28	11.72
1988	36.28	10.16
1989	36.53	10.3
1990	36.53	11.88
1991	37.33	15.11
1992	37.61	7.88
1993	37.3	11.1
1994	42.82	10.69

续表 2–2–1

年份	水电装机容量（万千瓦）	水电年发电量（亿千瓦时）
1995	43.17	9.7
1996	43.43	9.27
1997	44.04	8.19
1998	45.2	13.75
1999	45.5	12.45
2000	54.25	7.29
2001	48.88	9.33
2002	73.39	13.57
2003	64.91	11.56
2004	69.28	11.39
2005	73.93	11.5

火电 1985年年底，电网统调火电装机容量1953兆瓦，全年发电量约130亿千瓦时，除1985年年底投产的洛河电厂1号机组为300兆瓦等级亚临界直流锅炉机组以外，其余全部为200兆瓦及以下等级的超高压燃煤机组。从1985年开始，通过集资办电形式，在两淮、沿江港口和省会合肥等地扩建、新建一大批火力发电厂，从整体上改善安徽电网电源点的布局，有效缓解用电紧张状况，至1998年左右实现电力供需基本平衡。由于亚洲金融危机影响以及对形势错误判断，电力建设人为放缓，从1998—2000年执行典型的“三年不上火电”政策。直接导致2001年以后的电力短缺，直至2006年才有所缓解。

2001年以后，随着以安庆皖江、马鞍山万能达等一批亚临界300兆瓦燃煤火电机组的建成投产，安徽火电电源结构发生根本变化，由超高压机组为主力转变为以亚临界机组为主力，发电机组经济性和安全性大大提高，至2005年年底全省火电统调装机容量达9887兆瓦，全年发电量近630亿千瓦时。20年间火电装机容量增长406%，年发电量增长385%。

抽水蓄能电站 全省常规水力资源较为缺乏，但抽水蓄能资源相当丰富，皖南地区蓄能资源尤为集中。1990年，上海勘测设计院在皖普查93处，选出47个站址，总装机规模约3700多万千瓦。其中，条件较好25处，共2600多万千瓦。大部分蓄能电站规模在20万~100万千瓦之间。大于100万千瓦的有10个。水头多为100~200米级，超过200米级的有17个站，最高达658米。

响洪甸抽水蓄能电站　1994 年 12 月开工，1999 年 8 月 1 日投入试运行，总投资 4.56 亿元，是省重点工程和首次开发的中型抽水蓄能工程。该电站建成为电网提供调峰容量 12 万千瓦、填谷容量 10.8 万千瓦，可有效提高响洪甸水库的泄洪能力和防洪标准。

琅琊山抽水蓄能电站　位于滁州市西南郊，是一座日调节纯抽水蓄能电站。电站装机容量 600 兆瓦（4×150 兆瓦）；枢纽以已建的滁州城西水库为下水库，新建上水库、水道系统、地下厂房系统及地面开关站和中控室等。主体工程于 2002 年 12 月 2 日开工。几年后，琅琊山抽水蓄能电站 4 台机组相继投产，实现一年四投。为华东电网及安徽电网调峰能力增加和电源结构优化提供支持和保障；同时，增加滁州市旅游亮点，库区小气候的改善也对琅琊山国家森林保护公园起到积极作用。

国产首台 600 兆瓦机组　1989 年 11 月 4 日，中国引进技术，自行设计和制造的大容量发电机组——国产首台 600 兆瓦汽轮发电机组在淮南平圩发电厂投产，标志着中国大型火电厂机组设计、制造、施工、调试、运行水平全面提高，缩短与世界先进水平的距离，为中国建造大型火力发电厂提供国产样机和建设经验。时任国务院总理的李鹏亲临参观并题字：平圩不平常，单机甲中华。

国产首台 600 兆瓦机组设计自动化水平及经济技术指标接近 80 年代世界先进水平，是国务院 12 项重大技术装备项目之一，机组三大主机为引进国外技术，国内首次制造单机容量最大的发电设备。工程于 1984 年 5 月 1 日正式破土动工，1988 年 11 月 15 日首次并网发电，1989 年 11 月 4 日机组正式投产，机组获国家重大技术装备特等奖。平圩电厂最先以 500 千伏超高压输电线路向华东电网输电，连同田家庵、淮北发电厂构成以大容量、高效率、现代化为特点的两淮坑口火电厂群。

超临界发电机组　超临界发电机组是指配套安装有超临界锅炉的火力发电机组，当锅炉内工质水的压力提高到临界压力（22.12 兆帕）以上时，汽和水的密度差等于零，理论上讲锅炉的额定工作压力大于这个压力就是超临界锅炉。超临界发电机组的一般定义为锅炉主蒸汽压力大于等于 25.5 兆帕，主蒸汽和再热蒸汽温度大于等于 571℃/569℃。超临界直流锅炉由于没有汽包，启停速度快，与一般亚临界汽包炉相比，超临界直流锅炉启动到满负荷运行，变负荷速度可提高 1 倍左右。超临界机组具有无可比拟的经济性，单台机组发电效率最高可达 47%左右，每千瓦时煤耗最低 275 克。超临界、超超临界火电机组具有显著的节能和改善环境的效果，超超临界机组与超临界机组相比，热效率进一步提高 1.2%，煤耗最低可达每千瓦时 255 克，是未来火电建设的主要方向。

全省首台超临界发电机组建设在阜阳华润电力有限公司，由香港华润集团、皖能集团、阜阳市能源交通投资集团共同投资 50.35 亿元，建设 2 台 640 兆瓦超临界火力发电机组，工程于 2004 年 4 月开工建设，首台机组于 2006 年 3 月 30 日正式投产。

1986—2005 年取得的主要省部级以上成果一览表

表 2-2-2

序号	项目名称	获奖级别
1	单通道长喉型射水抽气器工业试验研究	安徽省 1986 年度科技进步二等奖
2	热工过程实时仿真与模型识别 MI-RIS 过程通道装置研制	安徽省 1990 年度科技进步二等奖
3	平圩 600 兆瓦机组技术特点编辑	安徽省 1990 年度科技进步二等奖
4	平圩电厂 #1 机转子轴颈电刷镀修复技术	安徽省 1991 年科技进步二等奖、华东网局 1991 年度合理化建议一等奖、安徽省电力局 1990 年度合理化建议一等奖、获国家科技成果证书(1992)
5	大型发电机组励磁系统动态建模及其在系统稳定计算中的应用	安徽省 1992 年度科技进步二等奖、华东网局 1991 年度合理化建议一等奖、安徽省电力局 90 年度合理化建议一等奖
6	大型发电机安全监视与无刷励磁系统(600 兆瓦机组励磁工况检测系统)	国家 1997 年度科技进步三等奖，国家教委 1996 年度科技进步二等奖，省局 1995 年度科技进步二等奖
7	远程集中抄表管理系统	安徽省 1999 年度科技进步二等奖，华东网局 1998 年度科技进步三等奖，省局 1998 年度科技进步一等奖
8	国产 300兆瓦机组汽轮机运行寿命管理系统	安徽省 1999 年科技进步二等奖，华东网局 1998 年度科技进步二等奖，省局 1998 年度科技进步一等奖
9	铜陵 300兆瓦机组实用旁路控制系统	安徽省 2001 年度科技进步二等奖、省公司 2001 年度科技进步二等奖
10	安徽电网火电机组一次调频应用及性能优化研究	安徽省 2002 年度科学技术二等奖、省公司 2002 年度科技进步一等奖

1986—2005 年各电压等级输电线路统计表

表 2-2-3

年份	500 千伏 线路长度(千米)	220 千伏线路长度(千米)	110 千伏线路长度(千米)
1986	383	2360.96	4654
1987	483	2412	4732.7
1988	658.28	2733.96	4846.65

续表 2-2-3

年份	500 千伏线路长度（千米）	220 千伏线路长度（千米）	110 千伏线路长度（千米）
1989	653	2832	4957.3
1990	653	2932	4994.9
1991	645	2818	5247
1992	731	3057.5	5273.6
1993	731	3066	5006
1994	731	3260.2	5146
1995	976	3411.1	5960
1996	980	3668	5882
1997	738	3867	5984
1998	1121	4097	6054
1999	1121	4369	6180
2000	1121	4729	6357
2001	735.5	5066	5966
2002	950	5250	7254
2003	1384	5448	7461
2004	1384	5721	7667
2005	1858	6213	8144

1986—2005 年各电压等级变电容量的变化统计表

表 2-2-4

年份	500 千伏变电容量（万千伏安）	220 千伏变电容量（万千伏安）	110 千伏变电容量（万千伏安）
1986	0	255	338.3
1987	50.1	282.5	340.3
1988	50.1	306.5	348.6
1989	50.1	339.5	337.9
1990	50.1	360.5	361.9

续表 2-2-4

年份	500 千伏变电容量（万千伏安）	220 千伏变电容量（万千伏安）	110 千伏变电容量（万千伏安）
1991	50.1	381	502.36
1992	50.1	402	509.51
1993	50.1	417	497
1994	50.1	480	505.3
1995	50.1	590	559.5
1996	130.1	675	836.78
1997	130	723	914.1
1998	130	783	998
1999	205	843	879
2000	285	927	1131
2001	285	1022	975
2002	360	1089	1359
2003	360	1220	1247
2004	360	1328	1291
2005	510	1452	1441

繁昌变电站 500 千伏繁昌变电站，是淮南至上海 500 千伏输变电工程组成部分,也是华东地区最早建成的超高压枢纽变电站。位于皖南繁昌县环城乡杨冲村老坝冲,占地面积 17.5 万平方米,由省电力工业局建设,华东电力设计院设计,工程概算总投资为 6864.6 万元。1984 年 5 月 7 日动工,1986 年 12 月 220 千伏部分投入运行,1987 年 6 月 9 日以 500 千伏电压供电。首期工程装有 1 组 50 万千伏安单相芯式自耦变压器，在 500 千伏侧装有 1 组 150 兆伏安电抗器,15.75 千伏侧装有 4 台电抗器总容量为 180 兆伏安,同时装有各种保护控制、测量、远动、通信、所内自动化等装置。有 4 条 500 千伏进出线,4 条 220 千伏进出线。该所计划终期规模,共装 2 组 50 万千伏安单相芯式自耦变压器,8 条 500 千伏进出线,9 条 220 千伏进出线,且留有扩建第三组主变压器及调相机位置。1988 年,500 千伏繁昌变电站被评为部优工程并荣获国家优质工程银质奖。1989 年,建繁斗线时,扩建 1 个 500 千伏间隔。该所运行后由芜湖供电局管理。

肥西变电站 500 千伏肥西变电站工程作为国家重点工程，是 500 千伏淮南至上海输变电工程的重要组成部分,也是安徽电网第二座500千伏大型变电站。规划容量为2台75万千伏安,一期工程安装1台80万千伏安主变压器,架设500千伏线路4公里,工程总投资2.7亿元。该工程由安徽电力设计院设计,安徽送变电工程公司施工,1994年12月底开工,1996年10月23日建成投产。全站占地面积12公顷,总变电容量1824兆伏安,现有80万千伏安主变两组,12万千伏安主变两台,500千伏主接线为一个半断路器接线方式,3进2出,共5出线,五条线路分别为洛肥5301线,平肥5302线、5312线;肥繁5304线、5305线;220千伏主接线为双母线单分段带旁路,12回出线;110千伏主接线为双母线带旁路,10回出线。

皖电东送战略 “皖电东送”是安徽省近年来在认真分析皖北地区煤炭资源优势后,提出的一项重大发展战略,旨在通过服务华东地区旺盛的电力需求,促进皖北地区煤炭电力工业的跨越式发展。并以此为突破口,扭转皖北地区长期相对落后的面貌,同时也可以密切安徽省与长三角地区的经济往来,推进“东向”发展战略的实施。此项战略的初步设想早在2001年年底就开始提出,经过近四年的努力,“皖电东送”工程终于在2005年被列入国家“十一五”(2006—2010年)电力工业发展规划。“皖电东送”的一系列工程建成后,预计每年将实现利税25亿元,成为皖北乃至全省经济发展的重要“引擎”。

2009年4月,“皖电东送”工程一期发电项目——平圩电厂二期工程、田集电厂、凤台电厂、洛河电厂三期和国电蚌埠电厂——总装机容量728万千瓦机组全部投入运行,标志着“皖电东送”一期工程全面告竣,“皖电东送”战略取得阶段性胜利。该战略自实施以来,国家电网公司已相继建成投运东、中、西三条骨干输电通道,500千伏过江输电通道增至6回,安徽电网输送华东电网的500千伏联络线达到7回,“皖电东送”输出能力由300万千瓦增至800万千瓦左右,为此次“皖电东送”一期12台机组一次投产成功并顺利送出提供重要支持和保障。

1986—2005年安徽电力部门取得的省部级以上成果一览表

表2-2-5

序号	项目名称	获奖级别
1	500千伏洛繁线输变电工程系统调试	安徽省1987年度科技进步奖二等奖
2	三倍频感应耐压试验	全国科技大会奖
3	±500千伏直流线路带电更换直线和耐张绝缘子串	安徽省1997年度科技进步二等奖,华东网局1996年度科技进步奖一等奖,省局1995年度科技进步一等奖,安庆市1996年度科技进步奖一等奖
4	国家标准《电能质量 公用电网谐波》	电力部1996年度科技进步奖二等奖

续表 2-2-5

序号	项目名称	获奖级别
5	电力变压器故障树的建立与分析	省公司2003年度科技进步奖一等奖、安徽省科技进步二等奖(2003)
6	安徽电网电磁辐射监测研究及评价	省公司科技进步奖一等奖、安徽省科技进步二等奖(2005)

第三节 机　械

1949年,安徽省机械工业仅有几十家以修配为主的铁工厂,企业规模小,生产状况极其简陋。经过37年发展,至1986年年底,机械工业系统归口管理企业372家,其中全民所有制企业250家;年平均全部职工人数14.64万人,其中工程技术人员7751人;全年完成工业总产值15.91亿元(不变价),其中全民所有制企业完成13.65亿元(不变价),占总额的85.8%;完成工业净产值率32.64%。初步形成产品门类比较齐全、生产手段基本完善、产业布局相对合理、具有一定设计和研发能力的机械工业制造体系。

1986—2005年,是安徽省机械工业快速发展的关键时期,它跨越从"七五"至"十五"的四个五年计划,这20年里机械工业资金投入增大、科技进步加速、整体实力显著增强。至2005年年底,全省大机械行业系统归口规模以上企业1048家,年平均全部职工人数22.4万人,全年完成工业总产值815.26亿元,工业增加值率24.4%。机械工业建设成为产品门类齐全、生产手段较为先进、产业布局基本合理、一批特色产品在全国形成品牌优势,一批重点企业集团在全国知名度大增,形成技术研发、产品设计、规模化生产、人才培养等较完整的机械工业制造体系,机械工业已成为全省经济发展中的支柱产业。

通用机械 安徽通用环保机械起步较早,主要产品是工业泵、阀门、风机、压缩机、石化机械、环保机械以及相关的机械及零部件。

工业泵。1986年,芜湖工业泵厂的ZDSL型船用电动往复泵改进设计获得省科技进步三等奖。1987年,芜湖工业泵厂与上海锅炉研究所共同研制的CYG-6-25/86锅炉给水泵获得成功,当年通过省级鉴定。1994年,蚌埠潜水泵厂生产高效优质潜水泵,技术水平先进,产品行销全国。1996年,省政府召开新闻发布会,公布第二批安徽省名牌产品,和县三联泵业的水泵在14种机械产品里名列其中。同年,省质量检查监督局公布第三批质量最佳企业,安徽三联泵业公司名列其中。

阀门。1986年,屯溪高压阀门厂生产的FS-O型阀门寿命试验机获省科技进步四等奖。1989年,白湖阀门厂全省率先用树脂砂造型工艺生产阀门,技术水平国内领先,产品大批量出口。1993 年，和县阀门厂积极通过技术改造，研发的系列阀门技术含量高，产品主要出口销往美国、英国、日本、韩国、加拿大、巴基斯坦等国家。1994 年，屯溪高压阀门厂采用先进的热模锻工艺生产阀门锻件，提高高压阀门技术水平和质量。1998 年，宏大集团致力于发展球墨铸件阀门，产品有球铁阀门、喷塑衬胶闸阀、止回阀等产品，产品不仅畅销国内，还大量出口欧美等国。

风机。风机行业比较弱，主要是庐江县的安徽风机厂。1985 年，安徽风机厂开始研制节能低噪风机，至 1987 年其研发的 AGY2-12N6.3 和 AGY4-12N07.1 型高效低噪音风机经专家鉴定属国内首创，投放市场后用户反映尚好。1987—1991 年，安徽风机厂共生产风机有 26 个系列 150 个品种，基本属于国家推广的节能产品。1992—1996 年，安徽风机厂先后开发电站风机、环保风机、编织带风机、罗茨风机、屋顶风机等适销对路产品，企业经济效益不断提高，全国排序风机制造业第 6 名。1997 年以后，风机行业发展缓慢。

气体压缩机。气体压缩机行业实力较强，主要生产企业有蚌埠空气压缩机厂、蚌埠第二空压机厂、马鞍山压缩机厂、蒙城制冷机厂。1985 年，蚌埠第二空压机厂生产的大型空压机产品不仅畅销全国，还出口到朝鲜、巴基斯坦等国。1986 年，马鞍山市压缩机厂研制的 WM-30/0.5 型膜片式压缩机，获得省科技进步奖荣誉奖。1986 年，蚌埠空压机厂的双箭牌 2DG-1.5/16-24 无润滑液化石油气循环压缩机、蚌埠第二空压机厂的 BEY 牌 S-10/250 车装空压机、蒙城县制冷机厂的雪塔牌 2F6.5 型制冷压缩机获省优质产品称号。1987 年，蚌埠空压机厂、蚌埠第二空压机厂合并，成立蚌埠空压机总厂。1988 年，总厂研制的 L-7.6/2-5 型天然气增压压缩机，在天然气回收入，输送工程增补一项空白。1990 年，蚌埠空压机总厂根据中国煤田地质局需要研制出 W-15/15 型空气压缩机和 W-1/50-60 型空气增压压缩机配套机组，替代进口。1991—1992 年，蚌埠空压机总厂又生产出 NC-7 气体加注车、BH-12/7 型滑片压缩机等空压机，用户反映良好，全国排序气体分离设备制造业第 5 名。1993 年，蚌埠空压机总厂从西德引进先进技术，开发出无油无基础 ZP 系列压缩机，国内技术领先。1994 年，马鞍山市压缩机总厂改制为马鞍山市正棱压缩机有限责任公司，生产小型空压机，技术水平国内先进。1994 年，蚌埠压缩机总厂研制 NC-5B 倒差式高压空压机，用于压缩氮气和其它气体，供海军、国防工业和航天部门使用。1996 年，蚌埠压缩机总厂为酒泉卫星发射中心研制 NC-9 高压动力空压机(3 台)，此种压缩机除用于航天航空外，还可用于食品、医药、纺织等行业高压动力气源储备。1997 年，蚌埠压缩机总厂生产 ZW-0.95/8-12 液化石油压缩机出口伊朗。1998 年，蚌埠压缩机总厂开发 V-1.5-250 型天然气充瓶压缩机通过技术鉴定，技术水平国内先进。2000—2005 年，气体压缩机行业因多种原因，技术发展缓慢，企业逐步萎缩。

印刷及食品包装机械。1985 年，印刷及食品包装机械行业主要企业有 7 家，主要产品有订书机、切线机、模印机、订箱机、冰棒机、冷藏箱、冷压机、制冷机、糕点制作机械及成套设备、包装印刷成套机械，产品销售全国许多省(直辖市、自治区)。1986 年，淮南包装机械厂生产的MWB900型半自动平压模印机、怀宁县食品机械厂生产的方片糕成套设备获得省科技进步奖四等奖。1986年,淮南印刷机械厂的卫星牌DTP20单头平订铁丝订书机、卫星牌MCB707半自动立式模切机获得省优质产品称号。1995年,蚌埠包装印刷机械厂(原蚌埠农机厂)生产的切纸、折迭、黏合、瓦楞、印刷、装订等16种包装印刷机械,从纸料投入到纸箱成型,20多道工序一气呵成,技术水平国内领先。在以后几年中,由于多种原因,食品包装机械行业发展停滞。企业改制后,仅淮南印刷机械厂裂变为多个小型印刷机械厂,到2005年,类似这样的企业达到二、三十家,印刷机械总产量大大增加,逐步形成淮南市印刷机械产业集群。

环保机械。安徽省环保机械比较薄弱,企业小,产品品种少。1985年,蚌埠净化设备厂研发生产空气过滤器、人防过滤器、净化工作台等产品畅销全国,并有出口。1988年,淮北矿山机械厂研发生产矿山污水处理设备,填补省内空白。1995年,蚌埠净化设备厂研发生产的HQ高效节能恒温换气机,是宾馆、家庭、会议室用于净化室内空气的理想产品,技术水平国内先进。1996年,铜陵环保机械厂生产小型城市垃圾处理环保机械,规模不大。1998年,飞彩集团公司开发出空气调节器,用于家庭、宾馆室内空气调节。从2000—2005年,社会对环境保护逐渐重视,环保机械得到较快发展。先后形成合肥城市污水处理设备集群、蚌埠工矿除尘及空气净化设备集群、淮北及铜陵工矿污水处理净化设备集群等。

石油化工机械。石油化工机械有一定基础,产品主要为炼油、化工、电力、冶金等行业提供一、二、三类压力容器、化工机械、炼油机械。1986年,合肥化工机械厂金环牌Φ700铜液洗涤塔获部优质产品称号,同时也获省优质产品称号。1986年,由淮南石油化工机械厂(是生产石油化工行业需用容器的专业企业)生产制造的ZZG50A新型脱腊转鼓真空过滤机,是润滑原料进行溶剂脱腊的关键设备,提高过滤强度和油收率,也是国家1981—1985年炼油设备更新改造重点攻关项目之一,在辽宁锦西炼油厂安装试用,并通过由中国石化总公司主持、国家机械委参加的技术鉴定。1987年,合肥化工机械厂获一、二、三类,淮南石油化工机械厂获一、二、三类,淮南东风化工机械厂获一、二类,中国机械工业安装总公司第五公司获一、二类压力容器制造许可证。1990年,淮南石油化工机械厂开发的新产品有系列装油大鹤管、系列空气预热器、钛制系列换热器、转鼓真空过滤机、系列空气干燥器、折流杆换热器6个品种和20多个规格的节能产品,其中填补国内行业空白1项,填补省内空白4项,并有2项达到国际先进水平。1990年,合肥化机厂的18立方米液氨贮罐爆炸焊接残余应力新工艺通过省级鉴定。该技术是由合肥化机械厂与大连理工大学力学所共同研制开发而成。专家认为,此项技术是80年代国际上的一项新成果,在国内属领先地位,具有很高的推广价值。1990年,化工部装备总公司在四川化工设备机械厂召开QC成果发布会,全国有44家企业60多名代表参加,会上发布55个QC成果。合肥化机厂的热加工车间热处理QC小组的成果——提高Φ500-700系列绕带容器环缝退火质量荣获一等奖;第二铆焊车间焊工

QC小组的成果——提高废锅高压管对接焊的X光拍片合格率获二等奖。1994年,合肥化机厂开发研制10吨和6吨液化气汽车槽车新产品通过鉴定。这两种槽车,设计先进,达到国内先进水平,填补省内空白。1996年,合肥化机厂研发18万吨合成氨装置、30万吨尿素装置,并承担出口智利硫酸装置等。1997年,合肥化机厂生产的Φ1400尿素合成塔出厂,产品填补省内空白。2000—2005年,合肥化机厂、淮南石油化工机械厂等企业均进行改制,转产其它石化机械产品。

工程机械 工程机械包括叉车、挖掘机、装载机,矿山机械包括综采设备、皮带运输机、装岩机、矿车及其配件,全省工程矿山机械发展势头良好,成为这一时期仅次于汽车工业发展较快的行业。

叉车 1986年,合肥叉车厂生产的CPC3叉车通过1986年部级验收,表明该厂叉车已达到国内先进水平。成为国家定点生产的工程机械企业。1987年,合肥叉车厂引进日本TCM公司的系列叉车技术,经消化吸收开发的2~4吨叉车投放市场,随后在研制1~10吨共30多个品种的系列叉车。1988年,安徽拖拉机厂生产的叉车关键配套件变速箱,通过省机械厅组织的省级鉴定。随后,小批量为合力叉车配套。1988年,蚌埠液力机械厂加入安徽叉车集团,该厂生产的JIH265、JIA315A型液力变矩器,具有80年代水平,为叉车等工程机械提供配套。1993年,合肥铸锻厂采用"V"法铸造工艺生产的叉车配重铁获得成功,除批量供给叉车配套外,还出口日本,具有很高的经济效益。1994年,安徽拖拉机厂生产的叉车变速箱开始供货给陕西宝鸡叉车厂,用户使用反映良好。1995年1月28日,合肥叉车总厂获得国家级技术中心认证并正式成立挂牌。1996年10月18日,安庆车桥厂无偿划拨给已成立的安徽叉车集团公司,承担叉车车桥的专业生产,产品技术水平国内领先。1997年9月27日,安徽叉车集团公司收购蚌埠液力机器厂,其生产的液力变矩器和油缸技术水平国内领先。1997年10月,陕西宝鸡叉车四厂加入安徽叉车集团,以后迅速发展。1999年,安徽叉车集团积极推行计算机管理,2000年4月,由国家机械工业局会同省经委、省机械行办组成的专家验收委员会,对该公司的"CAD应用1550工程示范项目进行审查验收,并予通过。(注:1550工程,即在全国机械行业建立1个CAD咨询服务中心,以50家示范企业带动500家企业的CAD应用)。2000年以后,安徽TCM叉车公司逐年发展,最高年产量达5000台。随着形势的发展,安徽叉车集团公司所属的宝鸡合力叉车厂、蚌埠液力机器厂、安庆车桥厂与集团公司更加紧密。自2002年1月1日起变更工商执照,正式成为安徽合力股份公司分公司。2004年,安徽叉车集团公司合肥铸锻厂生产的QY20系列行李牵引车通过专家鉴定,此车可用于机场行李牵引,在民航机场试用反映良好。2004年,安徽叉车集团公司合肥铸锻厂生产的消失模铸件(5~10吨变矩器壳)在第七届中国国际铸造、锻压及工业炉展览会上获得金奖。2005年4月,"HECI"品牌被评为商务部重点培育和发展的出口名牌,这是中国工程车辆行业唯一获此殊荣的品牌,7月2日在北京人民大会堂召开的"第三届中国市场用户满意品牌高峰论坛年会"上"合力牌"叉车被评为行业2005年度

“中国叉车市场第一品牌”。2005年11月3日，安徽叉车集团公司通过由国家安全总局、中国机械安全协会专家进行的“创建一级安全质量标准化”复查。从而成为全国首批(22家)、安徽首家的“一级安全质量标准化企业”。2005年,安徽叉车集团公司又成功试制出“合力”G系列叉车,进一步改进叉车的操作性、舒适性、安全性和视野效果。2005年,全省先后有江淮银联重工公司、合肥丰华机械公司及合肥锻压机床公司等企业开始生产叉车,逐步形成合肥叉车生产集群。一些企业也积极发展叉车零部件生产，如凤阳散热器有限公司生产散热器、合肥长源液压件有限公司生产的液压泵、齿轮泵等,有力地促进叉车发展。

挖掘机 自1986年起,合肥矿机厂开始研制液压挖掘机。1990年,引进德国利勃海尔技术消化吸收,研制成功WY-20型轮胎式液压挖掘机并通过省级鉴定,填补国内空白，技术水平国内领先。1991年，开发出A922、R922、WY-60、WY-80、WY100、WYZ20(轮胎式)等挖掘机新产品,其中WY-60型挖掘机被评为国家金奖,WY-80型挖掘机被评为部优产品。1993年,获得1993年度全国用户满意企业(全国50家企业之一),WY60A型和WY80型挖掘机被评为全国用户满意产品。1993年,合肥车辆厂与天津工程机械研究所联合研制WY12.5A型履带式液压挖掘机和12.5B轮胎式挖掘机通过机械部鉴定。技术水平国内先进。1995年,合肥矿机厂与日本日立建机合资成立合肥日立挖掘机有限公司，公司开始组装EX系列液压挖掘机，技术水平国内领先。1996年,公司从日立建机导入EX300型、EX200-5型液压挖掘机进行小批量生产。1997年,在北京建设机械展览会上,合肥日立挖掘机有限公司生产的EX200-5型液压挖掘机荣获外观质量一等奖。1998年，公司在EX200-5型机的基础上派生开发EX210LC-5型挖掘机,同时又从日立建机导入EX350LC-5型挖掘机,市场占有率国内首位。1999年6月30日,合肥日立挖掘机有限公司被省外经贸委授予“先进技术企业”;2002年1月18日,公司更换EX产品,开始生产新世纪具备未来动力的ZAXIS系列液压挖掘机。2003年12月15日,公司首批50台液压挖掘机返销日本。2004年5月11日,合肥日立挖掘机有限公司由省政府认可企业上升为中央政府认可企业。2005年，公司扩充新品种起重机,改变单一的挖掘机产品。围绕挖掘机发展,全省一些机械企业积极发展零部件,如滁州恒昌机械制造有限公司生产后配重外壳、驱动链条、系列轴肖等,为卡特彼勒、日立、神钢等主机配套。

装载机 装载机是工程机械的重点产品之一。1986年，有关企业开始研发这种产品。1987年,蚌埠第二机床厂研制出ZL08型轮式装载机,1994年,在该厂成立蚌埠装载机厂,从事装载机生产。1993年,六安手扶拖拉机厂研制出1.5~3吨的轮式装载机。这种机型可用于城镇建设、矿山开采、公路施工,也可进行散装物料的装卸、起运及运输牵引。但是以后至2005年这些企业没能坚持下来形成批量生产。

矿山及起重运输机械 1987年年底,芜湖起重运输机器厂首次建成全省第一家斗提机、螺旋输送机试验台。1988年,蚌埠起重机厂生产QY8型(8吨)汽车起重机、趸船吊、高空作业专用车等产品，市场反映较好。1990 年，淮南华联机械公司（原淮南机床厂）开发出刮板输送机、综合采煤机组获得成功，成为全省煤矿机械的重要生产企业，产品销售全国。1991 年 10 月，国内最大的螺旋输送机（LS-1000）由芜湖起运机厂试制成功，整机性能达到国际 80 年代水平，填补国内空白，并可替代进口。1992 年，马鞍山回转支承厂生产 SF10 型建筑物料提升机（与北京建筑机械研究所联合），最大提升高度为 60 米，起重量为 1 吨，成为国内建筑施工行业理想的物料提升机械。1993 年，淮南煤矿机械厂研制的全国首台管状带式输送机获得成功，50 型掘进机曾获得国家金奖。1993 年，淮北煤矿机电装备公司生产煤矿液压支架、刮板运输机，畅销全国。1994 年 10 月 20 日，铜陵运输机械有限责任公司成立，这是全省机械行业成立较早的有限责任公司，生产的皮带运输机品种多，质量好，广泛为矿山、化工、机械、冶金等行业服务。1994 年 6 月，芜湖起重运输机器厂成功开发 LS 系列螺旋输送机和 TH·TB 系列计式提升机，为宝钢二期工程配套。1994 年，芜湖矿山机械厂研制的多用途建筑机械 -QT630 塔式起重机获得成功，该产品由上海建工设计院设计，采用德国、法国的机型和技术研制而成。此产品最大起重力矩为 79.8 吨米，最大回转半径为 48 米，最大起重高度为 140 米，可满足 30~40 层楼房建筑的需要。

2000—2005 年，全省矿山及起重运输机械生产经营正常，并逐年有所发展。

机床　金属切削机床。1986 年，蚌埠机床厂试制成 MVC-10 立式加工中心，具有 80 年代水平，装有 24 把刀具，可以进行铣、镗、铰、攻丝等多工序加工；池州家用机床厂与安庆红旗机床厂联合生产的 QH—400 型多功能工具机，具有车、钻、铣等多种功能，很适合家庭、教学及个体专业户使用。首批出口 50 台到美国、加拿大，反映良好；1987 年被评为省优质产品。马鞍山机床厂的 C-3 车床出口量大。1987 年，芜湖通用机械厂研制出 MJ337 型台式木工带锯机；歙县县政府接收上海在皖南的小三线厂——跃进机械厂，改名成立“安徽省皖南机床厂”，恢复生产第一批 57-3C 万能升降铣床。1988 年，安庆红旗机床厂在多功能工具机方面不断迈进，又推进 HK-388 经济型数控多功能工具机、HQ-400 型多功能工具机，获得省重大科技成果奖，并选送参加广交会。1990 年，芜湖重型机床厂设计制造出 TH6380 卧式加工中心，刀库容量达 40 或 60 把刀，可实行三轴联动，完成铣、削、镗、钻等多工序加工，产品达到国内领先水平。产品销售全国各地及世界 30 多个国家和地区，T716A、T7220A、MJ4220A 等镗床被机械部评为优质产品。1991 年，安庆鸿庆精机有限公司生产 CNC 立式加工中心和 CNC 车床等机电一体化产品，技术水平国内领先，投放市场即受到欢迎，1992 年，完成 CNC 系列加工中心 88 台，位居全国同行业前茅。1992 年，滁州市的安徽第二纺机厂生产 JC23-62 型、J23-80 型、J-23-100 型、JC21-160 型系列冲床，填补当时的空白，投放市场后很受欢迎。1993 年，以后，由于国家强化宏观调控，减少资金投放，全国机床产销售量出现下降，发展缓慢。1994 年，蚌埠机床厂生产的 X5042A 立式升降台铣床、Z4019 台钻通过鉴定，投放市场。该厂台钻分厂生产的 I4019 台钻经国家质量检验，被评为一等品。1996 年，在公布的省科技进步奖中,安庆机床厂的3M4740钢珠精研机床获二等奖,蚌埠机床电器厂的JZG系列接触式继电器获三等奖,黄山机床厂的AT-280型多功能工具机获三等奖,安庆第二机床厂的C7325型弧形切削弓锯床、安庆地区机床厂的QH-400型多功能工具机、安庆机床厂的3MT4320×200滚子球基磨床获得荣誉奖。

2000年,安徽精科机器有限公司开发多功能自动冲压成型机,可用于汽车、航空、电子、轻工及日用机电产品的金属线材或带材的冲制、折弯,实行全自动一次成型,与传统的冲床相比,具有安全性能好、效率高等特点,获得国家专利。

锻压设备。安徽省生产锻压设备主要是合肥锻压机床厂,以生产大、中型液压机为主;还有以后发展的合肥压力机械厂,生产小型压力机。

1986年,合肥锻压机床厂的YZ71K-63A数控塑料制品液压机、YZ71-63A全自动肘杆式塑料制品液压机获得省科技进步三等奖,YA32-630型630吨四柱万能液压机、“HD-026”500吨拉伸液压机以及蠕墨铸铁工艺研究和稳定生产获得荣誉奖。该厂生产的YHDY32-500吨四柱液压机被机械部评为优质产品;YHD牌Y32-200型200吨四柱液压机被评为省优质产品。1987年,研制的HD-028型、HD-030型2000吨汽车纵梁液压机,为汽车工业发展生产专用设备获得成功。1988年,合肥锻压机床厂更名为合肥锻压机床总厂。相继生产出1250吨、2000吨、3000吨汽车纵梁联动液压机(将6台500吨的四柱万能液压机组合在一起,联动作业),实行多缸多机联动液压。1991年,合肥锻压机床总厂又自行设计一台专为湖北汉阳特种汽车厂设计制造的5万千牛的汽车纵梁液压机,此产品由两台2500千牛液压机并联而成。机体总重420吨,单台结构为三梁八柱式,既可单台使用,又可两台同步联动;此机工作台面11.5米,可压制汽车纵梁12米,系国内首创。1993年,合肥动力机械总厂金刚石分厂研制成功6000吨金刚石压力机机械,填补国内空白。这种压力机型号为Y75/4800/A的六面顶压力机,可满足22毫米腔体金刚石合成的要求。1996年,合肥锻压机床总厂自行设计制造全液压汽车冲压生产线,属全国第一条汽车液压冲压生产线,由7台RZV系列快速液压机组成,主要用于金属薄板的拉伸、弯曲、翻边、成型工艺,具有良好的功能和使用价值。1999年,总厂自行设计制造2500吨、5000吨联动液压机又被湖南冷水潭汽车厂、云南汽车厂购置使用,反映良好。2000年,总厂研制成国内最大的双动薄板拉伸液压机(YH28-1600/2400型),用于汽车、拖拉机、航空的复盖件压制。为一家化工企业研制的三台精密成型液压机即YH33-1000、YH33-500、YH33-500A,获得成功;研制的YH25-200D车门折边液压机,可用于金属薄板的弯曲、翻边、压制;尤其是研制的YH40-100型1000千牛精密数控液压机是国家重点新产品试产项目,属国内首创,该机采用具有人机对话功能的触摸式工业显示屏,可进行参数预置、参数适时显示及数据存储打印功能。这种液压机不仅适用于飞机机翼整体壁板的精密成型与校直工艺,满足复杂形状的板类零件或三维形状工件成型和校直工艺,还能满足轴套类零件的校直工艺,具有很高的水平。2003年,公司为盼盼集团打造专用生产线,生产线由7台

RZU 系列快速薄板深拉伸液压机组成，具有良好的功能和效益。并在全国液压件行业居领先位置。

砂轮。砂轮作为磨料磨具，属于机床工具行业。砂轮生产企业较少，且都是小型企业。1986 年，合肥砂轮厂生产的 WJ9325 火矩牌砂轮填补省内空白，这种砂轮具有防尘、除尘功能，投放市场后，反映较好。1986 年，该厂生产的火矩牌 PB400×3×32 树脂砂轮和 PB300×3×32 砂轮被评为省优质产品。1991 年，巢湖砂轮厂引进郑州砂轮研究所工程技术人员，研发生产直径为 900 毫米、厚度为 19 毫米的大直径超薄砂轮，达到国际先进水平。企业进入全国同行业第 5 名，产品畅销全国 28 个省、市、自治区，并出口新加坡、朝鲜、美国等国家和中国香港地区。1994 年，合肥砂轮厂开发的“增强界面砂轮”获得国家专利，这种砂轮的特点是：增大砂轮的抗冲击性和韧性，其安全系数比普通砂轮提高两倍。

2000 年以后，上述各家砂轮企业由于多种原因，发展不快。

工量具。工量具属机床工具行业。工具量具企业较少，生产规模不大。1986 年，合肥工具厂合字牌锥炳麻花钻获省优质产品称号。1987 年，巢湖量具厂（后改为安徽量刃具厂）引进德国的数显量具，通过消化吸收，很快生产出数显量具产品，技术水平国内先进。1995 年，舒城工具厂加入上海工具集团公司，生产产品挂“上工”牌子出厂。1998 年，合肥工具厂撤并，企业停止生产。2000 年以后，安徽量刃具厂维持生产，但发展缓慢。到 2003 年，由浙江德力西集团公司兼并重组，并在巢湖市经济开发区征地建立新厂，2004 年开始投产。舒城工具厂也维持生产。

电工电器　电工电器是机械工业的重要组成部分。1986—2005 年，由于国民经济发展和人民生活的提高特别是日用电器的需求增多，电工电器有很大发展，涌现出一批重点骨干企业。

电机　1986 年，芜湖微型电机厂研发出 DOL-12 离合器电机、AOC 系列三相离合器电机等微型电机，出口形势好。同年经国务院机电出口办和外经贸部批准，该企业为全国机电产品出口基地企业。逐步在芜湖形成微电机集群。1986 年，祁门县朝阳微电机厂，生产微电机，出口形势好。1985 年，皖南电机厂在电机行业率先采用国际标准，1986 年，该厂 Y 系列 H80-132 三相异步电机通过采用国际标准验收。1986 年，合肥电机厂通过消化吸收引进技术，开发出高压潜水电泵，适应抗旱和抢险排水的需要。在国家有关部门组织的测评中，其三益牌 QKSG320-120KW 电泵获得 1987 年国家金奖。1990 年，合肥电机厂又开发出 ZDB 型轴流潜水电泵，通过省级鉴定，具有较高水平，技术水平国内领先。1991 年 7 月，安徽发生特大洪水灾害，合肥电机厂提供大型潜水电泵到灾区县、乡泵站，及时排水，在抗洪救灾中发挥重要作用。1992 年，皖南电机厂开发出多种特种电机，排在全国电动机制造业第 5 名。1994 年，由省机械厅牵头，电子部第 16 所支持，金寨县南溪机械厂开发出空调器电机获得成功。1995 年，合肥电机厂与合肥工业大学联合，生产出 FGXY-13 和 15KW 稀土永磁同步电机，效率高且节能，属国内第三代节能永磁电机产品。1997年,芜湖微型电机厂开发出H50T/S卷帘门电机,具有启动力矩大、噪音低、体积小等特点,扩大服务领域,并出口到香港等地。1997年,合肥电机厂又生产出710千瓦、400千瓦、220千瓦的高压潜水电泵, 并出口俄罗斯等国。2000年,朝阳微电机厂先后开发出“YY90-2”“YL90-2”“Y180-2”“Y190S4”等型号的电机,还研制出“三耐”电机、防爆电机等等。2000年,合肥三益电机电泵公司(原合肥电机厂)新研制的1400ZDB-7.6千伏和10千伏的潜水电泵通过部省级鉴定, 认为这两种产品达到当时国际先进水平。这两台电泵被誉为“亚洲第一泵”。2000年,朝阳微电机厂接受国家新型太阳能光伏水泵系统项目,当年光伏水泵开发成功,首批150台(套)投放市场。2000年,六安江淮电机厂开发出多种中小型电机,技术水平国内领先,后逐步发展为国内前3位。2000—2005年,全省电机行业继续保持较好的发展势头。

变压器　1986年,芜湖变压器厂率先研制成SCL-100/10环氧干式变压器,与油浸式变压器相比,节电、节约钢材、节油,可逐步替代油浸式变压器。1987年,安庆变压器厂生产SL7低损耗变压器获得国家机械委颁发的优质产品证书。有关专家认为,这种产品代表今后变压器发展方向。紧接着,工厂又生产出防雷、干式及工业炉用的特种变压器。1991年,合肥变压器厂研发生产大型变压器品种多,质量好,首次出口到巴基斯坦。1991年,安庆变压器厂率先研发生产“组合成套变电站”,具有节能、造价低、占地面积小、移动方便等特点,对城乡电网改造非常适用。此项产品获得国家专利,并在国家科委举办的全国星火计划科技成果展上获得金奖。1992年, 安庆变压器厂已能生产110千伏变压器,进入全国55家大型变压器行列。1993年,芜湖变压器厂干式变压器环氧浇注生产线竣工, 先进的环氧树脂浇注工艺使干式变压器达到国内先进水平。1993年1月16日,ABB合肥变压器有限公司(ABB公司与合肥变压器厂合资)引进技术生产大型变压器,技术水平达到国际先进水平,销售国内外市场。1993年,合肥东方特种变压器开发的JSSG-2.5-24/0.5变流伺服变频器用三相电源变压器通过省级鉴定。认为该产品系引进德国西门子技术,产品达到国际80年代水平。1994年,安庆变压器总厂的高压电瓷厂研发生产的首台40安时220千伏镉镍电池直流屏和11万伏阀式避雷器投产宿松11万伏输变电工程。1995年,安庆变压器总厂生产的NXB-10型箱式成套变电站通过国家电力部、机械工业部组织的鉴定,填补省内空白。1997年,合肥金环变压器有限公司(原合资后的合肥变压器厂)研发生产的S9系列变压器(共17个品种51个规格)通过国家变压器检测中心的检测。2004年,保定天威集团兼并重组合肥金环变压器有限公司,重点研发生产500千伏以上级变压器,技术水平国内领先。

电器开关　1986年8月,合肥高压开关厂研制成DW2-35G型多油断路器,填补省内空白,这种产品可广泛适用于各个行业。1986年,合肥高压开关厂的SN10-10I/630-20户内高压少油断路器、CN19-10/630-20户内高压隔离器以及CN19-10C1/630-20开关通过采用国际标准验收。1987年年底,合肥高压开关总厂试制出ZNO-10型新式真空断路器在西安通过试验。它可替代少油断路器,为中压断路器从有油化到无油化填补一项空白。1993 年,合肥开关厂成功开发出 BKD6-630A/660V.1140V 矿用隔爆型真空馈电开关和 BQD7-315A/660V.1140V 隔爆兼安全型真空电磁启动器，通过省机械厅组织的鉴定。其中 BKD6-630A 馈电开关具有 80 年代末世界先进水平，填补国内空白；BQD7-315A 起动器达到国内先进水平,填补省内空白。1994 年,广德电器厂研制的 DDC 系列电磁离合器、双向电磁离合器、制动器,成为华东地区唯一的具有此项产品生产能力的专业厂家。产品畅销全国并出口欧美等国。1995 年,合肥高压开关厂开发的 ZN12-35 真空断路器、KYN1-10 双回路手车式高压开关柜、GBC-35Q 型开关柜三种新产品填补省内空白,达到国内同行业先进水平,通过部级鉴定。1995 年,工厂引进丹麦技术而研制的“多米诺”(DOMINO)低压组合式抽屉柜通过鉴定,填补省内一项空白,出口量也快速增大。1998 年,工厂新开发出 GG-35 固定式高压开关柜,获得国家新产品称号,从而使该厂在高压开关柜发展方面又进一步。进入 2000 年,主要生产电器开关的企业也发生变化。2004 年,合肥开关厂经过破产申请程序,原工厂负责人出资组建合肥合开防爆电器有限公司,生产防爆开关和电力设备,引起煤矿、电力部门重视,2003 年,完成工业总产值 3000 多万元。合肥高压开关厂被浙江耀华集团收购后逐步发展,2002 年,企业筹资在合肥瑶海工业园建立新厂,继续从事高压开关生产。从 2000—2005 年,由于市场变化等原因,电器开关企业有的进行改制,有的进行兼并重组。

电线电缆 1986 年,芜湖电线厂与中国科学技术大学合作,研制成具有国际 80 年代水平的自控加热电缆,通电后可起到电加热、保温、自限温度、自调功率等多种功能,可广泛使用于石油、化工、机械、农副产品加工,受到用户欢迎。1986 年,安庆市电线厂日月牌 RVS 型铜蕊聚氯乙烯绝缘绞型连接软线首次被评为省优质产品。1987 年，合肥电缆厂分别从德国、美国引进两条生产线,又从意大利进口两台拉丝设备,都具有国际 80 年代水平,进入全国电缆行业的重点企业。1988 年,合肥电缆厂生产的交联聚乙烯电力电缆通过省级鉴定,达到国内同行业先进水平。1992 年,安庆电线厂引进加拿大北方电讯集团公司的电话弹簧线二手设备(70 台)和技术,通过消化吸收,生产的电话线销售国内外。1997 年以后,随着全省“两网”改造,以天长仪表厂为核心成立的天康集团大力发展电缆生产,成为重点电缆企业之一,并形成天长电缆规模生产集群;以无为县高沟镇安徽江淮电缆公司、华菱电缆公司等企业为核心兴起一批特种电线电缆生产企业,逐步形成高沟电缆产业为集群。1999 年，安徽欣意电缆有限公司开发出 10 千伏和 110 千伏交联乙烯绝缘电缆,受到用户欢迎。2001 年,合肥电缆厂进行改制为合肥绿宝电缆有限公司,研发生产高压电缆、矿用电缆,技术水平国内领先。2003 年,来安县安徽省赛华电缆有限公司研发生产的通讯电缆,畅销全国。2001—2005 年期间,全省民营企业电缆厂快速发展,形成天长电缆产业集群、无为高沟电缆产业集群。

锅炉及专用设备 1986 年,芜湖锅炉厂的 SHL6-13-AⅡ中质煤链条炉排锅炉、合肥化工机械厂的 F=33m² 中置式废热锅炉获得省科技进步四等奖。1986 年,芜湖电工专用设备厂成功开发出电工专用设备机械压力机、间歇冲槽机、卧式绞线机、高速冲槽机等产品,受到电工行业欢迎。1987年10月,该厂生产的JD-91型冲槽机在湖南湘潭电机厂通过部级鉴定。1987年6月,全省锅炉、压力容器通过许可证资格审查。有7家企业获得锅炉生产许可证:芜湖锅炉厂(C级)、马鞍山锅炉厂(DⅠ级)、合肥锅炉厂(DⅠ级)、合肥东风锅炉厂(DⅠ级)、蚌埠锅炉厂(DⅠ级)、芜湖弋江机械厂(E级)、阜阳压力容器厂(E级)。

蓄电池　1986年,安徽迅启蓄电池厂(后改为安徽迅启蓄电池有限公司)逐步引进专业设备和检测技术,生产汽车、摩托车用"迅启"牌铅酸蓄电池,1992年,获"省优",1998年，获省名牌产品称号。是全省第一批通过采用国际标准组织生产认证的企业。1986年,芜湖蓄电池厂先后开发出多种极板材料的铅酸蓄电池,技术水平处国内先进。

1988年,淮南蓄电池厂引进国外技术先进生产线,开发出铅酸蓄电池。2000年,安徽迅启蓄电池有限公司在全国率先引进德国哈迪公司具有全球领先技术水平的牵引蓄电池生产线,经消化吸收生产的牵引蓄电池覆盖全国所有主流叉车生产厂家,并远销韩国、沙特、印尼等海外市场,牵引蓄电池市场占有率已位居全国第一。之后公司生产规模逐步扩大,迅启产品和商标先后被认定为"安徽省名牌产品""安徽省免检产品""安徽省著名商标"。2000—2005年，受环境保护等制约，全省铅酸蓄电池行业发展平稳,从2005年开始,全省锂离子电池才快速发展起来。

仪器仪表　1986年，芜湖水表厂LXS-15C-40C旋翼湿式水表获省科技进步四等奖,合肥仪表总厂仪表生产激光热处理获科技进步荣誉奖。1986年,肥东仪表厂和大庆油田共同研制的LBT-40型弹性刮板流量计,填补国内空白。接着又研制成高压油注水流量计及与之配套的二次仪表,技术水平国内先进。芜湖水表厂的LXS-15C-40C型旋翼式冷水表、安庆市电工仪表厂的BZ3型直流标准电阻通过采用国际标准验收。1986年,马鞍山市仪表厂马仪牌QY-1氧气减压器、合肥仪表总厂WF牌LC系列椭圆齿轮流量计获安徽省优质产品称号。1988年,芜湖光学仪器厂生产三型比较显微镜、光电度仪质量好、水平高,不仅畅销国内多个省市,还开始出口。芜湖水表厂试制XSLX-01水表流量计、远传显示器达到80年代水平,LXS-15E-25E旋翼湿式冷水水表通过省级鉴定。1989年,以天长仪表厂(后更名天康集团有限公司)为核心等企业生产热工仪表,技术水平国内先进,后逐步发展为天长市热工仪表产业集群。1990年,石台仪表厂(后更名石台鸿凌仪表有限公司)生产燃气仪表,适合城乡燃气化的需要,产品技术水平较高,销往全国众多省、直辖市、自治区,并大量出口东欧等国。1991年,合肥仪表总厂生产1180型双转子流量计,用于管道中多种液体流量的测量控制,具有精度高、运转平稳、噪音低、流量大、寿命长等特点,达到国际80年代水平。1992年,合肥仪表总厂又开发出VA200型涡街流量变速器（口径为200毫米），经上海工业自动化仪表研究所检测,一次通过性能试验,性能达到国内先进水平。该厂开发的BC-606型微机流量控制技术及产品,被机电部评为节能产品,可广泛应用于石油、化工、食品、医药、冶金等行业,还可以进行4~8路管道液体物料的自定量灌装自动化控制。2000年,该厂研制的椭圆齿轮流量计被国家重点工程秦山核电站采用，是安徽省机电产品首次打入核电站的范例。2001—2005 年，全省仪表行业正处在由传统仪表向智能检测仪表转变时期。

农业机械　农业机械包括农用运输车、拖拉机、柴油机、收割机械、植保机械、排灌机械等，品种繁多。农业机械有较好基础，并逐步形成一批重点骨干企业。

农用运输车　1985 年，皖南机动车辆厂首创的机动三轮车产量达万台，产品供不应求，占全国总产量的 40%左右。1986 年，合肥手扶拖拉机厂开发的“合肥 -12C”“合肥 -15”两种型号农用运输车通过省级鉴定，其中“合肥 -15”型农用运输车带有液压装置，接近汽车的功能和水平。1986 年 10 月，省机械厅统一管理农用车行业“生产许可证”，统一 2 吨、1.5 吨、1 吨挂车的生产图纸。1987 年，安徽拖拉机厂消化吸收日本运输车技术，研制黄山牌 AT 系列农用运输车通过省级鉴定，达到较高水平。1991 年，合肥农用车厂开发 HFC1305 型、HFC2815 两个系列六个规格新型农用运输车，投放市场反映良好。1993 年，合肥农用车厂研发的“五叶牌”农用车有 0.5 吨到 1.5 吨的自卸车、客货两用车、双排座卧铺车以及面包车。1993 年，淮北市果园农用车厂也开发出新型果园农用车，投放市场后反映良好。1994 年 4 月，全国农用车市场调研评价，安徽皖南机动车辆厂飞彩牌系列农用四轮车、飞彩牌“TY”系列农用三轮车、合肥车辆制造厂“安乐牌 TY”系列农用三轮车等 3 个企业 4 种产品获“用户信得过产品”。1995 年 11 月，在北京举办的第二届中国农业博览会上，合肥农用车厂“五叶牌”1305 型农用车、皖南机动车辆厂“飞彩牌”1205 型农用车获得银奖。随着农用车的发展，农用车配套件也趋势而上。绩溪县皖南利民机械厂生产农用车后桥及转向器为“五叶牌”“飞彩牌”等农用车配套。以寿县农机厂为基础成立的皖西寿通机械集团生产的 ST1308、ST1608 农用车桥通过国家新产品质量认证，荣获省新产品科技进步奖。1994 年，全椒柴油机厂也开发农用运输车，并被国家定点为生产厂家。同时该厂还开发出 0.75 吨豪华型、普通型面包车和 1.5 吨自卸运输车等系列产品。但后来没有坚持发展下去。1993 年，淝河汽车厂成立淝河农用车分厂，生产“神龙”牌 0.5 吨、0.75 吨、1 吨级的单排座、双排座、厢式车、农用中巴、农用面包车等十多个品种农用车，畅销全国。1997 年 7 月 17 日，印度 JAGAT 企业集团负责人阿兰来到飞彩集团，与飞彩集团总签订协议，决定飞彩集团在印度建立组装厂，这是飞彩集团在国外办的第一家组装厂，飞彩农用车已开始进军国际市场。1997 年，蚌埠柴油机厂开发出“富达牌”BC180T 型拖拉机变形运输车，此机由拖拉机变形而来，适应农村短途运输，属农机部门挂牌管理。1998—2005 年，受国家农用车产业政策变化等诸多因素影响，农用车市场发生较大的变化，农用车规模严重萎缩。

拖拉机　1985 年，安徽拖拉机厂研发生产的小四轮拖拉机，以技术先进和性能稳定，深受用户欢迎。1986 年，六安手扶拖拉机厂研发的小型手扶拖拉机，非常适合小块农田间作业。已位居全国第一。1994 年，该厂的 6~8 马力小手扶拖拉机首批出口南非。1987 年，合肥手扶拖拉机厂研发的“江淮 12”手扶拖拉机，技术先进，进入全国手扶拖拉机企业的先进行列。1990 年，安徽拖拉机厂研发生产的中型四轮拖拉机，获国家“银奖”。1991年,全椒手扶拖拉机厂研发生产的“全拖”QT-41、QT-61、QT-91、QT-101型手扶拖拉机,深受用户欢迎。1992—1995年,安徽小型拖拉机快速增长。中国机电报以“合肥手扶春来早”为题,报道安徽小型拖拉机发展。1997年,由三线厂搬迁合肥的合肥动力机械厂试制成功61型和81型手扶拖拉机,经过测试达到国家标准。1998—2005年,拖拉机行业因多种原因发生很大变化,产量逐渐下降,大部分企业停产或转产。

柴油机　1985年,蚌埠柴油机厂是全省率先生产多缸柴油机的企业,其开发的495柴油机市场畅销。1986年,全椒柴油机厂研发生产R175、R175A、R180、R185型柴油机,填补省内空白,产量逐年增长。1986年,开发“金狮牌”195型柴油机并通过省级新产品鉴定,位居全省小缸径柴油机前列。1986年,阜阳柴油机厂研制出S1100柴油机并通过省级新产品鉴定。此种机型是在“195”型柴油机扩缸,技术先进。1988年,芜湖柴油机厂研制出S280型柴油机,采用立式、双缸,省级新产品鉴定认为达到80年代水平。1990年,巢湖柴油机厂研发生产“485Q”“490Q”柴油机,主配农用运输车,产品质量稳定,市场较好。1990年,全椒柴油机厂发展很快。R175、R180被机电部评为优质产品,企业位于中国机械工业最大企业89名,安徽最大工业企业26名。为此,省人民政府发出文件,号召“全省工业学全柴”。1992年,全椒柴油机厂从美国福康公司引进国内第一条消失模铸造线,相继开发出N285R、190C、S1100、S1110、N385Q、N485Q型柴油机,并向东南亚市场批量出口。全椒柴油机厂生产单缸机在全国居领先位置。1993年,合肥动力机械总厂生产的“12V-135”系列大型柴油机填补省内空白,投放市场后供不应求。1994年开始,全椒柴油机厂开始发展多缸机生产,相继开发出“285”“385”“485”小缸径多缸柴油机,技术水平国内领先。1994年后,全椒柴油机厂“R175A”型柴油机先后获省优质品、机械部优质品、国家银牌奖;“R185”型柴油机获国家星火奖、省优质品称号;“N285Q”“N385Q”“N485Q”柴油机被国家科委列为国家级新产品。产品出口东南亚、南亚、欧美等20多个国家和地区。1994年,宁国机械工业总公司(原名宁国柴油机厂)引进美国AED公司4102柴油机生产线二手设备,试产成功配套农用车,但由于许多技术问题,未能形成大规模生产。1996年,全椒柴油机总厂自行开发出F系列柴油机,主要有160F、165F、170F等系列产品并通过省级鉴定。1998年,全柴集团的495Q柴油机获省名牌产品。1998年,全柴集团的R175柴油机获全国内燃机行业最高质量奖国优银奖,R180型柴油机获省优和国家星火计划成果奖。R185、R195、S1110柴油机获省首届名牌产品。1999年,蚌埠柴油机厂开发出超长冲程的4100AT型柴油机、直喷式2100Q型柴油机并通过省级鉴定。到2000年,全柴集团的多缸机特别是“385”“395”“495”“4102-4105”系列产品,以优良的性能为北汽福田、时风集团、飞彩集团的汽车、农用车以及石家庄的拖拉机、广州的金浪收割机配套。2003年8月,全柴集团公司还与上海柴油机厂、北汽福田环保动力股份公司共同出资创建安徽全柴上海动力有限公司,研发生产新一代环保产品“4JR3”型柴油机,2004年通过国家内燃机专家组的生产许可证认证,并通过省新产品鉴定。

2005 年,其他柴油机厂由于多种原因,逐步退出市场,企业关闭停产。唯一全柴集团“一花独秀”,不断做大做强。

耕作、植保、收获及加工机械　1985 年,霍邱农机厂开发的机引耕作犁、耙、耖等农机具使用方便,适销对路。1985 年,铜陵县农机厂开发的旋整机,耕整效果好。1985 年,怀远县农机二厂开发的农田铲运机、宿州机械厂开发的翻斗运土机,适用农田“小并大”,对农业机械化发展起很大促进作用。1989 年,南陵农机厂开发的水田耕整机,技术先进,填补省内空白。1985 年,蒙城县农机厂开发的机引播种机,提高播种作业效率,减轻劳动强度。1985 年,安庆市药械厂、全椒农业药械厂生产的喷雾(粉)器,农田保苗效果好。1986 年,亳县农机厂开发的喷灌机,操作简单,效率高,抗旱作用大。1986 年,蚌埠水泵厂生产的大型农业泵,适合大面积农田灌溉。1988 年,蚌埠潜水泵厂生产的高扬程小巧潜水电泵(QXD550 型),扬程可达 20 米,适合农田植保、灌溉,销售良好。1989 年,合肥电机厂引进技术开发生产的大型轴流水泵,技术水平国内领先,适应大面积灌溉、排水抗涝需要。1985 年,怀远县农机一厂开发的稻麦割晒机,使用简便,作业效率高。1993 年,宿县柴油机厂与省农机研究所合作,共同研制成 5TZW-70 型脱粒机和 4LZ-1.3 小型联合收割机,被省经委、省机械厅列为重点开发项目,1992 年,通过省级鉴定,1993 年,批量生产。1997 年,省农机厂开发的全喂式小型联合收割机获得成功,此种机械每小时可收割 2~4 亩。1997 年,蚌埠柴油机厂成功开发出新疆 -2 型联合收割机。1985 年,金寨农机厂等企业开发的碾米机、五河农机厂及寿县农机厂等企业开发的磨粉机、潜山农机厂等企业开发的棉花加工机械、固镇县农机一厂及庐江农机厂等企业开发的油料加工机械、祁门茶机厂及屯溪茶机厂等企业开发的茶叶加工机械、蒙城县农机厂及泗县农机三厂等企业开发的薯类加工机械,减轻农民劳动强度,提高农产品附加值,对农副产品加工实现机械化做出贡献。1986 年,五河农机厂开发的小麦面粉加工成套设备,尤其是面粉机组的关键部件—磨滚,由于其配方工艺特别,研磨质量、耐磨性能达到很高水平,成为企业独特优势。1987 年,其“雪松牌”6FTS-19 型面粉加工机组被国家机械委评为“委优”(即部优),被列入国家“星火计划”。1987 年,枞阳柴油机厂生产的 9KSJX-100 型螃蟹饲料加工机械,填补国内水产养殖饲料机械加工的空白,投放市场受到用户欢迎。1987 年,安庆潜水泵厂采用中国水产学院上海渔业研究所设计的 QSP 多喷头增氧机图纸,开发的渔业增氧机,使每亩水面可增加鱼 250 余公斤,效益非常明显。1988 年,固镇县农机一厂开发的油料加工成套设备,技术先进,适销对路。1990 年,省农机研究所建立机械部茶叶科研基地、水泵检测站和农机产品质量检测站,为耕整机、碾米机、茶叶机械等农业机械服务,取得重要成果。1995 年,岳西缸套厂米机分厂开发出 6N-54 型家用微型碾米机并通过鉴定。这种碾米机配套动力为 195 柴油机或 220 伏家用照明电,适合家庭用,畅销国内,还出口印度尼西亚。

在 2000 年以后,由于多种原因,特别是省外、国外先进机械产品的进入,生产耕作、植保、收获及加工机械逐年萎缩。只有小部分企业维持生产,发展规模不大。

农机配件　1985年，蚌埠拖拉机附件厂引进意大利旋装式滤清器技术及生产线，经消化吸收生产的旋装滤清器配套柴油机，居全国领先水平。1986年，淮南市轴瓦厂华鹰牌P5系列柴油机轴瓦、滁州汽缸套厂滁州牌100系列汽缸套、岳西缸套厂山鹰牌175汽缸套、萧县黄口内燃机配件厂皖青牌S195柴油机曲轴、安徽八一齿轮厂BY牌95系列铜套和BY牌7Y-500三轮车齿轮等内燃机配件获优质产品称号。是年，全椒县永顺动力凸轮有限公司(前身为全椒县凸轮轴厂)，专业化研发生产R、S、N、F、QC五个系列60-1100单缸柴油机凸轮轴、油泵凸轮，为全柴配套。1988年，桐城凸轮轴厂专业化研发生产多种柴油机机型的曲轴、凸轮轴，广泛为各种柴油机配套。是年，全省唯一生产柴油机油泵油嘴的专业厂——安徽油泵油嘴厂研发以配套“485Q”柴油机为重点的多缸机泵，在全国成为仅次于无锡油泵油嘴厂的第二位的专业油泵油嘴专业厂。1992年，合肥齿轮总厂(原八一齿轮厂)先后开发出拖拉机及变速箱等20多种齿轮新产品，投放市场后深受用户欢迎。1993年，东至齿轮厂采用精锻齿轮毛坯及先进热处理工艺加工齿轮，产品技术水平和质量明显提高。1994年，专业生产内燃机进排气门、活塞肖、连杆的桐城内燃机配件厂，产品获省优，成为“小型巨人”企业。1995年，桐城凸轮轴厂生产的凸轮轴经国家经贸委经济研究咨询中心、中国社会调查2分所调查、测评，被确认为“中国公认名牌产品”，授予“中国公认名牌”标牌和证书。这在省内机械行业企业中属不多见。1996年，全椒鑫隆机械有限公司(原全椒县滤清器厂)在发展滤清器的同时，于年底又投资新上机油泵生产线，发展S系列柴油机机油泵生产；1999年，又新上柴油机连杆生产线，生产柴油机连杆。1997年，安徽活塞厂开发出160、165、170型小型单缸柴油机活塞受到欢迎。1999年，东至齿轮厂开发的新型拖拉机齿轮获得成功，投放市场后受到欢迎，为多家拖拉机厂供货配套。1995年5月，绩溪县通用机械厂生产的“JY975-Z型齿轮齿条式方向机为农用车配套反映良好。2000年，庐江县潜川机械有限公司研制开发出为拖拉机、农用车配套的离合器获得成功，并通过省级鉴定。2003年，滁州兴达机电有限公司引进自动控制的多缸机缸体生产线，研发生产多缸机机体，为多家柴油机厂配套。2003年，全椒永顺动力凸轮有限公司研发生产4120QC、N490、N490ZLQ、N485及六缸机等多缸柴油机凸轮轴，为全柴配套。到2001年以后，主要内燃机农机配件企业基本保持下来，有的发展壮大。但由于全省农机工业萎缩，一些小型农机配件企业难以生存，相继关闭停产或转产。

基础件

轴承　1985年，潜山轴承厂的万山牌单列向心球轴承205、江南轴承厂的白鳍豚牌托辊轴承4G204KA获部优产品称号，同时获省优产品称号。合肥轴承厂金工牌305、307、312轴承获省优产品称号。1986年2月，成立安徽省轴承质量监督检测站，检测站积极实施对全省轴承行业产品质量监督职能，发挥省级质量检测作用。1986年，淮南轴承厂研发冲床自动安全保护装置新技术，属于首创。1987年，芜湖轴承厂与上海煤炭研究所合作研制开发出310KA矿用轴承，比普通310轴承寿命增加五倍。1988年，六安轴承厂先后试制成功国内急需的“3512”“3513”“3514”双列球面滚子轴承,较好地适应市场需求。1990年,国家轴承质量监督检验中心通知:淮南轴承厂生产的7207正圆锥滚子轴承产品可靠性超过国优标准,名列全国同行业榜首。1993年,六安轴承厂开发出8502317、3540、3630三个系列品种,这些产品采用无外圈圆柱滚子轴承保持架,具有额定负荷大、承载能力强、疲劳寿命长等特点,可广泛应用于冶金、矿山、石油等行业的重型机械。1993年8月,安徽省轴承锻造厂(繁昌县)由于专业化特色,被国家计委、机械部选定为特定振兴企业。1995年,芜湖轴承厂开发首批“7206”轴承,主要为农机、汽车配套。1995年,淮南轴承厂开发29587/20、29590/22、28680/22五十铃VPR系列轻型汽车专用轴承,经检验达到国家标准。1995年,六安轴承厂开发研制的8502317短圆柱滚子轴承获得省科技进步奖二等奖。这一产品填补国内摆线针轮差速器专用轴承的空白,并替代进口。1997年,芜湖轴承厂开发的KA系列矿车轴承经省科委组织的专家评审,列为安徽省第三批火炬计划项目,这是全省轴承行业唯一获此计划的项目。成果国内首创。1997年,由芜湖轴承厂和安徽江南轴承有限公司共同起草的《滚动轴承、煤矿输送机械轴承标准》得到国家重视,1998年3月19日,国家机械工业部发布此标准,决定1998年7月1日实施。1998—2005年,安徽轴承行业经过改制重组,稳步发展。

液压件 1985年,合肥液压件厂的合液牌CBF-E40齿轮油泵获得国优(银牌)称号。该厂的合液牌IWFL-F15L单路稳定分流阀获省优产品称号。1986年,合液牌CBQ-F5齿轮油泵获省优质产品。1993年8月,国家计委、机械部在全国基础机械和基础件行业选定220家重点企业,作为重点支持发展的特定振兴企业,该厂名列其中,这也是安徽液压件行业唯一的一家。1994年,合肥液压件总厂生产的CBF-E40齿轮油泵在国家液压元件质量监督检测中心的突击抽查中,质量名列全国同类产品前茅。1995年,总厂的齿轮油泵首次被评为省名牌产品。1996年,总厂开发出6CBWS双向泵新产品,产品技术先进,具有双向开关阀门、结构紧凑及效率高等特点,属国内首创。1997年,合肥液压件总厂开发CBG2系列高压齿轮油泵和新系列高压三联齿轮油泵2种新产品并通过鉴定。产品适用于装载机、汽车吊及其他工程机械行业。1998年,合肥长源液压件股份有限公司开发IS1-L15E多路换向阀通过省级鉴定,可广泛用于联合收割机、叉车、工程机械、起重运输机械的液压系统,达到国际90年代初水平。2000年9月,公司被评为“安徽省高新技术企业”。2002年,中国机械工业联合会等有关单位对全国5000多家机械企业进行企业核心竞争力测评,被评为“竞争力之星”企业。2004—2005年,公司搬迁至合肥瑶海工业园,企业发展更快,已成为中国液压件行业的重点企业。

标准紧固件 1985年,蚌埠标准件厂三螺牌GB67-66半圆头螺钉获部优产品称号。1986年,安庆标准件厂研制成功JB-X型扣紧螺栓,第一批产品于10月销往美国,这是安徽省标准件首批出口。1987年,合肥标准件厂角棱牌六角螺母(M6-M20)获省优质产品,这是紧固件行业唯一获省优产品的企业。1988年,蚌埠标准件厂研制开发T型螺栓,很快形成批量并通过外贸部门出口到美国。1995年以后,由于多种原因,标准件企业因经营困难大多停产。到2005年,标准件企业存在很少。

模具　1990年以前,模具企业很少。直到1990年,随着滁州扬子冰箱及汽车行业的快速发展,一些模具企业开始成立并发展壮大起来。1996年,滁州市宏达模具制造有限公司成立,研发冰箱模具,填补省内空白,并实现出口。1998年,安徽鲲鹏装备模具制造有限公司研发冰箱生产成套模具、汽车模具,通过省级鉴定,技术水平先进。2000年,滁州科创模具有限公司成立。主要生产冰箱成套钣金模具、冰箱吸塑发泡模具,以及微波炉、洗衣机成套钣金模具,产品为家电制造、汽车制造服务。并有部分产品出口到印度、孟加拉、伊朗等国。2003年,滁州市宏达模具制造有限公司的大型真空成型模、发泡模被科技部批准为国家级新产品。在第九次上海国际模具展览会上,被专家评定为具有国际水平的模具。2003年,宁国中鼎模具制造有限公司成立,研发、生产汽车、家电、办公自动化等领域的橡胶和塑料标准件模具,居全国先进行列。2004年,安徽江淮福臻车体装备有限公司成立,设计制造的大中型汽车车身内、外覆盖件冲压模具、焊装夹具、检具技术水平国内先进。2005年,省科技厅组织对滁州市宏达模具制造有限公司生产的大型精密真空成型模、发泡模进行鉴定,认为:“整体技术水平达到国内同类产品领先水平,其中,发泡模具所采用的随动滑块机构、真空成型模具滑块采用的变位角设计、减少位移摩擦等技术,填补国内空白,达到国际水平”。

到2005年,滁州市模具生产企业已有50多家,冰箱真空成型模具和发泡模具制造成为该模具行业的特色,在全国冰箱模具生产领域占有70%以上市场份额,成为国内冰箱模具重要的制造基地。

冷热加工与表面处理

铸件　1986年,马鞍山马铁厂为铁路路轨改造开发出P60-75平垫板和P75防爬器。由于采用铸造技术独特,产品具有高强度、高延伸和高韧性等特点,受到北京、上海、郑州、济南、广州等铁路局的肯定和欢迎。1986年,蚌埠隆华机器厂与济南铸锻研究所共同研制成1113B型卧式冷室压铸机,年底通过省级鉴定,批量生产。1987年,该厂又研制成J1125D型卧式冷室压铸机,属国内首创。1986年,萧县黄口内燃机配件厂采用铁模复砂铸造新工艺生产的S195曲轴铸造毛坯,每根曲轴的毛坯由17.5公斤减少2公斤,铸造工时也缩短46%,每根曲轴成本下降10%。由于工艺先进、质量好,为全省6家S195柴油机厂配套使用。1986年,宁国耐磨材料总厂生产的铸造磨球,以质量好、水平高,主要为冶金、建材行业服务,畅销国内外。1986年,马鞍山市当涂县球墨铸铁厂研制的“低合金耐磨球墨铸铁磨球”通过省级鉴定,适用冶金、建材、电力行业。1987年,淮南沪淮健身器材厂采用无箱挤压造型技术生产健身器材成功,效率提高3—4倍,成本降低10—15%。1990年,合肥精密铸造厂为冶金行业生产冶金配件、冶金模具获得成功,替代进口,受到冶金部肯定。1991年,合肥精密铸造厂研制的冶金调整线材导卫系统导辊通过冶金部主持的部级鉴定,产品达到国内领先水平。1991年,蚌埠隆华机器厂与济南铸锻研究所开发的全数控J1140型压铸机获得成功,通过国家级鉴定。1991年,马鞍山回转支撑厂引进的年产4万吨连铸离心球墨铸铁管试制成功,不仅填补省内空白,还有出口。1993年,巢湖柴油机铸造分厂研制成功C404机电一体化智能仪,用于铸造车间炉前检测分析,设备操作简便,测试准确,铸件废品率平均下降4%,效果很好。1994年,安徽叉车集团合肥铸锻厂继"V"法铸造工艺成功用于铸铁生产之后,又采用"VRH"铸造工艺获得成功,达到国际先进水平。2000年,霍山县的应流集团研发的铸件及精密铸件产品涉及机械、汽车、冶金、石化、核电等多个领域,并大量出口。2003年,合肥铸锻厂引进国外消失模铸件技术生产L5-10吨变速器壳获得成功,形成批量生产。2004年,在第七届中国国际铸造、锻压及工业炉展会上获得金奖。

锻件　1986年,合肥汽车锻件厂研发的汽车半轴、内燃机连杆、转向节、轻卡前轴等锻件,填补省内空白。1990年,研发的一次加热锻造轻卡前轴,技术水平国内领先。1992年,安庆钢厂采用楔横轧技术开发出轴类锻件,效率高、质量好、节材,技术水平国内领先。1996年,安庆百协汽车锻件有限公司成立,开发乘用车转向节替代进口,批量出口。1998年,合肥汽车锻件厂先后研发的一次加热锻造轻卡前轴和重卡前轴锻件、叉车半轴精辊模锻、半轴套管挤压锻件,技术水平先进,填补省内空白。2000年,芜湖汽车锻件有限公司成立,生产轿车转向节等汽车锻件,技术水平先进。2005年,安庆百协汽车锻件有限公司研发活塞等汽车锻件,批量出口,技术水平国内领先。

表面处理　1985年,淮南轴承厂采用可控气体热处理新工艺,生产低碳钢球获成功。1991年,合肥轴承厂与合肥工业大学合作,率先将低温技术应用在车刀、锻模和冷锻冲球模具处理上,刀具使用寿命延长、减轻劳动强度、节约能源。1995年,合肥轴承厂采用氮基保护气体热处理技术新建的生产线顺利投产,并通过部级鉴定。运用此项工艺生产的轴承零件脱炭层由原来的0.1毫米降到0.04毫米以下,轻系列轴承的变型量由原来的5%降到2%以下,产品的内在质量、使用寿命有较大提高,而且省去一道酸洗工序,实现无污染生产。达到国内领先水平。

第四节　汽　　车

安徽省汽车工业起步于20世纪60年代,快速发展在90年代。经过40多年自我积累和滚动发展,特别是近10余年来汽车工业持续高速增长,一大批汽车及汽车零部件企业初具规模,产品涵盖重型、轻型、微型载货车,大、中、小、高、中、低档客车及商务车、轿车等汽车产品,品种多、门类齐全,并全部拥有自主知识产权,具有独到的自主品牌优势,初步形成较完整的汽车工业产业体系。汽车工业已成为全省工业经济的支柱产业。安徽汽车工业已成为全国汽车工业的重要组成部分。

1993年,省政府成立汽车工业领导小组,由一名副省长担任组长,小组下设办公室,办公室设在省机械厅,负责全省汽车行业发展协调和管理工作。针对国内外汽车发展状况,领导小组提出现阶段安徽汽车以底盘为主,保持现有整车生产,下阶段发展量大面广的汽车产品结构调整路子,至此汽车工业发展进入快车道。到2005年,安徽汽车产销量达到40.9万辆,列全国各省、直辖市、自治区汽车产销量第6位,成为全国发展最快、增速最大的省份之一。

江淮汽车 1986年,江淮汽车厂研发的HF131、HFD131轻型载货车通过省级鉴定,并被评为省科技进步四等奖。1986年,淝河汽车厂研发生产的HF150、151重型载货车,通过省级鉴定。其中HF150载货汽车经国家监督检查被评为一等品。1986年,江淮汽车厂研发和生产轻型客车底盘,技术水平先进,深受用户欢迎。1986年,安徽客车厂(原皖西汽车配件厂)开始生产客车;投放市场后,因价廉适用,受到欢迎。1987年,淝河汽车厂研发HF682大型客车底盘,技术水平国内领先,投放市场后反映良好。1988年,江淮汽车厂研制开发HF1060系列小轮载货车通过省级鉴定。

1991年,淝河汽车厂开发的全承载6120D09·HFF6120D10型大型客车底盘获得成功,达到国际80年代水平。1991年,安徽江淮汽车厂、淝河汽车厂由生产客车底盘转向生产中型客车和大型客车。1991年,江淮汽车厂开发二吨级HF6601底盘和HF1041货车,拓宽产品线。1992年,淝河汽车厂"七五"技改通过竣工验收,整体生产工艺达到国内先进水平,成为国内大型客车和客车专用底盘骨干企业。1993年,省汽车研究所成立。研究所第一项成果即6700客车底盘获得成功。1993年,江淮汽车厂与合肥汽车修配厂联合成立"合肥江淮汽车制造厂客车厂",生产HF6600·LIK6700轻型客车。1993年,淝河汽车厂研发生产的双层大客车JLY6121S荣获交通部科技成果奖。1993年,淝河汽车厂蚌埠客车分厂挂牌,专门生产由淝河汽车厂提供客车底盘的"鲸"牌客车,包括双层客车和长途卧铺客车。1993年,安徽客车总厂(原安徽客车厂)先后开发AL6700DQ中型客车、AC6630中型客车、AC6600轻型客车,发展很快,进入全国100家同类企业中第15位。1993年7月20日,淝河汽车厂引进德国凯斯鲍尔公司大客车制造技术签字仪式在合肥举行。德国凯斯鲍尔公司的大客车技术在世界上居领先水平,产品有经济型、标准型、豪华型、超豪华型。1993年,"轻型汽车技术进步一条龙"项目完成,实现轻型货车向N系列的过渡,安徽汽车工业迈出历史性的一步。1994年4月26日—5月2日,安徽省经济成果展览会在北京民族文化宫举办。淝河汽车厂生产的"安徽·凯斯鲍尔"豪华大客车参展,极为闪光,影响力大,提高企业在国内的知名度,为安徽争光。1994年6月,淝河汽车厂的"安徽凯斯鲍尔"大客车首次进入市场,被列入国家定点生产大型豪华旅游车的重点企业。1994年,省有关部门批准进行"安徽省轻型汽车一条龙"改造,使江淮牌轻型汽车的产量和质量都有很大提高,在全国的位次显著提升。1994年,滁州电扇总厂研制的YZ-50Q型摩托车通过机械部鉴定,并小批量投产。该产品填补省内空白。1994年,江淮汽车厂HFC6700客车底盘获省科技进步二等奖。1995年,江淮汽车厂以HF6700客车专用底盘为基础开发的40余种客车底盘,形成"高中低、中长短、前后置、汽柴油"齐全的多品种、系列化产品。

1996年,江淮汽车厂开发的新型载货车HF1061通过省级鉴定。1996年11月14

日在广州举办的“中国首届旅游汽车推荐会”上，淝河汽车厂生产的安凯牌6120GD型、6120K01型豪华大客车获推荐会“豪华高档推荐产品第一、二位”称号。1997年，原省交通系统的合肥客车厂(是安徽最早的正规生产中型客车的企业)划归江淮汽车集团公司，更名为合肥客车制造有限公司。1998年，合客公司引进韩国现代公司“AERO TOWN”客车技术，消化吸收自主开发现代系列客车，技术水平国内领先。1997年5月18日，江淮汽车集团有限公司成立。HFC1061系列载货汽车获省科技进步二等奖。1997年7月，安凯汽车股份公司股票上市，这是省内汽车行业第一家上市公司。1997年，江汽公司先后开发HF6782KY弯大梁、发动机后置客车底盘；HF6801型8米客车底盘；宽体HF6700系列客车底盘；变轴距6605LY和独立悬架前桥总成客车底盘；开发出长前悬、发动机前后置的HF6800系列中高档底盘,并通过省级鉴定，列入国家《目录》产品达18种之多，完善客车底盘产品系列。1998年，江汽公司HFC6700系列客车底盘被评为省名牌产品。1998年，江汽公司在北京举办向林业生态环境捐款签字仪式：从1998年10月1日起，每销售一辆JAC江淮轻卡，捐款100元交给国家林业局用于林业生态环境建设工程，捐期10年。1998年，安凯开发出豪华空调巴士、会议房车，前后档风玻璃采取全景式夹胶安全玻璃，具有视野开阔、转弯直径小、室内空间大、噪音低、耗油少等特点，技术水平国内领先。该车在“98’全国城乡公交改革与信息座谈会”上一推出即受到欢迎。1998年，安客总厂的“华厦”牌客车获省著名商标。1998年，安凯公司生产的警察专用车获得成功。此车车内设有指挥系统工作室，开始进入公安、警察领域。1999年，安凯车辆公司开发出6101WK04长途客车、6110WK12中档卧铺客车和6110K11长途客车，很适合市场需要。1999年年底举办的“第二届全国城市旅游汽车产品推荐会”上，安凯股份公司生产的HFF6120GD豪华大客车和HFF6100K05豪华客车夺取“五星级”最佳推荐产品第一、二名。这是该公司再次夺魁。1999年，合肥客车制造公司从韩国现代汽车公司引进9米中客AERO TOWN，通过消化吸收技术，开发出适应中国国情的新车型HK6900型客车，技术水平国内领先。2000年，江淮汽车股份有限公司股票在上交所上市，成为省内汽车行业第二家汽车股票上市公司。

2001年3月16日，江汽公司与韩国现代公司签订小型乘务车(H)即商务车技术转让协议，消化吸收再创新自主研发生产“H”商务车，技术水平国内领先，标志着江汽公司从商用车向乘用车的转变。2002年6月，在北京举办的中国国际汽车展览会上，安凯股份公司生产的安凯·塞特拉300系列客车亮展，代表世界最高客车制造技术水平。2002年，合肥客车制造公司引进消化韩国现代公司A/S现代客车技术，自主开发HK6112系列客车产品。2002年，江淮汽车公司瑞风商务车实现车身国产化，并进行医疗救护车、警车等专用车开发，瑞风系列商务车获省科技进步奖二等奖。2002年，公司研发的“格尔发”重卡下线，重卡系列车型获省科技进步奖二等奖。2003年，公司接收皖东机械厂，独立成立江淮专用汽车有限公司，专门从事专用车生产，先后开发厢式运输车、自卸车、加油车、混凝土搅拌运输车等专用车。2003年,公司研发的SRV瑞鹰产品下线,又增加一个乘用车品种。2004年,公司研发的轿车下线,标志着从生产货车到轿车制造的转变。是年7月,公司瑞风商务车MPV被解放军总后勤部采购,这是中国MPV第一个“入伍”的产品。是年,公司开发微卡产品下线,卡车产品线更加完善。是年,公司开发HFC4GA1(2.4L)汽油发动机批量装车并投放市场,获省科技进步一等奖。2005年,公司研发生产重型牵引车、重型载货车、微卡和底盘,使江汽的载货车品种更齐全,形成系列化生产。是年,江淮汽车公司瑞鹰获省科技进步奖二等奖,宾悦C级轿车获省科技进步一等奖。

奇瑞汽车 1997年1月,安徽汽车零部件有限公司(奇瑞公司前身)注册成立。1997年3月,奇瑞发动机厂正式破土动工,标志着奇瑞公司拉开建设序幕。1999年5月,安徽汽车零部件有限公司第一台CAC480发动机下线,12月8日,奇瑞公司第一辆自主品牌“奇瑞轿车”生产出来,标志着奇瑞公司已形成完整的轿车生产能力,迈出安徽轿车第一步。2001年2月,奇瑞公司加入上汽集团,安徽汽车零部件有限公司更名为上汽集团奇瑞汽车有限公司。同年3月,奇瑞轿车进入国家汽车产品《目录》,自主研发第一款轿车正式进入市场销售,由于性价比好,一投放市场即受到欢迎。2001年9月,首辆多点电喷奇瑞车完成装配并下线;10月,首批奇瑞轿车出口叙利亚;11月,奇瑞公司获省高新技术企业称号。2001年12月,奇瑞公司二期工程正式破土动工,标志着奇瑞二次创业的开始。

2002年,奇瑞与AVL公司合作开发全部满足欧四排放标准、具有世界先进水平的系列汽油、柴油发动机。2002年5月,奇瑞轿车在天津国家汽车检测中心顺利通过国内首次汽车侧面碰撞试验。2002年6月,奇瑞公司顺利通过国家经济贸易委员会产业政策司组织的“奇瑞牌轿车低污染排放生产一致性审查”现场考核。2002年8月,奇瑞通过德国莱茵公司现场审核,从而成为国内首家通过ISO/TS16949标准的整车制造企业。2002年10月,奇瑞公司SAP/ERP项目上线仪式在轿车厂总装车间举行,这标志着公司向着现代化管理迈出坚实的一步;11月,奇瑞公司企业技术中心被认定为省级企业技术中心。

2003年2月,与SKT公司签订在伊朗合作建厂的协议;3月,“奇瑞”轿车正式更名为“风云”轿车;4月,奇瑞被认定为“国家火炬计划重点高新技术企业”;7月,奇瑞·QQ系列与奇瑞·东方之子系列轿车正式在全国上市;8月,“奇瑞·旗云”轿车上市。2003年年底,奇瑞公司4大产品系列齐头并进,开创全国自主汽车品牌发展的历史新篇。2003年,科技部授予奇瑞公司国家863计划成果产业化基地称号。

2004年6月,奇瑞公司名称更改为奇瑞汽车有限公司;11月,奇瑞SQR7160系列轿车(“QQ”系列轿车)项目获省科技进步一等奖。是年,奇瑞公司生产的“东方之子”轿车被选定服务于全国人大十届二次会议和全国政协十届二次会议,在市场享有较高声誉。2004年,奇瑞公司走国际化发展道路,在国外建厂,也成为全国轿车出口第一大户。

2005年3月,公司荣获由安徽省“861”行动计划重点建设项目领导小组、安徽省劳动竞赛委员会、安徽省总工会联合授予的“安徽省重点工程建设先进单位”的称号;奇瑞瑞虎(Tiggo)SUV全国上市登陆国内市场。瑞虎的登场,是公司在轿车以外的细分市场跨出的第一步,也是中国自主品牌汽车企业在轿车以外的细分市场跨出的重要一步;3月28日,奇瑞公司自主研制的ACTED汽车发动机成功下线,至此奇瑞公司已经掌握发动机从设计、研发、试验到制造、售后服务的全过程。奇瑞汽车陆续装配Chery-Power标志的奇瑞发动机;4月,发动机厂372装配线现场举行第20万台发动机下线仪式。发动机厂经历从1999年5月18日第1台发动机下线,2004年第10万台下线,到第20万台发动机下线的历程。2005年4月,第十一届上海国际汽车工业展览会上,公司重点展示在科技战略和国际战略上的重要成果,包括发动机系列、变速箱和整车系列在内的三大汽车关键技术。2005年4月,奇瑞2005年全球经销商会议在上海举行。来自中南美洲、欧洲、亚太、中东、东欧、北美32个国家96名代表参加会议。2005年5月,奇瑞QQ累计销量突破十万,和伊兰特、凯越一同成为2003年以来上市新车中突破十万销量大关的单车品牌,成为中国车市最具实力的新“三剑客”。2005年5月,中国制造的右舵驾驶汽车——奇瑞A160进入马来西亚,中国驻马来西亚大使王春贵成为第一辆奇瑞A160右舵车车主。2005年6月16日,奇瑞成立汽车工程研究院,专门从事汽车的研发和设计。2005年上半年,上汽占有奇瑞的20%股权撤出,上海与奇瑞分手。同年,奇瑞汽车公司并购芜湖一汽扬子公司,进入商用车制造领域。2005年6月,奇瑞公司汽车工程研究院“国家节能环保汽车工程技术研究中心”揭牌。2005年10月,奇瑞公司技术中心被国家发改委、财政部、海关总署、国家税务总局四部委认定为第十二批国家认定企业技术中心。2005年11月,奇瑞A1轿车平台的开发及建设项目获中国汽车工业科学技术进步奖三等奖。

微型汽车　1988年,蒙城机械总厂研发全省第一辆微型改装车,并达到量产,深受市场欢迎。1988年,蚌埠华阳汽车厂生产的微型面包车(8座)销售良好。1990年,淮海机械厂研发出飞虎牌微型汽车,这是国内最早问世的微型车。1992年,中国人民解放军第5720工厂微型汽车改装分厂开发出威尔牌微型改装汽车,从而带动芜湖市汽车产业发展。1993年,淮海机械厂先后开发微型车系列产品,拥有单排座、双排座、微型面包车等多个品种,技术水平国内领先,并跻身于全国500家交通运输设备制造企业的行列,成为全省第二个年产逾万辆汽车的厂家。1993年,蒙城机械总厂开发成功微型客车,形成小批量生产,投放市场。1993年,合肥汽车制造厂研制成飞鹤牌HF6420微型客车,并投入生产,性能较好。1994年,淮海机械厂生产的飞虎牌微型车批量出口中东等国。微型车产量突破2万辆。1994年,蚌埠华阳汽车制造厂研发出专用微型面包车,供金融和公安总队专用的BHQ5010型金融车和警车,并通过省级鉴定。1995年,安徽飞虎汽车集团(原淮海机械厂为核心组建)研发的新一代微型面包车投放市场,技术水平国内领先。

1997 年,昌河汽车公司兼并淮海机械厂成立“合肥昌河汽车公司”,通过技术改造,形成年产 5 万辆生产能力。1998 年,蒙城安驰汽车(集团)公司研发生产的“安驰牌”WC6330 微型轿车,投放市场后很受城乡用户欢迎。是省内最早生产的轿车之一。2003 年 9 月 28 日,合肥昌河汽车公司新款爱迪尔轿车下线,该车造型美观,深受用户欢迎。2005 年,以合肥昌河公司为主的微型车继续发展,成为安徽汽车工业的重要组成部分。

改装汽车 1986 年,滁州市汽车修理厂(后更名滁州市扬天专用汽车有限公司)制造出全省第一辆普通半挂车,完成从修车到造车的转变。1986 年,蚌埠汽车起重机厂研发生产的 8 吨汽车起重机,技术先进,填补省内空白。1987 年,马鞍山冷藏车厂生产出新型冷藏保温车。1988 年年初通过省级鉴定(采用东风 140、解放 141、北京 130 二类底盘)。1988 年,马鞍山市建筑材料机械厂(后更名为马鞍山星马专用汽车厂)开发出散装水泥运输车、混凝土搅拌运输车,完成向专用汽车制造的转变。1989 年,阜阳汽车修理厂(后更名为阜阳市汽车有限公司)开发出半挂车、箱式车,半挂车产品日趋成熟。1991 年,合肥环卫车辆厂研发吸粪车,此为省内生产的首台环卫车辆。1992 年,池州汽车改装厂开发半挂自卸车,技术水平高,受到市场欢迎。1993 年,马鞍山星马专用汽车厂开发混凝土输送泵车、压缩式垃圾运输车,技术水平国内领先。1994 年,明光消防器材厂、蚌埠水泵厂研发生产系列消防车,通过省级鉴定,同时列入国家汽车产品《目录》。1995 年,安达尔汽车改装厂、西亚特汽车改装厂先后开发小型厢式改装车,并进入国家汽车产品《目录》,其外形与轿车一样,此为全省最早的轿车雏形。1997 年,阜阳市汽车有限公司先后开发自卸车、罐式车、低平板半挂车、散装水泥运输车,专用改装车品种丰富、技术水平大大提高,企业快速发展。1998 年,中银扬子汽车有限公司省内率先研发生产皮卡车,一投放市场就受到欢迎。1999 年,公司研发新式麒麟牌皮卡车,并中标国家技术监督局的执法专用车。

2002 年,芜湖瑞江汽车有限公司(原芜湖公路机械修配厂)开发液罐式车、集装箱运输车、环保车等新型专用改装车,技术水平先进。2003 年,安徽星马专用汽车有限公司股票上市发行,成为全省汽车行业第三家汽车股票上市公司。2004 年,公司研制成高档水泥搅拌车,此车搅拌容量为 10 立方米。符合欧Ⅱ排放标准。2005 年,湖南长丰汽车公司兼并扬子汽车公司成立安徽长丰扬子汽车公司,生产猎豹牌皮卡车,销售市场良好。

汽车关键部件 汽车配件与整车相比较为落后,但是进入 20 世纪 90 年代,随着汽车的快速增长,汽车配件的品种不断增多,总量不断增加,实力增强。2000 年以后,进入快速发展期,企业达 500 多家,成为汽车工业重要组成部分。1986 年,芜湖仪表厂的 8105 型组合汽车仪表、芜湖水表厂的 LXS-15C-40C 旋翼湿式水表获省科技进步奖四等奖,合肥仪表总厂仪表生产激光热处理获科技进步荣誉奖。1986 年,皖西汽车配件厂研制车用空气压缩机成功,并获得部优产品称号。该厂研发生产重型汽车钢圈,也有较大的市场。1986年,合肥汽车油泵厂研制成功2C-2C3举升泵,用于重型汽车,技术水平国内先进。1986年,潜山方向机厂研制的新产品N1142循环球式轻型汽车方向机获得成功。具有安全可靠、使用寿命长、操作轻便,满足全省轻型汽车发展的需要。1986年,凤阳散热器厂研发生产的铜管铜带式汽车散热器,技术水平国内先进,为众多的厂家配套。1987年,芜湖汽车发动机厂研制成6130Q型柴油机,额定功率为210马力可为10吨载货车、大型客车配套,并通过省级技术评审。1987年,六安汽车齿轮厂研发生产的HF132载货车变速箱通过鉴定。1988年,芜湖仪表表厂引进西德VDO公司技术,经过消化吸收,很快批量生产汽车仪表,产品主要有CA-141、BJ-130、BJ-122三种。国产化率达95%,企业新产品产值率达85%,产品水平属国内领先。1988年,蚌埠拖拉机附件厂引进西德技术消化吸收生产的KW2036空气滤清器通过鉴定并批量投产。1989年,合肥汽车配件厂研发的轻型车车桥(后桥)通过鉴定,技术水平国内领先。1990年,蚌埠油箱厂开发的CA-141、EQ-140S、TY-2015汽车油箱获得成功,并为一汽、二汽配套。同年,江南机械厂(原三线厂搬迁至合肥),先后开发出轿车发动机盖铰链、车门铰链和微型车前悬挂及后轿等,技术水平及产量国内领先,为轿车国产化做出较大贡献。

1993年,芜湖仪表厂通过对引进德国VDO汽车仪表的消化吸收,开发“奥迪100”“高尔夫A2”汽车仪表等成套汽车仪表27种,组合仪表39种。该厂生产的汽车仪表在全国市场份额中占四分之一。同年,该厂又开发新型软轴RZ23115/007并获得成功,软轴采用钢丝编织骨架、尼龙内衬管、外覆高密度乙烯塑料外壳,具有性能稳、外观美、重量轻等特点,产品在国内居领先水平。同年,黄山金马仪表有限责任公司研发的摩托车仪表,品种多、质量稳、技术先进,市场占有率全国第一。同年,安徽车轿厂研发出8吨、12吨、14吨、15吨级承重车桥总成,技术水平及产量国内领先。同年,庐江活塞厂引进美国的全自动活塞浇铸机,属国内首创。开发的汽车活塞具有国际90年代水平,为轿车发动机配套。同年,庐江县东方化油器厂开发生产化油器,畅销全国,占全国市场的四分之一。同年,芜湖汽车发动机厂与杭州发动机厂紧密联营后,又开发出6130Q、6108Q型柴油机,扩大为汽车服务领域。1994年,芜湖仪表厂工厂与德国VDO公司洽谈成立“VDO芜湖汽车仪表有限公司”,德方投资600万美元,中方投资400万美元,生产奥迪、高尔夫、桑塔纳、雪铁龙轿车仪表。同年,芜湖汽车配件厂与台湾享通汽车部件股份公司合资成立的华享汽车部件有限公司生产的真空助力器经德国奥迪公司检测合格,为一汽奥迪轿车配套的首批真空助力器获免检资格。公司又成功生产CA1040汽车液压制动主缸总承,其9项指标均达合格,经专家鉴定同意为一汽轻型卡车配套。同年,安徽汽车制动器厂生产的汽车鼓式制动器,技术水平国内领先,市场占有率达30%。1995年,芜湖汽车发动机厂生产的传动轴经长春汽配研究所检测,各项性能合格。同年7月,合肥汽车配件厂首批前桥(3~5吨位)下线,结束该厂只能生产后桥不能生产前桥的历史。

1995年,蚌埠汽车钢圈厂逐年发展,订货达10万台,广泛为全国汽车行业配套。1995年,安徽车桥厂生产的WS4118制动器、ZS系列车桥及车轴、轮鼓制动器通过国家交通部汽车测试中心检测,达到优等品水平。1996年12月20日,芜湖仪表厂的汽车仪表获省第二批省名牌产品、第三批质量最佳企业称号。1996年3月,安庆活塞环厂与日本帝国活塞环株式会社、英国TEN汽车零部件集团公司合资,1996年成立安庆帝伯格茨(ATG)活塞环有限公司。该项目形成生产高中档汽车、摩托车活塞环5200万片能力。1997年,宁国中鼎公司研发生产的汽车密封件和橡胶件,技术水平国内领先,产销量在全国名列前茅。1998年,合肥天力公司(原合肥汽车油泵厂)研制生产QG18/13-D14转向助力泵,开始进入汽车领域。同年,安徽汽车齿轮箱总厂研制出"5T30""5T97"等变速箱,为客车底盘配套,技术水平国内领先。同年,安徽庆龙有限公司(桐城内燃机配件厂)生产的6110、GA488进排气门、活塞肖已达到一汽集团的水平要求,经一汽集团检验认定,允许使用"一汽"和"红旗"两个商标,公司与一汽签订商标使用合同。同年,安徽活塞厂生产的GAG480活塞为轿车配套,实现从农机向汽车的转变。1999年,安庆帝伯格茨(ATG)活塞环公司生产的活塞环通过德国大众汽车公司审核,准于进入德国大众汽车集团汽车配件全球采购系统。1999年,合肥汽车配件厂引进日本五十铃汽车驱动桥技术经消化吸收研发的HF16016、HF16019汽车后桥通过省级鉴定,可为4吨级中型规载货车和8米客车底盘配套。同年,黄山汽车电器有限公司生产的组合开关、汽车锁等多种产品为一汽、大众、江铃等企业配套,并接受德国、澳大利亚客商订货组织出口。1999年,安徽车桥厂新开发的6吨、8吨、12吨、15吨、18吨、25吨等多吨位级承重车桥广泛为国内重型货车配套,成为全国重型车车桥的配套厂家。同年3月,芜湖华享汽车部件公司引进英国卢卡斯技术经过消化吸收生产的IVECO真空助力器,全部实现国产化,并为南京跃进汽车等整车厂配套。同年,蚌埠滤清器总厂该厂生产的3XO710A旋装式机油滤清器获国家级新产品称号。2000年,安庆活塞环厂与日本帝国活塞环株式会社、安庆ATCT公司达成第二轮合作协议,生产粉末冶金发动机气门座圈,技术水平国内领先。同年,凤阳散热器有限公司引进日本TCM技术和韩国现代公司技术,研发生产中冷器和铝散热器,技术水平高,产品配套国内多家汽车生产企业。同年1月,经国家发改委批准,芜湖仪表厂的10万套100P汽车仪表项目被确定为"1999年高技术产业化推进项目"。"100P"轻型汽车仪表是该厂为引进日本新一代五十铃系列车而研制的电子式汽车仪表,具有技术含量高、附加值高等特点,达到国际90年代水平。

2002年6月,安庆环新集团(以安庆帝伯格茨活塞环公司为基础成立)与日本ART金属工业株式会社、日本帝国活塞环株式会社三家成立安庆雅德帝伯活塞有限公司,研发生产高档轿车活塞,配套国内外轿车厂。2002年,由安凯股份公司、北汽福田有限公司和丹东曙光车桥有限公司三家联合成立安凯福田曙光车桥有限公司,研发生产的重型汽车驱动桥,技术水平国内领先。同年,合肥车桥公司(即原合肥汽车配件厂)生产瑞风商务车车桥,替代进口。2004年,安徽汽车制动器厂生产的康达制动器首批47030-0677A等6种制动器出口日本,为日本日野公司配套。2005年,全省汽车配件伴随着汽车整车的发展有很大增长,成为汽车工业的重要行业。

第五节　冶　　金

安徽襟江近海,矿产资源丰富,能源供应充裕,水陆交通便利,发展冶金工业自然条件得天独厚。1986—2005年,冶金工业深化改革,扩大开放,贯彻落实“挖潜、改造、扩建、配套”的发展战略,行业经济规模迅速壮大。钢、铜、黄金的产量,由1985年的194.3万吨、3.25万吨、1035公斤(有色副产金),增长到2005年的1106万吨、35.8万吨、6750公斤,分别净增4.7倍、10倍、5.5倍;铅、锌冶炼从1985年开始起步,到2005年产量分别达到20.4万吨、1万吨。按钢产量和10种有色金属总量排序,安徽钢铁工业位列全国第9,有色金属工业位列全国第9(铜第2、铅第3)。同时,企业自我积累、自我发展能力明显增强。截至2005年年底,企业总资产达690亿元,冶金工业在安徽国民经济中始终保持着支柱产业的优势。

1986—2005年,是冶金工业发展的黄金年代,一方面是改革开放的大势成就冶金工业20年的持续高速、稳定发展,另一方面是“科学技术是第一生产力力”的强大裂变效应使冶金工业产生质的飞跃。20年来,冶金企业坚持走科技创新之路,在体制、机制上不断探索,在人才培育、队伍建设上不断强化,行业科研开发和技术创新硕果累累。全行业累计完成科研成果437项(不含科研院校),其中获省部级科技进步奖的255项、国家级科技进步奖9项。成果的取得不仅实现产品优质、低耗和高效,也使企业生产力水平和内在经济素质得以提高,使冶金企业迈向市场化、国际化的进程不断加快。同时,也使涉及行业发展的重大结构比例关系、工艺技术、装备水平等都发生显著变化,在做大企业的同时也做强安徽冶金工业。

钢铁工业　1986—2005年,钢铁企业共获得市级以上科技进步奖296项(不含科研院校),其中国家级科技进步奖5项、省部级科技进步奖174项,市级科技进步奖117项。马钢《双流管坯水平连铸机》获国家科技进步奖二等奖,《混匀料场设计》《铁路车站遥控型微机联锁系统》《中板轧机控制系统》3项获国家科技进步三等奖;合钢开发的新产品高精度冷拔管属国内首创,多年来一直畅销不衰。

20年来,钢铁工业科技进步的重点主要是三方面:围绕技术改造推广应用新技术、新工艺,如铁前系统的原料混匀、球团新工艺、高炉喷煤粉、高炉煤气综合利用技术;炼钢系统技术改造不仅淘汰平炉且实现全连铸;轧钢系统的马钢高速线材、冷轧薄板、大H型钢、高速铁路客车车轮,合钢的小型连轧,芜湖新兴铸管的大口径球墨铸管,是国内标志性的先进生产线。坚持用高新技术改造传统产业，计算机控制应用于炼铁、炼钢、轧材以及生产过程管理、经营管理等已是常态化。技术攻关突出节能降耗减排，实现钢铁工业可持续发展。吨钢综合能耗已由1986年的1.7吨标煤降到2005年的0.79吨，固体排放物94%达标，煤气回收及余压发电，轧钢冷却水重复使用，企业经济效益提高，社会效益更加显著。

有色金属工业 1986—2005年，全省有色金属行业累计获得市级以上科技进步奖141项(不含科研院校)，其中国家级科技进步奖4项、省部级科技进步奖81项、市级科技进步奖56项，铜陵有色公司的“地下连续开采工艺技术和装备研究”是国家科技攻关课题，在内外先进技术基础上，全部采用国产研制设备，开发两条连续开采生产线，达到国际采矿业80年代水平，主要技术经济指标达到攻关预定要求。1992年获国家科技进步一等奖。“常温变量喷射－动力波洗涤闪速炼铜技术”以节能、高效、环保和自动化为目标，针对当时国际上“热风”闪速炼铜技术存在的问题，综合运用现代计算机、化学、材料、机械、冶金等跨学科的原理和技术，经多年研究解决铜闪速冶金领域节能理论和实用技术问题，成功开发包括工艺、装置和计算机软件在内的、有多项关键技术属于中国自主知识产权的闪速炼铜新技术，实现“绿色冶炼”。成果总体水平国际先进，关键技术和指标国际领先。1997年，研究成果应用于铜陵金隆铜业公司，技术和装置出口伊朗哈通阿巴德愿一厂，创汇9000万美元。并使中国成为拥有世界先进铜闪速冶金成套技术和装备的国家，对铜冶金产业技术跨越做出重要贡献。该研究成果获2000年国家科学技术进步奖一等奖。

“矿山复垦污染防治研究”“地下矿高阶段强化开采研究”2项科研为矿山安全、高强度、高效率开采以及环境治理方面的特殊成果，获国家科技进步奖二等奖。有色科技进步研究与应用活动广泛开展，不仅改变数千年的传统采矿方式，提高生产效率、减轻劳动强度，更重要的是安全生产和环境污染得到根本性的改观。再就是生产工艺和装备水平上台阶，安庆铜矿的采选系统、铜陵一冶的闪速炉粗铜冶炼装备、池州冶炼厂的闪速炉炼铅设备、鑫科材料股份公司的水平连铸－高精冷轧铜合金带材等生产线，生产工艺的技术水平涉足世界顶尖，其装备水平已属国内一流。

第六节 电　　子

1986—1990年，安徽省电子行业紧紧围绕重点产品研发，继续开展技术引进和横向联合，形成一定基础和规模。到1990年，已能大批量生产11大类电子产品，其中有35项产品技术指标达到或接近国际80年代同类产品先进水平，有9项产品获国家级奖，93项产品获部、省级奖。

1991—2005年，电子行业积极研发为能源、交通、通信等产业服务的电子产品，形成五大电子产品基地，分别是：以铜陵为基地的电子“三膜”(电工薄膜、金属化膜和薄膜电容器)研发生产基地,以原电子部在皖研究所为主体的军用雷达和军用电子产品研发基地,以马鞍山为基地的磁性材料基地,以原电子部8所为龙头的光纤产品研发基地,以长安公司长安牌计算机和实达电脑(安徽分公司)为代表的计算机研发生产基地。随着国民经济和社会信息化步伐加快,计算机软件及其应用产品的开发开始崭露头角。2000年,合肥软件园和安徽中科大讯飞信息科技有限公司被国家科技部分别认定为“国家火炬计划软件产业基地”和“国家863计划成果产业化基地”。安徽科力新技术发展有限公司的“安徽省公安计算机综合信息管理系统”“铁路列车综合系统”获得中国国际软件博览会金奖。当年,芜湖电真空研究所通过科技部批准,正式组建国家特种显示工程技术研究中心,实现国家级工程技术研究中心在安徽“零”的突破。

2001—2005年,电子信息行业在新型元器件、电子材料、汉语语言合成技术、特种显示器、雷达、光纤光缆、集成电路封装专用设备等领域形成一批拥有自主知识产权的主导产品。在神舟五号、六号载人航天飞行器中,安徽有4家研究所和企业研制的10多个产品(部件)参与工程配套。全省有157项电子信息科研成果获得省科技进步奖;“交通事故预防研究及应用”项目获得国家科技进步一等奖、“KD系列汉语文语转换系统”“基于本体的交通系统驾驶员个性化培训技术开发及标准化”获得国家科技进步奖二等奖。

随着经济体制的改革,全省电子工业的科研机构体制从“八五”期间开始就呈现出多元化发展的格局,除原有的部、省属科研院所和高校、国企建立的科研机构外,民办和股份制科研机构的发展迅猛。2005年,省部级以上科研机构40个,其中,国家级3个、部级6个、省级31个。其他类型的科研机构数百个,仅涉及到计算机软件和集成电路的科研企业就有200多家,开发的新品近600项。

电子材料及元器件　安徽大学、霍山县磁性材料厂、泾县磁性材料厂胡国光、娄明连、尹平、汪必宪、潘明柱等人完成的“用铁砂制备永磁铁氧体”项目,获得1991年省科技进步二等奖。马鞍山市高性能磁性材料厂吴福怀、杨东甫、邹三宝、蔡家海、翁革平等人完成的“高性能永磁铁氧体烧结料粉”项目,获得1996年度省科技进步二等奖。马鞍山市高性能磁性材料厂吴福怀、蔡家海、邹三宝、杨东甫、吴克林等人完成的“镜铁矿粉生产高性能永磁铁氧体磁粉”项目,获得1997年度省科技进步二等奖。安徽铜峰电子股份有限公司常荣卿、储松潮、钟光余、姚力丁、束长青等人完成的“年产2500吨电容器用双向拉伸聚丙烯膜工艺技术攻关”项目,获得1999年省科技进步奖二等奖。淮北凡尔康电子箔材有限公司张金武、程秀梅、王玉玲、王敬民、杜军等人完成的“80SH2-235Vf铝电解电容器用化成箔”项目,获得1999年省科技进步二等奖。合肥工业大学韩江洪、陆阳、魏臻、张维勇、邓林等人完成的“总线式智能温度传感器”项目,获得2001年省科技进步二等奖。安徽铜峰电子股份有限公司王晨、王勇、周慧宁、陈静、石兆峰等人完成的“电容器用铝锌渐变方阻金属化聚丙烯薄膜”项目,获得2005年省科技进步二等奖。

雷达与电子仪器　中国科技大学郑国宝、李敦复、盛奕建、成促进、王卫东完成的

“毫米波仪器的频率扩展技术”项目,获得1991年省科技进步一等奖。安徽电子科学研究所刘顺生、周敏完成的“JKG7电脑功率因数自动补偿控制器”项目,获得1994年省科技进步二等奖。中科院合肥智能究所王启浩、俞惠琴、张琳、伍先达、张维琦等人完成的“ZC系列智能测漏仪”项目,获得1994年省科技进步奖二等奖。安徽电子仪器总厂金波、王崇芳、刘皖旗、易文杰完成的“HF5130型电缆故障测试仪”项目,获得1995年省科技进步奖二等奖。安徽大学和安徽省振兴工贸公司李令冬、徐佩、雷马、汪光纯、董瑞安等人完成的“PS—2电能质量分析仪”项目,获得1997年省科技进步奖二等奖。信息产业部电子第38研究所高仲辉、高发勇、方立军、范青、朱子平等人完成的“CINRAD/CC(3830)天气雷达”项目,获得2000年省科技进步奖一等奖。中科院安徽光机所刘文清、魏庆农、刘建国、陆亦怀、王亚萍等人完成的“紫外差分吸收光谱法烟道SO2在线监测仪”项目,获得2002年省科技进步奖二等奖。中国电子科技集团公司第38研究所吴曼青、王燕宇、葛家龙、鲁加国、方志红等人完成的“直升机载合成孔径雷达系统”项目,获得2003年省科技进步一等奖。

计算机与应用系统 安徽省计算中心和安徽省植保总站张国栋、唐向乐、李本超、李登友、张允戌等人完成的“安徽省农作物病虫中长期测报程序系统”项目,获得1988年省科技进步奖二等奖。安徽大学吴建国、杨瀛海、夏承宝、丁伟、李兴荣等人完成的“光笔式条形码阅读器”项目,获得1990年省科技进步二等奖。中国人民银行安徽分行和中国人民银行合肥分行汪永平、胡柳生、许其善、范毓洲、谢敏等人完成的“合肥地区同城清算计算机网络系统”项目,获得1990年省科技进步奖二等奖。中国科学技术大学李嗣福、孙德敏、张胜建、吴福明、朱鸿福等人完成的“20T/h工业锅炉计算机控制系统”项目,获得1993年省科技进步奖二等奖。中科院合肥智能所熊范纶、陈军、张屹、李淼、孙芙英完成的“施肥专家系统”项目,获得1996年国家科技进步奖三等奖。合肥工业大学和安庆石化总厂杨善林、陈福集、李兴国、王志龙、郑能靖等人完成的“安庆石化总厂计算机辅助管理及生产过程监测系统”项目,获得1996年省科技进步奖一等奖。安徽省经济信息中心徐超、姚若宁、裴观胜、姜精如、刘登胜等人完成的“安徽省政府综合信息网络系统”项目,获得1997年省科技进步奖二等奖。中国科学技术大学施蕴渝、王存新、刘海燕、徐英武、向则新完成的“生物大分子的计算机模拟”项目,获得1999年国家科技自然科学三等奖。安徽科力信息产业有限责任公司和安徽省公安厅殷伟、王家捷、吴坚、赵业忠、杨剑等人完成的“安徽省公安计算机综合信息管理系统”项目,获得1999年省科技进步奖一等奖。合肥工业大学魏臻、程磊、程运安、胡庆新、陆阳等人完成的“HJ04A铁路信号计算机联锁系统”项目,获得2000年省科技进步奖一等奖。安徽省CAD应用工程协调指导小组和安徽省生产力促进中心周建强、刘光复、李林、马晓群、凌忠社等人完成的“安徽省CAD应用工程技术开发与应用示范”项目,获得2000年省科技进步一等奖。中国科学技术大学陈国良、黄刘生、陈华平、安虹、王学祥等人完成的“安徽省防灾减灾智能信息与决策支持系统”项目，获得2001年国家科技进步二等奖。中国科学技术大学郭光灿、段路明、郑仕标、周正威、张永生完成的“量子信息技术的基础研究”项目，获得2003年国家自然科学二等奖。中科院合肥智能所熊范纶、王儒敬、张俊业、李文卿、宋良图等人完成的“农业智能系统技术体系研究与平台研发及其应用”项目，获得2003年省科技进步奖一等奖。安徽三联事故预防研究所和上海申磬产业有限公司金会庆、宋扬、张树林、王卫、鲍广阔等人完成的“基于本体的交通系统驾驶员个性化培训技术开发及标准化”项目，获得2005年国家科技进步二等奖。合肥工业大学、上海梅山钢铁股份有限公司、优能通信科技（杭州）有限公司魏臻、陆阳、陆建民、韩江洪、陈焕明等人完成的“CRI2002企业铁路智能运输调度综合信息平台”项目，获得2005年省科技进步奖一等奖。

显示技术　显示技术是利用电子技术提供变换灵活的视觉信息的技术，包括显示器件、显示设备、显示软件和显示系统。安徽华东光电技术研究所（前身为芜湖市电真空研究所）是国家唯一定点的高亮度特种单色和彩色显示器件专业研究所，也是国家特种显示工程技术研究中心，自1987年建所以来，共取得各项科研成果80多项，填补国内外此领域多项技术空白。

该所吴华夏、伍维汉完成的“8SY1Y1及磁聚焦平视管”项目，获得1986年省科技进步一等奖。吴华夏、吴德明、伍维汉、张大林、匡增广完成的“高亮度、高清晰度、无框架投射式显象管系统”项目，获得1988年省科技进步奖一等奖。吴华夏、吴德明、李群、匡增广完成的“5ST15Y1液晶光阀光导纤维显示管”项目，获得1991年省科技进步一等奖。吴华夏、刘劲松、顾晓春、李德杰完成的“8SG32Y43型高亮度机载告警显示管”项目，获得1993年省科技进步奖三等奖。吴华夏、刘劲松、李群、张跃进、王华等人完成的“内磁－静电混合聚集高亮度、高分辨率CRT”项目，获得2000年省科技进步奖二等奖。吴华夏、方卫、贺兆昌、金兴隆、陈涛等人完成的“军用彩色显示管研制及军转民产业化生产技术”项目，获得2001年省科技进步一等奖。吴华夏、董戴、李静、刘波、程和结等人完成的“军用彩色液晶显示模块研制及军转民生产技术”项目，获得2003年省科技进步三等奖。安徽华东光电技术研究所2005年开发出具有国际先进技术水平的微型有源OLED显示器。

语音技术　语音技术，就是让计算机等智能机器具备“会说能听”能力的技术，具有广阔应用前景，是当今世界各国竞相研究的热点。中国科技大学早在20世纪90年代初就开始中文语音技术方面研究，长期以来一直得到国家863项目、973项目、自然科学基金项目的支持。1999年，在国家智能计算机研究中心、中国科技大学人机语音通信实验室的基础上组建科大讯飞公司。公司经过多年发展，在语音合成、语音识别、口语测评等多项技术方面拥有国际领先的成果，是全国语音产业中唯一的“国家863计划成果产业化基地”。

由中国科技大学王仁华、刘庆峰等人完成的“KD系列汉语文语转换系统”获得2002年国家科技进步二等奖。本项目从语音合成、声韵控制、文本分析等关键技术上取得一系列重要创新和突破。在此基础上,先后研制成功KD-TALK、KD-863、KD-2000、KD-2000B等KD系列汉语文语转换系统,实现将中文文本实时转换成汉语普通话语音输出,合成的语音自然流畅,整体技术达到国际领先水平。KD系列汉语文语转换系统为在现代信息社会在获取和交换信息提供便捷、自然、经济的手段,广泛应用于“说话”终端、语言学习、口语翻译、基于电话网的多媒体声讯服务、各类呼叫中心、有声电子邮件以及让人们通过电话、手机、嵌入设备等终端畅游互联网。讯飞公司基于本技术产业化,先后推出满足桌面应用、嵌入式应用和大规模电信级应用的全系列语音合成平台。

第七节 化 工

1986—2005年,安徽省石油化学工业行业的科学技术水平实现快速发展,行业科学技术研究能力和创新显著提高,新产品开发成绩突出,行业技术结构发生质的飞跃。全省石油化工行业共获得国家科技进步奖二等奖1项、国家技术发明奖四等奖2项,部级奖励20多项。获得省自然科学、科技进步一等奖共3项,二等奖32项,三等奖96项,四等奖87项。

1986—1990年,化工行业加强科技开发,技术攻关和引进技术的消化吸收工作,科研成果转化为生产力的速度加快,化工科技水平有所提高。完成科研课题156个,成果转化率70%。获得各级科技进步奖71项,其中国家级2项,部级3项,省级54项,市级10余项。省级科技进步奖中,二等奖5项,三等奖16项,四等奖33项。这些成果大多数得到推广应用,取得较好的经济效益和社会效益。开发新产品444个,省级和国家级133个,其中达到国际先进水平的4个,国内先进水平的46个,填补国内空白2项,填补省内空白81项。新产品开发增强全省化工产品的市场竞争力,经济效益显著。

1991—1995年,化工行业从质量、品种、效益入手,大力推进化工行业技术进步,企业管理水平大幅提高,整个行业技术进步显著加快。共取得世界领先的技术成果3项(蚌埠玉米直接发酵生产柠檬酸技术、安石化催化裂解技术、石油针状焦工业化技术),获得国家科技进步奖二等奖1项(铜化集团国内首套20万吨/年硫铁矿制硫酸装置)。获得省科技进步奖59项,其中一等奖1项,二等奖9项,三等奖19项,四等奖30项。新增产品品种500多种。

1996—2000年,化工行业一些产品通过技术创新和技术改造规模不断扩大,逐渐形成规模优势。如柠檬酸,对(邻)硝基氯化苯,对硝基酚钠,对氨基酚、氰化钠、二甲基甲酰胺吗啉等产能产量居全国第一,位居全国前三位的产品数多达40种。一些产品形成技术上的核心竞争力。全省化工科技开发项目200余项,其中相当一部分已出成果。如新型高效广谱农药除草剂恶草酮生产技术,1999年,建起100吨的工业化装置投产;江淮化肥总厂开发的N-甲基吡咯烷酮生产技术在国内处于领先水平;阜阳化工总厂的吗啉技术居国内先进水平，并申请3项专利，拥有自主知识产权；淮南化工总厂引进国外先进设备开发的二甲基甲酰胺(DMF)，技术水平和综合经济指标在全国处于领先水平，获得省科技进步、自然科学奖61项，其中一等奖1项，二等奖10项，三等奖26项，四等奖24项。

2001—2005年，化工行业注重培育企业，形成企业核心竞争力。其中，玉米清液连续发酵技术、膜分离技术、丙烯酰胺聚合技术、加氢法生产对氨基苯酚技术、纤维生物转化技术等多项技术达到国际先进水平。氰化钠、吗啉、碳酸二甲酯、乳酸、赖氨酸、甲基磺草酮、苄嘧磺隆、烟嘧磺隆、噻吩磺隆、精喹禾灵、除草灵、草甘膦、啶虫脒、毒死蜱、氟虫腈、杀螟丹、肟菌酯、醚菌酯、多菌灵、解草脂、解草唑、异恶草松、高效氟吡甲禾灵、敌草隆等一大批产品生产技术处于国内领先或先进水平。全省石油和化学工业共增加新产品500多种。开发的重点新产品有赖氨酸、淀粉糖、味精、燃料酒精、L-乳酸、扑热息痛、葡醛内酯、间苯二胺、苯磺隆、噻吩磺隆、异恶草酮、精恶唑禾草灵等。5年间民营企业发展迅速，新增50多家有机中间体企业和20多家涂料企业，仅精细有机中间体品种就增加近300种。获得省科技进步、自然科学奖44项，其中一等奖1项，二等奖8项，三等奖35项。

20年间，化工行业重视提升企业科研开发能力和科技水平，大力建设企业研发平台。至2005年年底，全省化工企业建有院士工作站1个、1个国家级工程研究中心(安徽丰原集团控股有限公司)、1个国家级技术研究中心（中粮安徽生物化学股份有限公司)、3个博士后工作站(丰原集团公司、安徽天润化工股份有限公司、安徽华星化工股份有限公司)、30多个省级企业技术中心、多个省级重点实验室。

无机化工 无机化工行业随着新技术新工艺的推广应用，1986—2005年，行业技术结构发生革命性变化，主要产品生产能力大幅上升，无机化工产品数量显著增长，行业对经济社会发展做出历史性贡献。

基本无机化工原料的“三酸两碱”即硫酸、硝酸、盐酸、烧碱、纯碱的生产工艺技术脱胎换骨的提升。硫酸生产能力由1986年的62万吨提高到2005年的300万吨，产量由1986年57.5万吨提高到2005年202.5万吨。铜陵化工集团20万吨/年大型硫酸装置获得国家科技进步奖二等奖后，建设数套大型硫酸装置，硫酸生产的能耗物耗大幅降低。硝酸1986年，生产能力4万吨/年，产量4.3万吨，生产企业1家；2005年，生产能力40万吨，产量32.5万吨。生产企业2家，安徽淮化集团有限责任公司的浓硝酸生产装经过多次技术改造，生产能力由4万吨/年上升至28万吨/年，技术水平不断提高。盐酸1986年，产量5.1万吨(31%)，生产企业8家，2005年，盐酸生产企业3家，产量约15万吨。1986年，全省制碱企业11家，烧碱企业9家，纯碱企业2家，烧碱生产能力7.18万吨，产量7.2万吨，纯碱生产能力3万吨/年，产量1万吨。2005年，全省烧碱生产企业3家，纯碱生产企业2家。烧碱生产能力26万吨，产量18.9万吨，纯碱生产能力约40万吨，烧碱60%的生产能力由金属阳极法改为离子膜法工艺，技术水平接近国际先进水平。

无机化工科技进步与新产品开发深入推进。建成安庆曙光大型的氰化钠生产装置,生产规模亚洲第一,技术水平国内领先。化肥工业技术改造和技术进步成效突出,结构调整取得进步。1986 年, 合成氨生产企业 65 家, 合成氨生产能力为 100.3 万吨 / 年,产量 108 万吨;尿素生产能力 63 万吨,产量 68.2 万吨,碳铵产量 268.7 万吨。2005 年,合成氨生产企业 29 家,合成氨生产能力 250 万吨 / 年,产量 247.6 万吨,尿素生产企业 10 家,生产能力 200 万吨 / 年(实物),尿素产量 89.7 万吨(折 100%)。1986 年,全省磷肥生产企业 47 家、生产能力 159 万吨 / 年,磷肥产量 84.8 万吨(折 $P_2O_5$18%)。2005 年, 磷肥生产企业 21 家, 磷肥生产能力 150 万吨 / 年以上, 磷肥产量 55.89 (折 $P_2O_5$100%),磷铵产量 82.5 万吨(实物量)。

无机化工行业新产品开发取得巨大成绩,除传统的产品如硫酸铝、明矾、元明粉、硫化碱、P_2S_5、氟硅酸钠、水玻璃、小苏打、磷酸三钠、氰化钠、碳酸钾、硝酸钾、双氧水、液体二氧化硫、液体二氧化碳、氯化锌、三氯化铁、漂白粉、次氯酸钠、黄磷、硫磺、氯化钙、三氯化铝,氧气、液氯外,又开发新产品 200 种以上。

全省高等院校,科研院所和化工企业投入大量的人力、物力和财力致力于无机化工的技术创新,新产品新工艺的研发,共获得省级技术进步、自然科学奖 33 项,其中一等奖 1 项,二等奖 4 项,三等奖 14 项,四等奖 14 项。合肥工业大学增韧氧化物系结构精密陶瓷研究获 1991 年省科技进步奖一等奖。合肥化工厂的三聚磷酸钠,化工部第三设计院 20 万吨 / 年硫铁矿制酸装置中的热能综合利用系统,安庆曙光化工股份有限公司的丙烯腈副产法生产优质氰化钠先进技术研究,安徽六国化工股份有限公司等单位的外环流氨化反应器研制,中国石油化工股份有限公司安庆分公司等单位的膜法加氢尾气氢提纯技术的工业应用等 5 项成果获得二等奖。化工部第三设计院的尿素运输及合袋分装装置等 13 项成果获三等奖, 省化工研究院复分解生产硝酸钾新工艺研究等 13 项成果获得四等奖。

有机化工 有机化工主要是指有机化工原料及有机中间体的生产。有机化工产品数量繁多有 5 万种以上。有机化工在化学工业中有着极其重要的地位。

1986 年,全省有机化工原料产品主要有精甲醇、苯酐、丁醇、丙酮、乙醇、冰醋酸、草酸、苯酚、醋酸丁酯、醋酸乙酯、硬脂酸、对(邻)硝基氯苯、对硝酚钠、对氨基苯酚、癸二酸、苯酸、顺酐、乌洛托品、周位酸、苯基周位酸、RT 培司等。有原化工生产企业 38 家,共生产 42 个产品,年生产能力 20 万吨以上。

进入 20 世纪 90 年代,全省有机化工发展速度加快,蚌埠八一化工厂数次采用新工艺新技术扩建原有千吨级对(邻)硝基氯苯生产装置,并提高加工深度,生产多种医药中间体。2005 年,安徽省八一化工集团有限公司的对(邻)硝基氯苯生产能力突破 12 万吨,产量 9.18 万吨,该公司有机化工产品生产能力达到 20 万吨 / 年。安徽淮化集团有限公司数次扩大精甲醇生产能力。2005 年,精甲醇产能突破 10 万吨 / 年,又深加工生产甲醛，混甲胺，90 年代中期引进国外先进设备，利用国内先进的技术建成国内最大二甲基甲酰胺生产装置，2005 年，淮北二甲基甲酰胺产能突破 4 万吨 / 年。安庆石化厂于 90 年代引进美国技术建成 5 万吨 / 年丙烯腈生产装置，后经过两次扩能，2000 年前后达到 9 万吨 / 年，生产规模实施多次技术创新，该丙烯腈生产装置技术水平处于全国领先地位。阜阳化工总厂的吗啉生产装置经过多次创新和扩能，取得 3 项国家专利，产能突破 1 万吨 / 年。合肥四方集团 90 年代初利用国内先进技术建成省内首套千吨级三聚氰胺生产装置，经过两次扩能，90 年代末产能达到 1 万吨 / 年，连续多年创造很好的经济效益。

90 年代末及 2000 年以后，随着长三角经济带的产业转移，数百家有机化工及有机中间体企业转移至安徽，20 年间，全省有机化工及有机中间体产品增加约 1000 种以上。

1986—2005 年，有机化工行业共获得省科技进步奖 27 项，其中一等奖 1 项，二等奖 2 项，三等奖 11 项，四等奖 13 项。东华工程科技股份有限公司的 3 万吨 / 年正丁烯直接水合生产甲乙酮成套技术获得省科技进步一等奖。安徽师范大学的有机电合成技术研究，中国石油化工股份有限公司安庆分公司等单位的 DDC 重汽油常规剂补油控温加氢脱硫技术及应用等 2 项成果获省科技进步奖二等奖。

高分子化工　高分子化工是指高分子材料的合成以及高分子材料的改性加工的工业门类。高分子合成材料主要是合成树脂、合成纤维和合成橡胶三大类产品。全省 20 世纪 70 年代开始合成树脂的生产，合肥化工厂和芜湖化工厂生产聚氯乙烯，有 5 个企业生产酚醛树脂，蚌埠江淮化工厂生产聚对苯二甲酸乙二醇酯，1978 年，安徽维尼纶厂开始生产聚乙烯醇。70 年代末蚌埠有机硅化工厂生产 107 号室温硫化硅橡胶，101 号甲基硅橡胶，110 号甲基硅橡胶。

1986 年，全省合成材料生产企业 12 家，合成树脂生产能力 3.84 万吨 / 年，总产量 2.64 万吨。产品有聚氯乙烯、C 聚氯乙烯、酚醛树脂、不饱和聚酯，有机玻璃，尼龙 1010、环氧树脂、离子交换树脂、聚乙烯醇，合成硅橡胶。安庆石化厂在 80 年代末期建成 3 万吨 / 年聚丙烯生产装置，90 年代中期又建设 5 万吨 / 年丙烯腈 / 腈纶生产装置，后扩大规模至 9 万吨 / 年。在高分子加工方面：合肥化工厂 80 年代末引进技术建成 1 万吨 / 年聚氯乙烯糊树脂生产装置，2000 年前后扩至 4 万吨 / 年的生产规模。安庆燎原化工厂 1990 年利用安庆石化的聚丙烯原料生产聚丙烯丝束供卷烟厂做烟用过滤嘴。安徽神剑新材料股份有限公司依靠技术创新研发成功多种新型专用树脂：如混合型环氧固化聚酯树脂系列产品、户外型 TGIC 固化聚酯树酯系列产品、户外型 Primid 固化聚酯树脂系列产品，PU 聚氨酯系列产品等。该公司拥有安徽省粉末聚酯工程研究中心，是国家级重点高新技术企业，完成省重大科技攻关项目 1 项，安徽省高新技术产品 1 项。获得国家专利 13 项，技术诀窍 5 项。

高分子化工行业 20 年间共取得省科技进步奖 15 项，其中二等奖 5 项，四等奖

10项。

安徽大学的聚丙烯腈基高强碳纤维，省化工研究院的千吨级氯化聚乙烯工业化试验，泾县氟塑料制品厂的ZCSB18型氟塑料合金磁力驱动泵，安庆燎原化工厂的烟用聚丙烯丝束，安徽大学的功能型新系列水乳型聚氨酯，安徽氯碱化工集团有限公司的20000t/a微悬浮种子法(MSP-3)聚氯乙烯糊树脂国产化成果等6项成果获省科技进步奖二等奖。

精细化工 精细化工是化学工业发展的重点，是化工产业结构调整的目标与方向。1986—2005年,已经形成包括涂料、染料、农药等传统精细化工以及食品添加剂、饲料添加剂、油田化学品、水处理化学品、胶粘剂皮革化学品、生物化工、化工新材料等新领域精细化工在内的体系较为完整的产品众多的精细化工产品系列。获得长足发展，科研新成果众多,新产品不断呈现。

1986年,精细化工率为13.5%。2005年精细化工行业实现销售收入150亿元,占全省化工行业总销售收入的30%,精细化工率达到了30%。

全省高等院校，科研院所及精细化工企业大力推进精细化工技术创新和科学研究。共取得省科技进步奖114项,其中一等奖1项,二等奖20项,三等奖55项,四等奖38项。蚌埠柠檬酸厂的利用玉米粉发酵生产柠檬酸新工艺获得省科技进步一等奖。省化工研究所的200吨/年FH65装饰性环氧粉末涂料、甲基环戊烯醇酮合成及工艺研究,安庆石油化工厂的DDS(of-1)合成工艺技术中试生产应用,合工大试剂厂的试剂钼酸铵新工艺,安徽大学应用化学所的PU-II水乳型聚氨酯皮革涂饰剂,中国科技大学的PF-88无水树脂结合剂,安徽工学院15吨/年茶多酚工厂化生产工艺及成套设备,安农大的混合农药光化学应用研究，安徽八一化工集团有限公司的500吨/年对氨基苯酚催化加氢新工艺研究,黄山新力油墨化工厂的高档凹板复合塑料油墨研究,省化工研究院的50吨/年恶草酮除草剂的中试开发,煤炭科学研究总院爆破技术研究所的乳化炸药连续生产系统,安徽大维新材料有限责任公司的C41高强高模聚乙烯醇纤维,安徽丰乐农化有限公司的噻吩磺隆原药合成、苯磺隆原药合成,省化工研究院的氰戊菊酯、乙草胺水乳剂产业化开发等20项科研成果获得省科技进步二等奖。

橡胶工业 橡胶工业就是生产橡胶制品的工业包括轮胎制造、胶管和胶带制造、日用橡胶制品制造、橡胶杂件和再生胶及其他产品制造。1986年,全省橡胶制品企业79家,归口当时的省石油化工厅管理的企业40家。1986年,全橡胶行业产值4.67亿元,销售收入5亿元。2005年,橡胶行业完成工业产值76.8亿元,销售收入85.5亿元(其中新产品产值为19.2亿元),实现利税9.64亿元。2005年,橡胶制品产量:轮胎外胎1074万套,自行车外胎450万条,输送带676万平方米,胶管1930万标米(其中高压钢丝编织、缠绕胶管120万标米),阻燃耐油橡塑胶板15万平方米,医用丁基胶塞20亿只。

1986—2005年,橡胶工业经历深刻的变革,企业组织结构经历剧烈的调整,技术创新取得令人瞩目的成绩。1988 年，安徽轮胎厂经国家计委批准引进意大利皮列利公司的专利技术，引进关键设备建设，10 万套 / 年全钢载重子午胎项目 1992 年建成，1999 年，又建设 20 万套全钢子午胎项目。2001 年，安徽开元轮胎有限责任公司的 30 万套 / 年全钢子午胎转让给安徽佳通轮胎有限公司。1986 年，宁国液压密封件厂与日本合资成立宁国宁天丸有限公司(宁国中鼎密封件有限公司的前身)。

特种橡胶制品一直保持快速发展势头，围绕为汽车工业配套的橡胶密封件、汽车门窗胶条、减震橡胶件、制动橡胶件，各种异形胶管，导向管，为办公自动化配套的橡胶辊，聚氨酯胶辊、为煤矿井下开采运输配套的各种耐磨阻燃橡件等产品开展技术创新和新产品研发，取得较好经济效益。

在应用高新技术改造传统产业方面，橡胶工业取得骄人业绩:安徽佳通轮胎有限公司引进关键设备改造生产线，2005 年，生产全钢丝载重子午胎 156 万条，半钢丝子午胎 704 万条，轮胎子午化率达 80%。

安徽淮北橡胶制品厂 1986 年引进瑞典卓拉堡公司耐磨橡胶筛网生产技术和设备，开发橡胶耐磨筛网代替原来选煤使用的钢质筛网，提高使用寿命，减小噪音，降低生产成本。引进法国聚氨脂浇注型筛网生产技术，进一步提高使用寿命，降低原材料消耗。宁国中鼎密封件有限公司瞄准国家需要进口的汽车橡胶件组织技术开发攻关，每年都有 5~10 个项目通过新产品鉴定，投放市场，替代进口产品。淮南、淮北、铜陵四家输送带生产企业开发高强力钢丝绳芯输送带和聚脂帘布帘线输送带，提高使用寿命，解决大跨度长距离运输需要。开发难燃整芯聚氯乙烯和橡塑复合型阻燃带，代替原来使用的帆布分层橡胶贴面输送带。淮南华宫工程胶管有限公司、淮北万源橡塑制品厂、凤阳凤飞橡塑制品有限公司，开发钢丝编织，缠绕高压胶管，淘汰化纤棉帆布为骨架的夹布胶管编织胶管。中橡马鞍山炭黑厂利用台湾软质炭黑生产技术和国产化的硬质炭黑生产技术，淘汰干法造粒工艺，采用湿法造粒新工艺，全封闭自动化控制，配套建设尾气余热发电项目实现节能环保，提高产品质量，降低原料油消耗，满足钢丝子午胎需要。安徽华峰医用橡胶有限公司引进国外丁基胶塞生产技术和设备建成年产 30 亿只丁基胶塞生产线，代替原来的天然胶塞，提高产品气密性达到国外同类产品质量要求。马鞍山宏力橡胶制品有限公司开发挤出缠绕胶辊包胶技术生产铁芯胶辊为铁钢公司投产薄型彩板项目服务，新产品开发和技术不断更新为橡胶加工行业快速发展增添活力，增强市场竞争力。

20 年间，全省橡胶行业共获得省科技进步奖 29 项，其中二等奖 1 项，三等奖 16 项，四等奖 12 项。淮北化轻工业研究所的重型橡胶组合筛板，获得省科技进步二等奖。

安徽省化学工业获省级成果奖情况统计表

表 2-2-6　　　　单位:项

年序＼等级	一等奖	二等奖	三等奖	四等奖	总计
“七五”(1986—1990)	0	5	16	33	54
“八五”(1991—1995)	1	9	19	30	59
“九五”(1996—2000)	1	10	26	24	61
“十五”(2001—2005)	1	8	35	0	44
“七五”—“十五”(1986—2005)	3	32	96	87	218

第八节 轻　　工

自 1986 年起,经过 4 个五年计划,全省轻工业取得长足的发展。截至 2005 年年底,轻工行业(不含烟草、纺织)规模以上企业共 1465 家,累计完成工业总产值(现价)922.26 亿元,总产值、销售收入、利润分别居全国同行业第 11 位、第 12 位、第 16 位。有近 20 种产品产量在全国位居前 10 名,其中,家用洗衣机、家用电冰箱产量居全国第 3 位,家用空调器、合成洗涤剂产量居全国第 4 位,白酒产量居全国第 6 位,机制纸及纸板、塑料制品产量居全国第 9 位。

科技进步取得显著成效。通过更新改造,全省轻工的技术装备水平得到明显提高,有 15%和 40%以上轻工企业的生产技术装备达到 20 世纪 90 年代国际和国内先进水平。企业技术创新能力得到进一步增强,拥有省级以上技术开发中心 22 个,其中美菱、荣事达、国风塑业建立国家级技术开发中心。科技队伍逐步壮大,企业中科技人员比重达到 5%左右,重点企业达到 10%~20%。每年增加的“四新”产品有 2500 多种,产品形成多样化和系列化。全系统 90%的大中型企业通过国际标准质量体系认证,重要骨干企业已跻身于世界级合格供应商行列。在省政府向国内外郑重推荐的安徽名牌产品中,轻工产品有 90 个,美菱、荣事达、芳草、全力、安利、鸿润等品牌荣获“中国名牌产品”称号。1990 年,全省轻工共获科技进步奖 17 项,其中轻工业部 3 项、安徽省 14 项。1991—1997 年,有 105 个科研项目获得省科技进步奖。

食品饮料　食品工业历史悠久,经过 1986 年以来 20 多年的发展,各门类的科技水平普遍有所提高,其中提高较快的有肉类加工、酿酒、调味品等。

肉类加工　1991 年,利辛县利达食品肉类有限责任公司根据市场行情,由牛羊肉经营扩大到生猪的宰杀加工,同年投资 87 万元建成第一条生猪宰杀、分割流水线,另配 2 台大型平板速冻器,使日加工生猪的能力提高到 300 头。1992 年,投资建成牛吊宰分割流水线1条。1993年，投资建成300吨冷库1座，使日宰杀牛的能力提高到300头。1994年9月，按生产出口产品的标准，改建生猪加工流水线，使日宰杀生猪能力提高到1000头。1995年，完成工业产值1.13亿元；对俄罗斯出口猪牛肉5000吨，出口交货值7000万元；实现利税523万元，其中利润223万元。

萧县罐头　萧县罐头厂1986年扩建到6000吨，1995年又扩建到1万吨，其中牛羊肉类罐头主要是销往阿拉伯国家，猪肉罐头主要销往前苏联，芦笋罐头主要销往西欧，黄白桃罐头主要销往日、韩、东南亚，内销比例很小，为轻工部十个重点罐头食品出口重点企业之一。使用的商标肉类基本为长城牌，果蔬类基本为梅林牌。1996年后，由于市场变化，生产肉类罐头亏损，企业改产果蔬罐头，并研制青豆、去皮葡萄（主要销往韩国）、山芋（主要销往日本）、洋梨（销往俄罗斯）、杏酱（销往法、英），仍是轻工部重点出口企业。1999年到2000年，被省粮油食品进出口公司收购，2008年，由美国熙可食品公司出资对该企业进行重组，改名为熙可安粮安徽食品有限公司，主要产品是黄桃软罐头和果冻，除次品外，产品全部出口美国。

酿酒工艺　1986年4月，亳州古井酒厂陈克清等人历时半年研制的架子曲新工艺取得成功，促进大曲酒产量和质量的提高。同年，研制并推出古井特曲、古井大曲、女宾酒3个新产品，总结并推出“李天华操作法”（“池底保养法”）。1986年3月，濉溪县口子酒厂完成的“生化灶人工催熟优级大曲酒”科研项目，通过国家科委鉴定，并在国内外首家应用此法催熟优级大曲级，为优级大曲酒厂的人工老熟开辟一条新途径，1987年进入批量生产。1988年，濉溪县口子酒厂进行“濉溪传统工艺入池结构调整”试验，65度优级口子酒厂红粮出酒率比上年同期提高1.87个百分点。1990年，古井酒厂“从酒糟中分离稻壳的再生与应用”项目通过省级技术鉴定，填补国内一项空白；“古井低度系列产品开发”项目和“酒糟的综合开发利用”项目在首届中国青年科技成果博览会上均被共青团中央、国家科委、国家计委和中国科协授予金奖；“双层泥发酵”研究成果、“酒糟的综合开发利用”获省星火科技一等奖。1993年，“多层泥发酵提高浓香型名优大曲酒比率”工艺通过省级鉴定并获省“星火科技二等奖”，“酒糟的综合开发利用”项目获国家星火科技三等奖。

古井制曲工艺　古井一贯采用传统人工制曲工艺，从润料、粉碎、踩制、入房到管理等工序，均严格按照传统工艺规范操作。近年来，为满足酿制淡雅型古井贡酒需要，他们从完善制曲工艺和操作方法等多方面入手，改过去“小麦、大麦、豌豆”制曲为纯小麦制曲，适当提高曲坯培养温度，不断提高大曲质量，为酿酒生产提供可靠的基础保障。古井使用的大曲为“两花一伏”大曲，即春季制的“桃花曲”—中温曲（最高品温控制在44—46度），夏季制的“伏曲”—高温曲（最高品温控制在59~61度）和秋季制的“菊花曲”—中高温曲（最高品温控制在56~58度），三种大曲皆具有糖化发酵、提供菌源和生香功能，但其区别在于分别富集不同季节的微生物系，并在其培养过程中产生出不同能力作用的糖化、发酵、生香功能于一体的复合微生物及酶系。通过三种大曲在酿酒生产中搭配使用,既能保证产量的稳定,又提升基础酒醇厚感和陈香味。古井正在致力于恢复所有的手工酿造车间,恢复流传几百年的传统酿造的“原生态”。

兼香型口子酒　安徽口子酒业公司,将传统工艺与现代科技相结合,研发出兼香型口子窖系列酒,1999年,被评定为中国十八大名优酒标准样品,荣获省政府颁发的“安徽省十大重点名牌产品”称号,2000年,荣获省科技进步二等奖,2002年,荣获中国白酒典型风格金杯奖称号并被国家批准实施原产地域产品保护,2003年,口子窖酒执行标准由企业标准上升为国家标准。2005年6月,“口子”商标被国家工商行政管理总局评定为中国驰名商标。

龙津纯生啤酒　1997年起,安徽龙津啤酒厂成为全国第二家生产纯生啤酒的厂家,总投资为1.5亿元,该项目以无锡轻工大学生物工程学院高新科技为依托,引进德国Sartrious和KHS等国际知名大公司的无菌过滤、包装技术和设备。

益益乳业　安徽益益乳业有限公司,前身是安徽省国营淮南乳品厂,始建于1970年,是全省规模最大的奶牛饲养、乳品加工企业。到2005年年底,成为具有相当规模、品种齐全的乳品加工企业,拥有5个规模化奶牛场、165个专业化家庭奶牛场、3600多个养牛专业户,存栏奶牛达9500多头,占全省奶牛总存栏数的41%;年产鲜奶4.2万吨以上,占全省总产量的60%以上。拥有奶粉、酸牛奶、消毒奶、保鲜奶、含乳饮料等现代化乳品加工生产线11条,日加工能力140吨,年加工系列乳制品2万吨。2001年,“益益”牌鲜牛奶荣获“安徽省消费者协会特别推荐产品”称号。2002年,按照GB/T 9001:2000—IS0 90001:2000标准建立、完善固态奶、液态奶设计、生产、销售和服务质量管理体系,并于同年11月通过广东质量体系认证中心认证。同时,通过国家九部委认证,被确定为“国家学生饮用奶定点生产企业”,并被国家八部委评为“全国三绿工程绿色生产线示范单位”,“益益”牌芦荟酸奶酪饮料获得“绿色食品”认证。产品主要有奶粉系列、瓶装奶系列、屋顶奶系列、利乐枕系列。

胡玉美调味品　安庆市胡玉美酿造厂开发生产具有传统特色的多品种系列辣酱和酱油,主要有蚕豆辣酱、火腿辣酱、蒜薹辣酱、芝麻辣酱、葱油辣酱、姜香辣酱、蒜香辣酱、辣椒沙司等。1989年,企业投资120万元对蚕豆酱车间进行技术改造,年生产能力提高到7000吨。1990年,蚕豆辣酱获首届全国轻工博览会金奖。酱油、桂花生姜获银奖,芝麻辣酱等4个新产品获轻工部科技进步优秀奖。1992年,“胡玉美振风古塔”商标获省著名商标称号。1995年,省技术监督局授予振风古塔牌蚕豆酱为省质量免检产品。1997年10月,振风古塔牌辣油椒酱、蚕豆辣酱、海鲜辣酱被中国调味品协会作为推荐产品,同年11月,省工商局确认“胡玉美”商标为省著名商标。1999年,经省经委同意,“利用啤酒废酵母酿造年产5000吨优质酱油”项目被补充列入省技术创新项目计划,酱油生产转向中高档,该项目所选设备均为国产先进定型设备,关键设备达国内90年代先进水平;工艺引用“多菌种制曲,淋浇发酵”工艺及现代生物技术,填补省内空白,达到国内领先水平。

味精　淮南市味精厂1964年成立，其产品又称味粉，味素，有强烈的肉类鲜味，其用途主要用作食物调味品，又可兼作药用和化工合成原料，商标为“淮建牌”，品种有80%粉状，针状和99%晶体三种，其中80%粉状、针状味精是由谷氨酸钠和适量精盐配制而成。1983年，淮建牌99%晶体味精在全国同行业评比中评为第十五名，荣获省优质产品称号，1986年，获轻工业部优质产品称号，蝉联省优质产品称号，80%粉状针状味精被评为省优质产品，1989年和1992年，获全国第一届食品博览会及香港国际食品博览会金奖。至1992年，年生产能力达到3000吨。最先以废粉浆干、豆饼、面筋等为原料，生产工艺采用水解蛋白法，当时试制成功液体味精（又称白鲜汁）。后来以豆饼为原料，采用常压下加温加酸水解，生产粉状味精。该厂一直采用国内新工艺，进行微生物发酵法生产味精，其工艺流程为：盐酸水—蒸气—纯碱—灭菌—淀粉—调浆—水解—冷却—中和脱色—过滤—糖液—发酵—发酵液—分离提取谷氨酸—中和脱色除铁—过滤—浓缩结晶—过筛包装—成品入库。

日用陶瓷　含山瓷器　含山瓷业有限责任公司原是个传统作坊式的小厂，因生产技术落后，产品粗糙落后，企业生存步履维艰，一度濒临倒闭。1983年后进行多次大规模技术改造，结束普瓷生产历史，新建年产1700万件的高技术含量、高附加值的高档细瓷生产线，使企业的年生产能力扩大到5000万件，工艺技术水平不断提高。1986年，淘汰粗瓷上普瓷，1995年，淘汰普瓷上细瓷，后又生产出白如玉、响如磬、半透明、高档次的精细瓷，以及白度高、花色新、造型美的精品瓷，投放市场后，极度畅销。高档微波炉瓷还成为商家的抢手货。

还原焰烧成日用瓷　日用瓷烧成按风格分为氧化焰和还原焰两种。在长江以北地区实现还原焰烧成是陶瓷界的一大难点。含山瓷业工程技术人员成功地以还原焰烧成取代氧化焰烧成，烧制出具有景德镇风格的“白中泛青”的名优瓷器。

搪瓷制品　合肥搪瓷　1986年，合肥搪瓷厂研制的6号低温低成本瓷釉配方获省科技进步三等奖，以煤为燃料的口杯三层烧成炉连续生产新工艺及低温低成本瓷釉配方获轻工业部技术进步三等奖。1987年，引进美国“诺信”公司静电粉末喷涂设备，引进荷兰“福禄”公司烧成电炉设备，并与国内设备配套，形成大型平板搪瓷生产线，从而形成日用搪瓷和静电喷涂平板搪瓷两个生产中心。1990年，研制开发艺术挂盘、多用餐杯、16厘米洗手碗等5个品种17个规格的新产品。1991年11月，引进大型平板搪瓷生产线正式投产。1994年，研制静电搪瓷粉末获得成功，填补国内一项空白，并被列入国家科委火炬计划。1995年，研制开发搪瓷洗菜池、不锈钢洗菜池、电子消费柜、系列搪瓷炖锅、炒锅、电火锅、搪瓷壁画、系列燃气灶具、搪瓷路牌、垃圾筒等新产品投放市场，使产品品种规格形成日用搪瓷、厨房设备、艺术搪瓷、卫生洁具、建筑搪瓷5大类、54个品种、182个规格。

日用化学制品

芳草牙膏　1978年，合肥日用化工厂、合肥市牙病防治所等单位姚焕新等研制成功“芳草止血脱敏特效牙膏”。该产品系以中药为主、西药为辅、中西药物结合的复方药物牙膏,为国内首创,风靡一时,赢得“天天起得早,刷牙用芳草”的美名。其膏体采用新型配方结构,除具有一般牙膏的洁齿爽口性能外,对因牙周病、牙龈炎而引起的牙出血和因受冷、热、酸、甜的刺激而引起的牙本质过敏症的疼痛,有一定的预防和治疗作用。临床试验证明,止血有效率 89.58%,脱敏有效率 83.33%。1986 年,合肥日用化工总厂牙膏年产能力达 1.6 亿支,研制开发芳草牌加酶加香洗衣粉,当年产量 300 吨。1991 年,芳草牌药物牙膏获得国优银质奖章,这是唯一的国家药物牙膏最高奖。1994 年,研制生产出芳草男子汉牙膏,该产品对消除牙齿上的烟渍有显著效果。此后,又相继研投资生产芳草无氟牙膏、双氟儿童牙膏,提高产品科技含量和附加值,对巩固和扩大市场发挥主要作用。1994 年,投资 1848 万元,从瑞士引进年产 3500 万支牙膏复合管生产线 2 条,当年立项,当年投产出效益,从根本上克服牙膏生产使用金属管的局限。

芜湖洗衣粉　芜湖合成洗涤剂总厂 1986 年 9 月,开发的“净灵”彩漂洗衣粉获省优产品二等奖。1987 年 3 月,研制开发“西丽美”系列中档洗衣粉,品种有加酶、加香、精制加酶、复合酶特效、超浓缩、旅游粉等品种,受到消费者欢迎。1987 年 12 月,该厂生产的“神鱼”复配洗衣粉,“西丽美”高级加香洗衣粉获省优质产品。1989 年 12 月,“西丽美”超浓缩洗衣粉,加酶洗衣汾,洗衣膏均被评为省优质产品。实施省重点工程之一的年产 5 万吨洗衣粉技改项目,于 1992 年 8 月竣工投产,主要工艺引进美国和意大利技术,原料采用风力配送,配料由微机自动控制。该厂洗衣粉年产能力增加到 8 万吨,在全省日化行业中处于领先地位。1993 年,在原有的“神鱼”“净灵”“西丽美”系列产品基础上,研制出“邦妮”两大新系列。

真空冷却出皂　1990 年以后,淮南肥皂厂建成肥皂真空冷却出皂生产线。真空冷却出皂与冷放出皂工艺相比,产品质量稳定,产品重量标准,生产连续化、自动化程度有较大提高,生产中污染浪费少,环境效益好,同时,设备维修费大幅下降,工人劳动强度减轻,生产效率得到提高。真空冷却出皂生产线的建成,标志着肥皂生产技术水平达到一个新的阶段。

造纸与皮革

造纸用网　1986—1990 年,芜湖铜网厂改变生产单一磷青铜网产品的局面,引进联邦德国、瑞典设备和技术,开发出代替铜网的更新换代产品 CXW 27254 聚酯成型网,形成年产 2.4 万平方米达到国际先进水平的聚酯网生产线,降低生产成本,提高造纸质量,具有显著经济效益。1991 年,又从国外引进附属设备,扩建厂房,进行技改二期工程,使聚酯网年产能力达 7.5 万平方米,产品质量好,试产费用低。到 1992 年止,90 目单织造纸铜网,26/28 造纸铜网,CXW27254 聚酯网获部优,斜纹网、65/195 三线造纸铜网、90 目单织铜网获省优,开发出聚酯网系列产品。

红星宣纸　泾县宣纸厂 1990 年建成制浆、捞纸、晒纸、检验一条龙生产工艺流水线一条,采用一系列新工艺和新设备,减轻工人劳动强度,提高产品质量和工作效率,节约能源，降低成本，实现自行供浆生产，其宣纸生产全面走上正常轨道。1994 年，红星牌宣纸荣获第九届亚太地区博览会金奖，并被省技术监督局认定为“免检产品”。1990—1995 年，公司相继开发超级宣纸、神品宣纸、贡品宣纸、精品宣纸等新品种、新规格宣纸数十种。

牛皮箱板纸　合肥造纸厂 1987 年研制成功，同年该产品在省轻工新产品鉴定会上受到一致好评。1991 年 12 月，雄鹰牌牛皮箱板纸获省优质产品称号，1992 年，获国家板纸协会“蔡伦奖”。

涂布箱板纸　1994 年 5 月，合肥造纸厂投资 708 万元的年产 7000 吨涂布箱板纸生产线正式投产。该流水线采用气刀涂布，修饰部分选用软压光机，工艺先进。同年，试制成功新产品涂布箱板纸，具有白纸板的彩印性能和箱板纸的包装功能，广泛用于中高档商品包装。

家用电器

荣事达洗衣机　合肥荣事达集团公司原为省内独家生产洗衣机的厂家。1986 年，从日本三洋电机株式会社引进具有 80 年代中期国际先进技术水平的大波轮、新水流双桶洗衣机技术。为解决该厂百花牌洗衣机牌誉不响、销售不旺的问题，与上海洗衣机总厂联营，利用对方品牌生产水仙牌洗衣机，开始长达 6 年的合作。从 1991 年起，先后投巨资建成洗衣机、模具、电子、小家电 4 个研究所和 1 个检测中心、1 个计量中心，开发 18 个新产品。1992 年，投资 3500 万元成立模具中心，引进高精度机床和计算机辅助设计 / 计算机辅助制造工作站，并派员赴日、美培训。1993 年、1994 年，荣事达公司均被列入全国高新技术百强企业，是安徽也是同行业中唯一入选企业。1995 年，在国内建立 30 个分公司、400 多家特约维修点，实现销售、宣传、维修三位一体；推出包括“零缺陷生产”“零缺陷供应”“零缺陷服务”“零缺陷决策”“零缺陷资本运作”等各个系统的“零缺陷管理”模式，确保产品质量和工作质量不断提高。1996 年 2 月，通过 ISO 9001 国际质量体系认证。

双桶洗衣机　荣事达 1993 年自行研制开发的大容量 XPB50-18S 型洗衣机，具有国内先进水平，后来又陆续开发近 10 个衍生型号，成为双桶洗衣机的主要机型。

全自动洗衣机　荣事达 1995 年研究开发 4.5KG 模糊型、普通型全自动洗衣机，1997 年，一次推出十几种新款洗衣机获省级新产品鉴定，1998 年，又开发出国内独创的分洗式洗衣机、搅拌式洗衣机等产品。

洗衣机电机　1992 年，安徽黄山电器总厂以原电扇电机生产车间为基础，扩建成黄山电器三分厂，3 个月内试制出洗衣机电机，并批量投入生产。经过不断技术改造，设备更新，洗衣机电机以高质量迎得用户青睐，成为质量信得过的配套产品。

美菱电冰箱　1985 年，合肥电冰箱厂与意大利梅罗尼公司进行技术合作谈判并签约，赶上国内引进电冰箱生产线的“末班车”。1987 年 8 月，仅用 3 个月时间完成安装调试，企业形成达到年产电冰箱 30 万台能力，产品质量档次大为提高。该引进线在国内率先采用电脑自动测试和温度自动记录等先进检测设备。1987 年，美菱 BC-145 型电冰箱获国家轻工业部优质产品称号,美菱牌电冰箱首次被轻工业部推荐为“最受消费者欢迎的轻工产品”。

1989 年 7 月,美菱 BCD-181 型超大冷冻室电冰箱研制成功,被称之为“中国电冰箱行业的一次革命”“美菱 181 效应”。后开发出适合中国南方市场的美菱 161 电冰箱。1998 年,美菱首创保鲜系列冰箱,打破传统冰箱“以冷为佳”的思维定势,使冰箱在功能上发生质的变化:由保质走向保鲜,被权威人士称之为“冰箱行业的二次革命”。

华凌冰柜　1993 年,安徽黄山电器总厂与香港华凌集团合资兴建合肥华凌电器有限公司,主要生产华凌牌 40L-120L 系列小雪柜等家用电器,1994 年 4 月投产,主要技术指标均超过国家规定标准,并通过国家产品性能安全认证和美国 UL 认证。华凌雪柜制冷效率高、耗电少、噪音低,投放市场以后,赢得用户信赖。

精达牌漆包线　1987 年,总投资 2700 万元人民币、年产 1850 吨的双包双防漆包线项目,获得省轻工业厅批准,主要设备和技术均从意大利等国引进,1989 年 12 月,一次性试车成功。1990 年 2 月,铜陵市家电铜材厂成立,产品当年获全国第二届家电展览会银飞马奖,通过轻工业部部级产品技术鉴定,产品质量稳定可靠,可以替代进口,符合并部分超过国际电工委员会 IEC317-13 标准,居国内同行业领先地位,为加速压缩机材料国产化进程奠定基础,填补省内一项空白。1991 年,产品获省和轻工业部优质产品称号,成为国内引进意大利西格玛公司漆包线生产线运行最好厂家。1992 年后,上马 QACH 超微细线和空调用漆包线,从意大利、德国、奥地利等国引进年产 870 吨的空调器等家用电漆包线生产线,于 1993 年年底产品投放市场,企业漆包线规格线径范围从 Φ0.2—Φ0.8 毫米之间向两头拓展到 Φ0.02 毫米和 Φ2.0 毫米，大大增强产品在市场上适应能力。1994 年,针对冰箱、空调以及吸尘器等所需漆包线持续增长的市场行情,投资 1000 万元人民币从意大利引进一台年产 1200 吨的漆包线生产线,于 1995 年成功地投入生产。1995 年,又从意大利再次引进一台 1200 吨的漆包线生产线,于 1996 年 5 月建成投产。通过三次技改,生产能力从一期工程 1850 吨迅速扩大到 5000 吨,成为国内同类企业中举足轻重的生产厂家。1996 年,主导产品“精达”牌漆包线荣获“96 年安徽名牌产品”,并通过 ISO 9002 质量体系认证。

轻工机械

纸箱机械　1990 年,蚌埠市纸箱机械厂开发与新型单机相配套的纸板印刷、分切、压痕等多道工序一次完成的连动机械 7 种新产品,实现单机生产的配套成线,彻底淘汰手工印刷的老工艺,生产效率、产品质量显著提高。1991 年,具有 80 年代国际水平电气三位一体单面瓦楞纸的新产品试制成功。1992 年,开发大规格双色纸板印刷机械等 6 种新产品,使之与单面瓦楞纸板箱生产线再行配套,进而形成中型纸箱生产线。到 1994 年,该厂所产纸板印刷机械按印刷色次分,有单色、双色、三色和单色带上油、双色带上油、三色带上油 6 种;按适用油墨分,有普通油墨、水可洗油墨、水性油墨、J 型水性油墨等多种机型;按功能分,有印刷、上油、分切、压痕、切角、开槽、打扣扎等多种配合功能。

芜湖缝纫机　芜湖缝纫机厂是全省唯一由国家定点生产缝纫机的中型骨干企业。从 1986 年起,企业转为与上海协昌缝纫机厂协作,定牌生产“蝴蝶”牌缝纫机,联合当年产量就达到二次扩初设计能力 12 万架。此后,经不断技术改造,产量逐年递增,质量保持 A 级水平。1990 年,同上海江湾机械厂合作,开发 CC41-1 型中速平缝纫机,以造型美、不渗漏、低噪音的显著特点进入市场,逐渐成为全国中平机市场主导品种。从 1993 年起,企业以 GC41-1 型为主导机型,派生开发出中厚料机、珠边机、电脑绣花机等。1995 年,企业对工缝系列产品加以改进,变二档为三档支撑,增加自动润滑装置,提高产品档次,使之在国内同类产品中居于领先水平,国内市场占有率达 20%。

第九节　纺　　织

纺织工业是经济发展的传统支柱产业。在资源转化、吸纳劳动力就业和出口创汇等方面,为全省经济的发展和社会的稳定做出过重要贡献。1986—1990 年,改革开放推动行业高速发展,1991—1995 年,改革与脱困目标实现,1996—2000 年,改革改组改造推进行业结构调整,2001—2005 年,加入世贸组织后新型工业化加快产业升级步伐。经过 20 年的改革、调整与发展,全省纺织充分发挥资源、区位、劳动力和骨干企业优势,行业形成以棉纺织、丝绸、印染为主体,麻纺、毛纺、化纤、针织、家纺和纺机全面发展较为完整的产业体系。全省纺织行业的大发展,纺织科技进步举足轻重,技术改造贯穿始终,先进设备占有率上升,劳动生产率迅速提高,产品品质和质量大为改进,品牌建设逐步深入,信息化取得长足进展,以企业为中心的技术创新机制正在形成。行业竞争力不断提高。

棉纺织　棉纺织是纺织行业最基础产业,棉纺织技术装备水平及主要产品纱和布的质量直接关系到下游产业印染、针织、服装等行业的发展水平和产品质量,随着时代的进步,对纺织产品的需求也不断变化。而纺纱技术装备的创新,是整个纱线产品创新的基础。

1986 年,全省有棉纺织企业 135 个,职工 9.91 万人,棉纺织业完成工业产值 15.12 亿元,生产棉纱 11.7 万吨、棉布 4.67 亿米。实现利税 1.47 亿元。拥有棉纺锭 87.27 万锭,气流纺锭 3000 头,捻线锭 18.51 万锭,棉精梳机 150 台,棉布织机 3.07 万台,宽幅布机 8991 台。1987 年年底,有 11 种产品被评为“省优”产品,其中棉纱 7 种,棉布(包括色织布)4 种。无纺布生产技术开始应用,并开发出一批新产品。如合肥卫生材料厂的即用即弃无纺布医用手术衣、手术帽,产品全部出口,创汇 100 多万美元,被列为创汇百万美元以上的全国 5 家无纺布企业之一。

安徽华茂集团有限公司是有着 50 多年历史的国有纺织企业。其中安徽华茂纺织股份有限公司是华茂集团控股的上市公司。1985 年,27.8 号纯棉普梳纱获“国家银质奖”;1986年,获国家经贸委“六五”全国技术进步先进企业奖;1995年,获“全国纺织工业科技进步先进单位”;2002年,“信息化工程”获省科技厅“科技成果奖”;2004年,获中国纺织工业协会“科学技术贡献奖”;2004年,“新型开清联合机”获中国纺织工业协会“科学技术一等奖”;2005年,弹力双层布获“全国棉纺、色织、印染产品开发优秀创新奖”;直贡布获“全国棉纺、色织、印染产品开发优秀创新奖”。

1996—2000年,企业先后开发出精梳纯棉纱120支、160支、氨纶包芯纱、纬长丝织物、缎纹细布及绢丝横贡等难度大、附加值高的品种200多种(类)。主要有精梳140支、150支和160支单纱和股线,使用新型原料天丝纤维、莫代尔纤维和大豆纤维生产的纯纺和混纺纱线,运用新工艺生产的交捻纱、竹节纱,结构复杂的巴厘纱、弹力提花布等。通过省里组织的68"J100s*100s230*30直贡系列、精梳纯棉纱与细旦涤纶纱交织布系列、J120S、J140S、J160S纱线系列三个系列新产品鉴定。上述新产品生产难度大,技术含量高,大大提高华茂产品的档次和附加值,并成为与“皮尔卡丹”“雅戈尔”“杉杉”等国内外知名服装品牌相配套的产品。

毛纺织 毛纺织作为产品门类比较齐全的工业体系,经过多年建设,在羊毛加工、毛条制造、纺、织、染色、后整理工艺技术装备、新原料利用、产品创新等方面取得一定进步。毛纺织品需求趋向于更舒适、易护理、手感好、多功能等要求促进毛纺织生产不断创新,新原料、新技术、新工艺得到广泛应用。

1987年,全省纺织系统拥有毛纺织企业19个,年末有毛纺锭4.22万锭。全年工业产值1.87亿元,产品销售收入1.95亿元;缴纳税金2166万元,实现利润1204万元,人均创利税2601.51元;1987年,开发试制香味花呢、毛维花呢、毛粘复色花呢、全毛夹花华达呢、条染全毛针织绒等6种新产品,并通过省级鉴定。是年有1个产品被评为“部优”产品,5个产品被评为“省优”产品。1989年,全省有毛纺织企业新产品开发成效大。兔毛产品从单一兔毛衫发展到兔粗纺呢绒、兔毛毛毯、兔毛针织绒线、兔棉针织内衣及小商品等六大类系列产品。在上海毛纺产品展评交易会上,蚌埠第二毛纺厂生产的腈毛麻花呢获“上呢杯”一等奖。在全国毛纺年会上,阜阳羊毛衫厂高比例女开衫获第二届“唯尔佳”杯一等奖。全国兔毛系列四新产品评比展销会上,获一、二、三等“四新”奖各1个,8种产品获兔毛衫新款式奖。马鞍山毛纺厂生产的工艺印刷毛呢,芜湖毛纺厂生产的毛麻明星呢通过省级新产品鉴定。产品创优成效大。全年创部优产品2个,创省优产品5个,结束安徽毛纺业没有部优产品的历史。1991年,在全国1986—1990年度纺织科技成果展评中,精纺兔毛呢绒、无针针织面料分获一、二等奖。1992年,全省毛纺行业努力使产品上档次、上水平,增加附加值,全年获新产品奖12个。国家重点项目兔毛深加工技术攻关取得阶段性成果,开发兔毛深加工产品,如精梳兔毛维也纳、麦司林、皱纹呢和兔丝产品等。1993年,全毛纺行业获省级新产品奖17项。阜阳纺织厂“高比例防蛀兔毛纱”获省纺织系统重大科学技术成果奖,另有2种产品获省级科技进步奖。1994年,蚌埠第二麻纺厂调整产品结构,引进毛纺生产线,成立合资企业宝安公司;

阜阳纺织厂开发的防蛀兔羊毛衫获省科技进步三等奖。

麻纺织　麻纺织工业相对发达，在全国占有较大比重。麻纤维具有天然的吸湿、透气、抑菌、防霉、抗静电、抗紫外线等卫生保健特性，麻纺织品、服装具有优良的服用性能，符合绿色消费和时尚潮流需求，市场前景广阔。

1987 年，全省有麻纺织企业 15 家，其中全民企业 11 家，集体企业 4 家。年末生产能力：黄红麻纺锭 22142 锭，麻袋织机 1028 台，苎麻长纺 13648 锭，短纺 19672 锭。1987 年，有 3 种产品被评为“省优”产品。在开发苎麻新产品方面，铜陵苎麻二厂、芜湖色织布厂开发出苎麻粗厚色织产品。铜陵化纤厂试制出 36N 纯麻针织产品。涤棉麻三合一产品批量生产并出口美国。黄洋麻变性产品在芜湖麻纺厂初试成功，变性后的洋麻支数从原来的 180 支提高到 320 支，且手感柔软，提高可纺性，并通过尘笼纺出 7 支以上的混纺色芯纱。1989 年，在全国苎麻产品评比中，全省麻纺行业有 44 个产品获创新奖，获奖数居全国第一。1992 年，麻纺织行业积极调整行业和产品结构，黄、红麻变性处理及织物研制项目和苎麻系列产品开发项目通过鉴定。1993 年，通过省级新产品鉴定 6 项，其中铜陵海陵苎麻厂开发生产的气流纺亚麻棉纺纱和布，舒城麻纺厂利用回丝开发生产的无纺布麻毡等效益较好。1994 年，蚌埠第一麻纺厂开发研制的海洋生物制品、芜湖苎麻纺织厂的 18NM/2 麻棉系列色纺纱线和铜陵苎麻纺织一厂的亚麻棉 54.05tcx 混纺纱获省科技进步四等奖。

1996—2000 年，麻纺织行业抓住机遇，充分发挥资源优势，积极发展麻纺织工业。铜陵华源麻业有限公司从全省麻纺织行业脱颖而出，进入 2005 年全国麻纺行业主营业务收入第五名，全国麻纺行业竞争力 10 强第六名，全国出口交货值 100 强第 79 名。该公司始终坚持以科技创新为先导，着力于用高新技术改造传统产业，开发具有自主知识产权的核心技术，在绿色环保麻类面料生产、麻类资源综合利用以及节能减排方面开展大量研究，共申请 50 项专利，其中 10 项发明专利技术在国内保持领先水平。先后开发出弹力布系列、竹节纱系列、麻棉色纺等系列新产品，有 10 多种面料入围中国流行面料。其中，涤棉菠萝麻三合一等面料被评为 2000／2001 年春夏流行面料；天丝亚麻针织布、亚麻棉针织布等面料被评为 2002／2003 年秋冬中国流行面料入围产品；纯亚麻针织布、天丝亚麻大豆混纺织物面料被评为 2003 春夏中国流行面料；苎麻锦纶绢混纺布、天丝亚麻大豆针织提花布、棉菠萝麻涤混纺布入围 2004 春夏中国流行面料；苎麻格子布、苎麻竹纤维天丝棉混纺布、苎麻棉针织弹力布、大麻莫代尔棉缎纹布被评为 2005 春夏中国流行面料；棉苎麻棉竹节缎纹布、天丝菠萝麻混纺布被世界纺织大会推介为优秀面料。先后被中国纺织工业协会授予“纺织科技型企业”。

化学纤维纺织　化纤工业起步较晚。1987 年，全省有化纤企业 4 家，其中全民企业 3 个，全部生产合成化学纤维。生产能力为合成纤维 2.11 万吨，其中维纶短丝 7260 吨，涤纶 1.27 万吨（其中长丝 3280 吨，短丝 9400 吨），丙纶长丝 1200 吨。全年实现工业产值 2.13 亿元，其中全民企业 2.12 亿元。1987 年，化纤行业根据市场需要，积极调整产品结构,除保持维纶生产外,增加涤纶长丝的生产,减少涤纶短丝生产。全年生产维纶短丝 3213 吨,比 1986 年增长 22.5%;涤纶长丝 4598 吨,比 1986 年增长 1.48 倍;涤纶短丝 6498 吨,比 1986 年下降 17%;丙纶纤维从无到有,1987 年,生产 99 吨。化纤行业相比其他行业经济效益较好。

1992 年,省纺织系统化纤骨干企业安徽维尼纶厂和铜陵化纤厂共生产电石(标准量)3.37 万吨,聚乙烯醇 1.41 万吨,涤纶长丝 5740 吨,涤纶短纤 7220 吨,锦纶 677 吨;完成工业产值 3.31 亿元,实现利税 3497 万元。其他化纤企业有蚌埠纺织厂生产 175 吨丙纶烟用丝束,蚌埠第一麻纺厂生产丙纶烟用丝束 258.2 吨、丙纶 BCF457.5 吨,安庆燎原化纤厂生产丙纶烟用丝束 749 吨。是年在建化纤企业有合肥纺织化纤总厂(年产 2000 吨锦纶长丝)、合肥兴富化纤厂(年产 1200 吨丙纶长丝)。

2000—2005 年, 安徽化纤工业发展平稳,2004 年前表现为稳步增长,2004 年后增速放缓。维纶产量逐年增长,占全国份额从百分之十几增长到百分二十以上。安徽皖维集团有限公司是安徽化纤行业唯一 1 家上市公司, 全国化纤 50 强, 全国出口交货值 100 强企业,其产品聚乙烯醇(PVA)国内市场占有率 20%、高强高模 PVA 纤维出口占国内出口总量的 70%,两产品年生产能力均居全国同行业第一,高强高模 PVA 纤维产品产能居世界第二。公司走出一条“资源综合利用、能源梯次开发”的循环经济发展道路,成为全国同行和全省循环经济的典范。

第十节 非金属材料

非金属材料开发利用是衡量一个国家经济综合发展水平的重要标志之一,它涉及建筑、冶金、石化、轻工、机械、农业、医药、地质和环境保护等诸多领域。安徽省有丰富的非金属矿产资源,特别是长江沿线的石灰石、方解石、白云石等,不仅品质优、储量大,而且易开采、水陆交通便利。1986—2005 年,全省非金属材料工业(建材工业)坚持改革开放,坚持科技进步,由小变大,靠新变强,走出国门,迈向世界,成为重要支柱产业之一,取得令人瞩目的成绩。

1986—1990 年,全省非金属材料工业处于“小建材、大发展”时期,小砖瓦、小水泥企业遍布全省, 虽然基本满足社会建设需求, 但也造成环境污染、资源浪费等问题。1991—2000 年,全省加快技术改造步伐,逐步调整产业结构和产品结构。鼓励发展年产 20 万吨以上水泥生产线,清理整顿“小水泥”“小砖瓦”取得成果。1991 年,计划安排技改科技开发项目 106 项,总投资 2.46 亿元。促使一批国有建材企业生产规模扩大,产品质量提高,工艺技术更加先进。1993 年,全省建材工业共完成技改投资 1.8 亿元,竣工项目 14 项,可新增产值 2.1 亿元,利税 5600 万元,年增水泥产量 90 万吨。一批具有产品档次高、附产值高、规模大、节能等特点的装饰材料、防水材料、非金属矿产品、化学建材等相继建成投产。1995 年, 建材行业还获得 4 个省级科技进步奖, 其中二等奖 1

个,三等奖1个,四等奖2个,星火奖4个;发明奖2个和国家专利1项。科技进步取得新发展:水泥方面,全省县以上8.8万吨生产线普遍进行一次技术改造,采用生料预均化,预加水成球,矿化剂配料,掺加晶种等先进工艺,企业机械化、自动化水平普遍提高;平板玻璃方面,蚌埠平板玻璃厂经过不断技改,可生产茶色、黄色多种玻璃,并新开发彩绘玻璃、浮雕玻璃、激光玻璃等玻璃深加工产品;新型建材方面,建筑陶瓷采用大吨位液压机械成型,辊道窑一次烧成先进工艺;建材机械方面,通过消化吸收,建成并投产年产30套空心砖机械生产线和年组装500辆5~20吨散装水泥车生产线等。1991—1995年,全省建材工业完成技改项目81个,总投资16亿元,为1986—1990年的2.78倍。获国家专利2项,省级科技进步奖22项,星火奖12项。

1996—2005年,建材行业大力推进技术进步和产业升级,在技术结构上,坚持扶优限劣,淘汰落后生产工艺,在产品结构上,积极发展新型建材,结束单一水泥为主的历史。注重推广新技术、新工艺,对传统建材企业和产品继续进行技术改造,同时开展职业技能培训、岗位练兵和技术比武活动。1996年,全省建材行业参加各项技术比武的职工有1670余人,省建材局直接组织全行业电工和玻璃锡槽工技术比武,经过评选程志明获得电工"技术状元",武鹤松获得玻璃锡槽工"技术状元"称号。安徽海螺集团开发的日产2000吨水泥熟料计算机控制软件及回转窑胴体自动测温仪的水平处于国内领先地位。省建材科研所、省建材设计研究院申报安徽省新型建材及制品技术中心、安徽省水泥技术开发中心。全省新上项目以新型建材、非金属矿开采加工为主,并在规模、质量、效益和制度、环保等方面加以引导。1997年,全行业完成新产品、新技术开发20项,比上年增长25%。新产品开发中有1项达到国际先进水平,16项达到国内先进水平,3项为省内先进水平。新产品产值1.55亿元,利税3114万元。海螺集团技术中心被正式认定为省级技术中心。嘉山凹凸棒厂被评为高新技术企业。宁昌塑料编织袋有限公司的塑料编制袋被评为高新技术产品。寿县水泥厂、东关水泥厂、宿州百通集团、马鞍山星马专用汽车有限公司的产品获"安徽名牌产品"称号。"海螺牌"水泥、"巢湖牌"水泥被省工商局认定为省著名商标。1998年,省建材局申报国家重点结构调整专项计划6项,总投资24464万元,批准项目建议书的省级项目6个,审查批复项目建议书的有马鞍山星马专用汽车有限公司年产2000辆专用汽车项目、芜湖海螺型材有限公司三期工程项目、淮北众城水泥有限公司日产1000吨水泥熟料生产线等8个项目。1998年,在建技术改造项目17个,总投资10.8亿元,完成技改投入6.24亿元,比上年增长40.9%。技改项目投产8个,新增水泥生产能力125万吨,新增新型建材产值1亿多元。完成省级以上新技术和新产品开发26项,新增产值3.29亿元、利税8650万元。1999年,全行业在建技术改造项目20个,其中国家级项目5个,项目总投资21亿元,亿元以上项目6个,重点工程白马山水泥厂4号窑创造全国同类项目工期短、投资省、投产即达标的全国记录。芜湖海螺型材公司四期工程当年投资、当年竣工投产、当年发挥效益,创造全国建材史上的新记录。1999年,全行业开发新产品、新技术26项(其中国内领先水平 10 项),创产值 4.5 亿元,对行业贡献率超过 10%。华光集团、星马专用汽车有限公司企业技术中心获省级技术中心认定,省建材设计研究院新材料中心、省巢湖水泥厂地方水泥技术中心完成申报工作。海螺型材公司等 2 家企业被认定为高新技术企业,ITO 导电膜玻璃、PVC 异型材料等 3 种产品被认定为高新技术产品。2000 年年末,全省建材工业形势发生重大变化,行业产品结构越来越好,优势产品、新产品保持较高的发展速度,其中优质干法水泥、化学建材快速崛起,在国内处于领先水平。2000 年,行业科技进步主要抓两点工作:一是建设以企业为主体的技术创新体系:海螺、星马、华光集团企业技术中心瞄准国际、国内先进水平和“两高一优”组织科研攻关工作;指导国有大中型企业凡有条件的迅速建立科技开发机构;推动产、学、研联合,建立起全省建材行业技术创新服务体系;二是以项目为依托的技术创新步伐,抓好标志性工程和导向性项目,如星马集团 2000 辆专用汽车技术改造、海螺获港 4 条 2000 吨/日水泥熟料生产线,安庆市水泥厂年产 6000 万吨蒸压粉煤灰砖;全力实施铜陵二线日产 4000 吨等 5 条水泥熟料生产线建设,以及建成 10 万吨方解石超细及 100 万平方米玻璃深加工项目等。到 2004 年年底,海螺集团水泥和熟料销量达 5600 万吨,居全国水泥行业第 1 位,世界第 6 位;芜湖海螺型材科技股份有限公司已从德国、奥地利引进256 条 PVC 型材生产线,形成 50 万吨生产能力,2004 年,生产各种规格型材达 40 多万吨,其中彩色型材有很大的突破,公司的生产规模和销量已居全国和世界第一位。国风集团所属的安徽国通高新管业股份有限公司到 2005 年末,实现管材年产量 40 万吨,成为全国乃至亚洲最大的塑料管材生产基地。安徽国风木塑科技有限公司,投资 4 亿元,建设年产 30 万吨木塑环保新材料自动化生产线,成为中国最大的木塑产业基地之一。安徽星马集团 2004 年完成专用汽车(散装水泥罐车、混凝土搅拌车等)3243 辆,实现工业产值 16.03 亿元。合肥空心砖机械制造厂,从 1988 年开始,通过消化吸收西班牙真空制砖机,经过 10 多年的技术改造,成为生产真空制砖、制瓦机的专业机械制造厂,其生产的空心砖机械及配套设备远销国外。合肥水泥研究设计院也开发生产出适用于水泥、冶金、电力、化工、机械等行业各种系列环保收尘器及自动化计量设备。1996—2000 年,全省新型建材工业异军突起,产品有化学建材、新型墙体材料、矿渣超细粉、纳米级碳酸钙、重质碳酸钙、膨润土、凹凸棒黏土、纸面石膏板、微晶玻璃、PC—350 可拆装轻质隔墙系统、轻钢结构建筑等。全行业有水泥、玻璃、导电膜玻璃、聚氯乙烯型材、聚氯乙烯管材、花岗岩、大理石、散装水泥罐车、混凝土搅拌车、制砖机及非金属矿产等 10 余种产品出口。

2001—2005 年,安徽省建材行业贯彻“控制总量、调整结构、节能减排、科学发展”的方针,积极走技术进步和产业升级、淘汰落后产能的新型工业化发展道路,使建材工业实现跨越式发展。截至 2005 年年底,全省建成新型干法水泥熟料生产线已达 50 条,年生产能力达 5300 万吨,新型干法水泥占水泥总产量 80%以上,居全国前列。海螺集团、国风集团、皖维集团、星马汽车、合肥水泥研究设计院和蚌埠玻璃工业设计研究院等8家单位已成长为创新型、外向型企业。经过20年努力，全省建成干法水泥、化学建材、建材机械、玻璃及玻璃深加工、非金属矿开采和深加工等五大基地。海螺、星马、皖维、巢东、国风、华光6家企业集团成功上市，募集社会资金31.6亿元。2004年，海螺集团的塑料型材销量名列世界第一位、海螺水泥熟料产能规模名列亚洲第一，在世界仅有的7条万吨水泥生产线中，海螺集团就拥有4条。海螺集团已由一个宁国水泥厂发展成为控股经营2家上市公司、3只股票，跨省控股、参股、合资经营50多家子公司，总市值逾千亿元的大型集团公司，成为安徽乃至中国建材工业的“参天大树”。安徽华光集团的ITO导电膜玻璃、信息显示基片玻璃可替代进口，填补国内空白，华光集团与蚌埠玻璃工业设计院一起成为省内光伏产业、玻璃新材料产业的龙头企业。与此同时，全省非金属矿深加工产业得到快速发展，一批超细重质碳酸钙、纳米轻质碳酸钙、活性氧化钙、煤系高岭土深加工、凹凸棒石粘土深加工项目纷纷建成投产，生产能力和技术水平在全国已处领先地位。

水泥　合肥水泥研究设计院。中国建材行业重点科研院和甲级设计单位。1978年，在合肥组建，1984年，更名合肥水泥研究设计院。1999年，作为第一批转制院所，由国家事业单位改制为科技型企业并入中国建筑材料集团公司。1989年，合肥院研制出第一台立磨，并成功应用于安徽万佛塔水泥有限公司(原安徽省蒙城县水泥厂)。此后研制的国内磨盘直径最大、单位产量最高的立磨也应用于5000吨/日新型干法水泥熟料生产线，打破外国人的垄断地位。该院每年在研课题保持在30~40项，科研计划完成率在90%以上，省级以上重大科研项目的完成率接近100%，每年投入6000多万元用于新技术、新产品研发。1978—2004年，合肥水泥研究设计院共承担包括国家科技攻关项目和部门重点项目等在内的研究课题300项，投入资金亿元以上，其中承担国家科技攻关项目16项，省部级项目50余项，经鉴定的各类科技成果180余项，有近百项成果达到国际或国内先进水平，许多科技成果列入国家重大科技成果推广计划，自1978年以来，共承担包括国家科技攻关项目和部门重点项目在内的科研课题300余项。其中国家科技攻关项目16项，部门重点项目50余项。经鉴定科技成果180余项，有近百项成果达到国际国内先进水平，许多科技成果被列入国家重大科技成果推广计划。62项科研项目获全国科学大会奖。在科研开发中创造许多国内第一，为水泥行业的科技进步做出重大贡献。在水泥窑外分解技术、粉磨技术、环保技术、自动化和计量技术、输送技术、立窑节能改造技术等领域取得一系列创新成果。2000年起，合肥院对外技术合作和技术交流不断加强，在技术输出和工程总承包方面取得成绩，相继承担和完成巴基斯坦2500吨/日、3000吨/日水泥熟料生产线技术改造总承包、越南年产50万吨粉磨站工程项目管理和缅甸、孟加拉、越南等多条水泥生产线的工程设计及总承包。2004年，产品销售收入达到6亿元，出口创汇已超过2000万美元。2001—2005年以后，通过走科研、设计、产业、工程总承包四位一体化协调发展的道路，合肥水泥研究设计院已从一个科研事业单位跨越成为年产值近40亿元的高科技型企业，成为极具竞争力的大型化、专业化和国际化工程公司及装备制造商。

安徽海螺集团　前身是筹建于1978年的安徽省宁国水泥厂,始终把技术创新放在第一位,取得水泥工业技术研发与创新的主动权和主导权。海螺用高新技术改造传统产业,致力于发展新型干法水泥技术、节能减排技术,瞄准国际先进水平,重视产学研合作,通过引进消化吸收、自主研发、集成创新,开创国产化、低投资建设日产2000吨和5000吨新型干法熟料线的先河。2004年,建成日产万吨熟料生产线,是海螺登上世界水泥行业最高点的标志。此前世界上仅有3条万吨线,海螺集团两年内即建成投产4条,在世界水泥工业发展史上绝无仅有。这4条万吨线国产化率达到60%,工艺技术装备水平领先于世界其他同类生产线5年到10年,打破国外技术垄断,走出水泥大型装备"重复引进、代代引进"的怪圈,为中国水泥装备占领国际市场打下坚实基础。1998年3月,国内首套水泥纯低温余热发电机组在海螺建成投运。该项具有国际领先水平的水泥余热发电综合利用技术,解决企业自身60%的用电量,减少大量煤炭消耗和二氧化碳排放,每年创造的间接效益达16亿元,该技术在行业内迅速得到推广。海螺集团年平均研发投入都在亿元以上。集团的技术中心是国家级企业技术中心,具备自主规划、设计、成套与研发、生产调试等综合能力,为集团快速发展提供有力支撑。"世界水泥看中国,中国水泥看海螺",海螺为中国现代水泥工业发展做出巨大贡献。

安徽星马汽车股份有限公司　前身为马鞍山市建筑材料机械厂,始建于1970年10月。1994年,企业组建新一届领导班子,争取到年产500台散装水泥专用汽车技术改造项目的国家立项,并获得2000万元技改贷款,企业由此走上快速发展之路。公司加大新产品开发、技术改造和企业信息化建设投入。2000年以来,先后完成"年产2000辆专用汽车技术改造项目"和"年产5000辆专用汽车技术改造项目"。2003年6月,公司技改项目建成投产,产销量突破4500辆,实现含税销售收入近20亿元,创利税2亿元,其中散装水泥车占全国市场50%以上份额,连续六年为全国产销第一;混凝土搅拌车替代进口产品,产销量居全国第一位。星马汽车荣获包括"国家重点高新技术产品""名牌产品""科技进步奖"在内的100多个奖项和各种荣誉称号。星马公司是安徽省"50强企业",先后被评为"最具竞争力的上市公司""高新技术企业""质量管理先进企业"等荣誉称号。公司拥有省级企业技术中心和国家博士后科研工作站,公司成立由国内外专家组成的专家委员会和技术委员会,聘请中国工程院唯一的汽车专业院士郭孔辉先生担当专家委员会顾问和股份公司独立董事,技术委员会由刘汉如董事长管理,切实保证以星马为主体的产学研一体化的技术创新体系正常高效运作。公司具有高科技含量的混凝土搅拌车品种已拓展到3~12立方米系列,涵盖三菱、五十铃、现代、东风、解放等系列,性能可替代进口产品,已通过法国科技产品质量监督委员会的评审,获得法国高科技产品质量认证,缩小安徽省与国际间同类产品的技术差距。2003年,工业产值达到18.4亿元,产量和销量居全国第一位。

玻璃　蚌埠玻璃工业设计研究院(中国凯盛国际工程公司)。创造中国玻璃史上的多项第一:第一个将传统垂直引上玻璃生产线改为先进浮法生产线,第一个将中国浮法技术和成套装备成功打入国际市场,第一个使用中国浮法技术设计投产具有国际水平的600吨/日浮法玻璃生产线;第一个设计800吨/日浮法玻璃生产线,第一个将自主开发达到国际水平的玻璃厂烟气脱硫技术成功推广应用。1989—2004年,玻璃院获得科技成果国家级奖13项,国家部委级奖53项,省级奖10项,完成100多项国家重点科研开发项目。1991—2001年,彭寿受命到蚌埠玻璃设计研究院深圳分院主持工作。此间,他主持攻克近百个技术难关,完成数十项国家重点和国外重大建材工程设计项目,其中2个科研项目获国家金奖,2个获国家银奖和铜奖,另外还有20多个项目获国家级优秀工程设计奖。2002年5月,彭寿被任命为与蚌埠玻璃工业设计研究院合并运作的中国凯盛国际工程公司的总经理。公司成立玻璃、新材料和机电设备三个研发中心,科研人员自带课题进入中心,成果转化后,以参股形式参与利益分配。良好机制调动科研人员的积极性,仅2003年就完成科研开发项目14个,有10项科研成果获国家专利。"中国凯盛"占据国内玻璃设计领域60%的市场份额,并成为中国建材技术出口的"航空母舰"。通过自主创新、消化吸收二次创新和系统集成创新,新一代中国浮法玻璃技术装备已达到国际先进水平,与英国皮尔金顿、美国PPG浮法玻璃技术并称世界三大浮法玻璃工艺技术。2004年,在人事部、科技部、教育部、财政部、国家自然科学基金会、中国科学技术协会等七部门联合发布的首批"新世纪百千万人才工程"国家级人选名单中,彭寿荣列其中。

安徽华光玻璃集团　于2000年进行二次改制,与浙江大学、国家建材局蚌埠玻璃工业设计研究院、蚌埠建设投资公司等单位联合发起设立安徽方兴科技股份有限公司,集团的产品结构发生根本性变化,规模经济效益大幅度提升。从单一的普通平板玻璃发展到以ITO(氧化铟锡)导电膜玻璃为主体的高科技信息显示材料产业链,以CVD在线镀膜和钢化、中空、夹层、铝镜、汽车挡风、防弹防暴、艺术玻璃等高附加值的深加工产业链,以聚氯乙烯型材、PE管、塑钢门窗为主体的高市场容量的化学建材产业链,以优质硅砂、环保建材及附属产品为主体的硅质原料产业链,使企业具有高科技、高适应性、高附加值的"玻璃衍生"产品群,并成为中国ITO(氧化铟锡)导电膜玻璃和玻璃新材料的领军企业之一。集团强化企业技术中心的研究、开发、试验和检测功能,并同中国建材研究院、蚌埠玻璃设计研究院、浙江大学等单位建立产学研关系,实现生产一代、储备一代、研制一代的发展战略。集团还确立"人才强企"战略,成立博士后科研工作站,设立信息显示材料研究、复合镀膜研究、超薄玻璃研究、海外发展研究等课题和精细材料研究试验室,在特种玻璃和功能玻璃方面形成企业"专有技术"和"专利产品"。至2004年,方兴科技荣获"国家级火炬计划重点高新技术企业"称号。华光集团成为拥有9个全资子公司、1个上市公司、6个控股的合资子公司、1个海外子公司的跨行业、跨所有制的大型企业集团。集团总资产从1996年的1.8亿元发展到

2004年的16亿元,成为全国最大ITO导电膜玻璃基地、华东地区最大优质硅质原料基地、重要玻璃深加工基地和安徽省较大规模化学建材、化学管材基地。集团从1995—2004年获得科技成果奖9项;其中科技部ITO导电膜优秀火炬奖1项,国家建材工业局重点技术改造优质项目称号1个,省科技进步二等奖2项、三等奖2项、四等奖1项,蓝色浮法玻璃省科技成果奖1项。

安徽盛世光学玻璃有限公司 于2003年成立,是国内从事超宽幅光学玻璃板材及其深加工产品的研发、加工和销售的专业公司,先后承担和完成国家级火炬计划、国家新产品计划、国家高新技术出口产品研发计划项目。公司自主研发的超宽幅光学和彩色光学玻璃板材连熔生产技术,通过成果鉴定,技术水平国内领先,产品填补国内空白。与中国科学院上海光机所合作开发的超宽幅功能光学玻璃连熔生产技术,首次实现激光彩色内雕专用玻璃的产业化生产。产品远销美国、加拿大、阿联酋、东南亚各国以及中国香港和台湾地区。

化学建材 芜湖海螺塑料型材有限公司 于1994年12月成立,全套引进德国、奥地利最先进生产设备,并投入巨资购置国际先进的实验仪器,建有世界一流的实验室,参与国内行业标准制定,研发适合中国市场的型材配方,获得多项专利。自主研发出栅栏、卷帘窗、俄式、法式系列等新产品,拥有1000多套品种各异的模具,产品囊括50,60,65,73,77,80,83,85,88,95,俄式,法式等十二大系列塑料门窗异型材、彩色涂膜异型材、双色及全色木纹共挤型材、栅栏型材、管材等。1997年,在行业内率先通过欧共体产品质量认证,2003年,获国家产品质量免检证书,并通过美国AAMA认证。公司是国家级火炬计划重点高新技术企业,国内塑料型材行业龙头企业,占有国内30%的市场份额,产销量连续四年位居世界前列,产品远销英国、德国及东欧、中亚、北美、东南亚等国际市场。

安徽国风集团 在科技创新方面,投入3000多万元建立中央研究院,主动与北京化工大学、中国科学院高分子塑料工程材料研究所等单位合作,创建3个科技研究所和一个纳米高分子塑料工程材料科研机构,共同致力于国风四大主导产品的技术创新。集团对科技人员实行特别鼓励政策,设立专项奖励基金。至2004年,累计开发并投产43个塑料新产品和4个国家级重点“火炬计划”项目,拥有自主知识产权的专利14项,专有技术16项,形成颇具实力的核心技术体系。塑料管材:是国风集团的重要支柱产品。其中内径1200毫米、1000毫米的PE双壁波纹管,填补当时国内空白,集团拥有国内口径最大(1426毫米双壁波纹管)、规模最大(年加工能力10万吨)、品种最多(6大系列400多个规格)等多项全国第一。塑料型材:国风先后开发塑料型材、塑料门窗、塑料板材等建材产品以及彩色型材、双色共挤型材等尖端产品,并在配方研制和质量保证、产品规格等方面形成独特的“国风优势”。木塑新材料:是国风利用所拥有的两项国家专利——木塑新材料发明专利和仓储托板外观专利,拆巨资兴建的大型环保项目。木塑新材料利用废旧的塑料和树枝、秸秆粉等植物纤维为主要原材料,产品具有良好的木质感，耐温、绝缘、防腐，机械性能比单纯的木质材料高出10倍，是天然木材的理想替代品。该项目于2004年正式开工，年产能力30万吨，是中国最大木塑生产基地。国风集团从1996—2004年，获得省科技成果奖9项、科技进步四等奖1项。

合肥乐千年涂料有限公司　于1999年2月落户合肥市水湖工业园，投资2800万元，建有8条生产线年产能力12万吨。公司拥有独立的科研机构——合肥乐千年节能建材研究所，由资深专家进行项目研发。主要产品有建筑胶、防水胶、内外墙乳胶漆、腻子粉、腻子膏以及新型高科技外墙保温专利产品等10大系列100多个品种。公司获得"安徽省建设新产品新技术推广证书"、安徽民营科技企业、全国环保产品质量信得过重点单位等荣誉。

非金属矿深加工　安徽国风非金属高科技材料有限公司。是国内规模最大重钙干法生产的专业公司，主导产品为非金属碳酸钙。公司以技术为先导，引进国外先进技术和德国阿尔派公司重钙生产线、英国马尔文激光粒度检测系统，生产技术具有国际先进水平。公司在引进技术的基础上消化创新，进行技术改造和技术开发，完善产品结构和延伸产业链，并承担1项国家火炬计划项目，2项省科技攻关计划项目。至2005年已形成年产30万吨非金属超细粉生产能力。被评为中国非矿行业突出贡献企业，中国非矿20强企业，是造纸用碳酸钙国家标准第一起草单位，在行业内处于领先地位。

滁州格锐矿业有限责任公司　建于2000年，是国内湿法绢云母材料的领航企业和安徽省高新技术企业。公司坚持"技术领先的长久发展战略"，与南京大学、中国地质大学、合肥工业大学、安徽大学、国家非金属矿深加工工程研究中心等科研院所和高校建立长期产学研合作，并筹建安徽省非金属矿行业唯一一家省级工程研究中心，完成多项国家及省部级科研项目，其中独家开发的"湿法超细绢云母材料"项目被列入安徽省火炬项目计划，与中国地质大学联合开发的"GR复合钛白颜料"项目被列入国家重点新产品计划，与南京工业大学联合开发的"绢云母质无机紫外屏蔽剂"项目被列入安徽省高技术产业化示范项目。公司已形成湿法绢云母、GR复合钛白颜料、超细改性粉体等系列产品，广泛用于涂料、橡塑、化工、耐材、焊材、陶瓷、造纸、化妆品等众多领域，部分产品出口欧美、东南亚等国家。

安徽省雪纳非金属材料有限责任公司　位于萧县，是集生产、加工、科研、贸易于一体的高新技术企业，公司施行专家组治理，有独立的研发机构，产品检测设备齐全，加工设备、工艺、技术国内一流，国际领先。主要产品有"雪纳牌"超细煅烧高岭土系列、碳酸钙系列、PVC（聚氯乙烯）母粒、改性粉体及钛白粉等，广泛应用于造纸、涂料、塑料、橡胶、农药、陶瓷、化工等行业。公司开发生产的超细多功能性填料替代钛白粉应用技术已经成熟，此产品技术含量高，达到国内国际领先水平。

安徽省皖北煤电集团恒泰非金属材料分公司　成立于2001年，位于含山县陶厂镇，是国内最大的硬石膏矿和绿色新型建材、化工材料生产基地之一。公司投资总额2亿人民币，已形成年产60万吨原矿石的能力，并建成10万吨普粉、粉刷石膏生产线和

2万吨超细粉体生产线。公司成立国内唯一一家硬石膏应用研究所，并分别与同济大学、合肥工业大学合作成立非金属材料研发中心和化工材料实验室。公司研发的无水型粉刷石膏、自流平石膏砂浆、PVC(聚氯乙烯)管材专用填料、PE(聚乙烯)母料和硬石膏土壤改良剂等处于国内领先地位,部分产品远销日本、韩国。

第三章　城市建设科技

1986 年以来,安徽省建设事业全面贯彻落实“科教兴业”发展战略,由传统的建设模式逐渐转移到依靠科技进步、培养专业人才、提高建设行业劳动者素质的轨道上来,建设科技工作以建立健全行业体系,加大重点领域技术创新力度,加强建设传统产业改造和提升为重点,坚持立足科技,从城市规划设计、建设工程与材料、市政公用设施等方面深入贯彻落实科学发展观,围绕各阶段各项工作主要目标,取得长足进步。

各级政府城市规划意识明显增强,推动遥感测绘、地理信息系统等技术在城市规划中的应用。省政府定期召开全省城乡规划工作会议,成立安徽省城市规划委员会,由省建设厅等 20 个省直部门组成。2005 年,全省 17 个省辖市都成立城市规划局;37 个县(市)成立城市规划委员会。安庆市规划设计院被建设部批准为甲级城市规划编制单位,成为本省继省规划院和合肥、芜湖、蚌埠、淮南、马鞍山、铜陵、阜阳 7 市规划设计院之后,第 9 个全国甲级城市规划编制单位。省建设厅组织芜湖、马鞍山、铜陵 3 市编制马鞍山—芜湖—铜陵城镇密集地区的城市群规划,指导城镇密集地区的建设和城乡协调发展。城市总体规划的修编持续进行。各控制性详细规划编制工作顺利开展。

全省建设系统共获省部级自然科学奖和各类科技进步奖 80 多项,列入省部级推广项目 200 多项,建设行业的技术实力显著提高,一些单项技术已跻身国内先进水平。全省建设系统建立健全科技成果和新产品推广应用体制,并逐步形成省、市两级科技成果推广应用网络,科技成果的推广转化率达到 65%。引导企业根据省内环境、气象、建筑特色等特点,对墙体保温材料与技术进行改进,编制出符合省情的行业标准与技术导则。加强照明、水专项等建筑节能工作的开展。组织建设科技项目研究开发工作。2001—2005 年,“长江中路交通改善设计研究”等多个项目获得建设部华夏科技奖,“F 型钢承口钢筋砼排水管(顶管)”“混凝土多孔砖砌体工程施工及验收规程”等 10 个项目先后获得省科技进步奖。这些成果已转化为现实生产力。

全省市政公用事业加大投入、加强管理、加快发展,进一步提高城市建设和市政公用设施的服务水平和服务功能。1996—2000 年,基本适应全省改革开放和经济社会发展需要,总体服务水平和服务能力超过全国平均水平,城市投资环境和人民生活质量有明显改善,合肥、芜湖等重点城市实现城市基础设施现代化。到 2005 年,市政公用基础设施齐全、功能完善,并适度超前。城市有便捷、快速的交通体系,人均道路面积大于 13 平方米,道路网密度不小于 4 公里 / 平方公里;城市水资源得到合理开发、利用和保护,城市自来水普及率达到100%,饮用水水质合格率达到100%;建立多种气源、多种形式的燃气供应体系,城市燃气普及率达到85%;城市绿化覆盖率超过28%,人均公共绿地大于6.5平方米,多数城市达到国家和省级园林城市标准;水体污染得到解决,城市污水集中处理率大于38%。“合肥市智能公交系统示范工程”“高强度高韧性大型天然气球罐建造关键技术研究”等一系列技术获得省部级奖励。省辖市基础设施实现现代化,城市功能增强,城市投资环境、生活环境优良,实现城市建设和经济社会发展和谐统一。

第一节　规划与设计

安徽省城市规划行业围绕全面建设小康社会的战略目标,按照“五个统筹”的要求,深化城市规划体制改革,加强和完善城市规划的公共政策研究,建立以空间分区管制和协调为核心的城市规划体系,促进全省城镇健康化发展,在加快各级中心城市规划的同时,注重城乡和区域协调发展。至2005年,全省城市数由1986年的16个发展为22个。城市规划设计按照《安徽省城镇化发展纲要(2001—2010年)》确定的“优先发展省会城市,重点发展省辖市,积极发展县级市和县城,加快发展中心建制镇”的总体要求进行。

编制城市规划　中心城市总体规划编制。各地根据社会经济和城市发展的实际,编制规划的视野由单个城市扩展到区域,加强城市的区域性和整体性规划,规划修编重点从开发项目的建设布局转向资源保护和空间分区管制。全省22个城市(包括县级市)均开始修编至2020年的城市总体规划,其中巢湖、亳州、宿州、池州、黄山、马鞍山、六安、安庆、铜陵等9个省辖市和天长、桐城2个县级市修编后的城市总体规划经省人民政府批准后实施,淮北市城市总体规划经省长办公会审查通过报国务院,滁州、宣城、芜湖、蚌埠、阜阳6个省辖市和县级宁国市的城市总体规划成果通过省建设厅组织的专家技术评审,县级明光市城市总体规划纲要通过省建设厅组织的技术审查后开始编制规划,合肥、淮南2个省辖市和县级界首市着手编制城市总体规划纲要。县城总体规划修编。全省56座县城与广大农村关系密切,在实现城乡协调发展中作用较大。省建设厅对县城总体规划修编进行指导,砀山、涡阳、凤台、固镇、五河、怀远、来安、舒城、岳西、潜山、宿松、芜湖等12个县已完成县城总体规划的修编。城市控制性详细规划编制。为保证城市规划的有效实施,适应土地供应市场化条件下的规划管理需要,各地依据经批准的城市总体规划和近期建设规划均编制城市规划用地范围内的控制性详细规划(包括城市的中心地区、旧城改造地区、近期发展地区),明确地块的用地性质、建设强度、建设密度、建筑高度、绿地率、必要配建的公共设施等控制指标。同时根据家建设部《城市规划强制性内容暂行规定》的要求,明确地区协调发展、资源利用、环境保护、自然与文化遗产保护、城市公共利益和安全等强制性重点。经国务院同意，建设部批准齐云山风景名胜区总体规划。批准花亭湖、颍州西湖名胜区总体规划。黄山、九华山和琅琊山等国家重点风景名胜区规划开展修编工作。

基础设施建设　修订《安徽省城市建设专项规划编制试行纲要》(含道路交通、供水、燃气、公交、环卫等)。滁州、阜阳和黄山3市中心城区的市容环卫专业规划，阜阳市排水专业规划，淮南、阜阳2市城市绿地系统专业规划，淮北、宿州、淮南、安庆、亳州等市燃气(或天然气)专业规划，淮南市集中供热专业规划等已先后经省审查、批准。

城乡和区域协调发展　经国务院同意、建设部批准，实施全国第二个省域城镇体系规划——《安徽省城镇体系规划（1995—2010年)》。赋予省域城镇体系规划新要求，确立城镇体系规划既是发展规划又是保护规划；强化省域城镇体系规划协调各行业、各专业规划和指导下一层面城市总体规划的职能作用；建立以区域空间开发管制、协调为主的省域城镇体系规划的实施机制，包括规划实施的决策、执行、监督协调机制；根据空间区划科学确定重点发展的城镇。2004年，安徽省被列为全国城镇规划试点省份。

发展和应用信息技术　计算机信息技术的飞速发展，使建筑业技术发生重大变革。从“一张高脚凳、一支针字笔”的手工绘图作业，到计算机技术的初步应用；从计算机协同模拟仿真技术的支撑，到运用信息化平台实现资源集成的历史性飞跃。建筑工程设计、工程造价管理、城市规划、施工技术与管理，房地产开发、综合信息管理和建筑科研等领域，都已广泛应用计算机技术，加速建筑业现代化进程。

促进设计、测绘技术与手段的更新换代。通过普及电子测量仪器、电子测绘仪、电子计算机，广泛应用卫星大地定位和遥感技术，发展大比例尺地面和航测数字制图技术与数据库技术，全面提高控制测量与地形测量水平。

进一步发展大型、高耸、精密、地下及其它特殊工程的测量技术，提高工程的施工、安装和变形测量水平；积极研制与应用光、机、电相结合的自动化测量仪器，发展与应用激光测量、近景摄影测量和现代数据处理技术，提高测量成果的精确度和可靠性。

开拓设计技术在建筑业各相关领域(或专业)的应用面。开展在环境监测与整治、建筑制品检验评价、房地产划分、园林及雕塑造型设计等业务及有关技术与手段的开发应用研究。

在重点完善现有数字制图系统的基础上发展与完善全省工程应用遥感、卫星大地定位及地理信息系统一体化技术体系。

第二节　建筑工程与建筑材料

1986年年初，建设部批准颁发实施《建筑技术政策》，是国家公布的13项重大技术政策的延续，是在一个时期对建设领域技术发展和经济建设进行宏观管理的重要依据。1996年,原建设部编制《1996—2010年建筑技术政策》,为促进建筑业产业技术进步、实现建筑业科学技术现代化提供行动准则和政策导向。2000年,省建设厅成立科技教育处,为建设行业的科技发展提供全面且有针对性的指导与规划。全省17个地市及各县建设行政主管部门均设有科技管理机构。全省建设系统建立健全科技成果和新产品推广应用体制,并逐步形成省、市两级科技成果推广应用网络。

工程质量和施工技术 1978年以来,工程设计水平和建造能力不断提高,大型特大型施工机械设备的快速更新,地下工程与深基础施工技术,超高层钢结构、劲性钢筋混凝土结构和钢管混凝土结构的应用技术,预应力混凝土和特种混凝土,轻钢大跨度空间结构、膜结构,以及建筑节能技术,建筑物的检测、加固、纠偏及改造技术等多个领域达到或接近国内或国际先进水平。

在国家、行业标准的基础上,各施工企业结合自身的技术优势和特点编著企业《施工工艺标准》。安徽建工集团等大型企业还积极主编或参编《建筑材料术语》《钢筋混凝土筒仓施工及验收规范》《维勃稠度仪》等国家或行业标准,展示安徽省建设企业形象和科技实力。

施工工法制度试点后,全行业推广工法以工程为对象,工艺为核心,运用系统工程原理,把先进技术和科学管理结合起来,通过工程实践形成综合配套施工方法,较好地解决企业在施工中的技术难题,促进企业技术积累和技术跟踪,推动企业技术进步。全省在1991年开始试点推行。不少企业也积极编制企业工法,并踊跃申报省级、行业协会和国家级工法。

科技成果推广应用 安徽建工集团有限公司等不少建筑企业先后成立省级、市级技术开发中心,进行系统的、前瞻性的、深层次的技术研发,对提高建筑行业全面协调可持续发展起到重要作用。

1986—2005年,全省建设系统共获省部级自然科学奖和各类科技进步奖100多项,列入省部级推广项目300多项,编制地方规程900多项,图集200多个。特别是2001—2005年以来,“F型钢承口钢筋砼排水管(顶管)”“混凝土多孔砖砌体工程施工及验收规程”等10个项目获得省科技进步奖。建设行业的技术实力有显著提高,一些单项技术已跻身国内领先水平。

建设部1994年8月印发《关于建筑业1994年、1995年和“九五”期间重点推广应用10项新技术的通知》,全省组织推广商品混凝土和散装水泥应用技术、粗直径钢筋连接技术、新型模板与脚手架应用技术等10项新技术,取得明显经济效益、社会效益和环境效益。在发展过程中,创建一批建材知名品牌企业和产品。如安徽国通高新管业股份公司的“双壁波纹管”,芜湖海螺科技股份有限公司、安徽国风塑料建材有限公司的“聚氯乙烯塑料型材及塑料门窗”,华亚(芜湖)塑胶有限公司的“建筑给排水用硬聚氯乙烯(UPVC)管材管件”等。

1995年,全省提出科技进步对建设事业发展的贡献率,国有大型企业达到40%左右，平均为30%；科技成果的推广转化率，国有大型企业达到40%左右，平均为30%；建设事业的技术水平达到国内中等水平。2000年，全省科技进步对建设事业发展的贡献率，国有大型企业达到50%左右，平均为40%；科技成果的推广转化率，国有大型企业达到50%左右，平均为40%。

危旧住房改造与安居工程建设 2005年，合肥、芜湖、马鞍山等市加快危旧住房改造，采取政府引导、市场运作的模式，在计划安排、土地供应及规划审批方面给予政策倾斜，调动实施单位的积极性。全省累计改造危旧住房450多万平方米，促进城市居住环境的改善。全省积极实施国家康居工程。马鞍山、安庆等市按照国家康居工程试点要求，建设马鞍山西湖花园东晖苑小区、安庆市亲水嘉园小区，合肥市广福花园康居工程方案已通过国家预审。为实施生态安徽建设战略，生态住宅小区试点启动，并将部分小区列入生态小区试点。合肥绿城桂花苑等10个小区获2004年度"安徽省十佳住宅小区"称号，合肥园景天下、枫丹山庄等10个小区获2004年度"安徽省优秀住宅小区"称号。

安徽省重点建设工程与新技术 F型钢承口钢筋混凝土排水管(顶管)。安徽省水泥制品厂江转运、袁之宏、孙义平、彭宗红、王忠东、芮晓玲、王在标、谢正成等人自行研制F型钢承口钢筋混凝土排水管(顶管)。主要用于污水、引水及农用排灌等重力流介质的输送，产品指标符合GB/T 11836—1999、JG/T 640—1996、Q/ASZ02—2005规定，其规格齐全，柔性接口施工方便，楔形橡胶圈密封性好，适用于挖槽施工和顶进施工。F型钢承口混凝土排水管产品曾荣获安徽省科技进步三等奖，至2005年用于安徽省合肥、芜湖等许多重点工程和其他市政等工程中。

超宽桥面部分斜拉桥悬灌施工技术。中铁四局集团有限公司2005年开展"超宽桥面部分斜拉桥悬灌施工技术"项目，该项目针对深水裸岩不利地质条件，采用抛填土袋进行人造覆盖层施工，解决钻孔平台和钢护筒定位难、不稳固的难题；针对岩层坚硬且不平整的地质条件，采取二次插打钢炉筒和钢护筒跟进工艺，解决钢炉筒埋深难题，防止串孔、塌孔事故发生，确保成孔质量。施工中采用组合式三角挂篮施工，通过对主桁架截面合理配置、三组主桁架合理布置，能够满足部分斜拉桥有索区和无索区梁段施工；同时为保证预应力管道压浆密实，采用真空压浆技术，确保孔内压力达到1.0兆帕左右，压浆密实，拉索钢绞线采用环氧喷涂钢绞线，具有使用寿命长、易更换、挂索方便等优点。该桥采用蜂窝状曲管(分丝管)的新型索鞍构造，成桥后在管口灌注环氧砂浆防止拉索滑移，并确保索鞍结构附近混凝土受力均匀，结构应力符合要求。

徽派古建筑保护技术 徽派古建筑是中国古建筑最重要的流派之一，主要流行在古徽州地区(今安徽省黄山市、宣城市绩溪县、江西省婺源县)以及泛徽州地区(浙江淳安、江西浮梁)。其工艺特征和造型风格主要体现在民居、祠庙、牌坊和园林等建筑实物中。在徽州地区有大量徽派古建遗存。随着时间的推移，徽派建筑作为一种独特的建筑风格和建筑形式已走出徽州。其一是个别徽州老民居移地保护，成为城市中的文物文

1986—2005 年安徽省建筑节能及建筑材料典型专利一览表

表 2-3-1

编号	名称	申请时间	申请(专利权)人
1	硅酸钠耐擦洗无机建筑涂料及其制造方法	1985.09	中国人民解放军合肥炮兵学院
2	非煅烧粉煤灰轻骨料及其制作方法	1986.10	安徽省建筑科学研究所
3	膨胀珍珠岩空心砌块及其制备	1989.11	常学宏
4	全自动长寿命低能耗安全标志灯	1990.04	张俊兴
5	防水保温泡沫塑料板材及其应用	1992.01	曹剑 等
6	一种建筑用防水隔热绝缘粉及其制造方法	1992.06	华东冶金学院
7	轻质碎砖砼砌块	1994.03	蚌埠新型墙体材料厂
8	轻质复合多孔隔墙板	1994.02	周丙辉
9	粉煤灰混合料的基础材料	1994.03	蔡善壁
10	空调器	1994.09	孔凡让 等
11	高效防水保温膏	1996.08	杨文荣
12	节能建筑物料混和成浆机	1996.10	洪长东
13	植物纤维水泥复合板热压生产方法	1999.01	邹菁
14	轻质隔热混凝土	1999.12	丁鸿生
15	多功能金属管型窗	1999.08	汪尧
16	建筑物集中采暖系统户用热能消耗精密智能计量仪	2000.03	程骥生
17	一种含有废弃短纤维的建筑材料及其制造方法	2000.02	黄绍棠
18	一体化复合板式太阳能	2001.12	孙善骏
19	多孔复合墙板及其加工工艺	2001.08	徐灿
20	屋面外防水材料	2002.01	李星飞
21	一种真空热管	2002.05	吴锡波
22	多功能隐形窗	2002.08	张杰
23	高强度防渗透内墙	2003.07	安徽华运陶瓷有限公司
24	低成本水性环保功能涂料	2003.11	中国科学技术大学
25	珍珠岩板及其制作方法	2005.03	张居德

化建筑,如“芜湖徽派建筑艺术博物馆”、上海“徽园”;其二是一些房地产开发商参照徽派建筑,设计徽味的现代住区,如北京延庆的“天一秀水”、四川成都的“清华坊”及至深圳万科的“第五园”等。

徽派古建筑的保护技术特点主要体现在两个原则。一个原则是技术的选择要因地制宜,积极适应建筑立地的自然环境条件和地区的传统与文脉。地区传统是当地的气候、资源、环境,以及社会人文所形成。而徽派建筑的特征也是地区传统的集中体现,因而保持地区传统本身就是可持续发展的保护技术设计方法的一项重要原则。另一个原则是注意强调“整体设计”和重点保护相结合思想,既强调建筑的全寿命周期设计方法,把建筑设计的视野从建筑物本身扩展到其使用、更新,直至拆除,把建筑的经济性评价,从建造建筑扩展到建筑运行的全过程,并划分重点保护区域,对已损坏区进行修复,对易破损区进行防护。

第三节 市政公用事业

科技成果应用 1986—1996 年,安徽省市政公用事业市场化改革取得重要进展。将建设科技成果应用于市政公用事业中,开发诸如“合肥市二、三等 GPS 控制网项目”“合肥市智能公交系统示范工程”“高强度高韧性大型天然气球罐建造关键技术研究”等一系列涉及市政建设的科技,在城市建设中大力推广应用 LED 路灯等。2005 年,省建设厅在芜湖市召开全省城市市政公用事业改革与发展工作座谈会,同年 5 月组织各市建设主管部门和项目单位在香港举办“安徽省城市基础设施市场化项目推介会”,主要推介 45 个重点城市基础设施项目,总投资 16.7 亿美元。

1986 年,全省城市共有住房建筑面积 4221 万平方米,居住面积 2273.6 万平方米,人均居住面积 5.9 平方米。全省城镇各类房屋开发公司全年竣工房屋面积 163.4 万平方米,其中商品住房 109.4 万平方米,包括向个人全价出售房屋 5.4 万平方米。1987 年底,全省城市共有道路 2161.6 公里,计 1834 万平方米,其中高级、次高级道路长 1562.3 公里,面积 1482.4 万平方米。当年新建道路 192.6 公里计 175 万平方米。至 2005 年全省城市人均拥有道路面积 4.4 平方米,比上年增加 0.1 平方米;城市桥梁 153 座;城市路灯 2.84 万盏;城市下水道 1010.2 公里;城市防洪堤 460.4 公里,其中当年新建防洪堤 49.2 公里。

安徽首座城市污水处理工程——合肥王小郢污水处理厂于 1994 年动工建设。随着合肥市王小郢污水处理厂、二里河改造、二环路南段,芜湖市九路改造,马鞍山市五路改造,蚌埠市解放四路立交桥,淮北市东岗楼立交桥等省内一批重点市政工程的建成并投入使用,大大改变安徽城市的综合环境质量。2003 年,安徽省市政设施建设投入达 58.42 亿元,合肥市合巢路、桐城南路、阜阳北路等道路工程相继建成通车。马鞍山市开工建设 11 条城市主次道路工程,年底前陆续建成。

政策法规保障 实施《安徽省城镇供水管理办法》《安徽省供水水质检测机构管理办法》,使城市供水有序、安全、卫生。节约用水则实施《安徽省节约用水管理办法》《安徽省城市节约用水奖励暂行规定》,按照《国务院关于加强城市供水节水和水污染防治通知》,采取的主要措施有:实行"三同时、四到位"制度,即建设项目的主体工程与节水措施同时设计、同时施工、同时投入使用,取水单位必须做到用水计划到位、节水目标到位、节水措施到位、管水制度到位;实行新建、改建项目用水许可证,城市供水管网覆盖范围内的新建和改扩建项目必须取得用水许可证后,供水企业方可按核准用量供水;限制高耗水、高污染工业项目建设,对已建的高耗水、高污染的用水大户限期进行技术改造,同时加强对洗车业、洗浴业等特殊行业的管理,严格限制其用水量;提高城市工业用水重复利用率,凡工业用水重复利用率低于40%的城市,在达标之前不得新增工业用水量;加快城市供水管网的检查和技术改造,建立城市供水管网定期检测和考核制度,对管网漏失率不能达标的城市,不准新建供水项目;逐步建立城市中水回用系统,实现污水资源化;所有新建、改建、扩建项目的设计、施工严格执行节水技术强制性标准,全部采用节水型用水器具;对非生活用水实行超额加价收费制度,推行居民计划用水的定额用水制度。

2005年,在香港举办"安徽省城市基础设施市场化项目推介会",经过洽谈,共有9.47亿美元的27个项目与外商签订投资合同和意向协议,利用外资4亿美元。当年全省募集市场化建设资金7.8亿元。同时,积极推进环卫行业改革,芜湖、铜陵、淮北3个试点城市改革取得阶段性成果。先期改制的部分市政公用企业引进先进的管理理念,提高管理和服务水平及运营效率。

第四章　医药科技

第一节　中　　医

中医科研　1985—2005年，安徽省承担卫生部和国家中医药管理局的课题36项，共获科研经费累计162万元。其中，“十四经的循经感传、循行路线检测及经络机理实质研究”“计算机舌象识别系统研究”入选“七五攻关项目”。安徽中医学院第一附属医院和安徽医科大学第一附属医院分别承担的“基于信息挖掘技术的名老中医学术思想、临床经验总结和传承方法研究”入选国家“十五”科技攻关课题计划。

2003年，安徽中医学院第一附属医院的免疫实验室、省立医院中药制剂实验室和细胞生物学实验室、皖南医学院的中药药理实验室等4个实验室通过国家中医药管理局三级中医药科研实验室验收，被正式批准为国家中医药三级实验室。

1986—2005年安徽省中医药科研成果一览表

表2-4-1

获奖年份	成果名称	主持人	获奖等级
1986年	EGG-1A型胃电图代的研制及临床应用	许冠荪等	安徽省科技进步二等奖
1986年	李东垣温胃汤化裁治疗萎缩性胃炎研究	苏椿朗等	安徽省科技进步四等奖
1987年	计算机医学X线图像处理系统研究	孙立友等	安徽省科技进步二等奖
1987年	人脑脊液内单胺类神经递质在针刺镇痛中的作用	刘冰怀等	安徽省科技进步三等奖
1987年	经穴脏腑相关研究	周逸平等	安徽省科技进步三等奖
1990年	断血流的基础药用和临床及应用研究	刘青云等	安徽省科技进步二等奖
1994年	辛夷生物学特性观察和丰产栽培技术研究	武祖发等	安徽省科技成果三等奖
1995年	老年证候调查及寿星宝延缓衰老的临床及实验研究	韩明向等	安徽省科技进步二等奖
1997年	肺气虚证候客观化标准化的研究	王元勋等	安徽省科技进步二等奖

续表 2-4-1

获奖年份	成 果 名 称	主持人	获 奖 等 级
1997 年	电针预防和治疗大白鼠应激性胃溃疡过程中组化和生化的研究	沈德凯等	安徽省科技进步三等奖
1999 年	肝豆状核变性的中西医结合基础与临床研究	杨任民等	安徽省科技进步一等奖
1999 年	FZ-1 型仿真推拿仪的研制	顾新建等	安徽省科技进步二等奖
2000 年	脾气虚证分度诊治的智能程序及其实验研究	刘健等	安徽省科技进步三等奖
2001 年	灸疗抗炎免疫作用的应用基础研究	唐照亮等	安徽省科技进步三等奖
2005 年	肾康冲剂治疗慢性肾小球炎的临床与实验研究	曹恩泽等	安徽省科技进步三等奖

中医文献整理研究 1994 年 3 月，省中医文献研究所内设中医文献研究室，启动以安徽的“北华佗、南新安”中医文献整理为重点的研究。当年立项并组织实施《中国名医医案数据库系统研究》等中医文献研究，收藏国内外“中医文献数据库”2 套。

1996 年，省中医文献研究所启动“新安医学文献整理研究”，于 1999 年完成收集、整理新安医籍近 800 篇(部)，其中近 300 部医著为国内首次收录。

1997 年 12 月，《中国名医医案数据库系统研究》完成，收录 1.5 万多例古今名医验案，500 多部医案书目和 900 多位名医，并建立专业数据库。

2001 年 12 月，与皖南医学院附属弋矶山医院合作并完成金陵版《本草纲目》的校注，由安徽科技出版社出版，获 2002 年度华东地区优秀图书一等奖。

2005 年，采用检索相关书目、馆藏和现场寻访等方法，开展《抢救安徽省古今未刊本中医药文献》的研究。考察和登记、收集和整理省博物馆、省图书馆、安徽中医学院图书馆的安徽古今中医药文献未刊本 249 部。

新安医学研究 新安医学是安徽中医的著名医学流派。在宋元以后特别是明清时期，随着经济、文化的繁荣和与外界的广泛交往，徽州(今黄山市，下同)医学兴盛，名医辈出，医籍浩瀚。尤其是儒医的出现，根据徽州的地理环境、气候条件和生活习性，提出系统的医学理论，特别重视脾胃、肝肾和气血的调养，用药平正中和，形成独树一帜的医学流派，因徽州古为新安郡，世称“新安医学”。

1985 年年底，安徽省新安医学研究会成立，并召开第一次学术讨论会，展出孤本、珍本新安医籍 200 余部及文物 30 余件，在会上宣读的 17 篇论文、交流的 38 篇论文及 19 张照片等汇编成册。

1986 年，徽州成立新安医学研究所。1987 年，卫生部和省卫生厅拨款兴建“新安医学研究基地”。4 年后两家合并成立“黄山市新安医学研究中心”。1990 年，该中心组织系统调研和实地考察新安医学,征集到大量新安医学文献及文物资料,并参加首届“中国中医药文化博览会”,获得“神农杯”铜牌奖。1994年,主持《金石丸治疗胆和泌尿系结石》研究。1995年,参与国家档案局“Sc-4中药抗霉驱虫剂开发研究”;完成“黄山市传统中药制剂开发项目预测课题”,挖掘征集到27个传统新安名验方制剂项目。历经10年,参与安徽科技出版社组织的《新安医籍丛刊》校点出版项目,整理《综合类·一卷》《古今医统大全》《医林纂要探源》等新安医著。1998年,承担中国中医药出版社项目,整理出版专著《明清名医全书大成·汪昂医学全书》,发起新安医学“固本培元”学派的研究。先后与安徽中医学院、省中医文献所等单位合作,收集线装古医籍1000余册,抢救性复制、保护珍稀、残破古医籍。(见表2-4-2、表2-4-3)

1986—2005年安徽省新安医籍整理成果一览表

表2-4-2

书名	出版单位及时间	字数	细目	撰著人	整理人
珍本医籍丛刊·医理	中医古籍出版社1987年7月出版	2.8万		清·余国佩撰	边玉麟、夏学传
新安医籍丛刊·医经类	安徽科学技术出版社1995年1月出版	96万	内经素问	明·吴崐注	王键、李梢
			读素问抄	元·滑寿编著 明·汪机续注	整理人:张其成
			素问灵枢类纂约注	清·汪昂著	李梢、张舜华、李梃
			内经博议	清·罗美著	李艳
			引经证医	清·程檪著	张其成、李艳、李梢
			医津一筏	清·江之兰著	张舜华、李梃、张启舜
			医经理解	清·程知著	张其成、李标
			黄帝内经素问校义	清·胡澍撰	程亦成、程子良、程悦耕
新安医籍丛刊·本草类	安徽科学技术出版社1990年12月出版	50.4万	本草蒙筌	明·陈嘉谟撰	陈湘萍、王淑民
			本草备要	清·汪昂撰辑	芮正祥、王纪常、沈定余
新安医籍丛刊·伤寒从新	安徽科学技术出版社1993年12月出版	88.5万		王少锋撰	王仲衡、汪文生、韩庆鸣、张土勺峰、鲍建勇等

续表 2-4-2

书名	出版单位及时间	字数	细目	撰著人	整理人
新安医籍丛刊·针灸类	安徽科学技术出版社1992年2月出版	52万	扁鹊神应针灸玉龙经	元·王国瑞撰	张其成
			针灸问对	明·汪机撰	胡玲、李增林
			针方六集	明吴昆撰	张缙、张一民等
			神灸经纶	清·吴亦鼎撰	高忻洙
			小儿烧针法	王君萃撰	方云霞整理
新安医籍丛刊·医案医话类(一)	安徽科学技术出版社1992年3月出版	36.5万	王仲奇医案	民国·王仲奇原著	王蕙娱、王任之、王乐匋、王宏毅等
新安医籍丛刊·医案医话类(二)	安徽科学技术出版社1993年12月出版	64.3万	石山医案	明·汪机著	徐焘、谢念祖、方爵如、江乐铭、汪七痴、方胜利、刘人悦
			程茂先医案	明·程从周著	吴广铮
			孙文垣医案	明·孙一奎著	汪文生、张均峰、韩庆鸣、吴洲
			医验录初集	清·吴楚著	陶广正、张同君
			医验录二集	清·吴楚著	程亦成、程子良、程悦耕
			素圃医案	清·郑重光著	吴守远
新安医籍丛刊·医案医话类(三)	安徽科学技术出版社1995年4月出版	63.2万	冯塘医案	清·程有功撰	汪文生、黄海海
			东山别墅医案附东山余集	清·叶熙钧撰,民国·胡寿嵩辑集	吴锦洪
			评点叶案存真类编	清·叶桂撰,清·叶万青辑,周学海评	吴广铮
			未刻本叶氏医案	清·古歙叶桂天士著	吴守远
			徐批叶天士晚年方案真本	叶氏门人辑,清·徐灵胎批,裘吉生校刊	杨槐生、杨晓生、陈师农
			管见医案	清·陈鸿猷撰	杨晓生、陈师农
			婺源余先生医案	清·余国佩撰	夏学传、汪沪双

续表 2-4-2

书名	出版单位及时间	字数	细目	撰著人	整理人
			洪桂医案选	清·洪桂撰	洪必良
			舟山医案	清·唐茂远撰	吴守远
新安医籍丛刊·综合类(一)	安徽科学技术出版社 1990年12月出版	66.3万	热辨	清·许豫和著	项长生、林远宾
			治验	清·许豫和著	项长生
			怡堂散记	清·许豫和著	项长生
			散记续编	清·许豫和著	项长生
			聊复集	清·汪燕亭撰辑	项长生、汪幼一、方林祥
			慈航集三元普济方	清·王勋撰	项长生、程运文、王永强、王俊波、来雅庭
			方氏脉症正宗	清·方肇权著	项长生、方炜煌、程运文、来雅庭
新安医籍丛刊·综合类(二)	安徽科学技术出版社 2000年12月出版	64.3万	同宗粹言	明·歙县罗周彦编辑	陶广正、王淑民、呼素华、张同君
			同寿录	清·项天瑞著	吴于、马蜀生
新安医籍丛刊·杂著类	安徽科学技术出版社 1995年1月出版	35万	医学未然金鉴	明·徐春甫著	许业诚、吴曼衡
			迈种苍生司命	明·程敬通著	洪必良
			诸证析疑(附余午亭先生医案、余午亭医论)	明·余午亭著,清·余士冕校补	黄孝周、洪必良、张玉才
			松厓医径	明·程王介撰	张玉才、王怀美、江东向
			医径句测	清·程应旄著	汪涛、刘惠玲
			伤寒杂病论合编	清·汪宗沂著	洪必良
			论医汇粹	明·余傅山、汪宦等口述	项长生

续表 2-4-2

书名	出版单位及时间	字数	细目	撰著人	整理人
新安医籍丛刊·圣济总录纂要	安徽科学技术出版社 1992 年 2 月出版	54 万		清·程林删定	王乐甸主校,王键、徐麟、吴华强点校
新安医籍丛刊·医林纂要探源	安徽科学技术出版社 1993 年 12 月出版	68 万		清·王绂撰辑	项长生、汪幼一
新安医籍丛刊·古今医统大全上册	安徽科学技术出版社 1995 年 1 月出版	76 万		明·徐春甫编集	项长生
新安医籍丛刊·古今医统大全中册	安徽科学技术出版社 1995 年 12 月出版	141.6万		明·徐春甫编集	项长生
新安医籍丛刊·古今医统大全下册	安徽科学技术出版社 1995 年 11 月出版	99.4 万		明·徐春甫编集	项长生
明清名医全书大成·汪石山医学全书	中国中医药出版社 1999 年 8 月出版	125.9 万	脉诀刊误		徐麟
			石山医案		徐麟
			读素问抄		王键
			运气易览		牛淑萍
			针灸问对		牛淑萍、朱长刚
			外科理例		刘惠玲
			痘治理辨		易玮
			推求师意		易玮
			医学原理		储全根、沈晓明、王旭光
明清名医全书大成·汪昂医学全书	中国中医药出版社 1999 年 8 月出版	80.7 万	素问灵枢类纂约注		
			医方集解		
			本草备要		
			汤头歌诀		
			经络歌诀		

1986—2005 年安徽省新安医学研究专著一览表

表 2-4-3

书名	出版单位及时间	字数	责任人	备注
杏轩医案并按	安徽科学技术出版社 1986 年 3 月出版	31 万	清·程杏轩著，李济仁、胡剑北按注并校	1991 年 12 月获首届全国中医医史文献图书及医学工具书银奖
新安名医考	安徽科学技术出版社 1990 年 7 月出版	19.7 万	李济仁主编，胡剑北副主编	1991 年 12 月获首届全国中医医史文献图书及医学工具书优秀奖
新安医学史略	歙县卫生局、歙县中医医院 1990 年 8 月印刷	25 万	洪芳度编	1990 年 9 月卫生部首届“中国中医药文化博览会”上获“神农杯”铜牌奖
新安喉科荟萃	江苏科学技术出版社 1997 年 1 月出版	12.5 万	洪芳度、余德利编著	
新安历代医家名录	歙县科学技术委员会 1997 年 9 月印刷		洪芳度编	
新安医籍考	安徽科学技术出版社 1999 年 1 月出版	57 万	王乐匋主编，吴华强、张玉才、王键、童光东副主编	
大医精要——新安医学研究	华夏出版社 1999 年 1 月出版	21.3 万	李济仁主编，李梢、胡剑北、张其成副主编	安徽省科委科研基金资助课题
中国历史文化名城歙县丛书·杏林第一枝——新安医学绽奇葩	黄山书社 2001 年 6 月出版		黄孝周、黄熙著	2001 年获安徽省图书奖
徽州文化全书·新安医学	安徽人民出版社 2005 年 5 月出版	26.6 万	张玉才著	国家社科基金资助项目

1999 年 9 月，新安医学文化馆在安徽中医学院揭幕，100 平方米的展馆设新安医家医籍概况、新安儒医群体、新安医家供职御医情况、临床各科概况、主要学术流派、医学教育与普及、新安医学域外影响、新安医家的医德医风、新安医学研究概况 9 部分，展出自晋至民国时期的图片 200 余幅、图表 10 余张和历代重要医籍文献和现代研究

成果近40余部(份)。

2003年9月,祁门县中医学会及县中医医院编辑“纪念汪机诞辰540周年专辑”,收载其生平与著作简介、学术思想研讨、医籍研读,医案选评,临证撷英、临床应用等文章及诗作54篇,供后人研读。

2004年,黄山市新安医学研究中心完成市科技局“新安中药商品化开发课题”,挖掘整理一批新安名方验方。

华佗学术研究 华佗(约145—208年),东汉末年杰出医学家,字元化,又名旉,安徽亳州人。华佗医术十分精湛,足迹遍及中原及江淮大地,在内外妇儿各科诊治中曾创造许多医学奇迹,尤以发明酒服麻沸散、行剖腹术闻名于世。麻沸散是世界上最早的麻醉剂,比欧洲早1600余年。因首创全身麻醉术施行外科手术,华佗被后世尊之为“外科鼻祖”。在针灸理论技术方面,华佗所创《内照图》是历史上第一份经络穴位图谱,华佗夹脊穴是有效的至今仍被推崇和使用的经外奇穴。在保健养生方面,他模仿虎、鹿、熊、猿、鸟五种动物的形态、动作和神态,创编“五禽戏”,开运动医疗健身之先河。2003年,国家体育总局把重新编排后的五禽戏作为健身气功向全国推广。华佗“通晓养性之术”“又精方药”,针灸简捷,手术神奇,后世每以“华佗再世”来赞誉医家医术之高明,足见其影响之深远。

1986年,成立以牛正波为主编的《华佗研究》编写委员会。1991年4月,黄山书社出版《华佗研究》,全书20万字,考证与评介华佗生平、著述、学术思想、医学成就、医德与育徒等。

1992年9月,举办安徽省亳州首届国际中医药文化节,召开全国第二次华佗学术研讨会,征集论文108篇,其中会议交流论文41篇,书面交流23篇,重点讨论《中藏经》的学术地位,研讨华佗生平、著作、医学思想、医德及医学成就,编辑出版《华佗学术研讨会论文汇编》。

1993年9月,在“阜阳地区中医职业学校”的基础上,扩建成立“安徽省华佗中医学校”。1997年7月,亳州市华佗中医药研究所成立。实现安徽中医的“北华佗、南新安”战略布局。

1998年9月,国家中医药管理局、中国中医药学会、省中医管理局和亳州市政府举办“98国际华佗学术研讨会”,收到论文251篇,选录其中220余篇,编辑出版论文集。

2005年2月,安徽科学技术出版社出版《华佗考》,14万字。该书由尚启东(1902—1986年,字元显,安徽全椒人)撰辑,于1963年撰成初稿并作序,1985年增修,后由其子尚煦整理成书。书中“考辑成《观形察色并三部脉经》一卷、《枕中灸刺经》一卷、《华佗方》三卷,虽未敢谓已复华佗所遗医法诸书之旧,要于《隋书·经籍志》所录,亦庶几存其梗概。同时,将余所撰的《华佗三传考证》《吴普撰华佗方十卷考》《华佗别传考辑》《华佗医书考辑结论》附之于后”。《华氏中藏经》和《内照法》应作为研究华佗学术思想的重要读本。

2002年8月，董文焕所著《(亳州)华佗五禽戏》，详细描述华佗五禽戏的套路动作及演练要领，由香港天马图书有限公司出版。同年，国家体育总局把五禽戏作为健身气功在全国普及推广。2003年，亳州市委、市政府把华佗五禽戏作为全市武术馆(学校)必修课程，并在全市开展五禽戏"五进"(进机关、进企业、进学校、进社区、进农村)活动，不断加强五禽戏场馆设施建设，举办各种五禽戏的培训班、比赛、有奖征文活动，制作五禽戏宣传画册等。亳州五禽戏传人走出国门演示交流，也不乏外籍人士前来参观学习五禽戏。

第二节　西　　医

安徽医学科研坚持以"应用研究为主，加强开发研究，重视基础研究"的导向，科研内容从基础理论到常见病、多发病及重大传染病、慢性非传染性疾病，涉及多个学科领域。研究经费重点资助应用研究，引进、消化吸收国内外先进技术，开展"二次创新"研究，提高自主研究开发和创新能力研究。市以下医疗卫生单位以引进和推广应用技术成果为重点。到2005年，全省实施省级以上项目81个，其中国家科技攻关项目3个，卫生部科研项目21个。获得卫生部科技奖10项，其中二等奖5项；省科技进步奖235项，其中一等奖17项，二等奖77项。

科研计划　1986年1月，由安徽省及其以上科技管理部门下达科研计划，11月科技体制改革后实行计划课题合同制管理。1987年，实施科研计划项目49个。1988年，安徽省卫生厅设立医学科学研究基金，试行科研基金计划课题制度。按照同行评议、择优支持原则，下达科研课题。其中医学重点课题由省卫生厅提出选题范围，公开招标，并与中标课题签订合同。1996年，科研基金计划课题分为医学重点项目、纳入计划的科技成果推广项目和政策性课题。重大科研项目每3年1次公开招标，采用专业评审和综合评审两轮制，择优立项。中标项目分有偿资助和无偿资助课题，签订合同。其中无偿资助课题的承担单位以不低于1:1的比例匹配研究经费，科技成果推广项目和政策性课题，遵循"政策倾斜、保证必须、限制范围、帮助启动、注重实效"的原则予以补助。基金课题主要资助应用研究，技术开发研究，科技成果推广项目及政策性科研课题的启动等。2000年，计划课题资助的重点调整为重大技术、重点项目和面上课题三个层次。

1987—2005年，全省卫生系统承担省及其以上科研计划项目81个，其中国家科技攻关计划项目3个、卫生部医学科研基金课题21个、安徽省科技专项和攻关计划项目25个、安徽省科技计划重点项目31个；主持承担国家科技攻关项目：江湖洲滩地区初步控制血吸虫病流行消长规律的研究、计算机舌象诊断仪研制、江滩型地区血吸虫病流行因素及优化防治对策的研究3个项目；主持承担卫生部科研基金课题主要有：促黄体释放素(LRH)及其类似物的生育调节研究、ElTr弧菌变异及其保菌越冬的研究、流行性出血热动物模型及其应用研究、肺气虚症候客观化标准化研究、HIV感染者及其子女有效应对训练研究等5个项目;承担安徽省科技攻关项目6个。

科研经费 1987年,安徽省财政设立卫生科技专项经费,每年21万元,经省科委(今省科技厅,下同)划拨到省卫生厅。1988年,省卫生厅设立医学科学研究基金,主要来源于医学科研事业费,开发性课题及其他有偿资助课题的回收经费,卫生部和安徽省政府有关部门的专项拨款,国内社团、单位或个人的捐助等;主要用于中标的重点项目课题资助和政策性课题补助,随下达课题计划批拨。当年省财政专项拨款25万元,1989—2002年每年21万元,之后因科研经费调整为由省科技厅统一归口管理。1988—2002年,下拨科研课题经费306.2万元,其中中标课题经费243.1万元,每个课题平均资助1.9万元。

2004年以后,卫生科研项目经费主要来自每年省财政的临床医学重点学科建设专项经费,2004年和2005年的重点学科专项建设经费中用于拨付科研项目的经费为238万元。至2005年,省卫生厅直接下拨的科研项目经费544.2万元,每个课题平均资助27.21万元。

20年中,全省卫生系统以第一承担单位获得省及其以上科研项目经费203.5万元。1996年全省10个省直单位和7个市卫生局设立科技发展基金,经费来自卫生事业费、单位业务收入提取与匹配及地方科技部门投入。

科研成果

成果评审 1986年,省科委委托省卫生厅承办全省医药卫生科技成果鉴定、评审的宏观指导与咨询服务工作。1989年11月,制订并实施医药科学技术成果管理试行办法,建立科技成果初审、鉴定和上报制度,规定医药卫生科技成果鉴定、建档登记、专利、保密、宣传与交流、推广应用和奖励等组织管理、职责范围、程序方法。1997年,提出安徽省卫生科技成果评审、验收、鉴定具体规范性要求。

1986—2000年,省科委委托省卫生厅组织省科技进步奖医药卫生专业组科技成果奖励评审推荐工作。每年组织评审推荐1次,评审中采用定性与定量相结合方法,从成果的先进性与创新性,技术难度,对科技进步促进作用和社会经济效益贡献等4个方面综合评价。由专业组按规定限额评出三、四等奖,推荐一、二等奖;省科技进步奖评委会评定一、二等奖,核定三、四等奖,并发布公告。2000年以后,根据国家科技奖励制度改革要求,省科技进步奖不再设置专业组,由省科技厅直接组织评审。

成果奖励 1987—1996年,全省卫生系统获卫生部科技进步三等奖以上13项,其中获国家科技进步奖3项。到2005年,全省医药卫生系统获省科学技术进步奖励项目380个,其中科技进步类329个(一等奖17个、二等奖77个)、自然科学类51个(一等奖4个、二等奖14个)。

成果选介

显微外科技术在四肢创伤治疗中的应用(安徽马鞍山钢铁公司医院,1988年国家科技进步三等奖）　该院于1971年起开展显微外科技术在四肢创伤中的应用研究，主要包括：(1)从1971—1986年共施行四肢创伤显微外科手术631例，其中断肢成活率达96.5%，断指成活率达83.6%，趾移植再造成活率达99.7%，各类皮瓣、肌皮瓣、骨皮瓣、骨移植成活率达98.7%，神经移植、大网膜移植、淋巴静脉吻合术等均取得卓著成效；(2)在国内首次应用髂骨皮瓣游离移植、静脉动脉化皮瓣、四指离断移位再植等技术，经临床应用，手术均获得成功；(3)对组合式游离组织移植、交叉皮瓣游离移植、第一跖背动脉变异处理等手术进行创新性的改进；(4)进行末节断指再植及其解剖学的研究，开展利用断指局部残存血管神经修复挤压撕脱性断肢再植、小儿断手移位再植、拇趾跖背侧皮瓣移位再植等手术，这些研究在国内外均未见报导。该成果提供的手术方法新效果好，成活率高，在全国推广应用，获得良好的社会效益。(该成果1987年获省科技进步一等奖)

中国流行性出血热地理流行病学研究（安徽省卫生防疫站等，1991年国家科技进步二等奖）　为对EHF疫情进行全面而系统的分析，由安徽省防疫站牵头，全国29个省市自治区共同协作，于1983—1988年进行EHF地理流行病学研究，获得以下成果：(1)根据历年疫情资料、现场调查和对20835例病人、92655名健康人的血清检测，结果查明国内除青海、新疆、宁夏和西藏外，其余25个省、直辖市、自治区的1257个市、县、旗均有EHF疫情发生，其疫情增长主要集中在华东和中南地区，季节分布存在秋冬峰型、春峰型和双峰型。(2)查出全国111个市、县为潜在疫区，发现18种新的携带特异性抗原的宿主动物，并进一步证实黑线姬鼠是野外感染的主要传染源，褐家鼠是居民区感染的主要传染源。(3)分析野鼠型、家鼠型和混合型疫区三种类型演变的特点，指出家鼠型EHF疫区出现和迅速蔓延是国内EHF疫情急骤上升的主要原因。(4)查明各种类型疫区的分布范围及不同流行强度疫区的分布，并以县为单位绘制成图。分析疫区分布与自然地理因素、流行强度与宿主动物频度、带毒率与人群隐性感染水平间的关系，指出野鼠型疫区分布与地势高低和水系分布有密切关系，重疫区的分布具有相对稳定性和局限性。(5)提出相应防制对策，指出灭鼠仍是控制本病的主导措施，开展监测是防治的重要环节。(该成果1990年获卫生部科技进步二等奖)

荫风轮(断血流)的药用基础及临床应用研究(安徽中医学院等，1991年国家科技进步三等奖)　该课题对荫风轮(断血流)的药用基础及其应用进行系统研究，主要成果有：通过对断血流野外生长习性的观察和分布情况的调查，及不同条件的移栽试验，摸清断血流资源分布，阐明其生物学特性，并用电镜扫描术辨明断血流植物的形态和组织解剖特征，以及粉末显微鉴别的特点，避免同科植物的混淆；提取分离出具有临床疗效的皂甙成分，进行结构测定和鉴定，确定其中一种新化合物，命名为荫风皂甙A；以有效成分皂甙为标准，建立断血流药材及片剂的化学鉴别方法和片剂的含量测定方法，为制订药品质量的标准提供可靠依据；通过对荫风轮作用机理和毒副作用的实验研究，阐明荫风轮止血作用机理和该药多种止血作用的药理基础及安全指标;通过临床疗效观察证实该药为有效的止血药,可用于多种出血,尤其对妇科出血有较好疗效;制订的该药各项药典标准,被列入1990年版药典。该成果为药厂优选原药材、改进工艺流程、制订药品质量标准、提高成品率、稳定质量、指导临床合理用药和安全用药提供依据,具有明显的社会效益和经济效益。(该成果1990年度获省科技进步二等奖)。

显微外科基础与临床应用研究(蚌埠医学院附属医院,1987年卫生部科技进步二等奖) 通过一系列显微外科的动物实验研究和临床应用,取得以下成果:(1)在国内外尚无报道的情况下,进行外径0.5毫米以下的血管吻合和移植的实验研究,取得较高通畅率;(2)在取得髂骨血供大量解剖学数据的基础上,在国内首次创用吻合旋髂深血管游离髂骨移植,经临床治疗10例患者获得成功,骨缺损修复满意。此法在国内推广应用,收到显著社会效益;(3)研制成兔耳淋巴水肿模型,并通过对正常和水肿时淋巴压和静脉压的测定及淋巴水肿时液体动力学变化的研究,阐明淋巴管和静脉吻合的一些基本理论及淋巴系统毁损时淋巴管再生的规律。并创用"亚甲基蓝试验法"代替可造成淋巴管内膜毁损的药物造影,便利掌握显微淋巴管静脉吻合术的指征,完善淋巴水肿手术方法;(4)用显微淋巴管静脉吻合术治疗110例患者取得良好疗效,尤其是乳房及男女外生殖器等特殊部位淋巴水肿的手术方法系属国内外首创。

细菌L型的实验与临床研究(蚌埠医学院等,1988年卫生部科技进步二等奖) 该课题对细菌L型进行系统实验与临床研究,取得以下成果:(1)对多种细菌用抗生素诱导法、胆汁诱导法、免疫诱导法、溶菌酶诱导法等分别诱导出L型细菌,发现细菌可在体内外多种因素影响下失去细胞壁,转变成L型。经改进培养方法,使细菌L型检出率提高2~3倍;(2)改良Skagan培养基,使L型诱导与分离获得成功,继而创制耐高压灭菌、无血浆、半合成L型"85-7"培养基,获得很好的培养效果;(3)用高渗与等渗牛肉汤试管培养代替常规的增菌培养法,使检出率增加到61.2%,病人采血量及培养基用量为原法的1/10,且便于观察L型菌落生长情况;(4)通过对细菌L型生物学特征研究,首次发现细菌L型可呈丝状(F)型菌落,并提出细菌L型有三种形式,即油煎蛋型、G型和F型菌落;(5)研究表明L型具有致病性,可引起间质性炎症,与病毒和支原体等无细胞壁微生物感染类似。该成果在细菌L型研究中具有较高理论价值,在实际应用中提高L型细菌感染的诊治水平,取得明显社会经济效益。

江湖洲滩地区初步控制血吸虫病后流行消长规律的研究(安徽省血吸虫病防治研究所等,1991年卫生部科技进步三等奖) 该项目是以在1981—1985年实施不同防治对策、初步控制血吸虫病的铜陵县董店、贵池市纪家坝、三联和桂畈等湖沼地区为观察对象,在不加干预的条件下进行流行消长规律研究,结果显示,采取以改变钉螺孳生环境为主的综合防治试区,因消灭钉螺,消除新感染源,中止防治措施5年后的各项疫情指标均无回升,防治效果持久稳定;采取化疗加易感地带灭螺防治的试区,中止措施后2年内疫情变化不大,后随钉螺增殖而逐年回升;以单纯化疗为防治措施的试区,中止措施后疫情很快回升。研究表明,在湖沼型血吸虫病流行区以改变钉螺孳生环境为主的措施是控制流行的最佳措施,改造环境结合生产和筑矮围养殖,能获得巨大经济效益,宜于推广;对不宜用环境改造区,人畜同步化疗加易感地带灭螺,仍是有效措施,可用间歇防治方法,有计划、有步骤的人畜轮番防治;对难以灭螺地区可采用单纯化疗和人畜同步扩大化疗的措施。

脾功能基础与脾外科临床应用关系的研究（蚌埠医学院,1993 年卫生部科技进步二等奖）　该项目对脾脏外科临床工作中存在的基础理论和技术问题进行多层次系统研究,取得一系列有价值的创新结论。其主要内容有:(1)研究脾血管分布规律并证实脾脏内相对无血管区的存在,提出保留 25%带血管脾脏已有足够抗感染能力,并通过脾脏对 RBC 结构、免疫功能等方面研究提出切脾后可降低红细胞的免疫功能,且血液粘度增高。(2)通过对脾脏和 Tufrsin 抗恶性肿瘤免疫作用的研究,发现脾脏在肿瘤发生过程中具有双重作用(早期抗瘤,晚期促瘤),证实脾脏因子(Tuftsin)在抗肿瘤过程中起主要作用,并对其机理、作用途径进行探讨。(3)对门静脉高血压症巨脾免疫功能进行系列研究:经临床病理切片及动物实验研究结果显示,门脉高压症巨脾的主要病理变化为脾组织纤维化,随着纤维化的加重,其免疫功能逐渐下降甚至消失,并提出肝硬化门脉高压症巨脾的病理分级标准,同时还证实脾脏参与肝硬化病理过程,对肝硬化的发展具有促进作用。研究结果进一步深化人们对脾脏功能的认识(该成果获 1993 年度省科技进步一等奖)。

肩胛背皮瓣显微外科解剖学研究及临床应用（安徽医科大学,1989 年省科技进步一等奖）　该课题通过对 60 侧儿童和 84 侧成人尸体解剖学研究, 在国内率先提出以旋肩胛动脉及其浅支为蒂的肩胛背皮瓣的新供区,并应用肩删背皮瓣修复 4 例急诊病人获得满意效果。在研究中,观察和测量旋肩删动脉及其分支的长度、外径和行径规律,确定它们的体表定位,提出旋肩胛动脉浅支分支组成的三种基本类型,设计出肩胛背皮瓣的可取。临床研究表明,肩胛背皮瓣为良好的皮瓣移植的新供区,具有供区切取后不影响仪容、供区皮肤在一定范围内不需要植皮、皮瓣可取范围大、应用范围广等优点,已在国内 50 多家医院推广应用,具有显著社会经济效益。

莱姆病的流行病学和病原学的研究（安徽医科大学等,1991 年安徽省科技进步一等奖）　为进一步了解国内莱姆病病原学和流行病学的特征, 研究者在全省对该病开展以血清学、流行病学、病原学、动物感染实验及临床试验等一系列的循序渐进的调查研究。研究成果:首次发现国内南方存在莱姆病典型临床病例,并从血清学和病原学给予证实,从宿主动物与蜱分离出病原物,证实南方存在该病的自然疫源地;在国内外首次从二棘血蜱、褐家鼠、小家鼠等动物上分离出病原物,以免疫学方法鉴定确认为伯氏疏螺旋体。又从燕子和喜鹊体内查出病原物;在国内首次从病人脑脊液中分离出病原物,经形态学、免疫学与动物感染试验予以证实;通过人群隐性感染率研究,查明莱姆病疫区在省内的分布规律、人群感染过程和流行特点,指出大别山区、皖南山区、沿江地区是防治的重点地区。

早孕因子的研究（安徽医科大学等,1993年省科技进步一等奖） 该项目通过对早孕因子(EPF)理化免疫特征、孕体内分布、EPF分离纯化及单抗制备等多方面系列研究,取得成果有:应用放免Ea-RIT法动态观察不同孕期血中β-hCG、AFP及孕酮含量与EPF活性之间的关系,证明EPF与这些妊娠蛋白无关。采用离子交换柱层析、亲和层析、凝胶过滤纯化孕血中EPF及t-EPF,用Disc-PAGE鉴定其纯度,以Ea-RIT检测其免疫活性,并用SDS-PAGE及PAC-IFE测量分子量及等电点,其结果同国外报导近似。制备兔及小鼠抗人EPF抗血清，鉴定其纯度及效价。设计并使用简接ELISA法检测EPF,取代繁琐的Ea-RIT法。发现人绒毛组织培养液和小鼠受精卵培养液中含EPF活性,后者经氯仿处理后活性消失。证明检测EPF可诊断滋养叶细胞恶性肿瘤和预测良性葡萄胎恶变。用3H-TdR及MTT比色法证实EPF能抑制ConA诱导的淋巴细胞转化的抑制IL-2的诱生。使用三种单抗作Ea-RIT,研究EPF提高花抑滴度的机理。首次使用孕妇尿液检测早孕因子。应用本组提纯的EPF制备抗人EPF单克隆抗体,以酶联免疫吸附法检测EPF用于临床,其符合率达90%。

脾淋巴细胞肾上腺素受体的特征和功能的研究（安徽医科大学,1994年省科技进步一等奖） 该项目使用放射配位体测定和体外诱生抗体等技术，研究脾淋巴细胞肾上腺素受体的特征和功能,获得如下结果:用L9(34)型正交设计确定受体结合实验的最佳条件为pH7.7,细胞浓度1×108个·毫升-1,25(水浴10分;动力学实验和饱和实验表明,β-受体只存在一种类型，在异丙肾上腺素和肾上腺素竞争实验中,β-受体存在两种状态,高亲和力状态占总受体数的60±5%.低亲和力状态占总受体数的40±5%，两种状态β-受体亲和力相差3个数量级；脾淋巴细胞存在一种类型的α2-受体,在竞争试验中存在高、中、低三种亲和力状态,彼此亲和力相差2~3个数量级;神经递质去甲肾上腺素促进脾淋巴细胞IgM合成主要由β-受体介导；脾淋巴细胞α2-受体特异性激活抑制抗SRBC抗体的生成;SRBC致敏可上行调节大鼠脾淋巴细胞β-受体密度,脾淋巴细胞β-受体Bmax上行调节可促进抗SRBC抗体合成;用药物或甲状腺激素改变脾淋巴细胞β-肾上腺索受体的密度可调节睥淋巴细胞对抗原的免疫应答。该项成果不仅为神经内分泌免疫系统之间确实存在个完整的调节环路提供实验依据,而且为寻找影响免疫功能的药物提供思路,还为弄清相关疾病的病理机制和防治措施及合理用药提供理论基础。

A、B血型单克隆抗体的研制及结合部位寡糖结构专一性的研究（安徽医科大学,1994年省科技进步一等奖） 由于国外制作的抗A、B、AB血型单抗均不能高度识别亚型红细胞,为揭示亚型血的本质,该课题采用杂交瘤技术,以提纯的人血型物质为抗原,研制成两株抗A1亚型红细胞单抗、一株IgA型扰B血型单抗,并建立ELISA定量抑制试验、亲和素-生物素试验、亲和免疫电泳等方法,对上述血型单抗进行免疫学特性研究。通过对血型单抗寡糖结合部位的精确测定,发现A1和A2血型抗原的差异与

A-Tri 活性寡糖的前三个糖基的空间构象有关；发现抗 B 血型抗体结合部位存在着含有双分子岩藻糖残基 B-penta 结构。通过筛选，获得多株分泌高滴度、高特异性抗 A 和抗 B 单克隆抗体的杂交瘤，并应用 D1064-286-E12(抗 A)，6-1-G11(抗 B)于临床血型鉴定近万例，与标准人抗血清的符合率达 100%。该成果为揭示 A、B 血型血的本质提供重要实验依据，并可开发应用于医学临床和法医亚型鉴别。

门脉高压症介入放射学治疗临床研究（安徽省立医院，1995 年省科技进步一等奖）　该研究应用介入放射学技术治疗门脉高压症，包括：(1) 经皮血管腔内成形术(PTA)治疗布加综合征(肝段腔静脉阻塞)，在国内外较早地采用大球囊一次性扩张和二尖瓣破膜针进行血管阻塞段破膜的新技术，治疗 15 例布加综合征，取得满意效果。并将该技术应用到段性阻塞性病例。(2)经颈静脉肝内门体分流术(TIPSS)治疗肝硬化并发门脉高压症、上消化道大出血。术前用彩色多普勒血管超声替代术前血管预造影，术中采用 B 超引导下进行门静脉定位、穿刺、扩张和置放内支架，治疗 20 例病人，取得良好经验和疗效。(3)创用“同径改良网状支架置放法”成功地救治 1 例 TIPSS 术后严重脑病患者。该成果在部分医疗单位推广。

带血管同种异体骨低温冷藏和移植的基础研究和临床应用（蚌埠医学院附属医院，1997 年省科技进步一等奖）　本研究从解决冷冻对血管损伤的问题着手，通过动物实验，取得血管组织低温冷藏值、低温时限、冷冻速度等有关数据和资料，总结出“两步冷冻保存法”，应用于带血管同种异体骨的保存。建立低温冷藏带血管同种异体骨移植修复骨缺损的动物模型，取得有关免疫学、生物学、放射学及病理学等方面的资料。用于临床治疗 26 例儿童四肢大块骨缺损的患者，随访 20 例 2~5 年，疗效满意。解决带血管异体骨的保存、克服移植排斥以及保持移植骨血供等多项技术问题，为大块骨缺损修复，尤其是自身供骨有限患者的治疗提供一种有效方法。

下腔静脉闭塞及狭窄段切除人工血管原位移植治疗布－加氏综合症的临床研究（蚌埠医学院附院，1998 年省科技进步一等奖）　安徽淮河流域较常见布—加氏综合症，蚌埠医学院附院针对其根治性手术等现行治疗方法中存在的缺陷，采用下腔静脉病变段切除、人工血管原位移植术，治疗下腔静脉短段闭塞或狭窄型患者 32 例，采用病变的肝静脉主干及其上方的下腔静脉切除后，行肝静脉流出道成形、肝静脉开口至下腔静脉的右房入口处人工血管原位移植术治疗下腔静脉长段闭塞和肝静脉主干部分闭塞患者 6 例；38 例病人均无死亡，未出现肝昏迷等严重并发症，经 6~52 个月随访移植血管通畅，无复发病例，临床疗效满意。该术式符合人体正常的解剖生理，不易形成涡流，所使用的人工血管短，可在短期内完全内皮化，不易形成血栓，显著提高移植血管的远期通畅率，降低术后的复发率。在省内有一定程度的推广应用。

肝豆状核变性的中西医结合基础与临床研究（安徽省中医学院神经病学研究所，1999 年安徽省科技进步一等奖）　肝豆状核变性(HLD)是一种危害严重常染色体隐性铜代谢障碍性疾病，长期缺乏良好的治疗方法，病理机制多有不明之处。在治疗方法上,安徽中医学院神经病学研究所在原“肝豆汤”研究基础上,开展治疗机理和中医辨证分型的研究,四易其方;创用二巯基丁二酸钠(DMS-Na)、二巯基丁二酸(DMSA)、葡萄糖酸锌、脾切除等治疗方法,改良依地酸二钠钙(EDTA),二巯基丙磺酸钠(DMPS)使用方法,显著提高临床疗效,累计治疗2000余例,总有效率93.16%,显效率46.83%。在诊断上提出一套完整的HLD临床分型方案及病情轻重程度的诊断标准。还从分子生物学、神经生化等方面深入研究HLD,丰富HLD病理生理内容和辅助诊断依据,其中在ATP7b基因序列分析中于国内外首次报告第7、18外显子中新的突变位点;在国内首次成功建立HLD肝细胞培养方法。该研究融汇中西医结合理论,新颖性突出。临床研究显著提高HLD诊治水平,发表论文70余篇,为同行所广泛引用,社会经济效益显著。

成果推广 1991年7月,省卫生厅提出引进和推广应用科技成果的组织管理、工作任务和办法措施,10月成立科技成果推广领导小组,拨专项补助经费3万元作为启动资金,组织实施卫生部和省卫生厅确定的科技成果推广项目,指导开展技术服务、技术转让和技术开发及卫生系统科技成果引进消化和建设推广应用网络。1992年,成立安徽省医药卫生科技开发中心,开拓全省医药卫生科技市场,开展开发性项目研究及技术转让和服务,组织中试生产和高新技术产品的销售。开发研制的中药“胃久灵”经卫生部批准进入临床研究,一次性输液器通过成果鉴定和生产验收。医学院校及卫生科研机构设有科技服务中心,促进医学科研成果的推广和应用。结合医学特点,采用出版专著、杂志发表或学术交流等形式,推广基础或临床理论性项目;举办学习班推广应用实用价值高、能迅速提高防治质量和水平的成果。同年将科技成果的推广、新技术的引进和科技成果开发应用等纳入省卫生厅医学科技进步奖励的重点。

1991年,采取组织专家座谈论证和项目考察等方式,以恶性肿瘤、心脑血管病、病毒性肝炎、创伤、地方病等危害严重疾病防治以及提高人口素质为重点,每年遴选安排技术先进、成熟适宜的医药卫生科技成果3~5项面向全省推广,并把在农村和基层推广应用新技术优秀项目纳入奖励范围。

到1999年,全省组织4批5次推广108个项目成果,其中推广项目32个,推荐推广项目76个。列入卫生部“十年百项计划”面向全国推广的项目2个。

2000年以后,全省继续医学教育逐步推进和不断完善,有关新技术、新方法等技术项目纳入继续医学教育项目统一管理,未再组织实施计划推广工作。

实验动物 1989年,省科委、省卫生厅、省医学科学研究所、安徽医科大学等部门和单位组建成立“安徽省医学实验动物管理委员会”,办事机构挂设在安徽省医学科学研究所,设立“医学实验动物中心”,组织饲养生产啮齿类(大、小鼠)、兔、豚鼠等动物提供给省内科研、教学、产品检验等机构用于医学实验,并对全省实验动物的生产和使用单位进行管理。到2001年,全省实验动物设施有36处,其中省会合肥有15处。从隶属上分,制药企业有23处,防疫、药物、药检事业单位有6处,高校有5处,农科院所有2

处。实验动物专业技术人员和管理人员达到 210 人，其中高级科技人员 24 人，具有研究生学历 17 人（含博士 4 人）、本科学历 38 人。全省新建改建动物房和动物实验场地面积有 14327 平方米，达到清洁级设施面积 4625 平方米，SPF 设施面积 180 平方米，普通级设施面积 5883 平方米。投入设施建设经费 2388 万元，大多为自筹款。有实验动物设备 304 台 / 件。引进国外纯系品种，进行饲养和繁殖，提供医学研究实验动物。

1987 年，成立安徽省实验动物学会及第一届理事会。1998 年，换届改选。参加全国性、区域性和省级学术交流 20 次，协办华东地区“实验动物科学继续教育”学术研讨会，主办“华东地区第七届实验动物科学技术交流会”，征集、交流学术论文 203 篇，专题报告 10 份，参加学术人数 338 人次。承办主管部门交办“十五”“十一五”安徽省实验动物发展规划的起草和编制工作。

2004 年，省科技厅批准成立“安徽省实验动物监督检测中心”并通过国家实验动物质量检测中心现场考核和评审，具备细菌、病毒、寄生虫、病理、环境及设施、营养 6 个科目 67 个项目检测资质。检测屏障环境 14 间 1664 平方米，普通环境 57 间 3231 平方米。对省内实验动物生产单位的环境设施和实验动物质量进行检测和认可。

2005 年，“安徽省实验动物监督检测中心”颁发试验动物生产许可证 1 份，生产品种为比格犬，年产量达 200 只。向 6 家单位颁发实验动物使用许可证，动物实验科目为免疫、单克隆抗体、毒性、刺激、致畸、热原、过敏、降压试验等，实验动物品种包括大、小鼠，兔，豚鼠，猫等。教育系统用于教学、科研的实验动物占 60%，其次为药品生产、临床科研和执法单位的产品检定。实验设施面积达 1091 平方米。全省应用实验动物进行科研项目 77 项、新产品开发 35 项、产品检定 51 项，在药品生产中主要用于实验动物进行热源和毒性试验 164 项，其他 59 项。

重点学科建设

学科建设计划　1996 年 7 月，省卫生厅启动重点专科建设工作，制发省临床医学重点专科认定和管理暂行办法，成立领导小组，设立办公室，督促落实有关管理措施和配套政策。建设计划每 3 年一个周期，包括中医类别，设置重点专科和特色专科二个层次。申报的专科具有显著特色和优势，在同类临床学科领域处于省内领先、国内先进水平。2002 年，建设计划调整拓展为临床医学重点学科、预防医学重点学科和中医专科专病三个序列，分别管理与实施。计划层次由 2 个增加到 3 个，临床医学序列分省临床重点学科、省临床医学重点扶持学科和省临床医学市级重点学科 3 个层次，预防医学序列分省级重点、市级重点和卫生保健特色项目 3 个层次，其中的省级重点分预防医学重点实验室和预防医学重点专科 2 个类别。同类学科的设置数增至 2~3 个；加大财政资助力度，学科建设专项经费由第一周期每年 40 万元增到每年 200 万元左右。

2004 年 4 月，启动安徽省预防医学与公共卫生重点学科建设，制发学科建设工作意见，建设计划每 3 年一个周期，重点实验室能够为重大传染病的预防控制、突发公共卫生事件处理、卫生监督、重点疾病筛查以及开展相关应用性科学研究提供技术支撑；

重点专科能在疾病预防控制和中毒事件处理工作中发挥重要作用的主要学科或属与重点疾病防治相关的新兴学科(科室);卫生保健特色项目在农村和城市社区中实施具有一定技术含量的疾病控制与预防保健项目,并具有示范与推广作用;采用单位自主申报、专家论证评审和省卫生厅统一审定的程序予以立项。

学科建设实施　1996年10月,省卫生厅开展临床医学重点专科申报评审工作,以“自愿申报、专家评审,择优遴选、兼顾布局、宁缺毋滥”为原则,组成由56名专家评审委员会,采取专家评审、行政审批的程序和定性定量相结合的方法进行评审、认定。年底,受理申报学科80个。1997年年初,批准认定第一周期临床医学重点专科建设计划23个。其中重点专科13个,特色专科10个。到2001年年底投入建设经费130万元。

2002年6月,开展第二周期临床医学重点学科建设申报评审工作,受理申请学科111个,涉及临床专业26个。经审定,第二周期临床医学重点学科建设计划66个,其中省临床医学重点建设学科16个、省临床医学重点扶持学科25个、省临床医学市级重点学科25个。

2004年11月,开展首批预防医学与公共卫生重点学科建设工作,受理5家省级单位、14个市的19个预防保健机构申请项目38个。按照“坚持标准,保证质量;公平公正,择优遴选;兼顾布局,宁缺勿滥”的原则评审立项。批准建设项目23个,其中省重点实验室6个、省级重点专科10个、市级重点专科5个、卫生保健特色项目2个。

临床医学重点专科考核验收　2002年,省开展第一周期临床医学重点专科验收工作,组建验收专家委员会,审核23个专科书面材料,实施现场考评,通过验收考核学科22个。确定10个重点学科,3个特色专科转入下一周期对应建设序列,2个中医特色专科转入中医专科专病建设类别,其他专科按下一周期建设标准重新申报。通过3年建设,首批临床重点学科、专科的诊疗水平与服务质量、临床研究与学术交流、院际协作与人才智力引进、仪器设备与设施条件取得成效,形成一批优势学科和特色技术项目。促进心胸外科、神经内外科、血液内科,眼科、普外科,呼吸内科、血管外科以及生殖医学与临床药学等学科的整体技术水平提高。低温冷藏带血管的同种异体骨移植系列研究、肝豆状核变性的中西医结合基础与临床研究、下腔静脉闭塞及狭窄段切除人工血管原位移植治疗布-加氏综合症的临床研究获得省科技进步一等奖。

第三节　计划生育

节育手术　20世纪80年代中期,随着第三次生育高峰期的到来,育龄妇女、已婚育龄妇女总量逐年增加。严格控制人口过快增长,落实生育政策,一方面,继续加强宣传教育和采取经济激励制约措施,另一方面,在全省城乡特别是广大农村地区大力推行“一孩上环、二孩结扎”的长效节育措施,以减少计划外怀孕、计划外生育的机会。

1986年,全省育龄妇女、已婚育龄妇女分别比1985年增加18万人和27万人。从

1986年到1996年的11年间,除个别年份育龄妇女总数外(1994—1995年)每个年份的育龄妇女总数、已婚育龄妇女总数、生育过一个或两个孩子的育龄妇女总数都以两位数速度递增,落实节育措施的任务也逐年加重。特别是1990年全国第四次人口普查结果公布,安徽省在1989年7月1日—1990年6月30日一年时间里,人口出生率为25.04‰。自然增长率为19.25‰,是自1973年以后生育率最高的年份,引起全省上下警觉。1990年9月,省委、省政府在金寨县召开全省计划生育工作会议,各地普遍加大落实节育措施的力度,从1990年到1993年的4年时间,节育手术量逐年攀升,1993年达到208.4万例。

20世纪80年代中期,全省城乡特别是农村地区普遍对育龄妇女通过巡访或者了解经期等形式掌握其是否怀孕,怀疑妇女怀孕,则由医务人员对其进行双会诊加以确认,对已放置节育环的妇女，每年要通过X光机进行透视，以确认节育环是否脱落或移位。1990年前后,一些地(市)、县(市、区)偿试引进胶乳试剂和小型便携式B超机进行查孕查环,经济方便,无副作用。1992年起,省计生委在全省推广应用胶乳妊娠诊断试剂和B超开展查孕查环工作。1994年3月,省计生委发文规范环孕情监测工作,一年内要检查环两次,一年内要查孕6次,并制定“两查”工作考评办法。到1995年年底全省查孕率达70%,查环率达80%。

1998年1月,省计生委进一步对长效节育措施落实时间、查环查孕频度及对象条件等作出规定:查孕由一年6次调整为一年4次,每个季度1次,对象为:无生育指标且无节育措施已婚育龄妇女、上环一年内妇女、结扎一年内妇女、使用避孕药具或其他非长效节育措施避孕的妇女。免查对象为:月内月经来潮妇女、上环、结扎一年内没有发现怀孕者、已安排生育指标怀孕的妇女。查环由原一年两次B超透视改为上环后第1、第3、第6个月进行随访,以后每半年随访一次。放置节育环时间,由产后42天至两个月变为产后(含大、中月份补救措施后)3个月内、剖腹产后6个月;实施女性结扎时间从产后一个月调整为产后(含大、中月份补救措施后)3个月。

2003年,省计生委再次规定在环、孕情监测方式方法上,采取查环与孕情检查相结合;尿检、B超检查与经期保健相结合;查环、查孕与查常见妇女病相结合;集中检查与经常性工作相结合;乡所村室阵服务与入户服务相结合;掌握孕情与开展孕产期保健、妇幼保健、科普宣传、节育术后随访等服务相结合。

优生优育

生殖保健　根据国家计生委要求,省计生委部署从1996年开始在全省开展生殖保健试点工作,并制订《安徽省生殖保健全程服务试点工作方案》,要求县乡计划生育服务机构和技术人员指导育龄妇女在最佳时期内落实安全、有效的避孕药节育措施,通过B超、早孕试剂、检查宫内节育器尾丝、上门访视、面对面指导等途径,系统了解育龄妇女避孕节育效果,动态变化和完整信息,发现问题及时解决,精益求精做好每一例手术;融传播避孕节育、优生优育、健康保健知识于提供技术服务和全程服务之中。省计生委确定在宣州市、亳州市、肥东县、天长市、霍邱县5个县级计划生育服务站开展生殖保健全程服务试点;同时,要求每个地市抓好1个县、每个县抓好1个乡镇试点,推进生殖保健全程服务试点工作,把生殖保健全程服务作为1996—2000年计划生育科技工作的一项中心任务。1999年10月,省计生委在霍邱县召开全省计划生育生殖保健服务工作现场经验交流会,全面推进生殖保健全程服务工作。要求到2000年底前,全省乡(镇)计划生育服务配齐红外光治疗仪,有条件的乡(镇)还要配备乳腺诊断仪,开展妇女乳腺病查治,已婚妇女妇科病普查率达80%以上,治疗率达50%以上。

随访服务　计划生育随访对象主要为:落实计划生育手术夫妇、使用避孕药具夫妇、节育手术并发症夫妇、新婚夫妇、怀孕及产后妇女。随访的对象和形式分别是:放置宫内节育器后第1个月、3个月、6个月、12个月各随访一次,以后每年1至2次。输卵管结扎术后的3至7天及术后3个月各随访1次,以后每年随访1次。使用避孕药具随访,每个月随访1次。新婚后1个月内随访1次。怀孕3个月内、6个月后各随访1次。产后42天左右随访1次。

第五章　环境科技

第一节　气　　象

灾害性天气预报　安徽属暖温带向亚热带的过渡型气候，淮河以北属温带半湿润季风气候，淮河以南属亚热带湿润季风气候。由于冷暖气团交绥频繁，天气多变，降水的年际变化较大，常有旱、涝、风雹等自然灾害。大范围的干旱、洪涝以及局地的强风暴等强对流天气的监测和预报一直是气象部门研究的重点。

20世纪80年代中后期，预测预报的方法从单站指标法、经验外推法过渡到定量诊断预报法、指标叠套法。20世纪90年代大尺度数值预报产品、气象静止卫星探测产品逐步应用于实际预测预报业务，在1991年淮河洪涝、1999年长江大洪水的预测预报中发挥重要作用。

20世纪90年代末到本世纪，多普勒天气雷达网、高密度自动气象站的建设、高性能计算机运行的中尺度数值模式产品，为准确监测和预报中小尺度强天气带来可能。传统的预报方法过渡到以数值天气预报方法为基础的定量化预报方法。大范围的暴雨、洪涝预见期大大延长，小范围局地风暴、雹、突发性短历时的局地强降水的监测和预报能力不断提高。预报产品也由过去的分片预报逐步走向分县的定点、定时、定量预报。2003年、2005年和2007年淮河大洪水的预报水平较20世纪90年代有大幅度提高。

2006年，为充分利用国家重大研究项目的研究成果，提高淮河流域中尺度灾害天气的预测能力，灾害天气国家重点实验室在安徽省设立“灾害天气国家重点实验室淮河流域中尺度应用试验基地”。这是唯一的省级试验基地。在灾害天气国家重点实验室的支持下，省气象局精心组织，于2007完成基地实验平台建设，建成视频会议系统、数值模拟与显示系统、中尺度观测与应用试验中心平台等，为加强中尺度灾害天气的监测与预报技术研究，推断科研与业务结合提供良好平台。

气候研究与应用　20世纪90年代前期，在全省气象台站气候资料整编成果基础上，完成“皖北国土气候资源分析”“安徽省国土资源规划”报告，1996年完成“安徽省气象灾害遥感调查”成果报告，1996—2000年，“我国短期气候预测系统的研究”被列为国家重中之重科技项目(96-908)，省气象局承担其子专题“安徽农业发展的降水气候预测应用系统”(96-908-05-06-11)，技术报告于2000年9月完成。2001—2005年，在全省第三次30年气候资料整编成果基础上,《安徽气候总论》一书于2006年10月完成电子版。

短期气候预测方法原来主要依据物理统计预测法、气候统计预测法,2005年开始利用气候模式产品的降尺度方法,加强动力产品解释应用的研究,逐步建立逐旬滚动月尺度预测和季节预测的降尺度方法,通过业务应用不断改进,降尺度方法已发展到运用相似动力法进行订正和提取大尺度环流相关莫泰的EOF迭代方法,取得较好预测效果。

第二节 地 震

在地震监测预报技术系统应用先进的电子和信息技术,增强地震台网的信息获取与传输能力,提高地震分析会商技术系统的地震信息处理与分析能力。开展地震科学研究,研究判定全省每年年度地震活动趋势和多次有感地震后的地震趋势,完成一批地震科技项目和研究课题,取得一批地震科技成果。

地震监测系统组成与地震监测能力 安徽省地震监测系统主要由有人值守地震监测台网、无线传输地震遥测台网、流动地震监测网、省数据处理分析与技术维护维修台网中心、群众测报监测网5个部分组成。

截至2005年年底,全省地震监测台网基本情况是:有人值守地震监测台网部分有省属地震台13个,市县、企业地震台21个,地下水观测站23个;无线传输地震遥测台网有10个遥测子台;流动地震监测网有流动水准测量、流动地磁测量和流动重力测量三个观测手段;群众测报网有骨干群众测报点435个。

截至2005年年底,全省测震台网在大别山区可监测地震震级下限为0.6级,沿江以北的大部分地区(不包括阜阳地区)可监测地震震级下限为1.2级,全省绝大多数地区(不包括阜阳地区的西北部)可监测地震震级下限为1.8级,全省可监测地震震级下限为2.3级。(本志使用的震级均为国家标准(GB 17740—1999)规定的“地震震级M”。)

省遥测地震台网建设 1979年5月,开始建设省无线传输模拟记录遥测地震台网(以下简称省模拟遥测台网),它是全国最早建设的地方性遥测地震台网之一。1980年10月,该台网首期投建蚌埠遥测子网,1982年9月,蚌埠遥测子网建成并投入试运行。1985年5月,省模拟遥测台网通过国家地震局组织的验收,同年9月正式投入观测运行。1986年8月,为监视大别山及霍山地区的微震活动,省地震局开始建设六安遥测子网,建设六安、老皇寺、豹子崖、石家河4个遥测子台。1990年,六安遥测子网通过省科委验收鉴定,同年纳入遥测地震台网正式观测。1991年年底,省地震局进行全省地震台网布局优化和调整,省模拟遥测台网布局经优化调整后,保留淮南、定远、巢湖、合肥、六安、老皇寺、豹子崖、石家河8个遥测子台。

1997 年 7 月，省模拟遥测台网纳入中国地震局 1996—2000 年数字遥测地震台网重点建设项目，开始台网数字化改造，先后新建、改建淮南、定远、肥东、含山、舒城、合肥、六安 7 个数字遥测子台。省数字遥测地震台网于 1999 年 12 月基本完成技术系统软、硬件的安装联调，经中国地震局监测预报司批复开始投入考核运行。2000 年 9 月，省数字地震遥测台网通过中国地震局验收投入正式观测运行。省数字遥测地震台网建成后，经中国地震局监测预报司批准，2001 年 6 月 30 日省模拟遥测台网停止使用。

KS-2000 宽频带数字地震观测系统建设　该系统建设从 2002 年开始启动。2002 年 9 月中旬，省地震局召开项目论证会，邀请国内相关测震专家和省地震局科技厅共同进行技术咨询、论证。同年 10 月开始正式实施，于 2005 年建成 KS-2000 宽频带数字地震观测系统并通过专家验收，投入运行。2005 年 11 月，江西九江—瑞昌间发生 5.7 级地震，安徽数字测震台网建成的 KS-2000 宽频系统在地震速报工作中发挥重要作用，取得明显社会效果。

该系统由淮北、嘉山、金寨、泾县、黄山及安庆 6 个数字地震台、1 个台网中心组成，采用美国 Geotech 公司 KS-2000 宽频带地震计、DR-24 数据采集器和 ICP 台网中心数据处理系统，观测数据采用 DDN 线路传输至台网中心进行实时数据处理。系统建设情况内容见表 2-5-1。

KS-2000 宽频带数字地震观测系统建设内容一览表

表 2-5-1

序号	台名	原记录仪	原地震计	改造后采集器	改造后地震计	改造时间	观测类型
1	淮北台	DD-1	DS-1	DR-24	KS-2000	2003.12	地表
2	嘉山台	DD-2	DS-2	DR-24	KS-2000	2003.11	地表
3	金寨台	DD-2	DS-2	DR-24	KS-2000	2004.2	地表
4	泾县台	DD-1	DS-1	DR-24	KS-2000	2004.1	地表
5	黄山台	DD-1	DS-1	DR-24	KS-2000	2004.2	地表
6	安庆台	DD-1	DS-1	DR-24	KS-2000	2004.3	山洞

2002—2003 年，首先对上述 6 个台站的台址进行勘选，对仪器的摆墩直接进行台基噪声测试，通过勘选，台址均符合测震台站建设规范要求。之后，项目组开始实施地震台摆房、观测室等基础设施改造工程，主要包括防湿、防水、装饰、供电、避雷接地等内容。该系统台网中心位于省地震局办公楼 5 楼地震监测网络中心，总面积 220 平方米。

2003 年 1 月，省地震局在合肥与广州海华电子有限公司签定购买 Geotech 公司

6 台套 KS-2000 宽频地震计、DR-24 数据采集器和台网中心 ICP 数据汇集系统设备合同。

2003 年 3 月—4 月，省地震局派专业人员赴美国 Geotech 公司参加 KS-2000 宽频带地震仪器的技术培训。2003 年 10 月，进口 KS-2000 宽频地震仪到货并进行安装、调试。2004 年 4 月,KS-2000 宽频数字地震观测系统投入试运行。

2005 年 6 月 17—18 日,省地震局在合肥对"安徽 KS-2000 宽频带数字地震观测系统建设"项目进行验收,中国地震局以张奕麟研究员为组长的验收专家组参加验收。验收组认为:"安徽 KS-2000 宽带数字地震观测系统"是国内最早引进国外数字地震设备建设的省级区域数字地震台网项目,台网系统设置的实时数据格式转换、中心远程对台站设备运行状态的监控和参数设置、对台站观测环境的保湿处理和温度监视以及避雷接地技术应用，对全国的 2001—2005 年数字地震观测网络系统建设将起到一定借鉴作用。该项目建设工程质量以及系统运行均达到项目设计指标要求,且资料档案齐全,一致同意通过验收。验收组建议:尽快排查金寨台的干扰信号,在后续全省数字测震台网建设中,综合考虑台网中心的系统集成以及与邻省台网之间数据共享,充分发挥宽频带数字地震观测系统的效能和作用。

该系统宽频带观测台站的间距大约 150~200 千米，南北方向呈均匀布局状态。宽频带台网基本上能够满足 3.0 级以上地震的快速准确定位。观测频带宽、动态范围大,在监测省内地震的同时还可清晰完整地记录国内外强远震,显示宽频带数字地震观测系统的特点和优势。该系统的建成运行,提高安徽省测震台网对远、大地震的监测能力和监测动态范围,可获取大量丰富的宽频带地震观测资料,为开展安徽及邻省周边地区的地震基础科学研究提供依据。

地震监测信息系统建设 在 20 世纪 70—90 年代,全省地震监测及前兆信息传递主要通过函寄和电话方式实现。进入 90 年代,省地震局应用先进信息通信技术,先后建成省无线短波地震通信网、省地震通信计算机网络系统,进入 21 世纪,全省地震监测及前兆信息全部实现网上传输。

省地震局于 20 世纪 90 年代初建立省地震短波通信网,共有子台 31 个、中心台 1 个、流动台 1 个。短波通信基本任务是保障地震台站、市(县)地震局与省地震局台网中心之间的地震速报、地震前兆观测数据资料上报和日常地震业务话务联系以及大震现场的通信联络。

随着网络技术的发展及其在地震监测预报中的广泛应用,短波通信数据传输功能逐渐被计算机网络所代替。安徽省地震通信网络系统是中国地震局 1996—2000 年重点项目"全国地震通信网络系统建设与完善"的一个子项目。该项目于 1997 年 5 月,由中国地震局统一立项。1998 年 8 月,开始项目建设工作。1999 年 8 月,全省地震系统区域计算机通信网络建成。

准确把握地震活动趋势,努力开展地震预测预报,是减轻地震灾害的有效途径。安徽省各级地震部门一直坚持“监测、研究、预报”相结合的原则，坚持边观测、边研究、边预报，地震分析预报和会商研究工作一直处于全国地震系统先进行列。

地震分析会商技术系统建设　分析会商技术系统是开展地震预测预报的支撑平台，为地震预测预报提供数据图象处理、分析会商演示、信息存储查询等技术服务。1986—2005年，省地震局共进行三次地震分析会商技术系统建设。

第一次分析会商技术系统建设。1988—1991年，省地震局进行第一次地震分析会商技术系统建设。该系统以人机对话方式，实现数据的汇集、日常处理、会商演示和综合判别预报决策等功能。

该系统由会商系统、音响系统、录像系统、图形图像处理系统、数据库系统、日常会商系统、专项分析系统，综合决策系统、工具软件、档案管理以及基本环境等系统组成，是当时国内最完善的一个震情分析会商技术系统。

第二次分析会商技术系统建设。1997年，省地震局进行第二次分析会商系统建设。该分析会商系统主要功能：本省及华东地区范围日常周、月、年度震情会商及其演示，Apnet网络查询，图形图像处理、表格处理及分析，图形演示，全中文用户界面。

该系统于1999年完成并投入使用，实现多媒体音响演示、采用多种地震预测新方法计算软件，使用较先进的VB高级计算机语言编程。整个系统建立于Windows操作平台，稳定可靠。

第三次分析会商技术系统建设。2002年，全国地震系统实施2001—2005年重点项目建设，根据项目安排，地震分析会商技术系统作为地震应急指挥技术系统的组成部分。省地震局根据《中国地震应急指挥技术系统技术规程》中有关二类区域建设标准，对分析会商技术系统进行软硬件功能完善，实现分析会商技术系统与测震台网部、前兆台网部、信息服务部的全面集成，建成能满足日常地震趋势会商和地震应急指挥需要的地震分析会商技术系统。

地震预测预报工作　1986—2005年，地震部门开展地震预测预报的基本思路是时间上采取“长、中、短、临”的渐进式预报，空间上采用场源结合，以场求源的综合分析方法。在长期预报基础上，每年进行全省性会商研究，提出年度地震趋势预测意见，圈定若干地震重点危险区，各级地震部门据此加强震情监测与分析预报，根据出现的各种宏观、微观异常与震情发展，进一步作出短期地震预报直至临震预报。地震预测预报的工作方式是建立定期震情分析会商制度，每周、每月、每年召开地震趋势会商会运用各种方法对各种观测数据资料进行分析研究，提出地震预测预报意见。遇有重大地震异常或发生有感、破坏性地震，迅速召开临时或紧急会商会，提出异常分析判断或震后趋势判定意见。

年度地震趋势预测　省地震局每年年底通过对测震和前兆观测资料分析处理、异常识别、异常综合特征的分析与研究，召开全省地震趋势会商会进行分析会商，形成下一年度地震趋势研究报告，对未来一年及稍长时间全省及邻近地区的地震活动趋势进行预测,为各级政府和地震部门部署经济建设和防震减灾工作提供参考依据。

中期地震趋势预测 1986—2005年,省地震局在年度地震趋势研究报告中,曾对1996年11月9日发生的南黄海6.1级地震及1999年12月30日发生的安徽利辛4.1级地震作出较好的中期预测。

1996年11月9日,南黄海6.1级地震中期预测概况:华东地区(29—37° N,113—124° E)为安徽省地震局分析预报的工作区。省地震局自1990年提出苏鲁交界至黄海重点监视区有6级地震背景。1995年11月上旬,在1996年度地震趋势研究报告中指出:“苏鲁交界至黄海一带重点监视区,异常项数达到峰值后已开始下降,出现缓慢向短期过渡的特征,该区1996年或稍长时间有发生6级左右地震的可能”。1996年11月上旬,在1997年度地震趋势研究报告中指出“苏鲁交界至黄海重点危险区,有半数异常已恢复,特别是南部(长江口以东海域)大多数异常已经恢复,与去年相比由中期向短期过渡的特征更加明显,1997年有发生5~6级或6级以上地震的可能,应注意短临指标的出现。”1996年11月9日,南黄海发生6.1级地震,中期预测正确。

1999年12月30日,安徽利辛4.1级地震中期预测概况:省地震局自1996年11月提出安徽省有发生4.5级左右地震的可能。1998年11月,在1999年度地震趋势研究报告中指出:“安徽省1999年或稍长时间有发生4.5级左右地震的可能”。1999年12月30日发生利辛4.1级地震,预测基本正确。

震后地震趋势判定 震后地震趋势判定是地震短期趋势预测预报的重要内容,对稳定社会和震情监视具有重要意义。1986—2005年,省地震局曾对多次省内外地震作出较好的震后趋势判定,起到安定人心,维护社会稳定的作用。

1999年12月30日,利辛4.1级地震震后地震趋势判定意见。地震发生后,省地震局立即召开紧急会商会,对震后趋势进行研究。依据该区历史地震活动情况、地震类型特点和近几年安徽地震活动趋势等进行综合分析,认为震区附近近期发生更大地震的可能性很小。上述震后趋势判定意见于当日上午11时电传上报省政府及中国地震局,并通报给地震现场工作组和各市地震局。根据现场调查结果和会商意见,起草“利辛县人民政府关于我县张村镇附近发生4.1级地震及近期地震趋势的公告”,经县长签发,于12月30日晚在利辛县电视台和电台反复播放,震区人民群众生产、生活和社会秩序迅速稳定。后来震情发展证明,省地震局作出的震后趋势快速判定意见完全正确。

2005年7月21日,寿县3.6级地震震后地震趋势判定意见。2005年7月21日2时2分和2时13分,安徽寿县城南发生2.1级、3.6级地震各1次,震源深度19千米。省地震局召开紧急会商会综合分析认为:震区短时间内发生更大地震的可能性不大,考虑到近期安徽出现5月20日霍山2.5级震群、7月10日金寨2.6级震群和本次寿县3.6级地震,表明华东地区区域应力场有所增强,应密切注意华东地区的震情发展趋势。其后震情发展表明,省地震局作出的震后趋势快速判定意见完全正确。

2005年11月26日,江西省九江—瑞昌间5.7级地震震后地震趋势判定意见。2005

年11月26日8时49分,江西省九江—瑞昌间发生5.7级地震后,省地震预报研究中心立即收集有关资料、数据进行分析处理。随后,省地震局召开紧急会商会,综合分析认为:江西九江—瑞昌5.7级地震为主震—余震型,江西震区近期发生更大地震的可能性不大;安徽省尤其是与九江相邻地区近期发生破坏性地震的可能性较小。会后,省地震局将震后趋势判断意见立即报告省委、省政府,通报有关市县,并通过信息网络和媒体向社会公布。其后的震情发展验证省地震局作出的震后趋势快速判定意见完全正确。

地震科技项目　全省共承担完成防震减灾省、部级(国家地震局、省科技厅)研究课题72项(见表2-5-2),国家地震局"地震监测、预报、科研三结合"课题11项,省地震局重点地震科研基金项目7项,以及一般地震科研合同制项目296项。

1986—2005年省、部级地震科技项目研究课题一览表

表2-5-2

序号	项 目 名 称	任务来源	项目类别	完成时间
1	地震空区地震条带研究	国家地震局	科学基金项目	1988年度完成
2	地震序列、震级序列和时间序列的研究	国家地震局	科学基金项目	1988年度完成
3	震源介质参数与地震预报方法的研究	国家地震局	科学基金项目	1988年度完成
4	地震学方法综合程式研究	国家地震局	科学基金项目	1988年度完成
5	地下水位日常分析预报程序的建立	国家地震局	科学基金项目	1988年度完成
6	地震综合预报方法的研究	国家地震局	科学基金项目	1988—1989年
7	地磁长趋势变化	国家地震局	科学基金项目	1988—1989年
8	地震水文地球化学灵敏点及观测系统研究	国家地震局	科学基金项目	1988—1989年
9	地电震兆异常指标综合判断的预报信度研究	国家地震局	科学基金项目	1988—1989年
10	承压水井水压综合观察方法及其水震图的研究	国家地震局	科学基金项目	1988—1989年
11	地震传输台网建设	国家地震局	合同制项目	1988年度完成
12	震情分析会商系统的建设	国家地震局	合同制项目	1988—1990年
13	活断层和地震发生的地震地质条件的研究	国家地震局	合同制项目	1987—1991年
14	地震危险性分析与地震小区划研究	国家地震局	合同制项目	1988年度完成
15	新的全国地震区划图的编制	国家地震局	合同制项目	1988—1991年
16	确定七级地震危险区	国家地震局	合同制项目	1988年度完成
17	地震专家系统功能的扩展完善与推广	国家地震局	合同制项目	1986—1990年

续表 2-5-2

序号	项 目 名 称	任务来源	项目类别	完成时间
18	长江—淮河地区地震区划图	国家地震局	合同制项目	1988—1990 年
19	郯庐带安徽段 1:5 万活断层地质填图	国家地震局	合同制项目	1987—1991 年
20	地电学科预报方法指南及软件	国家地震局	合同制项目	1989—1990 年
21	地震通信网的建设	国家地震局	合同制项目	1990—1991 年
22	重点地区数据库的建设与完善	国家地震局	合同制项目	1990—1991 年
23	地震前兆图形信息系统与分析预报整体联机研究	国家地震局	合同制项目	1990—1991 年
24	地震危险性分析中两种不确定性及若干具体问题研究	国家地震局	科学基金项目	1990 年度完成
25	地震前兆的可信度研究	国家地震局	科学基金项目	1991—1992 年
26	地震活动的时空强统计分布规律及其特征的研究	国家地震局	合同制项目	1991—1994 年
27	地震预报算法的基础研究	国家地震局	科学基金项目	1992—1995 年
28	地震复杂系统的离散模型的研究	国家地震局	科学基金项目	1992—1994 年
29	活动断裂断错产物中定向微观粘滑与蠕滑的鉴别	国家地震局	科学基金项目	1992—1994 年
30	地下水逸出气微动态及其震兆特征的综合研究	国家地震局	科学基金项目	1992—1995 年
31	华北地区地震学短临综合预报指标体系的研究	国家地震局	合同制项目	1992—1994 年
32	大震现场预报的地震波方法深入研究	国家地震局	合同制项目	1992—1993 年
33	震情短临跟踪和预报实用化攻关成果推广	国家地震局	合同制项目	1992—1993 年
34	地震波形和震源参数研究	国家地震局	合同制项目	1992—1994 年
35	跨断层形变台站同光段观测试验	国家地震局	合同制项目	1993 年度完成
36	地震时间序列的译解及非线性预测	国家地震局	合同制项目	1993—1995 年
37	合肥地震台震级修正值的研究	国家地震局	合同制项目	1994 年度完成
38	少震弱震地区中等地震研究	国家地震局	合同制项目	1994 年度完成
39	地震波形和震源参数研究	国家地震局	合同制项目	1991—1995 年
40	合肥地震台地电测数对 763 地震仪干扰原因及排除方法的研究	国家地震局	合同制项目	1995 年度完成

续表 2-5-2

序号	项 目 名 称	任务来源	项目类别	完成时间
41	皖北地区地倾斜异常的追踪研究	国家地震局	合同制项目	1995 年度完成
42	地震前兆及相应预报方法研究	国家地震局	合同制项目	1996 年度完成
43	强震群体活动过程和前兆场时空动态演化研究	国家科委	合同制项目	1996—2000 年
44	中短期前兆及预报效能评价	国家地震局	科学基金项目	1997—2001 年
45	强震中短期预报辅助决策系统研制	国家地震局	科学基金项目	1997—1998 年
46	合肥市示范区防震减灾示范研究	国家地震局	合同制项目	1997—1999 年
47	碰撞造山带的岩石圈细结构研究	国家科技项目	科学基金项目	1998—2001 年
48	江淮地区地震动参数区划图研究	国家地震局	科学基金项目	1998—2001 年
49	森林火灾扑救决策支持系统的研究	省科技厅	科学基金项目	1998 年度完成
50	地电学科预报方法指南及软件	国家科技项目	合同制项目	1999 年度完成
51	地震短临前兆可靠性及物理数据的方法研究	国家科技项目	科学基金项目	2000—2001 年
52	重点地区地震短临强化跟踪与预报研究	国家科技项目	科学基金项目	2000—2001 年
53	大别山山带深部结构的二维地震成像研究	国家科技项目	科学基金项目	2000—2002 年
54	中国地震活动分析	国家地震局	合同制项目	2000—2001 年
55	我国大陆地震大形势研究及大华北与华东安徽地震活动研究	省科技厅	计划项目	2000—2001 年
56	安徽省地震分析预报地理信息研究	省科技厅	计划项目	2000—2001 年
57	安徽省及华东地区地震跟踪预报研究方法	省科技厅	计划项目	2000—2001 年
58	泗县地震台地倾斜前兆异常分析与跟踪研究	省科技厅	计划项目	2000—2001 年
59	安徽省技术进出口公司多媒体演示系统	省科技厅	计划项目	2000—2001 年
60	华东南地区地震短期预测新方法及综合预报专家系统	科技部	“九五”攻关项目	2001—2003 年
61	地震地下流体数字化观测中干扰因素的研究	国家地震局	合同制项目	2001—2002 年
62	安徽省地区地震危险性研究	省科技厅	科研基金	2001—2003 年
63	郯庐断裂带安徽段活动习性研究及其在防震减灾中的作用	省科技厅	自然科学基金	2001—2003 年

续表 2-5-2

序号	项 目 名 称	任务来源	项目类别	完成时间
64	安徽地区地震危险性研究	省科技厅	科学基金项目	2002 年度完成
65	电磁台站观测环境技术要求	科技部	“九五”攻关项目	2003 年度完成
66	华东南地区地震短期预测新方法及综合预报专家系统(“强地震短期预报方法研究”中的子专题)	国家地震局	“十五”攻关项目	2002—2004 年
67	中国东部地震韵律研究方法的初探	国家地震局	科学基金项目	2002—2004 年
68	成组强震、大震前后地震活动图像特征及震后影响研究	国家地震局	“十五”重点项目	2002—2004 年
69	中国大陆典型地区构造变形和现今应力场的研究	国家地震局	科学基金项目	
70	用于监测钻孔内逸出气体总量的连续观测传感器（“新型地震前兆观测仪器—新型地震前兆传感器研制”子专题）	国家地震局	科学基金项目	2002—2005 年
71	安徽省“两山一湖”地区灾害分析评估及生态环境、旅游资源保护	省科协	软科学研究	2004 年度完成
72	中强以上震例总结与前兆综合特征研究(“中国大陆地震短期预测综合方法研究”子课题)	科技部	科学基金项目	2004—2005 年

地震科技成果 在科技部组织的科技成果评选中,省地震局荣获国家科学技术进步奖二等奖 1 项(合作完成)(见表 2-5-3)。在省科委组织的省科技成果鉴定和评奖中,省地震系统荣获省科技进步奖二等奖 5 项(见表 2-5-4,其中合作完成 1 项),三等奖 9 项,四等奖 5 项,五等奖 1 项。在国家地震局组织的科技成果鉴定和评奖中,安徽省地震系统共获科技进步奖一等奖 2 项(合作完成),二等奖 6 项,三等奖 6 项(二等奖以上项目见表 2-5-5);自 2001 年国家地震局将科技进步奖改为防震减灾成果奖后,安徽省地震系统荣获一等奖 1 项(合作完成),二等奖 4 项(其中合作完成 1 项),三等奖 1 项(二等奖以上项目见表 2-5-6)。

国家科学技术进步奖获奖项目情况一览表

表 2-5-3

年 度	项 目 名 称	获奖等级	主要完成单位
1992	中国大陆地震前兆预报方法地震学预报方法及其基础理论的综合研究	二	国家地震局分析预报中心、安徽省地震局

安徽省科技进步奖获奖项目一览表

表 2-5-4

年份	项 目 名 称	获奖等级	完成单位	主要完成人
1989	AHY—832 压阻应变仪	二	合肥市地震局、安徽省地震局	唐定仑、王小喜、陆远忠、沈建文、陈效谦、范贤林
1993	安徽省地震预报系统	二	安徽省地震局	刘文龙、吴培稚、叶峰、陆远忠、孙宝廷、王炜、张军
1995	基于知识的地震现场预报系统	二	安徽省地震局	王炜、庄昆元、黄冰树、夏士华、黎捷、刘文龙
1997	安徽省长江和淮河三座特大桥梁场地地震安全性评价	二	安徽省地震局	黄田庚、姚大全、陆镜元、汤有标、刘加灿、张鹏、高玉峰、李杰
1998	新一代地震预报专家系统	二	安徽省地震局、中国科学技术大学、上海市地震局	王炜、吴耿峰、黄冰树、庄昆元、周佩玲、蒋春曦、李东升、周云好

国家地震局科技进步奖获奖项目一览表

表 2-5-5

年度	成 果 名 称	获奖等级	完成单位	主 要 完 成 人
1990	安徽省地震趋势研究报告（1987—1989 年）	二等奖	安徽省地震局	刘文龙、王炜、陆镜元、庄昆元、陆远忠、戴维东、宋俊高、郑兆必、沈万鸿
1991	地震学学科分析预报地震方法指南及实用软件系统	一等奖	国家地震局地球所、安徽省地震局、云南省地震局、四川省地震局等	许绍燮、陆远忠、赵仲和、朱传镇、刘正荣、韩渭滨、刘蒲雄、杨建思、成小平、刘玉芬、王炜、敖雪明、洪时中、王碧泉、王泽皋
1991	地震预报专家系统（ESEP/PC）	二等奖	安徽省地震局、吉林大学计算机系	庄昆元、赵瑞清、王炜、黄冰树、王晖、夏士华
1991	地磁学科分析预报地震方法及实用软件系统	二等奖	国家地震局地球所、分析预报中心、综合观测队，安徽省地震局等	林云芳、丁鉴海、马森林、沈万鸿、曾小苹、詹志佳、陈绍明、彭纯一、周胜奎
1992	中国活断层图集	一等奖	国家局地质研究所、新疆地震局、山东省地震局、兰州地震研究所、云南省地震局、四川省地震局、国家地震局分析预报中心、安徽省地震局	丁国瑜、张裕明、方仲景、戈澍谟、李家灵、汪一鹏、侯珍清、韩源、邓天岗、孙彤、宋方敏、虢顺民、谢瑞征、汤有标、廖玉华

续表 2-5-5

年度	成果名称	获奖等级	完成单位	主要完成人
1993	安徽省地震目录及台网观测报告(1988—1992年)	二等奖	安徽省地震局	戴维乐、潘坚云、夏瑞良、庆梅
1995	中国地震分析预报软件系统	二等奖	国家地震局地球物理研究所、安徽省地震局、国家地震局科技监测司、兰州地震研究所等	牟其铎、朱文林、成小平、吴培稚、沈建华、刘耀炜、杨建思、高文海、胡新亮
1997	二氧化碳总量预报地震新方法研究	二等奖	国家地震局地质研究所、安徽省地震局	上官志冠、吴培稚、高松升、刘桂芬、黄绍裘、孙凤民、刘祖荫、赵日升、郑永恩

国家地震局防震减灾优秀成果奖获奖项目一览表

表 2-5-6

年度	成果名称	完成单位	获奖等级	主要完成人
2001	我国城市防震减灾示范研究	国家地震局工程力学研究所、国家地震局地球物理研究所、国家地震局地质研究所、四川省地震局、天津市地震局、安徽省地震局、辽宁省地震局、山东省地震局、新疆维吾尔自治区地震局	一等奖	冯启民、成小平、杨亚第、赵振东、袁一凡、李谊瑞、聂永安、曲国胜、廖旭、李治强、吕红山、朱煌武、王方健、柔洁
2001	《安徽省防震减灾条例》的制定与实施	安徽省地震局	二等奖	黄田庚、朱煌武、张鹏、夏浩明、刘欣、刘更才、郑志坤、徐大银、金紫薇
2003	断裂活动习性古地震活动和大地震复发间隔的精细研究	国家地震局地质研究所、安徽省地震局	二等奖	张培震、闵伟、冉勇康、姚大全、毛凤英、张秋文、边庆凯、焦德成
2004	安徽省防震减灾管理工作改革创新与实践	安徽省地震局	二等奖	黄田庚、朱煌武、张鹏、姚大全、卫成波、王跃、葛松印、陈宇卫、赵建和
2004	安徽省“九五”防震减灾技术系统工程建设及成果应用	安徽省地震局	二等奖	黄田庚、朱煌武、赵建和、王国荣、王跃、黄晓岗、宣兴耕、蒋春曦、戈宁

科技论著与论文　编写出版19部地震或相关的科技专著、读物(见表2-5-7),在国内外正式刊物或研讨会、论文集上共发表了506篇学术论文。

1986—2005年地震或相关的科技论著、读物一览表

表2-5-7

书　　名	作者或主编	出版时间	出版社
地震空区与地震预报	陆永忠、宋俊高	1986年6月	地震出版社
地震数据处理常用方法程序集	庄昆元等	1989年3月	中国展望出版社
安徽省志·地震志	朱煌武、戴维乐、刘良宽、奚树枫	1989年9月	安徽人民出版社
安徽地震目录	庄昆元、刘盛武	1990年8月	中国展望出版社
地震预报专家系统	庄昆元、王炜等	1991年2月	地震出版社
安徽省地震构造与环境分析	陆镜元	1992年9月	安徽科学技术出版社
城镇防震减灾研究	朱煌武等	1992年12月	地震出版社
中外典型震害	朱煌武、刘更才等	1996年9月	地震出版社
现代软件技术概述	吴培稚等	1996年9月	测绘出版社
中学生防震减灾知识	朱煌武、刘更才等	1996年12月	安徽教育出版社
安徽减灾年鉴(1991—1995)	陆镜元、邓剑华等	1999年8月	安徽人民出版社
中国地震活动分布统计图集	刘德富、陈宇卫等	2001年7月	湖南地图出版社
安徽省人口资源环境与可持续发展	朱煌武等	2001年11月	安徽大学出版社
安徽省地震监测预报方案	朱煌武、张鹏等	2001年11月	地震出版社
安徽减灾年鉴(1996—2000)	朱煌武等	2003年10月	安徽大学出版社
“九五”区域数字遥测地震台网	赵建和	2004年5月	安徽大学出版社
避险逃生100招	朱煌武等	2004年10月	安徽科学技术出版社
安徽省地震监测志	朱煌武、姚大全等	2004年11月	安徽大学出版社
地震仪器概论	宋彦云、赵建和编译	2005年12月	安徽大学出版社

第三节　环境监测

20世纪70年代,环境科研工作开始受到党和国家重视。1981—1985年,环境科技被纳入国家科技攻关计划。

1986—1990 年,从国家到地方建立起比较完备的环境保护科研体系,形成较强的科研技术力量。安徽省环境科研力量雄厚,特别是省环境科学研究院,承担安徽省大部分环境保护科研课题。环境技术研究门类全面,环境保护科研开始向战略性、综合性和技术集成方向发展。

环境信息化是国家信息化建设的重要组成部分,是覆盖环境各个领域的一项综合性工作,是环境管理决策的基本保障。安徽环境信息化建设起步较早,虽然开始投入不大,但由于紧密结合环境管理实际,在实用性、综合性方面取得显著成效,为全省的环境管理提供技术支持。

1976 年,全省环境监测工作开始起步。首次开展梅山、响洪甸、佛子岭、磨子潭、龙河口五大水库水质、底泥、鱼含汞量的监测工作;架起第一代大气采样器,启动大气环境质量监测。在此阶段,监测事业经费短缺,仪器设备简陋,没有监测楼和实验室,全省监测用房不到 2000 平方米,监测人员不足 100 名。

从 20 世纪 80 年代起,全省环境监测系统开始对环境空气、地表水、噪声、酸雨等要素进行例行监测,并陆续承担全国工业污染源调查、全国放射性水平调查、巢湖水污染治理课题和全国土壤环境背景值调查等多项全国重大环境科研课题, 参与淮河达标、巢湖达标、“一控双达标”等重大环保专项行动。

到 20 世纪末,基本形成覆盖全省的环境监测网络。全面开展地表水、地下水、空气、酸沉降、饮用水源地、噪声、生态等各环境要素的常规监测、污染源监督性监测、建设项目竣工环保验收监测、各类专项监测和环境应急监测工作。

全省环境监测能力建设不断加强,至 2005 年,安徽省环保系统共有各级环境监测站 82 个,国家级、省级水质自动站 18 个,空气自动监测站 45 个,基本仪器和专项仪器 2122 台(套),十万元以上大型精密分析仪器 240 台(套),监测用房面积 52670 平方米,一个全省自动、立体、全天候的环境监测预警体系已见雏形。全系统获得省(部)级科技进步奖 35 项。

全省各级环境监测部门每年为各级政府和环境管理部门提供各类监测数据近 1500 余万个,监测结果以各类规范报告如年度报告书、季报、月报、日报、快报、专报等定期、不定期等形式报送,并通过网络、报纸、电视及时向社会公开、满足广大社会公众的环境知情权。

水环境 淮河安徽段监测历史较长。1972 年,蚌埠市防疫站开始对淮河干流蚌埠段进行监测,1978 年监测工作移交蚌埠市环境监测站。淮南市监测站从 1979 年起开始对淮河干流淮南段定期监测。当时只能对少量污染物项目(基本上是无机物)进行监测。2005 年起,淮河流域出入省界 14 个断面作专项监测、评价。

1977 年,长江干流安徽段分安庆、铜陵、芜湖、马鞍山四江段进行监测,监测工作由安庆、铜陵、芜湖和马鞍山四市监测站承担。1980 年设采样断面 14 个,采样点 48 个,观察点 15 个。安庆、铜陵、马鞍山三江段分三个水期采样,枯、丰水期各 1 次,平水期 2

次；芜湖枯、丰二水期采样，每水期采样 3 次。四江段相同测定项目 8 项。长江支流监测有青弋江、六分河、雨山河和洋河，设采样点 7 个。监测项目主要是无机物。1981 年起，长江安徽四江段共设 16 个监测断面，48 个监测点，2001 年起至今，监测断面 20 个。监测频率按枯、平、丰水期采样，每水期连续采样 2 次，2001 年起，逢单月监测，全年采样 6 次。1985 年，长江干流统一监测项目 14 项，选测项目各市监测站根据实际情况增加项目 2~10 项；1986 年起，按照国家《环境监测技术规范》，必测项目 18 项，选测项目各市根据情况自定；2001 年起，监测项目 26 项。

1980 年，新安江上游干流及其支流丰乐河、练江、杨之河、富资河开始进行环境监测。地区环境监测站尚未形成监测能力，水质监测由徽州地区和歙县卫生防疫站承担。新安江干流设监测点 11 个，支流设监测点 6 个，监测项目 7 项。1985 年，环境监测工作趋于正轨，新安江干流设 10 个监测点，支流练江设监测点 2 个，监测项目 17 项。各测点按枯、平、丰水期监测，每水期监测 2 次，2001 年起，逢单月监测，全年采样 6 次。

1972 年起，合肥市卫生防疫站对董铺水库、南淝河进行监测，1980 年该监测任务移交合肥市环境监测站。1978 年，安徽省环境保护领导小组组织省环境监测、卫生和水利部门对巢湖水系水质开展全面监测。2001 年起，湖库水质监测 28 项指标，环湖支流水质监测项目 26 项指标。2003 年，省环保所承担科技攻关项目“巢湖富营养化控制和生态修复技术的研究”，其成果达到国内领先水平。

1991 年起，启动市内湖泊监测。马鞍山市雨山湖、铜陵市桂家湖和天井湖进行监测，共设监测点 16 个。

1988 年 9 月，国务院环委会作出《关于开展城市环境综合整治定量考核的决定》，城市集中式饮用水水源地水质达标率是考核指标之一。1989 年，合肥市董铺水库首先作为集中式饮用水水源地进行城市定量考核专项监测，随后 16 个省辖市陆续开展。至 2000 年，合肥、淮南、淮北、蚌埠、阜阳、滁州、安庆、铜陵、芜湖、马鞍山和黄山 11 个城市开始进行饮用水水源地水质城考专项监测，监测水源地 58 个，监测项目 14 项。河流水源地隔月采样 1 次，每年监测 6 次，地下水源地枯、丰水期各监测 1 次。

地下水是皖北地区重要饮用水源。地下水质监测在城市供水和工矿区设监测点。

空气环境　1978 年起，安徽省各市先后开展城市空气质量监测。1980 年，合肥、淮北、淮南、蚌埠、安庆、铜陵、马鞍山 7 市共设监测点 108 个（包括降尘监测点 70 个），监测项目有二氧化硫（SO_2）、氮氧化物（NOx）、总悬浮微粒（TSP）、降尘。监测起步阶段，监测项目、次数、频次不统一。

2004 年，国家统一组织开展酸雨普查，安徽省 17 个省辖市和 4 个县级市共设酸雨测点 47 个，其中 16 个测点采用酸雨自动采样器采样，其余测点手工采样。酸雨控制区 6 个市（巢湖、马鞍山、芜湖、铜陵、宣城、黄山）和合肥、蚌埠、安庆、滁州进行降水量、pH、电导率和离子组分全项目监测。

声环境　20 世纪 80—90 年代，安徽各城市区域噪声、交通噪声超标普遍；1998 年后,城市声环境质量总体开始好转。

1980年,安徽省合肥、马鞍山、铜陵、淮南、淮北、安庆、蚌埠、芜湖8个省辖市首次开展噪声监测工作,监测白天、夜间区域噪声,监测总面积156.2平方公里。1985年,噪声监测总面积183.04平方公里。

1980年,合肥、马鞍山、淮南、淮北和安庆首次对城市工业区、交通区、居民区和混合区等不同功能区进行监测评价。

1991年功能区噪声监测城市达到9个,1996年达到10个;2005年起,安徽17个省辖城市全部开展功能区噪声监测。

废物处理与综合利用 1998年11月,省环科所获得国家环境保护总局颁发的"进口废物环境风险评价证书",成为安徽省唯一的进口废物环境风险评价单位。

1996年5月—2005年,省环科所共完成进口废物环境风险评价项目超过300项。涉及70余个企业,为利用进口废物作原料的企业提供技术支持,为各级环保部门审批企业进口"可作原料废物"提供依据。

1997年,省环科所参与起草《安徽省实施"中华人民共和国固体废物污染环境防治法"办法》,1998年该办法在全国率先颁布。

2004年10月,省环保局以省环科所为技术依托,联合省公安厅、省农委,于2002年12月在铜陵县亚邦化工有限公司安全处置3045.1公斤"毒鼠强"等剧毒化学物质,消除环境隐患和社会风险。

2004年9月,省环保局成立"安徽省固体废物管理中心",附属省环科所,主要职责是:固体废物(包括危险废物)处理处置的相关科研工作;固体废物综合利用及危险废物处理处置建设项目环境影响评价;进口废物的环境风险评价和对从事危险废物经营单位的经营能力评估;建立固体废物管理档案及相关数据库;协助管理省内固体废物和危险废物转移、交换、处置等活动;参与危险废物经营许可证及进出口审批;协助处置突发性危险废物、危险化学品污染事故。

生态环境 1980—1988年,开展"巢湖浮游生物区组成及其变动规律研究""安徽省粮食农药(六六六.DDT)污染调查和研究""大别山区、新安江流域和淮南矿区生态环境调查""安徽省乡镇工业污染现状调查及防治对策研究"以及"大别山区环境污染现状分析及防治战略问题研究"等项目的研究工作。

1987年,省城乡建设环境保护厅立项"安徽省颍上县小张庄生态农村建设研究"科研课题,该项研究运用生态学原理和系统工程的理论与方法,研究如何充分合理利用资源,持续发展经济又保护生态环境的问题。1989年10月,联合国环境规划署官员考察小张庄后给予高度评价。1990年9月,联合国副秘书长、环境规划署执行主任托尔巴博士专程到小张庄考察。省环科所的课题研究成果,成为联合国环境规划署与国家环保局在南京联合举办非洲9个国家20名学员参加的"生态农业训练班"教材。1990年,该课题获省科技进步二等奖。

第六章 公共事业科技

第一节 交通运输

1986—2005年,安徽交通科技从初期的交通基础设施和运输装备、管理手段的技术进步、技术改造逐步向科研开发型转变,从零散的科研项目向系统全面的科技发展计划转变。尤其是1991—1995年期间,安徽省交通厅确立"科技兴交"的战略理念,建立多层次的交通科技工作领导机构和交通科技发展基金,加强科技管理,加大科技投入,加速高新技术与交通产业的结合,加快科技成果的转化,深化科技体制的改革,注重人才的培养,依靠科技进步和提高劳动者素质,为安徽交通事业发展作出重要支撑。

科技成果 1986年,安徽省公路、桥梁、港口、航道、车站码头等交通基础设施和汽车、船舶设备的技术进步成为交通科技工作的亮点。1987年全省交通科研向开发型转变,推行科研项目承包等责任制。1990年,全省开发出大、中、小变型客车10种,半挂、全挂、自卸等专用货车9种,在交通管理、工程建设、通讯工程、产品设计等方面应用新技术、新工艺和电子技术20余种。完成交通科技项目53项,获省级以上科技成果奖21项。其中有1986年4月安徽交通科研所研制的国内第一艘80客位全玻璃钢内河侧壁式气垫船获国家科技进步二等奖。1986年11月,蚌埠船厂研制的79式带式桥和汽艇获国家科技进步一等奖。公路建设有高等级公路的设计和施工中的新工艺、新技术,如处理膨胀土路基、大面积水泥混凝土施工、老油路再生、阳离子乳化沥青、粉煤灰筑路和振碾混凝土路面等。桥梁建设采用大跨径斜拉桥和系杆拱等新型结构,运用冷冻技术处理沉井基础涌水等新课题。水上运输应用分节驳顶推技术,航道部门采用太阳能航标灯、挖泥船自动控制等新技术。同时,群众性的科技活动也广泛开展,在技术改造、技术革新、节能降耗等合理化建议被采纳应用于生产建设的达4000多条。

1991年,合宁高速公路采用先进技术和工艺,被命名为全国公路十大优秀工程。以合巢芜高速公路等重点工程为标志的公路建设由数量型向质量型转变。港口、车站设施、装备的科技含量增强,车船工具向大型化、专用化、高效能、高技术层次发展。编制《安徽省"八五"交通科技进步通达计划》和《安徽省交通科学技术管理办法(试行)》,设立安徽省交通科技发展基金,加大科技投入。省交通厅、厅直属各行业局、地(市)交通局(委)都相应成立各级科技领导小组,明确科技管理机构,加强科技管理工作。在这期间全省交通系统注重科技信息和科技成果推广,组织科研力量参加交通部组织的行业联合科技攻关活动。1992 年，省交通科研所建立与交通部联网的数据库，并定期出版“交通科技信息”，利用学会承办技术刊物，如《华东公路》《安徽航海》等，为领导层提供决策依据，为经济建设部门增大信息资源。到 1995 年年底，交通科技项目共下达 112 项，完成 85 项，占总项目的 76%，其中交通部联合攻关 3 项，新产品开发 60 项，新技术推广应用 12 项，获得省部级以上科技奖 8 项。如振动碾压混凝土路面技术，可节省水泥 20%，节省投资 15%，该项目获 1988 年省科技进步二等奖、国家科技进步三等奖。合肥客车厂生产的 JT6100W 型卧铺客车获省科技进步二等奖。高等级公路路面结构设计、水泥混凝土路面设计及机械化施工达到国内领先水平。寿县东淝河船闸工程获交通部优秀工程三等奖。

1996 年，印发《关于建立安徽省交通科技创新体系的决定》，建立动态的交通科技信息库，加大通达计划项目的管理力度，改革科研项目补助经费管理办法，建立科技项目首席专家负责制，提高科技项目带头人的积极性。科研项目以交通工程为依托，瞄准高速公路、大型桥梁、水运枢纽、港站建设和运输工具，研究开发适用的新技术、新工艺、新设备、新材料。以交通部科技联合攻关项目为龙头，重点研究推广路面、桥梁两个计算机管理系统，沥青路面的典型结构，高速公路联合收费系统等科研成果，如高掺量粉煤灰混凝土路面在高等级公路的研究和应用、斜拉桥养管检测评估技术研究、芜宣高速公路软土地基计算模型和变型控制的研究等一批重点科技项目先后完成。交通信息化建设方面，完成“公路投资效益综合分析系统的研究”“内河航运建设与发展宏观效益研究”“GIS 在公路设计中的应用研究”等项目，编制交通科技“十五”计划和 2015 年远景发展规划。探索交通科技创新体系的框架模式，把应用型科研机构和设计单位改制为科技型企业，实现“产学研”相结合。

本着“明确目标，突出重点，系统配套，重在应用”的基本原则，围绕安徽交通基础建设、运输生产和营运管理过程中的重大关键技术问题，跟踪先进技术，展开科技攻关，加快科技成果的转化，加速高新技术与交通产业的结合。2001—2005 年，列入交通科技通达计划的科研项目 192 项，省交通厅直接投入科技补助经费 2580 万元。完成项目 72 项，有 18 项获得各级奖励，其中：获交通部科技进步奖 3 项(1 个二等奖、2 个三等奖)；获省科技进步奖 15 项。

在公路建设方面科研内容主要有：《聚丙烯格栅加固路面研究》《乳化渣油半刚性路面研究》《公路刚性路面断裂模型研究》《短纤维加强沥青混凝土路面推广技术研究》《高等级公路铺筑乳化沥青(渣油)半刚性路面研究》等。针对软土地基处理技术的研究，主要有《固化材料在路面基层中的应用》《公路软土地基处理及工程效果评价方法研究》《芜宣高速公路软基试验工程试验研究》以及《软土地基处理新工艺研究》等。在公路养护方面，有《旧水泥路砼路面钢柔结合修复应用研究》《干线公路沥青路面评价养护系统(CPMS)推广应用》《公路养护质量管理系统》和《公路机械化养护关键问题的研究与应用》等。公路桥梁设计、施工技术方面主要有《组合 I 型连续梁桥的施工控制》

《桥梁结构分析综合程序(BSAP系列)开发与应用》《桥梁波型伸缩缝推广与应用》等。与交通部联合攻关项目《斜拉桥养管检测评估技术研究》,以安徽铜陵长江大桥和另外三座预应力混凝土斜拉桥为研究载体,研发出以结构状态实时检测为基础的能够对桥梁营运安全性进行评价及预测的新型检评体系。2005年研制的钢筋混凝土斜拉桥的索力、主梁挠度、塔顶位移、温度数据的采集、分析、预警及远程无线传输为一体的国内第一个实桥应用系统,获得交通部科技进步二等奖。

道路运输管理信息化方面的研究有:安徽省公路运输全行业统计信息系统、高速公路联网收费系统、皖通高速公路综合信息系统、安徽省公路地理信息系统、安徽省公路路政管理信息系统、汽车维修行业计算机管理信息系统、安徽省出租车管理系统、安徽省汽车客运站计算机远程售票系统(一期)。以高速公路运营管理为核心,对省级机构、路段管理处、收费站各级业务信息的综合处理和对全省路网的遥视、遥测、遥控。结合动态GPS技术进行公路定位,收集公路数据信息,完成全省公路电子地图并建立相应的安徽省省级公路属性数据库。该项目获省科技进步二等奖。

水运科研在内河船型研究方面注重内河航运的低能耗和低污染,研制出适应安徽内河航运的节能拖轮船型、巢湖高速旅游船型和千岛湖双体旅游船型等。并开展内河小型客船综合降噪技术措施的研究。结合丰富的旅游资源,采用远程无线视频传输和先进的纪录压缩模式作为系统的软硬件平台研制成水上安全监控系统。完成全省海事数据通讯网络建设。

2001—2005年,一批高新技术,如计算机技术、信息技术、网络技术、交通安全管理技术逐步应用于交通行业管理的各个方面,建立和完善各种管理数据库及局域网络系统,大幅度地提高行业管理水平和服务能力。在信息化规划工作方面,相继完成《安徽省交通行业信息化规划》《安徽省道路运输业信息化建设总体规划》《安徽省水运行业信息化规划》,启动《安徽省ITS发展规划》的编制研究工作。在交通信息化标准的制定方面,制定《汽车维修行业信息管理系统标准》,该标准作为交通部的行业标准在全国颁布执行。《道路快速班车客运服务质量标准》及《汽车客运站安全检查机构技术条件》等省地方标准亦经省技术监督局批准颁布。省公路局结合公路普查,在公路地理信息系统的基础上,开发出不同层面的子系统,如路政管理信息系统、养护管理信息系统、财务管理信息系统、人事管理信息系统等。省运管局受交通部委托,组织研究开发的“驾驶员培训管理系统”和“车辆技术管理系统”已在四个省试点,并在全国推广。组织研究开发《中华人民共和国汽车检测站计算机控制系统》、汽车维修行业管理信息系统、安徽省出租车管理信息系统、安徽省道路运输社会语音服务系统、行政执法管理信息系统等计算机通用系统。省地方海事局完成全省航道数据库的建设,并制订省、市、县三级公用网络通路的实施方案,开展对渡口、船舶、港口的数字信息采集和入库工作。2005年,省高速公路总公司管辖的高速公路在全国各省市中率先实现联网收费。

安徽省公路及公路运输行业获省科技进步奖情况一览表

表 2-6-1

项目名称	获奖单位	奖项名称	主要研究人
振动碾压水泥混凝土路面技术	安徽省公路勘测设计院、安徽省路桥公司机械工程处、安徽省公路机械厂工程队	1988 年省科技进步二等奖	窦莘元、吴钧枢、孙之明、毛志华、杨振典
3Y12/15 光轮压路机	安徽省公路机械厂	1988 年省科技进步三等奖	陈世宜、方立俊、任骆一
YZD4 多功能压路机	安徽省公路机械厂、建设部长江建设机械研究院	1996 年省科技进步二等奖	李培毅、祖日亘、陈世宜、王跃培、莫力
干线公路沥青路面评价养护系统(CPMS)推广应用	安徽省公路管理局	1996 年省科技进步二等奖	韩凤华、徐乃强、章后忠、陈迎春、王云、沈群、杨磊、章本麒
安徽省公路柔性路面典型结构	安徽省公路管理局、同济大学道路与交通工程研究所	1997 年省科技进步二等奖	韩凤华、许志鸿、何光、左明文、陈广尧、任惠清、周振生、徐传伦
安徽省高等级公路生态工程综合技术	安徽省高等级公路管理局、交通部公路科学研究所、北京大学环境科学中心、交通部环境保护中心	1999 年省科技进步一等奖	陈会年、钱东升、蔡志洲、陈志忠、胡红雨、王跃华、李宗禹、肖念生、刘龙、王炬
混凝土梁桥运营潜力分析方法的系统研究及应用	安徽省公路管理局、同济大学	1999 年省科技进步二等奖	王灿、朱新实、杨勇、章后忠、程国庆、敖青、徐祖年、章逵
安徽省高速公路联网收费系统	安徽省高等级公路管理局	1999 年省科技进步二等奖	张辉、张金林、罗成旭、胡浩、齐运书、吴峻、郭晓泽、高鸿三
黄山地区综合交通与通信规划	安徽省计划委员会、安徽省交通厅、安徽省邮电管理局、安徽省民航管理局、黄山市计划委员会、黄山市交通局	1999 年省科技进步二等奖	郑世陶、李克平、吴芝友、李建华、张天培、王群、谷道琴、闻荣华
皖通高速公路综合信息系统	安徽皖通科技发展有限公司、安徽省高等级公路管理局	2000 年省科技进步二等奖	张辉、纪仕光、郭晓泽、张汀、张金林、郑槐、许友发、柏歆剑
安徽省公路地理信息系统	安徽省公路管理局	2001 年省科技进步二等奖	韩凤华、朱新实、颜组兴、闵召辉、陈迎春、易文成、章厚忠、江梦泽
桥梁波型伸缩缝推广与应用	安徽省高速公路总公司、安徽省科达技术开发有限公司	2002 年省科技进步二等奖	屠筱北、孙江、黄学文、梁昌保、吴钧枢、程中则、杨冬林、扈惠敏

安徽省水路及水路运输行业获省科技进步奖情况一览表

表 2-6-2

项目名称	获奖单位	奖项名称	主要研究人
4000 吨级多用途货船	芜湖造船厂、上海船舶研究设计院	1995 年省科技进步二等奖	钱振亮、郁文权、沈君逑、李人可、王子清、倪家俊、戴先贵、蒋浩福

科研机构、学会、协会及成果

安徽省交通科学研究所　成立于 1978 年 12 月，隶属省交通厅，事业单位，人员编制 50 人。1986 年，该所下设船舶、机械、电子应用、科技情报等 4 个研究室和附属试验工厂。1987 年，增设电子装潢研究室。1990 年，增设公路研究室。1992 年，增设交通通信装潢工程公司和交通科技书店。1993 年，合并所属小公司成立安徽省交通科技总公司。1995 年，增设桥梁工程试验检测站。1998 年，成立安徽省科兴交通建设工程监理有限公司。2002 年 2 月，由事业单位改为企业，改制过渡期 5 年，内设机构调整为：综合研究室、信息中心、综合办公室、财务科、交通科技总公司、科兴监理公司。

1986—2005 年，交通科研所面向社会，立足交通，主要从事科研项目的研究开发、公路工程设计、路桥检测、交通工程环保、科技信息、网络服务、机电工程施工、公路工程监理等业务，并具备相应资质。1990 年，研究的 YK-3 无线通信中转台远程遥控器、1993 年研究的凤台、蚌埠淮河公路斜拉桥的检测分析、1995 年研制的千岛湖双体旅游船、1997 年研制的巢湖高速旅游船、斜拉桥跟踪检测系统、1998 年研究的短纤维增强沥青路面推广技术等分别获得各种研究成果认定和奖励，尤其是斜拉桥养管检测评估技术的研究、桥梁结构检评与加固技术研究都是有较高社会应用价值的科研成果，分别获安徽省科技进步三等奖。2003 年，获得安徽省三优文明单位称号，2004 年，通过 ISO 90001:2000 质量管理体系认证。20 年来共开展科研项目 70 余项，其中 8 项获国家省部级奖，6 项获国家专利。

安徽省铜陵市公路运输管理科学研究所　组建于 1996 年，铜陵市机构编制委员会批准，1998 年正式成立。事业单位，隶属于铜陵市运管处。人员编制 8 人，主要从事交通科技信息化项目的研究开发。

安徽省淮北市运输管理科学研究所　1998 年成立，淮北市运输管理处内设部门，人员 3 人。1998—2005 年，先后开发《安徽省道路旅客运输企业经营资质等级评审管理系统》《安徽省运政基础档案管理信息系统》《安徽省交通行政处罚管理信息系统》《汽车维修行业计算机管理信息系统》《安徽省道路运政 96333 语音服务系统》《安徽省危险品运输行业管理系统》《安徽省营运车辆类型划分与等级评定管理系统》《网上行政许可系统》《安徽省道路运输管理信息系统》等十几套行业管理信息系统，并在安徽省道路运输行业推广使用。与安徽省交通厅、安徽省公路运输管理局、山东省公路运输管理局等单位起草制定《汽车检测站计算机控制系统技术规范》《汽车维修行业计算机管理系统技术规范》等2项国家行业标准。2005年,被全国总工会授予“全国职工岗位创新示范岗”荣誉称号。

安徽省公路勘测设计院　成立于1982年3月，隶属安徽省公路管理局，事业单位。1985年，实行自收自支的事业单位企业化管理制度。2001年1月，进行企业化改革,转换为国有独资企业。同年10月,加入安徽省交通投资集团有限责任公司,成为其下属全资子公司。

1987年,获交通部颁发的工程勘察与工程设计两个甲级证书和安徽省人民政府测绘局颁发的测绘许可证。

1985—2005年,安徽省公路勘测设计院承担完成合宁、合界、合徐、徽杭、铜汤、深汕等近3000公里的高速公路和8000余公里的地方道路新建及改(扩)建工程,以及安庆长江公路大桥等近百座独立特大型、高技术、高难度桥梁的勘察设计任务。凤台淮河公路大桥工程获“交通部公路工程优秀勘察二等奖”;“312国道合肥至南京段”获“交通部优秀勘察设计二等奖”;沪蓉高速公路高河埠—界子墩段获“全国第十届优秀工程设计项目银质奖”“2001年度全省城乡建设优秀勘察设计专业工程设计专业一等奖”“2002年度交通部公路工程优秀勘察三等奖”“2002年度交通部公路工程优秀设计三等奖”等。安庆长江公路大桥工程获得“2002年度安徽省工程咨询一等奖”“2002年度全国优秀工程咨询成果三等奖”“2005年度安徽省优秀勘察设计专业工程类一等奖”众多奖项。有80余项成果分别获国家、部、省级嘉奖。有“振动碾压水泥混凝土路面技术的研究”获“1988年省科学技术进步二等奖”。“桥梁结构分析综合程序(BSAP系列)开发与应用”获“2002年度中国公路学会科学技术三等奖”。“芜宣高速公路软基试验工程试验研究”获“2003年度中国公路学会科学技术三等奖”。“龙山浅埋大跨经连拱隧道动态反馈与施工控制技术研究”获“2005年度中国公路学会科学技术二等奖”。“公路工程CAD软件开发项目” 获 “交通科技成果开发应用三等奖”。“钢纤维水泥混凝土路面研究”获“交通科技成果开发应用一等奖”等。

安徽省港航勘测设计院　成立于1983年1月,隶属安徽省航道管理局,实行自收自支的事业单位企业化管理制度。2001年1月，进行企业化改革，转换为国有独资企业。同年10月加入安徽省交通投资集团有限责任公司,成为其下属全资子公司。

1986—2005年,安徽省港航勘测设计院完成港口、航道工程等设计项目数百项,其中获国家、部、省级嘉奖32项。应用新技术典型项目有:合肥市铜陵路桥,塔和梁均采用预应力混凝土体系的桥梁,是当时国内无背索斜拉桥中第一座。安徽省公路沥青专用码头，是安徽省第一座大型沥青进口专用码头，获交通部2000年度优秀设计二等奖。南淝河综合治理—闸坝工程是当时国内少数柔性高坝之一,其自动化控制系统和锚固系统居国内同行业先进水平,获交通部2004年度优秀工程设计二等奖。马鞍山第二发电厂大件码头是安徽省码头工程中首次使用粉喷桩(水泥或石灰粉深层喷射与土搅拌成桩)技术,获交通部1998年度优秀工程设计三等奖。“铜陵水泥厂综合性码头”

把散装水泥和熟料出口两种功能结合于一个泊位，为国内先例，获交通部1998年度优秀工程设计二等奖。

安徽省公路学会　成立于1979年7月，是省科协领导下的安徽省公路交通科技工作者的学术性群众团体，业务上受中国公路学会领导，挂靠省公路管理局。

1986年6月，在蚌埠市召开第二届会员代表大会，选举产生第二届理事会，常务理事37人。下设公路工程、汽车运输、学术、技术咨询四个专业委员会。

1992年11月，在合肥市召开第三届会员代表大会。选举产生第三届理事会。改设交通工程、道路、桥梁、筑路机械、汽车运输和汽车修造等6个专业委员会和学术、咨询两个工作委员会。

1999年3月，第四届理事会在合肥市召开。第四届理事会下设：直属分会、道路、桥隧、交通工程、筑路机械、汽车运输、汽车修造、工程监理等8个专业委员会（分会），工作机构设秘书处、学术、会刊编辑和咨询委员会。

2004年11月，第五届会员代表大会在合肥召开。选举产生第五届理事会，下设学术、组织、咨询、科普四个委员会，增设交通信息化、高速公路专业委员会。

安徽省公路建设行业协会　成立于2004年3月，是经省交通厅研究同意，省民政厅批准，200多家公路建设从业单位为协会会员。第一次会员代表大会于2004年3月在合肥市召开，选举产生第一届理事会。

安徽省航海学会　成立于1983年9月，挂靠省交通厅。业务领导单位是省科协，并受中国航海学会业务指导。

1986—2005年，学会经历第二、第三两届改组。第二届于1992年9月在铜陵市召开代表大会，选出第二届理事会。第三届于2003年12月在合肥市进行换届选举，选出第三届理事会。学会下设运政、港航、海事、航海史研究、非公企业、咨询服务、淮河船检7个专业委员会。到2005年年底学会有个人会员2266人，团体会员单位54家。合肥、滁州、巢湖、六安、安庆、池州、芜湖、马鞍山、亳州、阜阳、淮南、宿州、蚌埠、黄山14个市设有市级学会，（黄山市为省会直属的会员小组）受省级学会业务指导。

安徽省交通统计学会　成立于1988年5月，是全省交通系统统计工作者的群众性学术团体。主管单位省交通厅，是省统计学会的团体会员。学会设秘书处，下设秘书组、咨询组、培训组。后改为按专业设组，有公路组、综合运输组、港航组、交投组、通讯联络组。滁州、合肥、阜阳和省公路局、长江五港口均成立地方交通统计学会和专业统计分会。

学会成立以来，共举办各类研讨会28次，发表论文670余篇，被评为优秀论文100余篇，编写《安徽交通统计分析选编》6期，《安徽交通统计》会刊17期，《安徽交通统计通讯》68期。2003年，学会被安徽省民间组织领导小组授予安徽省优秀社会团体光荣称号。

安徽省交通会计学会　成立于1981年7月，主管单位省交通厅，是安徽省地方交通行业中的有关单位和财会工作者自愿组成并依法登记的学术性群众团体,是中国交通会计学会和安徽省会计学会团体会员单位。

到2005年年底,学会已拥有会员6000人,下设公路、公路运输、高速公路和地方海事四个专业委员会,学会创建“会长秘书长联席会议”制度,由会长、秘书长、大单位的财务(审计)负责人组成,研究处理秘书处提交的日常工作议题。

安徽省交通运输协会　成立于1984年9月,隶属于安徽省经济委员会,是有铁路、民航、邮电、地方交通等行业参与的群众性经济团体,是中国交通运输协会的团体会员。

安徽省交通企业管理协会　成立于1986年11月,是非营利性经济类社团,是中国交通企业管理协会的团体会员,受省交通厅、省民政厅双重领导。会员单位95个,理事110名。1991年10月,换届成立第二届理事会。1995年11月,换届成立第三届理事会。并在全省17个地市分别设立交通企协联络中心。2003年12月,换届成立第四届理事会,团体会员单位发展到177个,理事210名,常务理事61名。

协会举办各种培训班45期,培训企业各类人员3000余人次;编辑出版《交通企业质量管理信息》《交通企业管理通讯》等刊物73期;编印实用性强的国家政策法规汇编、各种经验交流和研讨论文汇编;组织历时9个月、行程万余公里的“交通企业质量万里行活动”等。

安徽交通报社　《安徽交通报》创刊于1955年4月,省交通厅主办,内部发行。“文化大革命”期间被迫停刊。1984年7月,省委宣传部批准安徽交通报复刊,1985年5月,正式公开发行。1995年10月,升级为周二刊,发行量增至4万份。1999年,再升级为对开四版周二刊。2003年1月,再改版为对开四版周三刊,发行量增至5万份。2004年1月,根据中央关于治理整顿新闻报刊的精神,省委决定,报社整体划转《安徽日报》报业集团,《安徽交通报》停刊。

铁路　2004年以来,安徽省抓住中央扩大内需、部省合作加快铁路建设的机遇,推进高速铁路、客运专线、城际铁路、能源运输通道建设,构建布局合理、内联外畅、功能衔接的快速铁路网和普通铁路网。先后建成京沪、合蚌高速铁路,合宁、合武客运专线,铜九铁路,实施既有京沪、京九铁路电化和阜阳、合肥客站改造,实现投资550亿元,新增铁路营业里程888公里。全省铁路运营总里程达到3275公里,居全国第15位,其中,快速客运铁路726公里,占全国快速客运专线总里程的7.8%;铁路网密度235公里/万平方公里,居全国前十位;复线率55.3%、电气化率32.1%,分别比2005年提高8.5和32.1个百分点。

全省实现“市市通铁路”的目标。特别是快速客运专线建成通车,拉近与长三角和中部地区的时空距离。省内主要铁路通道基本实现客货分线运输,释放能源大宗货物运输能力,提高运输效率。安徽在全国铁路网中的地位进一步提升。

至2005年,全省在建铁路有合福、郑徐客运专线,宁安城际,阜六、宿淮铁路,漯阜、宁西铁路增建二线,合肥枢纽南环线及南客站、合肥地铁1、2号线等12个项目,新线里程998公里(其中快速客运铁路674公里),总投资1399亿元,已完成651亿元。

科技研发应用

合福铁路铜陵长江公路铁路两用大桥 合肥—福州铁路是北京至福州铁路通道的重要组成部分,与京沪、合蚌高铁联通,形成纵贯安徽南北的快速客运大通道。铜陵长江公铁两用大桥是其关键控制性工程,该工程涉及的科技研发及应用情况主要有:

1.组成钢桁梁的桁片单元全桁高15.5米,节间长度15米,桁片采用全焊结构。全焊结构具有技术先进、整体性好、外观简洁、防腐简单等优势,代表钢桁梁技术向高强、整体大跨度、整结构发展的趋势。钢桁梁全焊桁片制造关键控制技术研究内容:①桁片基本典型节点焊接变形控制技术研究;②桁片组装技术、精度控制研究;③特殊位置及结构焊接质量控制技术研究;④新型技术装备的研究等。

2.全焊结构桁片的运输、架设等新工艺、新设备研发应用。桁片式全钢梁架设技术主要需研究桁片钢梁运输、桁片预拼、桁片架设设备、起始节向桁片墩旁托架上滑移架设工艺、双悬臂对称桁片架设工艺及桁片架设过程中精度控制及位移调整措施、桁片钢梁中双悬臂合龙工艺。

3.主墩基础防撞设施研究。铜陵长江大桥主墩位于深水船道中,可能遭受船舶的撞击,而且通过桥区水道的船舶类型众多,同时鉴于铜陵桥的重大经济和社会作用,以及桥本身的巨大工程价值,研究桥墩高效可靠的防撞方案,开发基于自主创新的防撞结构。

4.钢轨温度伸缩调节器和梁端伸缩装置设计等。通过课题研究,设计出满足速度目标值,适用于大跨度钢梁的钢轨温度伸缩调节器与梁端伸缩装置。

宁安城际铁路 南京—安庆城际铁路是沿江五市至长江三角的快速客运通道,正线全长257公里,客运专线,设计时速300公里,总投资257亿元。其中,安徽境内长221公里,投资240亿元。2008年12月开工建设,正在全面实施线下工程,控制性工程安庆长江铁路大桥已合拢。至2005年已完成投资201.4亿元,计划2014年建成。工程自建设以来,获得多项专利、工法奖,合理化建议和技术改进成果奖和优秀论文奖。

宁安铁路专利、工法奖

表 2-6-3

序号	名称	单位	标题	专利号
1	专利	中铁十二局宁安铁路一标指挥部	一种混凝土浇筑的运输料斗装置	ZL201220463177.1
2	专利	中铁十二局宁安铁路一标指挥部	一种轨道板端头模具的脱模扳手装置	201220463203.0
3	专利	中铁十二局宁安铁路一标指挥部	一种切割轨道板预应力钢棒护套的剪刀装置	ZL201120281062.6
4	专利	中铁十二局宁安铁路一标指挥部	无砟轨道板绝缘检测车装置	ZL201120109616.4
5	专利	中铁大桥局宁安铁路指挥部	一种桥梁钻孔桩孔壁口防护方法	ZL 2010 1 0621009.6
6	专利	中铁大桥局宁安铁路指挥部	一种减小钢围堰封底混凝土厚度和防止渗漏的方法	ZL 2010 1 0610183.0
7	专利	中铁大桥局宁安铁路指挥部	一种钢套箱围堰底部与河床间缺口的封闭方法	ZL 2010 1 0621040.X
8	专利	中铁大桥局宁安铁路指挥部	无平行边围堰气囊下河方法	ZL 2011 1 0084586.0
9	专利	中铁大桥局宁安铁路指挥部	一种钢筋混凝土梳齿锚	ZL 2011 2 0211455.X
10	专利	中铁大桥局宁安铁路指挥部	一种围堰转向马口及围堰定位系统	ZL 2011 2 0253684.8
11	专利	中铁大桥局宁安铁路指挥部	锚垫板	ZL 2012 2 0126347.7
12	专利	中铁大桥局宁安铁路指挥部	一种水下混凝土灌注导管的检查系统	ZL 2010 2 0697384.4
13	专利	中铁十七局宁安铁路指挥部	锚穴成孔器助拉拆除工具	ZL201120379939.5
14	专利	中铁十七局宁安铁路指挥部	一种轨道板钢筋骨架焊接胎具	ZL201120376347.8
15	专利	中铁十七局宁安铁路指挥部	一种预埋套管垂直度检测工装	ZL201120376459.3
16	专利	中铁十七局宁安铁路指挥部	一种无砟轨道超高段轨道板防滑移方法	201010576713.4

续表 2-6-3

序号	名称	单位	标题	专利号
17	专利	中铁十七局宁安铁路指挥部	一种路基边坡坡度测量仪	201220183466.6
18	专利	中铁十二局宁安铁路六标指挥部	铁路箱梁预应力用的钢绞线放线装置	ZL 2011 2 0279937.9
19	专利	中铁十二局宁安铁路六标指挥部	一种对焊钢筋传输助力装置	ZL 2012 2 0463309.0
20	工法	中铁十二局宁安铁路一标指挥部	运架一体机、轮轨式移梁台车配套移装梁施工工法	SJGF12-15-217
21	工法	中铁十二局宁安铁路一标指挥部	三维生态护坡施工工法	2012-12G 工字 08 号
22	工法	中铁大桥局宁安铁路指挥部	浅覆盖地层深水大直径超深钻孔桩清水成孔施工工法	大桥局桥技〔2012〕470 号
23	工法	中铁大桥局宁安铁路指挥部	64m 跨铁路现浇混凝土简支箱梁施工工法	大桥局桥技〔2012〕470 号
24	工法	中铁十七局宁安铁路指挥部	箱梁钢筋笼整体绑扎整体及吊装施工	SJGF2011-09

宁安铁路合理化建议和技术改进成果奖

表 2–6–4

获奖等级	建议名称	获奖时间	授奖单位	备注
一等奖	大吨位箱梁环保注浆帽代替水泥砂浆封堵方案	2012.10	中铁十二局宁安铁路一标指挥部	
二等奖	轨道板蓄水池代替管道铺设	2012.10	中铁十二局宁安铁路一标指挥部	
二等奖	大吨位箱梁六面坡成型合理化建议	2012.10	中铁十二局宁安铁路一标指挥部	
二等奖	50 吨龙门吊行走系统改造	2012.10	中铁十二局宁安铁路一标指挥部	

宁安铁路优秀论文奖

表 2-6-5

序号	作者	单位	标题	发表刊物
1	厉 鹏	中铁十二局宁安铁路一标指挥部	探究上跨既有铁路高支架现浇连续梁施工技术	建材与装饰
2	厉 鹏	中铁十二局宁安铁路一标指挥部	连续梁桥施工中的监控技术初探	城市建筑
3	农代培	中铁大桥局宁安铁路指挥部	安庆长江铁路大桥 3 号墩巨型圆围堰气囊下河技术	桥梁建设
4	农代培	中铁大桥局宁安铁路指挥部	安庆长江铁路大桥主墩大型深水基础施工方案与关键技术	桥梁建设
5	刘爱林	中铁大桥局宁安铁路指挥部	宁安铁路安庆长江大桥主塔墩深水基础施工技术	铁道标准设计
6	郑大超	中铁大桥局宁安铁路指挥部	安庆长江铁路大桥主墩在深水无覆盖层条件下的围堰定位技术	桥梁建设
7	皮军云	中铁大桥局宁安铁路指挥部	宁安铁路安庆长江大桥 3 号主墩大孔径变直径超长钻孔桩施工技术	城市建设理论研究
8	宋承永	中铁大桥局宁安铁路指挥部	安庆长江大桥主塔 3# 墩底节钢围堰下水方案	城市建设理论研究
9	宋承永	中铁大桥局宁安铁路指挥部	安庆长江大桥主塔 3# 墩底节钢围堰浮运方案	城市建设理论研究
10	高 翔	中铁大桥局宁安铁路指挥部	安庆长江大桥 3 号主墩大直径变径超长嵌岩钻孔桩施工技术	城市建设理论研究
11	唐左平	中铁大桥局宁安铁路指挥部	宁安铁路安庆长江大桥索塔锚固区质量控制	城市建设理论研究
12	黄博博	中铁大桥局宁安铁路指挥部	宁安铁路安庆长江大桥索塔预应力粗钢筋施工技术	城市建设理论研究
13	肖江文	中铁大桥局宁安铁路指挥部	浅谈安庆长江铁路大桥连续梁 0# 块施工	城市建设理论研究
14	肖江文	中铁大桥局宁安铁路指挥部	宁安铁路安庆长江大桥水中大直径钻孔桩施工	城市建设理论研究
15	肖江文	中铁大桥局宁安铁路指挥部	安庆长江铁路大桥 4# 墩斜拉索挂设施工	桥梁工程
16	陈文甲	中铁大桥局宁安铁路指挥部	宁安铁路安庆长江大桥 4# 墩承台大体积混凝土浇筑施工技术	科学与财富

续表 2-6-5

序号	作者	单位	标题	发表刊物
17	黄松贵	中铁十七局宁安铁路指挥部	高速铁路提篮拱桥施工	十七局发布会
18	王金鹏	中铁十七局宁安铁路指挥部	1-128 米下承式钢管混凝土提篮拱桥系梁大体积混凝土浇筑技术	十七局发布会
19	相晓亮	中铁十七局宁安铁路指挥部	铁路路基复合地基褥垫层填筑工艺试验研究	十七局发布会
20	郑春海	中铁十七局宁安铁路指挥部	CRTS Ⅱ 型轨道板更换施工工法	十七局发布会
21	张　旭	中铁十七局宁安铁路指挥部	江宁特大桥跨宁马高速公路 1-128m 提篮拱吊装技术	十七局发布会
22	温俊辉	中铁十七局宁安铁路指挥部	128m 提篮拱吊杆预埋套筒的坐标计算	十七局发布会
23	朱克成	中铁十七局宁安铁路指挥部	GRP 点在无砟轨道测量的中应用	十七局发布会
24	叶　铁	中铁十七局宁安铁路指挥部	严村特大桥连续梁悬臂施工线形控制技术	十七局发布会
25	叶　铁	中铁十七局宁安铁路指挥部	厂拌石灰改良土施工工艺优化	十七局发布会
26	毛文斌	中铁十七局宁安铁路指挥部	CRTS Ⅰ 型轨道板绝缘性能检测方法推广及应用	十七局发布会
27	李　刚	中铁十七局宁安铁路指挥部	CRTS Ⅰ 型轨道板自动化张拉系统研究与应用	十七局发布会
28	李志强	中铁十七局宁安铁路指挥部	CORS 在隧道贯通测量中的应用	十七局发布会
29	李　广	中国安能宁安铁路指挥部	浅谈桥梁钻孔灌注桩施工技术	中华民居——学术刊
30	李　广	中国安能宁安铁路指挥部	姑溪河特大桥 100m 连续梁主墩薄壁围堰施工技术	中华民居——学术刊
31	郑学忠	中国安能宁安铁路指挥部	混凝土拌合站管理经验探析	水利水电技术
32	魏　源	中国路桥宁安铁路指挥部	天然气管道防护施工技术	中国科技博览
33	魏　源	中国路桥宁安铁路指挥部	合芜宣公路立交桥拆除技术	中国科技博览

续表 2-6-5

序号	作者	单位	标题	发表刊物
34	张　君	中国路桥宁安铁路指挥部	数字摄影测量 1：10000 比例尺成图与编辑	黑龙江国土资源
35	高雪峰	中国路桥宁安铁路指挥部	预应力连续梁桥悬臂浇注施工监控	公路交通科技
36	魏松豪	中国路桥宁安铁路指挥部	钢板桩围堰在淤泥质黏土基坑施工中的应用	中国科技博览
37	崔衍刚	中铁十二局宁安铁路六标指挥部	浅谈铁路箱梁静载试验装置比较	城市建设理论研究
38	郝晋峰	中铁十二局宁安铁路六标指挥部	城际铁路大体积箱梁双层存梁关键技术	城市建设理论研究
39	李艳军	中铁十二局宁安铁路六标指挥部	浅析后张法预应力钢绞线理论伸长值的计算	上海铁道科技
40	刘　方	大桥设计院宁安铁路配合指挥部	现浇混凝土模板侧压力研究	世界桥梁
41	王中南	铁四院宁安铁路安庆长江大桥监理站	连续梁桥平行弦桁架挂篮计算分析	铁道勘测与设计
42	王中南	铁四院宁安铁路安庆长江大桥监理站	索塔液压自爬模施工监理控制要点分析	铁道勘测与设计
43	王　淳	铁四院宁安铁路安庆长江大桥监理站	承台基坑钢板桩支护方案监理审查分析	铁道勘测与设计
44	王　淳	铁四院宁安铁路安庆长江大桥监理站	大直径承台混凝土施工温度控制方法探析	铁道勘测与设计
45	汪水清	宁安公司	芜湖东Ⅵ场改造方案研究与实践	铁道勘察
46	汪水清	宁安公司	铁路路基封闭型岩溶注浆处理技术研究	铁道建筑
47	孙健家	宁安公司	论宁安铁路工程安全质量风险管理	2012—铁路运输安全与风险管理
48	杨柏林	宁安公司	宁安铁路青弋江特大桥大直径钻孔灌注桩施工工艺探讨	中国科技博览
49	肖　刚	宁安公司	88+88m 系杆拱施工探讨	中国科技博览
50	解养红	宁安公司	浅淡宁安铁路加强安全文化建设	江苏铁道

合蚌高铁　合肥—蚌埠高速铁路北起京沪高铁蚌埠南站，南接合肥铁路枢纽，是北京—福州快速客运通道的重要组成部分，也是京沪高铁和沪汉蓉快速铁路的重要联通线。全长129.86公里，客运专线，无砟轨道，线路设计运营速度350公里/小时，初期运营速度300公里/小时，批准总投资133.6亿元。科技应用情况主要有：

1.时速350公里客运专线单线无砟轨道预制后张法预应力混凝土简支箱梁的制运架技术。合蚌客专采用时速350公里客运专线单线无砟轨道预制后张法预应力混凝土简支箱梁，共有472孔单线简支箱梁，为国内首次采用。通过试制、静载试验及运架工艺的研究，掌握时速350公里客运专线单线无砟轨道预制后张法预应力混凝土简支箱梁运架的工艺，其施工图和静载试验均已通过铁道部组织的审查，为后续部颁通用参考图的编制及其他高铁项目的建设提供借鉴和经验。

图2-6-1　成桥后直线梁效果图

图2-6-2　成桥后曲线梁效果图

2.快速制梁技术的研究和系统应用。采用底摸、侧摸固定，钢筋整体吊装入模的布置方案，采用自动温控系统对箱梁进行蒸汽养护，取得混凝土浇注后28小时结束蒸汽养护，40小时内达到初张拉条件，达到每个台座平均约3天制一孔梁，最快2.44天制一孔梁。

3.九龙岗 160m 连续梁拱桥。九龙岗特大桥全长 14279.420 米，位于安徽省淮南市大通区境内，于 K899+094.9 处采用（76+160+76）m 连续梁拱组合桥跨越淮南铁路，两线夹角 13°　。

图 2–6–3　工程实景图

该桥是全线重点控制工程。连续梁拱上部结构为预应力混凝土连续梁与钢管混凝土拱组合结构，采用先梁后拱的方法施工。主跨范围内搭设防护棚架，保证既有铁路运输安全。采用挂篮法悬臂浇筑连续梁，连续梁施工完成后进行钢管拱安装，钢管拱在工厂分段制作后运输到现场进行拼装。受原既有铁路限制，钢管拱采用异位拼装后纵移的施工方法，纵移就位后进行拱座施工，灌注拱肋混凝土及安装吊索。

图 2–6–4　九龙岗连续梁拱桥效果图

4.五湖大道公路立交桥上跨合蚌高速铁路客运专线。

长丰县境内规划五湖大道横穿合肥北城站咽喉区,与既有淮南铁路、蚌福联络线、合蚌客专上下行共6股道及多组高速道岔交叉。主桥采用(25+35+25)米连续梁跨越合蚌客专及蚌福联络线。

公路上跨立交桥是影响高铁安全的重大隐患之一。为确保合蚌客专的运营安全,作为全线唯一一处新建公跨铁立交桥,五湖大道立交桥在设计荷载、桥上护栏防撞等级、防抛及监控、桥式结构等方面进行研究,首次采用“多级防撞、缓冲承托、监测保障、便于维护、灾后易修”的安全措施。该课题通过上海铁路局评审,完成科研结题。目前铁道部正在对其进行专题研究,计划全路推广。

图2-6-5　桥址处现场照片

图2-6-6　五湖大道立交桥安全防护措施效果图

5.信号工程主要包括：

本线信号系统与京沪高铁在蚌埠南站接轨，与合宁、合武客专以及淮南铁路在合肥站接轨，与既有京沪铁路在蚌埠站接轨。因此如何将本线信号系统与相邻线路信号系统无缝对接整合，是本线信号系统的难点和亮点。主要的工程内容包括蚌埠地区和合肥枢纽信号系统改造工程。

(1)蚌埠地区信号系统改造工程　蚌埠站作为合蚌客专的始发站，在站内进行模式选择满足蚌埠站向蚌埠南站C3发车的需求，蚌埠站按客专C3标准进行改造。蚌埠南站向蚌埠站发车时亦采用C3模式发车，实现合蚌客专的C3贯通。蚌埠站临时限速由京沪高速控制蚌埠南站的TSR统一管理。

两相邻线路间子网采用网络嵌套的方式进行网络接入，可以避免当一个站故障造成的两个子网间的信息中断。蚌埠南站、京沪高速51#中继站、本工程1#中继站、2#中继站均设置三层交换机。

(2)合肥枢纽信号系统改造工程　合蚌客专引入合肥站按C3列控系统改造，合肥站LKD2-T1列控平台更换为LKD2-T2型列控平台。因此，合肥站对合蚌方向的接发进路均采用C3模式接发车。对合蚌客专始发终到的动车组采用C3模式接入合肥站内，向合蚌本线发车时更换本务端后，启用尾部休眠的车载设备，以C3模式发车。

由合蚌客专接入的C3级动车组列车需转线至合武线时，需在合肥站内停车更换本务端后，人工选择C2模式，以C2模式向合武线方向发车。

由合蚌客专接入的C3级动车组列车需下线至合宁线时，对于C3通过列车以C3模式发车，在合宁线出站口进行C3/C2级间转换；对于非通过列车可在站内停车后人工切换至C2模式，以C2模式向合宁线方向发车。

由合宁线、合武线及合宁线与合武线间相互转线运行的动车至合肥站时，均以C2模式接发车。

由合宁线、合武线转线至合蚌客专时，C3动车组可在合肥站股道停站时，人工切换至C3模式发车；同时亦支持C2模式发车，在出站口(蚌埠方向)自动进行C2/C3级间转换，保证C3动车组按正常的C3模式运营。

6.采用CRTSⅡ型板式无砟轨道新技术。

正线采用CRTSⅡ型板式无砟轨道技术，设计为连续板单元结构，具有免维护的特点。

(1)轨道板采用基础资料输入布板软件——软件布板、生成打磨数据——工厂预制毛坯板——数控机床打磨承轨槽——运至施工现场安装的施工工艺，每一轨道板有唯一编号(身份证)，对应其在线路上的位置，保证轨道板具有较高的精度。

(2)桥上在每孔梁固定支座上方通过预设剪力齿槽、锚固螺栓以保证底座板与桥梁间的可靠连接，其余部位在梁面和底座板间设置“两布一膜”滑动层，使底座板与桥梁间保持滑动，以减少桥梁伸缩对无砟轨道的影响，如此即便是长大桥梁，也无需设置钢轨伸缩调节器,提高轨道结构的平顺性、安全性。

(3)桥梁地段通过设置侧向挡块,可将作用在轨道上的横向力传递至桥梁,同时扣压式侧向挡块既可保证轨道结构的横向稳定性,也可保证轨道的竖向稳定性。

(4)在路基和桥梁过渡段,采用“端刺+摩擦板”的方案,解决底座混凝土板自桥梁至路基过渡的问题,使底座混凝土板内力在该区域传递至路基,不影响端刺以外路基上的轨道结构。

7.接触网防雷、防污闪、防鸟害适应性设计。

接触网处于露天自然环境中,无备用,极易受到外部环境污染及频繁雷击,引起绝缘子损坏、线路跳闸,直接影响运营。除接触网本身具有耐雷作用外,合蚌客专还对防雷接地方式进行了改善,增强了接触网对雷电的防御能力。

鸟类在接触网线路上筑巢,会造成接触网接地,引起变电所跳闸,影响正常运营。经综合比对国内外驱鸟方式,选用在隔离开关及硬横跨上安装以敏感光源为原理、具备反光及24小时驱鸟功能的驱鸟器,以有效驱鸟,维护接触网系统安全。

8.淮南东站暖通工程新技术的应用。

淮南东站空调采用地源热泵系统,共设置216个换热井,埋深87米,地埋管总长度8万余米,通过循环水泵与室内地源热泵机组形成闭式系统,利用循环水与地下土壤换热,夏季释放热量,冬季吸收热量,与常规空调相比节能率提高30%以上。系统运行过程无污染、低噪音、低排放,利用清洁可再生资源,满足环保要求。

9.其他新技术、新工艺。

(1)声屏障屏体之间首次采用设置“内置式安全钢丝绳串接”,确保屏体整体性能,大大提高防护安全性。

(2)淮南东站集散厅和二层候车厅采用自动消防炮灭火系统,具有定位精确、灭火效率高、保护面积大、响应速度快的特点,提高自动灭火能力。

第二节　邮政与电信

安徽邮政　1986—2005年,安徽省邮政科技工作围绕邮政通信企业发展中心,面向生产和管理需要,依托邮政信息化网络,全省邮政科技工作者先后自主研发出“报刊发行系统”“报刊零售管理系统”“中心局报刊分发处理系统”“物流信息管理系统”等一系列经济、适用并易于推广应用的科技成果。其中,安徽省邮通科技有限责任公司自主开发的“报刊发行业务计算机综合处理系统”在全省推广应用;“邮区中心局报刊分发显示系统”在国家邮政局组织的招标活动里中标,并在上海、江西、广西、山东等省邮政局邮件处理中心推广应用。在邮政标准化建设(企业系统数据标准化、企业标识标准化)工作中,基本实现邮政局所标志标准化、邮政信筒信箱标准化、邮政专用车辆标识化、邮政报刊亭标准化、服务质量规范化、邮件运输容器化、邮件标识条码化、邮件包装标准化、邮政信息网标准化的工作目标。

科技管理及政策 1986年,省邮电管理局内设科技处,省邮电管理局直属单位中设省邮电科学研究所(以下简称省邮电科研所)。

1987年5月,重建全省邮电科技情报网。全省邮电系统16个地、市邮电局和省邮电管理局直属单位建立26个情报站,63个县邮电局均配备兼职情报员,全省邮电科技情报工作初步形成体系。

1987年9月,制定《安徽省邮电科技情报工作条例》《安徽省邮电科技情报工作成果奖励暂行办法》。

1990年3月20日,在全省邮电部门开展群众性科技活动。各单位确定一名领导兼管科技工作,合肥市邮政局、芜湖、蚌埠市邮电局成立科技科;其他地、市、县邮电局和省邮电管理局直属单位均设专、兼职科技管理人员。技术改进项目的实施经费,不构成固定资产的,可在成本中列支,构成固定资产的,在单位专项建设基金中列支。有较大项目并有销售、工程施工收入的省邮电管理局直属单位,可按收入的1%~2%提取新技术开发费;新产品减免税的税款专项用于技术开发;在留利的生产发展基金中,适当安排开发新产品的费用。省邮电管理局每两年对群众性科技活动开展情况进行一次考核和表彰奖励,考核结果作为企业升级基本条件的评审依据之一。

1993年8月,省邮电工会制定《安徽省邮电职工技术协会组织条例》《安徽省邮电职工技协有偿技术服务管理暂行规定》。

1994年8月,省邮电管理局印发《安徽省邮电科技情报工作条例》。

1996年1月1日,全省邮电部门按照财政部颁布的新财务会计制度的规定,通信业务成本费用中不再计提新技术新业务新产品研究开发费用,邮电企业所需新产品研发费用,按照实际支出,直接计入通信企业成本费用。凡由省邮电管理局安排,在地、市邮电局进行的研发项目产生的费用,由地、市邮电局直接在通信业务成本和费用的相关科目列支,省邮电管理局根据开发项目在全网应用情况给予适当的自有收入专项补贴;在省邮电科研所研发的项目,由省邮电管理局预拨专项补贴;由邮电部安排,在安徽省研发项目的费用与上年中央邮电通信业务收入(不含市话收入)2%和30%之间的差额,由邮电部财务司与省邮电管理局三年清算一次,超出部分由邮电部给予自有收入专项补贴。

2002年2月,省邮政局印发《安徽省邮政信息技术工作若干意见》,将邮政信息技术工作作为实施"科技兴邮"战略,提高邮政核心竞争力,奠定现代化邮政基础的重要举措。重点进行综合网、邮政综合业务平台、电子邮政、物流信息平台的建设,以及全省邮政计算机网络系统的运行维护。同时,开始建设掌握核心技术、自主开发应用系统软件研发者队伍的工作。

2004年12月, 省邮政局对合肥市邮政局等5局开发的科技发展项目给予收支差额补贴,补贴款抵交各局应上交收支差额款。

2005年9月份,全省邮政部门执行《安徽省邮政信息网技术准入管理暂行办法》,对邮政信息网技术准入管理,实行省邮政局审批制。

科技成果及活动

报刊发行业务计算机综合处理系统　2001年9月,省邮通科技有限责任公司自主开发的“报刊发行业务计算机综合处理系统”开始在合肥市邮政局使用,同年10月在安徽省邮政部门推广使用。该系统改变原来的文件服务器模式为客户机/服务器(Client/Server)模式;系统数据库管理系统采用Oracle公司的Oracle 7.3.2;后台程序开发工具采用SYBASE公司的Powerbuilder7.0;前台程序开发工具采用UnixC,使整个系统运行具有先进性、可靠性和安全性。该系统主要完成人为宋定才、陈新安、李建梅、潘品、罗佳。

2003年7月,“报刊发行业务计算机综合处理系统”的“邮区中心局报刊分发显示系统”在国家邮政局组织的招标活动中中标,并在上海、江西、广西、山东等省、直辖市、自治区邮政局邮件处理中心推广应用。该设计合理、技术先进、运行稳定,对报刊发行业务的发展起到支撑和积极的促进作用,具有良好的经济效益、社会效益和推广价值,2003年11月28日,省邮政局推荐该系统参加“国家邮政局科学技术奖”评选活动。

报刊零售管理系统　2003年一季度,由省邮通科技公司开发的《报刊零售及图书音像业务计算机综合处理系统》投入使用。

183网上商城。2002年,安徽邮政部门自主开发183网上商城。2004年7月3日零时,全省邮政互联网接入号码183正式升位为“11183”(183与11183并行)。2004年8月6日完成并行。

邮信通　2003年8月12日,省邮政局和省移动公司签订《“邮信通”合作服务协议》。2003年9月1日,全省各邮政营业窗口开办“邮信通”业务。该业务是省邮政局和省移动公司合作开发的绿卡账户或银联卡账户资金变动的短信通知业务。2005年9月23日,安徽邮政与安徽电信发挥安徽电信小灵通(PHS)短信平台技术优势,结合邮政储蓄业务,合作开发“邮信通”业务。

邮证通　2002年11月,“96185”作为全省“邮证通”业务电话委托统一特服号开始使用。股民可利用邮政绿卡账户进行股票交易。

中心局报刊分发处理系统　安徽省邮通科技有限责任公司研制开发的“中心局报刊分发业务计算机处理系统”2002年2月下旬在安庆市邮政局使用,当年8月在全省所有中心局推广应用。该系统2003年成功入围国家邮政局科技推广项目。2004年,该系统先后在上海、江西、广西和山东等省市邮区中心局上线运行,状况良好。

物流信息管理系统　2002年3月,“安徽省邮政物流信息管理系统”列入“国家技术创新项目计划”。该系统利用安徽省邮政部门拥有的物流、信息流、资金流“三流合一”优势,为开展物流业务,包括货物、运输、跟踪、查询、调度、仓储、交易、支付、包装、配送、投递、结算等,提供综合信息处理、管理、决策、服务功能,拓展企业对企业(BtoB)和企业对消费者(BtoC)物流配送业务,实现物流信息资源互联、互通、共享,降低运营成本,实现规模效益。

计算机集邮管理系统 1991年4月,合肥市邮政局邮票公司"计算机集邮管理系统"投入使用。

邮政编码查询机 1991年4月,合肥邮政机械厂承担该项目。主要开发内容和技术经济指标为用户以电话询问方式,方便地得到所询问的邮政编码,具有准确、快速功能,30套/年,创产值150万元,利税20万元。

申报国家邮政局新技术推广项目 2002年7月,省邮政局将省邮通科技有限公司自主开发出4个新技术项目申报国家邮政局2002年新技术推广项目,分别是:邮区中心局报刊分发系统、报刊发行业务计算机综合处理系统、邮政支局综合业务系统和办公自动化系统。2002年9月,省邮政局向国家邮政局申报《邮政储蓄事后监督省集中处理系统》和《邮政储蓄主动信息服务系统》两个项目作为邮政科技发展项目立项建设。

邮政储蓄计算机网 邮政金融计算机网络是在公用电信网络的基础上,由邮政金融业务专用的终端和信息中心设备组成的业务网络。它由城市中心的区域性业务网络与互联本地业务中心的省及邮电部邮政金融业务处理中心的全国性业务网络组成。

根据全国邮政储蓄计算机联网系统技术改造工程(绿卡工程)的要求和安排,安徽省"绿卡工程"分两个阶段实施,第一阶段在1996年建成合肥城市中心,中心和网络建设资金8098.4万元;第二阶段到1998年,蚌埠、芜湖两个城市中心加入全国大网,实现全省所有地市县邮政局开办活期储蓄异地存取业务。芜湖、蚌埠中心各投资1600万元。随着网点数的增加和储蓄业务不断发展,合肥、蚌埠、芜湖3个绿卡城市中心绿卡应用系统已跟不上业务发展,制约开办新业务以及中间业务。2000年9月,省邮政局建设省处理中心,并于2001年5月至9月分别将合肥、芜湖、蚌埠城市绿卡中心及所辖各绿卡网点切换到省处理中心,系统运行稳定。2002年,基本完成邮政绿卡系统银联卡联网改造工作,全面开放邮政绿卡系统的发卡行和受理行业务。2002年5月,安徽省邮政储蓄计算机网省处理中心系统改造工程竣工验收。工程涉及网络结构改造、中心主机系统改造、金融应用系统改造三部分。工程总投资2255万元。

2004年8月,安徽省邮政储蓄绿卡统一版本工程成功切换上网,邮政储蓄绿卡网和电子汇兑综合网实现互联互通,各邮政局电子汇兑中心服务器建成并投入使用,具备实现储汇合一条件。2005年12月,安徽省邮政储蓄银联卡2.0版本改造工作完成。

邮政综合计算机网 1998年8月,省邮电管理局启动邮政综合计算机网建设,按照统一规划、分步实施的原则,重点开发应用系统,主要是邮区中心局生产作业系统、邮运指挥调度系统、邮资票品管理系统,及电子汇兑、特快专递查询和报刊发行系统。

1999年1月,对现行的汇兑资金清算调拨体制改革,建立邮政汇兑资金清算调拨系统。修改现行的国内汇兑会计核算办法,把现行的省、县两级资金清算调拨体制改为国家邮政局、省邮政局、县邮政局三级资金清算调拨中心。

1999年2月到2000年3月,顺利实施计算机"2000年世纪过渡"。

安徽省列入国家邮政局电子汇兑工程三个试点省份之一,工程自2001年6月开始建设,2001年9月建成省中心,系统于2002年初上线。

2003年4月,全省推广185注册用户业务。2004年7月2日24时整(7月3日零时),中国邮政电话信息服务接入号码185、计算机互联网拨号上网业务接入号码183正式调整为"11185"和"11183"。

2003年6月中国、澳大利亚、日本、韩国、美国、中国香港六成员的邮政执行总裁签署《战略服务协议》,联合推出共同的产品—承诺服务。2004年9月正式推出EMS标准快件的承诺时限服务,实现经济型快件—航空包裹投递到户、收寄和投递信息网上传输、网上查询。

安徽省新调整的物流快速网于2004年6月28日开通运行,实现与华东物流网互联互通。

2005年2月,全省邮政电子化支局系统统一版本工程建设启动。2014个邮政支局所中,电子化支局覆盖112个城市支局、63个县城支局和200个建制镇支局,达到全省375个电子化支局规模。2005年年底完成225个网点建设,占375个网点的60%,2006年完成剩余的40%。

安徽省物流信息系统于2005年1月1日正式开通运行,系统覆盖全省17个市邮政局,初步实现各市邮政局间物流业务网上作业和数据共享。

2005年3月,省邮政局对办公自动化系统进行扩容改造,实现与国家邮政局办公自动化系统互联互通及省邮政直属单位接入办公自动化系统。

2005年5月,省邮政局在全省各市邮政局及蚌埠邮电培训中心建设视频会议系统。

2005年11月,完成现有省中心局域网改造。

安徽电信 1986—2005年安徽电信经历邮电分管、电信重组、政企分开等一系列重大体制改革。

1986—2000年,在安徽省邮电管理局期间,1998年,安徽省网络运行管理综合指标名列全国前10名,其中省内去话电路群接通率年平均值为52.39%,在全国排名第8位,省会局来话接通率(含移动)年平均值为55.56%,在全国排名第15位。全省长途来话电路群接通率年平均值为52.48%,长途来话接通率年平均值为59.06%。1987—1991年,安徽邮电企业十多次被邮电部评为全国邮政、电信优秀QC小组,被安徽省质量管理部门授予安徽省质量管理奖。1998年11月,原安徽邮电所属寻呼资产从邮电母体剥离,成立安徽国信寻呼有限责任公司,拥有127/126本地网、129/128省网、199/198国网寻呼台,寻呼总容量379.5万户。1998年12月,安徽省邮电管理局邮电分营。1999年7月,移动通信从安徽省邮电管理局中分离,成立安徽省移动通信公司。2000年4月,安徽省邮电管理局政企分开,7月,成立中国电信集团安徽省电信公司,12月,在实施主附主辅分离过程中,成立由电信公司控股的安徽电信国脉实业有限责任公司,2001年12月,更名为安徽电信实业集团公司。2003年9月,终端装维业务从实业集团公司回归合肥电信分公司。

2003年8月26日,安徽省电信有限公司成立,在全省范围内经营固定电信业务,互联网应用、电话信息和短信等业务、黄页业务、电话卡业务、战备应急通信等。2003年,安徽全省17个市全部开通"小灵通"。本地网流程重组项目在安徽电信全面推广。安徽电信10000号免费客户服务热线全面开通。安徽电信大客户在合肥骆岗机场VIP通道特别延伸服务。开通安徽省"农技110"信息咨询服务网络。2004年1月,安徽电信用户1012万,主线普及率15.9%。安徽电信与共青团安徽省委联合推出"关注青少年,爱心助学活动",开通"96800辅学通热线""16864321希望工程爱心捐助热线"。2004年3月,安徽电信小灵通放号120万。8万门最新版本的S1240CHB2程控交换机取代以S1240EC5X为主的第一代程控交换机,成为安徽电信网上在线容量最大的一个交换系统。安徽电信办公化网络实现省、市、县联网,公文线无纸化传输。招商银行合肥分行与安徽电信签订远程监控联网电路租用协议,成为安徽省金融行业第一家使用安徽电信宽带城域网实现远程视频集中监控联网的银行。省委、省人大、省政府、省政协,开通使用安徽电信100M宽带业务。安徽电信投资380万元帮助革命老区金寨县解决49个不通电话的行政村通信。由安徽电信与新华社安徽分社合作开发的全国第一个以新闻信息为主题的多媒体传播平台新华社安徽网视开通。2005年,安徽电信有地市通信枢纽28个,县及市话分局98个,支局所1004个。构建起大客户经理制、社区经理制、农村统包责任制和10000号客户服务制四个主渠道为核心的营销服务渠道体系,向全社会推出SLA服务、一站式服务、一揽子解决方案等服务举措。

中国移动安徽公司 1999年7月23日,根据信息产业部《关于组建中国移动通信集团公司指导意见的通知》《关于安徽省电信分营实施方案的批复》和安徽省邮电管理局《关于安徽省电信分营实施细则》文件精神,撤销移动通信局,组建省移动通信公司,并交由中国移动通信集团管理,辖16个地市分公司62个县(市)公司和三个直属单位,有员工2858人,固定资产总额52.3亿。公司主要经营移动电话与移动数据业务以及与上述业务相关的信息服务、技术开发和技术服务;通讯设备销售;从事国家批准或委托的其他业务。

2002年7月1日,公司在香港及海外上市,企业性质为外资企业,公司中文名为安徽移动有限责任公司,英文名Anhui Mobile Communication Co.,Ltd.(简称"AHMCC"),下属17个市级分支机构,61个县级分支机构。

2005年年底,公司有员工7296人,资产总额达到97.6亿元。

从1999年公司成立到2005年年底,运营收入从18.8亿元增至63.4亿元,增长3.4倍;净利润从3.7亿元增至13.7亿元,增长3.7倍。

2000—2005年,公司经营范围:移动通信业务(包括语音、数据、多媒体等);IP电话及互联网接入服务;从事移动通信、IP电话和互联网等网络设计、投资和建设;移动通信、IP电话和互联网等设施的安装、工程施工和维修;经营与移动通信、IP电话和互联网业务相关的系统集成、漫游结算清算、技术开发、技术服务、设备销售等;出售、出租移动电话终端设备、IP电话设备、互联网设备及其配件,并提供售后服务。

公司拥有"全球通""动感地带""神州行"等著名品牌,除提供话音业务外,还为客户提供中文短信息、呼叫转移、来电显示、呼叫等待、语音信箱、全球通WAP、全球通IP直通车、GPRS、MMS彩信、手机报等众多个性化信息服务。

1992年9月16日,安徽移动通信900M模拟系统正式开通。

1995年10月,引进GSM数字移动电话系统。

1996年4月,在合肥、芜湖、蚌埠等地开办数字移动通信业务。

1997年5月,建设GSM三期计费工程。在16个地市(不含亳州)分公司建成全省联网的GSM实时计费系统。

2001年5月17日,正式开通移动互联网。

2002年5月17日,正式开通GPRS平台。

2002年12月31日,900M模拟系统停止使用,它标志着公司实现历史性的跨越,进入全数字通信时代。

2005年5月,3G试验网正式开通。

网络建设上实现超常规,跨越式大发展。传输电路从成立时全部依靠租用到2005年底建成长途光缆线路3221皮长公里,长途传输网光缆纤芯长度11.21万芯公里。省内本地网/城域网光缆长度27703皮长公里,省内本地网/城域网光缆纤芯长达35.55万芯公里同时还建成传输网、基础网、GSM网络、支撑网、移动数据网并进行网络优化和完善,从1999年到2005年年底,交换机容量从115万户增至999万户,增长7.69倍,基站数从1399个增至4682个,增长2.35倍,GSM载频数达43603个。安徽移动的无线接通率达到99%以上,掉话率低于1%,网络覆盖全省所有乡镇以上地区和农村地区,并在交通干线、机场、港口、旅游风景区等重要区域实现无缝覆盖。

随着移动通信不断发展,安徽移动电话自动漫游通达国内所有市县,并与206个国家和地区的271个运营公司开通GSM国际及台港澳地区漫游业务,与101个国家和地区的93个运营商开通GPRS国际及台港澳地区漫游业务,国际及台港澳地区短信通达106个国家和地区的214家运营商,彩信通达6个国家和地区的21家运营商。

从客户细分出发进行品牌架构,以客户消费水平和年龄为主要划分标准,以"全球通""动感地带""神州行"三个全国统一的品牌为主,开发出一系列以此为基础的移动通信业务,不断满足消费者的需求。

大力建立和完善市场渠道,1999年,移动通信营业网点仅有726个,到2005年年底营业网点已达到4961个,授权代理店2355个。合作营业厅和农村专营店、代办点已经覆盖到100%的乡镇,为城乡客户提供畅通的市场渠道。积极探索、大力推进“一村一人”的建设和管理模式,全省共发展村级代办员18331人。

到2005年年底,公司已建成一个覆盖范围广、通信质量高、业务品种丰富、服务水平领先的综合通信网络,赢得越来越多客户的信赖。从1999年公司成立到2005年年底安徽移动电话客户从81.61万户增至788.7万户,增长8.66倍。

1999年7月,公司移动电话客户达到81.61万户。

2000年7月,公司移动电话客户达到100万户。

2001年9月,公司移动电话客户达到200万户。

2002年6月,公司移动电话客户达到300万户。

2003年10月,公司移动电话客户达到400万户。

2004年9月,公司移动电话客户达到500万户。

2005年12月,公司移动电话客户达到788.7万户。

移动通信业务:模拟蜂窝移动通信业务。包括:本地通话、长途通话、国内漫游、国际漫游、紧急呼叫、呼叫转移、呼叫等待等。模拟蜂窝移动通信系统从1992年9月开通,2001年12月关闭。2001年5月,模拟在网用户2.2万户,其中保持正常通信的有9000户。

数字蜂窝移动通信业务。1995年10月,引进GSM数字移动电话系统,于1996年4月,率先在合肥、芜湖、蚌埠等地开办数字移动通信业务。为客户提供本地通话、国内和国际长途通话、国内自动漫游、国际GSM漫游、国际非GSM漫游、语音增值业务如IP电话等。

移动数据通信业务。主要包括移动数据上网业务如MO手机上网,移动数据增值业务如点对点短消息、无线DDN、移动秘书、全球呼、移动沙龙、语音杂志、移动800、彩铃、彩信、百宝箱、梦网短信、移动气象站、手机邮箱等。

无线局域网数据业务。无线上网业务如随e行、拨号上网业务等。

通信建设着力网络建设。1992—1995年,安徽移动通信网络为单一的TACS模拟移动通信网。1995—1999年,安徽省相继开通覆盖地市、县城和主要乡镇的GSM数字移动通信网,并开通语音邮箱、短信等业务。

1999年,安徽移动公司成立后,执行“网络宽带化、业务多元化、支撑系统集中化、决策系统网络化”的总体建设思路,网络规模由小到大、网络能力由弱变强,经历由单一通信网络运营向综合通信网络运营演进,形成话务网、业务网、支撑网三大网络体系。基础网络向宽带化发展,逐步由传统的电路交换网,向宽带分组交换型的IP网演进。通信业务向多元化发展,由单纯的无线话音业务,向集话音、图像、数据为一体的以移动通信为主体的多种类、多品牌的综合业务演进。支撑系统向集中化发展,面向业务和服务的计费、网管、客服等支撑系统,由以市为单位向以省为单位集中,实行集中建设、集中运行维护、集中管理。决策系统向网络化发展,建立企业管理信息系统,实现各类信息的资源共享,提高企业信息化能力和决策水平。

2001年,随着公司话务量、数据业务流量进一步增大,原租用传输电路已经不能满足网络建设需求,开始自建传输网,年底TACS模拟网退网。2002年,开通GPRS(通用无线分组业务)网络,在原有的话务网中引入分组交换,形成话务、数据综合网。2002—2005年,相继引入彩铃、彩信等系统。

截至2005年年底,公司网络已经成为一个多功能、多层次、庞大的复杂网络。

安徽移动主要网络能力指标

表2-6-6

序号	网络能力指标	单位	数量	备注
1	GSM交换机容量	万户	999	交换机55个
2	基站	座	4682	
3	GSM载频	个	43603	
4	长途光缆	皮长公里	3221	11.21万芯公里
5	本地/城域网光缆	皮长公里	27703	35.55万芯公里
6	2M电路	条	27004	
7	基站自建传输率	%	98.34	

网络设备建设有GSM交换机55个,客户到达数从86.6万户增至788.7万户,增长8.11倍;交换机容量从115万户增至999万户,增长7.69倍;基站数从1399个增至4682个,增长2.35倍;GSM载频数43603个。

支撑网建设,包括BOSS系统、经营分析系统、客服系统、网管系统、OA系统、MIS系统、MDCN网络、信令监测系统、动力环境监测系统、传输静态资源网管系统等。

2001年,公司开始建设网络支撑网,即信令网、同步网,完善现有网管系统,建设全省通信设备管理系统和动力环境集中监控系统,以及计费结算、营业帐务、客户服务和客户信息资料管理、经营分析一体化的先进的业务运营支撑系统(BOSS系统)。

中国联通安徽分公司 1994年12月1日,中国联通印发《关于成立中国联合通信有限公司安徽分公司的通知》,安徽联通成立。1995年7月25日,安徽省政府印发《关于成立安徽神通有限公司和中国联通安徽分公司的通知》。1996年4月9日,联通安徽项目投资签字仪式在京举行。1997年6月2、13、15日,合肥营业部、蚌埠、芜湖分公司先后向员工亲朋试放号。1997年6月22日,合、芜、蚌三市对外试放号。(安徽邮电GSM一期工程于1995年11月20日签约,1996年3月20日开通运行)。1997年8月7日,“中国联通合肥、芜湖、蚌埠130国家公众数字移动电话网开通庆典”举行。1997年年底，中国联通GSM用户为42万户（全国为685万户），安徽联通（三市）为8501户。1998年底，中国联通GSM用户为142万户（全国为1732万户），安徽联通（三市）为3.8万户。

按照国务院批准的重组方案，先后完成国信寻呼成建制划入（安徽国信寻呼于2000年4月成建制划入安徽联通）、国家财政追加资本金、收取入网费增加国家资本金、原有股东增资4项工作。使中国联通的资金增加到158.8亿元，国家股占到79.2%，成为国家控股、15家企业参股的大型电信运营企业。

2000年6月21日，中国联通（12个省级分公司，包括安徽）在纽约上市，22日，在香港上市，筹资56.5亿美元。2001年12月，中国联通建成覆盖全国的CDMA网络，安徽联通CDMA于2002年1月8日开始运营，并依托CDMA1X技术为用户提供一系列新业务。到2005年，GSM网络已进行八期工程建设，网络容量达到249万门，基站近2400个。长途网、数据网、互联网也建设迅速，已在全省实现综合电信业务覆盖。

安徽联通于1995年启动数字移动通信网络建设，1996年12月20日，打通第一个GSM移动电话。2001年，CDMA网络建设开通，率先开通2.5G数据业务，峰值速率达153kbps。

安徽联通GSM网络至2005年年底完成全省17个地市的完全覆盖，建有合肥、芜湖、蚌埠等共计20个MSC（其中合肥、阜阳、六安各建有两个MSC），交换总容量达到264.4万，VLR容量为345.3万设备包括爱立信、诺基亚、中兴3种。

至2005年合肥一对诺基亚LSTP/TMSC2，容量为509端口。至上海大区HSTP的A、B平面各建有4条高速直达信令链路。一套华为SCP/SMP，开放省内VPN、PPS、CTD、FNS业务。西门子SSP与各端局均有直连电路，容量26万GSM网各端局MSC与CDMA网均建有直连电路，与193长途局均建有直连电路，转接国际长途和193长途，与各本地网IP前置机建有直连电路，转接17911/17910话务。六个爱立信HLR，分别位于合肥、芜湖、蚌埠、安庆、宿州、淮南。

客服1001至各端局由合肥TMSC2转接，新业务平台与GSM网络的连接，通过LSTP/TMSC转接，计费营帐系统与各端局和HLR均建有直连。

端局MSC均具有SSP功能，严格限制智能网业务签约消息出省。各端局MSC兼做GMSC，通过联通综合关口局与其他运营商（电信、移动）网络互通，基站2370座，总载频数9176个。

安徽联通自2001年CDMA网络建设至2005年年底，已完成三期目标网工程建设，完成全省17个地市的完全覆盖，建有合肥、芜湖、蚌埠、宣城、安庆、阜阳、淮南、巢湖共计8个MSC，交换总容量达到82.24万VLR容量132.05万设备包括朗讯、爱立信两种。一套中兴SCP/SMP，通过TMSC与全省联接。承载PPC、WVPN、IVPN、FPH等业务。全省建有基站1742座，无线容量达3.6万ERL。

各端局MSC与GSM网MSC均建有直连电路，与193长途局均建有直连电路，转接国际长途和193长途,与覆盖地IP前置机建有直连电路,转接17911/17910话务。

各端局MSC至客服1001,由GSM网负责转接。

端局MSC兼做GMSC,负责与联通其他网络间的话务接续,并通过综合关口局实现与其他运营商(电信、移动)的互通。

新业务平台与CDMA网络的连接,通过合肥LSTP/TMSC2转接。一对TMSC/LSTP(TMSC2-1兼端局),负责转接所有出省信令和话务,以及省内非直连节点间的信令和话务。

3个HLR,分别位于合肥、蚌埠、芜湖(在宣城建有其备份HLR),设计总容量为144万。

中国铁通安徽分公司 中国铁通安徽分公司(以下简称"安徽铁通")是中国铁通集团有限公司在安徽的分支机构,前身为铁道通信信息有限责任公司安徽分公司,2001年4月9日,正式挂牌运营,省公司设在蚌埠。2004年1月20日,经国务院批准,铁道通信信息有限责任公司由铁道部移交国有资产监督管理委员会管理,更名为中国铁通集团有限公司。2004年8月,铁道通信信息有限责任公司安徽分公司变更为中国铁通集团有限公司安徽分公司。2004年11月16日,省公司迁至合肥。

安徽铁通主要经营国际国内长途电话业务、本地电话、IP电话、IC电话、传真电报业务、公共数据业务、网络资源出租、互联网接入服务、互联网信息服务、宽带业务、多媒体与可视通信、专用通信服务等通信信息业务相关的软件开发、技术咨询、系统集成业务。

2005年,在网固定电话用户42.4万户,宽带接入用户4.9万户。

2001年,安徽铁通国内长途电话通话量302.7万次,国内长途电话通话时长588.2万分钟,长途电话网业务收入4302.1万元,2001—2005年期间,安徽铁通国内长途电话、国际及港澳台电话业务大幅增长,2005年,国内通话量5357.3万次,较2001年增长1669.63%,国内长途电话通话时长15963.7万分钟,较2001年增长2613.99%,国际及港澳台电话通话量4.6万次,国际及港澳台电话去话通话市场8.1万分钟,长途电话网业务收入9886.2万元,较2001年增长129.8%。

截至2005年,安徽铁通固定本地电话网覆盖省内16个中心城市。为客户提供电话装机、移机、过户、停机保号,模拟、数字中继线接入服务;在铁通交换机上为用户设置用户交换机功能(CENTREX),提供群内、群外呼叫、同组代答、制定代答等服务;为用户在固定电话上开通包括妙趣铃音、来电显示、呼叫转移、呼叫限制、免打扰服务、呼叫等待、追查恶意呼叫、遇忙回叫、闹钟服务、三方通话、缩位拨号等增值业务功能。安徽铁通的本地网电话分为后付费固定电话和预付费固定电话。安徽铁通预付费固定电话品牌为"新时速电话"。是基于公司智能网平台开发的固定电话业务。新时速电话的呼叫流程不仅保持原有的电话使用方式,对用户的呼叫进行实时帐务处理;同时增加自主管理业务使用方式的多种功能。

安徽铁通在移动通信、公用电话、应急通信,IP、卡类业务及铁道专用通信,增值业务如呼叫中心、空中会议室、语音信箱及其他数据业务等方面,都有较快发展。话务网、传输网、业务网及支撑网建设上取得显著成绩。

中国铁通集团有限公司是首批获得文化部颁布的"网络文化经营许可证"的12家企业之一。中国铁通互联网络(CRNET)是获得国家认可的互联网骨干网络,属国际INTERNET下的中国区域子网,与CHINANET、UNICOMNET和CNCNET等国内互联网齐名。现与CHINANET及其他骨干网在广州、上海、北京三地实现互联。中国铁通互联网(CRNET)可覆盖400多个城市,形成一个全国性基于IP技术的高速宽带数据骨干网络,是国内第一个核心层互连带宽达到10G的IP骨干网。业务承载包括数据、语音、视频等在内的综合业务及其增值业务,并实现各种业务网络的无缝连接。

安徽铁通开展的互联网业务有：互联网宽带接入业务、互联网专线接入业务、95868窄带上网卡和10200拨号上网业务、域名申请业务、主机托管业务、个人、集团邮箱业务、互联网信息内容服务、IP VPN业务、虚拟主机、虚拟网站业务。

长途通信方面,2001年,安徽铁通拥有长途电路1166条,长途光缆9000芯公里,长途交换机容量1.6万路端。伴随业务快速增长,长途通信建设规模不断扩大,2005年,安徽铁通已拥有长途电路3897条,长途光缆49850芯公里,长途电缆1860皮长公里,长途交换机容量5万路端。

铁路通信为重中之重。安徽铁通成立以来,坚持"立足铁路,服务运输"方针,围绕铁路信息化建设和铁路跨越式发展,加大铁路通信建设投资,做好铁路运输服务工作,确保铁路通信畅通。

2003年,完成青阜、符夹线线路及通信接入网工程和水蚌线通信接入网工程建设,线路长度323公里,投资3050万元。完成宁西线在省内沿线车站铁路接入网及通信设备的验收和接管工作。

2005年3月,铁路运输组织调整,蚌埠铁路分局撤消调度区段整合接入上海。

2004—2005年,分别完成京沪线、阜淮线、淮南线、京九线、水蚌线等铁路TDCS接入工程和沿线车站的SDH155/622传输设备设置,原蚌埠铁路分局管内京沪线、京九线、阜淮线、淮南线调度系统数字化改造、车次号改造工程。建设开通铁路电视电话会议系统,完成京九线DMIS改造。

中国网通安徽分公司　2000年7月25日,经中国网络通信有限公司董事会决议批准,2001年7月10日,注册中国网络通信有限公司安徽分公司。至2002年10月,安徽省内只有合肥、芜湖、蚌埠三个地市设有网通公司的市级分支机构,统一归属于中国网络通信有限公司(网通控股)公司管理。公司规模很小,业务发展缓慢。

2003年6月17日,顺利完成与吉通安徽分公司的融合。

2004年7月28日,根据中国网络通信集团公司"中国网通监管〔2004〕393号"文,中国网络通信集团公司安徽省分公司注册成立。

2004年9月24日,根据中国网络通信集团公司“中国网通人力〔2004〕686号”文,完成12个部门(中心)的设置实现省、市合一管理。

2004年7月,中国网络通信集团公司安徽省分公司成立。

2001年6月,安徽网通正式向安徽社会各界提供通信服务。固定电话、国内国际长途电话、互联网宽带接入、网络元素出租等业务,已经覆盖全省17个地市。“宽带商务:cnc-connected”“宽带家园:cnc-community”“橙卡”等业务品牌赢得客户的普遍认可。

2005年,安徽省分公司主营业务收入完成7703万元,同比增长65%,完成预算收入的110%;固定电话用户到达7.2万户,宽带用户到达6139线。业务拓展到全省17个地市。年度实际完成计划投资1.1亿元,建成省内长、关、汇结构清晰的交换网络结构,完成省内890公里光缆干线网和南环、北环、核心三个传输环网的建设,形成覆盖全省17个城市的长途传输网络,显著提升公司的通信能力。

第三节 测 绘

安徽省测绘科学研究所 1987年11月,安徽省测绘局组建测绘科学研究室。1993年3月,经省建设厅批准,省测绘局测绘科学研究室更名为“安徽省测绘科学研究所”。

科研成果及活动 1988年,省测绘局科研室人员开始航测仪器的数字化改造研究。先后完成对进口精测仪D3的电子改造,制作自己的电子计数器系统;对进口的解析测图仪DSR11进行脱离绘图机的技术改造,为DSR11增加先进的联机屏幕图形漫游显示功能,开发基于PC微机平台的绘图仪驱动程序和GP1绘图子程序库及地形图绘图程序;制作基于微机硬件系统的数据采集卡;编写基于图形模式的数据采集和编辑程序,为进一步开展航测仪器数字化改造科研项目打下基础。

1989年1月—1990年9月,省测绘局科研室承担研制成功“精测仪(空间型)机助测图系统”,独创一系列软硬件技术,在国内首创对模拟测图仪以最快最省的方案完成数字化的技术改造,使生产作业方式达到国内同行业的领先水平。促进全国开始从模拟测绘向数字化测绘的跨越。此项目获得1992年度省和国家测绘局科技进步三等奖。

1990年11月,省测绘局获准国家测绘局测绘科技发展基金,专门支持安徽局进行“DSR-11解析测图仪的GP1绘图桌改造的研究”及“进口解析测图仪的图形编辑站的研究”课题。

1991年9月,安徽省测绘科学研究所开始进行数字地图编辑的研究。系统中开发成功各类精测仪机助测图系统、全站仪与笔记本电脑联机测图、袖珍电脑联机野外测图、控制测量平差计算、立体坐标量测仪解析空三航测法联机数字化测图等。其中,“DMAPS数字化成图系统”(Digital Mapping System)研究成果受到生产部门的欢迎,并很快投入到数字地图生产之中。这项研究成果与“机助测图系统”技术综合在一起,形成一整套内外业一体化的数字化生产技术体系。紧跟着就研制出“DMAPS数字化成图系统”For Windows 版，为基础地理信息数字产品按国家标准采编建库开发出生产实用平台。

1993 年 8 月，DMAPS1.0 版在全国首届地图展览会上亮相，B8S 三轴定位器研制成功。围绕基础测绘生产实际，对多台航测模拟仪器进行数字化设备改造，进行 1：1 万基础地理信息、“4D”产品的生产技术研究和技术开发，为省级基础地理信息数据的生产和建库提供技术保障。

1994 年，省测绘局针对江苏省八士镇数字化地籍测绘项目，组织省测绘科研所、第一、二、三测绘院，在八士镇测绘现场开展数字化地籍测量研究，在国内首先开发全站仪联机电子手簿直接进行野外数字化采集技术。

1996—2000 年，省测绘科学研究所研究开发 1：1 万和大比例尺的数字化成图系统，该成图系统自面世以来，由于界面友好、功能强大、容错能力强、方便实用等优点，受到省内外广大用户青睐，在全国推广软硬件两百多套，改造各类航测仪器几十套，是“安徽省土地变更测量培训”主要授课软件之一，也是基础地理信息数据生产的主要软件之一。该系统在工程、土地、地质、房产等测绘领域得到较广泛的应用，社会效益和经济效益显著。

1998 年，结合生产实际，边科研、边生产，完成国家局下达的《淮河流域 1：1 万 DEM 的生产项目》。研发成功 1：25 万安徽公路基础地理信息系统。该系统包括安徽概况查询、安徽公路概况、国主、国道、省道的数据库图形双向查询、重大桥梁查询等。

1999 年，在深圳市，省测绘科研所配合航测院以其技术优势，赢得深圳市 1：1 万地形图航测数字化成图与 GIS 建库项目，并同时进行相应成图与建库的软件研发工作，任务完成交深圳方验收一次合格，建库成果质量评为“优”，受到深圳市国土资源局的赞许。

1999 年，DMAPS 的外业电子平板软件开发也获得成功。

2000 年，完成制作 1：1 万芜湖—宣城公路选线演示系统。该系统运用三维立体显示和断面技术，对公路选线的合理性作出分析。

2001 年，在国家测绘局统一组织实施下，完成国家基础测绘设施项目安徽省基础测绘设施单位工程建设，并通过由国家测绘局组织的专家组验收。该工程由基础地理信息数据管理服务技术体系、基础地理信息数据生产技术体系和基础地理信息系统数据传输网络组成，建成的 11 个子系统达到并超过项目《初步设计》和工程《实施方案》设计的要求，引进软硬件设备达 103 台 / 套，形成业务化运行和大规模生产基础地理信息数据的能力，能够承担安徽省基础地理信息数据的采集、加工、更新、存储以及基础地理信息数据库的设计、建库、运行维护和管理、开发应用等任务，形成省级基础地理信息规模化生产的能力。实现从传统模拟测绘向数字化测绘技术体系的跨越式发展。

2002 年，省测绘局结合安徽省 1：5 万地名数据库采集项目，开发地名数据采集、标注、检查软件,为全省30万条地名、地理位置、编码等十多项内容的采集,为地名数据库的建立,提供技术支撑。该项目经评优获国家测绘局全国1∶5万地名数据库建设工程二等奖。

2002年,省测绘科研所推出《DMAPS 2002数字化成图系统》,结合基础地理信息建库要求,全面升级优化自行研发的数字化成图系统。

2002年,省第一测绘院在省测绘科研所的支持下,应用测绘高新技术,制作大阪市数字正射影像图和三维砂防数字地图,顺利完成日本国合作测绘项目。

2003年7月,淮河告急。省测绘局应用测绘科技和遥感技术以及1∶1万基础地理信息数据,在抗洪第一线现场对38所机载雷达SAR影像进行定位、配准、分析、量算,对淮河流域洪涝灾害进行动态监测。为防汛抗灾提供急需服务,并取得新的研究成果。

2004年,省第四测绘院与省水利厅联合编著《安徽省水利工程位置图集》,该图集浓缩和反映50多年来安徽水利建设的成就,是一部水利管理工作的重要工具书。该项目获安徽水利科学技术奖二等奖。

2004年3月—2005年3月,省基础测绘信息中心为合肥市三维房地产测绘有限公司研发《合肥市房地产测绘图文信息系统》,通过建立合肥市房产测绘管理信息系统,建立合肥市房产测绘基础数据库,实现房产测绘项目超前管理、测绘成果规范管理及测绘成果充分利用。项目获得2006年度省科学技术三等奖。

2005年3月—2006年3月,省基础测绘信息中心承担研究安徽省空间地理信息基础数据库示范工程,工程总体包括数字化成图数据编辑子系统、数字化成图数据处理子系统、数据库应用管理系统、库体建设四大部分组成。该项研究成果可应用于各种专题GIS系统,如:防汛抗旱指挥系统、交通运输管理系统、无线电管理系统、国土资源管理系统、电力管理系统、通讯管理系统等等。该项目获得2007年度省科学技术三等奖。

2004年10月—2007年2月,省测绘局开展安徽省现代测绘基准研究和建设(安徽省似大地水准面精化)项目。这是建局以来首次在全省进行大地测量点的布测,研究成果填补安徽在该领域的空白,研究方法和成果精度处于国际先进、国内领先水平,实现国内迄今为止精度最高的省级区域似大地水准面精化(外部检核精度为±1.9cm)。该项目获得2008年度省科技进步三等奖和中国测绘学会华东、华中现代测绘基准建设与厘米级似大地水准面精化项目测绘科技进步奖一等奖。

2001—2005年,省测绘局在测绘地理信息科研方面,完成安徽省防汛地理信息系统、安徽省公路基础地理信息系统、宣芜高速公路选线工程示范系统、安徽省人防电子地图系统、合肥市人防电子地图系统、安徽省GPS导航电子地图、安徽省运输管理车辆监控系统、合肥市房产基础地理信息系统、利用基础地理信息数据开发"合肥数码视窗"多媒体光盘系统等多个GIS系统。其中,安徽省防汛地理信息系统,成为省政府防汛抗旱指挥部的应急系统。宣芜高速公路设计选线项目是充分利用测绘技术为国家公路建设服务的案例之一。危险品车辆管理系统是测绘专门为运输车辆监控开发的项目,它能有效的对运输车辆进行实时监控和保证车辆运行安全。

到2005年年底,安徽省省级基础地理信息数据库建设将完成30%的工作量,包括1∶1万比例尺的数字线划图、数字高程模型和数字正射影像图,以及大地数据库、地名数据库、测绘标准库和元数据库。完成数字化成图系统软件开发,成功升级开发“DMAPS数字化成图系统”,其成果得到广泛地推广使用。

网络安全与网络技术　成立省测绘局计算机网络安全管理机构,制定《安徽省测绘局计算机网络安全暂行规定》《安徽省测绘局局域网IP地址分配规划》;进行机密数据网上传输的机要培训;信息中心、数字化生产基地通过光纤接入实现互联;各单位重新划分虚拟网,完成中心交换机FIRMWARE的升级,IP地址的迁移。局直属测绘单位进行多次计算机网络建设和改造,购置大批计算机及网络设备,实现网络化的数字化测绘生产,形成规模化生产“4D”产品的能力。为网络的安全运行做好基础性工作,自主开发建立省测绘局网站。

第四节　广播与电视

节目采录　2004年11月,安徽人民广播电台启动数字音频资料管理系统建设,2005年4月正式投入使用,实现与制作播出网的连接。随后对有保留价值的开盘带(包括盒带)进行数字化转储。2005年6月—9月和2006年12月—2007年7月分二期对有价值的节目进行数字化转储。

节目制作　1995年年底,安徽电视台建成的80平方米演播室,采用美国GVG-2100数字切换台和当时世界上最为先进的三维数字特技机,开始数字化进程。

1996年2月,原安徽有线广播电视台引进一套省内最先进的Avid非线性多媒体系统。由于它的实时性和功能性,可承担有线台所有自办栏目节目的片头、片花和宣传片及广告片等的包装工作。

1998年年初,安徽电视台建成600平方米数字演播室系统,采用两台当时世界上顶级的HK-377摄像机(座机)及3台HK-377P便携摄像机,开创安徽电视台文体综艺节目数字演播新阶段。

1999年5月,原安徽有线广播电视台建立全省第一个小型非线性编辑网络系统,4站点共享FC盘阵。

2000年3月,安徽人民广播电台对录音棚进行数字化改造,使用三台数字调音台TASCAM TM-D4000并联实现24轨录音,录音设备为TASCAM 2424数字硬盘录音机,监听系统为GENELEC 1038A(前置)、GENELEC 1038ACPM(中置)、GENELEC 1031AM(环绕)和GENELEC 1094AP(超低音),具有5.1环绕声制作功能。

节目传输与播控 1986年9月，安徽电视台从蚌埠向合肥传送省六运会开幕、闭幕式和部分比赛实况,这是安徽电视台首次异地直播。

1988年，安徽人民广播电台与安徽广播电视科研所合作开发中波同步广播激励器,实现安徽人民广播电台中波936KHz全省同步播出。

1989年,省广播电视科研所戚武等研制的“智能同步广播激励系统”项目,系国际首创,为中波同步广播自动化校频提供良好的设备。

1990年5月,安徽电视台二十五频道开始试播,每周一、四、六、日播出自办节目,1993年12月,第二套节目在二十五频道正式开播,每天播出五个半小时节目。

1991年,安徽人民广播电台开发ABS-3中波调幅广播测试仪,并获得国家广播电影电视部科技进步二等奖。

1993年,全省微波干线全部开通使用,连同支干线微波电路共有41个微波站,全长2376公里。下传2套电视节目、3套广播节目,各地(市)可回传1套广播电视节目。

1995年12月,安徽电视台新播出中心正式启用。新播出中心位于桐城南路355号广电中心内,建成首套全自动播出系统,播出两套自办节目并转播中央一套电视节目。

1995年,安徽省有线电视台成立。全省共有有线电视台52个、终端61.97万个,传输节目40套;有线电视站162个、终端10.96万个;共用天线系统246个、终端6.28个。

1996年12月，安徽人民广播电台由合肥市庐江路69号搬迁到合肥市桐城南路355号省广播电视中心播出。

1997年3月，安徽电视台在国内率先使用硬盘服务器播出电视节目,1998年5月,建成盘带结合的全自动播出系统。

1993年,由安徽省广播电视科研所叶为文等人研发的“自适应相位制中波同步广播单频覆盖开路试验”项目,通过省科委科技成果鉴定。该项目实现用单一频率组成一套节目的中波同步广播网,解决传统锁相环相位制同步的标频相位抖动和随机中断所造成的同步质量严重劣化的问题,实现标频优与劣、有与无等各种条件下的自适应“无痕迹”连续高精度同步。1994年“自适应相位制中波同步广播单频覆盖开路试验”获得省广电厅科技进步奖一等奖,1995年“自适应相位制中波同步广播单频覆盖”获得省广电厅科技进步一等奖,1995年“自适应相位制FM和VHF同步广播覆盖技术”获得电子部全国电子十大科技成果,1996年“自适应相位制中波同步广播单频覆盖”获得国家广电部科技进步二等奖,1996年“自适应相位制中波同步广播单频覆盖”成果一文被国家推荐在国际电联大会上宣读，并获得通过，由此国际电联修订ITU-R560-3标准,1997年“自适应相位制中波同步广播单频覆盖”获得国家科技进步三等奖。

1997年10月,安徽人民广播电台、安徽经济广播电台与安徽电视台的节目信号,正式通过亚洲2号通讯卫星传输。安徽一套节目实现上星播出,安徽一套改版为安徽卫视,由原来每天播出16小时改为全天24小时播出。

由省广播电视科研所洪雷等人研发的“MMDS精密频谱偏置技术的研究及其应用”项目,1998年12月,通过广播电影电视总局科技成果鉴定。该成果为提高国内MMDS覆盖网的频谱资源利用率,优化组网格局,扩大有效覆盖提供先进技术手段。具有良好的推广应用前景和显著的社会经济效益,属国内首创,达到国际同类产品的先进水平。该项目1999年获得省广播电视厅科技进步一等奖。

1999年8月,安徽人民广播电台总控系统双通道立体声信号传输系统建立,该台各套节目以双通道立体声信号播出和传输,结束节目单声道播出的历史。

2000年4月,安徽广电信息网络股份有限公司注册成立,公司由安徽省有线广播电视传输中心、安徽人民广播电台、安徽电视台、安徽有线广播电视台和中信国安总公司共同发起设立,是全省唯一从事有线电视网络建设、运营的大型国有高新技术企业,注册资本4.51亿元,股东单位66个。

由省广播电视科研所洪雷等人研发的“电视精密偏置技术的研究及应用——解决多个电视发射台的同频干扰”项目2001年通过省科技厅科技成果鉴定。该项目成果为解决现有多个电视发射台的同频干扰、提高电视频道利用率和扩大电视覆盖面,提供新的技术手段。应用精密偏置激技术在抑制同频干扰研究上,居国内领先水平,具有良好的推广应用前景和显著的社会、经济效益。

2002年,安徽人民广播电台在合肥、安庆、巢湖、庐江四个点开展以调频90.8MHz采用模拟共源调制技术的调频同步实验,于2003年11月通过国家广电总局验收。同年12月省广电局批准扩大同步广播实验,覆盖点扩至14个。2004年元旦,交通广播调频90.8MHz运用模拟共源调制同步技术在全省调频同步播出。

由省广播电视科研所黄伟等人研发的“调频精密同步广播技术”项目于2003年12月通过省科技厅科技成果鉴定,并获得省科技成果证书。该项目居国际先进水平,为国内首创。对调频同步广播发展具有积极的推动作用。

2004年,安徽人民广播电台开通广播网站和论坛,各套节目实现网络在线直播。

2004年4月,安徽电视台新建的《六频道全数字播控系统》投入使用,标志着安徽电视台电视播出已全面实现数字化。该项目荣获国家广播电影电视总局科技创新奖二等奖和省广播电影电视局科技创新奖一等奖。

2004年7月,安徽有线数字电视正式开播。它标志着有线数字电视用户将彻底改变“被动”收看电视的现状,不仅可以自主订购、欣赏丰富多彩的专业化、个性化数字电视节目,图像和声音质量达到DVD收看效果,还可以在线查询天气、生活、交通、股票等与百姓密切相关的信息,实现家庭电视银行、电视邮件、远程教育、视频点播、交互信息、电子政务等功能。

“电磁隔离耦合式合成场天线”项目,项目负责人为李占帮,该项目2001年被列为安徽省第一批重点科研项目计划,由省广播电视科研所、省广电局科技事业处、安徽人民广播电台等单位联合研制,2004 年 11 月,通过省科技厅科技成果鉴定,并获得省科技成果证书。天线其合成场技术为国内首创,达到国际先进水平。

截至 2004 年年底,全省逐步完成广播电视播出设备的全面固态化改造。传统的电子管播出设备,中波、调频、电视电子管发射机,逐渐被晶体管固态设备所取代,整体的安全播出水平大幅度提高。播出设备的全面固态化,是广播电视事业发展史上一个重大历程。

到 2005 年 12 月,安徽人民广播电台有新闻综合广播、经济广播、音乐广播、生活广播、交通广播、农村广播等 6 套广播节目,在全省共有 33 个发射点。其中,中波发射点 14 个,发射机 39 部,总功率 358 千瓦;调频发射点 22 个,发射机 43 部,总功率 120.6 千瓦。

第五节 体　育

安徽省体育科学技术研究工作主要由隶属于安徽省体育局的安徽省体育科学技术研究所承担。该所系研究自然科学领域里具有体育(竞技体育和全民健身)特征及其发展规律的综合性的公益型研究所。

省体科所于 1978 年 12 月成立。2001 年 6 月,经省人民政府批准,与安徽省体育运动学校整合成立安徽省体育运动职业技术学院;对外仍保留省体科所建制,对内为省体育运动职业技术学院科技处。2002 年 2 月, 原安徽省优秀运动员第一训练中心医务所成建制纳入省体科所,2004 年 1 月,省体科所、医务所成建制又从省体院剥离,为独立机构。

建所初期,省体科所的主要研究方向是运动训练,以及对国内外的研究资料进行翻译、整理、刊出,为项目队提供情报资料服务。随着竞技体育和科研事业的发展,开始涉及运动选材、运动心理、医务监督、运动营养、生理生化、生物力学、社区体育、反兴奋剂、体育产业等方面的研究。

运动训练 科研人员与情报资料、翻译人员一起,以运动训练为主要研究方向,为项目队提供行之有效地训练理论和方法。

运动技术研究项目及成果一览表

表 2-6-7

时间	成果名称	作 者	发表或出版
1986	中长跑运动员年训练计划安排	尤·特拉文, 王克银	安徽体育科技 1986 年 01 期
	试论篮球教练员的工作——谈制定训练计划的设想	周邦英	安徽体育科技 1986 年 01 期

续表 2-6-7

时间	成果名称	作　者	发表或出版
	短程加速跑在长距离训练恢复中的应用	梁绿林	辽宁体育科技 1986 年 02 期
	斯·克拉姆的终点跑技术分析	斯·季霍诺夫，王克银	安徽体育科技 1986 年 02 期
	从 85 年全国冠军赛和世界杯赛分析我国技巧运动	汤炎章、姚明旭	安徽体育科技 1986 年 03 期
	不要减速—介绍英国 400 米运动员训练计划	伊·茹科夫、王克银	安徽体育科技 1986 年 04 期
	对手球“二次攻击”技术的初步探讨	穆广才、黄济成	体育科研 1986 年 11 期
1987	阿什福特的年训练周期安排	弗·勃列伊泽尔、王克银	安徽体育科技 1987 年 01 期
	竞走的秘诀	斯·邦达连科、妥·科罗鲍夫、王克银	安徽体育科技 1987 年 03 期
	论手球二次攻击技术	穆广才	安徽体育科技 1987 年 04 期
	对乒乓球削球技术风格的探讨	李燕	浙江体育科学 1987 年 04 期
1988	努力培养乒乓球各种打法的技术	李燕	安徽体育科技 1988 年 03 期
	跳起射门得分的不规则性	Ra CASSE、卢志江、穆广才	安徽体育科技 1988 年 03 期
	对现行比赛规则的评价	Erik Elias; 穆广才、卢志江	安徽体育科技 1988 年 03 期
	论影响高空翻技术的主要因素	姚明旭	安徽体育科技 1988 年 04 期
	提高我省田径运动成绩的途径	梁绿林	安徽体育科技 1988 年 04 期
	1988 年保加利亚国际技巧邀请赛浅析	汤炎章	安徽体育科技 1988 年 04 期
1989	如何保持运动成绩的持续提高——高水平田径运动员的力量训练	伊·茹科夫、王克银	安徽体育科技 1989 年 01 期
	水中的一些练习方法	王克银	安徽体育科技 1989 年 03 期
1990	埃文斯的教练谈训练	王克银	安徽体育科技 1990 年 02 期
	试析我省的各级训练体制及输送成才情况——对安徽省 1984—1989 年 723 名优秀运动员的调查和研究	穆广才、李燕	安徽体育科技 1990 年 02 期
	加里·威尔森论中长跑训练(一)	阿·波卢宁、王克银	安徽体育科技 1990 年 03 期
	对我国手球裁判技术的研究——第 11 届亚运会中外裁判的调查与分析	穆广才、雷钊、李光佳	安徽体育科技 1990 年 04 期
	加里·威尔森论中长跑训练(二)	阿·波卢宁、王克银	安徽体育科技 1990 年 04 期

续表 2-6-7

时间	成果名称	作 者	发表或出版
1991	加里·威尔森论中长跑训练(三)	阿·波卢宁、王克银	安徽体育科技 1991 年 01 期
	从安徽手球发展谈我省体育战略	穆广才、陈广兰	安徽体育科技 1991 年 01 期
	加里·威尔森论中长跑训练(四)	阿·波卢宁、王克银	安徽体育科技 1991 年 02 期
	试析手球的短传快攻——兼谈我国短传快攻的对策	周庆祥、穆广才、童月炯、刘济	安徽体育科技 1991 年 02 期
	初探手球比赛中的"多打少"和"少打多"	周庆祥、穆广才、童月炯、 刘济	安徽体育科技 1991 年 03 期
	对女手高个子守门员的训练	陈广兰、穆广才	安徽体育科技 1991 年 04 期
	高水平十项全能运动员的训练控制问题	尔·库普奇诺夫、王克银	安徽体育科技 1991 年 04 期
1992	杰西·乔伊纳的训练安排	阿·科玛罗夫瓦、王克银	安徽体育科技 1992 年 01 期
	如何发展赛跑运动员的速度力量?	弗·茹克、王克银	安徽体育科技 1992 年 01 期
	十项全能运动员的赛前训练安排	格·马克西缅科、王克银	安徽体育科技 1992 年 02 期
	柳德米娜破纪录之路	阿·列夫钦科、王克银	安徽体育科技 1992 年 03 期
	十项运动员跑的负荷量探讨	斯·伊·肖尔科夫、王克银	安徽体育科技 1992 年 04 期
	安徽省七运会乒乓球比赛述评	李燕	安徽体育科技 1992 年 04 期
	安徽省七运会改革特征初探	汤炎章	安徽体育科技 1992 年 04 期
1993	世界体育大词典体操项目	朱永和、尚玉耀、姚明旭等	致公出版社出版,1993 年
	标枪运动员的体能测验	安德斯·鲍兹特姆、刘曙	安徽体育科技 1993 年 01 期
	四百米跨栏跑的力量训练	鲍勃·亚力乔、刘曙、刘兵	安徽体育科技 1993 年 04 期
1994	泳池训练法及其作用	布伦特·麦法莱恩、刘曙、程卫军、刘兵	安徽体育科技 1994 年 01 期
	如何发展高水平投掷运动员的力量能力	阿·邦达丘克; 王克银	安徽体育科技 1994 年 01 期
	旋转式推铅球的教学法	拉里·伍·贾吉、刘曙、刘兵、程卫军	安徽体育科技 1994 年 04 期
	1991 年世界锦标赛 100 米决赛有关技术数据分析	叶·加古阿、王克银	安徽体育科技 1994 年 04 期
	1993 年全国少年乒乓球比赛述评	李燕、徐雄杰	中国体育科技 1994 年 07 期

续表 2–6–7

时间	成果名称	作 者	发表或出版
1995	如何保持我国男子四人的优势——第 11 届世界技巧锦标赛分析	汤炎章	安徽体育科技 1995 年 01 期
	我国技巧男子四人的现状分析与发展对策	汤炎章	安徽体育科技 1995 年 03 期
	国内外女篮技战术情况的比较研究——附第十二届世界女蓝锦标赛录像资料的统计分析	王淮光、李燕、高志	安徽师大学报（哲学社会科学版）1995 年 03 期
1996	对快速后空翻连接高难动作技术特点的研究	汤炎章、汤骏	安徽体育科技 1996 年 03 期
1997	谈 110 米高栏过栏时身体的偏斜	梁绿林	安徽体育科技 1997 年 04 期
1998	运动表象的形成及其在背越式跳高教学中的运用	洪国武、李燕	北京体育大学学报 1998 年 02 期
1999	对女子抓举中杠铃的运动轨迹的分析与研究	陈育、王军	安徽体育科技 1999 年 04 期
	对完成“720° 三周旋”空翻动作可行性的研究	汤炎章	安徽体育科技 1999 年 02 期
2000	对跆拳道后腿横踢技术的分析与研究	陈育	安徽体育科技 2000 年 04 期
2003	试论摔跤、柔道项目运动中技术与力量的关系	梁绿林	安徽体育科技 2003 年 01 期

运动选材　1991 年 4 月，国家体委在安徽省池州市召开国家体委运动员科学选材中心组扩大会议，会议对全省进行运动员科学选材工作起到推进作用。1992 年，以省体科所为龙头，以点带面开展全省运动员科学选材，建立入队（进入专业队）选材测试制度。

1992 年，杨陈杰、梁绿林、朱永和、穆广才、尚玉耀等参与国家体委分派的“中国青少年摔跤、柔道运动员选材标准研究”和“中国青少年手球运动员选材标准研究”任务。并受国家体委科教司委托印刷《中国青少年摔跤、柔道运动员选材标准的研究》试行草案和《中国青少年手球运动员选材标准的研究》试行草案。

1997 年，省体科所成立以梁绿林为组长，以郭子渊、刘曙、洪雷等为骨干的运动员科学选材研究组，聘任全国选材专家王路德为顾问，综合各中心训练科业务骨干和训练专家，对各运动项目开展科学选材研究工作，制订《安徽省青少年运动员选材标准草案》。

2000年4月,“安徽省优秀运动员选材标准的研究”列入省体育局2000年度科研项目计划,确立以冯潮为组长,顾玉飞为副组长,王路德、梁绿林为顾问,郭子渊、洪雷、尚玉耀、庞海英、刘曙、姚明旭、许晓红、陈育、唐军为成员的课题组。该课题以《安徽省青少年运动员选材标准草案》为基础进行完善,于2000年年底结题。2001年,地震出版社出版《安徽省运动员选材标准》。

2001年,北京申办奥运会成功,国家体育总局科教司启动《奥运科技行动计划》的十大研究领域,并把运动员科学选材列为之首。是年,《奥运优秀运动员科学选材研究》又获科技部《国家科技攻关计划项目》《奥运科技专项》的立项(项目编号:2001BA904B01)。以顾玉飞、洪雷为课题负责人,以郭子渊等为研究骨干的《奥运优秀跆拳道运动员科学选材标准的研究》课题组成立。

运动训练研究成果一览表

表2-6-8

时间	成果名称	作 者	发表或出版
1987	试析骨龄与选材	杨陈杰、尚玉耀	安徽体育科技1987年01期
	应重视青少年田径运动员的选材	杨陈杰、尚玉耀	安徽体育科技1987年03期
	从淘汰率谈我省女子中长跑的选材	穆广才、梁绿林	安徽体育科技1987年03期
1991	对我国优秀女子手球运动员神经类型的探讨	王箴、穆广才	中国体育科技1991年11期
1993	浅析安徽省少年篮球优秀苗子集训赛	周邦英、刘玉鸾、戴盛琳	安徽体育科技1993年01期
1994	青少年儿童体质评价方法新探讨	江兵、洪雷	安徽体育科技1994年01期
1995	人体生长发育的灰色模型及其应用	洪雷、江兵	湖北体育科技1995年02期
	青少儿形态机能指标的模糊聚类分析	江兵、洪雷	安徽体育科技1995年03期
	我省业余体育训练高龄化倾向的探讨	何维章、何维武、武永兰、张钧	安徽体育科技1995年03期
1997	试论运动员选材中的小概率事件	刘曙	安徽体育科技1997年04期
1998	对安徽省1997年重竞技体育夏令营运动员心功能指数与选材的探讨	刘曙	安徽体育科技1998年01期
	安徽省学生机能发育状况的分析	庞海英、王向阳	安徽预防医学杂志1998年02期
	1985—1995年安徽省学生身体素质的变化及发展规律的研究	李燕	安徽体育科技1998年04期

续表 2-6-8

时间	成果名称	作 者	发表或出版
1999	对重竞技项目后备人才神经类型的研究	刘曙、李燕	哈尔滨体育学院学报 1999 年 02 期
	对我国女子手球运动员肤纹特征的研究	江素华	安徽体育科技 1999 年 03 期
	列序聚类和最小变化拟合在体育选材中的应用	李燕	中国体育科技 1999 年 11 期
2001	安徽省运动员选材标准	顾玉飞、郭子渊、洪雷、梁绿林等	地震出版社 2001 年
	协方差分析在手纹选材中的应用——汉族女子手球运动员若干身体素质与手纹特征间关系的研究	刘炜、孙大元、江素华	体育科学 2001 年 02 期

运动生理生化 生理生化监控是运动训练监控的主要组成部分，它对运动员选材、医务监督、控制训练负荷、判断运动性疲劳、防治过度训练和运动损伤的发生，以及有效地挖掘人体的运动潜力、提高竞技能力，均具有重要的意义。安徽省生理生化监控起步较晚，但发展较快。在运动员控降体重、机能监测和赛前竞技状态调整等方面开展理论研究和实践探索，取得一些研究成果。

运动生理生化研究成果一览表

表 2-6-9

时间	成果名称	作 者	发表或出版
1989	训练时间、负荷内容对血液三羧酸循环产物和游离脂肪酸组分影响的观察	尚玉耀、王文信、吴明鼎、朱永和、何金柱	中国运动医学杂志 1989 年 02 期
1992	游泳大鼠不同组织脂褐素和谷胱甘肽转硫酶的观察	丁树哲、王文信、许豪文	体育科学 1992 年 01 期
	内啡素与运动	林岭	安徽体育科技 1992 年 02 期
	咖啡因与运动	林岭	安徽体育科技 1992 年 03 期
1993	有氧训练对极量和亚极量负荷后耐力的影响	洪雷、沈洪、林岭、杨陈杰、武永兰、庞海英、江素华	安徽体育科技 1993 年 01 期
	阿霉素对大鼠心肌线粒体钙运输的影响	丁树哲、王文信、许豪文、陈恩鸿、黄秀兰	科学通报 1993 年 16 期

续表 2–6–9

时间	成果名称	作　者	发表或出版
1994	耗竭性游泳对大鼠心肌线粒体膜功能的影响	王文信、丁树哲、许豪文	生物化学与生物物理学报 1994 年 02 期
	无氧阈概念在科学化体育训练中的应用	林岭、洪雷	安徽体育科技 1994 年 04 期
1995	有氧训练对极量和亚极量负荷的影响	洪雷、沈洪、林岭	湖北体育科技 1995 年 02 期
	力竭游泳对大鼠心肌线粒体钙运输的影响	丁树哲、王文信、连克杰、许豪文	生物化学杂志 1995 年 03 期
	衰竭性游泳对大鼠肝微粒体单氧酶系活力的影响及机制探讨	林岭、洪雷	浙江体育科学 1995 年 04 期
	巴氯芬抑制腹根向运动神经元的突触传递	汪萌芽、洪雷、朱蓉	中国药理学通报 1995 年 06 期
1996	238 名常人体质生理机能指标检测的分析	刘曙	安徽体育科技 1996 年 02 期
	赛艇运动中的耐力训练	何况、林岭	安徽体育科技 1996 年 04 期
1997	负荷时间和类型对糖代谢、脂肪代谢、蛋白质代谢的影响	朱永和、施骏、尚玉耀	中国应用生理学杂志 1997 年 03 期
	血乳酸在 400 米栏训练课中的应用	陈育	安徽体育科技 1997 年 04 期
1998	对合肥市首批机关干部全民健身体质测定结果的现状分析	陈育	安徽体育科技 1998 年 01 期
	对运动员血红蛋白和血尿素氮测定值的分析	庞海英	安徽体育科技 1998 年 03 期
1999	优秀男子手球运动员负荷后血浆游离氨基酸组成的变化	姚士硕、尚玉耀	中国运动医学杂志 1999 年 02 期
	运动训练对血象影响初探	洪雷	安徽体育科技 1999 年 02 期
	血睾酮水平与一次有氧和无氧运动能力的关系	庞海英	安徽体育科技 1999 年 03 期
	关于训练与恢复的生物学效应	林岭、王华叶	湖北体育科技 1999 年 03 期
	关于恢复的感性与理性认识	林岭、王华叶	安徽体育科技 1999 年 04 期
	自由式摔跤运动员大强度训练课前后部分生化指标变化特征的研究	郭子渊、朱淑明等	浙江体育科学 1999 年 04 期
2000	对划船运动训练规律的再认识	林岭	中国体育科技 1999 年 09 期
	不同负荷运动量对血清睾酮、游离睾酮和皮质醇浓度的影响	郭子渊、洪雷等	现代康复 2000 年 03 期

续表 2-6-9

时间	成果名称	作　者	发表或出版
	血乳酸在跆拳道项目中的应用	郭子渊、汤少忠等	体育科学 2000 年 第 20 卷
	不同强度训练对摔跤运动员 T/C 和 FT/C 的影响	郭子渊等	体育科学研究 2000 年 02 期
	血清尿素氮在摔跤运动中的应用	魏良忠等	安徽体育科技 2000 年第 21 卷
2001	实战对摔跤运动员血睾酮、游离睾酮、皮质醇及其比值的影响	郭子渊、董淮南等	成都体育学院学报 2001 年 01 期
	对武术套路运动员赛前公开课部分生理生化指标变化规律的研究	刘曙、孙洪涛	安徽体育科技 2001 年 02 期
	应用生理生化指标对备战第九届全运会武术散打运动员赛前训练控制的研究	郭子渊、蒋华社等	安徽体育科技 2001 年 04 期
	关于“训练强度可以超过比赛强度”的歧义	郭成芬、林岭	安徽体育科技 2001 年 03 期
2002	散打运动员赛前训练对酶的影响	顾玉飞、郭子渊等	中国临床康复 2002 年 23 期
	中国古典式摔跤运动竞赛前训练的生化特点及机能特点	张漓、魏良忠等	中国运动医学杂志，2002 年 21 期
2003	优秀游泳运动员赛前赛后身体机能变化及分析	张树林等	北京体育大学学报 2003 年第 26 卷

运动营养　由于自身条件（药物开发研究、生产、批文等）限制，全省运动营养开发成果相对于其他学科的发展较少，在备战全运会过程中不断尝试和探索。

运动饮料一直是科研人员研究的重点，由生产液体饮料，到生产固体饮料，再到后来直接提供配方给运动队。1994 年，原国家体育总局运动医学研究所与省体科所合作，把他们研制的强力士口服液用于省重点项目运动员。

运动营养研究成果一览表

表 2-6-10

时间	成果名称	作 者	发表或出版
1990	服用“十佳”口服液对提高运动能力的影响	杨陈杰、沈洪、洪雷、王文信、武术兰、庞海英、江素华	中国运动医学杂志 1990 年 03 期
1991	十佳口服液的抗应激作用研究	蒋珠芬、杨士友、田军、王仁铨、周仲达、杨陈杰	中成药 1991 年 11 期
1995	技巧运动员营养调查与分析	洪雷、沈洪、杨陈杰	四川体育科学 1995 年 02 期
	日常用药与兴奋剂	陈康、陈育	安徽体育科技 1995 年 02 期
1996	中西药辅助运动员降体重的初步研究	庞海英	安徽体育科技 1996 年 02 期
2000	地顶孢霉菌丝粉对运动员激素的影响	洪雷、严景华、李春如、吴茜茜、樊美珍	安徽农业大学学报 2000 年 02 期

运动心理 心理素质是运动员取得优异成绩的重要因素。与国外相比,全省开展运动心理研究仍处于起步阶段。

运动心理研究成果一览表

表 2-6-11

时间	成果名称	作 者	发表或出版
1993	对安徽省现役运动员职业心理倾向的分析与研究	李燕、穆广才、王克银、翟红哲、陈育	安徽体育科技 1993 年 01 期
	技术动作教学的心理学浅析	姚明旭、张安平、李胜	安徽体育科技 1993 年 02 期
1995	体操教学中的心理调节浅析	张国任、姚明旭	安徽体育科技 1995 年 03 期
1996	试论技巧训练中教练员的心理控制	姚明旭等	中国技巧 1996 年 02 期
2001	竞技体育与心理调控	王新胜、李燕、姚明旭等	北京体育大学出版社出版 2001 年
2002	击剑运动员赛前心理调整	陈育	安徽体育科技 2002 年 01 期
2004	浅论运动训练的心理环境	姚明旭、朱萍华、纪进	安徽体育科技 2004 年 01 期

情报资料 全省体育科研情报资料研究工作开展较早,1986 年就开始出现研究成果,研究领域从学会工作、情报资料翻译、体育论坛、比赛分析,到竞赛管理软件开发。

情报资料研究成果一览表

表 2-6-12

时间	成果名称	作　者	发表或出版
1987	试析体育情报研究工作	李燕	安徽体育科技 1987 年 03 期
1989	中国实现体育强国之我见	李燕	安徽体育科技 1989 年 02 期
1993	安徽省七运会田径竞赛管理软件的设计	许晓红	安徽体育科技 1993 年 01 期
	体育情报研究必须与运动训练相结合	李燕	安徽体育科技 1993 年 04 期
1994	对安徽运动员出迎访情况的分析	翟红哲、王克银、李燕	安徽体育科技 1994 年 03 期
	对安徽省运动员出迎访情况分析(续)	翟红哲、王克银、李燕	安徽体育科技 1994 年 04 期
1995	体育科技——护航与导航	李燕	安徽体育科技 1995 年 03 期
1996	提高我省竞技体育水平的对策之一——试论科研所协助运动队培养高水平运动员的可行性	梁绿林	安徽体育科技 1996 年 02 期
	市场经济环境下体育信息工作断想	姚明旭、江素华	浙江体育科学 1996 年 04 期
1998	对体育科技期刊表格规范化的探讨	江素华	安徽体育科技 1998 年 01 期
	系统学对建立体育情报系统的提示	姚明旭、高留红、陈育	北京体育大学学报 1998 年 04 期
1999	试论当今中国体育信息的方位	姚明旭	哈尔滨体育学院学报 1999 年 03 期
	1999 年全国乒乓球锦标赛总决赛述评	李燕	安徽体育科技 1999 年 04 期
2001	安徽省第一届体育科学大会述评	李燕	安徽体育科技 2001 年 01 期
	第五届“东泰杯”女子世界杯乒乓球比赛述评	李燕	安徽体育科技 2001 年 04 期
2002	体育科技论文常见非标准写法的评析	刘莉	安徽体育科技 2002 年 03 期
	安徽体质学科的研究成就与展望	李燕	安徽体育科技 2002 年 04 期
2003	论体育信息运动的基本规律	姚明旭、王尊荣	安徽体育科技 2003 年 01 期
	第四十七届世界乒乓球锦标赛的思考——削球打法启示录	李燕	安徽体育科技 2003 年 04 期
2004	《科学训练与信息动态》1-8 期	李燕编审	安徽省体育科学学会出版
2005	《科学训练与信息动态》1-8 期	李燕编审	安徽省体育科学学会出版
	体育教育专业生潜在的问题与对策研究	李燕、左新荣	北京体育大学学报 2005 年 05 期

医疗保障 全省竞技体育医疗服务与监督工作开展较早,1988 年开始从伤病诊断、医疗康复、控降体重、伤病调查、病因分析,到小针刀手术,以及治疗运动损伤的重要制剂等方面,都有相关研究成果。

医疗保障研究成果一览表

表 2-6-13

时间	成果名称	作 者	发表或出版
1988	对摔跤柔道运动员颈椎特点的研究	武永兰、杨陈杰	安徽体育科技 1988 年 01 期
1990	低剂量二氧化碳激光照射治疗运动员急性踝关节扭伤的疗效观察	陈本柱	安徽体育科技 1990 年 04 期
1991	490 名运动员颈椎病的发病率调查与致病因素分析	占磊、吴毅文、王世俊、赵同骏、陈本柱、王军	中国运动医学杂志 1991 年 02 期
	武术虚步疲劳前后股直肌和股外肌积分肌电图的变化	沈洪	安徽体育科技 1991 年 04 期
1992	心律失常与运动心脏	江素华	安徽体育科技 1992 年 04 期
1993	举重运动员肩胛内缘损伤及防治	钱忠东	安徽体育科技 1993 年 03 期
1994	推拿治疗运动性疲劳 14 例	郭子渊等	安徽体育科技 1994 年 03 期
	手球竞赛中运动损伤的分析	余国民	安徽体育科技 1994 年 04 期
	摔跤柔道运动员颈椎病预防医疗研究	叶槐青、陈超英	安徽体育科技 1994 年 04 期
1995	30 名技巧运动员手腕部 X 线分析	余国民、赵同骏	安徽医学 1995 年 02 期
	104 例异常心电图分析	江素华	安徽体育科技 1995 年 04 期
1996	添力Ⅰ号治疗软组织损伤 24 例临床报告	郭子渊、高怡等	安徽体育科技 1996 年 03 期
1997	红枣散治疗脓疱疮	郭子渊、牛家明等	安徽预防医学杂志 1997 年 02 期
	对控降体重运动员赛期护理的探讨	郭子渊、高怡等	安徽体育科技 1997 年 03期
1998	用改良七厘散外敷治疗 21 例下肢慢性骨膜炎的临床疗效	陈本柱	安徽体育科技 1998 年 02 期
	火针支正穴治愈扁平疣二则	周世华	针刺研究 1998 年 03 期

社区体育 全省社区体育工作的开展与国家体育总局的要求几乎同步进行,2000 年就开始出现研究成果,研究工作主要由省体育局群众体育处、社会体育指导中心、省体科所、大专院校等单位联合开展。

社区体育研究成果一览表

表 2-6-14

时间	成果名称	作　者	发表或出版
2001	安徽省城镇中小学体育活动场地现状的调查与分析	洪国武、李燕、沈流、罗凤鸣、常言珍、陈有忠、李宏、向宝国、储龙霞、尹维增、岳保柱	上海体育学院学报 2001 年 04 期
2002	安徽省社区体育发展现状研究	高维岭、邵苏华、李燕、汪伟信、袁守龙、金广江	安徽体育科技 2002 年 01 期
	合肥市社区体育成员体育文化用品消费特征研究	高维岭、邵苏华、汪伟信、李燕、金广江	安徽体育科技 2002 年 02 期
	安徽体质学科的研究成就与展望	李燕	安徽体育科技 2002 年 04 期
2004	安徽省社区体育发展战略研究	高维岭、邵苏华、李燕、汪伟信、袁守龙、金广江	体育科学 2004 年 10 期
2005	体育市场发展的动力机制	李燕、左新荣	福建体育科技 2005 年 05 期
	安徽省体育产业发展情况的调查研究	许广全、李永跃、李燕、左新荣、赖恺仡、邵邦林、洪雷	安徽体育科技 2005 年 06 期

反兴奋剂工作　省体育局重视反兴奋剂工作。根据国家体育总局《关于进一步加强兴奋剂自查工作管理有关问题的通知》和《关于下发兴奋剂检查工作管理暂行办法的通知》，1998 年，调整、充实省反兴奋剂领导小组，制定全省反兴奋剂工作规划，同时加大对省运会兴奋剂检查的力度。

1999 年，省体育局下发《关于贯彻国家体育总局 1 号令的通知》，通知坚决执行国家体育总局反兴奋剂工作“三严”（严令禁止、严格检查、严肃处理）方针。

2000 年，省体委九运会筹备办公室下发第一个反兴奋剂文件——《关于安徽省第九届运动会兴奋剂检查事宜的通知》，并成立省第九届运动会反兴奋剂检查办公室。

2000 年 3 月，省体委调整省反兴奋剂工作领导小组成员。

2001 年，省体育局《关于安徽省第十届运动会兴奋剂检查工作的通知》，要求把省十运会办成文明、干净的体育盛会。

2002 年 5 月，省体育局向国家体育总局反兴奋剂办公室上报《关于开展反兴奋剂自查工作的请示》，决定在田径、游泳、划船、举重、拳击、散打、跆拳道、摔跤、柔道、射击等项目队进行自查（包括赛外和赛中）。

2004 年，省体育局反兴奋剂工作小组制订《安徽省迎接全国十运会反兴奋剂工作方案》，配合总局检测中心搞好兴奋剂检查工作。

2004 年 3 月，省体育局向国家体育总局反兴奋剂办公室上报《关于开展反兴奋剂自查工作的请示》，决定自 2004 年 4 月至全国第十届运动会开幕前，对田径、游泳、武术散打、国际式摔跤、拳击、跆拳道、赛艇、皮划艇、射击等项目开展自查,还制订反兴奋剂工作方案。

国民体质监测 成年人测试。成年人国民体质监测从1994年试点到2005年,全省共进行5次。

1994年5月,安庆石油化工总厂作为全国行业系统《中国成年人体质测定标准》试点单位,测试2686人。合肥发电厂测试900人,被测人员评值均符合国家体委预定的范围和要求。

1996年,国家体委制定《中国成年人体质测定标准》,用以检测、评定成年人体质状况,适用于全国18~60周岁的男性与18~55周岁的女性。1996年,全省启动成年人体质测定工作,举办测试骨干培训班,先后培训测试骨干近400名。

1997年,《安徽省实施〈中国成年人体质测定标准〉工作方案》制定实施,测试600名政府机关公务员,及格率85%。

1998年,马鞍山市、安庆市率先在城区启动成年人体质测定,全年全省共测定56000多人。

1999年8月,全省成年人体质监测骨干人员培训班在合肥举办。培训测试骨干100多人。同年5月—11月,全省对从事农业生产、从事工业生产、从事商业和服务业的体力劳动者、科教人员以及政府机关公务员和企事业单位的行政管理人员的五类人群,年龄为18至60岁的男性和18至55岁的女性,开展成年人体质监测工作。监测地域为江南片:宣城、马鞍山、黄山;江淮片:合肥、淮南、滁州、安庆;淮北片:阜阳、蚌埠、宿州,共10个地市。每个地市抽测数为3750人,全省共测得样本37572人,参加运算样本为36170人,共获有效数据487836个。这是安徽省第一次大面积展开国民成年人体质监测。

2000年4月,省体育局公布《1999年安徽省成年人体质监测公报》(见附表)。

1999年安徽省成年人体质监测评定级别情况统计表

表2-6-15

优秀级	良好级	合格级	不合格级
11.6%	27.3%	35.4%	25.7%

其中男子达到合格级以上标准的为74.8%;女子为73.8%。

1999年安徽省五类人群达合格级以上标准所占比重情况统计表

表2-6-16

农民	工人	商业服务人员	公务员	科教人员
68.8%	71.0%	75.6%	77.0%	78.9%

1999 年安徽省成年人体质监测各项指标均值与全国均值对照表

表 2-6-17

	安徽		全国	
	男	女	男	女
身高(厘米)	169.3	159.0	169.2	158.6
体重(公斤)	66.9	56.6	66.5	56.8
心血管功能	57.9	58.5	56.7	57.5
肺活量(毫升)	3215	2358	3359	2463
坐位体前屈(厘米)	7.5	8.6	7.2	9.1
握力(牛顿)	449.1	290.3	422	285
纵跳(厘米)	37.6	23.8	41.9	27.9
俯卧撑(次)	21.1		21	
仰卧起坐(次)		15.4		16
10 米 × 4 往返跑(秒)	12.9	15.1	13.0	15.1
闭眼单腿站立(秒)	23.9	19.3	23.0	22.0
反应时(秒)	0.20	0.20	0.20	0.21

2000 年 7 月,安徽省在合肥、阜阳、黄山 3 个地市开展国民体质抽测工作。本次抽测对象为成年(20~59 岁)、幼儿(3~6 岁)、青少年(7~19 岁)、老年人(60~69 岁)四大人群。分别抽测幼儿样本量 1600 个,成人样本量 4800 个,老年人样本量 800 个。青少年组由省教育厅承担。

2005 年,安徽省第二次国民体质监测。2005 年 3 月开始,省体育局、省教育厅、省科技厅、省民委、省民政厅、省财政厅、省农委、省卫生厅、省统计局、省总工会 10 个部门联合在合肥、阜阳、黄山、淮南、蚌埠、安庆、芜湖、宿州、滁州、六安 10 个市开展第二次国民体质监测工作。本次监测的检测指标包含身体形态、身体机能和身体素质三个方面。监测对象为 3~69 周岁的安徽省公民,分幼儿(3~6 岁)、成年人(20~59 岁)和老年人(60~69 岁)三个年龄段。采用抽样调查的方法,从全省近 150 个机关、企事业单位、学校、幼儿园、行政村抽取和测试 31434 人,其中幼儿 6623 人、成年人 21272 人、老年人 3539 人,共获有效数据 465727 个。

2007 年 5 月,安徽省体育局发布《安徽省第二次国民体质监测公报》(见附表)。

2005 年安徽省与全国国民体质评定等级人数百分比对照表

表 2-6-18

	优秀级	良好级	合格级	不合格级
安徽	13.8%	25.2%	48.2%	12.8%
全国	9.4%	23.8%	53.1%	13.7%

2005 年安徽省与全国幼儿体质评定等级人数百分比对照表

表 2-6-19

	优秀级	良好级	合格级	不合格级
安徽	4.7%	15.4%	62.5%	17.4%
全国	11.2%	25.2%	53.6%	10.0%

2005 年安徽省与全国成年人体质评定等级人数百分比对照表

表 2-6-20

	优秀级	良好级	合格级	不合格级
安徽	11.1%	26.3%	49.9%	12.7%
全国	13.8%	25.0%	47.9%	13.3%

2005 年安徽省与全国老年人体质评定等级人数百分比对照表

表 2-6-21

	优秀级	良好级	合格级	不合格级
安徽	8.4%	24.4%	54.4%	12.8%
全国	15.5%	25.8%	45.5%	13.2%

学生体质健康调研。1985—2005 年，由省体科所牵头对全省学生体质健康进行 4 次调研。

1985 年，对全省 16834 名 7~22 岁汉族大中小学生进行五类九项身体素质指标检测。调研结果显示：身体素质整体相对较低，其中耐力素质差，男生柔韧性素质相对较好，其他素质水平低。与山东、浙江、湖南、内蒙古、陕西、湖北等地的学生素质相比，各项位次如下表：

1985年安徽、山东、浙江、湖南、内蒙、陕西、湖北七省自治区素质位次一览表

表2-6-22

项目	位次	50米	立定跳远	斜身引体	引体向上	立位体前屈	50米×8往返跑	1000米
省男总	5	6	6	4	6	2+	5	6
省小男	2	5	2+	4		2+	5	
省中男	4	3	3+		5	2+		6
省大男	7	6	7		7	4		7
项目	位次	50米	立定跳远	仰卧起坐		立位体前屈	50米×8往返跑	1000米
省女总	7	6	6	6		4+	6	7
省小女	6	6	6	6		3+	6	
省中女	并5	4	4+	7		3+		7
省大女	7	7	7	6		5		7

说明：有"+"者为超全国水平，本次调研结论见《1985年安徽省学生身体素质现状及发展规律的分析研究》

1995年，对全省城、乡、男、女四大类，32054名汉族7~22岁的大中小学生进行检测，结论见《1995年安徽省学生体质健康现状及对策的研究》。

2000年，全省学生体质健康调研，检测对象为7~22岁，汉族，本省生源的普通大中小学生。共检测19725名大中小学生，结论见《2000年安徽省学生体质健康现状及其对策研究》。

2005年，全省学生体质健康调研。调研对象为6~22岁汉族学生，共测试17858人。结论见《2005年安徽省学生体质健康调研结果及对策研究报告》《2005年安徽省汉族学生运动素质发育现状及20年动态变化分析报告》。

1985—2005年整体情况是，近20年来学生形态指标均呈上升的趋势，速度虽有下降，但是在各年龄组的形态指标仍在逐年上升，与此同时各项体能指标却呈现下降趋势。

第六节　文　　物

安徽思想文化活跃，流派纷呈，名人荟萃，人才辈出；安徽文化遗产丰富，底蕴深厚,内涵丰富,自成流派,极具特色。经过2007—2011年第三次全国文物普查工作实地调查,全省共登记不可移动文物26397处,其中新发现18104处,文物普查数据质量位居全国前列。全省共有馆藏文物30多万件(套)。

安徽省文物工作始终坚持"保护为主、抢救第一"的文物工作方针。1986—2005年,安徽省文物局从全省文物状况出发,着眼于国内外文物考古事业的发展趋势,首先与省内高等院校及科研机构进行横向联系,确定研究课题。1984年,成立安徽省文物考古研究所,这是全国成立最早的省级文物考古研究所之一。1985年,组建安徽省博物馆文物科技保护中心,文物科研设备不断更新和人员不断充实。截至2005年,省文物局直属系统共有文物保护研究的科技人员约60人,荣获多项文物保护科技成果奖。

勘探与发掘 1986—2005年,安徽省先后完成含山凌家滩新石器时代遗址、蒙城尉迟寺遗址、南陵千峰山土墩墓、皖南古铜矿遗址、寿县寿春城遗址、天长三角圩西汉墓群、巢湖放王岗西汉墓、马鞍山东吴朱然墓、濉溪柳孜隋唐大运河码头遗址、六安双墩一号墓、蚌埠双墩一号春秋墓、蚌埠禹会村遗址、固镇垓下遗址等重要遗址和墓葬的发掘,其中4项被评为当年的"全国十大考古新发现"之一。在这些考古发掘中,科技考古应用广泛,不仅拓展考古学研究的范围,也提升考古学研究的精确度。

遥感技术应用于考古勘探取得新的成果 安徽省是国内较早的将遥感技术应用于考古的省份之一。20世纪80年代初期,省文物部门利用航空照片勘察凤阳明中都城遗址,为其保护和研究打下坚实的基础,开创省内将遥感技术应用于考古勘探的先例。

自1983年始,省文物考古研究所成立寿春城课题组,对寿县寿春城进行详细的调查勘探和发掘工作,初步认定寿春城遗址的位置应在今寿县城关东南,包括今寿县城所在的范围内。但依照常规考古手段,短期内无法弄清寿春城的范围和城内布局等详细情况。1987年,省文物考古研究所与省地质遥感站合作,对寿春城进行遥感勘测。课题组收集1954—1980年间成像的各种不同比例尺的黑白航片、彩红外航片和卫星影像,使用计算机对图像进行处理,进行室内初步解译工作。经过详细对比分析,并结合现场踏勘,建立判读解译标志。经过对种种现象的综合分析,在遥感图像上初步判定寿春城遗址的范围。据解译结果,课题组采用对称四极电阻率法和考古铲探等方法进行实地勘探,追踪验证,在局部地区进行小面积发掘验证,验证结果均与遥感解译结果基本吻合,证明遥感成果的准确性。最后将解译与验证结果综合,绘制成1∶1万的寿春城遥感解译图,清晰地展露出寿春城的整体面貌。通过遥感勘测和解译,了解寿春城城墙、外围护城河及城内水道的范围和走向,发现寿春城宫殿区在城内的位置,还发现位于廓城西北部的汉寿春城及唐宋寿州城。

1949年以来,省文物工作者陆续在皖南地区进行文物普查、专题调查和考古发掘等工作。对本地区文物分布状况有基本的认识,由于皖南地区多山多河流的地理环境,深层次的研究工作受到制约。1996年开始,省文物考古研究所与安徽省地质遥感中心、华东师范大学城市与环境遥感考古研究开放实验室合作,开展皖南遥感考古课题研究。初步确定以皖南地区最具特色的土墩墓、台形遗址、古铜矿为重点研究对象，经过解译—验证—再解译—再验证的反复过程，取得明显的勘察效果。初步统计，土墩墓判读准确率在90%以上，台形遗址判读准确率达60%~70%。同时意外发现一处西周时期的古城址，取得常规手段不易达到的成效。

田野调查和发掘结合新兴科技手段 2000年以后，考古调查、发掘等资料采集开始数码化。2000年，凌家滩遗址第四次发掘开始使用数码相机，提高资料采集的全面性，打破传统胶卷相机拍照的局限。文字、照片、录像等资料及时录入电脑存储。

测绘方面，以古建筑测绘为主，较早地运用电子全站仪、全息三维激光扫描等技术，提高测量精度和速度。考古调查及发掘测绘在2005年前后开始使用全站仪。

样品检测技术 进入21世纪之后，安徽省较多地将科技手段运用到发掘出土物的检测和研究中。对含山凌家滩遗址、滁州何郢遗址、霍邱堰台遗址、霍山戴家院遗址等均采集样品进行碳十四测年。

2002年、2003年，对含山凌家滩、潜山薛家岗遗址出土的玉石器进行工艺、成分和结构的研究；2005年前后，对薛家岗遗址出土陶器进行成分和产地研究。2005年，对滁州何郢遗址出土的青铜器矿料、动物遗骸、植硅体、人骨铅含量等进行检测和分析；2003年，对六安堰墩遗址出土炭化稻进行粒型、稃面双峰乳突扫描电镜以及植硅石分析；2005年前后，对霍邱堰台遗址出土的植硅体进行分析等。通过以上检测和分析，深入地研究和探讨新石器及商周时期安徽各个地区的自然环境和农业生产方式。

修复与保护利用 安徽省在应用现代科技方法保护文物方面起步较早。50年代初省博物馆聘请“苏派”青铜器修复大师金润生、金满生和“苏裱”大师洪秋声、洪德心等，对一大批保存状况较差、损毁严重的楚器、蔡器及明清名家书画作品进行修复保护，并取得一些成功的经验，为金属和纸质文物传统修复保护奠定基础。1985年，省博物馆成立文物科技保护部，标志着文物保护和修复技术达到一个新的水平，科技在文物保护与修复的过程中发挥着越来越大的作用。

运用局部电蚀法去除青铜器“粉状锈” 青铜器容易发生“粉状锈”的腐蚀，使其表面腐蚀成粉或者表面斑斑驳驳，锈体面积日益扩展，因此，保护青铜器，特别是防治青铜器病是文物保护科研工作中的一项重大课题。80年代省博物馆文物科技保护部创造结合使用苯骈三氮唑缓蚀剂，用局部电蚀法去除青铜器“粉状锈”的方法。运用该方法处理省博物馆藏春秋时期蔡侯墓出土的编钟、汉代铜镜和蚌埠市博物馆的西周铜鬲等十几件青铜器，二十多年过去了，没有发现上述器物出现再腐蚀现象，“粉状锈”得到有效遏制。

激光全息文物无损检测 文物中存在的裂纹、锈蚀等缺陷在长期的保管展览中，受到周围环境的影响有进一步损害的危险，因此必须对文物进行无损探伤，检测出裂纹等缺陷的位置和程度，对此采用适当的保护和修复措施。80年代初，省博物馆建立馆校合作的创新机制，与中国科技大学共同实验合作，运用激光全息技术对青铜、陶、瓷器等文物进行全息无损探伤，提出局域加热的加载方式，用双曝光全息术成功地检测出汉代青铜器、陶器等十多种文物潜在的裂纹。该项目通过专家鉴定，后被评为文化部科技成果表扬奖和省科技成果三等奖，为文物的科学保管和修复提供可靠的依据和科技资料。

硅胶漆器脱水法 安徽省天长县北岗地区出土一批汉代漆木器，有漆勺、漆耳杯、漆盒、木蓖等数十件，其中多数为木胎，也有麻胎。由于这些器物埋藏于积水坑墓中，已有残破、腐朽现象，急需进行脱水处理。省博物馆文物科技保护部运用硅胶脱水的方法对该批漆木器进行脱水定型处理，在密闭器皿中投入一定量的硅胶，通过空气作为介质来实现。经过几个月的努力，漆器平均脱水量达到 121 克，取得较好结果。

在硅胶脱水的实验中，还运用两项新的技术，软 X 光无损检测摄影和电火花打孔技术，对进一步做好饱水漆木器的脱水定型保护工作提供新的科研手段。

第七节 商品质量监测

质量技术监督是政府依法管理计量、标准化、质量、认证认可、食品安全、特种设备安全监察工作，并行使监督执法职能的综合称谓。它是以法律法规为准绳，以标准为依据，以计量检测、质量检验为手段，以科学数据为证据的综合管理和行政执法部门。其职能涉及国民经济和社会发展的各个领域，涉及人民生活的各个方面。

质量监督是政府职能部门根据国家法律法规、技术标准和有关政策要求，对产品及与产品有关的服务质量所实施的以监督检验、市场准入和违法查处为核心内容的行政管理活动。县级以上地方产品质量监督部门在本行政区域内也可以组织监督抽查。

1986—2005 年，全省质监系统监督抽查产品 343642 批次，监督抽查产品合格率由 66.87%提高到 88.13%；监督抽查商品 277009 批次，监督抽查商品合格率由 58.00%提高到 69.95%；监督抽查生产领域食品 96281 批次，监督抽查生产领域食品合格率由 62%提高到 86.94%；监督抽查流通领域食品 70987 批次，监督抽查流通领域食品合格率由 58%提高到 76.58%。检定计量器具 19328783 台件，年均检定 878581 台件，大、中型企业强制检定计量器具受检率一直保持在 95%以上。每年对 21745 台锅炉、41,316 台压力容器、22761 台电梯、32030 台起重机械、6107 辆特种车辆、332 台大型游乐设施、15 条客运索道、4315 千米压力管道和 3799963 只各类气瓶实施安全监察和监督检验。

全省质监系统已建立从事产品质量检测与技术服务的国家级产品质量检测中心 12 个，省级产品质量检测中心 46 个，省级以下各类技术机构 151 个，依法设置的法定计量检定机构建立社会公用计量标准 1414 个，依法授权计量检定单位建立社会公用计量标准 264 个，建立企、事业单位最高计量标准 1550 个，构成完整的计量检定检测、产品质量监督检验、特种设备监督检验、纤维质量监督检验网络和标准研究体系。全省质监系统技术机构拥有仪器设备总值3.4亿元，部分检验设备达到国内先进水平，拥有覆盖全省上述各领域、全项目的检验检测能力。全系统有117项科研成果获得国家质检总局和安徽省有关科技奖项，检、学、研合作机制日臻完善，“科技质监”使安徽质监事业完成从赶超到领先的跨越。

产品质量检测技术机构　安徽省产品质量监督检验研究院（与国家排灌及节水设备产品质量监督检验中心一个机构两块牌子）。省质监局直属机构，省人民政府依法设立的具有第三方公正性的综合性检验机构。主要是承担指定或授权产（商）品的各种检验；研究开发新的检验技术、检验方法和检验仪器设备；承担或参与国家标准、行业标准或专业标准的制、修订工作；对下级同类检验机构进行技术指导和人员培训；受有关部门委托参与企业质量体系认证、产品认证、生产许可证的企业质量体系审查；向各级技术监督部门及企业主管部门反映被检企业的质量状况；开展质量体系和检验技术方面的技术咨询。2003年9月，国家质检总局批准国家排灌及节水设备产品质量监督检验中心正式成立。

安徽国家农业标准化与监测中心（与安徽国家农副加工食品质量监督检验中心一个机构两块牌子）。原国家技术督局授权，于1999年2月，经省编办批准成立的国家级质检机构。主要任务是开展检验技术和检测方法的研究及开发，承担相关标准的起草和验证，向上级和有关部门反映技术标准贯彻执行情况和产品质量存在的突出问题，并提出改进措施和处理意见等。该中心在食品品质、农药残留、兽药残留、兴奋剂残留、甾体激素、重金属、食品添加剂、有毒有害成分、化学污染物及生态环境等参数检测方面达到国内领先水平。

安徽省纤维检验局。隶属省质量技术监督局领导。1997年1月13日，省编委批准安徽省纤维检验所为县级建制，1998年5月28日，省人事厅批准省纤维检验所参照国家公务员法管理。2003年10月1日，经省编委批准，省纤维检验所更名为安徽省纤维检验局。主要任务实施全省纺织品、服装等纤维制品的质量监督行政执法，主管全省纤维及制品质量监督工作的行政执法，具有行政执法、监督管理、检验检测合一的职能。2006年4月11日，组建安徽省纤维检验联盟；形成以省纤检局为龙头、市级纤检机构为依托的技术机构网络和服务体系。

安徽国家铜铅锌及制品质量监督检验中心。经省编办批准，国家铜铅锌及制品质量监督检验中心为正处级的全额拨款事业编制机构。主要任务根据国际和国家相关技术标准，采用国内外先进可靠设备，对铜铅锌材料和制品进行化学和物理检测，并开展和北美、欧盟以及其他国家和地区相关实验室互认工作。

安徽省计量科学研究院。依法设置的法定计量检定机构，具有独立法人资格的事业单位。它的前身是1957年成立的省计量局的内设机构技术室，1978年以前是局所合一体制。1960年，省计量局组建长度、力学、电学、热工4个组，1963年，省计量局设立技术检定科，主要职责都是负责全省计量检定、计量测试和量值传递工作。

安徽省标准化研究院。1980 年 4 月 16 日，经省编委批准成立“安徽省标准情报所”,隶属省标准局领导,处级建制。同年 6 月 20 日经省编委批准,更名为“安徽省标准情报研究所”。其职能为:做好国内外标准资料收集、整理、加工工作,开展标准情报分析研究,为全省企业产品的研发、创优、采标提供标准情报资料。

安徽省特种设备检测院。由原安徽省特种设备检测院与全省 15 个市特种设备监督检验中心于 2006 年 1 月合并组建而成,隶属省质量技术监督局,是全省特种设备综合检验检测机构。主要从事各类大中型锅炉、压力容器、电梯、起重机械、游乐设施等特种设备监督检验。

市、县级技术机构归属于市、县质量技术监督局,名称统一规范为 × × 市、县质量监督技术所,从事相关产品质量检验工作。正在筹建的国家钢铁及制品质量监督检验中心、国家汽车零部件产品质量监督检验中心(芜湖)、国家石油化工产品质量监督检验中心(安庆)、国家气体流量仪表质量监督检验中心、国家建筑节能产品质量监督检验中心、国家非金属矿深加工产品质量监督检验中心、国家煤化工产品质量监督检验中心等有力支撑安徽质监科学发展。

科研工作实务 20 世纪 80 年代中期是科研工作开展的兴旺时期,1986—1993 年,全省质量技术监督系统的科研开发工作主要由直属技术机构自主实施,省局财务处(1993 年后改为计划科技处)负责申报立项和组织鉴定。科研开发的内容大多属于质量技术监督应用技术类别,如研制产品质量检验和计量检定仪器设备,研究产品质量检验和计量检定测量的方法和原理,主持制定或参与制定国家标准、行业标准和地方标准,主持制定或参与制定国家或地方计量检定规程等。

1994 年 12 月,省政府办公厅下达《安徽省技术监督局职能配置、内设机构和人员编制方案》,核定内设机构中明确设置计划科技处,职责是组织指导技术监督的科研工作。

1999 年 10 月以前,省技术监督系统的科研管理体制是条块结合,以块为主,即:省技术监督局主要负责省局直属机构的科研管理,各市、县技术监督局的科研工作主要有各级政府负责。质量技术监督系统垂直管理以后,全系统的科研工作由省质量技术监督局统一管理。

2002 年 12 月,安徽省质量技术监督科学技术委员会正式成立。主要职责是:负责质量技术监督系统科研项目立项,科研成果评价,计量技术机构、质检技术机构新上项目的论证和立项审查等事宜。

2003 年 7 月，安徽（国家）农业标准化与监测中心主持编制的《全国农业标准 2003—2005 年发展规划》由国家标准化管理委员会等十部委联合发布实施。9 月,国家排灌及节水设备产品质量监督检验中心通过中国实验室国家认可委员会认可和国家质检总局验收,该中心总建筑面积 5300 平方米,是国内设备最先进、技术水平较高的排灌、节水设备质量监督检验中心。

2005年5月，省质监局印发《安徽省质量技术监督局重点实验室(省级中心)管理暂行办法》，明确重点实验室的主要任务是：围绕全省支柱产业和优先发展领域，开展计量检测、质量检验、标准化、特种设备检验等应用性科学研究，解决经济发展中带有共性、基础性、关键性和前瞻性的技术性问题。聚集、培育和稳定一批高素质的科技人才及学术带头人，建设一支思想活跃、知识面广、科技攻关能力强、专业知识结构和年龄结构合理的高层次科技人才队伍。创造良好的科研环境和实验条件，成为面向社会开放的实验示范基地、技术研究和学术交流的平台以及对外科技开放的窗口。

2005年8月，安徽(国家)农业标准化与监测中心承担的《我国水产品贸易技术壁垒措施对策研究》《小麦中除草剂残留限量标准分析研究》《我国蔬菜水果中植物生长调节剂残留限量标准分析研究》3个国家科研项目通过由国家标准化委员会组织的评审验收。由省特检院、安徽中科智能高技术公司共同研制的电梯平衡系数智能测试仪通过由国家质检总局组织的成果鉴定。该平衡仪采用的方法和原理属国内外首创，测试技术和方法属国内领先水平，是对现今电梯平衡系数检测方法的改革和创新。

科研开发成果　1988—1993年，有92项标准获奖；计量科研成果38项，获奖18项，其中获国家部委奖3项、省级奖13项。从1993年—2005年，完成国家农产品质量标准体系要求安徽省完成的课题，建成安徽省农业标准化数据库。在国家一级科学技术期刊上发表学术论文293篇；获得省级科技奖励6项，国家级科技奖励2项，国家实用新型专利4个；主持制定国家标准174项，行业标准33项，地方标准56项，其中有11项标准获得国家标准创新贡献奖，1项标准获得国家质检总局科技创新二等奖；研制检测仪器设备40台(套)。

主要农产品采用国际标准和国外先进标准分析与研究。2003年，安徽(国家)农业标准化与监测中心完成《我国主要农产品采用国际标准和国外先进标准分析与研究》项目，并通过由国家标准委组织的专家评审。该项目针对中国粮食、油料、畜禽、水产品、水果、蔬菜、茶叶、蛋、乳制品、食用菌与10类农产品生产贸易的现状，以及加入WTO后所面临挑战和机遇，在收集ISO、CAC、欧盟、美国、日本等国际标准和国外先进标准的基础上，系统地进行国内外标准以及农药兽药残留限量的对比研究，根据WTO/TBT SPS协议规则提出主要农产品采用国际标准和国外先进标准的指导性建议。

安徽省农业标准体系数据库。2003年，经省政府同意,省技术监督局和省农委联合下发《安徽省农产品质量标准体系建设意见》，建设安徽省农业标准体系数据库。2003年9月，数据库建成并通过由省质监局组织的专家审定。该数据库信息量大，农业标准收集比较齐全，数据库共收集国内外涉农标准和技术法规12531条，基本上收录齐全现行的涉农国家标准和行业标准，其中国家标准和行业标准7720条，国外标准1554条，国外法规2653条，地方标准和市县技术规范602条；体系性强，建立以粮食、油料、茶叶、水果、蔬菜、食用菌、畜禽、蛋奶和水产品与主要农产品为主线从品种到生产技术规程、产品质量、分级、包装、储运、加工及支撑与服务标准体系树状结构展开，层次清楚,条理性强;三是在线统计功能比较强大,可以根据用户需求分类选择组合,查阅方便,同时具有动态维护功能,可跟踪国内外标准发布信息,及时更新。

全玻璃热管式真空太阳集热管。全玻璃热管式真空太阳集热管是省特种设备检测院芜湖分院黄旭发明的国家专利产品,它是由同心的两根玻璃管封接组成,内管的一端较外管长150毫米,两者热熔连接,另一端较外管短10毫米,两者用卡具固定,内外管之间抽成高真空度。内管的外侧表面采用磁控溅射镀有黑色选择性AL/N膜,内管内充装有一定量的传热介质,两端封闭并抽成高真空度。外管为透明状。本专利技术为太阳能热水器核心部件技术,与其他的集热管相比具有以下特点:1.管内不存水,不会积水垢,可保持长期高效使用。2.管内不存水,可防止在严冬季节被冻坏。3.由于内管为两端封闭,当集热管部分发生破损时,系统不会漏水,可继续运行。4.利用热管低温差也可良好传热的特性,使每日有效的加热时间延长,可取得更多的热量。5.利用热管的二极管特性,可防止系统中收集的热量从管中散失,保温性能好。2005年,获得国家实用新型专利证书,专利号为ZL200520075538.3。

空调热水器。空调热水器是省特种设备检测院芜湖分院黄旭的发明专利,本专利技术对通用的冷暖空调机作重大改进,使其一机多用,不但能作为冷暖空调机使用,而且也可作为空气源热水器代替电热水器、燃气热水器和太阳热水器使用。其特点:1.一机多用:既可作空调机使用,也可作热水器使用,节省设备投资,提高设备利用率。2.高效节能:在南方大部分地区由于年平均气温高,空气源空调热水器的能效比(供热量/压缩机功率)平均达到3.5以上,加热一吨55℃左右的热水耗电量为全年日平均14度以下,与电热水器相比,能耗可节约70%左右,与燃天然气热水器相比,能耗可节约45%左右,与燃油热水器相比,能耗可节约55%左右,与燃煤热水器相比,能耗基本接近。3.安全可靠:电仅作为空气源空调热水器驱动介质循环的能量,不直接加热水,所以加热方式实现了真正意义上的水电分离,不会出现热水带电的危险,更没有燃气爆炸的危险。4.环保无污染:运行过程中无任何燃烧物及排放物,使用的制冷剂为环保新型产品R134a,无污染。5.安装使用方便:在通用的冷暖空调机上增加一只水箱,占地面积小,安装位置灵活方便。1999年获得国家实用新型专利,专利号为ZL98246355.3。

电梯平衡系数智能测试仪。电梯平衡系数智能测试仪是省特种设备检测院的工程技术人员研制的实用新型专利产品,由信号检测探头和信号处理电路构成,其特征是所述信号检测探头为手持式钢丝绳张力测量装置,张力传感器固定设置在呈水平设置的螺旋推进杆的杆端,在螺旋推进器的两侧,对称设置一对钢丝绳钩,包括上绳钩和下绳钩,以张力传感器的检测信号为输出信号;信号处理电路为单片机系统。本实用新型轻型便携、无砝码载荷、按电梯平衡系数基本力学定义的方法进行平衡系数测试、准确快速,并可实现智能化测试的电梯平衡系数智能测试仪。该设备发明2005年4月申报国家知识产权局,获得国家实用新型专利证书,专利号为ZL200520070660.3。

科研成果应用及获奖情况一览表

表 2-6-23

序号	获奖项目名称	承担单位	获奖奖项	获奖等级
1	安徽省地方标准《萧县葡萄果实》《萧县葡萄生产技术规范》	萧县质量技术监督局等	安徽省科学技术进步奖	三等奖
2	饲料产品企业标准技术规范的研究与应用	安徽国家农业标准化与监测中心	安徽省科学技术进步奖	三等奖
3	安徽省强制性地方标准《粮食陈化程度判定方法》	安徽省产品质量监督检验所	安徽省科学技术进步奖	三等奖
4	关于极限数值的表示方法和判定方法的研究与实践	安徽省产品质量监督检验所	安徽省科学技术进步奖	四等奖
5	安徽省强制性地方标准《家用电器保护器》	安徽省产品质量监督检验所	安徽省科学技术进步奖	四等奖
6	电梯平衡系数智能测试仪	安徽省特种设备检测院	合肥市科学技术奖	三等奖
			实用新型专利	ZL200520070660.3（专利号）
7	麦饭石添加剂对奶牛增乳效果的研究	安徽国家农业标准化与监测中心	合肥市科学技术奖	四等奖
8	全玻璃热管式真空太阳集热管	安徽省特种设备检测院芜湖分院	实用新型专利	ZL98246355.3(专利号）
9	0–25kpa 二等标准液体压力计	安徽省计量测试研究所	国家计量局科技进步奖	三等奖
10	600NJG–1 型标准测力机	安徽省计量测试研究所	安徽省科技进步奖	三等奖
11	二维自动磁场测量机	安徽省计量测试研究所	安徽省科技进步奖	二等奖
12	数字指零仪	安徽省计量测试研究所	国家技术监督局科技进步奖	四等奖
13	空调热水器	安徽省特种设备检测院芜湖分院	实用新型专利	ZL200520075538.5

第三篇　高新技术及其产业

第一章　高新技术

安徽省发展高新技术及产业，从 1988 年组织实施“火炬计划”开始。到 2005 年，安徽以“火炬计划”为龙头，以重大科技攻关计划、重大科技专项为推动，相继实施“三个百亿元工程”“八项科技工程”“产学研联合开发工程”“三高计划”等，在电子信息、生物工程和新医药技术、新材料及应用技术、先进制造技术、新能源与高效节能技术、现代农业技术、资源与环境保护技术等高新技术领域取得一大批科研成果。其中，一批成果达到国内外先进水平，打破外国的封锁和垄断；一批关键技术缩小同国外先进水平的差距，为传统产业的升级改造提供技术支撑；一批成果成为新的产业生长点，推动产业的持续发展；一批具有自主知识产权的产品形成安徽独具特色和优势的产业。

高新技术产业产值从 1988 年的 1059 万元发展到 2005 年的 1236.47 亿元，年均增长 30%以上。2005 年，全省高新技术产业增加值 339.6 亿元，占全省国内生产总值的 6.3%，占全省工业增加值的 18.5%；实现利税 141.6 亿元；高新技术出口 12.94 亿美元，占全省出口的 24.9%。全省高新技术企业 660 家，其中营业收入亿元以上的企业 139 家，10 亿元以上的 23 家，国家重点高新技术企业 39 家，上市高新技术企业 30 家。正在实施的火炬计划项目 293 项，创新基金项目 41 项，高新技术产品 306 项。全省共有高新技术产业开发区 3 个(其中国家级 1 个)，实现营业总收入 940.95 亿元；科技企业孵化器 24 个(其中国家级 5 个)，孵化场地面积 41.11 万平方米，在孵企业 794 家，毕业企业 349 家；特色高新技术产业基地 10 个(其中国家级 2 个)，实现营业收入 200.81 亿元。

进入 21 世纪，安徽省运用高新技术改造传统产业的步伐不断加快，促进产品的更新换代和产业技术的升级，在全省经济结构调整中发挥重要作用。在高新技术研究开发和产业化方面培养出一支人才队伍。

第一节　电子信息技术及项目

电子与信息领域，重点发展计算机应用技术及应用系统、高性能数字程控交换机、邮电通信系统及设备、特种电真空显示器件及应用整机、高档家用电子产品、卫星电视接收系统及设备、火灾自动报警消防控制系统等。

计算机及通信技术项目一览表

表 3-1-1

项目名称	完成单位及人员	时间
SB- 型激光散斑电脑验光仪	中国科技大学、安徽大学等	1985 年 3 月
数字式中波同步广播激励器	安徽省广播电视科研所	1986 年 11 月
14 厘米高亮度内屏式彩色投影管	芜湖电真空研究所 吴华夏等	1987 年 5 月
光笔式条形码阅读器	安徽大学 吴建国等	1988 年 7 月
毫米波仪器的频率扩展技术	中国科技大学六系毫米波实验室 郑国宝等	1990 年 3 月
多路电视微波分配系统(MMDS)的研究与应用	安徽省广播电视科研所、东南大学无线电系	1993 年 12 月
HJD04-RM 数字程控交换机	滁州无线电厂 伍跃等	1995 年 3 月
PH2000 医学影像处理工作站	安徽省菲特科技股份有限公司 吴端等	1999 年 3 月
DLC-2100 电力线多址数字通信机	安徽中科大鲁能集成科技有限公司 易波等	1999 年 11 月
面向对象的雷达目标特征信号分布式可视化虚拟现实技术	安徽大学 吴先良等	2002 年 10 月
XF32XX 系列语音合成模块	安徽中科大讯飞信息科技有限公司 刘庆峰等	2003 年 2 月
直升机载合成孔径雷达系统	中国电子科技集团公司第 38 研究所 吴曼青等	2003 年 6 月
硬盘高清电视播放机 HHP-2006	安徽现代电视技术有限公司 姜万勐	2004 年 6 月
全数字智能交流调速卷绕系统产业化	安徽工程科技学院 陈其工等	2004 年 9 月

应用软件项目一览表

表 3-1-2

项目名称	完成单位及人员	时间
异步电机分层多目标优化设计软件系统	合肥工业大学电机优化设计研究所胡毓鋆和成良玉	1986 年
QP 语言	安徽省经济信息中心 杨传杰等	1990 年 1 月
20T/H 工业锅炉计算机控制系统	中国科技大学自动化系 李嗣福等	1991 年 2 月
HJ04A 铁路信号微机联锁系统	扬子石油化工公司	1996 年 7 月
安徽省高速公路联网收费系统	安徽省高等级公路管理局 张辉等	1998 年 6 月
汽车综合模拟驾驶系统	安徽三联科技股份有限公司 金会庆等	1998 年 12 月
安徽省公路地理信息系统	安徽省公路管理局 韩凤华等	1999 年 3 月

续表 3-1-2

项目名称	完成单位及人员	时间
安徽省公安计算机综合信息管理系统	安徽科力信息产业有限责任公司、安徽省公安厅	1999 年 12 月
医院信息系统	合肥工业大学、安徽省立医院	2000 年 3 月
安徽农网建设与应用	安徽省气象局　刘志澄等	2002 年 5 月
EI-2000 系列智能火灾报警系统	蚌埠依爱消防电子有限责任公司	2002 年 7 月
HN-2000 电气自动化监控系统	合肥合能电气有限责任公司　徐良等	2004 年 2 月
CRI2002 企业铁路智能运输调度综合信息平台	合肥工业大学、合肥工大高科信息技术有限责任公司等	2004 年 12 月

计算机辅助设计及制造与系统管理一览表

表 3-1-3

项目名称	完成单位及人员	时间
微机辅助控制电弧炉供电节能系统	合肥工业大学微机所、合肥钢铁公司机修厂	1987 年
微机控制工业锅炉节能系统	芜湖市开关厂、芜湖市锅炉厂	1988 年
ZDS-052 型碾环机微机数控系统	安徽电子科研所、济南铸锻机械研究所	1990 年
CAEMS 微机辅助设备管理系统	安徽省机械工业信息计算中心、安徽省机械设备管理协会	1992 年
自由锻工艺过程的计算机辅助设计软件系统	合肥铸锻厂、合肥工业大学	1992 年
安庆石油化工总厂计算机辅助管理及生产过程检测系统	合肥工业大学计算机网络系统研究所　杨善林等	1994 年 12 月
注塑模具 CAD 系统研究	中国科技大学精密机械与仪器系统	1995 年
汽车组合开关关键件模具 CAD/CAM 柔性制造技术研究	黄山市汽车电器有限公司	1999 年
叉车 CAD/CAM 一体化制造技术及信息集成应用系统	安徽叉车集团公司	1999 年
安徽省 CAD 应用工程技术开发与应用示范	安徽省 CAD 应用工程协调指导小组与安徽省生产力促进中心	2000 年 12 月
复杂曲面回转支承数控强力切削工艺与装备的应用研究	安徽工业大学、马钢巨龙有限责任公司	2001 年
具有实施向导的和谐 ERP 系统—和谐制造业管理软件 3.0 的开发	合肥和谐软件有限公司	2002 年

续表 3-1-3

项目名称	完成单位及人员	时间
T11 型车身系列模具开发制造	安徽福臻技研有限公司	2005 年
基于异构数据整合的安徽省电力公司信息处理系统	安徽省电力公司科技信息部、安徽电力继远软件有限责任公司	2005 年

第二节 生物工程和新医药技术及项目

生物工程和新医药领域,优先发展基因重组类药物,单克隆抗体偶合类药物,系列酶法产品,新型医疗器械,新型中成药及制剂等。

生物工程和新医药技术项目一览表

表 3-1-4

项目名称	完成单位及人员	时间
荫风轮(断血流)基础及应用研究	安徽中医学院、霍山制药厂等	1989 年
诺氟沙星葡萄糖注射液	蚌埠涂山制药厂、南京药物研究所 曹玉祥等	1991 年
小柴胡汤口服液	安徽省药检所新药室、华东中药工程集团有限公司 余世春等	1994 年
石淋通胶囊	安徽省药物研究所 裴月梅等	1996 年
肾康冲剂治疗慢性肾炎的临床与实验研究	安徽中医学院 曹恩泽等	1996 年
注射用重组干扰素 α2b 工业化生产研究	安徽安科生物高技术有限责任公司 宋礼华、傅永标等	1997 年
氯硝柳胺	淮南市第三制药厂 李显等	1997 年
慢咽宁袋泡剂	安徽省医学科学研究所与合肥利民制药厂	1998 年
醋酸甲羟孕酮胶囊	安徽双鹤药业有限责任公司与合肥医工医药研究所	2000 年
厄贝沙坦片	安徽环球药业股份有限公司 王祥等	2000 年
颈舒颗粒	华东中药工程集团有限公司、安徽精方药业股份有限公司 朱成举等	2001 年
靶位注射胶原酶治疗腰椎间盘突出症	安徽医科大学 陈家骅等	2002 年

医疗器械项目一览表

表 3-1-5

项目名称	完成单位及人员	时间
WN-1 型微波内镜治疗仪研制及临床应用	武警安徽省总队医院、机械电子工业部 43 研究所 蔡华等	1988 年
EGEG-5D 型智能胃肠电图仪	合肥市新技术应用研究所 彭勃等	1989 年
XXG-E 型自动心血管功能诊断仪	安徽电子科学研究所、安徽医科大学 徐英江等	1990 年
ZHG-1 型智能核多功能仪	安徽光电技术研究所 刘泳霖等	1991 年
ISE 电解质分析仪	合肥恒星工贸公司	1994 年
JLX-1 型激光量子辐照血液治疗仪	合肥顺达高技术医院设备有限公司 杨照承等	1994 年
WCDF 胃肠电分析仪	中国科学院合肥分院医疗仪器公司 徐文洁等	1996 年
FZ-1 型仿真推拿仪	安徽中医学院针灸经络研究所、合肥天源医用电子有限责任公司 顾行建等	1997 年
家用心血管健康检测仪	安徽中科智能高技术有限责任公司 邢武等	2001 年

第三节　新材料技术及项目

新材料领域，重点发展黑色金属和有色金属的深加工产品，新型工程塑料，新型建筑材料，超细粉体材料及制品，新型陶瓷材料及制品，高档磁性材料及制品，聚氨酯新材料及新产品，石化深加工产品，精细化工产品，新型复合材料及制品等。

金属材料项目一览表

表 3-1-6

项目名称	完成单位及人员	时间
高碳中铬合金钢衬板	合肥水泥研究设计院 李茂林等	1987年 10 月
LDY-140A 铝锭翼的研制	安徽第二纺织机械厂 岑建行等	1987年 12 月
钢丝绳阻燃带(1800KG 以上)	淮北市化工集团有限公司 王平、尤传丛等	1994年 7 月
稀土锌铝合金镀层钢丝系列产品	马鞍山市鼎泰金属制品公司 史志民、张沪东等	1996年 4 月
HFC134a 压缩机用漆包铜圆线	铜陵精达铜材(集团)有限责任公司 王世根、章延胜等	1998年 11 月
精密电子铜带 C5210、C7521 产品研制	安徽鑫科新材料股份有限公司	2003年 12 月
低温度系数、耐高温、高耐蚀烧结钕铁硼磁体生产工艺及其研究	安徽雄风新材料股份有限公司 成问好、熊永飞等	2005年 7 月

非金属材料项目一览表

表 3-1-7

项目名称	完成单位及人员	时间
高压聚乙烯粉末涂料	中国科技大学、华佳化工有限公司	1991 年 8 月
100%28Nm/2 山羊绒纱	安徽省阜阳纺织厂 左雪怀、关志慎等	1992 年 10 月
高功率石墨电极	合肥炭素厂 钟水华、陈燕伏等	1993 年
高强高模聚乙烯醇纤维	安徽省维尼纶厂 陈信生、王光钊等	1994 年 4 月
全脂肪族 PU-9402 水乳型聚脲 - 聚氨酯皮革底层涂饰剂	安徽大学恒泰精细化工公司、合肥安大科招精细化工厂	1994 年 4 月
超低密度芯层发泡复合共挤聚氯乙烯管材	利辛县通达塑料建材厂	1997 年 10 月
湿法磨皮革专用聚氨酯浆料 SW-3030	合肥安利化工有限公司 惠坚强等	1999 年 5 月
STN-LCD 型 ITO 导电膜玻璃	安徽省蚌埠华益导电膜玻璃有限公司	2001 年 6 月
湿法聚氨酯防超纤合成革	安徽安利合成革有限公司 许大生、王义峰等	2001 年 12 月
抗污染耐高温易撕盖膜	黄山永新股份有限公司 江继忠、鲍祖本等	2004 年 4 月

第四节 先进制造技术及项目

先进制造技术领域,重点发展数控显示系统及智能化机械和设备,智能化仪器仪表,工业过程自动化技术及装备,机电一体化的加工及包装设备,开发推广精密加工及成型技术,现代设计技术,柔性自动化应用技术等先进制造技术,大力推广计算机应用技术、电子技术对汽车、叉车、工程机械等优势产品整机和生产线的改造,推动机电一体化产品的产业化。

先进装备和新工艺项目一览表

表 3-1-8

项目名称	完成单位及人员	时间
微机新型柴油机试验台	合肥矿山机器厂	1991 年
合钢烧结原料混匀新工艺	冶金部马鞍山钢铁设计研究院、合肥钢铁公司	1992 年
JPWS-2500 型数控无牵引盘绞成缆机研制	合肥电工机械厂	1993 年
XY 型全自动液体包装机	安徽省应用技术研究所	1993 年

续表 3-1-8

项目名称	完成单位及人员	时间
弹条一次成型新工艺及生产线	安徽省巢湖铸造厂	1995 年
J218 型全自动热室压铸机研发	蚌埠神力压铸机厂、蚌埠柴油机厂	1995 年
容栅传感器误差分析及数显卡尺关键工艺的应用研究	安徽大学自动化系统	1996 年
HD6.5-1 型高效大容量低噪声矿用局部通风机研发	淮南矿务局	1998 年
冰箱成套生产线技术及装备	中国扬子集团设备模具制造有限公司	1999 年
智能化液力变速箱检测系统研究	安徽叉车集团公司、中科院合肥智能机械研究所	1999 年
2000SS- 型数字化色选机研制	合肥美亚光电技术有限责任公司	2001 年
小方坯高效连铸技术研究	马鞍山钢铁股份有限公司第二炼钢厂	2001 年
奇瑞 SQR7160 系列轿车	奇瑞汽车有限公司	2002 年
在用重要压力容器与管道安全诊断与爆炸监控的研究	合肥通用机械研究所、浙江工业大学	2003 年
2M 通道自动选择设备应用	安徽电力通信有限责任公司、安徽继远电网技术有限责任公司	2004 年
汽车传动系制造关键技术及装备	合肥工业大学、安徽江淮汽车集团有限公司、安徽安凯汽车股份有限公司	2004 年
真空干燥及注油系统关键技术研究	合肥通用机械研究所、合肥豪克化工设备工程公司等	2005 年

第五节　新能源与高效节能技术及项目

新能源与高效节能领域，重点发展新型、高效、节能电机及调速装置、高性能电池及节能灯具，太阳能风能利用技术和设备，用新技术改造工业锅炉和工业窑炉等。

新能源与高效节能技术项目一览表

表 3-1-9

项目名称	完成单位及人员	时间
微机控制工业锅炉节能系统研究	芜湖市开关厂等	1988 年 12 月
高效节能烘干机及工艺系统研究	合肥水泥研究设计院	1990 年 5 月
GNT 系列太阳能热水器	固镇县农村能源办公室、固镇县太阳能热水器厂	1992 年 7 月

续表 3-1-9

项目名称	完成单位及人员	时间
被动太阳能改善非采暖住宅室内热环境技术	安徽省房地产开发公司 马鞍山市公司等	1995 年 8 月
密封高性能胶体铅酸蓄电池研究	黄山市王马电源有限责任公司	1998 年 5 月
光伏 / 风能发电控制逆变系统研究	合肥阳光电源有限公司	2002 年 12 月
大功率紧凑型电子节能灯研究	安徽世林照明股份有限公司	2003 年 4 月
高能牵引蓄电池研究	安徽迅启蓄电池有限公司	2004 年 12 月

第六节 现代农业技术及项目

现代农业技术领域,以良种良法为突破口,大力推广应用先进适用的农业生产技术,大力推广应用农副产品深加工和综合利用技术,加强优质高产作物新品种新组合选育,加强两系杂交水稻新品种、离子束注入诱变新品种的技术研究、大田试验和推广应用,加强农林牧渔领域内生物技术应用,推进先进农业装备,电子信息技术在农业领域的应用。

现代农业技术项目一览表

表 3-1-10

项目名称	完成单位及人员	时间
安徽省杂交西瓜技术标准	安徽省种子公司、合肥市种子公司	1987 年 2 月
皖系长毛兔的培育	安徽省农科院畜牧兽医研究所、固镇县种兔场	1987 年 10 月
安徽省主要农作物病虫中长期测报程序系统	安徽省计算中心、安徽省植保总站等	1987 年 12 月
草鱼病免疫苗推广应用技术	巢湖地区水产技术推广中心站 吕泽斌等	1989 年
改进籼型杂交稻制种技术试验研究	安徽农学院农学系、安徽省种子公司等 16 个单位	1990 年 12 月
杂交西瓜新品种“聚宝 1 号”的选育与推广	合肥市西瓜科研所	1991 年 9 月
早熟高产甘蓝型油菜新品种—皖油 8 号(滁油四号)	滁州市农业科学研究所	1992 年
九华山佛茶研制与开发研究	池州地区技术开发中心、青阳县农技推广中心等	1992 年 7 月
核杂二号油菜制种技术及推广	歙县种子公司	1993 年 4 月

续表 3-1-10

项目名称	完成单位及人员	时间
2ZP-3 型水稻抛秧机	安徽农业大学、巢湖东亚机械总厂	1996 年 5 月
泗棉三号良种繁殖与推广	安徽省种子总公司、安徽省东至县棉花原种场	1996 年 12 月
涌溪火青全程机制工艺的研究和应用	泾县经济作物站	1997 年 5 月
系列西瓜新品种的选育与开发应用	合肥丰乐种业股份有限公司	1997 年 8 月
特早生优质茶树新品种仙寓早	祁门县科委	1999 年
杂交抗虫低酚棉新组合选育及应用	淮北市黄淮海低酚棉开发研究中心	1999 年 11 月
美味猕猴桃新品种“皖翠”	安徽农业大学、霍邱县乌龙乡猕猴桃场、岳西猕猴桃研究所	1999 年
转基因抗虫棉(保铃棉)综合配套技术研究与产业开发	安徽省种子总公司、安徽安岱棉种技术有限公司	2002 年
农业智能系统技术体系研究与平台研发及其应用	中国科学院合肥物质科学研究院熊范纶等	2003 年 12 月
高产、优质、多抗皖稻 97(原协优 129)选育与应用	安徽省巢湖市农业科学研究所	2004 年 7 月
番茄抗青枯病新品种培育	安徽农业大学植保系	2004 年 7 月
青虾良种选育与高效技术开发	安徽省农科院水产研究所、合肥市包河区建国水产综合养殖场等	2004 年 12 月

第七节　资源与环境保护技术及项目

资源与环境保护领域,着力推进资源的综合利用技术研究开发,加快废弃物处理技术,促进废弃物转化为可用资源。注重发展清洁生产技术,污水处理技术,大气污染防治技术,固体废物污染防治技术,环境监测技术等。重点开发“三废”处理等环保设备,加快两淮煤矿瓦斯、重化工重冶炼等废气废物的综合利用,加快淮河巢湖等治污处理。

资源与环境保护技术项目一览表

表 3-1-11

项目名称	完成单位及人员	时间
多排同段挤压崩矿理论及工艺技术研究	铜陵有色金属公司狮子山铜矿 中南工业大学等	1990 年
微机辅助编制地下矿年度采掘计划及矿山生产统计程序	铜陵有色金属公司 中南工业大学	1990 年
金隆工程环境保护技术与应用	铜陵有色金属(集团)公司等单位赵昌文等	1997 年
淮南矿区开采煤层顶板瓦斯抽放技术研究	淮南矿业(集团)有限责任公司	2000 年
紫外差分吸收光谱法烟道 SO2 在线监测仪	中科院安徽光机所与铜陵市三佳电子(集团)有限责任公司	2000 年 12 月
PQJ 系列汽车排气净化器	安徽三效净化有限公司	2002 年
可调谐红外激光差分吸收汽车尾气道边监测系统	中国科学院安徽光学精密机械研究所 刘文清等	2002 年 12 月
无盘区连续矿柱大面积采空区地压管理与控制技术研究	中南大学、铜化集团新桥矿业有限公司	2004 年
高瓦斯“三软”厚煤层倾斜长壁大采高综采工作面高产高效综合技术研究	淮南矿业(集团)有限责任公司等	2005 年

第二章　高新技术企业及高新技术项目

第一节　高新技术企业

1991 年，安徽省根据国务院发布的《国家高新技术产业开发区高新技术企业认定条件和办法》开始第一批高新技术企业认定工作。同年 11 月，省科委制定《安徽省国家高新技术产业开发区高新技术企业认定条件和办法实施细则》。1993 年 6 月，出台《安徽省关于合肥高新技术产业开发区外高新技术企业认定条件和办法实施细则》。安徽省率先在全国开展区外高新技术企业认定工作。1996 年 1 月，省科委、省财政厅、省国税局、省地税局印发《关于扶持高新技术产业发展的意见》，提出经省科委认定的合肥高新技术产业开发区内的高新技术企业继续享受财政部、国家税务总局财税字〔94〕001 号文件规定的税收优惠政策；地方在合肥高新技术产业开发区外办的高新技术企业按规定税率征收所得税后，其超过 15%税率征收所得税的部分，经同级财政、地方税务机关审核批准，在 1996—2005 年期间按 50%返还给企业；区外新办的高新技术企业自投产年度起两年内按规定税率征收所得税，经同级财政、地方税务机关审核批准全部返还给企业。2001 年 3 月，为进一步加快全省高新技术产业发展，成立安徽省高新技术产业化工作领导小组，中共安徽省委常委、常务副省长张平任组长。

1992 年 1 月 20 日，安徽省现代电视技术研究所被省科委认定为安徽第一家高新技术企业。1992 年 1 月—1994 年 12 月，全省认定高新技术企业 128 家，其中合肥开发区 86 家，芜湖开发区 2 家，蚌埠开发区 2 家，其它地市 38 家。到 1994 年年底，进入合肥开发区的企业共 305 家。1994 年，全省 128 家高新技术企业实现工业总产值 23.35 亿元，营业收入 19.34 亿元，创汇 2309 万美元，利税 3.01 亿元。

为了进一步促进高新技术企业发展，全省积极推进国家火炬计划重点高新技术企业认定工作。1996 年 6 月 25 日，蚌埠八一化工厂被国家火炬办认定为第一批国家火炬计划重点高新技术企业。截至 2005 年，全省共有国家重点高新技术企业 39 家。

高新技术企业总量及分布　2005 年，全省高新技术企业 660 家。其中营业收入亿元以上的企业 139 家，10 亿元以上的 23 家，国家重点高新技术企业 39 家，上市高新技术企业 30 家。高新技术企业从业人员 22.47 万人，其中从事科技活动的人员 3.45 万人。从业人员中，大专以上学历的 6.6 万人，占 30.7%（其中，硕士 1817 人，博士 336 人），留学归国人员 244 人。从业人员中，具有中级以上职称的人员 2.55 万人，占 11.8%。

全省高新技术企业以高新技术产业开发区和皖江高新技术产业带为区域重点,近80%的高新技术企业分布在合肥、芜湖、蚌埠、巢湖、安庆、黄山、宣城、滁州这8个市。其中,合肥203家,占全省高新技术企业数的37.5%;芜湖46家,占8.5%;安庆、黄山、蚌埠、巢湖各28家,均占5.2%;宣城27家,占5.0%;滁州26家,占4.8%。2005年,合肥高新区内高新技术企业继续增加,达到145家,占合肥市高新技术企业71.4%,占全省高新技术企业26.8%,显示出合肥高新区的高新技术产业聚集效应进一步增强。

高新技术企业的经济运行情况 安徽省高新技术企业经济规模自1991年开始连续10多年来一直保持着持续高速发展的态势,2004年,增速有所放缓,2005年,又恢复高速增长,工业总产值和营业收入首次突破1000亿元。全省高新技术企业各项主要经济指标,与2004年相比,工业产值增长33.5%,增幅增加13.8个百分点;营业收入增长36.6%,增幅增加12.4个百分点;净利润增长26.5%,增幅增加13.4个百分点;出口创汇增长54.9%,增幅减少3.2个百分点。2005年,全省高新技术企业实现工业总产值1053.09亿元,工业增加值258.38亿元,当年全员劳动生产率(工业增加值/全部从业人员年平均数)12万元/人;实现营业收入1047.2亿元;实现产品销售收入985.24亿元;实现净利润53.5亿元,实际上缴税费额56.12亿元,人均利税约5.1万元;出口创汇12.55亿美元。

2005年,营业收入1亿元以上的高新技术企业达139家,比上年增加19家,10亿元以上的企业23家,比上年增加6家。这些企业主要分布在合肥市(44家,占32%),说明合肥市形成具有规模优势的高新技术企业群体。2005年,139家企业实现营业收入924.92亿元,占全省统计的541家高新技术企业营业收入的88.3%,成为高新技术产业发展的中坚力量。

2005年,全省高新技术企业筹集科技活动经费48.97亿元。科技活动经费支出47.63亿元,占企业当年营业收入的4.5%;企业的研究开发经费内部支出17.22亿元,占企业营业收入的1.6%。企业的研究开发活动中,试验发展支出16.15亿元,占93.8%。企业人均研发经费(科技经费投入/从事科技活动人员数)13.8万元。2005年企业的科研项目1187项,有272家企业的科技活动经费占产品销售收入的比重达到5%以上,其中127家企业达到10%。

高新技术企业生产经营的主要产品技术大多源于国内,大约占产品技术来源总数的97.1%。其中,产品技术由企业自主研究开发并成为主要产品的占64.1%;产品技术来源于研究院所和高等院校的占12.7%;产品技术来源于国有大中型企业和国内其他单位的占3.1%;通过引进技术消化吸收再创新的产品技术占17.2%;真正来源于国外的技术产品占2.9%。

国家火炬计划重点高新技术企业一览表

表 3-2-1

安徽丰原生物化学股份有限公司	安徽星马汽车股份有限公司
安徽铜峰电子股份有限公司	安徽国祯环保节能科技股份有限公司
安徽鑫科新材料股份有限公司	安徽雷鸣科化股份有限公司
黄山金马集团有限公司	安徽淮化精细化工股份有限公司
安徽江淮汽车股份有限公司	安徽环球药业股份有限公司
安徽山鹰纸业股份有限公司	安徽方兴科技股份有限公司
铜陵三佳模具股份有限公司	黄山永新股份有限公司
合肥美菱股份有限公司	安徽四创电子股份有限公司
安徽国风塑业股份有限公司	安徽中科大讯飞信息科技有限公司
芜湖海螺型材科技股份有限公司	安徽华星化工股份有限公司
安徽八一化工股份有限公司	安徽宏晶新材料股份有限公司
合肥荣事达集团公司	杜邦华佳化工有限公司
铜陵精达特种电磁线股份有限公司	马鞍山矿山研究院
黄山永佳(集团)有限公司	上汽集团奇瑞汽车有限公司
安徽天大(集团)股份有限公司工程塑料厂	安徽宝龙电器有限公司
安徽三联科技股份有限公司	安徽安科生物工程(集团)股份有限公司
合肥工大高科信息技术有限责任公司	安徽省铜陵蓝盾光电子有限公司
安徽华星电缆集团有限公司	安徽江淮电缆集团有限公司
安徽金蟾药业集团有限公司	安徽天源科技股份有限公司

说明：资料来源于《安徽统计年鉴》，安徽省统计局编，中国统计出版社

2005年，安徽省在沪、深股市上市的高新技术企业30家，占全省上市企业总数(44家)的68.2%，首期募集资金82.02亿元。这30家企业当年营业收入423.98亿元，占全省高新技术产业营业收入的35%；实现利税44.19亿元，占全省高新技术产业利税的31.2%；出口创汇40355.6万美元，占全省高新技术产业出口的31.2%。

安徽省上市高新技术企业一览表

表 3-2-2

序号	企业名称	首发时间	首次融资量(万元)
1	合肥美菱股份有限公司	1993.8	14400
2	安徽皖能股份有限公司	1993.10	17500
3	安徽合力股份有限公司	1996.9	15600
4	芜湖海螺型材科技股份有限公司	1996.10	9996
5	合肥丰乐种业股份有限公司	1997.4	30375
6	安徽皖维高新材料股份有限公司	1997.5	30750
7	安徽国风塑业股份有限公司	1998.8	29100
8	安徽全柴动力股份有限公司	1998.10	34080
9	安徽丰原生物化学股份有限公司	1999.6	39000
10	安徽铜峰电子股份有限公司	2000.5	30640
11	安徽科苑(集团)股份有限公司	2000.6	40320
12	黄山金马股份有限公司	2000.6	31842
13	安徽新力药业股份有限公司	2000.9	47000
14	安徽鑫科新材料股份有限公司	2000.10	36000
15	安徽江淮汽车股份有限公司	2001.7	79200
16	安徽山鹰纸业股份有限公司	2001.11	18360
17	铜陵三佳模具股份有限公司	2001.12	17000
18	长江精工钢结构(集团)股份有限公司	2002.5	14440
19	科大创新股份有限公司	2002.8	10000
20	铜陵精达特种电磁线股份有限公司	2002.8	19800
21	安徽方兴科技股份有限公司	2002.10	22400
22	安徽皖通高速公路股份有限公司	2002.12	55000
23	安徽星马汽车股份有限公司	2003.3	29700
24	安徽国通管业股份有限公司	2004.2	15090
25	安徽六国化工股份有限公司	2004.3	33600
26	安徽雷鸣科化股份有限公司	2004.4	20000

续表 3-2-2

序号	企业名称	首发时间	首次融资量(万元)
27	安徽四创电子股份有限公司	2004.5	19580
28	黄山永新股份有限公司	2004.7	20194
29	安徽华星化工股份有限公司	2004.7	17100
30	合肥荣事达三洋电器股份有限公司	2004.7	22100
合　计			820167

说明：资料来源于安徽省科技厅高新处、安徽省上市指导办

第二节　火炬计划项目

安徽省自 1989 年开始组织实施火炬计划项目，至 2005 年年底，批准立项 636 项，其中国家级项目 306 项，省级项目 330 项。203 项国家级及省级火炬计划项目实现产值 172.56 亿元，占全省高新技术产业产值的 14%，项目产品营业收入 163.43 亿元，占全省高新技术产业营业收入的 13.5%，项目产品出口 1.47 亿美元，占全省高新技术产业出口的 11.4%，项目产品利税 20.43 亿元，占全省高新技术产业利税的 14.4%。在知识产权方面，申请专利项目 52 项，获得专利授权 31 项，其中获发明专利 12 项。

2005 年安徽省火炬计划项目按地域分布情况统计表

表 3-2-3

地市名称	国家级		省级	
	项目数(项)	比重%	项目数(项)	比重%
合　肥	53	36.1	23	41.1
淮　北	2	1.4	1	1.8
亳　州	1	0.7	1	1.8
宿　州	3	2.0	0	0
蚌　埠	10	6.8	2	3.6
阜　阳	2	1.4	1	1.8
淮　南	7	4.8	3	5.3
滁　州	5	3.4	6	10.7
六　安	0	0	1	1.8

续表 3-2-3

地市名称	国家级		省级	
	项目数(项)	比重%	项目数(项)	比重%
马鞍山	14	9.5	0	0
巢湖	9	6.1	1	1.8
芜湖	12	8.2	7	12.5
宣城	5	3.4	0	0
铜陵	8	5.4	2	3.6
池州	4	2.7	2	3.6
安庆	3	2.0	3	5.3
黄山	9	6.1	3	5.3
合计	147	100	56	100

说明:资料来源于2005年安徽省高新技术产业统计报告

第三节　科技型中小企业创新基金项目

1999年5月,国务院批准建立科技型中小企业技术创新基金,通过无偿资助、贷款贴息和资本金注入等方式,扶助培育科技型中小企业成长。1999—2005年,安徽省获得国家创新基金项目立项139项,获得国家财政资金支持8852万元。

2001年,安徽省建立规模为2亿元的“安徽省中小企业信用担保基金”,用于解决中小企业在融资中遇到的困难。2003年全省对立项的创新基金项目进行50%的资金匹配。合肥、芜湖、安庆、宿州等市科技局建立专项匹配资金。

1999—2005年安徽省争取国家创新基金项目情况统计表

表 3-2-4

年份	立项数	金额(万元)
1999	18	1142
2000	13	965
2001	13	1080
2002	13	885
2003	15	965

续表 3-2-4

年份	立项数	金额(万元)
2004	26	1370
2005	41	2445
合计	139	8852

第四节　高新技术产品

1996 年 1 月,省科委印发《安徽省高新技术产品认定暂行办法》,高新技术产品认定工作开始在全省范围启动。

1997 年 9 月,省科委转发国家科委《关于颁布〈国家高新技术产品目录〉的通知》。

1998 年 9 月,省科委组织参展全国火炬计划十周年成就暨高新技术产品博览会,华东电子工程技术研究所的专用集成电路芯片、安徽现代电视技术研究所的电视节目自动播出控制系统、荣事达集团的仿生自动控制洗衣机等高新技术产品受到参观者的青睐,展览成效显著。安徽省科委被授予最佳组织奖,安徽展团被评为优秀展团。

1999 年 4 月,省科委、省财政厅、省国税局、省地税局联合下发《关于高新技术产品继续享受优惠政策的通知》。

2000 年 7 月,省科技厅、省物价局下发《关于高新技术产品价格管理的通知》。

2000 年 8 月,省科技厅对 1996 年 1 月印发的《安徽省高新技术产品认定暂行办法》进行修订,印发《安徽省高新技术产品认定办法》。2000 年年底,全省高新技术产品 339 项。

2001 年 12 月,根据科技部、外经贸部《关于调整〈中国高新技术产品出口目录〉的通知》要求,省科技厅、省外经贸厅联合下文布置《中国高新技术产品出口目录》调整申报工作,向科技部、外经贸部推荐同意"ITO 导电膜玻璃"等 80 个产品申报列入《中国高新技术产品出口目录》。

到 2005 年年底,全省认定高新技术产品 729 项,动态保留 306 项。17 个市高新技术产品分布:合肥市 71 项,占全省的 23.2%;芜湖、蚌埠、巢湖、黄山、宣城分别占全省的 14.7%、8.2%、7.8%、6.9%、5.9%;其他市的高新技术产品相对较少,均占 5%以下。306 项高新技术产品技术领域相对集中在新材料(占 37.6%)、光机电一体化(占 36.3%)、电子信息(占 14.7%)和生物医药(占 9.8%)四大领域。

第五节　科技企业孵化器

安徽省第一家科技企业孵化器成立于 1992 年 4 月的合肥高新技术创业服务中

心,坐落于合肥国家高新技术产业开发区。2001—2005年,安徽省建立一批以合肥国家高新技术创业服务中心、合肥民营科技企业园为代表的综合型企业孵化器,面向特定创业对象的合肥国家大学科技园、合肥留学生创业园、合肥工业大学创业服务中心、安徽海外学者创业服务中心,以及面向特定技术领域的合肥软件园等专业孵化器。

2000年,合肥大学科技园被科技部、教育部批准为15个国家大学科技园试点单位之一。合肥国家大学科技园发展有限责任公司正式注册成立。合肥留学人员创业园和安庆、合肥民营科技示范园生机勃勃,显现出集聚效应。合肥民营科技园有14家企业入园,签订土地转让合同620亩,有4家企业开工。留学人员合肥创业园吸引50多位留学人员回国创业,留学人员企业42家,被人事部、科技部批准为第二批留学人员创业示范基地。

2000年,安徽省有各类创业服务中心8家,入驻企业187家。科技创业服务中心汇聚一批博士、硕士和海内外留学人员,成为科技人员创新创业的热土。合肥高新区创业服务中心通过加强咨询服务、举办各类培训、协调贷款、建立孵化资金等途径,培养壮大企业。孵化企业182家,项目218个。芜湖创业服务中心于2000年年初运行,组织1000万元作为风险投资,引进28家科技型小企业,注册资金2850万元,其中台资企业2家,投资215万美元。

2000年,安徽省建立生产力促进中心16家,其中科技部批准的4家,在主要市和行业建立生产力促进中心工作网络。安徽省生产力促进中心积极推广应用CAD技术和现代化管理技术,组织专家为中小企业进行咨询诊断,被科技部命名为国家示范生产力中心。

2004年,安徽省建立科技企业孵化器网络,新建阜阳、天长科技创业服务中心,与以色列国就建立科技企业孵化器运行机制等开展培训合作。2004年,全省科技企业孵化器在孵企业数1000多家,孵化场地面积31万平方米,经孵化器孵化毕业的企业231家。在全国率先开展生产力促进中心绩效评价工作,有15家生产力促进中心列入省级中心目录。

2005年,安徽省有科技企业孵化器24个(其中国家级5个),以高新技术创业服务中心为代表的综合性孵化器15个,以软件园为代表、面向特定技术领域的专业性孵化器4个,以留学人员创业园和大学科技园为代表、面向特定创业者群体的专门性孵化器5个。2005年,24个科技企业孵化器孵化场地面积41.11万平方米,在孵企业794家;在孵企业获得国家科技计划项目71项,获得资助13697万元;申请专利300项,其中发明专利117项;获得批准的专利223项,其中发明专利86项;实现营业收入48.08亿元;吸引60多名留学归国人员和10786名本科以上学历人才在孵化器创业;毕业企业349家。

24个科技企业孵化器分布在10个市,其中合肥11个,有8个建在合肥高新区内,芜湖3个,滁州2个,蚌埠、安庆、马鞍山、铜陵、淮南、宿州、巢湖、阜阳各1个。

2005 年安徽省科技企业孵化器一览表

表 3-2-5

孵化器类别	科技企业孵化器名称
综合性孵化器	合肥高新技术创业服务中心(国家级)
	芜湖高新技术创业服务中心(国家级)
	安徽省科技创业服务中心
	蚌埠市高新技术创业服务中心
	安庆高新技术创业服务中心
	马鞍山高新技术创业服务中心
	天长高新技术创业服务中心
	滁州高新技术创业服务中心
	铜陵高新技术创业服务中心
	淮南高新技术创业服务中心
	宿州市科技企业创业服务中心
	巢湖科技创业服务中心
	安徽省海外学者创业服务中心
	安徽省科园创业服务中心
	阜阳高新技术创业服务中心
专业性孵化器	合肥软件园(国家级)
	芜湖软件园
	合肥集成电路设计园
	合肥生物医药园
专门性孵化器	合肥留学人员创业园(国家级)
	合肥国家大学科技园(国家级)
	合肥民营科技园创业服务中心
	合肥工业大学大学生创业服务中心
	芜湖留学人员创业园

说明:资料来源于 2005 年安徽省高新技术产业统计报告

第六节　高新技术产业基地

1999年,科技部批准安徽省建设第一个高新技术特色产业基地国家火炬计划——铜陵电子材料产业基地。从2000年开始,全省在有条件的市,按照国家级和省级两个层次着手培育高新技术产业基地,印发《安徽省高新技术产业基地认定办法》。全省高新技术产业基地4家,其中2000年新建国家级产业基地2家,省级1家。铜陵电子材料产业基地科技部批准为国家火炬计划高新技术产业基地。合肥高新区与合肥大学科技园共建的软件园、被科技部批准为国家火炬计划软件产业基地,园内的科大讯飞、皖通科技和永信信息等三家软件开发企业同时被认定为"国家火炬计划软件产业基地骨干企业"。软件园入园企业71家,园区建筑面积4.1万平方米,成为软件产业的中坚力量。科大讯飞公司被科技部认定为"国家高新技术研究发展计划成果产业化基地",以中文语音合成技术和中文语音平台技术为基础的系列产品逐步发展、规模不断壮大。省级天长光电缆产业基地建设发展顺利。

2004年,安徽省进一步推进高新技术产业化基地建设。以合肥、芜湖、蚌埠3个高新区和芜湖新型建材、马鞍山新材料、铜陵电子材料等产业基地为重点,加大高新技术产业化项目实施力度。加强产学研结合,支持奇瑞、铜峰、精达、三佳、星马、山鹰等骨干高新技术企业做大做强。新上国家级火炬计划项目34项、省级火炬计划项目12项。支持7家高新技术企业上市,募集资金14.4亿元。新建芜湖医药、蚌埠玻璃新材料、省非金属矿超细加工及应用、淮南生物工程及新医药高新技术产业化基地。

2005年,安徽省有特色高新技术产业基地10个,其中国家级2个,省级8个,实现营业总收入200.81亿元。

国家火炬计划铜陵电子材料产业基地　1999年8月,由科技部批准认定,位于铜陵市。2003年12月,科技部又批准认定该基地为国家863计划高新技术产业化基地。2005年,基地有企业9家,全部为高新技术企业,其中骨干高新技术企业5家,国家重点高新技术企业4家,上市高新技术企业3家。基地企业实现工业总产值51.97亿元,占铜陵市高新技术产业总产值的74.4%。实现营业收入49.67亿元,占铜陵市高新技术产业营业收入的74.4%。实现利税4.52亿元,出口创汇2136.1万美元。

国家火炬计划软件产业基地——合肥软件园　2000年9月,由科技部批准认定为国家火炬计划软件产业基地,位于合肥高新区。2005年,基地有企业205家,其中高新技术企业53家,骨干高新技术企业3家。基地企业实现营业收入19.43亿元,其中软件产品销售收入5.08亿元,自主知识产权软件收入3.04亿元。实现利税2.79亿元,2005年,软件基地出口创汇1178.4万美元,其中,软件出口650万美元。

安徽省光电缆高新技术产业基地　2000年1月,由省科技厅批准认定,位于天长市。2005年,基地有企业56家,其中高新技术企业5家,骨干高新技术企业4家,国家重点高新技术企业 1 家。基地企业实现工业总产值 17.8 亿元，营业收入 17.6 亿元，利税 1.7 亿元，出口创汇 820 万美元。

安徽省车用仪表及电器高新技术产业基地　2001 年 2 月，由省科技厅批准认定，位于黄山市。2005 年，基地有企业 9 家，其中高新技术企业 9 家，骨干高新技术企业 3 家，国家重点高新技术企业 1 家，上市高新技术企业 1 家。基地企业实现工业总产值 3.82 亿元，营业收入 3.57 亿元，出口创汇 166.4 万美元。

安徽省特种电缆高新技术产业基地　2003 年 5 月，由省科技厅批准认定，位于巢湖市无为县。2005 年，基地有企业 73 家，其中高新技术企业 8 家，骨干高新技术企业 5 家，国家重点高新技术企业 2 家。基地企业实现工业总产值 59.6 亿元，营业收入 59.6 亿元，利税 8.62 亿元。

安徽省非金属矿物深加工及应用高新技术产业基地　2004 年 9 月，由省科技厅批准认定，位于池州市。2005 年，基地有企业 10 家，其中高新技术企业 3 家，骨干高新技术企业 3 家。基地企业实现工业总产值 3.56 亿元，营业收入 3.81 亿元，利税 0.73 亿元。

芜湖医药高新技术产业基地　2004 年 9 月，由省科技厅批准认定，位于芜湖市。2005 年，基地有企业 66 家，其中高新技术企业 11 家，骨干高新技术企业 3 家。基地企业实现工业总产值 14.5 亿元，营业收入 11.6 亿元，出口创汇 528 万美元，利税 1.78 亿元。

安徽省玻璃新材料高新技术产业基地　2004 年 9 月，由省科技厅批准认定，位于蚌埠市。2005 年，基地有企业 8 家，其中高新技术企业 4 家，骨干高新技术企业 3 家，上市高新技术企业 1 家。基地企业实现工业总产值 5.65 亿元，营业收入 14.6 亿元，利税 0.76 亿元，出口创汇 2857.6 万美元。

淮南生物工程及新医药高新技术产业基地　2004 年 12 月，由省科技厅批准认定，位于淮南市。2005 年，基地有企业 10 家，其中高新技术企业 8 家，骨干高新技术企业 4 家。基地企业实现工业总产值 3.89 亿元，营业收入 3.65 亿元，利税 0.32 亿元，出口创汇 471.7 万美元。

安徽省汽车零部件高新技术产业基地　2005 年 7 月，由省科技厅批准认定，位于安庆市。2005 年，基地有企业 13 家，其中 5 家高新技术企业全部为骨干企业。基地企业实现工业总产值 15.17 亿元；营业收入 17.28 亿元，利税 2.43 亿元，出口创汇 1522.2 万美元。

第三章　高新技术产业开发区

安徽省是全国高新技术产业开发区（以下简称高新区）建设比较早的省份之一。1988 年 11 月,省政府批准合肥科技工业园成立,1991 年 3 月,经国务院批准成为国家级高新区。此后省政府又分别在 1991 年和 1994 年先后批准成立芜湖和蚌埠两家省级高新区。这三个高新区经过十多年的发展,到 2005 年,实现营业收入 940.95 亿元,工业总产值 846.17 亿元,工业增加值 266.8 亿元,利税 120.81 亿元,出口创汇 84873.2 万美元,全员劳动生产率 15.8 万元 / 人·年。合肥、芜湖、蚌埠高新区工业增加值占所在城市工业增加值的比重分别为 44.9%、69.8%、33.9%,已经成为全省发展高新技术产业的龙头。

第一节　合肥国家高新技术产业开发区

园区基本建设　1988 年 8 月,合肥市委、市政府提交建立合肥科技工业园的请示,得到省委、省政府的大力支持。1988 年 11 月,省政府批准合肥科技工业园成立。1990 年 10 月,合肥科技工业园破土动工。1991 年 1 月,省长傅锡寿主持召开省长办公会议,专题研究合肥科技工业园的建设问题。1991 年 3 月 6 日，国务院批准合肥科技工业园为国家高新区。1991 年 12 月 3 日，国家科委下文审定合肥科技工业园区域范围与面积。1991 年年底,完成基础设施投资 1418 万元,开工厂房 1.54 万平方米。合肥国家高新区位于合肥市西郊蜀山风景区,规划用地面积 29 平方公里(后增至 78 平方公里),北至长江西路,东以合九铁路为界,南到 312 国道,西接肥西县南岗镇,和老城区连成一体。

1992 年 2 月,经省委批准,合肥市委组建合肥高新区管委会领导班子。3 月,合肥高新区管委会为副厅级事业单位。5 月,合肥市政府下发《关于加快建设合肥高新技术产业开发区的意见》。7 月 8 日,合肥市政府同意实施《合肥高新技术产业开发区综合改革方案》,授予管委会市级管理权限。7 月 15 日,国家科委行文同意将“合肥科技工业园”更名为“合肥高新技术产业开发区”。

1992 年,合肥高新区得知省政府和省人民银行有批准建立金融机构的权限,抓住机遇,在省、市领导支持下,完成全省乃至全国没有先例的创新——带有尝试性、股份制的合肥科技开发实验银行于 1992 年 9 月挂牌。合肥科技开发实验银行当年就为合肥开发区解决首期基础建设三分之一的资金缺口,其后两年融资超过 5 亿元,有力地支持合肥高新区的发展。几乎同时,安徽省第一家中外合资的房地产开发公司,第一笔对外商实行的土地批租,也在合肥高新区成为现实。至此,合肥高新区真正成为一片热土。1992 年下半年,400 多户农民、5 万多平方米的农舍,1 个月内搬离、拆迁完毕。在短短的 3 个月时间内,起步区 2.2 平方公里的范围内实现“五通一平”,开创安徽建设史上的“深圳速度”。

经济运行 1993 年, 合肥高新区入区企业 305 家。1994 年,242 家有经营活动的企业年完成产值 15.55 亿元,营业收入 14.54 亿元,创汇 1281 万美元,利税 1.61 亿元。合肥荣事达集团公司、电子部 38 所、合肥美菱空调器厂和安徽万燕公司成为合肥高新区产值超亿元的四大支柱企业。合肥高新区内企业年末职工 17330 人,全员劳动生产率 8.97 万元 / 人·年。1994 年 4 月,国家科委火炬办在苏州召开“高新技术产业开发区工作研讨会”,合肥高新区管委会负责人作典型发言。国家科委火炬办主任王瑞明一行在视察合肥高新区后认为,合肥高新区在体制、规划、改革和产业等方面全面健康发展,已全方位进入全国一流开发区行列。1994 年 10 月,合肥市委、市政府出台《关于进一步加快合肥高新技术产业开发区建设的意见》。1995 年 11 月,合肥市委、市政府决定将蜀山镇(所辖 98 平方公里)划归合肥高新区管理,设立合肥市政府蜀山新区管委会,与合肥高新区管委会一个机构、两块牌子,同时批准设立中共合肥高新区工委。1995 年,合肥高新区进区企业达 395 家,投资 41.82 亿元,注册资本 33.51 亿元。1996 年 4 月,中央编制办、国务院特区办、国家科委批准合肥高新区为全国“开发区行政管理体制和机构改革试点单位”。1997 年 9 月, 首届亚太经济合作组织科技工业园网络年会在北京召开,合肥高新区等 4 个国家高新区被授予“中国亚太经济合作组织科技工业园区”。1997 年底,合肥高新区“七通一平”扩展到 5 平方公里。1999 年,合肥高新区被国家批准为技术创新工程区域试点。

科技部批准在合肥高新区设立合肥国家民营科技示范园和合肥大学科技园,合肥软件园入园企业 27 家,留学创业园也在建设中。涌现出华东中药、安科生物、兆科药业、安徽生物制药厂、显臣制药、合肥医工所等为代表的一批中小型生物及医药企业,硅谷天音、中圜永信、皖通科技、合肥新工、安兴防伪、格图电子、山立公司、科力公司等一批以系统和应用软件为主导的企业。1999 年, 合肥高新区实现营业收入 74 亿元,利税 7.3 亿元,出口创汇 5300 万美元。进区企业达 557 家,项目 631 个,投资 72.7 亿元。

2000 年,合肥高新区被国家认定为高新技术产品出口基地。

进入 21 世纪以后,合肥高新区在科技部“二次创业”精神指导下,按照由政策优势向体制优势转变等“五个转变”的要求,加大深化改革、创新创业的力度,仅 1 年多时间就完成全区管理机构的重新整合,按照市场经济体制要求和产权关系建立新的管理体制和运行机制。同时,区内投资环境日益改善,招商引资局面趋好,信息产业基地、生物医药产业基地等一批重大项目迅速建成投产,全区经济和社会事业全面迈入发展快车道,经济发展对全市经济增长的贡献率显著提升。2003 年 9 月,合肥高新区再次荣获科技部授予的“先进国家高新技术产业开发区”称号。2004年,合肥高新区提前一年实现合肥市第八次党代会要求的经济总量在2000年基础上“翻两番”的目标。

2005年,合肥高新区规模以上工业企业109家,经省科技厅认定的高新技术企业145家,占合肥市高新技术企业的71.4%,软件园汇集100多家软件企业,占全省软件企业的66%。2005年,合肥高新区内228家企业资产517.56亿元,负债241.49亿元,固定资产净值162.01亿元;从业人员6.88万人;实现营业收入426.03亿元,;实现工业总产值387.8亿元;实现工业增加值129.43亿元;净利润25.09元;上缴税费60.04亿元;出口创汇3.50亿美元。全员劳动生产率20.1万元/人·年。

2001—2005年合肥高新区各项经济指标及其增长情况统计表

表3-3-1

	工业总产值(亿元)	营业总收入(亿元)	净利润总额(亿元)	税收总额(亿元)	出口创汇(万美元)	年末从业人员数(人)	全员劳动生产率(万元/人·年)	工业增加值(亿元)
2001	106.92	135.17	9.34	6.22	6216.0	44218	5.8	25.7
2002	156.54	154.47	9.67	9.38	7738.3	46695	7.8	35.8
2003	207.00	211.40	12.70	21.50	14919.2	45433	14.3	63.2
2004	284.95	297.02	18.02	27.89	23628.5	58359	14.7	83.1
2005	387.8	426.03	25.09	60.04	34957.2	68784	20.1	129.43

说明:资料来源于省科技厅《高新技术产业统计报表》(2005年)

高新技术企业集群 经过10多年的发展,合肥高新区形成光机电一体化、新材料、电子信息、生物医药四大高新技术产业企业集群,该产业集群占全区工业总量的比例高达95%;世界500强在此设立的分支机构或生产基地已近10家。拥有省级以上企业研发中心117个,企业博士后工作站17个。国家级企业技术中心2家,省级企业技术中心20家,国家“863”计划成果产业化基地2个,国家工艺装备实验基地1家,科技企业孵化器12家,其中国家级科技企业孵化器5家。孵化场地面积20万平方米,孵化企业400多家。全区各类专业人才1万多人,设立博士后科研工作站15个。10多年间,合肥高新区吸引20多个国家和地区的客商前来投资,引进项目650个,投资178亿元,注册资本128.6亿元,其中包括美国美泰克、达西浦,日本三洋、瑞士ABB等著名跨国公司,还有荣事达电器、国风塑业、昌河汽车等国内著名大企业。世界第一台VCD、国内第一个基因工程重组药物、国内第一台“e”波段全相参移动式多普勒天气雷达等都在高新区内研制成功,应用到经济建设和人民生活中。合肥高新区在10平方公里范围内全面实现路、水、电、气、通信等“十通一平”,园区绿化率40%。

第二节　芜湖高新技术产业开发区

芜湖高新区前身为芜湖经济小区，位于四褐山前马场。1990年11月10日，省政府下发《关于同意建立芜湖高新技术产业开发区的批复》，同意在芜湖经济小区建高新区，面积4万平方公里，为省级高新区。

1992年5月5日，中共芜湖市委、市政府决定成立“安徽省芜湖经济技术开发区(芜湖高新区)管理委员会”。1993年4月，国务院下发《关于设立芜湖经济技术开发区的批复》，同意设立芜湖经济技术开发区，实行沿海开放城市经济开发区的政策。同年10月15日，省编委下发《关于同意成立芜湖经济技术开发区管理委员会的批复》，芜湖市编办下发《关于芜湖经济技术开发区管理机构等有关问题的通知》，同意芜湖经济技术开发区管理委员会成立及其内设机构的设立。

为拓宽芜湖高新区的发展空间，2000年，芜湖高新区从原地移位发展。从马塘区木业经济开发区起步。同年8月28日，芜湖高新区成立管委会办公室、经贸发展局、规划建设局、财税局。2001年2月6日，市政府现场办公会议决定在峨山路以南设立芜湖高新区，规划面积10平方公里。5月16日，成立芜湖高新区管委会，内设机构相应调整为芜湖高新区管委会办公室、经贸发展局、财税局。2005年12月，成立芜湖高新区投资有限公司。高新区内规划有电子工业区、综合加工区及汽车零部件工业园等。

2001—2005年，芜湖高新区共有6家规模以上企业通过质量体系认证；申报认定省级高新技术企业6家，省级高新技术产品4项，市级高新技术企业3家，市级高新技术产品2项，签订各类科技开发项目合同15项。

至2005年年末，芜湖高新区在各方面都取得可喜的成绩。

经济运行　2005年，芜湖高新区实现地区生产总值114.3亿元；完成固定资产投资47.8亿元；全区实现工业总产值368.83亿元；实现营业总收入403.5亿元；实现工业增加值111.42亿元；净利润8.1亿元；上缴税费20.09亿元；出口创汇3.44亿美元。全员劳动生产率19.3万元/人·年。2005年，高新区实现开发面积27.3平方公里，开业企业1000家(其中工业企业225家、外商投资企业110家)，投资364亿元(其中外资11亿美元)，企业从业人员约5万人(其中大专以上学历人员约1万人、留学归国人员98人)。

2005年，实际利用外资10309万美元；实际利用省外资金43亿元。

科技型中小企业创新创业　2005年，芜湖高新区有4家企业4个项目获得2005年度国家科技型中小企业技术创新基金260万元的资金支持。从1999年国家启动科技型中小企业技术创新基金计划至2005年，芜湖市共有13个项目获得该基金的支持，其中高新区9个，获得600多万元项目资金，占全市70%以上。高新区企业申报省市中小企业发展专项资金项目，有12家企业获得资金支持。2005年，芜湖高新区申报省发改委“三高”项目争取资金950万元。

高新技术支柱产业 芜湖高新区形成汽车及零部件、电子电器、新材料三大高新技术支柱产业,2005年,实现产值243.7亿元,占当年全区规模以上工业总产值的92.1%。以奇瑞汽车、海螺型材、VDO汽车电子、美的空调、日立空调、威灵电机为代表的一批在国内外市场较有竞争实力并有较大生产规模的产品,对全区经济增长的带动作用日益突出。2005年,有规模以上企业101家,24家新建企业实现工业产值超亿元,其中6家企业超过10亿元,12家新建工业企业利润额超过1000万元, 到区投资的世界500强企业13家、国内上市公司23家。

创新创业服务体系 芜湖高新区和市科技局紧密合作,在投资建设国家级芜湖科技创业服务中心的基础上,不断加大投入,建成国家级芜湖软件园和芜湖留学人员创业园。2005年,进驻科技创业服务中心和园区的企业有145家,孵化毕业46家,在孵企业108家。注册资金12698万元,其中境外投资242.24万美元,500万港币,引进博士30人,硕士58人。引进企业20家,注册资金1314.4万元,外资27万美元。

科技兴贸 奇瑞汽车、西门子威迪欧汽车电子、长信导电膜玻璃等一批高新技术企业产品,在国际市场上稳步发展。2005年,奇瑞汽车有限公司汽车出口量1.8万辆,除海外子公司外,有38个国家41个总经销商销售奇瑞汽车。在国际交流与合作方面,有来自福特、通用、戴克、大众、三菱、本田等世界著名汽车公司及汽车配件公司的外籍专家40多人加盟奇瑞,同时奇瑞公司已与欧美12家世界一流的轿车研发机构建立合作关系,派出200多名科技人员常年在国际著名的汽车研发部门工作。

第三节 蚌埠高新技术产业开发区

蚌埠高新区是1994年4月经省政府批准设立的省级高新区。1994年9月, 蚌埠市编委下文成立高新区管委会。蚌埠高新区规划面积5.24平方公里,1995年5月,开始建设。1998年8月,蚌埠市政府把张公山行政村整建制划归蚌埠高新区,规划面积扩大至6.6平方公里。同年,蚌埠高新区完成基础设施工程16个,起步区基本实现“六通一平”。

蚌埠高新区自成立后先后下发《关于进一步鼓励高新技术产业发展的暂行办法》《关于促进民营科技企业发展的若干意见》等文件,在土地供应、优惠政策兑现、财政扶持等方面予以支持。

1999年,蚌埠高新区进一步加快基础设施及配套服务设施建设,加大招商引资力度。1999年,完成工业总产值7.8亿元,技工贸收入8.6亿元。全年新批入区企业30家,新开工项目8项,协议引资3.6亿元。出台《关于进一步扶持高新技术产业发展的暂行办法》等政策,采用“一门式办公,两审制审批”的项目办理制度,进一步优化投资环境。

1999年,针对民营企业发展强劲的态势,蚌埠高新区抢抓机遇,辟出200亩土地,设立民营科技工业园，以多项优惠政策吸引昊方汽车空调离合器有限公司、大地消防电子等一批民营企业入园。投入5亿多元，建立“蚌埠高新技术服务中心”“机电环保产业园”“科技企业孵化基地”等一批技术研发和产业化基地。产学研合作机制运转顺畅。多家企业与科研院所、高等院校结成合作关系，如福康集团与中国科技大学、浙江大学，金威滤清器厂与合肥工业大学，昊业公司与北京航空航天大学合作等。

2000年，蚌埠高新区以贯彻落实《中共蚌埠市委、市人民政府关于进一步加快高新技术产业开发区建设的决定》为契机，加快基础设施建设步伐，建成东海大道张公山村段，打开通往市区的东大门，区内形成“五纵四横”的交通网络。到2002年，区内企业从最初的40多家发展到300多家。

2003年，蚌埠高新区实施“二次创业，加快发展”的战略。搭建融资平台和招商引资载体，7月成立高新投资集团，通过市场化运作，多渠道筹措资金10亿余元，支持区内建设。尤其是2004—2005年竣工的从东海大道到沿山路北的22公里市政道路，是用1.25亿元国债转贷资金建成的。高投集团以资金、土地等资产参股，成功引进青岛公路集团、浙江广厦集团、杭州中冠公司等一些有实力的企业入区投资、通过“BT”方式投资建设19公里道路工程、创业孵化器10万平方米工业化标准厂房、“山香社区”安置房建设。

蚌埠高新区自成立至2005年年末，各方面取得明显的成效。

经济运行　工业总产值从1997年的4.75亿元增长到2005年的89.54亿元；地区生产总值从1997年的1.6亿元增长到2005年的30.71亿元，其中工业增加值从1997年的1.6亿元增长到2005年的25.95亿元；营业收入从1997年的5.4亿元增长到2005年的111.42亿元；出口创汇从1997年的2664.7美元增长到2005年的1.55亿美元；固定资产投资从1997年的3847万元增长到2005年的23.4亿元；财政收入从1997年的1687万元增长到2005年的25226万元。

招商引资　2005年，蚌埠高新区注册企业400多家，其中“三资”企业37家。吸引美国、加拿大、澳大利亚、德国、丹麦、比利时、日本、新加坡等10余个国家和中国香港、台湾地区的投资企业落户，引进外商投资从1997年的2.3亿元增长到2005年的7.911亿美元，其中实际利用外资从1997年的1735万美元增长到2005年的2.1亿美元。2005年引进2个跨国大公司进区投资14个项目，如香港伟业集团公司投资的汽配五金产业园项目、美国EEC公司投资的艾尼科环保设备项目等。引进内资项目187个，投资额42.98亿元，实际到位资金31.33亿元。其中投资较大的企业有中国华源集团公司、宁波屹东电子股份有限公司等。全区进出口9.3亿美元，其中出口8.6亿美元，出口超过500万美元的大企业有蚌埠八一化工有限公司、安徽省蚌埠华益导电膜玻璃有限公司等。固定资产投资78.3亿元，从业人员4.2万人。2005年，蚌埠高新区招商引资有大的调整和进展，确立产业链招商的思路，围绕延伸产业链、培育产业集群，精心选择项目。同时，积极贯彻“东向发展”战略，加大招商引资力度，取得积极成效。全年实现到位资金12.35亿元,完成全年目标任务的102%。新批外商投资企业7家;投资额2.5亿美元;合同外资0.78亿美元;实际利用外资0.5亿美元。其中引进1个跨国大公司进区投资3个项目,如香港伟业集团公司投资的发动机、传动系、减震器项目等。引进科技含量高、牵动性强的太阳能发电项目,为新能源产业链的形成提供可能。引进内资项目18个,投资4.72亿元,实际到位资金8.2亿元。全区实现进出口1.655亿美元,其中出口1.55亿美元。企业作为招商引资主体的作用得到发挥。双环电子入股德国SRT公司后,又与该公司在蚌埠高新区兴办专门从事精密电阻生产的合资企业;中国凯盛公司与意大利保特罗公司合资组建凯盛-保特罗(蚌埠)玻璃有限公司,注册资本200万欧元;艾尼克公司一方面增资扩股,积极扩大生产规模,一方面通过自身在行业内的影响力,带来HC国际入驻高新区;天宝产业公司在与伟业、北泰、东普等公司合作后,又与香港汇恒公司合资设立5家公司,进行6个项目的合作,合同金额8386万美元,其中外资4109万美元;华益导电膜公司、金黄山凹版印刷公司、昊业滤清器公司等2005年通过增资扩股,利润再投资等形式进行技术改造,扩大生产规模。

基本建设 2005年,实施基础设施项目19项,完成基础设施投资1.2亿元。其中,道路建设项目6项,完成投资6000万元,新增道路里程6公里;新增绿化面积89400平方米;完善供水、排水、电讯、公交停车场、垃圾中转站、消防站等配套设施建设。2005年,蚌埠高新区报征集体土地322.9451公顷,实际出让面积299.926公顷。2005年每亩土地投入产出为:投资密度每亩130万元;每亩GDP68.24万元;每亩工业总产值199万元;每亩财政收入5.61万元;每亩实际利用外资4.66万美元;每亩出口19.31万美元。

生物质产业 依托国家级创新型企业丰原集团和丰原生化,高新区成为中国生物质产业的标杆性基地。设有国家级发酵技术工程研究中心。自主研发的生物发酵技术和分离提取技术,在利用秸秆生产燃料乙醇、玉米芯生产木糖醇联产柠檬酸的关键技术(被列入国家科技支撑计划)上实现重大突破,将农作物非食用性产品资源的加工和转化推向一个新的发展阶段。

电子信息产业 以中国电子科技集团40所、41所,安徽双环电子集团为依托,园区在电子测量设备、移动通信测量设备、光纤融接、消防电子、汽车电子、精密电阻器、传感器、接插件等产品领域有较强的实力。中电集团40所是国防科技工业唯一的接插件、继电器专业研究机构。41所是中国唯一的专业电子测量仪器研究所。双环集团的精密电阻国内领先。41所和双环集团的部分产品为"长征"火箭、"神州"工程配套。

装备制造业 以41所、华隆消防车、国威滤清器、北泰公司等企业和院所为核心,园区在工程机械、汽车配件、养殖孵化设备等领域显示出突出的市场竞争力。在节能与环保技术装备领域拥有全套世界领先技术水平的大气治理技术和拥有自主知识产权的静电除尘器、布袋除尘器和烟气脱硫装置。蚌埠高新区是全国最大的车用滤清器研发、制造基地,占据全国70%以上市场份额,金威滤清器有限公司生产的"BB"牌滤清器是国家免检产品。昊方公司自主研发的汽车空调电磁离合器占据全国55%的市场份额。41 所研制生产的养殖孵化设备占据全国 70%以上市场份额。

碳纤维与玻璃新材料　蚌埠玻璃设计研究院、蚌埠华益导电膜玻璃公司、安徽首文碳纤维公司等在太阳能玻璃、ITO 导电膜玻璃、碳纤维等领域具有较强自主研发能力的企业。玻璃设计研究院是国内玻璃行业主要设计单位之一。华益公司是亚洲最大的 ITO 导电膜玻璃生产企业，年产 ITO 导电膜玻璃 2100 万片，参与制定《液晶显示器薄浮法玻璃》国家标准，华皖碳纤维公司启动年产 200 吨聚丙烯腈基碳纤维项目，产品应用领域广泛。

第四篇　科技管理与服务

第一章　科技管理机构

第一节　安徽省科技行政管理机构

安徽省科学技术委员会　安徽省科学技术委员会主要职责：执行、制定科技方针、政策；制定科技发展规划、计划；组织全省科技成果的鉴定、登记、奖励、上报和推广；管理、分配科研经费、物资、外汇等；负责科技外事、专利工作，指导行署、市科委和省直业务厅局的科技工作。内设机构：办公室、人事处、外事处、科技干部处、省科委党组纪检组、科技分党委、科技政策处、综合计划处、条件财务处、科技研究处、技术开发处、成果管理处、科技情报处、机关生活服务处，人员编制106人（其中事业编制20人）。

1989年，科技干部管理的职能划转省人事局，撤销科技干部处。

1990年，科技研究处更名为工业科技处，技术开发处更名为农村科技处。设立省科技兴农办公室。

1991年，设立政策法规处，科技政策处更名为科技管理处。

1992年，设立省直工委科技分委员会。

1995年机构改革，中共安徽省委、省人民政府重新确定省科委为省政府组成部门，是综合管理全省科技工作的职能部门，主要职责是：组织制定全省科技发展的战略、方针、政策和法规，会同有关部门研究制定和组织实施科教兴皖战略的各项规划和计划；研究确定科技优先发展领域，研究分析科技促进经济和社会发展的重大问题；制定科学研究、技术开发和科技成果商品化、产业化的政策和措施；组织制定与实施科技发展中、长期规划和年度计划；选择对全省国民经济和社会发展具有重大影响的科技项目，组织力量进行攻关；合理使用和管理各项科技经费，负责重点实验室、中试基地、工程技术研究中心规划的编制、审批和建设，管理科技条件工作；归口管理全省高新技术产业开发区，负责高新技术企业认定和审批；归口管理全省民营科技工作；指导科技第三产业的发展；管理全省科技成果，负责重大科技成果的鉴定、奖励、推广、保密工作；管理全省专利工作，归口管理和协调有关知识产权保护工作；归口管理科技外事工作，制定并组织实施国际科技合作计划；协同有关部门组织技术出口、技术引进和消化、吸收、创新工作；会同有关部门审查科研院所科技产品进出口权；归口管理全省软科学研究和科技信息工作；负责科技宣传、科技统计、自然科学类期刊管理，指导科技档案工作；协同有关部门审批省级独立自然科学研究机构的新建或撤销；审查和管理综合性自然科学社会团体;协同有关部门制定与科技人员有关的政策、法规,指导科技管理干部和高新技术人才的培训工作;指导与协调各地、各部门开展科技兴农、科技兴企、科技兴市(县)、建设社会发展综合试验区工作;组织实施科技扶贫,创建星火密集区等。内设机构:办公室、政策法规和社会发展处、综合计划处、条件财务处、科技成果处(省科技保密办公室)、外事处、高技术产业处(高新技术产业开发区领导小组办公室)、工业科技处、农村科技处(省科技兴农办公室,省科技扶贫办公室)、技术市场管理处、人事处、离退休工作处、机关党委及纪检(监察)、审计派驻机构。机关行政编制93名。

安徽省科委负责人一览表

表4-1-1

职务	姓名	任职时间
主　　任	常本英	1985.1.7—1993.3.6
	施伟国	1993.3.6—2000.3.28
副 主 任	田　声	1980.2.9—1986.4.2
	夏勤农	1983.6.1—1990.12.21
	季　烽	1986.11.28—1993.6.26
	丁俊美	1989.8.23—1995.3.23
	王道纯	1990.12.21—1995.10.13
	方有德	1992.9.20—1996.2.28
	王百江	1994.12.23—2000.3.28
	周建强	1995.12.30—2000.3.28
	钱泽刚	1996.4.4—1997.1.28
	严洪华	1998.12.4—2000.3.28
党组书记	常本英	1985.1.7—1993.3.5
	施伟国	1993.3.5—2000.3.28
党组副书记	季　烽	1986.11.14—1993.7.21
	方有德	1993.12.30—1996.4.17
	钱泽刚	1996.4.17—1997.1.28
党组成员	田　声	1980.2.9—1986.4.2
	夏勤农	1983.6.1—1990.12.21
	许皓月	1985.2.8—1989.11.17

续表 4-1-1

职务	姓名	任职时间
	丁俊美	1989.8.24—1995.10.16
	王道纯	1990.12.21—1995.10.16
	方有德	1992.9.25—1993.12.30
	唐盛如	1993.2.26—1998.11.24
	王百江	1995.1.7—2000.3.28
	周建强	1995.12.29—2000.3.28
	江　焜	1996.11.15—2000.3.28
	严洪华	1998.12.2—2000.3.28
纪检组长	许皓月	1985.2.8—1988.6.4
	江　焜	1996.8.27—2000.6.14
省直科技分工委书记（副厅级）	王道纯（兼）	1992.4.7—1992.9.25
	唐盛如	1992.9.20—1994.4.20
助理巡视员	唐盛如	1994.5.23—1998.11.24

1986—1999 年安徽省科委机关人员编制变化情况统计表

表 4-1-2

年份	编制数	实有人数
1986	106	98
1987	110	102
1988	110	110
1989	93	94
1990	93	85
1991	105	91
1992	105	100
1993	105	85
1994	105	75
1995	93	70

表 4–1–2

年份	编制数	实有人数
1996	93	89
1997	93	90
1998	93	85
1999	93	78

安徽省科学技术厅 2000年机构改革，安徽省科学技术委员会更名为安徽省科学技术厅，省科技厅是主管科技工作的省政府组成部门，主要职责：研究提出全省科技发展的战略、方针，研究确定全省科技发展的重大布局和优先领域，研究并组织实施科技促进经济和社会发展的重大问题，协调全社会科技进步；组织实施科教兴皖战略，指导全省科技兴市兴县工作；组织指导全省科技创新工作，推进科技型中小企业技术创新，推动全省科技创新体系建设，负责高新技术成果转化和科技型中小企业技术创新专项资金的安排使用工作；负责全省科技执法工作，研究提出科技体改、科技人才、科技创新、科技进步、科技中介服务、科技奖励、科技成果转化、高新技术产业化等方面政策、法规的建议；负责编制全省科学技术发展的中长期规划和年度计划；负责火炬计划、星火计划、成果推广计划等科技开发计划，科技攻关计划和软科学等研究发展计划，国际科技合作计划的制定与组织实施；研究拟定并组织实施发展高科技、实现产业化的规划、计划，归口管理全省高新技术产业开发区和产业基地，会同有关部门认定高新技术企业、产品、成果和高新技术产业化项目，组织实施科技创新工程；制定多渠道增加科技投入的措施，优化科技资源的配置；负责归口管理的科学事业费、科技"三项费"和科技专项经费等有关费用的预、决算；负责归口管理的科研院所国有资产管理工作；负责重点实验室、中试基地、工程技术研究中心、星火技术密集区、高效和持续发展农业科技示范区、科技系统基建工作，管理科技条件工作；归口管理全省科技成果、科技奖励、科技保密、技术市场和技术合同认定、技术出口及保密审查工作；归口管理与科技相关的知识产权保护工作；指导科技中介服务、有关科技中介服务机构的认定，促进科技服务体系的发展；归口管理全省科技外事工作。按照有关规定审核审批全省出国(境)进行科技活动事项、参加国际科技组织和邀请外国人来华进行科技交流与合作事宜；审理与香港、澳门特别行政区及台湾地区的科技交流合作事项；协同有关部门组织技术出口和技术引进、消化、吸收、创新工作；会同有关部门研究审查科研院所科技产品进出口权；归口管理全省民营科技工作；归口管理科技信息工作；负责科技宣传、科技统计和推动科学普及工作；指导、协调全省各地、各部门的科技管理工作；审核自然科学研究机构的组建和调整。内设机构：办公室、人事处、政策法规处、发展计划处(省自然科学基金委员会办公室)、条件财务处、国际合作处、农村与社会发展处(省科技兴农办公室、省科技扶贫办公室、省星火计划办公室)、高新技术发展及

产业化处(省高新技术产业开发区领导小组办公室)、成果与技术市场处(省科技保密办公室)、离退休工作处、机关党委及纪检(监察)。行政编制 54 名、离退休工作处编制单列 3 名、纪检(监察)编制单列 2 名、机关后勤行政管理服务人员编制单列 9 名。

安徽省科技厅负责人一览表

表 4-1-3

职务	姓名	任职时间
厅　长	唐承沛	2000.5.27—2003.10.24
	徐根应	2003.10.24—
副厅长	严洪华	2000.3.28—2002.4.28
	周建强	2000.3.28—2002.6.26
	罗　宏	2000.8.7—2007.9.30
	刘　苹	2002.1.27—2004.3.29
	张国栋	2002.11.21—2008.12.26
	刘金林	2003.9.28—2005.9(挂职 2 年)
	任　鸣	2004.6.16—
	王　洵	2007.9.30—
	刘明平	2008.11.28—
	蔡宜骅	2010.1.5—
	郑永飞	2010.9.10—2011.9(挂任副厅长)
纪检组长	江　焜	2000.6.14—2002.12.20
	周晓刚	2004.3.17—
巡 视 员	严洪华	2002.4.28—2008.7.28
助理巡视员	王百江	2000.3.28—2001.9.7
	任　鸣	2002.11.21—2004.6.16
	陈先平	2006.2.21—2009.2.20
	朱建基	2010.1.5—
党组书记	唐承沛	2000.5.29—2003.9.14
	徐根应	2003.9.14—
党组成员	严洪华	2000.3.28—2008.7.28
	周建强	2000.3.28—2002.6.26

续表 4-1-3

职务	姓名	任职时间
党组成员	江　焜	2000.3.28—2002.12.20
	刘　苹	2002.1.27—2004.3.17
	张国栋	2002.11.1—2008.12.26
	刘金林	2003.9.14—2005.9
	周晓刚	2004.3.17—
	任　鸣	2004.6.14—
	董　荣	2006.12.30—2010.5.5
	王　洵	2007.9.29—
	蔡宜骅	2009.12.23—

2000–2005 年安徽省科技厅机关人员编制变化情况统计表

表 4-1-4

年份	编制数	实有人数
2000	68	75
2001	69	71
2002	69	69
2003	69	66
2004	70	66
2005	70	64

第二节　地方科技行政管理机构

行署、市、县科学技术委员会　1986 年,各行署、市、县均设立科委,行署科委是行署的办事机构,市、县科委是市、县人民政府的综合职能部门,主要工作任务:贯彻执行党的科技路线、方针、政策;研究技术政策;组织编制并管理科学技术发展计划;管理好重点科研项目和科研成果的应用推广;管理用好科技经费;做好科技干部管理工作;组织并推动科协和有关部门抓好学术交流、青少年科普活动和群众性的科学实验活动;研究并组织解决科研工作的条件问题;搞好业务指导工作;办好各级党委和政府交办的事宜。

市、县科学技术局　2000年机构改革后,17个市均设科技局,为政府组成部门,公务员编制。全省61个县(市)均设科技局,为政府组成部门,公务员编制。相继有44个市辖区设立科技局。市、县科技局主要工作任务:贯彻落实党和国家科技发展方针、政策、法律和法规;研究提出本地科技发展的战略、方针,研究确定本地科技发展的重大布局和优先领域,研究并组织实施科技促进经济和社会发展的重大问题,协调全社会科技进步;组织指导全市科技创新工作;负责本地科技执法工作,研究提出科技体改、科技人才、科技创新、科技进步、科技中介服务、科技奖励、科技成果转化、高新技术产业化等方面政策、法规的建议;负责编制本地科学技术发展的中长期规划和年度计划;负责火炬和星火等科技开发计划、科技攻关、科技创新工程和软科学等研究发展计划的制定与组织实施;制定并组织实施发展高新技术产业的规划、计划,归口管理本地高新技术产业和产业基地,审批认定高新技术企业、产品、成果和高新技术产业化项目;负责科学事业费、科技三项费用和科技专项经费的管理和使用;负责管理本地科学技术进步奖励工作;归口管理本地科技成果鉴定评价、登记和技术合同认定工作;负责本地科技出口及保密审查、科技成果保密工作;指导本地科技中介服务工作;组织协调对外科技交流与合作,承办科技招商引资工作;归口管理科技信息工作;研究提出本地科技促进农村与社会发展的方针和政策;归口管理全市民营科技工作;研究制定本市知识产权保护与相关产业协调发展的政策。

第二章　科技人员管理

第一节　专业技术人员职称评定

职称制度　1986年1月,中共中央、国务院批转《关于改革职称评定、实行专业技术职务聘任制度的报告》。2月,国务院发布《关于实行专业技术职务聘任制度的规定》,其基本定义和内容是:专业技术职务是根据实际工作需要设置的有明确职责、任职条件和任期,并需要具备专门的业务知识和技术水平才能担负的技术岗位,不同于一次获得后而终身拥有的学位,学衔等多种学术、技术称号。其任职期间领取专业技术职务工资。改革的要点是:改变技术职称制度为专业技术职务聘任制度。

当年,安徽省相应成立各级职称改革工作领导小组及办事机构。1985年12月,省委、省政府决定调整省职称改革领导小组成员,组长孟富林、副组长杨纪珂、夏勤农(成员略)。1986—1989年办公室设在省科委。1989年6月后,因机构调整,建制设在省人事厅。

1986年3月,经中央职称改革领导小组批复同意,安徽省职称改革工作部署后试点方案出台。率先在高教、科研、卫生3个系列展开(其中高教、卫生系列中的中国科学技术大学、合肥工业大学、安徽省立医院等单位于1985年第四季度先后试点),其余18个系列进行试点后相继展开。总体部署年内完成。

1986年1月—1988年7月,省职称改革领导小组先后召开9次会议,并通过纪要指导全省。

职称改革工作　1988年11月,省职称改革领导小组办公室出台《安徽省民办科技机构专业技术职务评聘办法》。

截至1988年年底,全省取得高级专业技术资格人数为1.4万人(另一说为1.25万人),取得中级专业技术资格人数为13万人。

1994年8月起,省人事厅先后会同农业、卫生、科研、教育等系列的主管部门制定任职资格标准条件、专业技术职务结构比例等文件,坚持评聘合一的原则。

1995年7月,省人事厅出台针对年龄在35岁以上晋升副高级职务、40岁以下晋升正高级职务者,不受所在单位现有专业技术岗位职数或结构比例限制的文件,以鼓励优秀青年科技人员脱颖而出。

1996年6月,省人事厅出台《安徽省专业技术职务评聘分开试点工作方案》,重点完善专业技术职务聘任制度，抓好评聘分开的试点工作。

2003 年 7 月，省人社厅发文进一步扩大专业技术职务评聘分开的范围，推行艺术、文博、新闻、中小教系列、初级专业技术资格考核认定试点工作。

2004 年 6 月，省人社厅、省卫生厅下发《关于开展农村卫生单位高级专业技术资格评审工作的通知》。

2005 年 5 月，经省政府同意，省人社厅印发《安徽省进一步深化职称改革若干问题的意见》，要求全面推行职称评聘公开，完善结构比例宏观管理，拓宽职称申报人员范围，创新评审组织组建方式，改进各类人才评价方法等。8 月，还印发有关实行考评结合制度和事业单位推行评聘公开的指导意见。

截至 2005 年年底，全省取得高级专业技术资格人数为 89936 人，取得中级专业技术资格人数为 349437 人。

专家选拔　有突出贡献的中青年科学、技术、管理专家选拔。此项工作全省 1985 年 7 月开始进行，其中，赵乃刚等 3 名 1984 年即被授予该称号。1986 年，吴让祥等 14 名被授予。1988 年，全省有 84 名获得称号，其中国务院授予 11 名，省政府授予 73 名。1994 年 8 月，省人事厅、省科委等五部门联合下发通知，决定每两年选拔一次。2000 年后，人事部进行改革，停止有突出贡献的中青年科学、技术、管理专家的选拔工作。

享受省政府特殊津贴人员选拔。1986 年 6 月，据国家科委《关于选拔奖励有突出贡献的专家的通知》，1988 年 1 月，省科委联合省委组织部、宣传部等六部门发文着手选拔奖励工作。后因此项工作调整，转变为享受国务院及省政府特殊津贴人员选拔，并每年选拔一次。1996 年 4 月，省政府办公厅印发《关于安徽省享受省政府特殊津贴人员选拔工作的意见》，决定在全省国有企业、事业单位中进行，以自然科学为主，每年选拔一次。享受政府特殊津贴人员免征个人所得税。2001 年 12 月，安徽省委、省政府决定，对批准享受政府特殊津贴的人员，颁发省人民政府特殊津贴证书，一次性发给特殊津贴 8000 元，并免征个人所得税。2004 年 11 月，省委、省政府办公厅转发省委组织部、宣传部等五部门《关于改革和完善省政府特殊津贴制度的意见》，决定每两年选拔一次，一次性发给特殊津贴 12000 元，并免征个人所得税。当年，还将高技能人才纳入选拔范围。见安徽省享受政府特殊津贴人员统计表。

1990—2008 年安徽省享受政府特殊津贴人员统计表

表 4-2-1

类别＼年度	合计	1990	1991	1992	1993		1994		1995		1996		1997		1998		1999		2000		2001		2002		2004		2006		2008	
		国贴	国贴	国贴	国贴	省贴	国贴	省贴	国贴	省贴	国贴	省贴	国贴	省贴	国贴	省贴	国贴	省贴	国贴	省贴	国贴	省贴	国贴	省贴	国贴	省贴	国贴	省贴	国贴	省贴
工程	845	—	18	103	93	142	6	59	10	53	11	24	15	23	10	18	10	39	36	10	10	18	7	15	15	28	13	24	13	22
农业	369	—	2	28	46	29	3	17	7	18	6	18	8	16	7	21	7	22	18	9	4	8	3	9	7	15	6	15	6	14
卫生	387	—	20	79	82	72	7	8	7	8	5	9	7	12	8	8	—	6	7	2	—	6	2	3	2	8	3	8	—	8
自科	314	1	6	52	50	31	4	17	6	20	9	10	5	5	6	8	6	9	14	5	2	3	3	3	5	8	7	7	4	8
高教	695	1	40	133	135	132	13	14	13	10	14	10	7	15	9	12	8	12	11	10	5	8	4	7	5	15	7	21	6	18
中专 中小教	137	—	—	—	—	—	5	3	6	5	6	9	6	7	6	9	6	7	1	13	2	5	1	6	4	6	1	8	4	11
表演	63	—	2	9	12	4	1	1	1	2	1	3	1	4	1	2	1		1	2	1	1	—	2	2	2	1	3	2	1
体育	74	—	—	—	14	11	1	4		4	1	4	1	4	1	3	2	2	2	3	1	1	—	2	2	3	3	1	2	2
社科	334	—	8	39	59	56	6	10	6	8	3	8	5	10	7	13	5	13	8	9	3	5	3	3	2	11	4	12	4	14
高级技工	13	—	—	—	—	—	—	—	—	—	—	—	—	—	—	—	—	—	—	—	—	—	—	—	—	2	—	2	7	2
总计	3231	2	96	443	491	477	46	133	56	128	56	95	55	96	55	94	45	108	48	115	28	55	23	50	44	98	45	101	48	100
其中中直	192	—	2	—	—	61	—	33	—	29	—	7	—	8	—	4	—	4	—	9	—	5	—	2	—	14	—	5	—	9
总人数 3231 人 其中国贴:1581 人 省贴:1650 人																	省贴:1650 人 其中省直 1458 人 中直:192 人															

省学术和技术带头人及后备人选选拔与培养。1986年6月，省政府办公厅转发《省人事厅等部门制定的安徽省培养造就跨世纪学术和技术带头人实施方案的通知》，截至2005年，共选拔后备人选438人。

博士后制度　全省博士后工作始于1999年。2004年9月，省政府办公厅转发省人社厅《关于加强博士后工作若干意见的通知》，对博士后科研工作站的设站领域、考核制度、评估体系及奖惩机制等作出规定。1999年，全省首家博士后科研工作站，率先在合肥丰乐种业股份有限公司挂牌。截至2006年，全省共设立48家博士后科研工作站（流动站）见博士后站点设立情况一览表（1999—2006年）：

1999—2006年安徽省博士后站点设立情况一览表

表4-2-2

类别 年度	流动站	工作站	小计
1999	0	1	1
2000	0	1	1
2001	0	8	8
2002	0	12	12
2003	4	14	18
2006	0	8	8
合计	4	44	48

专业技术人员继续工程教育　继续工程教育是传统工程教育的继续和发展，指对具有大专以上学历或取得“助理”以上技术职务在职的科技人员进行知识更新、补缺、提高为目的的再教育。1986年3月，省科委制定《安徽省“七五”期间继续教育工程规划意见（草案）》，初步确立全省继续教育工作指导思想和基本任务。后因机构调整等原因，未进入实施阶段。

2000年7月，省人民政府出台《安徽省专业技术人员继续教育规定》指出：继续教育的对象主要是各类企业事业单位中取得中专以上学历、从事专业技术工作人员。基本任务是根据经济社会发展需要，不断补充、更新、拓展专业技术人员知识水平，提高其技能和创造能力。规定县以上地方人民政府人事行政部门是继续教育的综合管理部门。继续教育基地由省、市（地）人事部门会同教育行政等有关部门认定。2001—2002年，全省认定安徽师范大学、合肥工业大学、铜陵有色金属（集团公司）教育培训中心等26家继续教育基地及承办专业。

安徽省继续教育协会。1995年批准成立，系推动和促进全省专业技术人员继续教育工作的学术性群众团体。业务主管部门为省人事厅。

第二节 国外智力引进

机构设置与发展 全省工商企业引进智力工作是1985年5月成立领导小组后起步的。草创之初,在引进渠道、规模、效能及办事机构力量等方面,与中央要求差距较大,在全国处于落后状态。据1988年年底省引进国外智力办公室(时设在省科委科技干部处)统计,全年仅下达2批70个项目,且引进的人才和技术多属传统工农业领域,规模偏小,效益有限,难以适应经济社会发展的需求。

进入20世纪90年代后,引进国外智力工作得到重视和加强。1995年,省引进国外智力办公室设在省人事厅国际交流与外国专家处。2000年12月,据省政府机构改革方案,设立外国专家局。2004年3月,经中共安徽省委同意,省外国专家局局长按副厅级高配。2006年4月,省编制委员会同意省外国专家局(省引进国外智力办公室)升级为副厅级机构。

2001年8月,省引进国外智力领导小组成员调整。组长张平(时任省政府副省长),副组长张俊、丁道荣(成员略)。

2002年8月,安徽省引进工作专家咨询委员会成立,成员20名,其职责等有关事宜按《安徽省引智工作专家委员会工作规则(暂行)》执行。

安徽省国际人才交流协会。1994年9月,省政府同意该协会具有组织派遣团组和人员赴国(境)外培训工作资格。主管部门为省人事厅。

外国专家管理与奖励 依据《中华人民共和国行政许可法》和《国务院对确需保留的行政审批项目设定行政许可的决定》(即国务院412号令,2004年7月1日起施行)有关规定,2005年5月,省外国专家局正式启用“安徽省外国专家局行政许可专用章”,对引进的外国专家实行行政许可制度。

黄山友谊奖。1995年由省政府设立。旨在表彰在安徽经济社会发展中作出突出贡献的外国专家(不含外籍华人、港澳同胞)而设立的最高奖项。2006年,12名外国专家获此殊荣,其中,蚌埠丰原公司的比利时专家Jean Christophe Bogaret还被授予国家“友谊奖”。

引智项目与基地建设 引进国外技术管理人才。2002年,省外国专家局出台《安徽省引进国外技术、管理专家项目管理暂行办法》等文件。引进国外技术管理人才涉及约20个创业领域。其中,种植业养殖业约占引进人才总数的30%,汽车行业约占11%,电子行业约占8%,其他为机械、冶金、管理、化工、材料、食品、医药、纺织、环保、轻工、纸印、电器、能源、生化、开采和仪器等行业。1994—2005年,全省实施引进国外技术管理人才项目1403项,聘请外国专家1808人次,国家资助金额2723.44万元。

1994—2005年安徽省引进国外技术管理人才项目情况一览表

表4-2-3

年份	实施项目数	聘请外国专家人次	国家资助金额(万元)
1994	43	46	82
1995	47	51	85.99
1996	86	103	179.58
1997	109	132	213.21
1998	98	121	208
1999	129	142	313.66
2000	127	141	256
2001	126	198	224
2002	154	200	239
2003	159	202	242
2004	164	239	360
2005	161	233	320
合计	1403	1808	2723.44

全省引进国外技术管理人才项目均取得显著经济和社会效益。安徽华夏电子有限公司(现华东光电技术研究所)“高清晰度显示器制作技术”项目引进独联体电子专家，获取数十项关键技术，其中10″彩色显示管设计、立体液晶显示技术等获突破性进展，填补国内空白，取得近30项专利技术，引导国内在这些领域迈上新台阶，支持国防建设，年产值达1.5亿元。奇瑞公司实施的“轿车集成开发先进技术”项目，使发动机的动力性、经济性、排放性大为改善，新开发的发动机主要指标优于国际先进水平并获千项专利。中科大讯飞信息科技股份有限公司“基于大数据量语音检索和转写、翻译技术”，在外籍专家指导下，取得丰硕成果，填补国内空白，在中文语音产业市场，与全球国际商用机器公司(IBM)等多家巨头竞争，份额超过70%，并牵头主持制定中文语言标准。优质、高产、抗病杂交油菜皖油14及其系列品种的育成，是安徽省农业科学作物研究所通过引智项目取得的重大科研成果。在英国、波兰、美国、加拿大、新加坡、德国等外籍专家指导下取得成功，获得2004年安徽省科技进步一等奖。皖油系列杂交品种多年被列为重点推广品种，被科技部认定为全国农作物新品种培育方面的5项重大进展之一。受聘专家英国Bruce Fitt教授获2002年“黄山友谊奖”，Alastair Mccartney教授获2004年国家“友谊奖”和“黄山友谊奖”，波兰Malgorzata Jedryczka博士获2006年“黄山

友谊奖”和2009年国家“友谊奖”。

国外技术管理人才渠道。国外技术管理人才的外国专家组织主要有:日本的JSV、JODC,德国的SES、DCM,法国的FCTI、AGIR,美国的IEC,英国的VSP、BESO,荷兰的DUM,澳大利亚的AGWEST,意大利的ISES,加拿大的CESO,以色列的MATAT等。

省级引智基地。1994—2005年,共培育农业引智成果300多项。以引智成果带动基地的创建与发展,先后建成中国肉牛一号、稻鸭共作技术、波尔山羊、皖油14、小网箱养鱼、无公害蔬菜、红富士苹果、脱毒草莓、宜山一号柑橘等13个省级引智基地。

出国(境)培训工作 出国(境)培训工作见引进国外智力工作的重要组成部分。它起步于20世纪80年代中期。最初多以科技考察、进修、学术交流等形式进行,1987年,仅涉日、美、德等13个国家30个项目,1988年,涉英、美、法、德等17个国家121个项目。90年代后,出国(境)培训人员逐年增多,对外交往日益频繁,约40余个国家和地区的政府机构、国际组织、著名大学和民间团体,培训大批党政人员、专业技术人员、经营管理人员等各类人才。

1994—2005年安徽省出国(境)培训项目一览表

表4-2-4

年份	项目计划数	项目人数	执行项目数	执行人数	国家资助(万元)
1994	9	141	9	135	138
1995	7	137	7	130	130
1996	24	520	20	486	118
1997	24	593	19	471	103
1998	37	488	33	408	110
1999	41	612	23	349	111.4
2000	35	506	32	477	121
2001	53	783	35	446	82.9
2002	56	726	37	456	97
2003	59	676	39	480	107
2004	51	643	44	507	115
2005	54	728	49	535	123
合计	450	6553	347	4380	1356.3

出国(境)培训管理。为规范出国(境)培训管理,1994年以来,先后印发《安徽省派遣团组和人员赴国(境)外培训管理暂行办法的通知》等文件,在计划制订、人员素质、

经费核算、境外机构选择、成果检验标准等方面做出规定。具体操作执行上，严格归口管理，严肃财经纪律，慎重选用渠道，组团配备翻译，开展行前教育和预培训，严格执行批复日程，做好出国总结和成果跟踪工作。

出国（境）培训成果丰硕。1994 年，安徽铜峰电子集团公司董事长陈升斌，赴美培训回国后，创办合资企业，建立全国唯一具有光膜—镀膜—电容器一条龙生产格局的国有大型企业，年产值过亿元。1994 年，被国家评为出国（境）培训先进工作者。从 1996 年起，全省选拔 35 批 526 名学术和技术带头人后备人选，其中卫生类后备人选 110 名。经过赴国（境）外中、短期培训和学习，大多数成为单位技术骨干或学科带头人，部分学科接近或达到国内领先或先进水平。

第三章 科技计划

第一节 科技发展规划

编制科技发展规划 1984年12月,安徽省人民政府批转省科委、省计委、省经委《关于编制安徽省1986—2000年科技发展规划的报告》,成立安徽省人民政府科技规划领导小组,组织1200多名专家和中青年技术骨干参加规划编制工作。在不到两年的时间里,完成156个专题、400万字的科技规划编制工作,在此基础上,综合编制《安徽省科学技术发展规划总纲(1986—2000年)》。

区域性战略规划研究 1986年,省科委重点安排一批区域性的跨部门跨行业的战略规划研究,组织100多位专家,对安徽省大别山区进行全方位、系统的研究,提出安徽省大别山区发展的指导思想、战略目标、战略重点、优先发展领域、战略方案和措施。

编制跨部门、跨行业发展规划 1990年3月起,省科委会同省计委、省经委,组织近500名技术专家和管理专家,首先编制《安徽省"八五"火炬计划纲要》《安徽省"八五"星火计划纲要》《安徽省"八五"科技成果推广计划纲要》《安徽省"八五"科技扶贫计划纲要》《安徽省"八五"软科学研究计划纲要》和《安徽省"八五"高新技术发展纲要》。后完成编制《安徽省科技发展十年规划和"八五"计划纲要》,从农业、传统工业、高新技术、社会发展、软科学研究、基础研究和应用研究等方面,提出17个主题、50个项目、107个课题。

1995年,省科委编制《安徽省"九五"及2010年科学技术普及工作规划》;会同省经贸委等六部门编制《安徽省促进科技经济一体化"三个百亿元工程"规划》。1996年年底,完成编制《安徽省科技发展"九五"计划和到2010年长期规划纲要》,确定全省科技工作的指导思想、工作方向和发展目标与任务。设安徽省农业科技发展、工业科技发展、高新技术发展、社会科技发展、应用基础研究、科技成果推广和民营科技发展等七个"九五"计划和专题纲要。同时制定《安徽省"九五"科技攻关项目指南》和《安徽省"九五"科技攻关管理办法》。1998年5月,经省政府同意,省科委、省计委正式印发《安徽省科技发展"九五"计划和2010年远景目标》。

1998年元月,经省政府批准,省科委印发《安徽省高新技术产业2000年计划和2010年发展规划》。

2001年3月,省政府办公厅转发省科技厅《安徽省科技发展"十五"规划纲要》,

2001—2005年,全省科技工作围绕科技成果产业化这个核心,在“加速科技成果产业化,推动全省经济结构战略性调整”和“提高科技持续创新能力,加快技术创新体系建设”两个层面上进行战略部署。2001年7月,省政府批转《安徽省“十五”高新技术产业发展规划》。2002年7月,省科技厅印发《安徽省“十五”重点实验室建设意见》;2004年,省科技厅印发《关于开展农业科技专家大院工作的意见》,提请省政府批转关于《中药现代化发展纲要(2002年至2010年)》的实施意见。

2005年,省政府批转《安徽省农业科技发展纲要(2001—2010年)》,进一步加强全省农业科技工作,重点组织实施作物良种化与优质高效生产科技工程等8项重大农业科技工程。同年,省科技厅根据《国家中长期科学技术发展规划(2006—2020)》,启动制定《安徽省科技发展“十一五”规划纲要及2020年远景展望》。

第二节 科技发展计划

科技计划是政府组织科技创新活动的基本形式,也是实施科技规划、推进科技工作、引导全社会科技活动的重要手段。

1986—1990年,安徽省安排科技攻关项目14项计74个课题,重点科研项目266项,总投入2200多万元,组织近500个单位、4800多位技术人员参加攻关和科研活动。重点科研项目“异步电机分层目标优化设计软件系统”,投资仅1.4万元,推广应用后经济效益高达3700万元,并于1989年获得国家科技进步奖一等奖。

1982年,省科委将软科学研究项目列入全省科研计划,安排15项软科学研究项目。从1982年到1988年安排重点软科学研究和一次性补助软科学研究项目93项。

从1985年下半年开始,安徽省试点星火计划项目,1986年全面实施,全年安排144个星火计划项目,其中国家22项,中央专项4项,省22项,地市县96项,总投资6775.3万元。全省四级星火项目中,拨款1965.83万元,贷款2545.18万元,自筹2264.29万元。有的县区把星火计划纳入县级社会经济发展规划,通过星火计划推动科技扶贫。全省共安排945项星火计划项目,其中国家和省级320项,总投资2.696亿元,新增产值10.14亿元,利税1.88亿元,创汇3006万美元。这些项目培训各类星火技术人才6万人。

1988年,安徽省开始实施火炬计划,当年只组织一项国家级火炬计划——“毫米波通信系列产品”。1989年,实施两级火炬计划,安排11项国家级火炬计划和4项省级火炬计划项目,总投资1945万元,其中国家贷款450万元、省财政经济发展周转金110万元、多渠道筹集410万元、银行贷款110万元、单位自筹865万元。

1991—1995年,围绕10大技术领域,实施117个攻关项目;全省实施的主要科技计划有:科技攻关计划、重点科研计划、新产品试制计划、星火计划、丰收计划、燎原计划、火炬计划、成果推广计划和科技扶贫计划等,其中成果推广计划实施两年。全省火炬计划累计实现高新技术产业总产值114.1亿元，技工贸总收入96.6亿元，利税13.9亿元。

1999年,省科委成立省自然科学基金委员会,会同省财政厅落实年度300万元新上的省自然科学基金项目专项经费并接受申报，新上60个省自然科学基金项目。1995—1996年度安排的118项到期课题有90%完成计划任务,发表论文428篇,参加学术会议212次,其中国际会议32次。1999年,全年争取科技部支持,由中央财政拨款的各类科技项目经费1600万元,其中科技型中小企业创新基金840万元,新产品340万元,地方攻关160万元,成果推广80万元,星火计划60万元,火炬计划35万元,转基因专项40万元。

“十五”国家科技计划体系包括3个专项计划(863计划、科技攻关计划、基础研究计划)和两个科技环境建设计划(研究与开发条件建设计划、科技产业化环境建设计划)。2001—2004年,安徽省获得国家主要科技计划项目488项,经费37779.5万元,其中“973”计划11项,经费9678.5万元;“863”计划158项,经费7487万元;攻关计划73项,经费7090万元;科技型中小企业创新基金71项,经费4615万元;农业科技成果转化资金64项,经费3270万元;工程中心5项,经费1130万元。

2000—2005年，安徽省科技计划体系采用基本科技计划+重大科技专项的框架。基本科技计划是财政资金稳定支持科技创新活动的基本形式，主要分为科学研究类、创新基地和基础条件平台类、科技成果转化和产业化类。

基本科技计划 科学研究类计划包括科技攻关计划、自然科学基金、国际科技合作计划、软科学研究计划和年度科研计划。创新基地和基础条件平台类计划包括重点实验室、工程技术研究中心等专业性的科技创新基地,以及通用性的基础条件平台。科技成果转化和产业化类计划包括重点新产品、火炬、星火和技术转移等计划。除技术转移计划采取后补助,其他项目原则上不资助,每年仅下达自筹计划。

安徽省1996年开始实施国家重点新产品计划,1999年引入评估机制,2004年,开始设立省级配套经费，用于补助新产品的再开发及新产品的产业化。2006年,成为国家备案试点单位。2000—2005年,安徽省新产品计划项目的组织推荐采取“宣传发动—组织申报—选择评估机构—拟定方案—评估方案确定、备案—实施评估—过程监管—审核评估结论—上报科技部(备案)—评价与总结”的工作程序。科技评估方式的引进,使新产品计划项目立项和咨询工作取得很好成效。通过重点新产品计划实施,进一步发挥对产品创新的示范、引导和推动作用,推动企业的科技进步,提高企业的自主创新能力。2003年,安徽省有15个地市的53家企业的57个项目申报国家重点新产品计划,共立项26个。2005年度有38个项目被列为国家重点新产品计划。

2005年度安徽省国家重点新产品计划项目一览表

表4-3-1

编号	项目编号	产品名称及型号	单位名称
1	2005ED710001	超宽幅光学玻璃板材	安徽盛世光学玻璃有限公司
2	2005ED710002	Φ1050、1250mm铁路机车车轮	马鞍山钢铁股份有限公司
3	2005ED710003	10%多抗霉素B可湿性粉剂	绩溪农华生物科技有限公司
4	2005ED710004	高保真光学前反射镜	安徽宁国西贝光学材料技术有限公司
5	2005ED710007	BDH-1型机动车尾气遥测仪	安徽宝龙环保科技有限公司
6	2005ED710009	96%精恶唑禾草灵原药	安徽丰乐农化有限责任公司
7	2005ED710011	重组人干扰素 α2b新剂型(栓、膏、滴眼液)	安徽安科生物工程(集团)股份有限公司
8	2005ED710012	SS型数字化色选机	合肥美亚光电技术有限责任公司
9	2005ED710013	KSDK-30/30N矿用隔爆型多功能(可逆)手提式真空起动器	淮南市新技术应用研究所
10	2005ED710014	YB型氮爆式液压破碎锤	马鞍山市惊天液压机械制造有限公司
11	2005ED710015	高纯度亚油酸、90%以上亚油酸	安庆市中创工程技术有限责任公司
12	2005ED710016	精密电子铜带C5210、C7521	安徽鑫科新材料股份有限公司
13	2005ED710017	催化和空气氧化新工艺合成草甘膦原药	安徽华星化工股份有限公司
14	2005ED710018	HT-CB-BR航空航天用超薄特软扁电缆	芜湖航天特种电缆厂
15	2005ED710019	城市客车HFF6102GK39	安徽安凯汽车股份有限公司
16	2005ED710020	YD-CJL型炉内板带纠偏电视监测系统	安徽大学特种电视技术研究中心
17	2005ED710021	节能冷藏冷冻箱BCD-180N/200N	合肥美菱股份有限公司
18	2005ED710022	HID灯用110℃电容器	安徽源光电器有限公司
19	2005ED710025	多注射头塑料封装模具	铜陵三佳山田科技有限公司
20	2005ED710026	挤出复合型无苯塑料油墨	黄山市新力油墨化工厂
21	2005ED710027	L-天门冬氨酸螯合铬	淮北新兴实业有限责任公司
22	2005ED710028	公安“三台合一”综合指挥系统	安徽三联科技股份有限公司

续表 4-3-1

编号	项目编号	产品名称及型号	单位名称
23	2005ED710029	DS350、DS375、DS400 倒伞型表面曝气机	安徽国祯环保节能科技股份有限公司
24	2005ED710030	YH24-1000/2000 封头液压机	合肥锻压机床有限公司
25	2005ED710031	马钢薄板轧机机架及 5000 吨油压机横梁大型铸钢件	马鞍山钢铁股份有限公司
26	2005ED710032	大口径聚乙烯(PE)双壁波纹管	安徽国通高新管业股份有限公司
27	2005ED710034	SJPD/SJDD 塑料挤出异型材辅机	铜陵三佳科技股份有限公司
28	2005ED710035	DKS 型汽车空调电磁离合器	安徽昊方汽车空调电磁离合器有限公司
29	2005ED710036	AD 总线多次复用型 PCI 接口芯片	合肥工大先行微电子技术有限公司
30	2005ED710037	QWN 型潜水污泥泵	安徽三联泵业股份有限公司
31	2005ED710041	五味子醇甲	芜湖市天一绿宝生物科技有限公司
32	2005ED710042	LN—大型水泥预分解窑窑口喷煤管浇注料	安徽宁火新材料有限公司
33	2005ED710044	浅网印刷型 BOPP 薄膜	合肥金菱里克塑料有限公司
34	2005ED710047	纳米高抗磨润滑剂	安徽省得福隆纳米科技发展有限责任公司
35	2005ED710050	用精铁矿粉和 Mn_3O_4 制备功率软磁 MnZn 铁氧体	芜湖市阳光磁性材料有限责任公司
36	2005ED710051	40ZWK$_2$-PF 智能温控伴热电缆	芜湖市恒鑫电缆有限责任公司
37	2005ED710052	SG1001 轿车转速传感器	芜湖瑞杰仪表科技有限公司
38	2005ED710053	SFJ-231 型氦质谱检漏仪	合肥皖仪科技有限公司

重大科技攻关 科技攻关计划是安徽省基本科技计划中的主体，定位于应用研究，着力解决制约安徽省经济社会发展的共性、关键性技术难题。科技攻关计划以企业为主体，以市场为导向，鼓励产学研合作，加强集成创新和引进技术的消化吸收再创新。

省科技攻关计划项目分为两个层次：重大项目、重点项目。每年用于重大和重点项目的经费不低于项目总经费的 80%。每年通过开展企业技术需求信息征集或编制指南，主动设计凝炼项目。重大项目以企业为核心，具有实施产业化的条件。项目有技术基础，市场前景广阔，牵动性强，有望在两年左右实现产业化。对全省经济结构调整有较强的带动、辐射作用，能够形成新的经济增长点；项目平均支持强度为 80 万元 ~100

万元。重点项目围绕全省经济社会发展的需求，项目目标明确，技术水平达到国内先进，具有较好的市场前景，有望在两年左右取得技术突破，为实现产业化奠定良好的基础；项目平均支持强度为30万元~40万元。

安徽省2001—2005年科技攻关计划分一期和二期两个阶段执行，2001年8月，省科技厅下达安徽省一期科技攻关项目计划118项。2004年，开始执行第二期。二期科技计划的指导思想是：坚持科学发展观，围绕全省经济建设和社会发展以及实施“861”行动计划的需求，重点攻关、力求实效，坚持依靠科技进步，大胆创新发展，为安徽的建设提供科技支撑；同时探索在投入机制和投入方式上的改革，提高经费使用效率。

安徽省“十五”一期科技攻关计划项目一览表

表4-3-2

计划编号	项目名称	完成年份	第一主持单位	归口部门
01012001	小量程厚膜智能压力变送器产业化关键技术研究	2003	合肥天神电器有限责任公司	合肥高新技术产业开发区
01012002	高性能智能化声强测量分析系统	2003	合肥工业大学	合肥工业大学
01012003	高压型智能气密性测试仪	2003	合肥智能所	中国科学院合肥分院
01012004	箱体类铸铁件EPC-V法铸造关键技术研究与产业化	2003	合肥工业大学	合肥工业大学
01012005	车辆传动系装配的测控技术	2003	合肥工业大学	合肥工业大学
01012006	粗粒永磁辊式强磁选机的研制	2003	马鞍山矿山研究院	马鞍山市科委
01012007	高精度智能变送器	2003	淮北煤炭师范学院	淮北煤炭师范学院
01012008	数控机床在线检测系统的研究与开发	2003	安徽协力高新技术有限公司	合肥市科委
01012009	远距离非接触式智能IC卡读写系统的研究开发	2003	安徽大学	安徽大学
01012010	高效节能电动车用稀土永磁无刷电机及其控制器的研究	2003	合肥工业大学	合肥工业大学
01012011	公安刑侦图像信息处理系统	2003	安徽省公安厅刑警总队	安徽省公安厅
01012012	智能化家居环境下的家庭信息中心的研究开发	2003	合肥工业大学	合肥高新技术开发区
01012013	网络入侵检测和立体防御系统	2003	中国科技大学	中国科技大学
01012014	新型9.6μm脉冲CO_2激光牙钻的技术研究	2003	安徽光学精密机械研究所	中科院合肥分院

续表 4-3-2

计划编号	项目名称	完成时间	第一主持单位	归口部门
01012015	汽车电动助力转向系统的研制与开发	2003	合肥工业大学	合肥工业大学
01012016	可调谐红外激光汽车尾气路边监测仪	2003	安徽省宿州市煤矿电器厂	宿州市科委
01012017	安徽省高新技术产品出口信息服务体系建设	2003	安徽科力信息产业有限责任公司	省科技厅
01012018	新软城镇职工医疗保险计算机结算管理系统	2003	安徽新软电子有限责任公司	合肥市科委
01012019	家庭网络智能终端产品及多元化信息集成	2003	安徽光电技术研究所	省科技研究院
01012020	新一代全球卫星定位(GPS)接收机	2003	上海通用卫星导航安庆有限责任公司	安庆市科委
01012021	稳态真空的工业等离子体流水线生产设备的研制	2003	中国科学院等离子体物理研究所	中科院合肥分院
01012022	功能水性聚氨酯染料	2003	安徽大学	安徽大学
01012023	一步法聚L乳酸(发明专利)的中试	2003	合肥工业大学	合肥工业大学
01012024	聚乙烯吡咯烷酮系列产品合成新技术及应用研究	2003	合肥工业大学	合肥工业大学
01012025	新型高效杀虫剂(氟虫腈)产业化技术开发	2003	安徽丰乐农化有限责任公司	合肥市科委
01012026	火车车轮成型技术研究开发及应用	2003	安徽工业大学	安徽工业大学
01012027	实用型磁流变液(液、固态)材料制备、测试及应用器件的研究和开发	2003	中国科学技术大学	中国科学技术大学
01012028	超高吸水性新型功能高分子材料的研制开发及应用	2003	安徽省农科院原子能所	安徽省农业科学院
01012029	大型压机应用粉末触媒合成优质高产金刚石新工艺的研究	2003	安徽宏晶新材料股份有限公司	巢湖市科委
01012030	三光气法合成光盘级和超高分子量聚碳酸酯的技术	2003	合肥工业大学	合肥工业大学
01012031	高性能稀土真空熔结合金的研究与开发	2003	合肥工业大学	合肥工业大学
01012032	高效旱田除草剂氯氟草醚乙酯合成工艺的研究	2003	安徽省化工研究院	安徽省化工研究院
01012033	低电阻超薄型高分子聚合开关	2003	芜湖润泰科技发展有限责任公司	芜湖市科委

续表 4-3-2

计划编号	项目名称	完成时间	第一主持单位	归口部门
01012034	高档荧光颜料技术研究	2003	黄山加佳化学有限公司	黄山市科委
01012035	STN、TFT-LCD 用液晶材料	2003	安徽大学	安徽大学
01012036	垃圾焚烧及干法脱硫专用厚型玻纤膨体纱滤料	2003	安徽省绩溪县华林玻璃纤维有限公司	宣城市科技局
01012037	新型聚羧酸类系列混凝土高性能碱水剂的研制	2003	安徽建筑工业学院	安徽建筑工业学院
01012038	分子基磁性材料	2003	安庆师范学院	安庆市科委
01012039	基于 DSP 的便携式多功能视频图象压缩系统	2003	合肥工业大学	合肥工业大学
01012040	一步法生产吡嗪甲酰胺的中试实验	2003	安徽师范大学	安徽师范大学
01012041	洗精煤中软杂质脱除先进技术及其机电一体化设备的开发研究	2003	淮南工业学院	淮南工业学院
01012042	电网谐波治理新技术研究	2003	安徽工业大学	安徽工业大学
01012043	双向逆变技术在新能源发电和节能装备中的产业化研究	2003	合肥阳光电源有限公司	合肥市科委
01012044	配煤技术在 TEXACO 气化水煤浆中的应用	2003	淮南工业学院	淮南工业学院
01012045	内置变频器的变频调速电机	2003	安徽机电学院	安徽机电学院
01012046	三元流轻质泵	2003	芜湖蔡氏科技创业有限责任公司	芜湖市科委
01012047	绿色高效蓄电池均衡充放电维护装置	2003	合肥工业大学	合肥工业大学
01012048	热泵系列高效节能产品研制	2003	中国科技大学	中国科技大学
01012049	混合动力轿车	2003	奇瑞汽车有限公司	芜湖市科委
01012050	混合动力客车	2003	安徽江淮汽车底盘有限公司	省科技厅
01013001	设施园艺作物安全、高效、轻作业化栽培技术研究	2003	省农科院园艺所	安徽省农科院
01013002	优质水稻生产主要环节农机、农艺结合技术研究	2003	省农业机械技术推广总站	安徽省农委
01013003	禽新城疫核酸疫苗的研制与应用	2003	安农大畜牧水产学院	安徽农业大学

续表 4-3-2

计划编号	项目名称	完成时间	第一主持单位	归口部门
01013004	新型高效复合生物肥料的研制与开发	2003	省农科院土肥所	安徽省农科院
01013005	持续控制松墨天牛的真菌杀虫剂生产及应用技术研究	2003	安徽农业大学	安徽农业大学
01013006	马铃薯、甘薯、怀远石榴等作物的组培快繁技术	2003	省农科院园艺所	安徽省农科院
01013007	基因工程技术在主要农作物上的应用研究与开发	2003	省农科院水稻所	安徽省农科院
01013008	优质特用玉米转基因分子育种及抗除草剂转基因小麦良种的研究与开发	2003	安徽农业大学	安徽农业大学
01013009	智能化农业科技信息系统研究	2003	中科院合肥智能机械研究所	中科院合肥分院
01013010	淀粉基纳米复合超强吸水剂	2003	中国科学技术大学	中国科学技术大学
01013011	水稻、棉花主要病虫害持续控制及数据信息化	2003	安徽农业大学	安徽农业大学
01013012	河蟹颤抖病快速诊断及综合防治技术研究	2003	省农科院水产所	安徽省农科院
01013013	蔬菜、茶叶、中药材中重要农药残留量检测新技术	2003	安徽农业大学	安徽农业大学
01013014	设施无公害蔬菜高效栽培平衡施肥技术研究	2003	安徽技术师范学院	安徽技术师范学院
01013015	农业高效抗旱保水剂应用及其配套灌溉技术研究	2003	省水利科学研究院	安徽省水利厅
01013016	莲藕保护地优质、高效栽培技术研究	2003	淮北市杜集区科委	淮北市科委
01013017	多功能绿色抗旱保水剂及应用研究	2003	合肥新蜂建材有限公司	合肥市科委
01013018	草浆制造纸黑液治理的生物强化技术	2003	安徽大学	安徽大学
01013019	污染源烟尘在线监测系统研制	2003	安徽光学精密机械研究所	中科院合肥分院
01013020	煤矿塌陷区煤矸石填充复垦环境效应及污染防治技术研究	2003	淮南工业学院	安徽省教育厅

续表 4-3-2

计划编号	项目名称	完成时间	第一主持单位	归口部门
01013021	巢湖富营养化控制和生态修复技术的研究	2003	省环保所	安徽省环保局
01013022	有机废弃物资源化及规模化畜禽养殖的污染综合治理技术研究	2003	安徽省农科院土肥所	安徽省环保局
01013023	城市空气污染中尺度预报模式应用研究	2003	合肥市环境监测中心站	合肥市科委
01013024	微缺氧悬浮污泥层单级脱氮污水处理设备	2003	安徽建筑工业学院环境工程设计研究所	安徽建筑工业学院
01013025	内源性褪黑素在肺癌患者肠外支持治疗中的变化规律及其与免疫功能关系的应用研究	2003	安徽省立医院	安徽省卫生厅
01013026	川芎嗪对内皮细胞保护及冠动脉搭桥术后血管再狭窄病变防治作用研究	2003	安徽省医科大学第一附属医院	安徽省医科大学
01013027	老年性痴呆的发病机制防治基础	2003	安徽省医科大学第一附属医院	安徽医科大学
01013028	血管介入联合动静瘘治疗下肢静脉血栓的临床和实验研究	2003	蚌埠医学院附属医院	蚌埠医学院
01013029	组织工程化周围神经桥接体移植的研究	2003	蚌埠医学院附属医院	蚌埠医学院
01013030	神经干细胞的增殖、分化及移植治疗帕金森病的应用研究	2003	安徽省立医院	安徽省卫生厅
01013031	窄蒂侧颌颈复合瓣转位用于颌面组织缺损修复与重建基础及临床研究	2003	蚌埠医学院附属医院	蚌埠医学院
01013032	脐血造血细胞体外扩增的研究及临床应用	2003	安徽省立医院	安徽省卫生厅
01013033	老年性骨质疏松症中医证候学与临床诊断标准研究	2003	安徽中医学院第一附属医院	安徽省中医学院
01013034	国家一类新药左氧类似物原料及制剂	2003	安徽环球药业股份公司	蚌埠市科委
01013035	吡嘧司特钾原料药及片剂的研发	2003	合肥医工医药研究	合肥市科委
01013036	聚L乳酸缓释植入剂制剂工艺的研究	2003	合肥工业大学	合肥工业大学

续表 4-3-2

计划编号	项目名称	完成时间	第一主持单位	归口部门
01013037	国家二类新药——盐酸安非他酮原料及其缓释片的研制和开发	2003	安徽省新星药物开发有限责任公司	合肥市科委
01013038	GFZ-3D 型光谱辐射治疗仪	2003	合肥市新技术应用研究所	合肥市科委
01013039	临床细菌检验自动分析装置的研制	2003	安徽省立医院	安徽省卫生厅
01013040	光学纯联苯双酯与羟甲基联苯单酯新药的开发与不对称合成	2003	中国科技大学	中国科技大学
01013041	智能烟雾识别火灾探测新技术的研究与开发	2003	中国科技大学	中国科技大学
01013042	安徽暴雨形成机理和定时、定点、定量预报技术研究	2003	安徽省气象局	安徽省气象局
01013043	安徽省重大农业气象灾害定量监测评估与防御对策研究	2003	安徽省气象科学研究所	安徽省气象局
01012051	消防泵机组智能测控系统研制	2003	安徽莱恩电泵有限公司	宣城市科委
01012052	并联机器人机床位姿检测系统	2003	安徽工业大学	安徽工业大学
01012053	钢包精炼炉电极控制系统智能建模及控制技术的研究开发	2003	安徽工业大学	安徽工业大学
01012054	多维国防动员网络预案系统	2003	省经济信息中心	省计委
01012055	CVN1000 系列汽车信息网络控制装置的开发研究	2003	合肥创源智能网络有限公司	合肥市科委
01012056	电子式汽车仪表	2003	黄山金马股份有限公司	黄山市科委
01012057	视频车辆检测器	2003	安徽三联经济技术发展有限公司	合肥市科委
01012058	高性能同步磨损衬板研究开发及应用	2003	安徽省宁国市耐磨材料总厂	宣城市科技局
01012059	血球分离膜	2003	芜湖天湖净化技术有限责任公司	芜湖市科委
01012060	阻燃抗静电热塑性高分子弹性体	2003	安徽淮北天力橡胶有限责任公司	淮北市科委
01012061	醇溶性无苯复合塑料油墨研究与开发	2003	黄山市新力油墨化工厂	黄山市科委

续表 4-3-2

计划编号	项目名称	完成时间	第一主持单位	归口部门
01012062	绿色环保食品软包装材料	2003	黄山永新装饰包装材料有限公司	黄山市科委
01012063	车辆辆温探测与列车行车安全监控管理系统	2003	安徽大学	安徽大学
01012064	交联剂双 BP 的合成研究	2003	安徽省化工研究院	安徽省化工研究院
01013044	粉葛资源综合利用及深加工技术	2003	合肥工业大学	安徽省林业厅
01013045	锁骨外固定整复固定器	2003	马钢医院骨科	马鞍山市科委
01013046	注射用聚乙二醇(PEG)化基因工程药物长效制剂的研制	2003	安徽安科生物工程股份有限公司	安徽省科学技术研究院
01013047	萘哌地尔片剂	2003	蚌埠丰原医药科技发展有限公司	蚌埠市科委
01013048	西尼地平片剂	2003	蚌埠丰原医药科技发展有限公司	蚌埠市科委
01013049	扎莱普隆片剂	2003	蚌埠丰原医药科技发展有限公司	蚌埠市科委
01013050	双氯芬酸钠透皮(控释)贴片	2003	蚌埠丰原医药科技发展有限公司	蚌埠市科委
01013051	安徽省频脱环育龄妇女对吉尼固定式宫内节育器的应性研究	2003	安徽省计划生育科研所	安徽省计划生育委员会
01013052	卫星全球定位系统在长江河道演变分析中的应用	2003	安徽省长江河道管理局测绘院	安徽省水利厅
01013053	安徽淮北地区农田墒情监测预报和抗旱减灾信息管理系统研制	2003	安徽省水利科学研究院	安徽省水利厅
01013054	安徽省防汛抗旱决策支持系统	2003	安徽省水利厅	安徽省水利厅

第三节　三个百亿元工程和八项科技工程

三个百亿元工程　1995 年，在全省科学大会上，中共安徽省委、省人民政府提出“三个百亿元工程”：即大力发展高新技术产业，到 2000 年实现技工贸总收入 100 亿元；用高新技术和先进适用技术改造传统工业和发展乡镇企业，到 2000 年依靠科技进步新增利税 100 亿元；用现代科学技术改造传统农业，大力发展“两高一优”农业和农村经济，到 2000 年依靠科技进步新增产值 100 亿元。省科委会同省经委、省经贸委、省农业厅、省林业厅、省乡镇企业局等各部门编制《安徽省促进科技经济一体化“三个百亿元工程”规划》,1995年11月30日,下发省科委关于组织实施“三个百亿元工程”的通知,指导工程的组织实施。

八项科技工程 在从全省“面”上实施“三个百亿元工程”的同时,还制订出从“点”上切入的“八项科技工程”,实行省委、省政府领导分工负责的“首长责任制”,组织有关部门参加,形成合力,重点突破。“八项科技工程”是:杂交水稻新组合示范工程、黄牛良种配套养殖示范工程、特种水产集约化养殖示范工程、生物医药产业化工程、超细材料技术产业化工程、电子信息技术开发应用示范工程、机械制造业先进制造技术与汽车零部件开发工程、机立窑综合技改推广示范工程。

1996年,省科委把实施“三个百亿元工程”和“八项科技工程”作为科技工作的“重头戏”来抓。由省科委牵头将省政府量化的1996年“三个百亿元工程”指标,以安徽省科技领导小组文件形式把指标分解到各行署、市政府,增强各地实施“三个百亿元工程”的责任感。5月,组织两个调查组赴滁州、安庆、合肥等地检查、督促和了解各地实施“三个百亿元工程”的情况,分别提出调研报告。

省科委与有关部门协作,共同推进“三个百亿元工程”的实施,如多次与省经贸委召开协调会,规划、分解新增50亿元利税的目标任务;与省水产局协调,将该局承担的新增产值33亿元目标任务与该局组织实施的“111”水产工程相结合,重点抓名特优水产品的种苗繁殖,引进推广水产养殖新技术,加强重点养殖基地建设;与省林业厅协调,制定“林业7亿元工程”规划,调整实施有关项目;与省农业厅协调,以农业牵动性项目为突破口,到2000年实现新增农业产值60亿元以上;与省乡镇企业局协调,把乡镇企业新增利税50亿元工程与乡镇企业“511”工程结合起来。

省政府拨款3000万元作为实施“三个百亿元工程”的启动资金。省科委从科技三项费中动用2400万元,支持项目的实施。

省科委与省委宣传部联合下发做好“三个百亿元工程”和“八项科技工程”宣传工作的通知,通过《安徽日报》《安徽科技信息》安徽人民广播电台等新闻媒介,广泛宣传报道工程的进展情况。

省政府于1996年11月1日召开“三个百亿元工程”首次联席会议,总结1996年实施“三个百亿元工程”成效和经验,提出1997年目标、任务。

1997年,省新闻媒体对“三个百亿元工程”进行系列报道。1997年,“三个百亿元工程”实现高新技术产业技工贸收入23.1亿元,改造传统工业新增利税17亿元,发展乡镇企业新增利税23亿元,发展农业和农村经济新增产值59亿元。

1997年和1998年,由安徽省科技领导小组下达年度“三个百亿元工程”考核指标。召开联席会议,分析研究和解决工程实施中的问题与困难,及时检查督促工程进展情况,加快工程进度,年终进行考核。

1999年,高新技术产业实现技工贸总收入260亿元,高新技术产业产值302.6亿元，实现利税30.6亿元，出口创汇2.6亿美元，圆满完成“三个百亿元工程”各项指标任务。

第四节　重大科技专项

8个重大科技专项　是指由政府组织实施的重大战略产品开发、共性关键技术攻关或重大工程。在制定安徽省2001—2005年科技规划过程中，围绕经济社会发展的重大科技问题，提出实施8个重大科技专项。省重大科技专项于2001年正式启动，工业领域组织实施计算机软件、电子材料及元器件专项、制造业信息化和纳米材料及应用专项。省科技厅制定《安徽省“十五”重大科技专项管理办法》和安徽省“十五”农产品加工等重大科技专项规划、方案，确定重大科技专项产学研专家委员会工作规范。2002年7月，省科技厅组织有关专家对农业与社会发展领域的良种优质化、农产品加工、中药现代化、生物医药4类重大科技专项和农业、医药卫生、防灾减灾和资源环境3类攻关计划，共7类109个项目，进行年度检查。

在专项实施过程中，省直厅局联手互动，500多家企业、高校和科研院所，6000多名科技人员参加，形成跨部门、跨区域、产学研协作机制，促进科技资源进一步整合。

专项实施进展顺利，2003年初，计算机软件专项中，有12家企业通过ISO 9000认证。电子材料专项中，电子材料及元器件工程技术研究中心建设基本完工并部分投入使用。纳米材料专项取得发明专利1项，实用新型专利3项，纳米材料改性高分子实验室投入使用。生物医药专项中，国家一类生物制品免疫性不孕症系列诊断试剂，注射用鼠神经生长因子分别进入报批和临床阶段。制造业信息化专项的实施进一步推进传统产业的改造升级，安徽省被科技部列为全国首批制造业信息化示范省，合肥、芜湖两市被列为制造业信息化工程重点城市。良种优质化专项中，有皖麦33、皖油14、皖棉13和皖棉16等6个新品种通过审定并推广应用。

到2005年，在制造业信息化专项中，全省示范企业发展到148家。在合肥国家科技创新型试点市起步后建立起安徽省大型工程软件研究中心。中科大讯飞信息有限公司成功通过国际权威机构的CMMi评估认证，科大讯飞与美国微软公司合作共建合肥微软技术中心。新医药专项中，国家一类生物制品抗精子抗体检测试剂盒投入生产，国家一类新药盐酸安妥沙星申报国家新药注册批件，国家一类复方降压新药获临床研究批件。中药配方颗粒研究与产业化制订出10种中药配方颗粒规范化生产工艺和质量标准，对300味中药药效学进行研究。新材料专项的一些制品，如高性能铜镍合金带材、汽车电机用高性能永磁铁氧体材料等，开始进行技术推广和应用。

11个重大科技专项　2005年，在制定2006—2010年科技规划过程中，提出实施11个重大科技专项。利用高新技术改造提升传统优势产业4个专项：节能环保汽车及关键零部件、高性能金属材料、煤炭高效安全清洁生产及煤化工、制造业信息化等。培育发展新兴产业3个专项:电子信息材料、计算机软件、新药创制等。围绕农业产业化、良种优质化和社会发展领域攻关3个专项:良种优质化、农产品加工、巢湖和淮河水污染治理等。公共服务平台建设1个专项:创新创业综合服务中心。

第四章　科技政策与法规、规章

第一节　科技政策

现代科学技术是新的社会生产力中最活跃的和决定性的因素，中共中央、国务院高度重视并充分发挥科学技术的巨大作用，先后在科技体制改革、加速科学技术进步、发展高科技实现产业化、增强自主创新能力四个方面作出重大决定。为贯彻落实中共中央、国务院的重大决定，1985年8月—2010年1月，中共安徽省委、省人民政府先后制定23项重要的科技政策。

科技体制改革　1985年8月，省委、省政府印发《关于贯彻中共中央关于科学技术体制改革的决定的若干意见》，主要内容是：按照“经济建设必须依靠科学技术，科学技术工作必须面向经济建设”的战略方针，尊重科学技术发展规律，从全省实际出发，对科学技术体制进行坚决的有步骤的改革；进一步扩大研究所自主权，实行所长负责制；改革科技拨款制度，实行经费分类管理，为研究所实现经济自主创造条件；增强企业的技术吸收和开发能力，推动企业技术进步；把技术市场放开搞活；对企业购买技术成果采用新技术实行优惠政策；改革科技人员管理制度，充分发挥科技人员的作用；进一步落实知识分子政策，造就人才辈出，人尽其才的良好环境；切实加强对科技体制改革的领导。1986年11月—1994年9月，省委、省政府印发《关于科研事业费拨款管理的暂行规定》《关于放活科研机构放宽科技人员政策的若干规定》（此件国家科委和国务院科技领导小组办公室联合转发全国）、《关于深化科技体制改革的若干规定》《关于依靠科技进步推动经济发展若干问题的决定》和《关于促进科技经济一体化的决定》，不断推进科技体制改革工作深入开展。

科教兴皖　1996年1月，省委、省政府印发《关于贯彻中共中央、国务院关于加速科学技术进步的决定的实施意见》，主要内容是：全面落实科学技术是第一生产力的思想，实施“科教兴皖”战略，依靠科技进步发展农业和乡镇企业，全面振兴农村经济；加快工业企业科技进步，提高经济增长的质量和效益；加快高新技术产业化；重视基础研究，培养跨世纪学术和技术带动人；推动社会发展领域科技进步，实现经济和社会持续协调发展；进一步深化科技体制改革，继续推动科技进入经济建设主战场；抓住机遇，扩大开放，进一步开展国际科技合作与交流；多渠道多层次增加科技投入；切实加强对科技工作的领导，为科技进步创造良好的条件。

发展高科技,实现产业化 1999年10月,省委、省政府印发《关于贯彻中共中央、国务院关于加强技术创新,发展高科技,实现产业化的决定的意见》,主要内容是:充分认识加强技术创新,发展高科技,实现产业化的重要性和紧迫性;深化科技体制改革,全面推进技术创新和高新技术成果产业化进程;采取切实措施,营造良好环境,加快落实技术创新和高新技术成果产业化任务;进一步加强党和政府对技术创新和高新技术成果产业化工作的领导。1999年11月—2005年4月,省政府印发《关于进一步扶持高新技术产业发展的若干规定》《关于进一步加快民营科技企业发展的意见》《关于奖励有突出贡献科技人员的暂行规定》,促进高新技术产业加快发展。

自主创新 2006年6月,省委、省政府印发《关于实施科技纲要,增强自主创新能力的意见》,主要内容是:确定把"建设创新型安徽"作为奋斗目标,把"自主创新、重点跨越、支撑发展、引领未来"作为新时期科学技术发展的指导方针;切实增加对科技进步和创新的资金投入;认真落实激励自主创新的各项税收优惠政策;营造有利于自主创新的金融支持环境;发挥政府采购政策对自主创新产品的扶持作用;加强对引进技术的消化、吸收再创新,创造和保护知识产权;加强创新型人才队伍建设;加强科技创新基地与平台建设;深化科技体制改革;推进科普事业发展;进一步加强对科技进步与创新工作的领导。2006年7月—2010年1月,省委、省政府印发《关于推进合肥国家科技创新型试点市工作的若干意见》《关于合芜蚌自主创新综合配套改革试验区的实施意见(试行)》《关于推进合芜蚌自主创新综合配套改革试验区工作的若干政策措施(试行)》和《国家技术创新工程安徽省试点工作实施方案》,采取一系列政策措施加快建设创新型安徽。截至2011年年底,全省国家级创新型企业16家,国家级创新型试点企业9家,国家级创新型企业和创新型试点企业数均为全国第一。奇瑞、黄山永新、安徽中鼎、科大讯飞成为中国创新型企业100强,奇瑞成为全国自主创新的一面旗帜,合肥市成为第一个国家创新型试点市,合芜蚌自主创新综合试验区成为继北京中关村、武汉东湖、上海张江国家自主创新示范区之后的国家自主创新综合试验区,安徽省成为全国第一批国家技术创新工程试点省。"自主创新"成为安徽省的一大特色、一个品牌、一面旗帜,成为推动经济社会又好又快发展的重要支撑和强大引擎,也越来越成为全省上下的广泛共识和自觉行动。

第二节 科技法规、规章

从20世纪90年代开始,国家对促进科技进步和加强科技事业管理开始向法制化方向转变,先后发布实施《中华人民共和国科学技术进步法》《中华人民共和国促进科技成果转化法》《中华人民共和国专利法》《中华人民共和国科学技术普及法》和《国家科学技术奖励条例》等法律法规。在省委、省人大常委会、省政府高度重视下,科技立法工作逐步展开,1994年7月—2009年10月,先后制定7个地方性法规和省政府规章。

《安徽省科学技术进步条例》　1994年7月16日，安徽省第八届人民代表大会常务委员会第十一次会议通过，2011年2月24日，安徽省第十一届人民代表大会常务委员会第二十四次会议修订，主要明确安徽省科技进步法律制度：各级人民政府、企业事业组织都必须坚持“经济建设和社会发展依靠科学技术，科学技术工作面向经济建设和社会发展”的基本方针。各级人民政府必须把发展科学技术放在优先的地位，实施“科技兴皖”战略，改革和完善科学技术体制，促进科技经济一体化，使科技进步对经济增长的贡献率逐年提高。省政府负责制定全省科学技术发展规划、计划，确定重点领域和重大项目，并组织实施。各级人民政府、企业事业组织和社会各界应当不断优化科学技术进步环境，多渠道筹集科技经费，完善各项奖励制度，加强国际国内科学技术合作与交流，保护知识产权，在公民中普及科学技术知识。各级人民政府应当鼓励科学研究和技术开发，推广应用科学技术成果，改造传统产业，发展高新技术产业，以及应用科学技术为经济建设和社会发展服务的活动。应当促进社会事业科学技术进步，并采取措施加强对人口、医药卫生、社会服务、公共基础设施、环境和生态保护，以及劳动安全保护、灾害监测和防御等方面的研究和技术开发，鼓励应用先进的科学技术，促进教育、文化、卫生、体育等各项事业的发展。安徽省人民政府科学技术行政部门负责全省科学技术工作的宏观管理和统筹协调。市、县人民政府科学技术行政部门负责本行政区的科学技术工作。政府其他有关行政部门依照国家和安徽省规定的职责范围负责有关的科学技术进步工作，接受同级科学技术行政部门的业务指导。各级科学技术行政部门应当推动技术市场的发展，建立健全技术市场的交易、中介和仲裁管理制度，促进技术成果转化为现实生产力。推动科学技术进步是全社会的共同责任。全社会都要尊重知识、尊重人才。

《安徽省技术市场管理条例》　1995年8月19日，安徽省第八届人民代表大会常务委员会第十八次会议通过，2004年6月26日，安徽省第十届人民代表大会常务委员会第十次会议修订，主要是对技术开发、技术转让、技术咨询、技术服务及其他技术性经营活动的技术交易行为进行规范。凡有利于科学技术进步，促进经济和社会发展，符合国家产业政策、技术政策的技术，均可进入技术市场。各级科学技术行政部门是本级人民政府管理技术市场的职能部门，负责本行政区的技术市场管理工作。各级工商行政管理部门参与技术市场的监督、管理。各级财政、税务、审计、人事、公安、物价、技术监督等行政管理部门，应当按照各自的职责，协同做好技术市场管理工作。

《安徽省专利保护和促进条例》　1998年6月20日，安徽省第九届人民代表大会常务委员会第四次会议通过，2005年10月21日，安徽省第十届人民代表大会常务委员会第十九次会议修订，主要是保护发明创造专利权，促进自主创新和专利技术的推广应用，规范和维护市场秩序。建立专利保护工作的协调机制，依法查处专利违法行为，处理专利侵权纠纷，保护专利权人的合法权益。鼓励企业、事业单位和个人进行发明创造，申请专利。

《安徽省促进科技成果转化条例》 2003年10月24日,安徽省第十届人民代表大会常务委员会第五次会议通过,主要确定促进科技成果转化措施:省和设区的市人民政府科学技术行政部门组织建立科技成果转化服务中心,建设科技成果信息库、科技信息网络,为社会提供服务。各有关部门应当按照各自职责为科技成果转化提供支持。科技成果转化的财政经费主要用于科技成果转化的引导资金、贷款贴息、补助资金以及其他促进科技成果转化的资金用途。科技成果完成单位转化职务科技成果后,应当按照规定奖励成果完成人和为成果转化做出重要贡献的人员。

《安徽省科学技术普及条例》 2009年10月23日,安徽省第十一届人民代表大会常务委员会第十四次会议通过,主要是建立政府引导、市场推动、全社会参与的科普工作运行机制,在全社会传播科学思想、弘扬科学精神、倡导创新文化、激发创新热情,提高全社会的科技意识和公众的科学素质,为建设创新型安徽奠定坚实的社会基础。条例规定各级人民政府作为执法主体的法定行政职权,科学技术协会等社会团体在科普工作中的重要作用。安徽省人民政府、设区的市人民政府和其他有条件的地方人民政府,应当将科普场馆、设施建设纳入城乡建设规划和基本建设计划。省政府设立科普奖励项目,并将其纳入科学技术进步奖范围。

《安徽省科学技术奖励办法》 2001年11月21日,安徽省人民政府令第136号发布,2006年5月10日,第一次修订,2009年2月26日,第二次修订,主要是建立安徽省科学技术奖励制度。省政府设立安徽省科学技术奖(以下简称省科技奖)。省科技奖分以下类别:自然科学类、科学技术进步类、技术合作类等。科学技术奖励工作贯彻“尊重知识,尊重人才,促进科学技术创新和科学技术成果转化”的方针。省科技奖的评选实行公开、公平、公正的原则,不受任何组织或者个人的非法干涉。安徽省科学技术行政部门负责全省科技奖评审的组织工作。

《安徽省科学技术国防动员办法》 2004年10月11日,省政府第17次常务会议通过,主要是规定科学技术国防动员的基本任务:对科技资源进行调查,及时、准确地掌握科技资源的状况;制定科学技术国防动员实施的预案;征召、征用科技资源;对被征召的科学技术人员进行安置,对被征用的科学技术成果、设施、设备进行处理。

第三节 民营科技企业及群众团体

民营科技企业 民营科技企业的前身称为“民办研究所”或“民办科技机构”。1985年3月,中共中央《关于科学技术体制改革的决定》指出,“允许集体或个人建立科学研究或技术服务机构”。在中共中央决定的指引下,全省一些科技人员开始创办集体或个体性质的民办研究所,从此民营科技企业开始进入萌芽初创阶段,改变过去只有全民所有制科研机构的组织结构和方式。

1988年8月,省政府《关于深化科技体制改革的若干规定》要求,积极支持和促进集体、个体等不同所有制形式科技机构的发展。民办科技机构要按照“自筹资金、自愿组合、自主经营、自负盈亏”的原则，充分发挥以市场为导向，以技术为依托，以技工贸、技农贸一体化运行等方面的优势，逐步形成国家、集体、个人一起兴办科技事业的新局面。1994 年 9 月，省委、省政府《关于促进科技经济一体化的决定》要求，要积极发展民营科技企业，鼓励科技人员按照“四自”原则，创办多种所有制形式和经营方式的民营科技企业，包括国有民营经济、集体经济、合作经济、私营经济、合伙经济、个体经济等。1996 年 1 月，省委、省政府印发《关于贯彻中共中央、国务院关于加速科学技术进步的决定的实施意见》指出，民营科技企业是发展高新技术产业的一支有生力量，要继续鼓励和引导其健康发展。从此，民营科技企业进入成长发展阶段。

1999 年 10 月，省委、省政府《关于贯彻中共中央、国务院关于加强技术创新，发展高科技，实行产业化的决定的意见》指出，支持发展多种形式的民营科技企业，要从管理制度上保证民营科技企业能够平等地参与政府科技计划项目的竞争。2003 年 10 月，省委办公厅、省政府办公厅《关于进一步加快民营科技企业发展的意见》要求，重视和发挥民营科技企业在自主创新、发展高新技术产业的生力军作用，创造公平竞争的环境，支持其做大做强并参与国际竞争。至此，民营科技企业进入成熟壮大阶段。

截至 2005 年年底，全省经认定的民营科技企业 5413 家，其中省级以上高新技术企业 528 家，职工总人数 33.74 万人，实现技工贸总收入 998.70 亿元，其中高新技术产业技工贸总收入 798.50 亿元。

科技群众团体　全省性科技社会团体是由科技人员和高等院校、科研院所、企业等单位自愿组成，为实现会员共同意愿，按照其章程开展科技活动的非营利性社会组织。

在省委、省政府《关于贯彻中共中央关于科学技术体制改革的决定的若干意见》等科技政策的指引下，安徽省科技社会团体迅速发展。全省性科技社会团体由 20 世纪 80 年代初的 103 个、会员 4 万多人，发展到 2010 年的 164 个、会员 22 万多人，其中省科技厅主管并在省民政厅登记的综合性科技社会团体 12 个，省科协主管并在民政厅登记的学术性科技社会团体 151 个（理科学会 30 个、工科学会 40 个、农科学会 18 个、医科学会 35 个、交叉学科学会 28 个）。

安徽省科技群众团体围绕全省科技经济社会发展的重大问题，动员和组织广大科技工作者，开展多种形式的科技服务活动。举办“安徽博士科技论坛”“安徽省科协年会”“兴皖之光”青年学术年会等学术活动，为促进学科发展、人才成长、科技创新、科技与经济结合搭建平台。建立全国第四个中国科协“海智计划”工作基地，搭建海外智力服务安徽省经济建设平台。组织实施“5612”工程和“科普惠农兴村计划”，帮助企业应对金融危机挑战，探索科技人员服务企业的长效机制，组织和促进新农村建设的新途径。牵头组织实施“全民科学素质行动计划”，提高重点人群（未成年人、农民、城镇劳动者、领导干部和公务员）科学素质，加强科学素质基础建设，培育发展科普产业。在全国率先提出“培育发展科普产业”的理念,创建全国首家省级科普产品工程研究中心,成功举办四届中国(芜湖)科普产品博览交易会,并进行理论研究,《中国公民科学素质测评体系与实证研究》成果列为第307次香山科学会议主题,《安徽省农村产业技术协会发展研究》和《安徽省青少年科技创新状况调查》受到中国科学技术协会的表彰。

第五章 科技体制改革

第一节 科技计划管理体制改革

1986年,全省科技工作贯彻《中共中央关于科学技术体制改革的决定》和中共安徽省委、省人民政府关于贯彻中央《决定》的若干意见,把科技工作重点转向农村,为农村经济服务。安徽省从1985年下半年开始试点"星火计划"项目,1986年全面实施,全年安排144个"星火计划"项目。

1987年7月,为提高科技管理水平和工作效率,省科委制定《安徽省科委科技计划项目管理程序》,对科研攻关、重大科研、星火计划、科技扶贫及软科学研究等计划内项目进行管理。

1988年,省科委改革科研项目管理方式,采取项目合同制和分层次管理的办法,既加强对攻关项目的检查指导,又加强对委托给地方和部门管理的重点项目的宏观指导,加快项目实施进度。在计划实施中突出重点,推出一批科研和软科学研究成果,创造条件形成若干个星火计划项目密集区,在大别山区建设若干个科技扶贫实体。根据实际情况安排若干项高技术应用研究项目,组织若干科技开发实体,形成若干科研基地。

1988年,省科委明确科技三项经费应有偿使用,对历年安排项目中应回收的经费进行调查清理,研究可行的经费回收措施。会同省财政厅制定《安徽省科技开发周转金管理办法(试行)》。

1988年,安徽省开始动员实施火炬计划,1989年,全面实施火炬计划。1992年8月,省科委编制《安徽省火炬计划十年发展规划和"八五"计划纲要》,印发《国家级、省级火炬计划项目管理办法》。

1991—1995年,省科委打破原有单一、封闭的计划管理体制,针对国民经济和社会发展亟待解决的重点、难点和热点问题,组织全社会科技力量,围绕10大技术领域,实施117个攻关项目实行"招标"攻关。

1991年,省科委印发"安徽省星火计划管理办法"。1992年,省科委制定《安徽省省级新产品试制计划管理暂行办法》。1993年,印发《安徽省科委科技三项经费管理暂行规定》和《安徽省科委关于回收科技计划项目有偿经费的暂行规定》。1995年,印发《安徽省科委软科学研究计划管理办法》《安徽省火炬计划发展基金管理办法(试行)》和

《安徽省科技经济一体化专项资金管理办法》。

1994年,省科委探索科技计划体制改革,各类计划经费安排不再是包干数,而是参考数,根据项目评估结果择优安排,调剂使用。从三项费中集中100万元安排若干重大产业化项目作前期研究和开发。

1995年,省科委建立安徽省自然科学基金制度。从科技三项经费安排50万元,建立安徽省自然科学基金。会同省财政厅制定《安徽省自然科学基金管理办法》,成立安徽省自然科学基金委员会,确定1995—1996年度安徽省自然科学基金重点支持农业科学、生物学、信息科学、医学科学、化学与化学工程科学等六个方面。

1995年,省科委制定《安徽省"九五"科技攻关项目指南》,对"九五"科技攻关安排进行一系列改革。以市场需求推动为主,从项目申请开始到专家评审等各个环节,都由产业界或企业参与。引入竞争机制,对内容类似的自然科学项目,组成一个专题组。项目周期由5年改为3年。减少项目数,增加投入强度。1995年11月,中共安徽省委、省政府召开全省科学技术大会,省财政安排2000万元,设立教育和科学技术两个发展基金,县级以上各级财政每年用于科技经费的增长幅度,高于本级财政经常性收入的增长幅度,科技三项费用不低于本级财政支出的1%。

1996—2000年,科技计划改革进一步加强科技与经济的结合,强化科技计划的集成,提高科技计划项目的显示度。科技三项费用分配稳定存量,调整增量,建立投入统计快报制度,会同省财政厅加大执法监督力度。共安排攻关项目150项,投入资金2900万元,承担项目单位分布为高校40%,研究院所30%,企业20%,其他10%。

1996年,省科技计划以组织实施"三个百亿元工程"、八项科技工程和"九五"科技攻关计划为中心任务,推动各项科技计划的重心继续向为经济建设服务转移。1996年,省财政安排省级科技三项经费1308.3万元、科技发展基金1000万元、正常专项632.5万元,年终追加268万元。

1997年,省科委改变项目的管理模式,强化宏观管理。在软科学课题安排上,提出可持续发展战略的一系列子课题进行招标;在工业年度重点项目安排上,面向市场、面向企业,针对制约企业发展的重大技术难题,进行难题征集与招标。制定《安徽省科委软科学研究计划项目招标管理办法(试行)》《安徽省科技发展基金使用管理办法》和《安徽省重点实验室暂行管理办法》。1997年,省科委印发《关于科技三项费用有偿使用管理的若干意见》和《科技三项费用管理办法实施细则(试行)》。

1998年,国务院决定设立用于支持科技型中小企业创新的专项基金,优先支持科研院所、高校的科技人员领办的科技型企业申报的项目。安徽省启动申报工作。

1999年,省科委正式成立安徽省自然科学基金委员会,会同省财政厅落实年度300万元新上的60个省自然科学基金项目。1999年,省科委印发《安徽省科技三项费用管理办法实施细则》。

2001—2005年,继续改革和完善科技计划管理。对现有各类科技计划进行整合,精简计划数目,减少重复交叉。加大各类科技计划项目尤其是专项的管理力度,在立项、评审、经费管理等各个环节,引入市场竞争机制,充分发挥专家的作用,建立科学公正的科技招标和评估制度,合理配置科技资源。

2001年,省科技厅会同省财政厅制定《安徽省科技计划项目管理暂行办法》《安徽省省级科技三项经费管理暂行办法》。在科技计划立项、评审等过程中,严格规范程序,引入市场竞争机制,充分发挥专家的作用。对实施的省自然科学基金项目进行绩效评估。克服以往科技攻关项目重点不突出、量多面广、显示度不高等弊端,集中经费实施计算机软件、生物医药等8个“十五”科技专项。吸引社会资金支持应用基础研究。安科公司捐赠100万元,设立安徽省自然科学基金“安科医药专项”。省科技厅筹资200万元,建立安徽省优秀青年科技基金。2001年度,全省科技三项费用到位数16901.3万元,占财政支出预算数比例0.83%。其中,省级到位数4195万元,占财政支出预算数比例1.06%;市级合计到位数6039.7万元,比例为1.08%;县区级合计到位数6666.6万元,比例为0.61%。

2003年4月,省科技厅印发《关于科技计划体系改革与调整的若干意见(试行)》。省自然科学基金委员会印发《关于加强省自然基金项目过程管理的通知》,对基础研究项目进行连续跟踪、评估。

2005年,省科技厅结合研究制定“十一五”科技发展规划,提出科技计划体系及管理改革方案,明确各计划管理模式和运行机制。

第二节　安徽省属科研院所改革

安徽省属科研院所管理体制改革　1985年,中共中央发布《关于科学技术体制改革的决定》,1986年1月,国务院发布《关于科学技术拨款管理的暂行规定》,1986年12月,省政府颁布《关于科研事业费拨款管理的暂行规定》,1988年8月1日,省政府颁布《关于深化科技体制改革的若干规定》,正式启动全省科技体制改革。依据改革目标与政策重点的调整,1986—2005年,安徽省属科研院所管理体制改革可大致分为三个阶段:

第一阶段,1986—1991年。

改革科学事业费拨款制度并实现平稳过渡。省属科研院所有19家被定性为技术开发类科研院所,从全额拨款事业单位改为差额拨款单位,减拨部分科学事业费,调整支出结构,涉及在职职工1300人、离退休职工990人。其他31家作为社会公益类科研机构,按全额拨款事业单位管理。

进行开拓技术市场的有益尝试。在政策引导和经费压力双重作用下,科技人员初步树立科技成果商品化、产业化的观念,面向企业从事技术开发、成果转化和技术服务。通过技术市场,以合同形式有偿转让科技成果成为科研院所的一个经常性收入来源。技术交易的内容和形式不断丰富,从科技成果的转让、技术产品的销售、技术服务和咨询发展到技术承包、技术培训等。

培育新的经济增长点。省属科研院所创办经济实体已达58个。省属科研院所总收入中除去财政拨款,绝大部分为经济实体创收所得。从安徽省生物研究所一个课题组发展起来的安科生物高科技公司,以二类新药 α-2b 干扰素和人生长激素等生物制品为主导产品,参与市场竞争,成为安徽省生物技术产业的骨干企业。

运行机制发生显著变化。1987年,全省在三分之一的省属科研院所推进所长承包经营责任制,相当一部分单位取得企业法人资格,在对人、财、物和生产经营方面引入企业管理,一批优秀青年科技人才走上领导岗位,担任院所长和重大项目负责人。省属科研院所按照所有权与经营权分离原则,扩大经营自主权,试行技术合同制、承包责任制。

1988年8月,省政府颁布《关于深化科技体制改革的暂行规定》,全省科研院所体制改革进入一个新的历史时期。

第二阶段,1992—2000年。

1992年10月,中共十四大确定建立社会主义市场经济的目标,科技体制改革开始转入新的阶段。面对崭新的市场经济,省科研院所作为事业单位必将走向市场,省科委向直属单位下放人事权,对直属院所的改革实现由个人竞争承包到企业法人承包、再造微观基础的质的飞跃。

1992年10月10日,省科委、省体改委转发国家科委、国家体改委《关于分流人才,调整结构、进一步深化科技体制改革的若干意见》,省属科研院所体制改革转入运行机制的改革。依据"科教兴皖"战略,按照"稳住一头,放开一片"方针,省属科研院所在用人制度、分配制度、专业技术职务聘任等方面拥有更大自主权,多数有条件的省属开发类科研院所创办科技企业或走上与科技企业集团联合的道路,实行"一所两制"、企业化管理。

1998年,以转变机制为突破口的省属科研院所新一轮改革全面启动,省科委按照"试点启动,择优扶持,分步实施,尽快到位"的指导方针,采取"试点先行,典型引路"的作法,以"管理人员精简,后勤剥离,所内职称"等内部机制改革为支撑,推行省属科研院所整体转制的改革模式。

第三阶段,2001—2005年。

2001年,省科技厅会同省编办、省财政厅等14个部门制定《关于深化省属科研机构管理体制改革的实施意见》,12月30日省政府办公厅进行转发,其后省编办、省科技厅等部门又印发《关于省属科研事业单位改企转制中职工提前退休有关政策问题的通知》,这两份文件针对省内实际,规定扶持省属开发类科研院所转制和产权制度改革的政策和措施,有较强的操作性。

2002年5月9日,省政府召开深化省属科研机构管理体制改革动员大会,至此,省属开发类科研院所的体制改革工作正式启动。安徽省化工院等19家开发类科研院所作为首批单位开始实施企业化转制。省属开发类科研院所根据文件精神,结合单位实际拟定体制改革的总体方案,7月省科技厅、省编办对省属开发类科研院所申报的方案进行批复,同意各单位由事业性质改为企业,原有事业编制收回。在办理符合提前退休条件人员有关手续后,省属转制科研院所转企工作全面完成。

2002年8月,省科技厅组织推动省属开发类科研院所的产权制度改革,开展省属开发类科研院所改革方案报批、提前退休人员手续办理、财产清查、专项审计、非经营性资产认定、资产评估及确认、股权设置等项工作。截至2005年,省属开发类科研院所已有6家改制成为民营的有限责任公司,3家经批准进入企业集团,5家划入省国资运营公司,大部分都完成相应的工商注册工作。

2001—2005年,省属开发类科研院所通过转企改制,院所管理体制与运行机制发生根本性变化,产业进一步发展,创新能力增强。省属开发类科研院所技工贸收入从2001年的5390万元增加到2005年的1.25亿元(不包括投资企业收入),年均增长23.4%,2005年实现利润985万元。

2001—2005年,省属公益类科研机构改革试点工作启动。省科技厅会同省编办制定推动省属公益类科研机构改革试点工作的目标、原则和任务,确定省属公益类科研机构改革的试点单位。截至2005年,2家省属公益类改革试点单位,1家改革方案已批复,1家正待批复。未进行试点的省属公益类科研机构,也从用人制度、分配制度、运行机制方面入手,进行大胆内部机制改革尝试。

安徽省属科研院所科研事业费拨款制度改革 科研事业费拨款制度的改革是整个科技体制改革的组成部分。1986年开始,国家科委决定对不同类型的科研机构实行分类管理,分别采取合同制、包干制的管理办法。同时还决定从1987年1月1日起,把原来由各级财政通过各主管部门按人头分配给科研机构的科研事业费,划转国家科委和地方科委统一归口管理。

1986年,省科委组织有关部门和科研单位,通过调查科研单位分类,确定事业费划转基数,组织召开全省科技事业费划转工作会议、华东地区科研事业费划转工作研讨会等会议,完成拨款制度改革的准备。省政府于1986年11月27日制定《安徽省人民政府关于科研事业费拨款管理的暂行规定》,规定省、地、市、县各部门的科研事业费,从1987年度起,由各级财政部门直接拨交同级科委统一管理。具体划转的科研事业费包括:从各部门事业费中开支的科学研究费和科学事业费(包括科协的事业费);原由财政拨款,不在科学研究费中开支的独立科学研究单位的经费;原在科学研究费中开支的同一部门所属的自然科学和社会科学研究单位的经费。

1987年,省科委完成省内科研事业费拨款制度改革任务,对55个省级科研事业单位实行分类管理,分配下达各单位经费收支年度计划。当年的省内拨款制度改革中,全省开发类科研院所事业费平均递减18%,省科委直属开发类科研院所事业费平均递减

24%。

1988 年,省科委继续推进拨款制度改革,抓好事业费逐年递减工作。根据省属开发类科研院所的实际情况,科研事业费当年预算额度在扣除离退休人员定额经费后作为基础,再划定当年减拨比例。1987 年实行划转的省属开发类科研院所当年减拨 18%,1988 年划转的平均减拨 30%,外地的省属开发类科研院所减拨比例为 50%,省科委直属的驻肥三家开发类科研院所减拨比例为 100%。截至 1995 年,省属开发类科研院所事业费基本递减到位。省属开发类科研院所减拨的事业费,全部用于省属开发类科研院所自身科研、产品开发、和专用设备购置;1987 年,设立省属开发类科研院所科技产品研发设备和仪器购置专项资金;1989 年,省科委将递减下来的事业费报经省政府批准,设立省属科研院所科技开发周转基金;1990 年,设立省属开发类科研院所科研开发储备项目专项资金;1995 年,设立重点科技产品设备条件构建专项资金,择优支持科技产品形成规模的省属开发类科研院所。

1988 年,省属科研机构全面推行事业单位新会计制度,加强科研机构的财务管理。1989 年,成立安徽省科研会计学会。

1989 年 8 月 25 日,经省政府同意,省科委会同财政厅、人事局、工商局、税务局、中国人民银行,发布《安徽省政府关于贯彻国务院批转国家科委、财政部、人事部、国家税务局〈关于深化改革科研单位事业费拨款和收益分配制度的意见〉的具体实施办法》,规定在省属科研单位内推行和完善各种形式的承包责任制,据事业费减拨程度分类调整三项基金的提留比例,专项奖励减拨事业费的省属开发类科研院所等。

1990 年,全省事业费减拨的方向不变,考虑到省属科研机构的实际困难,减拨的进度适当放慢。省科委对省属科研机构实行按照不同类型科技活动的特点全面实行分类管理,总的原则是促进科研机构与企业结合,与生产结合,增强科研机构自我发展能力和自动为经济建设服务的活力。

1990 年,全省 264 家全民所有制独立科研机构(不包括国务院部门属的 14 家和中科院在皖的 4 家科研机构)全部实行分类管理。省属开发类科研院所实行技术合同制,并逐步削减其事业费拨款,鼓励和促进这类院所面向经济市场逐步达到经济基本自立。1990 年与 1985 年相比,省属科研单位平均递减事业费 40.3%。省属公益类科研机构也实行经费包干制,在完成公益性科研任务的同时积极面向经济市场,取得技术性收入。

1991 年,全省科技事业费拨款制度改革加快步伐,一大批省属科研机构取得较好经济效益,20 家省属开发类科研院所,已有 3 家递减拨款到位,17 家递减拨款到位 60%~75%,平均递减速度为 69%。74 家科研机构,全年共创毛收入 2461.5 万元,比上年增长 17%,纯收入 567.4 万元,比上年增长 31%。

1992 年,全省科技体制改革进一步深化,拨款制度改革向纵深发展,事业费递减进度继续加快,省属开发类科研院所全部递减到位,拨款制度改革进一步完善。省属开发类、应用类科研机构面向经济市场，多渠多流，走创办科技企业集团和发展高新技术产业的道路；省属科技服务机构立足经济、社会、科技发展的需要，实行企业化管理；省属公益类研究机构，除少数骨干单位由省里重点支持外，大多数从事业型向经营型过渡，逐步构筑成组织网络化、功能社会化和服务产业化的新兴第三产业。

1994 年，全省科研机构改革赋予科研机构用人制度、分配制度、专业技术职务聘任等更大的自主权。在执行“稳住一头，放开一片”方针的前提下，做到“稳中有放，放中有稳”，要求科研机构积极探索新的组织形式和发展模式，推行全员聘任合同制和劳动合同制，逐步开展“一所两制”的试点。

1994 年，全省面向经济建设主战场，大力推进科技长入经济，提高科技进步在经济增长中的含量，改革递减科学事业费使用方式，推进科研机构和高等院校进入或长入经济。全年安排 420 万元递减下来的科学事业费，用于支持市场前景好的的项目和骨干科研机构的占 85.7%，有偿使用部分达 48.8%。大批科研机构、高等院校以多种形式推进传统产业的技术进步。如合肥工业大学与铜陵建西工具厂合办研究机构，不断向企业输送最新的研究成果，该厂也因此而取得较好经济效益。

1995 年，全省扩大事业费拨款改革试点。对减拨的事业费仍实行集中管理，实行从严把关、择优支持原则，择优返回减拨下来事业费扶持一批省属开发类科研院所上规模。同年省科委参照国家科委颁布的《科研院所技术开发研究专项周转金管理办法》编制《安徽省科技开发周转金管理办法》以及《安徽省属技术开发性科研单位减拨的事业费管理办法》。

1997 年，省科委根据财政部、国家科委公布的《关于执行〈科学事业单位财务制度〉若干具体问题的通知》，在省属科研机构全面执行《科学事业单位财务制度》。

1999 年，为拓宽科技投入渠道，提高资金使用效率，促进全省科技事业发展，省财政厅、省科委于 1999 年 6 月 23 日发布《〈关于深化省级科技拨款制度改革的意见〉的通知》，以探索建立科技投入新模式，力争三年内（1999—2001 年）优化科技投资结构，实现科技资源优化配置；逐步建立课题制、基金制的财政科技投入模式，建立健全科技成本效益考核机制。

2005 年 7 月 6 日，省科技厅根据省财政厅预算编制工作要求，成立省科技厅部门预算编制领导小组。

第三节　省部会商和省院会商

1999 年 3 月、4 月和 2006 年 3 月，安徽省人民政府（以下简称安徽省）和中国科学院（以下简称中科院）先后签署《科技合作协议书》《共建科学岛协议书》和《全面科技合作协议书》，省委、省政府主要领导和中科院主要领导多次出席省院会商会议。双方在重大科学工程建设、科技成果转化、优化发展环境、合作共建研发机构、配套争取国家支持、奖励和培养科技人才等方面开展合作,为合肥国家科技创新型试点市、合芜蚌自主创新综合试验区和国家技术创新工程试点省建设增添动力,推动中科院在皖单位建设和安徽省经济社会发展。

省院共建“科学岛”和中国科技大学,是共同构建国家创新体系的重要内容,是建设合芜蚌自主创新综合试验区的重要组成部分。中科院支持超导托卡马克装置、国家同步辐射加速器、稳态强磁场装置等大科学工程和微尺度物质科学国家实验室建设,同时在布局国家综合科学研究中心时,省院共同努力,促成国家综合科学研究中心列入国家规划,落户合肥。支持办好中国(合肥)自主创新要素对接会、安徽循环经济技术工程院和安徽院士工作办公室。进一步发挥中科院的科技资源特别是人才优势,促进科技成果在安徽转化,帮助安徽破解技术难题,建设创新型安徽。安徽省支持中科院实施知识创新工程,支持中国科技大学实施“211”工程和“985”工程,积极配合做好中国科技大学 50 周年校庆活动,进一步发挥中科院合肥物质科学研究院和中国科技大学的作用。

2004 年 7 月 21 日,科技部与省政府在北京举行首次部省会商,商定共同支持奇瑞公司自主创新、共同支持合肥市科技创新型试点、共同推动安徽富民强县工作。双方签署《工作会商制度议定书》,会商制度实施期限定为 2004—2010 年。安徽省是与科技部建立工作会商制度最早的省份之一。

2005 年 6 月 16 日,科技部与省政府在芜湖市举行第二次部省会商,就部省共创奇瑞名牌、开展重大技术攻关,增加科技型中小企业创新基金支持,开展合肥国家科技创新型试点市,建立部际协调小组工作机制,在安徽省实施“科技富民强县专项行动”等重大工作进行会商。

2006 年 4 月 11 日,科技部与省政府在合肥市进行第三次“部省会商”。商定继续推进已启动的共创奇瑞名牌、开展合肥市科技创新试点工作和加强县市科技工作等重大工作,共同推进“技术创新引导工程”,支持安徽以适当方式有效融入长三角区域创新体系。

科技部与省政府共同举行六次部省工作会商,取得多方面的成果。共创奇瑞名牌取得突破性进展。奇瑞公司从一个备受争议和打压的企业,一跃成为全国企业自主创新的一面旗帜。合肥国家科技创新型试点市建设扎实推进。2004 年 11 月,合肥被批准为国家首个科技创新型试点市。国务委员陈至立先后 4 次听取汇报,2 次到合肥考察指导,对试点工作给予充分的肯定,认为方向正确,意义重大。2007 年 6 月,在合肥主持召开第一次部际协调小组会议,成立由科技部、发改委、财政部、教育部、中科院组成的试点市部际协调小组。经过多年努力,合肥市以综合创新为动力,以提升城市综合竞争力为目标,呈现出经济发展速度明显加快、经济发展方式转变明显加快、科研成果转化明显加快、创新环境建设步伐明显加快、示范带动作用明显加快的良好势头。初步走出一条符合科学发展观、以新型工业化为主导的城市化发展路子,合肥在全省的辐射带动作用显著增强，主要经济指标增幅位居全国省会城市前列。合芜蚌试验区建设取得明显成效。在科技部的支持下，安徽省在合肥国家科技创新型试点市的基础上，拓展到合肥芜湖蚌埠三市，开展区域自主创新综合试验，通过实施六大工程，六大改革，在培育创新型产业、支持企业自主创新等方面先进行先试，呈现“四大成果”加速涌现、“三个核心”支撑作用显著提升、创新平台服务功能逐步增强、试验区示范带动效应放大的良好态势。国家技术创新工程安徽省试点工作全面推进。安徽省被科技部等六部委确定为国家技术创新工程试点首批3个省之一，通过多年努力，逐步建立起适应经济发展要求和现代科学技术发展规律的企业技术创新体系，企业自主创新能力得到进一步加强和提升。

第六章 科技成果

第一节 科技成果管理

科学技术成果鉴定 1986年4月,省科委印发《安徽省科学技术委员会关于科学技术研究成果管理实施办法》,从科技成果范围、科技成果报送程序、重大科技成果、科技成果鉴定等方面对科技成果管理工作作出明确规定。

1988年10月,省科委发布《安徽省科学技术成果鉴定实施细则》,对科技成果鉴定的申请条件、申请程序、鉴定程序、鉴定委员会组成等方面作出明确规定。

1995年4月,省科委发布《科学技术成果鉴定办法》和《科技成果鉴定规程(试行)》,规定凡列入省、行署、市、综合改革试点县(市、区)科委和省直有关部门科技计划所完成的应用技术成果均属于鉴定范围。由省科委归口管理、监督全省的科技成果鉴定工作。

1997年1月,省科委、省技术监督局发布《关于认定第一批科技成果省级检测鉴定检测机构的通知》,认定安徽省产品质量监督检验所、安徽省计量测试研究所等12个省级检测机构可以在其授权的检测范围内,根据组织鉴定单位的委托要求,开展检测鉴定工作。

科学技术成果登记 1988—2005年,安徽省登记科技成果项目数共9236项,其中应用技术成果8540项,基础理论成果399项,软科学成果297项。

1986年10月,省科委发布《关于抓紧进行省级以上重大科技成果申报登记的通知》,对安徽省科技成果的申报范围、申报程序及科技成果的登记与公布作出规定,并决定内部发布《安徽省科学技术研究成果公报》,首期公报于1987年第一季度出版,《公报》发布的科技成果是经过审查符合省级以上水平的重大科技成果,也是申报科技进步奖的基本条件之一。

1990年2月,省科委发布《关于申报登记标准化省级科技成果的有关规定》,对标准类科技成果申报条件、申报范围、申报程序、申报材料作出明确规定。

1995年7月,省科委发布《关于省级重大科技成果申报登记工作的通知》,对省级重大科技成果申报条件、申报办法、申报材料作出明确规定。通知要求申报省级登记的各类科技成果必须符合新颖性、先进性和实用性的条件,通过各行署、市科委、省直有关部门、高等院校和中央驻皖单位申报。申报材料包括:《科学技术成果报告表》《安徽省科学技术成果申报登记表》《科学技术成果鉴定证书》等。

2000 年 8 月，省科技厅印发《安徽省高新技术成果认定办法》，该办法对高新技术成果认定内容、认定条件、认定程序作出明确规定。

科学技术成果转化　2001 年 5 月，省科技厅成立省科技成果转化服务中心。该中心为功能多样化的服务于科技成果转化的省级示范中介组织。

2003 年 10 月，安徽省第十届人民代表大会常务委员会第五次会议通过《安徽省促进科技成果转化条例》。

2004 年 1 月 1 日，省科技厅正式实施《安徽省促进科技成果转化条例》，提出促进科技成果转化工作，应当建立政府扶持和市场引导相结合，有偿与无偿服务相结合，国家促进科技成果转化机构和社会力量相结合的促进科技成果转化机制，促使科技成果尽快用于生产。

第二节　科技奖励

科技奖励发展及历史沿革　中华人民共和国成立后，特别是改革开放以来，科技奖励事业伴随着科技事业的发展而不断发展。科技事业经历由中华人民共和国成立初的“百废待兴”到现在“建设创新型国家”、由属于“社会事业”范畴到属于“国民经济行业”范畴的转变。伴随着这种发展过程，科技奖励事业也经历 20 世纪 50 年代的创建期、60 年代的停滞期、70 年代的起步恢复期、80 年代的恢复发展期、90 年代的发展成熟期和 2000 年以来的改革期几个发展阶段。

1986—1990 年，是安徽省科技奖励制度恢复发展阶段。1986 年 2 月 3 日，省政府发布《安徽省科学技术进步奖励暂行规定》，对符合条件的新产品、新技术、新工艺、新材料、新设计、生物新品种、新药品和新医疗方法等新成果予以奖励。1988 年 9 月 6 日，发布《安徽省星火奖励办法》。这一期间全省共奖励各类科技成果 1591 项，初步形成涵盖基础研究、应用研究和促进农村经济发展的奖励制度。在众多获奖的应用技术成果中，由合肥工业大学完成的“异步电机分层多目标优化设计系统软件”项目，1987 年，获得省科技进步一等奖，1989 年，获得国家科技进步一等奖。

1991—1995 年，是安徽省科技奖励制度的完善发展阶段。1993 年 9 月 14 日，省政府发布《安徽省人民政府关于奖励有突出贡献科技人员的暂行规定》，表彰有突出贡献的科技人员，第一次实现由对成果奖励转向对人物奖励的重要转变，突出以人为本的理念。这一期间全省共奖励各类科技成果 1462 项，中国科学技术大学完成的“合肥同步辐射加速器及光束线试验站”项目，获 1995 年国家科技进步一等奖。

1996—2000 年，是安徽省科技奖励事业大发展阶段。1999 年，全国技术创新大会上明确提出“加强技术创新，发展高科技，实现产业化”的科技方针，奖励事业也呈现出蓬勃发展的态势，地方和行业的各种科技奖励层次多、涵盖面广、数量大。1997 年 8 月

14 日,省政府发布《安徽省自然科学奖励办法》《安徽省农村科技奖励办法》。这一期间,全省共奖励各类科技成果 1437 项,获国家各类科技奖 16 项。例如合肥水泥研究院完成的“开流高产水泥管磨技术”项目,获得 1996 年国家科技进步二等奖。

2001—2005 年,是安徽省科技奖励制度全面改革阶段。1999 年 7 月 23 日,颁发《国务院办公厅转发科技部科学技术奖励制度改革方案的通知》。2001 年 11 月 21 日,省政府发布 136 号令《安徽省科学技术奖励办法》,明确科技奖励宗旨,设立奖励类别,规定奖励条件、评审授予程序。2001 年 12 月 26 日,发布《安徽省科学技术奖励办法实施细则(试行)》。根据新奖励办法和细则,这一期间全省共奖励各类科技成果 651 项,2001 年度奖励中授予了中国科技大学钱逸泰院士、芜湖电真空研究所吴华夏研究员安徽省重大科技成就奖,以表彰他们在各自领域所做出的突出贡献。全省共授予重大科技成就奖 6 人,共获国家各类科技奖 13 项。其中,安徽三联事故预防研究所完成的“中国道路机动车交通事故主要预防技术研究及应用”项目获得 2002 年国家科技进步一等奖,开创安徽省民营科技企业获得国家科技一等奖的先河。

科技奖励成果 1986—2005 年, 安徽省科技奖励事业取得一系列举世瞩目的成就。其中有世界上第一台全超导非圆截面托卡马克核聚变实验装置、合肥同步辐射加速器及光束线试验站、世界领先的智能语音技术等一大批关键技术、装备和产品等。

图 4-6-1 世界上第一台全超导非圆截面托卡马克核聚变实验装置 EAST 图

中科院合肥等离子体物理所完成世界上第一台全超导托卡马克实验装置 EAST,首次实验获得稳定、重复和可控的高温等离子体放电,目前已实现 100 秒、1500 万度非圆截面双零偏滤器位形等离子体放电,最高等离子体平均电流达 1 兆安。EAST 的建造成功为托卡马克核聚变堆的前沿性物理问题和工程实验研究,以及未来稳态、安全、高效的先进商业聚变堆发展提供物理和工程技术基础。“是国际聚变工程的非凡业绩，是全世界聚变能开发的杰出成就和重要里程碑。”“它极明确地显示出中国对世界核聚变研究的贡献”。

图 4-6-2　合肥同步辐射加速器及光束线试验站图

至 2005 年该试验站是国内高校中唯一的大科学装置和国家级实验研究平台，广泛应用于物理学、化学、材料科学、信息科学、生命科学、医学、能源与环境等基础研究及应用研究领域。经过一期、二期国家重大科学工程建设，现拥有 15 条实验线站，光谱范围覆盖 X 射线到远红外波段，成为全国重要的知识创新、人才培养及高新技术研发基地，该项目获 1995 年国家科技进步一等奖。

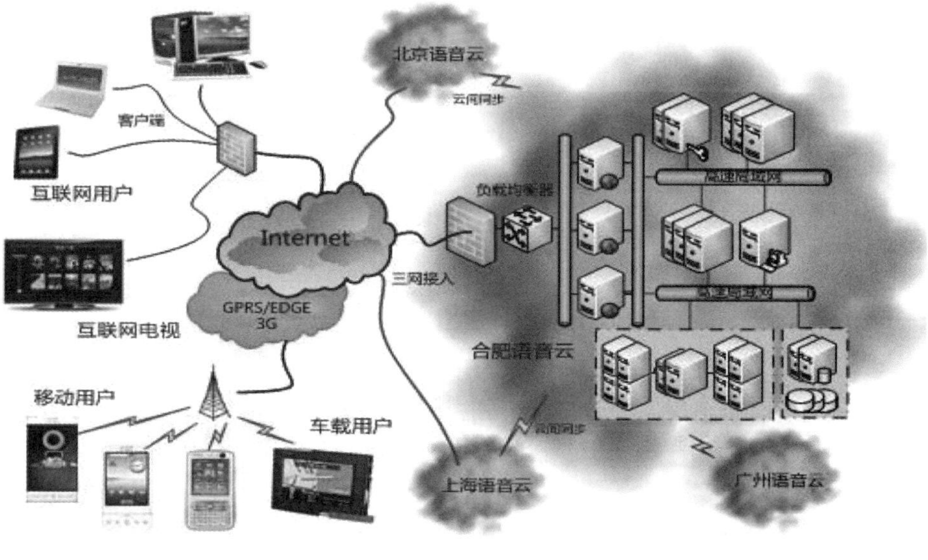

图 4-6-3　智能语音交互关键技术及应用开发平台图

该项目在语音合成、语音识别、语音评测等方向上进行一系列核心技术创新研究，推动语音交互关键技术突破实用门槛并达到国际领先水平。在此基础上,设计研发出可伸缩分布式高易用性语音交互应用开发平台,应用于华为、中兴等上千家开发伙伴,推动语音产业的快速发展。研发成果有效防范发达国家和跨国公司对中国语音产业的垄断风险,保障中国在智能语音交互技术与产业的主导权和主动权,已在社会各行业普及应用,该项目2002年获国家科技进步二等奖。

图4-6-4 开流高产水泥管磨技术图

针对传统开流磨存在着严重的过粉磨、产量低、电耗高等问题,通过在磨机内部采用具有选粉功能的新型筛分隔仓装置,大大减轻过粉磨现象,粉磨效率得到大幅度提高。结构属国际首创,并获得中、美、英、法、德五国专利。该技术适用于各种粉磨流程的水泥粉磨,增产20—40%,节电20—35%,也适合于矿渣微粉、钢渣微粉、超细粉煤灰粉、胶凝材料粉的粉磨,比表面积可达500—700平方米/千克。该项目获1997年国家科学技术进步二等奖。

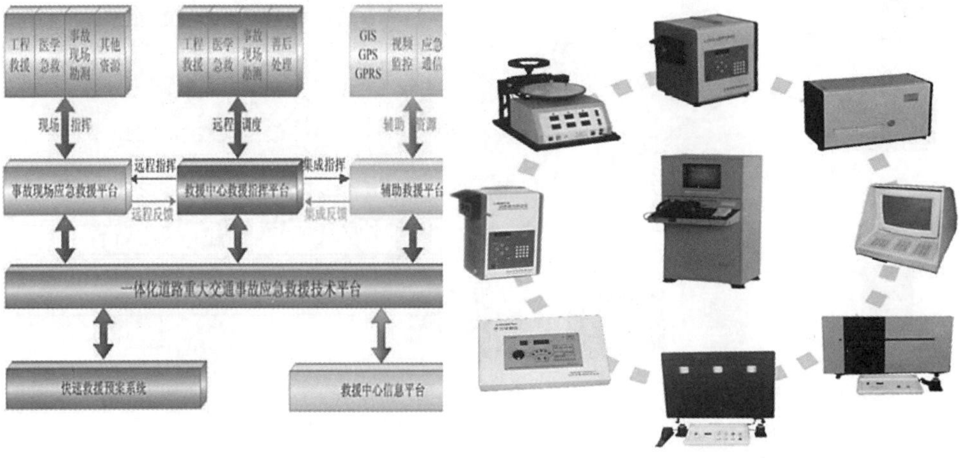

图4-6-5 中国道路机动车交通事故主要预防技术研究及应用图

安徽三联事故预防研究所率先发现并证实事故倾向性驾驶人是国内道路交通事故主因,构建和研发以筛检事故多发驾驶人、不良驾驶行为矫正、高危驾驶环境监测预警为主体的“三道防线”防治理论及核心技术装备,突破国外以车辆和道路安全为重点的事故防治模式。已在全国 400 多个城市推广应用,建立济南全球首个“联合国交通安全示范城市”,并被美国《科学》杂志及美联社、英国《泰晤士报》等 100 多家国际主流媒体跟踪报道。

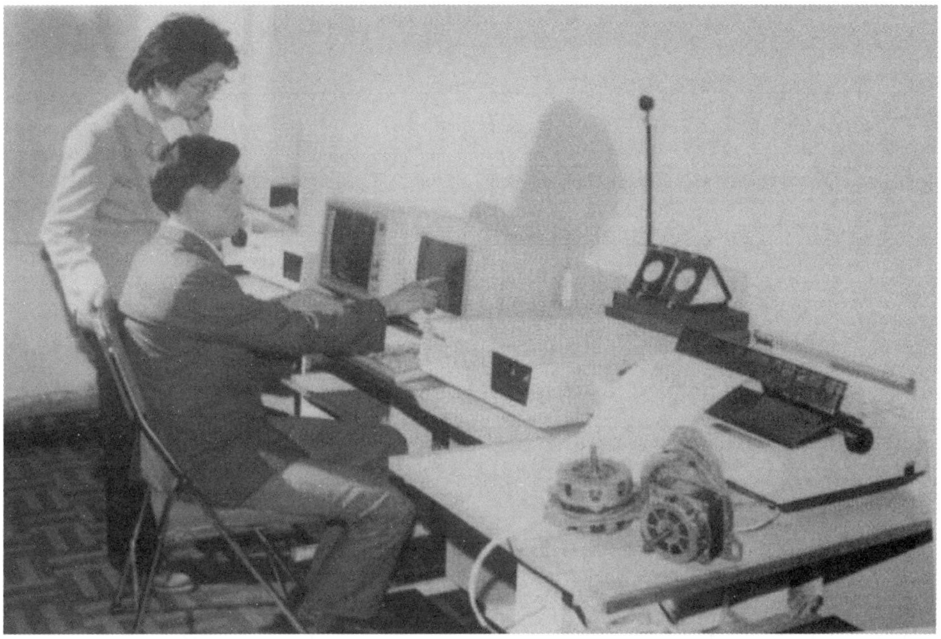

图 4-6-6　异步电机分层多目标优化设计系统软件现场图

针对电机优化设计中的关键技术问题,分别考虑材料成本、效率、功率因数、最大转矩、起动转矩、起动电流等 6 个优化设计目标,提出新颖的优化设计分解策略和分层多目标优化设计方法,将单目标拓宽为多目标,解决目标与约束的对偶互换,实现电机优化设计由长期理论研究到实际应用的重要突破,对复杂的电机优化设计问题具有普遍意义。该成果填补国内空白,获 1989 年国家科技进步一等奖。

1986 年度安徽省科技进步一、二等奖获奖项目一览表

表 4-6-1

序号	项目名称	完成单位	完成人
1	WY60A 液压挖掘机	合肥矿山机器厂、天津工程机械研究所	文百行、金冠群、陈国俊、陈卓、孙志杰、鄢宏钧
2	8SG1Y1 及磁聚焦平视管	芜湖电子管厂	吴华夏、伍维汉
3	钢的水平连铸	马鞍山钢铁公司科研所	章仲禹

续表 4-6-1

序号	项目名称	完成单位	完成人
4	JSB—1 型激光散斑电脑验光仪	安徽大学、中国科技大学、安徽医科大学、安徽省医疗器械厂	史家启、史世忠、吴秀清、王宝城、龙长应、石锦辉
5	低芥酸油菜新品种“410”选育	省农科院作物所、阜南县农牧渔业局、阜南县农科所、省种子公司、省粮油食品进出口分公司	王毅、郭高、赵仁渠、代成仁、朱治和、杨勇先
6	协青早不育系及协优 64 新组合选育	广德县农科所	吴让祥
7	人工驯养灰喜鹊防治松毛虫的应用研究	定远县林业局、定远县泉坞山林场	陈力生、李新民、王传祥、马士奇、刘杏娟
8	淠史杭工程总体规划与总体设计	六安行署淠史杭灌区工程指挥部、六安行署水利电力局、省水利水电勘测设计院、省淠史杭灌区管理总局	黄昌栋、檀华芬、余五星、陈芝章、裘维钧、沈洪生
9	皖西农水资源开发和综合利用的研究	安徽省科学技术协会	杨纪珂、熊梅林、赵安常、杨清渠、朱克陶
10	安徽省专门人才需求预测	合肥工业大学预测所、省系统工程学会	常本英、陈玉祥、严鸿和、颜卫生、潘皖印、束卫华
11	QKSGJ850—1200—1450/189 高压潜水电泵(带接力泵式)	合肥电机厂	邓悌康、戴元安、杨钦斋、王伯恩、杨士鹏
12	3M4740 钢珠精研机床	安庆机床厂	叶阜如、吴鹏翥、樊邦宏、陆志鸿、黄式琥
13	SFSL7—10000/110 低损耗节能大型变压器	合肥变压器厂	邓学良、吴小顺、江道生、杨儒馨、吴松林
14	HW1 型智能微波网络分析仪	国营 767 厂	汪显尧、郭立品、哈荣丽、戴三和、梁怀玉
15	直流永磁稳速电动机生产定型及大生产工艺攻关	国营八八 0 厂	黎华龙、何念堂、肇恒才、张广元、刘继宗
16	FS—C1 型超声风速仪	淮南无线电一厂、中科院声学所	王家忠、林向真、陈寿康、明代都、王远碧、刘怀芳
17	HTC—A 型微电脑市话自动查号系统	芜湖市邮电局	张冠球、张定祥、杨鸿智、李国祥
18	自动测量中波发射机四项技术指标微型计算机系统	安徽省人民广播电台发射台	迟立国、王新田
19	聚丙烯腈基高强碳纤维	安徽大学、辽源特种纤维实验厂	李仍元、路振陛、张克宇、张骏、刘杰、张兴智

续表 4-6-1

序号	项目名称	完成单位	完成人
20	千吨级氯化聚乙烯工业化试验	安徽省化工研究所、化工部星火化工厂、化工部第六设计院	严进、张宝元、宋执高、吴凤英、但启树、李细巧
21	高配比钢渣返回富集钒工艺	马鞍山钢铁公司、马钢钢研所、马钢三铁厂、马钢二铁厂	李文翔、陈世钧、杨旭辉
22	回转窑焙烧活性石灰新工艺	马钢公司第一烧结厂、马鞍山钢铁设计院	韦和时、顾辛渔、赵熙初、于自源、吴履容、俞梦来
23	井壁试验台及其装置	淮南矿业学院、安徽煤炭工业公司	孙文若、陈明华、赵鸿章
24	JDB—80,80(S)型电机综合保护器	淮南矿业学院	叶艽生、龚幼民、荣亦诚、姚磊
25	BS 笔式显微镜系列	安徽光电技术研究所、蚌埠光学仪器厂	裘耀庭、仵顺甫、汪兆阳、李虹、陆旭庆、张广良
26	曹操酒(38 度)	亳县古井酒厂	刘学贤、芦少英、孙松华
27	稀土在腈纶染色中的应用	蚌埠第一毛纺厂、安徽省冶金研究所	王祖允、曹作疆、何家顺、李士文、韩健民、王秀英
28	WGH—Ⅱ型三罗拉花式捻线机	广德纺织机械厂	陈天祥、陶伯清
29	AZN 型血流动力流变学参数分析仪	安徽医科大学附属一院烧伤研究室、中国科学院合肥智能机械研究所	陈国钧、盛曾慰、王立基、占又谷
30	EGG—1A 型胃电图仪研制和临床应用	安徽中医学院针灸经络所、合肥科学仪器实验厂	许冠荪、张脉桢、欧阳守、汪克明、陈嘉陵、马根柱
31	安徽贝母综合性研究	安徽省中药材公司、六安行署中药材分公司、省药品检验所、省医学科研所、安徽中医学院、安徽大学	肖大伦、殷淑芬、刘信顺、李清华、汪丽燕、张少鹤
32	霍山石斛野生改家种试验技术研究	安徽农学院、霍山县医药公司、霍山县长冲药材培植场	徐云鹃、于力文、何云峙、叶嗣昌、王会明
33	高产优质、多抗粳型杂交水稻新组合当优 C 堡	安徽省农科院作物所	李成荃、袁勤、许传万、孙明、许克农
34	安徽保健系黑白花奶牛的选育	安徽省保健奶牛场、合肥市牛奶公司	姬作义、刘广教、李文美、李开敬、肖学儒、张良银
35	铅笔柏石山造林和种子育苗技术	肖县铅笔柏繁育场	蒋贵银
36	500 立方米 / 时非自航、钢质、柴油机动力液压传动内河绞吸式挖泥船	安徽省水利机械疏浚工程公司	熊世英、曹翰生、沈光华、裴世奎、黄根润

续表 4-6-1

序号	项目名称	完成单位	完成人
37	地面测报——月报表自动化系列技术	安徽省气象科学研究所、安徽省气象局技术发展办公室、六安行署气象局、徽州行署气象局、蚌埠市气象局	周嘉瑜、边富昌、芮斌、江斌、赵文龙、吴德明
38	压气储能差步化学注浆工艺及ARF—84压气储能注浆器	省人防工程设计科研所、安庆市人防办防水试验小组	丁德厚
39	AT—F型解放牌汽车汽动风扇离合器	省交通科研所	杨永清、吕美全
40	安徽省淮北地区浅层地下水资源评价	省水利研究所、省地质矿产局水文地质总站、省水文总站	蒋杏春、李恩祥、李永红、赵家良、储常锐、刘万兴
41	单通道长喉部射水抽气器工业试验研究	安徽省电力试验所、淮北电厂	吴敬强、向大德、孙虔松
42	抗碱玻璃纤维增强低碱水泥沼气池	固镇县沼气实验站、国家建材院、安徽工学院、省建材所、省农村能源办	张国用、曹鸥、杨瑞珊、刘连东、徐幼卿、张一群
43	肥西县经济发展规划	安徽省系统工程学会、安徽省科技规划办公室、肥西县人民政府	汪敦泳、应国强、竺开华、董玉宝、杨永弼、胡庆长
44	宿县综合农业区划	宿县农业区划办公室、安徽省区划研究所	陈立人、陈信泗、张从义、沈维敬、汪明清、卫之民
45	山芋干开发综合利用情报调研报告	蚌埠市科技情报所	杨彬意、朱文扬、陈惠民、代以坚
46	安徽省农业气候资源分析与区划	安徽省气象局区划办公室	王善型、李倬、宛志沪、王效瑞

1987 年度安徽省科技进步一、二等奖获奖项目一览表

表 4-6-2

序号	项目名称	完成单位	完成人
1	齿轮减速器优化设计程序包研究	合肥工业大学机械工程系、北京钢铁学院、上海科技大学、北京工业学院	马同春、江亚立、姚亚平、朱燕生、陈立周、万跃青、陆思齐、孙元晓、周文渊
2	异步电机分层多目标优化设计软件系统	合肥工业大学电气工程系	成良玉、胡毓鋆

续表 4-6-2

序号	项目名称	完成单位	完成人
3	显微外科技术在四肢创伤治疗中的应用	安徽马鞍山钢铁公司医院	孙雪良、王惠美、高德琦、金重山、郝鹏
4	安徽省中药资源普查	安徽省中药材公司、安徽省农业区划办公室	王秀芳、徐光昇、颜于宏、陈信泗、王平、郭旭辰
5	空心微珠保温帽	安徽工学院、水电部电力建设研究所、合肥空心微珠制品厂、合肥铸锻厂、淮南煤矿机械厂、合肥矿山机械厂	陈建明、张家泉、李策镭、张善斌、王清林、左克明、杨启复、陈先东
6	2000 吨汽车纵梁液压机	合肥锻压机床厂	樊仪宽、陶善念、胡刚、盛承海、刘军
7	钒钛钨铸活塞环(材质)的研究	安徽省机械科学研究所、安庆活塞环厂	陈柱全、张明敏、徐建武、王敦生
8	江淮 -500 型拖拉机	安徽拖拉机厂、洛阳拖拉机研究所	于延海、陆根源、张焕文、马全福、王星
9	YL-55D 型液动螺杆钻具	安徽省地质矿产局探矿工程处、安徽省地质矿产局 326 地质队、地矿部无锡钻探工具厂	谢祖焯、鲁友海、顾慕庆、支秉仁、周吕汉、张素珍、曹青林
10	巢湖水域环境的生态评价及对策研究	安徽省环保科研所、合肥工业大学土木工程系、安徽省地质科学研究所遥感地质站、合肥市环境监测站、安徽省环境监测中心站、安徽大学生物系	赵治中、李大新、汪水源、徐卓然、张崇岱、王大齐、杨则东、高锡芸
11	安徽剧院建筑设计	安徽省建筑设计院	张振后、许彼得、王俊贤、何本群、吴鹤鸣
12	砂姜黑土小麦施肥计算机专家咨询系统	中科院智能所、安徽省农科院土壤肥料研究所	熊范纶、吴文荣、郭霖、张屹、陶学军、李淼、何茂影、周恩嘉
13	644 型手握式测速雷达	岳西 4150 厂、中国科技大学	马文达、樊德森、张德诚、沈海根、左康玲、金菊英、陈建设、邢华贵
14	计算机医学图像（X 线图像）处理系统	安徽中医学院、中科院合肥智能所	方廷健、孙立友、夏文杰、高逢生、马丽丽、徐泾生、俞惠琴、宋宝珠
15	数字式中波同步广播激励器	安徽省广播电视科研所	戚武、凌农、杨晓薇、汤达祥、王新田

续表 4-6-2

序号	项目名称	完成单位	完成人
16	微机市话查号系统	安徽省邮电科研所、中国科技大学无线电系	王仁华、周勇、刘必成、徐经友、王逢和、朱跃明
17	200T/YFH65 装饰性环氧粉末涂料	安徽省化工研究所、肥东塑料制粉厂	陈同普、梁民森、夏华斌、魏国平、郑国华、孙建华
18	乙基麦芽酚中试合成工艺研究	安徽省化工研究所	曾令禄、姚礼明、周小英、李春华
19	AH- 低温涂料印花粘合剂的试制及应用	安徽印染厂、中国科技大学	蔡明训、张曼维、张志承、陈东安、杭同吉、吴承佩、奉孝伦
20	利用酒精糟液生产菌丝蛋白饲料和治理污染的研究	安徽省阜阳酒精厂	颜华清、高洪鹏、马庆邦
21	宣纸燎草浆新工艺研究	安徽农学院林产工业研究所、泾县小岭宣纸厂	潘祖耀、张鹏藻、陈伟庭、刘荣林
22	家猫作为流行性出血热传染源的研究及其在流行病学中意义的探讨	安徽省卫生防疫站、蒙城县卫生防疫站	罗兆庄、王以银、丁一新、李曰贤、赵月萍、柳燕
23	细菌 L 型的实验与临床研究	蚌埠医学院、蚌埠铁路医院	黄谷良、林特夫、汤秀兰、潘立民、夏佩莹、李明君、薛为龙
24	显微外科实验与临床研究	蚌埠医学院附属医院、蚌埠医学院解剖教研室	黄恭康、胡汝麒、刘宗昭、苗华、潘功平、兰铁德、沈跃良
25	小麦重穗型产量结构的高产配套技术	安徽农学院、寿县科委、安徽农业技术师范学院	胡承霖、罗春梅、鲍广慈、姚维传、潘虹、孔令传、王从权、刘润北
26	奶牛隐性酮病监测的研究	安徽农业技术师范学院、合肥市奶牛公司、安徽农学院	李光辉、商常发、刘士喜、吴齐鸿、陈惠良
27	茶蚕颗粒体病毒及其应用	安徽省农科院植物保护研究所、霍山县植保站、舒城县晓天区农技站	陈锦绣、章孟剑、丁永官、徐德进、邓余良、邵经根、朱学存、李昌春
28	土坝劈裂灌浆加固技术推广和创新	滁县行署水利局、安徽省水科所、来安县水利局、定远县水利局	章书录、潘绍龙、程志刚、金仁杰、金彰成、蒋学仪
29	水稻受旱受淹试验研究	天长县二峰试验站、滁县行署水利局、安庆行署水利电力局	张玉民、晋明澄、李月华、王凤云、赵丽娟、陈大智
30	合肥市气候及其改善途径的研究	安徽省气象局区划办、安徽农学院	王相文、宛志沪、吴宝忠、严平

续表 4–6–2

序号	项目名称	完成单位	完成人
31	安徽省暴雨预报专家系统	安徽省气象台	杨金锡、刘孝昌、高桂新、刘勇、叶永培
32	农业投资的经济效果分析	安徽农学院农经系	姚君泽
33	安徽省机械工业“七五”科技规划及后十年设想	安徽省机械厅	何兆祥、陈伯祥、刘元聪、沈光泉、马本鉴、谢兆炎

1988 年度安徽省科技进步一、二等奖获奖项目一览表

表 4–6–3

序号	项目名称	完成单位	完成人
1	马钢南山铁矿凹山采场边坡稳定性研究	马鞍山矿山研究院、马鞍山钢铁公司南山铁矿、马钢矿山设计研究所	徐桂兴、杨桂桐、马元林、赵景程、陈利颐、张和、李培峰、彭秀昭、周良富
2	高亮度、高清晰度、无框架投射式显象管系统	芜湖市电真空研究所	吴华夏、吴德明、伍维汉、张大林、匡增广
3	佛子岭连拱坝原型结构性状分析总报告	河海大学、佛子岭水电站	吴中如、林见、范树平、沈长松、杨代泉、房元如、陈继禹、刘观标、林育德、姜中焰
4	JD91–10 型高速冲槽机	芜湖电工机械厂	戴卫国、蒋万榆、张明德、夏祖泽、江显跃
5	6FTD–15 型等级粉加工成套设备	五河县机械厂、安徽工学院	贾成祥、缪仁刚、朱启志、刘旭、李岩、周先汉、李贤成、王国美
6	LFXW 型微机蒸汽流量计	合肥工业大学、合肥仪表总厂、合肥惠通自动化研究所	张启厚、张崇巍、周建民、俞敬东、程之桂、陈新民
7	波纹管截止阀	屯溪高压阀门厂	李保升、曹耀华、黄学玉、汪皖平、黄春来
8	EQ–140 型汽车活塞环的设计与制造	安庆活塞环厂	桂声万、杨积义、冯中森、端木政、董金乐
9	采用“GZP”天然无机粘结剂研制层燃锅炉型煤	芜湖市经委型煤研制组	卞大全、李世明、童天船、方长静、贾庆春
10	辐射井成井工艺及其理论的研究	合肥工业大学	宁远明、王永民
11	球罐整体热处理成套技术	淮南第三化建公司	李自华、程念善、王永定、刘贵杰、蒋垂春

续表 4-6-3

序号	项目名称	完成单位	完成人
12	安徽省农作物病虫中长期测报程序系统	安徽省计算中心、安徽省植保总站	张国栋、唐向乐、李本超、李登友、张允戌、金克明、张勤、章二云
13	AMU-UST 心血管电脑辅助诊疗系统	安徽医科大学、中国科技大学	毕敏明、陈金松、郑轩才、谢闻全、汪鸿、王景峰、方长太、朱青生
14	喷织涤双绉,尼丝绫	安徽丝绸厂	吴贻涛、张荫荣、沈金城、秦绍琼、邓磊、柳启承
15	LDY-140A 型铝锭翼	安徽第二纺织机械厂、五河县纺织机械配件厂	岑建、胡兆诚、马仲、卜公正
16	涤棉仿绸印花及工艺技术	安庆市印染色织总厂	王凌、赵建宁、张立、包樟根
17	清凉饮料瓶装线(混合机、洗瓶机、输瓶机)	合肥轻工业机械厂	陈孔昭、岑文德、黄顺松、施湘淳、何炳根、刘福陵、何大林、武达汉、陈福弟、关昶辉、李中华、安奋、顾先钦、戴祉尚、于粉龙
18	BD-1100 型手表用步进电机、HFD 指针式石英电子表	合肥手表厂	阎广运、吴嘉声、黄恒林、龚仁勇、张四喜、侯晓春、宋晓明、王春林、汪荣蕴
19	"太白醉"酒	马鞍山市太白酒厂	李华明、赵求全、申克俭、袁祖平、李庭华
20	红麻全杆漂白浆配抄文化用纸	六安造纸厂	李方中、李淑琼
21	振动碾压水泥混凝土路面技术的研究	交通部公路科学研究所、安徽省公路勘测设计院、安徽省路桥公司机械工程处、安徽省公路机械厂工程队	窦莘元、吴钧枢、孙之明、毛志华、杨振典
22	微量血痕多项检验的研究	安徽省公安厅刑科所	徐文龙
23	免疫电镜技术的建立及其在胃癌研究中的应用	安徽医科大学病解教研室、安徽医科大学电镜室	董聿明、杨光霖、吴继锋、陈孝龄
24	砀山酥梨保鲜贮藏技术推广	砀山县科委、砀山县供销社、砀山果树所	王钦孔、王献忠、王永堂、史继康、唐玉成、陈海顺、朱格言、于道平
25	凹凸棒石、沸石饲料资源开发应用研究	安徽省农科院畜牧兽医研究所、安徽省建材研究所、滁县地区饲料公司	王载焜、徐少华、孙跃进、吴斌、何户才、范丽、李玉山、张帮辉

续表 4-6-3

序号	项目名称	完成单位	完成人
26	皖系长毛兔的培育	安徽省农科院畜牧兽医研究所、安徽省固镇县种兔场	孙润忠、朱秀柏、王载焜、李东升、贾玉堂、范兴奎、赵德荣、尹先锋
27	安徽省柑桔区划	安徽省农牧渔业厅、安徽省科委、安徽省农业区划研究所、安徽农学院、安徽省农科院	储晓明、刘拔群、王体成、李倬、钱叶先、汪钟锵、王芳年
28	《徽州古树》	徽州行署林业局	全诗珊、徐能贵、赵德铭、王基福、程明纶
29	《安徽气候》	安徽省气象局气候资料室	张成、王善型、宣春生、严连南、徐锁兆
30	GBBZ10001-88 水质样品——阴离子洗涤剂	安徽省环境保护科研所	姚守仁、房雪琦、于淑坤、桂丽霞、詹民淮
31	安徽省 1985 年投入产出模型编制及应用	安徽省计委、安徽省统计局	倪启后、黄斯勇、张令保、李秀英、方超伦、赵政和、李春英、周立军
32	《安徽植被》	安徽师范大学、安徽大学、安徽农学院、安徽省林科所、苏州铁道师范学院	韩也良、沈祖安、吴诗华、吴诚和、周树德、汪业骏

1989 年度安徽省科技进步一、二等奖获奖项目一览表

表 4-6-4

序号	项目名称	完成单位	完成人
1	肩胛背皮瓣显微外科解剖学研究及临床应用	安徽医科大学	吴仁秀、董吟林、高学纯
2	异步电动机双频馈电模拟测温技术	合肥工业大学、上海电器科学研究所	汪国强、舒顺发、吴奕、李加美、宫必根、孙文彩、张敬华、刘继道
3	LSG 型自行消烟除尘锅炉	当涂县锅炉厂	王和、花传荣、李洪波
4	MW900 自动平压模切机	淮南包装机械厂	汪宾、张开崑、黄世华、居浩福、陈洪声
5	BXK11 矿用隔爆兼本质安全型胶带机集中控制箱	合肥开关厂、徐州矿务局设计处	岑德柱、成志宏、傅洪飞、张明新、刘力红、沈如犁
6	500KV 洛繁输变电工程系统调试	安徽省电力试验研究所	周贯清、张古银、戴敏乐、宋星一、周祖星

续表 4-6-4

序号	项目名称	完成单位	完成人
7	220T/H 锅炉炉顶密封技术	淮北发电厂	曹省我、陈德钧、戴斌、钱德钟
8	膨润土长效降阻剂	安徽省电力试验研究所、安徽省电力局科技处	庄婉如、白永贵
9	烧结矿 Feo 在线监测技术	马钢公司钢铁研究所、马钢公司第二烧结厂	王茂华、吴銮才、杨旭辉、谭旺二、韦振强、潘中一
10	线材穿水冷却装置与工艺研究	马钢公司钢铁研究所、马钢公司第三轧钢厂	杨永和、唐杰民、周伯虎、王纯、石小乐
11	同济大学图书馆主楼高层予应力悬挑结构施工工艺研究	安徽省第二建筑工程公司	秦正庸、沈品梅 、姜明贞
12	安徽省辖淮河流域水资源保护规划与应用	安徽省环境保护监测站、安徽省水文总站、安徽省水利水电勘测设计院	高煜坤、夏进、吴汝先、朱青、王舜成、陈金泉、何钟协、林业平
13	明矾石砼膨胀剂在地下室砼结构防水成套技术、粮仓地面、护壁、自防水折板上的应用研究	安徽省建筑科研所、安徽省粮油食品局基建处	金树青、沈熙佐、刘良存、章耀文、王菊华、付正斌
14	300 箱集装箱船新产品研制	中船总公司第七 0 八研究所、芜湖造船厂	翁琴娟、王健勤、范存丹、钱振亮、叶于曦、符忠实、周德国、扬文采
15	AHY-832 压阻应变仪	合肥市地震局、安徽省地震局	唐定岺、王小喜、陆远忠、沈建文、陈效谦、范贤林
16	用户线路集中器	安徽省邮电科研所	富强、邱春生、林沛、张立德、张锦平
17	ZCSB18 型氟塑料合金磁力驱动泵	泾县氟塑料制品厂、上海有机化学研究所	朱学农、凤卫平、刘碧麒、吴同茂、洪中宝、纪善荣
18	40S×40S 精梳纯棉、45S×45S 精梳涤棉防羽绒坯布	芜湖纺织厂	童乃金、王炜臣、王式森、应雪宜、陈鸿
19	美菱斯顿 BCD-185E、155E 冷藏冷冻箱 扬子-西塔尔 BCD-200 家用电冰箱	合肥电冰箱总厂 中国扬子电气公司电冰箱总厂	孙邦炎、钱乃杰、胡庆生、藏升祥、柏绿林 熊尚金、尤铁君、周家福、诸葛翠、李荣坤
20	西洋参、人参引种试验研究	安徽农学院、安徽省气象局、国营马宗岭林场、金寨县林业局	宛志沪、王相文、严平、江焕杰、徐乐枝、刘乃力、翁霞珍
21	太谷核不育小麦利用的研究	安徽省农科院作物所	杨赞林、金陵、张少华

续表 4-6-4

序号	项目名称	完成单位	完成人
22	牯牛降自然保护区考察	安徽省林业厅、安徽省科委、安徽师范大学、安徽省林科所、安徽农学院、安徽省气象学校、黄山市科委	张善武、游醒文、韩也良、吴诚和、薛兆文、李炳华、李增智、赵德铭
23	板栗空蓬研究	安徽农学院、舒城县林业局、太湖县科委、广德县林科所、金寨县林业局、潜山县科委	任立中、杜国华、周良骝、郑积微、胡修文、贾大柱、陈文庭、杨文慰
24	新汴河综合利用研究	宿县地区水利局、安徽省水利设计院	尤家煌、许纯一、邹青松、王之俊、许齐宝、刘励、郝朝德、郜洪秋
25	二维自动磁场测量机	中国科技大学合肥国家同步辐射实验室、安徽省计量测试研究所	王复华、阎和平、姚成贵、戚伟钊、王生南、胡守明、姚志元
26	安徽省大别山区综合发展战略	安徽省系统工程学会、安徽省软科学研究会	常本英、冯永贵、熊梅林、严一民、颜世祥、竺开华、朱新民、陈信泗
27	虫霉目真菌资源的研究	安徽农学院	李增智
28	紧李群上调和分析	安徽大学	李世雄、郑学安、范大山、谢家海、赵和生

1990 年度安徽省科技进步一、二等奖获奖项目一览表

表 4-6-5

序号	项目名称	完成单位	完成人
1	换流熔丝与压敏电阻用于大型汽轮发电机灭磁和过压保护	中国科学院等离子体物理研究所、淮南洛河发电厂、上海电机厂、安徽省电力试验所	李自淳、薛彦庭、陈珠夸、邱志明、顾祖训、刘福田、赵晓阳、鲍定赏、史济行、王清
2	安徽省土壤资源普查	安徽省土壤普查办公室、安徽省农牧渔业厅土肥处	徐国健、宋仲耆、郭泽民、林美珍、曹树钦、马镇寿、胡家之、胡积林、钱晓华、吴行一
3	热模锻工程技术改造及工艺	屯溪高压阀门厂	唐清吉、汪皖平、李保升、余松寿、郑铁臣
4	安徽省铸造生铁资源及开发利用	安徽省机械研究所	宋量、蒋通林、童亚丹、谢德鸿、徐佩芬
5	170F 柴油机节能研究—中间试验	安徽省农机研究所、宁国县柴油机厂	蒋公民、马晓峰、刘林、朱兆锟、孙泽、刘小虎

续表 4–6–5

序号	项目名称	完成单位	完成人
6	8SX5130 隔离开关	合肥开关厂	刘法奇、刘再强、沈吉祥、张荣海、许俊虎
7	偏置射流新型预燃室的研制及工业应用	淮北发电厂、中国科学院力学研究所、安徽省电力局科技处	吴承康、盛秋海、陈询、詹焕清、辛廷森、孙文超、向大德、阎明山
8	铁水沟提钒新工艺	马鞍山钢铁公司钢研所、马鞍山钢铁公司二铁厂	卜庆元、孙维、姜秋涵、唐敬爱、王虎、徐长青、伍长城、陈会文
9	$F_0M_0$70 生产新工艺	安徽省冶金科研所、霍山县联营冶炼厂	黄宪法、黄钟骎、赵业松、桂林、王淑芳、张友谊、林志坤
10	钢包喷粉处理车轮轮箍钢工艺研究	马鞍山钢铁公司第一炼钢厂、马鞍山钢铁公司钢铁研究所	许懋信、汪祝平、田佈程、张建平、丁晓明、徐薇妙、孔晓眉、陈安波
11	安徽省体育馆“索—桁架”组合结构屋盖设计与施工研究	安徽省建筑设计院、安徽省第二建筑工程公司	谢永铸、陈其祖、戚惠尔、汪配江、田启政、王羊富、倪兴强
12	项目动态管理	中国化学工程总公司第三建设公司	陈桂久
13	安徽省颍上县小张庄生态农村建设研究	安徽省环境保护科学研究所、阜阳行署建设环保局、颍上县小张庄乡政府	陈钟镇、蒋宗豪、张家顺、周晓铁、谢贤政、王瓔、马成泽、石立学
14	淮河、蚌埠段水质管理规划研究、淮河淮南段水质管理规划	蚌埠市环保局、中国环科院、蚌埠市环保监测站、淮南市环保局、淮南市环科所、安徽省环境监测中心站、北京师范大学环科所、淮南市环境测站、安徽省水文总站	马近贤、王月莲、杨之云、郝丽芳、李敏、赵元钢、郜光跃、杨建设、任守义、黄文教、钱广华、孙成录、季新民、陶宏宇、王华东、吕小平
15	光笔式条形码阅读器	安徽大学计算机科学与工程系、安徽大学物理系	吴建国、杨瀛海、夏承宝、丁伟、李兴荣、黄伟同、郝光华
16	合肥地区同城清算计算机网络系统	中国人民银行安徽分行、中国人民银行合肥分行	汪永平、胡柳生、许其善、范毓洲、谢敏、王宜四、王家贵
17	XPB－30－12S 新水流双桶洗衣机	合肥洗衣机总厂	陈荣珍、陈德先、饶洪声、吴成泉、张世平
18	兔毛变性及其织物后整理	蚌埠毛麻研究所、蚌埠第二麻纺织厂	钱朝云、梁月美、常建勋、丁继轩、刘惠举、刘庆和、吕玉豹、徐贵金

续表 4-6-5

序号	项目名称	完成单位	完成人
19	荫风轮(断血流)的药用基础及临床应用研究	安徽中医学院、安徽大学、霍山制药厂	刘青云、薛申茹、黄世华、李国贤、胡继龙、刘金旗、彭代银、李兆祥
20	WN—Ⅰ型微波内镜治疗仪研制及临床研究	武警安徽省总队医院、中国机械电子工业部 43 研究所	蔡华、孙行伦、杜克昌、龚理勃、方道连、孔照如、马祖圣、王有才
21	PC—A8610C 人工晶状体研制与临床应用	蚌埠医学院、中国科学院安徽光学精密机械研究所	陈大本、崔建华、谢海明、刘瑞、田厚生、王庆生、吴世辉、封锡敏
22	棉麦(油)两熟双高产综合技术研究与开发	安徽省农业技术推广总站、安徽省农牧渔业厅农业局、安徽农学院农学系、安徽省农科院棉花所、安庆市农业局经作站、宿县行署农牧渔业局	张俊业、阚家瑜、潘恒晋、王永海、李学尧、吴宁、赵德荣、赵颖兰
23	油菜最佳施肥配方和油菜专用肥的研究	安徽省农业科学院土壤肥料研究所、铜陵化工总厂	张辛未、张寅虎、朱宏斌、刘枫、叶舒娅、汪春水、胡江湖、何厚坤
24	安徽省前期森林资源分析研究	安徽省林业勘察设计院	冯玉身、梅安淮、邹贵云、周文国、韩和生
25	安徽省大别山区亚热带丘陵山区农业气候资源及其合理利用	安徽省气象局农业气候区划办公室	王相文、王善型、苏士勤
26	GB11728—89 土壤铜卫生标准	安徽医科大学、铜陵有色金属公司职业病防治研究所	冀元棠、朱顺泽、尤阿忠、韦如湘、刘兆云、曾桂生、陈月珍、赵国琴
27	安徽省羽毛综合开发和利用	安徽省专利管理处、安徽省科委	汪敦泳、潘剑宏、冯永贵、蒋模友、夏力超、刘洁英、张毅、严一民
28	《平圩电厂 60 万 KW 机组技术特点》	安徽省电力局科技处、安徽省电力试验研究所	许良弼、卢尔康、王汝秋

1991 年度安徽省科技进步一、二等奖获奖项目一览表

表 4-6-6

序号	项目名称	完成单位	完成人
1	AM—50 型半煤岩巷掘进机	淮南煤矿机械厂	孙乃桥、周长忠、陈鸿维、袁庸生、张景
2	5ST15Y1 液晶光阀光导纤维显示管	芜湖市电真空研究所	吴华夏、吴德明、李群、匡增广
3	毫米波仪器的频率扩展技术	中国科学技术大学	郑国宝、李敦复、盛奕建、成促进、王卫东
4	增韧氧化物系结构精密陶瓷的研究	合肥工业大学	许煜汾、李雪源、杜勤、蒋阳、蒋贤骏
5	莱姆病的流行病学和病原学的研究	安徽医科大学、怀远县防疫站、岳西县防疫站	张方振、梁万年、郑严怀、吴仁秀、王力民、王强、魏伟
6	淮北砂姜黑土区综合治理开发配套技术	安徽省农科院土肥所、蒙城县人民政府	周恩嘉、张绍孚、吴文荣、方世经、徐长兴、闪辉、程为国、李录久、胡尚营、范仁杰
7	2—3t 汽油液力传动叉车的研制	合肥叉车总厂、合肥叉车工业公司研究所	龚仁武、庄惠民、管志云、高文礼、李帮干、张东敏、汪乐民、房坤
8	YHz40-10 型 100 千牛精密校直液压机	合肥工业大学、合肥压力机械厂	蒋守仁、张坚、韩春明、濮少文、王明选、宋梦云、王永谦、苏方兴
9	平圩电厂 #1 机轴颈电刷镀修复技术	安徽省电力试验研究所、哈尔滨汽轮机厂、安徽省电力建设第二工程公司	李远山、黄有光、毕一鸣、汪广胜、陈璧昌、吴海峰
10	碳素钢 CY3F 无扭控冷轧盘条	马鞍山钢铁公司	王益芳、卜庆元、乔万德、金永明、颜根发
11	30m^2 鼓风带式冷却机	马鞍山钢铁设计研究院、唐山冶金矿山机械厂、合肥钢铁公司炼铁厂	施科欢、聂建南、谢天秩、陈雪瑛、吴寿昌、杜崇予、唐培源、许景利
12	综合评价爆破质量的研究	马鞍山矿山研究院、马钢公司姑山铁矿	高士才、马柏令、刘为洲、王泽谟、向远芝、赵国栋、周胜利、徐克创
13	姑山铁矿井联合疏干	马钢姑山铁矿、马鞍山钢铁公司	高福安、刘培正、梅松柏、刘民钦、刘庆云、陈忠池、顾素琴、彭秀昭
14	0.9CrPV(D)接触导线用钢	马鞍山钢铁公司	陈仁霖、李崇年、石振华、袁新运、唐希伦

续表 4-6-6

序号	项目名称	完成单位	完成人
15	大别山(安徽部分)推覆体的构造演化和找矿远景	安徽省地质科学研究所	徐树桐、刘贻灿、江来利、苏文、张勇
16	非煅烧粉煤灰轻骨料及应用技术	安徽省建筑科学研究所、肥西县水泥厂	孙盛祥、华豫震、章茂木、丁昌杰、解克临、杨万清、汤传义
17	QP 语言	安徽省经济信息中心	杨传杰、黄效国、程扶镠、孙锦丽
18	用铁砂制备永磁铁氧体	安徽大学物理系磁学研究室、霍山县磁性材料厂、泾县磁性材料厂	胡国光、娄明连、尹平、汪必宪、潘明柱、项昌治、傅金中、张华
19	WYDC 型高精度直流位移传感器	安徽省传感器厂	张裕悝、张贵珠、尹成竹
20	MVC 系列彩色电视图文创作系统	安徽省现代电视技术研究所	姜万勐、戴华、唐晓林、胡迅、王洵
21	安徽省人民政府驻北京办事处计算机综合管理系统	安徽省计算中心、安徽省人民政府驻北京办事处	吴坚、胡锦文、储畹茗、王家捷、张文东、杨文文、谢其相、张之元
22	CXW27254 聚酯成形网	芜湖铜网厂	谭相芝、查平、喇安国、陈俊生、马文秀
23	浮法主线 90° 改向设备和斜坡输送系统研制	蚌埠玻璃工业设计研究院、蚌埠平板玻璃厂	周钧、徐国林、吴淑贤、朱兴发、沈济璜、张锡成、李征、王介兰
24	重型橡胶组合筛板	淮北市化轻经技开发研究所、淮北市科委	王平、孙晓东、柳光施、王凯、王学仁、晁丽
25	空气变形丝织物系列化产品研制	蚌埠市纺织科学研究所	王广芳、周媛、王韦伟、王文胜、宣庆
26	抗 M 抗 N 免疫血清研制——应用抗独特性抗体技术	安徽省淮北市公安局血清研究室	王经财、王继杰、祁军、应莲芝、杨琳
27	显微输卵管复通与有关绝育术选择的研究	安徽医科大学	汪春兰、宁金龙、袁中华
28	二次异基因骨髓移植治疗白血病复发	安徽省立医院血液病研究室、安徽省立医院大内科	张明水、王祖贻、蔡晓燕、孙自敏、施华、束永萍、程恩荷、丁爱琴、舒兆龙
29	幅差法体内超声衰减测试及 TS—Ⅰ型体内超声衰减测试仪	中国科学技术大学、福建医学院附属协和医院、安徽省医疗器械厂、安徽医科大学	周康源、林礼务、朱世鸿、张道发、林川、叶真、李玉兰、连娟

续表 4-6-6

序号	项目名称	完成单位	完成人
30	EGEG—5D 型智能胃肠电图仪(微机处理系统)	合肥市新技术应用研究所	彭勃、吴春生、曹柏松、方健生、许立忠
31	XXG—E 型自动心血管功能诊断仪	安徽省电子科学研究所、安徽医科大学	徐英江、陈国钧、徐启甫、赵晔、徐佩、龙岳震、任继红、周惠珍
32	安徽省土壤有效性微量元素的分布研究	安徽农学院农学系、六安地区土肥站	竺伟民、熊金莲、郑路、张继榛、张自立、汪新民、罗孝荣、郭本尚
33	安徽省库蠓区系及活动规律的调查研究	安徽省农牧渔业厅畜牧局防检站、滁县地区畜牧兽医站、安徽省农科院畜牧兽医研究所	周维翰、万友仁、崔守龙、刘生保、苏根元、李国清、蔡道南、崔之静
34	改进籼型杂交稻制种技术试验研究	安徽农学院农学系、安徽省种子公司、石台县种子公司、巢湖市种子公司、潜山县种子公司、怀远县种子公司、滁县地区农科所	孙宗法、丁超尘、江小华、陈多璞、朱同贵、汪亚明、李长秋、丁配才
35	中籼稻新品种 E164(皖稻 27)的选育研究	安徽农科院水稻所、凤台县水稻原种场、安徽省农科院成果推广处、安徽省种子公司	严企松、韦时迁、唐光勇、杨国荣、李泽福、孙国伦、王本维、杨前进
36	黄淮海平原砂姜黑土类型区综合防护林体系配套技术及生态经济效益研究	安徽省林科所、中国林科院林科所、国家气象局气科院、宿县林业局、宿县地区林业局	刘德胜、宋兆民、于光明、高素华、马玉贞、吴中能、张道引、张桂昌
37	《安徽森林》专著	安徽省林业厅、安徽省林科所、安徽农学院	张曾谌、赵德铭、李宏开、石炳文、吴诚和、李书春、刘世骐、于光明
38	《安徽科学技术史稿》	安徽省科委科技志编辑室	张秉伦、吴孝铣、高有德、胡炳生、吴昭谦
39	安徽省配合饲料资源及其开发利用	安徽省饲料公司、安徽省农牧渔业厅畜牧局、安徽省软科学研究会、安徽农学院畜牧兽医系、安徽省农科院畜牧所	蒋模有、熊梅林、金家榜、范丽、宣依群、刘洁英、董家书、潘同应
40	安徽省经济发展战略纲要	安徽省社会科学院、安徽省经济委员会	苏桦、欧远方、程必定、许昌明、庞振月、许保春、汪涉云、康文秀

续表 4-6-6

序号	项目名称	完成单位	完成人
41	反应扩散过程的遍历性和随机环境中的马氏过程	安徽师范大学	丁万鼎
42	舒城县农村能源综合建设试点	舒城县人民政府、合肥工业大学、中国科技大学、安徽省林业科学研究所、安徽省能源科研所	王德林、王晓光、丁耀仁、李业发、王则武、程千惠、杨克美、章学筠

1992 年度安徽省科技进步一、二等奖获奖项目一览表

表 4-6-7

序号	项目名称	完成单位	完成人
1	多排同段挤压崩矿理论及工艺技术研究	铜陵有色金属公司狮子山铜矿、中南工业大学、铜陵有色公司设计研究院	温世悫、杨祖光、夏辉亚、王效富、余佑林、马魁勇、王惠英、叶祥山、胡萌、藕连根
2	8SG91Y1 高亮度静电聚焦平视管	芜湖市电真空研究所	吴华夏、张大林、刘劲松、肖兵、邹积谦、汤功保、陶方红
3	锦纶、牵伸、网络、上浆轴装经丝	安徽省维尼纶厂经轴分厂	金嘉铭、章吉、袁玉芝、鲍宝华、程绍松、李义仁、胡瑞新、许兴高
4	皖系粗毛型长毛兔选育研究	安徽省农科院畜牧兽医研究所、阜阳县外贸种兔场、固镇县种兔场	朱秀柏、贾玉堂、周玉英、李立冰、徐应波、赵德荣、袁昌凤、金毅、解金海、许月英
5	高速线材轧机导卫系列产品	合肥精密铸造厂	董昌言、娄长松、宋德荣、张明祖、王宏正
6	WYL20 型轮胎式液压挖掘机	合肥矿山机器厂	钱海明、王爽、张永洲、魏中学、袁跃熙
7	蒸汽——热水联合流量标准装置	合肥仪表总厂、合肥工业大学自动化研究所	王辅连、王乃川、甘晓梅、陈荣保、彭新渝、江禹文
8	江淮牌 HFF6120D07 大型双层客车专用底盘	合肥淝河汽车制造厂	王一荃、王鹏程、洪洋、颜爱民、张国、万建好、赵和高、赵凤雷
9	“V”法铸造工艺及叉车平衡重	合肥铸锻厂、合肥叉车总厂	王济民、刘长炎、宋肃生、巫启泉、张善琦、张海乾、童树明、董学礼
10	江淮－51 型手扶拖拉机	安徽拖拉机厂、安徽天长手扶拖拉机厂	于延海、张志田、张焕文、史汉德、施中伦、王星、许万仁、孙赛男

续表 4-6-7

序号	项目名称	完成单位	完成人
11	大型发电机励磁系统动态建模及其在系统稳定计算中的应用	安徽省电力试验研究所、清华大学、华东总调度所、安徽省电力中心调度所、淮北电厂	周祖星、沈善德、曾兆琪、江山立、周贯清、朱写真、吴琦琳、杜武斌
12	马钢桃冲铁矿地压活动规律及控制方法的研究	马鞍山矿山研究院、马钢桃冲铁矿	孙学毅、吴博成、张昌太、刘学瑜、张传信、焦诗云、王光炯、吴少华
13	高精度冷拔管(液压、气动缸筒)的研制	合肥钢铁公司、北京科技大学	汪家才、刘铁军、刘宗寿、俞根道、阎黎明、黄秋培、陈章、谢大生
14	酸盐予处理钼焙烧工艺条件的研究	安徽省冶金科研所	汪金发、丁芝虎、荆海大、齐应本、张之洁
15	标准件用钢 BL_2、BL_3 无扭控冷热轧盘条	马鞍山钢铁公司	王益芳、卜庆元、颜根发、顾章涵、乔万德、阎秀荣
16	皖南事变烈士陵园纪念碑的规划设计及研究	安徽省城乡规划设计研究院	张文起、陈基余、许鸣天、潘少辰、王铧、盛文俊、陶建国、徐兰坪
17	马鞍山城市生态与环境规划研究	马鞍山市环科所、马鞍山市环境监测站	邓志中、段仲远、黄光亚、余国忠、刘济宁、王培瑾、王继真、黄宝池
18	CDJ—802A/B 型光端机	机械电子工业部第八研究所	刘子敬、张以逵、王洪挺
19	三聚磷酸钠	合肥化肥厂	王家伦、戴光尧、程家华、耿协魁、凌毓芬
20	两塔三段食用酒精精馏工艺	蚌埠酒精厂、北京化工学院	叶泳恒、范敬孝、赵德炎、颜华清、杨超、赵德新、景爱民、王永昌
21	芳草牌男子汉除渍特效牙膏	合肥日用化总厂	陈镇英、沈忠定、魏志淮、宋卫
22	粘合机系列产品	宿州市服装机械厂	徐振武、廖恒耀、牛家良、张明善、王光芳、王长城、徐淮、曾文山
23	KFRd—32LW 分体式空调器	江淮航空仪表厂空调研究所	薛恩银、徐驾良、谈网大、李德州、顾定昌、穆广峰
24	GC3411(WRK—350)型高光效金属卤素灯专用灯具	合肥和平灯具厂、电机部第一设计研究院	丁宗琛、王兴林、宋建强、张维、樊莉萍、江元琪、高炳珍、郝乃银
25	BC_1—H(N^{70}_{100},G_{125})工厂用隔爆型混光灯及附件箱	芜湖市灯具厂	周恩光、高家富、毕克昌、戴兆信、唐双龙

续表 4-6-7

序号	项目名称	完成单位	完成人
26	野鼠型肾综合征出血热微小疫源地结构的研究	安徽医科大学卫生系、颍上县卫生防疫站	张方振、梁万年、吴系科、黄守恺、李克伦、吴炳权、姜月辉
27	激光心肌打孔改善心肌微循环动物实验研究	安徽省立医院、安徽省心血管病研究所、合肥工业大学激光技术应用研究所	朱鸿良、疏元善、吴恩光、宗仁鹤、严中亚、程国义、胡宗福、宣博泉、蚍国铮
28	微生物 L 型致病性研究	蚌埠医学院微生物教研室、蚌埠医学院病理教研室	黄谷良、张世馥、林特夫、夏佩莹、汪万英、谢群、居弘、姚敏
29	经腹常温下阻断全肝血流切除肝硬化合并肝癌的研究	安徽医科大学第一附属医院	张宗耀、王成友、耿小平、李祖蔚、余宏铸、胡家骅
30	抗眩晕新药“晕复静片”的研究	安徽当涂中国人民解放军第 86 医院	邓诗超、邓夕军、钮汉明、聂文彬、崔允权、林国红、官学金、赵欣华
31	NGT—Ⅱ型脑干反应测听仪	中国科技大学生物系	陈惠然、孔令方、何守榕、白永胜、张志坚
32	杂交西瓜新品种 “聚宝一号”的选育与推广	合肥市西瓜科学研究所	仇恒通、郭嘉骥、江洪、陈会中、徐善其、施展、姚小凤、王文慧
33	河蟹全人工养殖系列饵料研究	安徽省水产局、滁州市水产科学研究所、安徽省粮油科学研究所、安徽省农机研究所	赵乃刚、包祥生、郭其宏、郑云、刘大磊、陈萍、吕月樵、张吉鸿
34	中砀 1 号、中涡 1 号等 6 个杨树新品种的选育	安徽省林科所、涡阳县林科所、砀山县垅海林场、中国林科院林研所	于光明、向玉英、王连举、于一苏、李玉坦、傅军、杨圣元、方越井
35	森林气候生态效益计量研究	安徽农学院、安徽省气象局、霍山水土保持试验站、金寨县林业局、金寨县马宗岭林场	宛志沪、王相文、严平、孙杰、江焕杰、刘乃立、鄂盛伟、袁德忠
36	安徽地区发展与产业政策研究	安徽省人民政府发展研究中心工业经济处	唐礼信、丁守琴、汪建徽、廉保华
37	黄山旅游区规划	安徽省城乡规划设计研究院	陈基余、许鸣天、陈圣杰、李祖舜、王治平、陈骥鸿、曹发义、杨西宁
38	安徽科技指南	安徽省科委	常本英、杨永弼、董玉宝、汪敦泳、王若葵、冯永贵、颜世祥、严一民

1993年度安徽省科技进步一、二等奖获奖项目一览表

续表4-6-8

序号	项目名称	完成单位	完成人
1	RZU630型6300千牛快速薄板深拉伸液压机	合肥锻压机床总厂	荣兆杰、陈杰、郑正华、邵国权、何晓燕、胡承泉、黄学诚、程祖玉、张银
2	早孕因子的研究	安徽医科大学、安徽省计划生育研究所	苏宝田、王德农、胡承阅、邓松华、王家骥、左祥生、罗畅民、陈飞虎、张丽凤、杨造伦
3	脾功能基础与脾外科临床应用关系的研究	蚌埠医学院附属医院普外科	杨永康、汪谦、顾琴龙、陈双、刘政溶、吴允明、郭金鹏、章仁道、程庆君、刘生光
4	安徽省土壤营养诊断与全素平衡施肥研究	安徽省农科院土肥所、合肥市土肥站	许厥明、潘耀晁、何泉珍、王允青、张林、黄晓澜、刘英、吴清鹄、殷雄、王瑞方
5	微机CAD机床夹具资料库PC—CAFDS系统	安徽工学院	郑家政、洪国俊、胡晓春、孟军、林巨广、吴振宇、王祥宗
6	BB_{22}型多功能工具机	蚌埠机床工具工业总公司	刘仲豪、史怀彬、夏振民、朱德生、张忠祥
7	YA27—1250型12500千牛单动薄板冲压液压机	合肥锻压机床总厂	束士荣、刘金荣、孔令扬、王永金、郑维岭、李兵、操乐明、廖琪文
8	1—1.8t系列内燃平衡重式叉车	安徽省叉车集团公司、合肥叉车总厂	肖澍智、黄世业、吴俊超、陈美云、齐玲花、王荣玉、冯德俭、支慧琪
9	JDT系列掘进支架多功能探防器	淮北矿务局生产技术处、淮北市矿山支护器材厂	张希久、程东营、郑德瑶、蔡公石、沈长德、陆爱民、孙宗跃、汪金明
10	JPW—1600型无牵引盘绞成缆机	合肥电工机械厂	陈廷敏、岳光明、张谢端、周章银、杨波、谢警、唐敏、彭煜
11	LC—01系列椭园齿轮流量计	合肥仪表总厂	杨玉瑞、李玉春、佘卫华、林琳、李逢俊、吴智英、马同乐、傅苏涛
12	高炉煤粉流化喷吹技术	马鞍山钢铁公司	耿涤、夏世桐、刘烈聪、李声眉、林昭明、司徒福炳、王炳全
13	姑山铁矿红矿强磁——高梯度阶段磨选工艺研究	马钢姑山铁矿、马钢矿山设计研究所、冶金部马鞍山矿山研究院、马钢矿山公司	王重渝、杨庆林、谌甲荣、张从亚、崔宪、张甲全、朱庭建、张志平

续表 4-6-8

序号	项目名称	完成单位	完成人
14	合钢烧结原料混匀新工艺	冶金部马鞍山钢铁设计研究院、合肥钢铁公司	李远柏、袁乐勤、王蔚权、黄旭、杨文桐、陆万标、芮健康、周吾浩
15	多层多跨双向预应力砼施工技术研究	安徽省第一建筑工程公司、安徽省建筑工程总公司	雷源钦、周如定、费广珊、朱华、张昌伦、吴凡、王本科、杨海清
16	XFY—A、XFY—B 型多功能胸腹诊治仪	安徽省电子研究所、安徽省结核病防治所、北京结核病胸部肿瘤所、安徽医科大学附院	吕性道、孙杰、马伟路、许申、马屿、许学受、谢家生
17	20T/h 工业锅炉计算机控制系统	中国科技大学	李嗣福、孙德敏、张胜建、吴福明、朱鸿福、卿志远、魏衡华、王亚平
18	安徽省地震预报系统	安徽省地震局、安徽省地震预报研究中心	刘文龙、吴培稚、叶峰、陆远忠、孙宝廷、王炜、张军
19	心电图机专用厚膜混合集成电路	兵器工业 214 所	岑玉华、龙峰州、何中伟、杜定根、汪健、叶永昌、王卫东、隋福州
20	数表卡（DATA＆TARLE、BOARD）	安徽省经济信息中心、中国农行安徽省分行	杨传杰、黄效国、李继红、束萌、孙锦丽、朱瓔、程敷礼、李扬
21	合肥卷烟厂 5000Kg/h 制丝线微机监控系统	合肥工业大学、合肥卷烟厂	史福元、温阳东、张学勤、潘志敏、方海泉、高忠麟、祖伟、叶伟业
22	甲基环戊烯醇酮的合成及生产工艺的研究	安徽省化工研究院、珠海市平沙糖厂	曾令禄、姚礼明、周小英、李春华、诸有玉、袁仕祯、林光励、黄仁英
23	烟用聚丙烯丝束	安庆市燎原化工厂	刘立显、王富智、仲宏斌、查显龙、时晓明、吴飞虎、张弢、黄定兆
24	对(邻)硝基氯化苯分离新技术	蚌埠市八一化工厂	路凤鸣、陆明言、邵作廷、杜少华
25	GL12W—A 全自动单线链式缝纫机	安徽省皖江机械厂	胡庆云、王相科、朱超峰、方长珊、董树菊
26	32Nm/2 绢丝羊绒混纺针织纱	阜阳纺织厂	胡彭年、孙艳霞、郭锡妹、陈康美、任保平、王栋、蔡浩

续表 4-6-8

序号	项目名称	完成单位	完成人
27	耐磨防腐工业搪瓷产品	淮南搪瓷厂、淮南平圩发电厂	崔怀玲、罗诗正、席家瑜、孙德贵、高伟、周茂全
28	安徽省人体寄生虫分布的调查研究	安徽省寄生虫病防治研究所、繁昌县血防站、含山县血防站	徐伏牛、吴维铎、郭见多、胡万富、王之怀、梅继德、罗俊平、王勇
29	肌蒂移植术治疗脊髓损伤的实验研究与临床应用	安徽医科大学	任启光、江曙、汪发贵、尹世杰、汤健、朱莉、荚祥春
30	水稻高产优质高效栽培新途径稻克草技术	安徽师范大学、芜湖市农业局	肖本如、盛援钢、陈文质、周阮宝、朱胜东、倪发科、吴隆寿、杨世乾
31	吨粮田水稻高效栽培模式研究	安徽农业大学农学系、安徽省农科院水稻所、安徽省农业厅农技推广总站、安徽省农业厅农业局、安庆市郊区农业局粮油局	黄仲青、陈周前、蒋之埙、方在明、李奕松、苏泽胜、杨惠成、杨天才
32	淮北地区小麦、玉米亩产 1000 公斤栽培体系研究	安徽省农科院作物所、阜阳地区农科所、涡阳县农科所	汪之寿、赵万明、曹承富、孔令聪、杜村、杨庆芳、刘伟民、王晓英
33	以林为主综合治理开发三滩灭螺防病	安徽农业大学、安徽省血防站、安庆市地方病防治领导小组办公室、安庆市血防站	彭镇华、江泽慧、汪柏庆、康忠铭、桂林楠、查明、孙启祥、张旭东
34	两类卫星遥感信息开发研究	安徽省气象台	孔庆欣、许桂芳、冯志娴、孙国琪、郭玉朝、郭平、胡雯、邹晓宏
35	安徽省投资效益分析	安徽省经济信息中心	张令保、胡再生、樊明怀、谢枫、郭兴凯
36	非线性常微分方程的渐近性态	安徽师范大学	蒋继发
37	小麦杂种性状选择的理论与实践研究	六安地区农科所	张作仿、吕咏梅

1994年度安徽省科技进步一、二等奖获奖项目一览表

表4-6-9

序号	项目名称	完成单位	完成人
1	J1190型9000KN自动卧式冷室压铸机	蚌埠隆华机器厂、济南铸造锻压机械研究所	常贞民、周殿礼、谢玉山、徐德辉、阮成国、候宝山、薛斌、陈宗利、李建民
2	脾淋巴细胞肾上腺素受体的特征和功能的研究	安徽医科大学	陈敏珠、葛志东、戴俐明、周爱武、徐叔云、黄玲
3	AB血型单克隆抗体的研制及其结合部位寡糖结构专一性的研究	安徽医科大学	陈华堂、袁凌云、王晓琴、徐从贞、姚立人、徐镜、熊江霞
4	人a—干扰素单克隆抗体的研制及应用	安徽省生物研究所、中国科技大学生物系	宋礼华、刘兢、杨玲、刘亚萍、付永标、杜贤宇、都卫星、李名非、马宏、黄汉华
5	粳型光敏核不育系7001S的选育与利用研究	安徽省农科院水稻所、安徽省种子公司	李成荃、王守海、许克农、袁勤、孙宗法、孙明、罗彦长、汪新国、王德正、许传万
6	YHD34—2000型20000千牛厚板热压液压机	合肥锻压机床总厂	谢祖康、何晓燕、杜巍巍、叶鼎华、蒙进才、李学文、王伏满、曹腾军
7	簧片水喷雾灭火技术机理和簧片式喷雾水炮的研究开发	安徽省消防科学研究所、蚌埠机械职工大学、中国科技大学、蚌埠市公安局消防器材厂、蚌埠市公安局消防支队	吴邦良、李风琦、黄东林、刘其满、施云方、屈励、邵家德、任世选
8	JPWS—2500型数控无牵引盘绞成缆机	合肥电工机械厂	陈延敏、岳光明、沈苗英、严定、张谢端、袁文翔、唐敏、周章银
9	CPD10、CPD15型蓄电池平衡重式叉车	合肥叉车总厂	阮家震、陆岳欣、王亮、黄劲东、刘晓东、夏传云、朱国怀、陈卫平
10	呋喃树脂硬砂新技术工艺的研究与应用	芜湖市重型机床厂	张光荣、陶冶、陈宏坤、谢永枝、章晓光、王良春、汪仁贵、唐绍航
11	WHZ—0ZX型多头立式数控铣镗床	芜湖市重型机床厂	汤克固、桂扶万、吴维祥、赵开福、桑芾生、胡一乐、张斗南、陶冶
12	490A型高速车用柴油机	巢湖柴油机厂、上海内燃机研究所	刘庆华、张琳、朱宋珍、魏玉璋、俞美年、倪琴华、周亚军

表 4–6–9

序号	项目名称	完成单位	完成人
13	HFC6700 系列客车底盘批试生产与技术成果	合肥江淮汽车制造厂	韩益华、安进、付世同、李世杭、君晋宪、吴成龙、褚贵龙
14	强夯加固大型原料堆场淤泥质粉质粘土地基研究	冶金部马鞍山钢铁设计研究院、马鞍山钢铁股份有限公司	陈友文、张孔修、孙作人、茅春耕、姚湘臣、马汝武、朱维国、周殿雄
15	姑山铁矿爆破优化的研究	马鞍山矿山研究院、马鞍山钢铁股份有限公司姑山铁矿	刘马洲、钱国安、骆秉才、王文景、王永斌、周胜利、徐东平、胡德荣
16	阳极泥处理湿法工艺的研究	铜陵有色金属公司第二冶炼厂、马鞍山钢铁股份有限公司	陈美深、吴玉林、李仲文、吴兆发
17	无水瓶氧气压缩机	合肥钢铁公司动力厂、西安交通大学	屈宗长、唐思鹤、夏海清、束鹏程、乐家龙、王先松
18	凹凸棒石粘土应用技术研究	安徽省地矿局、安徽地质实验研究所、合肥工业大学、安徽省化工研究院、安徽省劳保研究所、安徽省建材研究所	唐永成、范文元、殷延祥、凌世海、张修华、李鑫森、孙土良、何启才
19	新集矿井钢筋混凝土、沥青缓冲层新型井壁设计研究及施工技术	合肥煤炭设计研究院、淮南市新集煤矿、淮南矿业学院	刘庆云、杨俊杰、彭万芬、赵治泉、王乐忠、严德田、廖多荪、杨裕官
20	单体液压支柱工作面压力监测“支护质量与顶板动态”的研究	淮北矿务局生产技术处、朱仙庄煤矿、中国矿业大学矿压研究所	梁怀青、张希九、钱鸣高、王作棠、夏毓福、许家林、卓安华、杨军
21	C100 级超高强砼制品——钢筋砼弧板支架	蚌埠水泥制品厂、淮南矿业学院	朱效嘉、陈树棠、易淑森、高正元、王宗淮、田旺、吴卫龙、孙林泉
22	安徽省土壤环境背景值研究	安徽省环境监测中心站、安徽省环保局	张泰芳、王云、孙海、刘忠惠、孙桂兰、潘繁、殷福才、程明丽
23	JKG7 电脑功率因数自动补偿控制器	安徽电子科学研究所	刘顺生、周敏
24	ZC 系列智能测漏仪	合肥智能机械研究所	王启浩、俞惠琴、张琳、伍先达、张维琦、王杰高、王以俊
25	水稻主要病虫害诊治专家系统	合肥工业大学、安徽省农科院植保所	王钊、陈铠、刘超、王荣钊、陈章宁、刘建芳、马晓群、钱德锦

续表 4-6-9

序号	项目名称	完成单位	完成人
26	DDS(OF—1)合成工艺技术中试生产应用	蚌埠医学院、安庆炼油厂	吕守本、杨濂、张荣泉、郁涵、将秉坤、彭楚国、李文戈、杨少钢
27	试剂钼酸铵生产新工艺	合肥工业大学化学试剂厂	贾荣宝、王本义、李明、王华立
28	PU—Ⅱ水乳型聚氨酯皮革涂饰剂	安徽大学应用化学研究所	刘玉龙、阮德礼、黎群、王武生、吴海坪、曾俊、杨捷
29	综合利用黄水的研究	淮北市口子酒厂	徐铁忠、赵德英、李明、黄海风、刘虹、孙杨华、李亚莉、杨静
30	XQB38—92 微电脑程序控制全自动洗衣机	合肥洗衣机总厂	季学智、胡克坚、程礼银、邢双兰、吴建国、刘东美、张恩华、汪素萍
31	酶工程技术在有机酸和氨基酸工业上的推广应用	安徽省应用技术研究所	李健、汪德荣、魏杰、姚启贤、汪蓓蕾、黄建坡、吴信亮
32	湿法聚氨酯人造麂皮系列产品开发	淮北服装公司、安徽省纺织科研所	王宏代、王伯平、杨守国、陶先澄、魏鹏程、姚雨峰、李华、蒯迪梦
33	我国结膜吸吮线虫生活史和该病传播机制的研究	安徽省医科大学	王增贤、杨兆莘
34	慢性肺心病呼吸衰竭各脏器的血流动力学与功能状态及消苯吡啶对其影响	蚌埠医学院附院	陈慧漪、徐风珍、王安潮、周彩存、陈余清、刘新民、李文朴、徐晓玲
35	孕康口服液	安徽药物研究所、江西威鑫制药有限公司	张荣生、杨晓生、陈师农、王钦茂、王仁铨、赵勇、马玲、王艳
36	大果型早熟优质桃新品种——安农水蜜	安徽省农业大学、寿县文林果园场、安徽省农技推广总站	钟家煌、李文林、朱立武、杨军、徐凯、王亚林、范成钢、汤春桥
37	淮北地区中低产土壤综合治理与高效农业持续发展研究	安徽省土壤肥料总站、中国科学院南京土壤研究所	曹树钦、张效朴、杜国华、顾国安、陆长青、周明纵、徐国健、费振文
38	离子注入水稻诱变育种及生物效应研究	中科院等离子体所、安徽省农科院水稻所	余增亮、吴跃进、杨剑波、何建军、王学栋、周骏、程备文、沈玉琴

续表 4-6-9

序号	项目名称	完成单位	完成人
39	安徽省黄牛改良效果的调查研究	安徽省农业厅畜牧局、安徽省农科院、安徽省畜禽品种改良站、阜阳地区畜牧站	高明堂、赵世超、王立僖、李赛明、彭绍军、谭润华、薛继政、王同英
40	安徽省主要造林树种容器育苗造林技术及效益的研究	安徽省林木种苗总站	张玉良、方昌炽、姚孝生、张晓渡、徐英宏、刘厥祥、朱元良、苏为存
41	白僵菌优良菌株的筛选及应用	安徽省森林病虫防治总站、中国林科院林研所	汤坚、张永安、王克祥、丁珊、丁贵银、孙继美、谈迎春、黄长春

1995 年度安徽省科技进步一、二等奖获奖项目一览表

表 4-6-10

序号	项目名称	完成单位	完成人
1	ZDB 系列、HDB 系列轴流、混流潜水电泵	合肥电机厂	邓梯康、朱兴华、孙云良、陆文荣、陈申铭、宓履昌、陈林、蔡叔伟、吴守坤、腾在元
2	高强高膜聚乙烯醇纤维卧式纺丝生产线及其产品开发应用	安徽维尼纶厂	陈信生、王光钊、冯广明、周可祥、张俊武、沙建宝
3	门脉高压症的介入放射学治疗临床研究	安徽省立医院	许戈良、李建生、徐荣楠、胡何节、柴仲培、李美光、杨树高、梁山、周诗安、李国琪
4	高产、优质、多抗杂交籼稻新组合协优 78039 的选育与利用研究	安徽省农科院、安徽省种子公司、怀远县种子公司、安徽农业大学、安庆市种子公司	朱启升、王安东、罗志祥、王步林、孙宗法、倪林娟、蒋之埙、陈杭之、蒋诗周、夏文胜
5	世界文化自然遗产——中国黄山	安徽省建设厅、黄山风景区管理委员会	陈素伟、王桂梭、刘秉升、肖国清、季家宏、许鸣天、李学诗、曹南燕、方镜亮、柏键
6	4000 吨级多用途货船	芜湖造船厂、上海船舶研究设计院	钱振亮、郁文权、沈君述、李人可、王子清、倪家俊、戴先贵、蒋浩福
7	新的熔模铸件浇注系统设计法——《浇口杯补缩容量法》的研制开发	合肥经济技术学院、合肥精密铸造厂、合肥工业大学	许云祥、杨振和、王建民、董昌言、任世政、孙如松、黄建清、傅世军
8	5—7 吨柴油液力平衡重式叉车	合肥叉车总厂	杨维廉、朱碧琴、胡宝康、郭桂美、姚玉萍、张丽、徐庆华、孙庆宁

续表 4-6-10

序号	项目名称	完成单位	完成人
9	CTJP-1 型移动式超声波探伤微机实时检测系统	安徽省机械研究所	张雄宇、王伟、范亦农、顾润璇、张平、姚善良有、李森林、戴声扬
10	淮南谢桥极软岩巷道支护机理与技术的试验研究	淮南矿务局、中国矿业大学、合肥煤炭设计研究院	陆士良、戴焕生、王彩根、顾传振、陈庆敏、颜继群、王全明、杨锡松
11	冻结井素混凝土井壁的研究与应用	淮南矿业学院、淮南市煤电总公司	陈明华、孙文若、郑高升、杨俊杰、姚直书、周庆富、廖多荪、刘全林
12	HF5130 型电缆故障测试仪	安徽电子仪器总厂	金波、王崇芳、刘皖旗、易文杰
13	新型激光防伪打标机	中国科技大学	吴鸿兴、郭大浩、陈明松、戴宇生、夏小平、王声波
14	基于知识的地震现场预报系统（KPSES）	安徽省地震局、上海市地震局	王炜、庄昆元、黄冰树、夏士华、黎捷、刘文龙
15	中国保险业务计算机综合处理系统	安徽省保险公司	陈冬至、姚志刚、张家锐、徐金宜、赵皖平、卢石麟、秦少维、盛兰
16	PF——88 无水树脂结合剂	中国科技大学	潘才元、白如科、蒋文博、尹惠明、赵斌、牛俊高、陆伟琪
17	5—15 吨/年茶多酚工厂化生产工艺及成套设备	安徽工学院	朱剑中、姜绍通、潘丽军、萧伟祥、桂汉军、陈向明、余顺火、吴天星
18	冰箱生产线及新工艺、新技术应用	合肥美菱电冰箱总厂	张巨声、黄树蕃、范贤龙、钱乃杰、刘纯友、李佐、程小虎
19	SQ 系列全自动电热膜沸水器	安徽省宁美实业总公司、安徽工学院	孙保群、江志斌、杨柳、吴明月、唐筱纯、侯华龙
20	开发（20/22D）高品位白厂丝	绩溪缫丝厂、安徽省丝绸公司	杨宗元、张观根、单明虬、吴三平、陶文瑞、汪斯前、胡善强、胡眺
21	细菌 L 型研究成果的推广应用	蚌埠医学院	林特夫、黄谷良、李凤云、夏佩莹、张元和、张世馥、王光育、俞曼华
22	自体游离阔筋膜袢（生物袢）治疗下肢深静脉瓣功能不全疾病的研究	合肥市第二人民医院	李洵、刘咸罗、余成凡、钱小星、陈克辉、许浩、全天香、方霞

续表 4-6-10

序号	项目名称	完成单位	完成人
23	《小柴胡汤》口服液	安徽省药检所新药室、华东中药工程集团有限公司	余世春、童玉新、曹光明、张先芬、刘信顺、朱成举、潘纯发、程锦坤
24	老年证候调查及寿星宝延缓衰老的临床和实验研究	安徽中医学院附院、合肥中药总厂	韩明向、周宜轩、邹冬梅、倪恩荣、魏江磊、王钦茂、李平、季俊虬
25	油菜丸粒种子的研究与应用	六安地区种子公司、安徽省农科院作物所、安徽省种子公司	赵建勋、许治民、夏英萍、孙永玲、骆先登、曹洪、王鸣、朱荣毅
26	长江中下游低丘滩地综合治理与开发	安徽农业大学、蚌埠郊区农林局、滁州市王郎琊山森林公园管理处	江泽慧、彭镇华、吴泽民、姚永康、穆莉、费本华、高华安、訾兴中
27	地面有线综合遥测站(Ⅱ)型和长期自记气候站业务软件	安徽省气象局业务处、桐城县气象局、阜阳地区气象局	陆国章、汪勇进、姚鹏义、杨彬、边富昌、孔俊松、汪高杰、程琳

1996 年度安徽省科技进步一、二等奖获奖项目一览表

表 4-6-11

序号	项目名称	完成单位	完成人
1	安徽省国土资源遥感综合调查	安徽省计划委员会、安徽省地质矿产局	周本立、周云生、盛中烈、黄方才、谷丰、王善秀、扬则东、邓剑华、嵇福元、徐卓然
2	安庆石化总厂计算机辅助管理及生产过程监测系统	合肥工业大学、安庆石化总厂	杨善林、陈福集、李兴国、王志龙、郑能靖、左春荣、马溪骏、姚君遗、梁昌勇、耿礼强
3	利用玉米本分发酵生产柠檬酸新工艺	蚌埠柠檬酸厂	薛培俭、李荣杰、金其荣
4	内窥镜在胆道胰腺疾病诊断的治疗和临床系列研究	安徽省立医院	谷新珠、徐荣楠、杨树高、陈炯、李建生、梁山、许家秀、郭存美
5	兼用型甘薯新品种“皖薯 3 号”的选育及配套栽培技术	安徽省农科院作物所、固镇县农科所	胡建勋、王钰、刘小平、王本超、关旭、汪强、潘虹、方灵芝、穆善云、刘长登

续表 4-6-11

序号	项目名称	完成单位	完成人
6	伞齿轮精锻模失效分析及对策	安徽工学院、安徽省东至齿轮厂	李健、徐根应、李云、郭新成、丁雪苇、赵学红、黄旭光、束德林
7	高粘度乳化炸药自动冷却机	煤炭科学总院爆破技术研究所	朱向祥、杨民钢、郑峰、邓宝权、张惠敏
8	YZD4 多功能压路机	安徽省公路机械厂、建设部长江建设机械研究院	黄业宽、蔡隆英、方旭东、李培毅、祖日亘、陈世宜、王跃培、莫力
9	JSZ 型光缆 S—Z 扭绞机	合肥电工机械厂	沈苗英、陈廷敏、岳光明、席永平、周章银、王耀慈、孟申庆、蔡全英
10	铜冶炼烟气制酸系统工艺改造及高效碟环式换热器新技术应用	铜陵有色金属公司第一冶炼厂	迟明洲、梁克明、丁友声、霍兆明、蒋元根、刘贵生、陈正壮、路荣钊
11	HYJ—01 轧钢加热炉喷补料的研制与应用研究	华东冶金学院、宜兴市浇注耐火炉料厂、马鞍山钢铁股份有限公司	龙世钢、史建国、王习东、孟庆民、费瑞芳、郑越、王俊哲、曹汉松
12	大型冷冻站制冷控制仿真系统	合肥工业大学、安庆石化腈纶厂	杨善林、洪斌、马溪骏、姚君遗、王孝武、耿礼强、周哲群、潘劲松
13	高性能永磁铁氧体烧结料粉	马鞍山市高性能磁性材料厂	吴福怀、杨东甫、邹三宝、蔡家海、翁革平、狄平、孔维进
14	HJD04—RM 数字程控交换机	滁州市汇龙电子公司	伍跃、王琦、陈金华、周继征、沈良文、马金宝、陈景辉
15	干线公路沥青路面评价养护系统(CPMS)推广应用	安徽省公路管理局	韩凤华、徐乃强、章后忠、陈迎春、王云礻是、沈群、杨磊、章本麒
16	神经信息处理系统	中国科技大学	陈国良、王洵、熊焰、顾乃杰、韩文廷、张群、黄俊斌、何刚
17	200kt/a 硫铁矿制酸装置中的热能综合利用系统	化学工业部第三设计院、铜陵化学工业集团公司	陈晓雄、濮育德、冯嘉惠、陈甫松、殷道纯、吴医如、牛晓林、俞天健
18	荣事达牌 XPB50—18S 型双桶洗衣机	合肥荣事达(集团)有限公司	季学智、张五一、张小梅、黄晓华、郑敦辉、周到京、伍传红、陈维旗

续表 4-6-11

序号	项目名称	完成单位	完成人
19	低质黄牛皮制做高档革	安庆市皮革总厂	蔡福泉、周巨龙、姚传武、周海林、杨斯盛、江可贵、汪芳红、江启林
20	超细支防缩防蛀全毛针织纱	安徽省阜阳纺织厂	张德利、胡彭年、孙艳霞、高士勇、郭锡妹、蔡浩、韩伟、费志农
21	布加氏综合征的外科临床研究	解放军 123 医院	龚承好、左鲁生、吴江闽、高显清、周国庆、侯金华、龚兵
22	安徽省防盲技术推广应用	安徽省防盲技术指导中心、安徽省立医院	刘广进、张国梅、袁华音、朱华碧、温耀春、牛斗、宋汝庸、孙思勤
23	肺动脉狭窄手术指征实验研究	安徽医科大学	周汝元、于在诚、葛圣林、查日俊、张健、张葵、董光峰、张洪福
24	脑立体定向技术推广应用	安徽省立体定向神经外科研究所、安徽省立医院	汪业汉、许建平、成良正、徐俊建、董以健、邵坤山、徐复华、傅先明
25	臂丛损伤后脊髓神经元变性坏死及预防措施的实验和临床应用研究	安徽医科大学、上海医科大学手外科研究所	尹宗生、顾玉东、董吟林
26	果糖二磷酸钠及注射和果糖二酸钠	淮南市第六制药厂	陈谷音、史国旭、刘道章、张勤
27	安徽省有机肥料品质及其分布调查	安徽省土壤肥料总站	曹树钦、田杰、张一凡、黄发兰、余忠、吴义鸿、胡芹远、叶世娟
28	中籼糯稻皖稻 51(87641)的选育与应用研究	安徽省农科院水稻所、安徽省种子公司、肥西县高刘农技站	李泽福、严企松、韦时遇、唐光勇、王安东、杨国荣、杨前进、陈家玉
29	激光诱变选育大豆新品种—AC10 菜用大青豆	安徽农业大学、安徽省农业厅农技推广总站	刘学华、齐波、朱以林、李鑫森、曹亚洲、施展、刘庆英、杨自保
30	安徽省“七五”速生丰产用材林工程技术研究	安徽省林业厅造林经营总站、安徽省裕森林业公司、安徽省林业外资项目办公室、安徽省林业厅森林防火处、休宁县林业局	张克俭、吕锡德、朱开福、黄荣来、邵本坤、张新法、王桂琴、李孝良

续表 4-6-11

序号	项目名称	完成单位	完成人
31	安徽省杉木良种源推广及利用	安徽省林木种苗总站、安徽省林科所等、东至县林业局、舒城县林业局	李厚存、龙良勤、施葵初、董文、李桂生、刘恬行、章健、朱谦
32	提高旱涝渍害中低产田生产力综合研究	安徽省淮委水利科学研究所、安徽省水利厅、安徽省淠史杭灌溉管理总局、黄山市水电局	孙芳云、叶乃杰、张荣鑫、杨在乾、王家先、王有贞、王凤云、刘励
33	淮河致洪暴雨研究	安徽省气象科学研究所、淮委水情信息中心、安徽省气象台、河南省信阳地区气象局、河南省气象科学研究所、蚌埠市气象台	李国杰、陈产贤、马红、郑永泉、李俊亭、谢重阳、徐东明、徐胜
34	安徽省地区工业产业政策滚动模型及应用	中国科技大学、合肥市财贸办公室	梁梁、华中生、盛志刚
35	工程级反光材料技术研究	安徽省劳保科学研究所、安徽省反光材料工业公司	何林、黄国柱、赵立甫、刘敦庆、熊延平、肖福全、杨新忠、李红志

1997 年度安徽省科技进步一、二等奖获奖项目一览表

表 4-6-12

序号	项目名称	完成单位	完成人
1	叉车柔性制造技术的研究与应用	合肥叉车总厂	凌忠社、毛忠烈、杨安国、马庆丰、薛白、许碧峰、石运胜、王孺牛、姚瑶、王士寅
2	超长钢芯胶带运输机电控系统	合肥工业大学、铜陵运输机器有限公司	秦养浩、徐宁、刘亚斌、陈梅、杜少武、孙佩石、储昭碧、张先伦、苏建徽、王甫群
3	稀土锌铝合金镀层钢丝钢绞线	马鞍山市鼎泰金属制品公司	史志民、张沪东、李伟、张鸿云
4	科力 MIS—多媒体管理信息系统生成工具	安徽省计算中心	吴坚、王家捷、唐来清、朱晓光、倪凯民、施小春、徐超、宋箭、欧凤霞
5	XQB45－95(F)模糊控制全自动洗衣机	合肥市荣事达洗衣机有限公司	陈荣珍、张五一、黄其胜、程礼根、胡克坚、王晓艳、肖凤生、汪雪松、张丹萍、许华顺

续表 4-6-12

序号	项目名称	完成单位	完成人
6	BCD—245/248W 型风冷式保鲜系列冷藏冷冻箱	合肥美菱股份有限公司	张巨声、黄澍蕃、丁元俊、胡庆生、徐峰、胡效宗、柳庆松、李毅、王晓阳
7	带血管的同种异体骨低温冻藏和移植的基础研究与临床应用	蚌埠医学院附属医院	胡汝麟、周建生、潘功平、刘振华、肖玉周、张先龙、陈晓东、李燕、杨燕、沈跃良
8	注射用重组干扰素 α2b 工业化生产研究	安徽安科生物高技术有限责任公司	宋礼华、傅永标、李名非、徐键、杨玲、杨少民、杜贤宇、王荣海、张志红、王瑜
9	早熟、高产、抗(耐)病杂交油菜新组合—皖油九号	滁州市农科所、安徽省种子公司	张志国、夏英萍、汤继保、薛庆珍、余华胜、高仕田、陈峰、陶侠林、胡永树、胡官保
10	HFC1061 载货汽车产品开发	合肥江淮汽车有限公司、安徽省汽车研究所	戴茂方、王培林、安进、汪力、周福庚、吴永平、王保清、彭建生
11	采煤工作面液压拔柱器研究	淮北矿务局	张希九、蔡公石、杨用民、张强、王兰义、黄炳辉、李定南
12	自起动高效永磁同步电动机	合肥工业大学、合肥电机厂	王群京、姚有光、邓悌康、吴守坤、陈鸣、徐立基、杨红、宫必根
13	STAR—930E 滚齿机数控系统	合肥工业大学、合肥仪表总厂	王治森、韩江、肖本贤、万兴岱、杨玉瑞、夏链
14	火车车轮半成品尺寸检测线	合肥工业大学、马鞍山钢铁股份有限公司车轮轮箍厂	邓善熙、吕国强、黄其圣、聂恒敬、高时安、孙军、张辉、王会生
15	HFKH 型快速沸腾式烘干系统的研究	国家建材局合肥水泥研究设计院	杨刚、孔祥忠、包玮、王松苗、赵必胜、吴保全、姜山龙、李艳华
16	安徽省公路柔性路面典型结构的研究	安徽省公路管理局、同济大学道路与交能工程研究所	韩凤华、许志鸿、何光、左明文、陈广尧、任惠清、周振生、徐传伦
17	安徽省长江和淮河三座特大桥梁场地地震安全性评价	安徽省地震工程研究中心、安徽省灾害防御协会	黄田庚、姚大全、陆镜元、汤有标、刘加灿、张鹏、高玉峰、李杰

续表 4-6-12

序号	项目名称	完成单位	完成人
18	安徽沿江重要成矿区铜及有关矿产勘查研究	安徽省地矿局 321 队、安徽省地矿局 327 队、南京大学、中国地质大学、安徽省地矿局 324 队	黄许陈、汪祥云、张成火、任启江、李东旭、黄华盛、吴明安、张千明
19	正负 500KV 直流线路带电互换直线和耐张绝缘子串	安庆供电局、安徽省电力试验所、安徽省电力工业局	孙邦彦、殷国祥、方隆海、葛友藏、刘文海、王忠贤、马骏、丁邦云
20	PS－2 电能质量分析仪	安徽大学、安徽省振兴工贸公司	李令冬、徐佩、雷马、汪光纯、董瑞安、方明如、王家福、张昊
21	镜铁矿粉生产高性能永磁铁氧体磁粉	马鞍山市高性能磁性材料厂	吴福怀、蔡家海、邹三宝、杨东甫、吴克林、滕岩松、吴新元、邹佳伏
22	安徽证券交易网络平台综合应用系统	安徽证券交易中心	胡柳生、周志德、徐峰、王志升、方晓雄、程球、岳东升
23	预应力混凝土建筑结构设计通用软件系统	合肥工业大学	陈晓宝、陈飞
24	安徽省政府综合信息网络系统	安徽省经济信息中心	徐超、姚若宁、裴观胜、姜精如、刘登胜、苏林娜、张令保、王世俊
25	功能型新系列水乳型聚氨酯	安徽大学恒泰精细化工公司、安徽大学科招精细化工厂	王武生、曾俊、阮德礼
26	混合农药光化学应用研究	安徽农业大学	岳永德、花日茂、汤峰、曹元德、凌建国、刘根凤、李学德、刘建芳
27	大中型注塑件 / 模具设计制造集成系统	合肥荣事达模具有限公司	童家泰、鲍启刚、郑群、周到京、陆业发、许鹤峰、涂候杰、宋伟权
28	XQG50－848（H）型全自动滚筒式洗衣机	合肥美菱洗衣机有限公司	陈德先、柏绿林、傅洪武、应滔滔、王惠宁、檀欣胜、胡正兵、谢长征
29	丝鸣整理高支高密棉印染布	淮北印染集团公司	张裕忠、王忠、魏国强、代明、王建平、杨晓丽、梅肖瑾、桂新东
30	纺织数字化、智能化仪器仪表系列产品的研制	安徽大学、安徽省纺织科研所、无为纺织厂	曹德淳、卢贤能、袁子健、隋荣开、朱松盛、吴福景

续表 4-6-12

序号	项目名称	完成单位	完成人
31	腰椎管两侧开窗减压术设计与临床应用	阜阳市人民医院	李超、于阜生、赵致良、符东林、于海洋、刘毅平、张和福
32	藐小棘隙吸虫病原生物学与流行病学研究	安徽省寄生虫病防治研究所	汪天平、肖祥、徐伏牛、吕大兵、吴维铎、朱传刚、高剑峰、方国仁
33	应用纤维胆镜对胆总管下端开口形态及功能的研究	安徽医科大学第一附属医院	孟翔凌、高山城、杜云、张宗耀
34	自血光量子疗法治疗脊髓损伤的实验与临床研究	安徽医科大学第一附属医院	董英海、江曙、邵惠南、张循善、朱莉、傅佳、黄先国、江文琴
35	外伤性脾破裂非手术治疗实验与临床研究	宁国市人民医院	李启明、陈发桂、胡哲坤、朱敏芬、童生元、糜叶俊、喻永龙、文春霞
36	γ 放射免疫计数器	中国科技大学实业总公司	田杰、吴岳林、唐俊标、陆军
37	安徽省主要低产土壤改造技术研究与应用	安徽省土肥总站、怀远县土肥站、宁国县土肥站、祁门县土肥站	赵颖南、钱晓华、钱国平、朱同胜、陈玉田、罗嗣金、李汝梁、陈丛宏
38	安徽省可持续农业综合配套施肥工程研究与应用	安徽省土肥总站、阜阳市土肥站、宿县地区土肥站、滁州市南谯区土肥站	叶世娟、曹树钦、胡荣根、邱宁宁、程焱、王成志、罗抗美、王全福
39	高产优质粗毛兔(皖 III 系)的选育研究	安徽省农科院畜牧所、固镇县种兔场	朱秀柏、赵辉玲、李立冰、张东红、贾玉堂、高学志、袁昌凤、蔡之献
40	淮河中上游防洪调度系统	淮委防汛抗旱办公室、淮委水情信息中心、河海大学	顾世银、郑大鹏、钱名开、戴俊明、夏成宁、徐时进、张振州、程绪干
41	温室鲜切花微灌技术及灌溉效应研究	蚌埠市郊区水利局、安徽省淮委水利科学研究院	高喜田、孟新、吴平、张玉欣、曾建军、昝霞、张荣鑫、丁必然
42	实用土壤墒情预报研究	安徽省淮委水利科学研究院、蚌埠市水利局、安徽省水利厅、固镇县水利局	赵家良、吴平、王永乐、王振龙、丁必然、王道建、袁仲文、殷保淑
43	VLSI 计算机理论与并行算法	中国科技大学	陈国良、陈凌
44	纳米材料学	中国科学院固体物理研究所	张立德、牟季美
45	实用肿瘤病理组织学彩色图谱	安徽医科大学	龚西马俞、王保泰、饶慧蓉、张洪福、孟刚、刘登华、郭平石、郑国豪

续表 4-6-12

序号	项目名称	完成单位	完成人
46	GB/T 15138—94 膜集成电路和混合集成电路外形尺寸	电子工业部第四十三研究所	冯佑民、吴凡、雷剑、李永芝
47	光纤着色及复绕机	电子工业部第 8 研究所	陈正飞、江顺煌、孙连石、胡东升、张海鹏、江平、蔡风歧、展姹
48	安徽省环境污染、生态破坏损益分析及对策研究	安徽省环境监测中心站	郑文英、杨寿彭、孙海、甄长忠、席天功、刘兵、刘晓升、刘令峰

1998 年度安徽省科技进步一、二等奖获奖项目一览表

表 4-6-13

序号	项目名称	完成单位	完成人
1	安凯牌 HFF6120K01、HFF6121K01 型豪华大客车产品开发及应用	安徽省安凯汽车集团有限公司	王鹏程、廉保绪、张国、熊良平、丁守松、赵风雷、颜爱民、祝灿庭、张萍、孔德兵
2	安徽广播电视卫星地球站优化设计和实施	安徽电视台	王新田、吕希才、杨尧生、黄伟、温振超、李和平、任少民、郑毅、蒋麟、苏泉
3	生香微生物功能性营养液的研究及其应用	安徽古井贡酒股份有限公司	刘从艾、穆文斌、徐怀玉、王效金、纪志军、汤有宏、沈国海
4	BCD—278 冷藏冷冻箱	合肥美菱股份有限公司	张巨声、王应民、徐峰、夏俊生、臧晓玲、胡效宗、夏天、史英祥、王宝、王维胜
5	下腔静脉闭塞及狭窄段切除，人工血管原位移植治疗布——加氏综合症的临床研究	蚌埠医学院附院	李晓强、吴允明、王晓天、崔培元、刘学刚、吴玉美、申乐亭、李晓华、刘金新、程庆君
6	超高产、抗病杂交中籼新组合协优 57（皖稻 59）的选育与应用研究	安徽省农科院水稻研究所、安徽省种子公司、怀远县种子公司、广德县种子公司、滁州市种子公司、凤台县种子公司	朱启升、王安东、罗志祥、王步林、陈抗之、施伏芝、宛世伦、张世林、苏泽胜、吴全玉
7	小麦抗（耐）赤霉病新品种选育的研究	安徽省农业科学院作物研究所	杨赞林、甘斌杰、张少华、范荣喜、代秉勋、董淮滨、张瑶书、李先金、魏向民、马广约
8	大空间早期火灾智能监测与电气火灾隐患检测系统	中国科技大学热安全工程技术研究中心、中国科学技术大学火灾科学国家重点实验室	范维澄、袁宏永、赵建华、谢辉、刘申友、陈晓军、王清安

续表 4-6-13

序号	项目名称	完成单位	完成人
9	JLK-630 型框式绞线机	合肥神马电工股份有限公司	陈廷敏、岳光明、席永平、周章银、王耀慈、张谢端、董正康、谢警
10	1GBT 大功率高频逆变（开关）电源	合肥三宇电器技术研究所	袁忠杰、郑国山、汪春霞、袁皖君、温振东、李定宣、陈庆明
11	汽车横向导臂支承、下摆臂支承和橡胶金属支承	宁国中鼎股份有限公司	夏鼎湖、严江威、曾昭胜、赵季勇、李晓武、李爱民、章维国、程腊湘
12	铝活塞新型微型保温单冒口铸造技术	安徽省活塞厂	郭厚英
13	机动车辆安全性能自动检测线	合肥工业大学	王建平、王春光、罗国军、朱程辉、穆道明、胡廷平、韦强、王金玲
14	新 91(长江—121)型手扶拖拉机及配套农具	安徽省农业机械研究所、六安手扶拖拉机厂	叶永康、惠友刚、方家庆、刘开基、徐克旺、江渠、夏成金、马扬球
15	工业用纯铝箔	皖北铝业公司铝板箔厂	刘金陵、马玉岩、李广文、赵光辉、王守利、高荣合、陈超、郭赋
16	新一代地震预报专家系统 NGESEP——基于模糊神经网络和符号的地震预报版专家系统	安徽省地震局、中国科学技术大学、上海市地震局	王炜、吴耿锋、黄冰树、庄昆文、周佩玲、蒋春曦、李东升、周云好
17	QZY 型汽车、摩托车组合仪表综合校验仪	芜湖天城科技开发有限公司、中国科技开发院芜湖分院	崔群、陈永煌、梁子贵
18	基于知识的 C 语言反编译系统研究	合肥工业大学	刘宗田、陈凯明、李心科、耿行健、季路伟、姜川、王安首、陈福安
19	安徽模拟电力市场管理系统	安徽省电力中心调度所	黄庆忠、陈中元、胡世骏、姜信华、李东明、高夏生、楼纬天
20	耐候性粉末涂料	贺柏兹华佳化工有限公司	孙毅、方日宣、洪海州、潘向东、陈言宗
21	36Nm/2 防缩纯兔毛精梳针织纱	阜阳纺织集团有限公司	孙艳霞、蔡浩、王颖梅、李红、曾明、高士勇、韩伟、封红武

续表 4-6-13

序号	项目名称	完成单位	完成人
22	绦纶有色 FDY	铜陵市化纤厂	汪金胜、孙捍平、叶萍、程霏、汪铜海、陈新民、鲁祥杰
23	输液瓶生产系统技术开发研究	安庆市玻璃有限责任公司	丁胜发、余其培、昂朝荣、丁俊生、冯立新
24	ZHG-720 型常温自动混合灌装机	安徽省应用技术研究所	胡明、马明驼、马良道、陈华、葛道斌、张志、张弓
25	同种异体肝移植临床应用的实验研究	安徽医科大学第一附院	耿小平、孟翔凌、熊奇如、余宏铸、张宗耀、吴蓉蓉、戴秀萍、杜鹃
26	耳甲复合瓣上旋耳前后皮瓣移位耳廓成形术临床应用研究	蚌埠医学院附院	程新德、赵天兰、熊世文、李光早、徐静、张莉
27	顺铂小剂量长疗程腹腔化疗及药代动力学研究	安徽医科大学	颜士杰、沙玉成、孙昕、方维珍、张莲芳、罗永明、汪喜峰
28	男性青少年外生殖器疾患的流行病学、实验与临床研究	安徽医科大学第一附院	梁朝朝、王克孝、陈家应、倪进发、施浩强、孙泽华、李光武、胡克良
29	皖麦 19 号的选育	安徽省宿县地区农科所	刘治同、程守忠、李纯佑、李明兵、朱卫生、杨杰、孔琦、范荣喜
30	欧美杨多品系混合造林栽培研究与推广	安徽省农业科学研究所、安徽省林业外资项目办公室、贵池林业局、池州行署林业局	傅军、钱滕、于一苏、仰泽民、唐丽影、章铮、翁春华、孙桂英
31	高标准银杏采叶园优质高产技术研究	安徽省农业科学院园艺研究所、东至县林业局、桐城县林业局	丁增成、俞飞飞、孙其宝、程华平、李桂生、刘厥祥、汤辉、李春涛
32	淮河干流滩滨至正阳关河段防洪河工模型试验	安徽省淮委水科院、淮委规划设计研究院、省水利水电勘测设计院	陈先朴、段红东、西汝泽、金向荣、梁斌、邵东超、陈彪、汪霞
33	高空气象探测数据自动处理业务技术方案	安徽省气象局、安徽省气候中心、阜阳市气象局	李栋、姚鹏义、徐光清、程正飞、刘清珍、吴可军、窦炜明、路传彬
34	泛函微分方程理论	安徽大学	郑祖庥
35	SG03 型束管挤出生产线	电子工业部第八研究所	李锦华、江顺煌、谢鸣志、吴烈节、余学忠、汤培榕、施正超、胡东升

续表 4-6-13

序号	项目名称	完成单位	完成人
36	S 波段 13KW 集中式全固态雷达发射机	电子工业部第三十八研究所	夏瑜、张鸿、张立军、张兴宁、刘永普、盛路宁、马如涛、严继进
37	安徽省科学技术志编纂研究	安徽省科学技术委员会	吴孝铣、高有德、巫业玖、冯永贵、曹漪涛、王克

1999 年度安徽省科技进步一、二等奖获奖项目一览表

表 4-6-14

序号	项目名称	完成单位	完成人
1	高产、优质面包小麦皖麦 38 的选育与推广	涡阳农科所	刘伟民、张华松、王树军、冯彦素、朱红光、范荣喜、刘钊、冯斌、解云鹤、孙俊英
2	优质、超高产、多抗杂中粳新组合 80 优 121(皖稻 34)的选育与应用研究	省农科院水稻所、省种子公司	孙明、汪新国、张培江、许传万、白一松、朱国帮、张传路、李怀安、杨联松、庆王容
3	淮河中游河床演变研究	安徽省水利科学研究院、水利部淮委规划设计研究院、安徽省淮河河道管理局、安徽省水文局、安徽省水利水电勘测设计院、水利部淮委水情信息研究中心	毛世民、金正越、潘敏雅、刘春江、许浒、王发信、杨兴菊、陈先朴、詹扬祖、童运调
4	肝豆状核变性的中西医结合基础与临床研究	安徽省中医学院神经病学研究所	杨任民、韩咏竹、蔡永亮、洪铭范、胡纪源、任明山、王晓平、李凯、王训、胡文彬
5	重组人生长激素(rhGH)的研制和开发	安徽省生物研究所、安徽安科生物高技术有限责任公司	宋礼华、桂向东、范清林、魏跃武、王荣海、付永标、姚红宜、李平生、何晓淮、李名非
6	安徽沿江地区铜金多金属成矿预测研究	安徽省地质矿产局	常印佛、唐永成、邢凤鸣、吴言昌、储国正、曹奋扬、齐文凯、王永敏、徐祥、黄德志、赵和仓
7	高应力构造复杂区软岩巷道锚注支护技术研究与应用	淮北矿业集团公司祁南煤矿、山东科技大学	李明远、王连国、张惠宝、尹正柱、易恭猷、周维金、陆维汉、吴建国、尤春安

续表 4-6-14

序号	项目名称	完成单位	完成人
8	KD 系列汉语文语转换系统	中国科学技术大学	王仁华、刘庆峰、倪晋富、唐涤飞、夏德瑜、滕永盛、唐浩、马钟柯、尹波、胡郁
9	安徽省公安计算机综合信息管理系统	安徽科力信息产业有限责任公司、安徽省公安厅	殷伟、王家捷、吴坚、赵业忠、杨剑、江铁生、史东方、郑文海、陈忠红、倪凯民
10	安徽省高等级公路生态工程综合技术研究	安徽省高等级公路管理局、交通部公路科学研究所、北京大学环境科学中心、交通部环境保护中心	陈会年、钱东升、蔡志洲、陈志忠、胡红雨、王跃华、李宗禹、肖念生、刘龙、王炬
11	优质、高产、抗病西瓜新品种华密八号选育及产业化开发	合肥华厦西瓜甜瓜科研所、安徽天禾西甜瓜种业公司	魏大钊、仇恒通、汪社宽、程东升、姚小凤、卞文武、仰中胜、陈剑华
12	皖棉 13 号选育及应用研究	省农科院棉花所	陈海亮、路曦结、金秀菊、何团结、张俊业、吴德祥、杨可胜、程福如
13	安徽省林业科技经济一体化七亿元工程	安徽省林业科技中心、安徽省造林经营总站、安徽省造林项目办公室、安徽省林业科学研究所	唐丽影、杨克美、佘本付、张均、蔡卫兵、丁常慧、罗宁、徐英宏
14	中国第一台新一代多普勒天气雷达(CINRAD)系统环境与技术研究	安徽省气象防灾减灾中心	刘志澄、冯皖平、邢克溥、吴长春、李柏、陈双喜、张玉、陈建国
15	药物相互作用动力学方法的系统研究及其应用	皖南医学院弋矶山医院、第二军医大学、中国科学技术大学生命科学学院	郑青山、孙瑞元、孙卫民、夏祥厚、芮景、汪贤玲、汪平君、戴泽民
16	国人心率变异时域法正常参考值及 Logistic 综合判断方法研究	安徽医科大学第一附属医院、安徽省委机关医院、安徽省立医院、合肥市第一人民医院、合肥市第二人民医院	唐海沁、沈干、梁群、朱薇波、张建平、张良洁、朱怀玺、龚仁泰
17	降脂药物对肾病综合症肾小球硬化防治作用的临床及实验研究	安徽医科大学	鹿玲、张传荣、许功林、周亚熙、杨正修、胡波、王军、梁维龙
18	革兰氏阴性杆菌鉴定编码的研究	安徽省立医院、安徽省临床检验中心	马筱玲、陈学民、黄尊波、周红艳、卜跃晨、李华、杨联耀、宋海波

续表 4-6-14

序号	项目名称	完成单位	完成人
19	治疗干预对慢性阻塞性肺疾病患者运动试验的应用研究	蚌埠医学院附属医院	陈余清、郑翠霞、徐凤珍、王安潮、周彩存、王爱华、高福生、刘玉珠
20	产科领域内 TORCH 感染的临床研究	安徽医科大学第一附属医院	邱林霞、祝艺虹、丛林、刘华平、曹云霞、陆应玉、王红菊、夏竞莲
21	胃癌前病变转归的前瞻性随访及其药物治疗的临床研究	安徽医科大学	许建明、谢惠君、胡乃中、吴继锋、霍建玲、刘志杰、陈佩芬、朱克莉
22	林可霉素高产优质菌种选育及新工艺研究	安徽省皖北制药厂	孟新华、朱立元、李利、刘瑞华、周晓荣、刘继红、夏守友、傅立海
23	FZ-1 型仿真推拿仪	安徽中医学院针灸经络研究所、合肥天源医用电子有限责任公司	顾新建、曹亮明、许能贵、许冠荪、曹漪涛、刘维平、钱海源、徐文龙
24	中药三类新药“慢咽宁袋泡剂”的研制	安徽省医学科研所、南京金陵药业股份有限公司、合肥利民制药厂	王晓华、卞家驹、胡惠平、郭仲坚、巴坤杰、郑日新、朱浩、吴宗好
25	遗传算法及其应用	中国科技大学	陈国良、王熙法、庄镇泉、王东生、陈贤富、陈恩红、曹先彬
26	实用肿瘤并发症诊断治疗学	安徽医科大学	陈振东、孙燕、王肇炎、秦叔逵、左文述
27	现代黄斑疾病诊断治疗学	安徽省淮南市眼显微外科研究中心	聂爱光、方严、陈松、范先群、戴虹、石一宁、赵今明、王琦
28	HTW28S12F 型 DC/DC 变换器、HFM28S5FA 型 DC/DC 变换器	信息产业部电子第 43 研究所	胡进、李晓峰、张友、吴向东、姚莉、徐小英、姜树萍、王瑞荣
29	昌河牌 CH1018B 微型厢式货车	合肥昌河汽车有限责任公司	蒋国汉、金先扬、汪伟、宋世斌、刘红、陶劲峰、游先红、薛勇强
30	智能化液力变速箱检测系统	安徽省叉车集团公司、中国科学院合肥智能机械研究所	张东敏、程胜、方凯、薄睿、胡晓海、武军、张克军、李戈操
31	星马牌 AH5240GJB 型混凝土搅拌运输车	安徽星马汽车股份有限公司	刘汉如、邱卫人、陈先才、凌其银、孙红军、刘世良、张玉宝、钱昌友

续表 4-6-14

序号	项目名称	完成单位	完成人
32	冰箱成套生产线技术及装备	中国扬子集团设备模具制造有限公司	王文华、阎兵、王一凤、陈国华、耿德远、胡德云、黄杰、杨琦
33	轿车发动机左、右充液橡胶减振器	宁国中鼎股份有限公司	夏鼎湖、严江威、彭建芳、张勰、汪贺平、朱龙、章维国、周小忠
34	YH40-100 型 1000 千牛精密校直液压机	合肥锻压机床股份有限公司	周强、陈杰、唐焕兴、候一江、刘金荣、张新华、吴道初、黄玉亮
35	高纯阴极铜生产工艺研究	铜陵有色金属（集团）公司、南昌有色冶金设计研究院	张源、徐光清、张胜树、刘庆华、李毓芊、叶逢春、郑德平、王复明
36	八钼酸铵生产新工艺	省冶金科研所	黄宪法、沈祥木、丁芝虎、王淑芳、林志坤、陈礼运、桂林、马成兵
37	马钢车轮钢圆锭大型夹杂物的研究与控制	马鞍山钢铁股份有限公司、华东冶金学院	范鼎东、王建军、史怀言、周俐、朱瑞田、王雪松、高海潮、侯超众
38	混凝土梁桥运营潜力分析方法的系统研究及应用	安徽省公路管理局、同济大学	王灿、朱新实、杨勇、章后忠、程国庆、敖青、徐祖年、章逵
39	安徽省建筑抗震设计审查规范的研究	安徽省建设厅抗震人防办公室、中国建筑科学研究院工程抗震研究所	高小旺、韩晋清、程东海、王菁、肖伟、孟钢、周晓夫、王巍
40	SKB 型立窑袋除尘器	国家建材局合肥水泥研究设计院	王浩明、张其俊、王淑君、孙礼明、于成、黄家敏、樊亚川、梁海东
41	安徽省池州黄山岭铅锌矿采空区上方建尾矿库研究	马鞍山矿山研究院、池州黄山岭铅锌矿	段蔚平、汪时军、曹金海、余振锡、吴光富、房定旺、汪赛其、刁虎
42	国产 300MW 机组汽轮机运行寿命管理系统	淮南洛河发电厂、安徽省电力试验研究所、上海交通大学	魏敬举、杜晓峰、叶春、刘孝俊、詹春、唐世蔼、忻建华、论卫国
43	年产 2500 吨电容器用双向拉伸聚丙烯膜工艺技术攻关	安徽铜峰电子股份有限公司	常荣卿、储松潮、钟光余、姚力丁、束长青、彭林胜、陈翠玉

续表 4-6-14

序号	项目名称	完成单位	完成人
44	80SH2-235Vf 铝电解电容器用化成箔	淮北凡尔康电子箔材有限公司	张金武、程秀梅、王玉玲、王敬民、杜军、吕侠
45	安徽省高速公路联网收费系统	安徽省高等级公路管理局	张辉、张金林、罗成旭、胡浩、齐运书、吴峻、郭晓泽、高鸿三
46	远程集中抄表管理系统	安徽省电力试验研究所、安徽省电力工业局生技处	汪建、潘平、孟庆成、王丽群、樊思聪、朱国飞、汪进、赵良德
47	叉车 CAD/CAM 一体化制造技术及信息集成应用系统	安徽叉车集团公司	凌忠社、葛秀明、张家文、胡允谷、杨安国、严和平、庄建明、程晓芸
48	汽车综合模拟驾驶系统	安徽三联科技股份有限公司	金会庆、宋扬、赵峰、鲍广阔、周东星、刘青刚、荣文举、郝诗海
49	500t/a 对氨基苯酚催化加氢新工艺研究	安徽八一化工集团有限公司	路凤鸣、邵作庭、葛长乐、唐明生、王运亮、贾琳、杨宝德、孙健
50	丙烯腈副产法生产优质氰化钠先进技术的研究	安庆市曙光化工有限公司	余永发、张念刘、程倪根、陈长斌、胡汪洋、潘功长、马宏伟、张慧敏
51	有机电合成新技术研究	安徽师范大学有机化学研究所	褚道葆、赵期稳、施晓会、顾家山、陈发华、周幸福、胡继萍
52	高档凹版复合塑料油墨研究	黄山市新力油墨化工厂	余根基、唐礼亮、潘水木、汪建中、陈言宗、俞介兵
53	兔绒的提取及深加工技术研究	蚌埠第二麻纺织厂、蚌埠毛麻研究所	张兴炳、钱朝云、周凤书、宋巧堆、范学彬、李庆和、吕玉豹、王海民
54	口子窖酒的研制	安徽口子集团公司	刘安省、张国强、孙乐亭、范瑞金、徐军、胡文革、段新毅、高飞
55	粉状烷基苯磺酸钠	芜湖合成洗涤剂总厂	徐建、董军、陈国宏、刘锋、黄盛友、单志群、刘劲松、沈忠林
56	HFC134a 压缩机用漆包铜圆线	铜陵精达铜材(集团)有限公司	王世根、章延胜、王强、常平、陈浩、张永忠、李学正、徐成春

续表 4-6-14

序号	项目名称	完成单位	完成人
57	25000 吨玻璃瓶罐生产线节能及自动控制技术应用研究	淮北市玻璃厂	汪恒华、王永坤、于侠、韦志怀、陈茂水、李军、杨小明、江德楼
58	BCD-218W 型冷藏冷冻箱	合肥美菱股份有限公司	张巨声、王应民、徐峰、梁明杰、夏天、王靖宇、荆嵩、唐湛
59	安徽省生物多样性保护战略研究	安徽省自然保护管理站、安徽大学	王文、王岐山、何山春、施葵初、肖嗣伦、胡维华、张善武、周小春
60	合肥市江淮分水岭地区综合治理开发及其对策研究	合肥市计委	郭超、司胜平、陈伟、何林、刘磊、崔军政、王珏、周天斌
61	黄山地区综合交通与通信规划研究	安徽省计划委员会、安徽省交通厅、安徽省邮电管理局、安徽省民航管理局、黄山市计划委员会、黄山市交通局	郑世陶、李克平、吴芝友、李建华、张天培、王群、谷道琴、闻荣华
62	“科教兴皖”中区域经济发展研究	安徽省农业区划研究所	杨世义、何学贤、娄径、闪辉、雷能忠、徐振宇、陈平、周禹、方陈

2000 年度安徽省科技进步一、二等奖获奖项目一览表

表 4-6-15

序号	项目名称	完成单位	完成人
1	重大科技成就奖	中国科学技术大学	朱清时
2	重大科技成就奖	安徽省国土资源厅	常印佛
3	研究建立 SCAR 技术体系快速准确鉴定杂交水稻及亲本种子真伪和纯度	安徽省农科院水稻所	杨剑波、汪秀峰、李莉、向太和、吴家道、倪大虎、皮桃花、程剑、孔令传、郭楚祥
4	安徽省新一代气象综合业务系统开发研究与建设	安徽省气象局	刘志澄、娇梅燕、翟武全、窦炜明、张爱民、李栋、刘勇、袁野、胡雯、华连生
5	SS- 型数字化色选机	合肥美亚光电技术有限责任公司、中国人民解放军电子工程学院	田明、张剑云、张秀明、李小波、吴荣俊、岑文德、俞仲寅、钱广华、贺莉清、韩立明

续表 4-6-15

序号	项目名称	完成单位	完成人
6	在役重要压力容器寿命预测技术研究	合肥通用机械研究所、华东理工大学、浙江工业大学、南京化工大学、浙江大学、安徽建筑工业学院、大连西太平洋石化公司、安庆炼油厂	陈学东、李培宁、高增梁、周昌玉、杨铁成、王正东、王宽福、胡明东、杨景、金朝宽
7	淮南矿区开采煤层顶板瓦斯抽放技术研究	淮南矿业集团公司、淮南工业学院	袁亮、刘泽功、李平、于尔海、廖斌琛、叶发先、张士环、方良才
8	H200—700mmQ235、Q345 级热轧 H 型钢产品研制	马鞍山钢铁股份有限公司	高海建、耿承浩、奚铁、吴结才、乌立平、易然、王步更、陈鼎、李建中、马玉平
9	CINRAD/CC(3830)天气雷达	信息产业部电子第 38 研究所、安徽四创电子有限公司	高仲辉、高发勇、方立军、范青、朱子平、程辉明、黄兴玉、方文贵、王振收、谭剑波
10	HJ04A 铁路信号计算机联锁系统	合肥工业大学、合肥工大高科信息技术有限责任公司	魏臻、程磊、程运安、胡庆新、陆阳、鲍红杰、韩江洪、蒋建国、张维勇、吴泽志
11	安徽省 CAD 应用工程技术开发与应用示范	安徽省 CAD 应用工程协调指导小组、安徽省生产力促进中心	周建强、刘光复、李林、马晓群、凌忠社、吕新生、赵新民、陈新宁、李川奇、郑象政
12	HD 智能控制应用软件平台	合肥恒大自动化控制系统有限公司	朱庆龙、姚维法、杨勇、单丽、张多标、程晓梅、吴彬、牛峰、李贤城、张宏图
13	高温超导材料及相关体系的微结构与电磁特性研究	中国科技大学	李晓光、孙学峰、范晓娟、吴文彬、周贵恩
14	肽能神经元基因表达、激素水平和基因治疗与衰老和老年性痴呆	安徽医科大学第一附属医院	刘荣玉、周江宁
15	优质小麦新品种选育及其理论与方法的研究	安徽农业大学	马传喜、徐风、董召荣、姚大年、孔令传、赵国荣、范荣喜、黄正来
16	优良种羊基因的引进和利用研究	安徽省农科院畜牧兽医研究所、安徽省农委畜牧局	任守文、李赛明、宣依群、杨丙健、张浩、吴宓、张东红、陶小平
17	WDG4-1 型万能电动割管机	安徽同发设备股份有限公司	焦发兆、郝钊、黄勇、王叙之

续表 4-6-15

序号	项目名称	完成单位	完成人
18	复杂曲面回转支承数控强力切削工艺与装备的应用研究	安徽工业大学、马钢巨龙有限责任公司	黄筱调、聂建华、吴玉国、汪世益、孙宝寿、钱森力、侯宁、余云霓
19	GL07 型层绞式带状光缆成缆机	信息产业部电子第八研究所	舒福胜、轩传吴、朱劲松、陈群、潘功俊、李群、汤培榕、胡东升
20	汽车后桥减速器柔性装配线及其关键设备的研制	合肥工业大学、合肥汽车制造厂	林巨广、张翔、洪国俊、李昌鹤、吴文斌、任永强、何元祥、沈维蕾
21	螺杆—活塞串联车装空压机研制	合肥通用机械研究所	洪华、黄集骏、薛正学、高相家、李蔚蔚、陈向东、邱海明、吴元照
22	HFC6782KAY2 型客车底盘产品开发	安徽江淮汽车底盘股份有限公司	戴茂方、查保应、王保清、尤永、刘辉、程光宝、薛围围、王五春
23	综采放顶煤工作面高产高效优化研究	国投新集能源股份有限公司、淮南工业学院	谢广祥、刘明善、余忠林、周庆富、王德润、梁袁、孟祥瑞、陶传江
24	狮子山铜矿特大空区下矿柱回采综合技术研究	铜陵有色(集团)公司狮子山铜矿、马鞍山矿山研究院	王春来、张传信、邵武、刁心宏、钱光荣、郭金峰、郑学敏、盛立新
25	湿式磨机用新材质衬板的研究与开发	合肥工业大学、合肥市水泥研究设计院、宁国市耐磨材料总厂	丁厚福、李茂林、陈翌庆、鲁幼勤、黄新民、毛静波、祖方遒、程和法
26	集成电路自动冲切成型模具	铜陵三佳电子(集团)有限责任公司	丁宁、华盟章、周宗翼、徐林、曹杰、刘宁、陈迎春、周逢海
27	内磁 - 静电混合聚集高亮度、高分辨率 CRT	芜湖电真空研究所	吴华夏、刘劲松、李群、张跃进、王华、沈旭东
28	KSDK-15N 矿用隔爆型多功能可逆手提式开关	淮南工业学院、淮南市新技术应用研究所	张卫国、闫立平、张国强、詹林、贾殿玉
29	皖通高速公路综合信息系统	安徽皖通科技发展有限公司、安徽省高等级公路管理局	张辉、纪仕光、郭晓泽、张汀、张金林、郑槐、许友发、柏歆剑
30	16 万吨磷铵 / 年外环流氨化反应器研制	安徽六国化工股份有限公司、四川联合大学、东华工程公司	程建方、刘期崇、王建华、何鹏程、胡忠义、徐新源、张允湘、吴学俊

续表 4-6-15

序号	项目名称	完成单位	完成人
31	膜法加氢尾气氢提纯技术的工业应用	中国石油化工股份有限公司安庆分公司、大连化学物理研究所	祝良富、施伟、张德全、陈晓林、蒋国良、康元熙、吴全法、杨瑞林
32	精喹禾灵原药合成	安徽丰乐农化有限责任公司	王春生、沈运河、赵邦斌、赵洪军、何谱泉、赵国平、詹闻绍、俞远凯
33	安徽电网实时发电控制系统	安徽省电力调度通信中心	李端超、谢恒、江山立、王建、胡晓飞、陈家庚、李斌、林航
34	水下冻结施工技术研究	中煤特殊工程公司	赵时运、王继献、周兴荣、马进、庞荣庆、成中海、曹化春、鲁红
35	胆系手术中胆心反射相关因素及防治的临床研究	安徽省立医院	潘建辉、方才、柴小青、陈昆洲、王瑞婷、疏树华、李娟、谷海
36	脐血造血干细胞移植	安徽省立医院	孙自敏、王祖贻、朱薇波、刘芝璋、祝怀平、刘会兰、刘欣、汝文华
37	多普勒组织成像技术对缺血性心脏病的临床及实验研究	中国人民解放军第123医院	田瑞霞、左鲁生、赵宝珍、严家春、陈文笔、徐长江、朱先存、李熹
38	以面动脉为蒂逆行下颌缘皮瓣移位鼻缺损再造解剖与临床研究	蚌埠医学院	程新德、赵天兰、熊绍虎、李光早、徐达传、张莉、徐静、葛树星
39	全民食盐加碘前、后安徽儿童碘缺乏病防治研究	安徽医科大学	汪延华、储小宏、赵广碧、贾敬华、刘树琴、杨明功、孙桂华、潘天荣
40	JB8701-1998《制冷用板式换热器》	合肥通用机械研究所、江阴阿法拉伐板式换热器有限公司	陈永东、何立勇、任金禄、宋兆煌、李志、郭良健、张明圣、吴晓红
41	大型河工模型自动检测与控制系统	安徽省淮委水利科学研究院、安徽省水利水电勘测设计院	虞邦义、武锋、崔德密、徐迎春、汪安南、葛国兴、刘海声、黄新生
42	复杂目标RCS计算及电磁散射数值计算方法的研究	安徽大学、中国科技大学	吴先良、徐善驾、杨利、吴萍、李民权、赵瑾、宁焕生、焦丹
43	低能离子注入棉花生物效应及其应用技术研究	安徽农业大学、中科院等离子体所	程备久、李展、余增亮、林毅、田秋元、周立人、朱苏文、姚佐文
44	无机膜的软化学制备和传质过程	中国科技大学	孟广耀、夏长荣、刘杏芹、陈初升、彭定坤

2001 年度安徽省科技进步一、二等奖获奖项目一览表

表 4-6-16

序号	项目名称	完成单位	完成人
1	重大科技成就奖	中国科学技术大学	钱逸泰
2	重大科技成就奖	芜湖电真空技术研究所	吴华夏
3	谷物冷却机	合肥通用机械研究所、大连冷冻机股份有限公司、烟台冰轮有限公司、广东省吉荣空调设备公司	樊高定、王哲、史敏、温德玲、于明、汪毓瑶、田旭东、戴世龙、王溢芳、王莉
4	军用彩色显示管研制及军转民产业化生产技术	芜湖电真空研究所、国家特种显示工程技术研究中心	吴华厦、方卫、贺兆昌、金兴隆、陈涛、何宏玉、李锐、董戴、苏靖、徐虎
5	JAC—CIMS 应用示范工程	合肥江淮汽车有限公司	安进、万立、朱卫宁、杨士钦、王军、王启付、李中健、屈新龙、李世杭、邵景远
6	深井光伏水泵系统	合肥工业大学能源研究所、安徽省朝阳微电子厂、北京自动化技术研究所	余世杰、苏建徽、沈玉梁、赵为、周毅人、刘因、章瑜、徐伟新、琚叁玖、茆美琴
7	南极湖泊系统的沉积序列与环境事件研究	中国科技大学	孙立广、谢周清、赵俊琳
8	棉铃虫发生规律、预测预报及综合防治研究	安徽农业大学、安徽省植物保护总站	岳永德、尹楚道、吴振廷、花日茂、刘家成、汤锋、曹明坤、林华峰
9	马铃薯脱毒微型薯种薯的生产及推广应用	安徽省农科院园艺研究所、太和县恒进农业发展有限公司	董玲、陈静娴、章铁、廖华俊、范恒进
10	“栽培一粒小麦”在小麦品种改良中的利用研究—皖麦 29、皖麦 31 小麦新品种选育与应用研究	安徽省农科院作物研究所	王腾蛟、王瑞、季昌好、范荣喜、吴根娣、张平治、汪建来、刘良柏
11	双低、高产、高抗杂交油菜华杂 4 号制种技术与推广应用	安徽省种子管理总站、和县种子公司	夏英萍、朱国富、赛晓峰、胡官保、吴子建、孔琦、周安平、吴长保
12	优质乳肉兼用型黄牛的选育及黄牛奶产品的开发	亳州市迷尔康乳业有限责任公司	王朝利、邢兰生、吴效勇、刘善斋、涂晓华、刘永文、牛庆水、支道友
13	马钢中型(50 吨)转炉溅渣护炉系统优化技术应用研究	马钢股份有限公司、安徽工业大学	秦长荣、顾章涵、高海潮、周俐、许健、朱光永、王建军、郁心平

续表 4-6-16

序号	项目名称	完成单位	完成人
14	超高压(140MPa)气密封试验装置	合肥通用机械研究所、合肥豪克化工设备工程公司、合肥通用职业技术学院、合肥华龙制冷空调电子工程有限公司	金维亚、崔军、陈学东、姚佐权、付文斌、丁世民、张斌、程勇
15	小方坯高效连铸技术	马鞍山钢铁股份有限公司第二炼钢厂	王进、刘玉兰、何庆天、张庆奇、孙成尧、刘明华、徐小雷、徐志洋
16	极软、易燃、高瓦斯煤层高产高效轻放开采技术研究	淮北矿业(集团)有限责任公司、中国矿业大学	尹正柱、王家臣、赵奇、李伟、葛春贵、黄炳辉、王泽宽、沈掌旺
17	GIS 应用于安徽东部地区金矿资源评价研究	安徽省地质矿产局、安徽地质调查院、安徽物化探院、312 地质队	唐永成、何义权、王永敏、王文联、邱瑞龙、高章红、曹静平、李建设
18	淮南孔集煤矿复合水体下急倾斜 A 组煤层开采水害防治方法试验研究	淮南矿业(集团)有限责任公司	袁亮、李佩全、刘登宪、蒋其云、刘满才、程爱民、吕霖、李传颖
19	马钢总公司姑山矿业公司露天采矿场边坡可靠性研究与优化决策	马鞍山矿山研究院、马钢总公司姑山矿业公司	房定旺、袁家华、徐克创、周玉新、孙其国、周胜利、陈柏林、刘培正
20	总线式智能温度传感器	合肥工业大学、合肥工大高科信息技术有限公司	韩江洪、陆阳、魏臻、张维勇、邓林、程运安、蒋建国、程磊
21	微波模块设计制造一体化系统	信息产业部电子第 38 研究所	石磊、陈学军、蔡克宇、王小陆、苏建军、安春雨、朱平、许越宁
22	医院信息系统	合肥工业大学、安徽省立医院、合肥汉思信息技术有限责任公司	杨善林、孙自敏、余本功、徐冬、刘业政、任明仑、马溪骏、许少峰
23	大空间火灾实验研究和火灾探测平台的研制及其应用	中国科技大学火灾科学国家重点实验室	霍然、吴龙标、范维澄、周允基、袁宏永、王进军、万玉田、汪箭
24	基于 GIS 技术的安徽省重大农业气象灾害测评系统	安徽大学、安徽省气象科学研究所	程慧霞、张爱民、李龙澍、盛绍学、倪志伟、杨太明、朱玉、彭扬
25	安徽省公路地理信息系统	安徽省公路管理局	韩凤华、朱新实、颜组兴、闵召辉、陈迎春、易文成、章厚忠、江梦泽
26	企业数字化平台及产品数据管理系统	合肥工业大学、合肥工大高科信息技术有限公司	张建军、张利、韩江洪、陆阳、魏臻、李钢、吴宗彦、魏振春

续表 4-6-16

序号	项目名称	完成单位	完成人
27	50t/a 12.5%恶草酮除草剂的中试开发	安徽省化工研究院	潘忠稳、叶凯文、于淑琴、凌冰
28	无梭织机电控系统研制—织机电控设备与织物功能关联度研究	安徽工程科技学院、广德明通机械有限公司	汪学骞、毕松梅、金世伟、罗志强、左泽建
29	铜陵 300MW 机组实用旁路控制系统	安徽省电力试验研究所、安徽省铜陵发电厂、上海自动化仪表公司、安徽省电力设计院、安徽省电力公司基建处	郎意安、章正林、杜思才、张为义、张业才、曹洪元、胡国清、丁勇
30	安徽省异形柱框架轻质墙结构抗震研究及设计规程编制	安徽省建设厅、北京工业大学	谢志平、霍达、吴晓勤、曹万林、宋直刚、程东海、闫维明、周锡元
31	浅低温体外循环微创心脏不停跳心内直视手术的基础与临床研究	蚌埠医学院	刘学刚、申乐亭、李兴武、唐震、史向前、沈继龙、王祖义、刘以尧
32	中药新药“颈舒颗粒”	华东中药工程集团有限公司	朱成举、项其正、丁锷、汪豪、吴海林、甄录旭、张超、倪娜
33	口腔颌面部新型切骨术的应用研究	安徽医科大学第一附属医院	张令达、颜雨春、后军、潘涛、薛浩伟、陈铸石
34	神经系统副肿瘤综合征的基础与临床研究	蚌埠医学院	陈齐鸣、钱伟东、宋文英、李强、刘晓林、屈洪党、郑荣生、刘超
35	太阳风的加热和加速	中国科技大学地球和空间科学系	胡友秋、李醒
36	红茶色素形成机理及制备技术研究	安徽农业大学	宛晓春、萧伟祥、夏涛、高丽萍、李大祥、钟瑾、刘莉华、萧慧
37	扬子鳄消化系统组织学、超微结构及其内分泌细胞研究	安徽师范大学、安徽省扬子鳄繁殖研究中心	吴孝兵、张盛周、潘鸿春、谢万树、王朝林、聂继山、汪仁平、陈壁辉
38	动态测量精度理论研究	合肥工业大学	费业泰、陈晓怀、余晓芬、黄强先、周维虎、石照耀、于连栋、许桢英
39	Ag-MgF2 纳米金属陶瓷薄膜制备及光电特性研究	安徽大学	孙兆奇、孙大明、宋学平、李爱侠、徐志元
40	低磷钢冶炼的基础研究	安徽工业大学	郭上型、董元篪、陈二保、王海川、张友平
41	皖北资源植物志	安徽大学	何家庆

2002 年度安徽省科技进步一、二等奖获奖项目一览表

表 4-6-17

序号	项目名称	完成单位	完成人
1	重大科技成就奖	中国科学技术大学	何多慧
2	氧气底吹炼铅新工艺产业化技术应用	安徽科威金属材料股份有限公司、北京有色金属研究总院	王根银、蒋继穆、王建铭、徐培伦、张煌、葛志清、徐国银、马奕顺、尚守银、何长青
3	安徽省高韧性 16MnR 液化石油气球罐研制	合肥通用机械研究所、铜陵市燃气总公司、合肥市煤气总公司、上海市工业安装工程公司压力容器制造厂、合肥豪克化工设备工程公司、化工部第三建设集团公司、沈阳市工业设备安装公司	王冰、王斌、吴正亚、艾志斌、汪雪涛、吴国俊、余国平、王其军、金维亚、张华勤
4	用扫描隧道显微学对单分子结构的理论和实验研究	中国科学技术大学	侯建国、杨金龙、王海千、王兵、朱清时
5	无机纳米线和纳米线阵列	中国科学院固体物理研究所	张立德、孟国文、程国胜、梁长浩、李勇
6	大别山造山带的构造几何学和运动学	安徽省地质调查院	徐树桐、刘贻灿、江来利、吴维平、陈冠宝
7	超导托卡马克上的准稳态高参数等离子体物理实验研究	中国科学院等离子体物理研究所	
8	安徽省两系杂交水稻（粳稻)种子生产安全技术与应用研究	安徽省农业科学院水稻研究所、安徽华安两系杂交稻发展有限责任公司、舒城县种子公司、安徽省庐江县种子公司	王守海、王德正、罗彦长、范荣喜、晏义存、刘平、吴爽、杜士云
9	无公害大棚草莓高产栽培配套技术研究与应用	长丰县农业技术推广中心	魏发胜、夏世祥、王邦奎、李必翠、戴厚升、陆学云、姚文麒、李必芝
10	杂交抗虫低酚棉新组合选育及应用	安徽省淮北市黄淮海低酚棉开发研究中心	张家宪、胡岩、刘伟、何祖安、秦宏春、刘超、卢炳武、张振
11	粗毛型长毛兔选育提高及高效饲养模式研究	安徽省农业科学院畜牧兽医研究所、安徽省固镇县种兔场、安徽省颍上县庆宝良种兔场、安徽省畜牧技术推广总站	朱秀柏、赵辉玲、李立冰、陈胜、程广龙、殷维荣、张东红、熊国远
12	转基因抗虫棉(保铃棉)综合配套技术研究与产业化应用	安徽省种子总公司、安徽安岱棉种技术有限公司	赵德平、赵德荣、周安平、蔡宗辉、孙树坤、郭楚祥、王颜、周毅

续表 4–6–17

序号	项目名称	完成单位	完成人
13	H2000 系列 1－10t 内燃平衡重式叉车	安徽合力股份有限公司	龚仁武、姚玉萍、张冬林、张国宝、孙庆宁、周峻、王乃树、黄东明
14	在用动力管网大口径煤气管道危险源分析及安全保障工程技术研究	合肥通用机械研究所、宝山钢铁股份有限公司、中国科学技术大学、合肥通用机械研究所压力容器检验站、国家质量检验检疫总局锅炉压力容器检验研究中心、合肥通用无损检测技术有限责任公司	徐佩珠、王秀喜、袁继烈、马金华、刘永强、陈钢、李文、李存林
15	前移式蓄电池系列叉车	安徽叉车集团公司、中国科学院合肥智能机械研究所	凌忠社、张丽、方凯、薄睿、查明秀、周齐齐、张克军、许涛
16	Ti（C,N）基金属陶瓷刀具制造技术	合肥工业大学	刘宁、周杰、张崇高、曾庆梅、许育东、谢峰、石敏、杨海东
17	HFC6500A 瑞风商务车产品开发	安徽江淮汽车股份有限公司	戴茂方、张作洋、汤仁礼、刘辉、尹良杰、朱荣生、吴永平、黄礼贤
18	洗衣机全自动减速离合器	安徽聚隆机械有限公司	刘军、薛华林、周郁民、周玲、王家和、周国强、章武、汪贵才
19	铜火法精新工艺研究及开发应用	金隆铜业有限公司	周松林、黄永峰、周俊、黄辉荣、沈强、黄国道、高大银、何好平
20	高产低耗高炉操作技术	马鞍山钢铁股份有限公司	叶军、黄发元、汪保平、周爱林、王炳全、胡夏雨、伏明、殷欢
21	高强度高韧性海洋石油平台用 H 型钢产品研制	马鞍山钢铁股份有限公司	施雄樑、孙维、许键、耿承浩、蒲玉梅、胡义贵、奚铁、杨伟
22	综放采场围岩压力分布规律及巷道合理布置研究	安徽理工大学、淮南矿业(集团)有限责任公司谢桥煤矿	谢广祥、方良才、华心祝、周占魁、查文华、吴宝洲、孟祥瑞、王树全
23	马钢集团南山矿业公司凹山采场西北帮边坡稳定性及综合治理研究	马鞍山矿山研究院、马钢集团南山矿业有限责任公司	严松山、孙其国、崔宪、朱青山、周玉新、房定旺、刘芸、许传华
24	应用新型高效捕收剂 SH－37 选矿工业试验研究	马鞍山矿山研究院、鞍钢集团新钢铁有限责任公司齐大山铁矿	孙炳泉、张国庆、陈玉花、陈明学、上官正明、胡振涛、黄福根、王宽

续表 4-6-17

序号	项目名称	完成单位	完成人
25	沉降地层井筒破裂治理技术及工程实践研究	安徽理工大学	程桦、姚直书、荣传新、刘全林、孙文若、杨俊杰、张作樵、王文华
26	紫外差分吸收光谱法烟道 SO_2 在线监测仪	中国科学院安徽光学精密机械研究所	刘文清、魏庆农、刘建国、陆亦怀、王亚萍、宋炳超、张玉钧、江庆五
27	KSDK—30/30N 矿用隔爆型多功能(可逆)手提式真空起动器	安徽理工大学	张卫国、闫立平、詹林、程文娟、朱忠良、张宣传
28	DLC—2100 电力线多址数字通信机	安徽中科大鲁能集成科技有限公司	易波、王茁、赵庆忠
29	YC—2000 颗粒物 CEMS 烟尘排放连续监测系统	蚌埠市环境科学研究所	张强、马骥、赵辉、陈国昌、王昕、刘凤成、王红君、周清祥
30	安徽农网建设与应用	安徽省气象局	刘志澄、孙键、刘月成、章晓今、吕刚、翟宇波、苗开超、万小明
31	海关物流自动检查成套装备	合肥恒大自动化控制系统有限责任公司	朱庆龙、姚维法、杨勇、单丽、吴彬、李贤城、何蔚然、陶翔
32	EI—2000 系列智能火灾报警系统	蚌埠依爱消防电子有限责任公司、中国电子科技集团公司第四十一研究所	方葛丰、石险峰、孙立新、单夫来、冯勇、向前、孙峻岭、方荣
33	大中型泵站(群)综合自动化系统	合肥三立自动化工程有限公司、水利部淮河水利委员会规划设计研究院、中国科学技术大学	李兵、方国材、任传胜、万隆、杨泉、董亚林、吴红星、陈凯明
34	乳化炸药全连续生产系统	煤炭科学研究总院爆破技术研究所	徐天桂、朱延杰、杨民刚、王胜震、周广来、黄学会、姚晓虎、张少波
35	C41 高强高模聚乙烯醇纤维	安徽大维新材有限责任公司、皖维高新材料股份有限责任公司、皖维集团有限责任公司	陈信生、李康荣、李泰、陈晓明、高申宝、高祖安、王光钊、盛炜临
36	噻吩磺隆原药合成	安徽丰乐农化有限责任公司	王春生、赵邦斌、何普泉、赵国平、李文、王传品、吴永虎、俞远凯
37	超细旦丙纶浅覆盖新型织物的开发及其湿舒适研究	安徽工程科技学院	汪学骞、宋远丁、毕松梅、侯大寅、黄小华、陶庭先、吴之传、金世伟

续表 4-6-17

序号	项目名称	完成单位	完成人
38	架空输电线路大跨越工程特殊施工工艺研究及应用	安徽送变电工程公司	宫阿龙、薛慧君、殷传仪、黄成云、罗义华、金志芳、付必虎、杨春
39	安徽电网火电机组一次调频应用及性能优化研究	安徽省电力试验研究所、安徽省电力调度通信中心、安徽省电力公司发输电部	凌默依、陈实、赵田新、陈胜利、刘一福、陈自年、杜晓峰、许渊源
40	桥梁波型伸缩缝推广与应用	安徽省高速公路总公司、安徽省科达技术开发有限公司	屠筱北、孙江、黄学文、梁昌保、吴钧枢、程中则、杨冬林、扈惠敏
41	冻胀力控制与释放技术应用研究	中煤特殊工程公司、安徽理工大学	王继献、程桦、曹化春、陆卫国、马进、成中海、姚直书、张景钰
42	靶位注射胶原酶治疗腰椎间盘突出症的研究	安徽医科大学	陈家骅、汤健、查日俊、陈士寿、李元海、张健、郑穗生、吴蓉蓉
43	前侧方颅底手术入路临床应用研究	安徽医科大学第一附属医院	万经海、李长元、冯春国、李汉杰、王晓健、王卫红、赵兵、李志范
44	喉环上部分切除带蒂软骨膜环构连接声门重建术临床研究	蚌埠医学院	于锋、韩跃峰、董玉礼、祖志将、詹晓东、舒继红、马士崟、王文忠
45	免疫性血管受损在肝癌自发性破裂中的作用机理	安徽医科大学	朱立新、耿小平、范上达
46	组合矩阵论研究	中国科学技术大学	李炯生、张晓东、侯耀平、潘永亮、尹建华

2003 年度安徽省科技进步一、二等奖获奖项目一览表

表 4-6-18

序号	项目名称	完成单位	完成人
1	重大科技成就奖	三联事故预防研究所	金会庆
2	重大科技成就奖	安徽安科生物工程(集团)股份有限公司	宋礼华
3	奇瑞 SQR7160 系列轿车	奇瑞汽车有限公司	尹同耀、陆建辉、鲁付俊、冯武堂、高立新、裴敬松、赵根宝、李甜韵

续表 4–6–18

序号	项目名称	完成单位	完成人
4	在用重要压力容器与管道安全诊断与爆炸监控	合肥通用机械研究所、浙江工业大学、南京工业大学、浙江大学、华东理工大学、大连西太平洋石油化工有限公司、中石化高桥分公司、中石化安庆分公司	陈学东、陈钢、杨铁成、关卫和、高增梁、周昌玉、蒋家羚、曹纪春、袁榕、李培宁
5	牛羊胚胎工程产业技术研究	安徽农业大学、安徽博大动物胚胎工程有限公司、安徽省畜禽品种改良站、合肥市畜牧水产局、合肥博大牧业科技开发有限责任公司	章孝荣、马保华、刘亚、陈宏权、丁建平、琚书存、吴宓、钱东方、李赛明、章美玲
6	优质杂交油菜新品种皖油 14 选育及应用研究	安徽省农业科学院作物研究所	陈凤祥、胡宝成、李强生、夏英萍、吴新杰、侯树敏、费维新、孔琦、季昌好、李成
7	高效异型坯连铸技术的开发与应用	马钢股份有限公司、安徽工业大学	施雄梁、王建军、杜松林、周俐、孙维、王雪松、李建中、黄社清、苏顺德、汪开忠
8	极易离层破碎型煤巷围岩预应力控制理论研究及工程应用	淮南矿业（集团）有限责任公司、淮北矿业(集团)有限责任公司、中国矿业大学、合肥煤炭研究所、沈阳煤炭科学研究所	袁亮、张农、赵奇、李佩全、葛春贵、李伟、方良才、倪建明、张士环、何炳银
9	直升机载合成孔径雷达系统	中国电子科技集团公司第 38 研究所	吴曼青、王燕宇、葛家龙、鲁加国、方志红、邓海涛、王若谷、杨志谦、陈仁元、张长耀
10	安庆 ITS 示范工程	安徽省公安厅交通警察总队、安徽省安庆市交通警察支队、无锡华通智能交通技术开发有限公司、安徽科力信息产业有限责任公司	陈明祥、殷伟、吴坚、陈琦、石常林、姜安、王家捷、开庆生、徐向建、马辛歆
11	农业智能系统技术体系研究与平台研发及其应用	中国科学院合肥物质科学研究院（中国科学院合肥智能机械研究所）	熊范纶、王儒敬、张俊业、李文卿、宋良图、严洪华、胡海瀛、李雁、康南生、黄兴文
12	3 万吨 / 年正丁烯直接水合生产甲乙酮成套工艺技术	东华工程科技股份有限公司、安徽东华工程技术有限公司	郭勇义、章黎、刘吉祥、张泰松、孟永祥、陈曙光、盛巍巍、曹健、江家贵、秦世雯

续表 4-6-18

序号	项目名称	完成单位	完成人
13	光伏 / 风能发电控制逆变系统	合肥阳光电源有限公司	曹仁贤、郑桂标、李晓梅、陶高周、张友权、黄学飞、夏杰、牛孝先、谭军、方向军
14	盖挖顺筑法修建地铁车站和富水软弱地层浅埋大跨度群洞隧道施工技术研究	中铁四局集团有限公司、中铁四局集团第五工程有限公司、中铁四局集团设计研究院、西南交通大学、铁道第四勘测设计院	周振强、仝学让、吴西连、高波、薛模美、袁广龙、甘百先、毛松如、吴成福、王福林
15	复杂化学体系中重要非线性问题的研究	中国科技大学	辛厚文、侯中怀
16	箱体类铸铁件 EPC–V 法铸造关键技术研究及产业化	合肥工业大学、安徽合力股份有限公司合肥铸锻厂	周杰、解明国、曾庆梅、吴来发、刘兰俊、何世涛、余雷、徐铮铮
17	J1.6 型轴流式燃气仪表	安徽省石台县煤气仪表总厂、安徽省石台县鸿凌机电仪表工贸有限公司	林路生、杨文阁、李险峰、周尔康、舒卫、潘木生、舒仁恕、陈华
18	YB 系列氮爆式液压锤	马鞍山市惊天液压机械制造有限公司、安徽工业大学	罗铭、岑予皖、杨襄璧、张太生、孟宪三、潘紫微、章一明、周宗玉
19	增效硼肥的研究与应用	安徽省土壤肥料总站	赵建勋、田杰、钱晓华、余忠、吴义鸿、程炎炎、胡荣根、邱宁宁
20	安徽省现代林业生态工程建设研究	安徽省造林经营总站、安徽省林学会、中德合作安徽长防林项目办公室、安徽省林业调查规划院、安徽省林业科学研究所	程鹏、黄荣来、傅军、邱辉、汪树生、桑和会、林高兴、李滨
21	安徽省淮北平原大沟蓄水与农田水资源调控技术研究	安徽省·水利部淮委水利科学研究院、水资源与水电工程科学国家重点实验室、安徽省水利厅农水处、蚌埠市水利局	王友贞、汤广民、赵献贵、葛贻华、王修贵、李金冰、朱友法、吴平
22	家蚕品种选育新技术及应用研究	安徽省农业科学院蚕桑研究所	李圣、孙家羿、黄德辉、杜经元、李庆宝、陈仕才、李世玉、叶慈龙
23	苹果引种选优与优质丰产技术研究	宿州市园艺站、宿州市农业引智办、高滩村民委员会、砀山县水果办公室、萧县农业委员会	张振传、马述松、马虹、尤计富、袁红、李正伟、高贤成、张学堂

续表 4-6-18

序号	项目名称	完成单位	完成人
24	焦炉自动加热优化串级控制系统	安徽工业大学、马钢股份有限公司煤焦化公司	郑明东、宁方青、杨建华、严文福、彭宗胜、姚昭章、王水明、夏鹏飞
25	干熄焦装置接运红焦技术及设备研制	马钢股份有限公司、马鞍山市双益机械制造有限公司、安徽工业大学华冶自动化工程公司	周亚平、佘世云、汪德才、古述波、王传进、余斌、姜鹏、岳月发
26	精密电子铜带 C5210、C7521 产品研制项目	安徽鑫科新材料股份有限公司	谢有红、吴忠宽、王永生、胡兆奇、宣夕文、李俊东、甘培保、倪传峰
27	三维三分量地震勘探技术在煤矿勘探中的应用研究	安徽煤田地质局物探测量队、中科院地质与地球物理研究所	高远、王赟、张清华、刘海忠、王辉、陈昌武、陆大华、李红
28	淮北矿区煤系高岭土规模化开采技术研究	淮北矿业(集团)有限责任公司、安徽理工大学	李伟、程桦、王世森、姚直书、孟德君、程真富、吕渊、夏红兵
29	488 米深厚表土冻结技术研究与应用	中煤特殊工程公司	张亚光、赵怀固、赵时运、郭圣昷、林稚华、马进、单兴华、成中海
30	急倾斜煤层巷道锚网索支护技术研究	国投新集能源股份有限公司、安徽理工大学	刘谊、谢广祥、郑高升、查文华、于孝礼、罗勇、戈立言、杨科
31	红外在线测温系统	合肥金星机电应用技术研究所	吴华峰、吴永生、刘红平、徐勇、刘磬宇、王甫明、于福生
32	面向对象的雷达目标特征信号分布式可视化虚拟现实技术	安徽大学电子工程与信息科学系	吴先良、李民权、吴萍、赵瑾、陈东方、宁涣生、王新、杨勇
33	公安应急指挥系统成套技术与设备	安徽三联科技股份有限公司、安徽省芜湖市公安局	金会庆、徐海军、李湖生、王何箭、李秀胜、盛虎、杜勇、尹林枫
34	安徽省资源环境遥感动态信息服务体系研究	安徽省发展计划委员会 GIS 中心、中国科学技术大学信息处理中心、安徽省土地勘测规划院、中国科学院地理信息产业发展中心	王善秀、马众模、刘政凯、张万奇、徐振宇、蒋旭东、俞能海、娄径

续表 4-6-18

序号	项目名称	完成单位	完成人
35	中鼎密封件有限公司 ERP 系统	中鼎密封件有限公司	夏鼎湖、马小鹏、李科伍、汪莉、丁仕辉、余力、赵清林、夏滨滨
36	苯磺隆原药合成	安徽丰乐农化有限责任公司	赵邦斌、何普泉、吴永虎、陈德胜、李文、林昌志、俞远凯、葛茂清
37	DCC 重汽油常规剂补油控温加氢脱硫技术及应用	中国石油化工股份有限公司安庆分公司	祝良富、余夕志、宋金文、汪道明、杨瑞林、汪文强、黄晓华、陈俊杰
38	DW-HL328、DW-HW328、DW-ML328、DW-MW32 型超低温 -023 冷冻储存箱	中科美菱低温科技有限责任公司	李佐、吴剑峰、胡效宗、公茂琼、葛家斌、蔡昊然、罗二仓、庄宁国
39	圈圈绒生产技术研发	安徽鸿润(集团)股份有限公司、中国畜产品加工研究会	夏吉国、王敦洲、杜功龙、王桂和、施学龙、朱丹
40	基于数据挖掘技术的电力负荷预测系统	安徽电力调度通信中心	朱六璋、胡世骏、林航、袁林、陈实、李东明、陈中元、黄建纲
41	电力变压器故障树的建立与分析	安徽省电力试验研究所、清华大学电机工程与应用电子技术系	王刘芳、高文胜、李伟、余国钢、刘娜、盛明
42	水下岩塞爆破新技术的研究	安徽省水利水电勘测设计院、安徽省响洪甸水电站	陈文、冯立孝、陈景富、吴存荣、王冲、康建、檀少彬、陈金干
43	完全混合水解酸化预处理工艺提高城市污水处理效率研究	安徽建筑工业学院、合肥市琥珀山庄污水处理厂	黄显怀、刘绍根、杨卫国、房霞、赵峰、黄明、王坤、王健
44	淮河铁路特大桥多跨钢梁浮拖及深水基础施工技术	中铁四局集团第二工程有限公司	李学民、许强、胡广森、赵飞、郭立君、张峰、张万虎、马大顺
45	磁共振灌注成像在脑肿瘤的实验与系列临床应用研究	安徽医科大学	余永强、钱银锋、郑斐群、张诚、柏亚、陈骏、吴津民、李旋
46	影像导向立体定向开颅术临床应用研究	安徽省立医院、安徽省立体定向神经外科研究所	傅先明、汪业汉、魏祥品、魏建军、凌至培、凌士营、牛朝诗、成良正
47	败血症的致病菌和临床研究	安徽医科大学	余鑫之、李家斌、徐元宏、李旭、周仲松、叶英、尹华发、熊自忠

续表 4-6-18

序号	项目名称	完成单位	完成人
48	经皮冠状动脉血运重建术在急性心肌梗死中的应用研究	安徽省立医院、安徽省心血管病研究所	马礼坤、余华、褚俊、冯克福、丁晓梅、严激、王家森、顾统元
49	基于商空间的粒度计算理论和应用	安徽大学、清华大学智能与系统国家重点实验室	张铃、张钹、张燕平
50	半导体光电功能材料磷化铟、氮化镓和氧化锌的特性研究	中国科技大学	许小亮、赵有文、施朝淑
51	原子分子的高能量分辨快电子碰撞谱学研究	中国科技大学	徐克尊、陈向军、朱林繁、钟志萍
52	基于知识发现与定性推理的智能决策支持系统研究	合肥工业大学	杨善林、周永务、刘心报、黄梯云、朱卫东、梁昌勇、任明仑、马溪骏
53	多维力传感器动态特性研究	合肥工业大学	徐科军、李成、张颖、江敦明、朱志能、贾林、殷铭
54	发输电组合电力系统可靠性理论研究	合肥工业大学	丁明、李生虎、吴红斌、汪兴强、王敏、孙鸣、张晓艳

2005 年度安徽省科技进步一、二等奖获奖项目一览表

表 4-6-19

序号	项目名称	完成单位	完成人
1	重大科技成就奖	中国科学技术大学	范维澄
2	奇瑞 7080/7110 系列轿车	奇瑞汽车有限公司	李立忠、鲁付俊、冯建权、高立新、高新华、裴劲松、冯武堂、赵根宝、金忠恩、金德全
3	汽车空调整车降温及环境模拟仿真系统	合肥通用机械研究院、合肥通用环境控制技术有限责任公司	樊高定、史敏、田旭东、张秀平、滕琴、陈启明、孙云、周新、王溢芳、孔晓鸣
4	汽车传动系制造关键技术及装备	合肥工业大学、安徽江淮汽车集团有限公司、安徽安凯汽车股份有限公司	林巨广、刘志峰、王健强、周仁淦、马振飞、吴向阳、袁德功、陈修玉、杨韶明、任永强
5	高瓦斯“三软”厚煤层倾斜长壁大采高综采工作面高产高效综合技术研究	淮南矿业（集团）有限责任公司、沈阳煤炭科学研究所、安徽理工大学、煤炭科学研究总院抚顺分院	谢广祥、袁亮、曹树祥、王秀河、李佩全、陈大力、刘立良、孙栎杰、华心祝、张占存

续表 4-6-19

序号	项目名称	完成单位	完成人
6	刘庄煤矿冻、注、凿主动三平行快速建井技术的研究与应用	国投新集能源股份有限公司	刘谊、郑高升、梁袁、赵时运、周兴旺、李功洲、潘怀南、赵世晨、张斗群、赵久良
7	金属液综合性能在线智能检测系统	合肥工业大学	杨善林、凌骥生、褚伟、任明仑、左春荣、梁昌勇、左闯、刘业政、蒋翠清、李兴国
8	CRI2002 企业铁路智能运输调度综合信息平台	合肥工大高科信息技术有限责任公司、合肥工业大学、上海梅山钢铁股份有限公司、优能通信科技(杭州)有限公司	魏臻、陆阳、陆建民、韩江洪、陈焕明、程运安、陆长荣、鲍红杰、程磊、诸葛战斌
9	淮南矿区特厚表土层冻结法凿井关键技术研究及其应用	淮南矿业(集团)有限责任公司、安徽理工大学、煤炭工业部济南设计研究院、安徽建筑工业学院	程桦、袁亮、唐永志、何芳现、刘树彪、姚直书、徐华生、荣传新、张平、汪仁和
10	基于线性光学器件的量子通讯与量子计算	中国科学技术大学	潘建伟、杨涛、赵志、陈增兵、郁司夏
11	虫草和近缘属及其无性型的物种多样性和遗传多样性的研究	安徽农业大学	李增智、樊美珍、黄勃、王成树、李春如、王四宝、王滨、丁德贵、韩宝瑜、彭凡
12	大型多股流缠绕管式换热器的研制	合肥通用机械研究院、镇海炼化检修安装公司、中国石化镇海炼油化工股份有限公司、中国石油天然气股份有限公司宁夏石化分公司	陈永东、张贤安、王健良、邵建雄、李永泰、王建军、侯洪文、陈硕
13	新型爪极发电机	合肥工业大学、安徽京鼎自动化工程有限公司	王群京、朱卫国、李国丽、倪有源、范家云、姜卫东、鲍晓华、李争
14	HFC1083KR1 轻型载货汽车	安徽江淮汽车股份有限公司	任国清、吕木松、王五春、孙光仙、贾美霞、王宜海、王亮、崔庆贤
15	青虾良种选育与高效技术开发	安徽省农业科学院水产研究所	丁凤琴、何吉祥、宋光同、汪翔、李海洋、方新华、管远亮、崔凯
16	优质多抗西瓜专用型品种选育与产业化研究	安徽省农业科学院园艺所、安徽省种子总公司	张其安、汪社宽、方凌、李名旺、董言香、徐义流、丁建成、姚小凤

续表 4-6-19

序号	项目名称	完成单位	完成人
17	农业中硫及硫肥推广应用研究	安徽农业大学	张继榛、马友华、章力干、张多姝、胡芹远、刘晓玲、胡荣根、陈伟
18	安徽省森林生态网络体系建设研究	安徽农业大学、中国林业科学研究院、安徽省林业厅	彭镇华、李宏开、王文、程鹏、黄成林、唐丽影、刘桂华、张旭东
19	直线补给边界基坑降水渗流分析新方法研究及应用	安徽省·水利部淮河水利委员会水利科学研究院、水利部淮河水利委员会治淮工程建设管理局	葛孝椿、陈光临、张立争、吕列民、周山、李卫东、赵殿信、胡荣庆
20	烟气分析动态控制炼钢技术在长寿复吹转炉中的开发研究与应用	马鞍山钢铁股份有限公司	施雄木梁、汤曙光、沈昶、陆军、刘国平、刘玉兰、严华、吴明
21	底板突水动态机理的结构模型分析及预测预报系统研究	皖北煤电集团公司、山东科技大学、皖北煤电集团公司刘桥一矿	吴玉华、张文泉、董昌伟、赵开全、蔡东红、张红日、徐冰寒、李白英
22	可调谐红外激光差分吸收汽车尾气道边监测系统	中国科学院安徽光学精密机械研究所	刘文清、张玉钧、刘建国、陆亦怀、齐锋、魏庆农、涂兴华、谢品华
23	电容器用铝锌渐变方阻金属化聚丙烯薄膜	安徽铜峰电子股份有限公司	王晨、王勇、周慧宁、陈静、石兆峰、朱永伦、付强、武涛
24	硬盘高清电视播放机	安徽现代电视技术有限公司	姜万勐、徐炼鸿、吴延师、李晟伟、汪大勇、高斌
25	全数字智能交流调速卷绕系统	安徽工程科技学院、安徽鑫龙电器股份有限公司	陈其工、江明、凌有铸、陈跃东、瞿成明、陈进
26	HN-2000 电气自动化监控系统	合肥合能电气有限责任公司	徐良、程云生、王海东、袁子建、单立辉、常厚喜、龙昱、戴志峰
27	20000 吨 / 年微悬浮种子法(MSP—3)聚氯乙烯糊树脂国产化	安徽氯碱化工集团有限责任公司	周杰、彭立煌、吴照和、王国用、詹闻韶、李锋、陈明伟、虞群峰
28	氰戊菊酯、乙草胺水乳剂产业化开发	安徽省化工研究院	温家钧、王飞、戴权、刘勤冬、杨耀武、凌进、秦岭、卜训武
29	苎麻竹纤维高档功能性面料研究	安徽工程科技学院、铜陵华源麻业有限公司	许德生、刘亚平、李长龙、闫琳、祝志峰、刘儒初、张朝辉

续表 4-6-19

序号	项目名称	完成单位	完成人
30	香瓜子标准化生产工艺的研究	合肥华泰食品有限责任公司	陈先保、宋忠、胡安平、权娅明、李春保、李海勤、孙美、邢露
31	电网输电阻塞调度的理论研究及辅助决策支持系统开发	安徽省电力公司、华北电力大学	曾鸣、孙昕、栾凤奎、关守仲、陈中元、刘万福、葛斐、童明光
32	基于多智能体协调的电网自动电压控制系统	安徽电力调度通信中心	李端超、叶礼广、关守仲、陈实、江山立、吴迪、董瑞、程栩
33	干法脱硫除尘一体化技术与装备的研究	合肥水泥研究设计院、安徽盛运机械股份有限公司	吴善淦、沈玉祥、余学飞、开晓胜、吴刚、穆璐莹、胡凌云、潘岚松
34	银杏叶活性成分高纯分离及应用	合肥工业大学、中国药品生物制品检定所、合肥拓峰生物工程有限责任公司	潘见、林瑞超、袁传勋、刘燕、谢慧明、鲁静、张文成、胡学桥
35	系统性红斑狼疮的基础与临床系列研究	安徽省立医院	李向培、厉小梅、汪国生、吴竞生、叶冬青、陈家萍、张宏、钱龙
36	超声新方法、指标综合评价心脏收缩、舒张功能系列研究	解放军第 105 医院	章仁品、田瑞霞、罗福成、连娟、陈训
37	神经导航系统的临床应用研究	安徽省立医院、安徽省立体定向神经外科研究所	傅先明、姜晓峰、汪业汉、魏祥品、牛朝诗、凌至培、魏建军、凌士营
38	多发性家族性毛发上皮瘤致病基因的确定	安徽医科大学、国家人类基因组南方研究中心	张学军、黄薇、杨森、梁燕华、高敏、何平平、王红艳、陈建军
39	生物大分子发光探针的研究与应用	安徽师范大学	王伦、汪乐余、高峰、李永新
40	环境友好介质中金属促进或催化的有机合成反应	淮北煤炭师范学院	王磊、李品华、王敏、晏金灿
41	掺杂聚合物光纤特性和聚合物光纤器件及系统研究	中国科学技术大学	明海、张其锦、谢建平、王沛、马辉、张永生、吴云霞、孙晓红

说明：2004 年度评奖与 2005 年度评奖一起进行

第三节 技术市场与成果交易

1985年,中共中央发布《关于科技体制改革的决定》中明确提出“促进技术成果商品化,开拓技术市场”。技术市场的诞生是社会主义市场经济发展进程中的重大创新之一。安徽省技术市场经历20年的发展和实践,从无到有、从小到大,市场体系初具规模。1989年,省科委会同省工商局、省财政厅、省人民银行联合颁布《安徽省技术市场管理暂行办法》,在全省建立技术合同认定登记制度,各市及部分县科技行政主管部门先后成立技术市场管理机构,并设立技术合同认定登记机构,开展技术合同的认定登记工作。1995年,安徽省第八届人民代表大会常务委员会第十八次会议通过《安徽省技术市场管理条例》,在全省建立较完善的技术市场管理监督体系。20年来,安徽省技术市场合同成交总金额从1989年的3547万元增长到2005年的14.26亿元,技术市场已发展成为科技与经济结合的纽带。

技术市场管理机构 1987年,经省编委批准,在省科委专利处挂牌设立“安徽省技术市场办公室”,负责全省技术市场管理的日常工作。各地、市科委成立相应机构或配备专兼职人员,技术市场管理体系初步形成。当年技术交易额为2696万元。

1989年,在全省建立技术合同认定登记制度,各市及部分县科技行政主管部门先后成立技术市场管理机构,并设立技术合同认定登记机构,开展技术合同的认定登记工作。

1992年4月,国家科委根据国务院批准的《技术合同仲裁机构管理暂行规定》,批准省科委成立安徽省技术合同仲裁委员会,依法行使仲裁权。

1995年10月,省科委设立合肥市科技咨询中心技术合同认定登记点,该登记点由合肥市科委统一管理。

2000年,省科技厅设立成果与技术市场处(省科技保密办公室),主要职能:研究拟定科技成果和技术市场等科技中介服务机构的管理办法、科技成果转化和技术市场管理等政策措施、省级科技奖励政策并组织实施;归口管理全省自然科学科技奖励工作及技术评估、技术经纪、技术市场、信息咨询等中介服务机构,负责高新技术成果及技术合同认定;负责重大科技成果的鉴定(评价)、登记、公报和科技保密工作;制定并组织实施科技成果推广计划;管理高新技术成果转化基金;负责全省技术出口及保密审查,促进科技成果商品化。

技术市场相关的政策法规 1986年12月,省科委、省财政厅、中国人民银行安徽省分行、省工商局联合印发《关于技术转让费收入分配的暂行规定》。

1989年,省科委、省工商局、省财政厅,省人民银行安徽省分行颁布《安徽省技术市场管理暂行办法》,明确规定,技术贸易包括技术开发、技术转让、技术咨询和技术服务等。

1990 年 4 月,省科委印发《安徽省技术合同登记收费暂行规定》,建立健全等级管理制度。15 个地市建立技术市场工作机构,整顿并统一技术市场管理。

1994 年,安徽省人大常委会审议批准颁布《安徽省科技进步条例》,同年,省人大教科文卫委和省科委对全省七个地市宣传、贯彻、执行"科技三法一例"(即"科技进步法""专利法""技术合同法"和"省科技进步条例")情况进行检查。

1995 年 4 月,省地税局、省科委发布《关于技术性收入免征营业税和所得税有关问题的通知》规定:凡从事技术贸易活动取得技术性收入的单位,可持技术合同认定登记机构出具的"安徽省技术合同认定登记证明",向主管地税机关提出免征所得税的申请。

1995 年 8 月,安徽省第八届人民代表大会常务委员会第十八次会议通过《安徽省技术市场管理条例》,并于 1996 年 1 月 1 日起实施。

1999 年 11 月,省委、省政府关于贯彻《中共中央、国务院关于加强技术创新,发展高科技,实现产业化的决定》的意见中明确提出:进一步培育和健全技术市场。运用科技成果交易会等多种形式,加快成果信息的转化交流。将省科技信息网络以及省常设技术市场重大供需信息库等基础设施建设,列入国民经济和社会发展计划,重点抓好、尽快形成覆盖全省的网络。

2001 年 10 月,省科技厅发布修订后的《技术合同认定规则》。

2001 年 12 月,根据《安徽省 1998—2002 年立法规划》,省科技厅起草《安徽省促进科技成果转化条例(草案)》,报请省政府审议。2003 年,《安徽省促进科技成果转化条例》经省人大常委会审议通过,于 2004 年 1 月 1 日正式实施。提出促进科技成果转化工作,应当建立政府扶持和市场引导相结合,有偿与无偿服务相结合,国家促进科技成果转化机构和社会力量相结合的促进科技成果转化机制,促使科技成果尽快用于生产。

2004 年 7 月,安徽省人大常委会颁布修改过的《安徽省技术市场管理条例》,明确管理机构、技术中介机构和技术经纪人之间关系,规范技术交易活动,并对技术市场管理和技术交易工作中做出突出贡献的单位和个人给予奖励。

技术市场　1983 年,安徽省开始开展技术贸易活动,建立一些技术市场和技术咨询服务机构。

1986 年,统计全省地市县建立科研开发机构 37 个,常设技术市场 9 个,科技咨询机构 245 个。

1990 年,全省技术市场初步形成。5 年内累计实现技术合同交易额 32800 万元,从事技术开发、技术转让、技术咨询和服务的机构调整到 100 多家。

1992 年,全省技术合同交易额达 2.7 亿元,比上一年翻了两番,居全国第 11 位。

1994 年 7 月,省科技成果展示交易中心建成并成功举办'94 安徽科技成果展示交易会。

1998年10月,省科委对科技成果及技术需求进行征集,经筛选后通过国际互联网向社会发布。

1999年5月18日,安徽省常设技术市场正式投入运行。常年展示交易项目近300项,入网技术项目近3000项。先后成立安徽省技术经纪人事务所,全国新技术新产品展销中心安徽办事处、安徽全国新技术新产品联销市场,具备一定配套服务功能。

同年,省技术市场先后开通"安徽省技术市场信息服务网""百校百所"科技成果网上交易会网站,开展高新技术成果及技术难题招标活动等网上交易活动。

2000年,省常设技术市场扶持马鞍山、芜湖、铜陵等6个市建立省科技信息网络分中心。

2001年,组建安徽省科技咨询评估中心。为政府宏观管理部门和科技型中小企业提供科技评估与咨询等服务。

2002年,省技术市场组织建设安徽省科技咨询专家库,入库专家3000余位(其中院士14位,博导171位),涉及信息科学、生物学、医学、新材料以及现代农业等三十七个学科。

2002年,省技术市场组织参加"2002中国东西部合作与投资贸易洽谈会""第四届中国国际高新技术成果展示交易会""中国三绿工程博览会" 等三次大型科技成果展示交易会。

2002年12月,省科技厅、省人大教科文卫工委、安徽日报社联合举办的"促进科技成果转化法律法规知识竞赛"活动。

2003年,省技术市场重点构建"两场"(即安徽省常设技术市场、安徽省网上技术市场)、"一中心"(即安徽省科技咨询评估中心)、"三库"(即专家库、项目库、资源库)等基础工作平台。2005年,对网上技术市场门户网站进行全面改版与系统升级,并与安徽中安网、省政府网站进行链接。

2004年, 网上技术市场有345家投融资机构、678家中介服务机构成为网上会员。全年发布企业技术需求项目587项,推荐科技成果2988项。

2004年12月,首次举办科技成果网络视频发布洽谈会。在合肥主会场和宿州及其下辖的灵璧、泗县、砀山、萧县的5个分会场同时举办。

2005年,省技术市场与黄山市黄山区科技局、蚌埠市科技局分别举办两次"科技成果网络视频发布洽谈会"。

2005年11月,省技术市场荣获"全国技术市场工作先进集体"称号。

举办各类科技成果交易会 1994年7月,由省政府主办,省科委承办的"94安徽科技成果展示交易会"在省科技成果展示交易中心开幕。副省长张润霞致开幕词。全省有26个展团,700多个单位参加, 选送的20世纪90年代以后的科技成果1400多项,大多科技成果水平高、经济效益好,具有良好的开发前景。参观人员达2万余人次,交易额达1.55亿元。

1996年6月,安徽省"96(合肥)招商会暨皖港投资与发展研讨会"在合肥召开。来自日本、韩国、新加坡、以色列、德国、法国、意大利、美国等21个国家及中国港、澳、台地区的500余名客商、工商团体代表和部分国家使领馆的官员及省内外各界代表参加会议。省科委负责"科学技术"招商部分。

1997年10月,由国家科委、中国专利局和安徽省人民政府联合主办的"97中国(合肥)专利及科技成果展示交易会"在合肥举办。省委书记卢荣景、省长回良玉、省人大常委会副主任邵明、副省长黄岳中、省政协副主席张润霞、国家科委副主任李学勇、国家知识产权局副局长杨正午和省直有关部门负责人以及全省各行署、市的负责同志出席开幕式。来自全国20多个省市、46所高校、85所科研机构及600多家企业的2000多项技术进行展示和交易。正式合同成交额达4175万元。

2000年11月,华东畜牧业新技术新产品展示交易会在合肥举行,副省长卢家丰、省科技厅厅长唐承沛等出席开幕式。全国20多个省、市、自治区的大专院校、科研院所及高新技术企业100多家单位参展,参展的项目近千项。

2001年,安徽省产学研项目对接交易会在肥举行。此次交易会由省科技厅与中科院合肥分院联合举办,中科院所属9个分院、72个研究所,在皖部分高等学校、科研院所,有关企事业单位、金融、投资机构等参加交易会。交易会展示和发布中科院系统和有关高等学校、科研院所2000项最新科技成果,以及全省企业急需解决的200余项技术需求与技术难题,达成对接意向502项,其中97项已对接成功。省委副书记方兆祥参观交易会高新技术成果展,中科院副院长杨柏龄、省人大常委会副主任王秀智、副省长卢家丰、省政协副主席张润霞、陈心昭、战秋萍等出席交易会开幕式。

2002年6月,皖港(黄山)生物医药科技论坛暨投资洽谈会在黄山举办。来自中国香港、台湾地区和美国等10多个国家及内地近百名投资商参会,共发布302个招商项目,签约项目达到40个,投资额4.06亿元。会议还邀请海内外专家学者,举办15场生物医药和中药发展方面的报告。国家科委原副主任惠永正、省人大常委会副主任苏平凡、副省长卢家丰等出席会议。

组织送科技下乡活动。1997年11月,安徽省送科技下乡第二个活动日在阜南县公桥乡隆重开展。省长助理王明方、省农业厅、安农大、省农科院等单位的工程专家参加。

1999年3月,省科委送科技下乡活动在凤台毛集镇举行。

2005年,全省文化、科技、卫生"三下乡"活动启动仪式暨首场下乡活动在和县举行。

组团参加中国国际高新技术成果交易会　从1999—2005年,连续七年组团参加中国国际高新技术成果交易会,其中:

1999年10月,组团参加第一届中国国际高新技术成果交易会,成交项目达51

项,实际成交额12.12亿元人民币。科技部副部长邓楠向安徽省参展团颁发“优秀成交奖”奖牌。

2000年10月,组团参加第二届中国国际高新技术成果交易会,成交项目86个,成交额比上届增长46%。参展团获得大会组委会颁发的优秀组织奖和成交奖。

2002年10月,组团参加第四届中国国际高新技术成果交易会,成交项目45个,金额近11亿元人民币,并荣获第四届中国国际高新技术交易会“优秀组织奖”和“优秀成交奖”。省科技厅组织科技副县长、省直公益性科研院所考察洽谈团参加本届高交会。

2005年10月,组团参加第七届中国国际高新技术成果交易会,签约项目37项,总金额为5.64亿元人民币。安徽省副省长文海英参加并致辞。

中国东西部合作与投资贸易洽谈会 2000年4月,省科技厅组团参加在西安举行的中国东西部合作与投资贸易洽谈会,投资贸易总成交额达49亿元,创安徽省历次东西部合作与投资贸易洽谈会的最高纪录。

中国杨凌农业高新科技成果博览会 2000年11月,安徽省首次组团参展第七届中国杨凌农业高新科技成果博览会。

中国北京高新技术产业国际周 2001年5月,安徽省代表团参加“第四届中国北京高新技术产业国际周”,安徽省“年产150吨碳纤维布”等7个项目与外商签订合作意向书,签约总投资7098万美元,其中外商投资4186万美元。

中国·合肥高新技术论坛暨项目资本对接会 2001年11月,省科技厅与合肥市人民政府共同举办首届中国·合肥高新技术论坛暨项目资本对接会,签订8亿元的投资合同。

2002年11月,第二届中国·合肥高新技术项目—资本对接会举行,签约资金达59亿多元。

技术经纪人 1997年5月27日,省科委印发关于同意安徽省科技研究开发中心增挂“安徽省技术经纪人事务所”牌子的批复,明确事务所业务范围为“技术经纪人的管理、培训、技术咨询、信息服务、技术人才交流、代办技术贸易服务等。”

1998年7月17日,省科委、省工商局印发关于安徽省技术经纪人培训、考核及资格认定工作有关问题的通知。考试成绩合格者由省科委核发“技术经纪人资格证书”、省工商局颁发“经纪资格证书”。

1998年、1999年,安徽省技术经纪人事务所先后举办三期技术经纪人资格培训班,全省近200人通过考核获得“安徽省技术经纪资格证书”,一支专业技术经纪人队伍初步形成。

技术合同认定登记 技术合同登记的主要职责是依照国家和安徽省有关法律法规,对当事人提交的合同文本和有关材料,从法律和技术上进行审查和认定,对符合规定条件的技术合同给予登记,进行技术合同统计,指导当事人订立和履行技术合同。

1989年，省科委、省工商局、省财政厅、省人民银行印发《安徽省技术市场管理暂行办法》《安徽省技术合同登记收费暂行规定》。

1989年11月22日，省科委、省工商局、省税务局、省人民银行联合印发《关于启用“安徽省技术合同登记专用章（登记点）”和“安徽省技术合同登记统一凭证”的通知》，在全省范围内实行技术合同登记制度，技术合同经认定并登记后，当事人方可凭技术合同登记机构出具的凭证，向有关专业银行申请科技贷款，向税务机关申请减免税。

1995年4月24日，省科委、省地税局出台“关于技术性收入免征营业税和所得税有关问题的通知”。2001年10月17日，省科技厅发布重新修订后的《技术合同认定规则》。推荐使用《技术合同示范文本》。

1986年安徽省各类技术合同签订及执行情况统计表

表4-6-20

	合同数（项）		合同金额（元）		实现金额（万元）	
	合 计	其中：合同金额明确的	合 计	其中：技术交易额	合 计	其中：技术交易额
合 计	1528	1405	30566875	21227524	20018	1142
研究、开发合同	479	460	17109808	9737312	10594	965
其中：项目承包	222	220	11799949	6582062	8104	1080
技术入股	36	32	705750	419750	402	885
技术转让合同	410	330	6173644	5713299	4734	965
其中：技术入股	9	6	108320	48320	72	1370
技术服务合同	639	615	7283423	5776913	4690	2445
涉外技术合同	8	0	0	0	0	8852

1988年安徽省各类技术合同签订及执行情况统计表

表4-6-21

	合同数（项）		合同金额（元）		实现金额（万元）	
	合 计	其中：合同金额明确的	合 计	其中：技术交易额	合 计	其中：技术交易额
合 计	491	305	1698.37	1100.96	1355.77	919.88
研究、开发合同	33	24	221.56	65.26	62.08	57.82

续表 4-6-21

	合同数(项)		合同金额(元)		实现金额(万元)	
	合 计	其中：合同金额明确的	合 计	其中：技术交易额	合 计	其中：技术交易额
其中:项目承包	7	4	115.23	9.35	9.35	4.71
技术入股	1		1.05	0.63	0.63	0.63
技术转让合同	185	56	919.79	515.23	515.23	455.84
其中:技术入股	6	3	79.5	4.5	79.3	4.3
技术服务合同	273	225	557.03	520.41	436.05	406.21
涉外技术合同						

1989 年安徽省各类技术合同签订及执行情况统计表

表 4-6-22

	合同数(项)		合同金额(元)		实现金额(万元)	
	合 计	其中：合同金额明确的	合 计	其中：技术交易额	合 计	其中：技术交易额
合 计	1219	1110	35473671	17609469	14605102	94776772
研究、开发合同	395	378	7370662	63177377	2265616	206004
其中:项目承包						
技术入股						
技术转让合同	270	235	7769220	3995520	498504	290532
其中:技术入股						
技术服务合同	547	491	20161689	72296023	72829563	44483273
涉外技术合同	7	6	172110	64610	7149	6399

1990 年 12 月 21 日至 1991 年 12 月 20 日安徽省各类技术合同签定及执行情况统计表

表 4–6–23

		合同数	合同金额(元)		实现金额(元)	
		合 计	合 计	其中技术交易额	合 计	其中技术交易额
合 同 类 别	编号	10	20	21	30	31
合 计	G0	1492	6996.9	4665.78	3706.22	2625.13
技术开发合同	G1	287	2252.08	1183.44	1272.82	700.15
技术转让合同	G2	263	1371.07	1176.34	914.86	802.61
技术咨询合同	G3	156	497.39	451.34	294.19	263.39
技术服务合同	G4	786	2876.36	1854.66	1230.35	864.98

1991 年 12 月 21 日至 1992 年 12 月 20 日安徽省各类技术合同签定及执行情况统计表

表 4–6–24

		合同数	合同金额(元)		实现金额(元)	
		合 计	合 计	其中技术交易额	合 计	其中技术交易额
合 同 类 别	编号	10	20	21	30	31
合 计	G0	1530	27635.95	8495.87	14845.91	4753.21
技术开发合同	G1	343	3022.32	1956.03	1670.04	965.57
技术转让合同	G2	453	4249.76	2105.62	2562.28	1351.86
技术咨询合同	G3	154	393.51	329.01	262.34	236.21
技术服务合同	G4	580	19970.36	4105.21	10351.45	2199.57

1992年12月21日至1993年12月20日安徽省各类技术合同签定及执行情况统计表

表4–6–25

		合同数	合同金额(元)		实现金额(元)	
		合 计	合 计	其中技术交易额	合 计	其中技术交易额
合同类别	编号	10	20	21	30	31
合 计	G0	1246	16608.38	7227.6	8893.7	4619.68
技术开发合同	G1	253	4657.09	1448.02	2559.64	868.02
技术转让合同	G2	161	1366.15	1206.65	1028.46	894.76
技术咨询合同	G3	130	303.89	293.19	226.85	215.75
技术服务合同	G4	702	10281.25	4279.74	5078.75	2641.15

1993年12月21日至1994年12月20日安徽省各类技术合同签定及执行情况统计表

表4–6–26

		合同数	合同金额(元)		实现金额(元)	
		合 计	合 计	其中技术交易额	合 计	其中技术交易额
合同类别	编号	10	20	21	30	31
合 计	G0	518	11531.15	4664.16	5178.08	2625.13
技术开发合同	G1	93	2543.69	710.91	713.50	700.15
技术转让合同	G2	156	3737.45	1823.20	1848.03	802.61
技术咨询合同	G3	17	78.70	77.50	62.30	263.39
技术服务合同	G4	252	5171.31	2052.55	2554.25	864.98

1994 年 12 月 21 日至 1995 年 12 月 20 日安徽省各类技术合同签定及执行情况统计表

表 4-6-27

		合同数	合同金额(元)		实现金额(元)	
		合 计	合 计	其中技术交易额	合 计	其中技术交易额
合同类别	编号	10	20	21	30	31
合 计	G0	1606	21852.61	12551.36	14033.84	7718.69
技术开发合同	G1	244	7955.64	2908.28	5059.45	2064.9
技术转让合同	G2	261	3804.18	2913.29	2573.85	1806.66
技术咨询合同	G3	261	607.61	456.53	510.89	405.4
技术服务合同	G4	840	9485.18	6273.06	5889.65	3441.73

1995 年 12 月 21 日至 1996 年 12 月 20 日安徽省各类技术合同签定及执行情况统计表

表 4-6-28

		合同数	合同金额(元)		实现金额(元)	
		合 计	合 计	其中技术交易额	合 计	其中技术交易额
合同类别	编号	10	20	21	30	31
合 计	G0	1215	24904.15	13816.22	18116.25	10232.97
技术开发合同	G1	215	7737.92	3409.62	3876.63	1673.27
技术转让合同	G2	269	11434.79	6223.16	8876.31	5634.66
技术咨询合同	G3	256	734.78	733.48	682.84	681.54
技术服务合同	G4	475	4996.66	3449.96	2856.27	2243.50

1996 年 12 月 21 日至 1997 年 12 月 20 日安徽省各类技术合同签定及执行情况统计表

表 4-6-29

		合同数	合同金额(元)		实现金额(元)	
		合 计	合 计	其中技术交易额	合 计	其中技术交易额
合同类别	编号	10	20	21	30	31
合 计	G0	1472	29584.86	17756.65	23855.16	14545.53
技术开发合同	G1	188	4849.81	2354.26	4077.88	1899.05
技术转让合同	G2	295	14983.37	9079.5	12402.13	7634.19
技术咨询合同	G3	176	610.61	589.02	452.77	441.47
技术服务合同	G4	813	9141.07	5733.87	6922.38	4570.82

1997 年 12 月 21 日至 1998 年 12 月 20 日安徽省各类技术合同签定及执行情况统计表

表 4-6-30

		合同数	合同金额(元)		实现金额(元)	
		合 计	合 计	其中技术交易额	合 计	其中技术交易额
合同类别	编号	10	20	21	30	31
合 计	G0	2529	39544.56	30500.62	28204.02	22493.02
技术开发合同	G1	476	13424.87	8565.12	9612.92	5939.73
技术转让合同	G2	780	16794.53	14759.84	12099.89	11168.15
技术咨询合同	G3	240	1805.37	1534.51	771.31	749.31
技术服务合同	G4	1033	7519.79	5641.15	5757.90	4673.83

1998 年 12 月 21 日至 1999 年 12 月 20 日安徽省各类技术合同签定及执行情况统计表

表 4-6-31

		合同数	合同金额(元)		实现金额(元)	
		合 计	合 计	其中技术交易额	合 计	其中技术交易额
合 同 类 别	编号	10	20	21	30	31
合 计	G0	2794	48626.38	35,351.27	0	0
技术开发合同	G1	564	16634.20	13,120.81	0	0
技术转让合同	G2	546	17258.37	12,144.29	0	0
技术咨询合同	G3	502	1655.53	1,206.84	0	0
技术服务合同	G4	1182	13078.28	8,879.33	0	0

1999 年 12 月 21 日至 2000 年 12 月 20 日安徽省各类技术合同签定及执行情况统计表

表 4-6-32

		合同数	合同金额(元)		实现金额(元)	
		合 计	合 计	其中技术交易额	合 计	其中技术交易额
合 同 类 别	编号	10	20	21	30	31
合 计	G0	3184	61011.87	48,270.65	0	0
技术开发合同	G1	861	25346.54	18,978.98	0	0
技术转让合同	G2	713	20271.68	17,533.91	0	0
技术咨询合同	G3	580	3262.88	2,532.09	0	0
技术服务合同	G4	1030	12130.77	9,225.67	0	0

2000年12月21日至2001年12月20日安徽省各类技术合同签定及执行情况统计表

表4-6-33

		合同数	合同金额(元)		实现金额(元)	
		合 计	合 计	其中技术交易额	合 计	其中技术交易额
合同类别	编号	10	20	21	30	31
合 计	G0	4034	64144.38	48418.38	0	0
技术开发合同	G1	950	23611.81	16852.62	0	0
技术转让合同	G2	587	27677.57	19930.9	0	0
技术咨询合同	G3	818	3616.59	2806.75	0	0
技术服务合同	G4	1679	9238.67	8828.11	0	0

2001年12月21日至2002年12月20日安徽省各类技术合同签定及执行情况统计表

表4-6-34

		合同数	合同金额(元)		实现金额(元)	
		合 计	合 计	其中技术交易额	合 计	其中技术交易额
合同类别	编号	10	20	21	30	31
合 计	G0	3599	75422.56	64418.9	0	0
技术开发合同	G1	920	32006.72	25897.19	0	0
技术转让合同	G2	479	22038.37	19809.8	0	0
技术咨询合同	G3	859	8742.89	6559.28	0	0
技术服务合同	G4	1341	12634.58	12152.63	0	0

2002 年 12 月 21 日至 2003 年 12 月 20 日安徽省各类技术合同签定及执行情况统计表

表 4-6-35

		合同数	合同金额(元)		实现金额(元)	
		合 计	合 计	其中技术交易额	合 计	其中技术交易额
合 同 类 别	编号	10	20	21	30	31
合 计	G0	4082	87959.58	80319.01	0	0
技术开发合同	G1	1064	34602.49	29794.32	0	0
技术转让合同	G2	584	29504.82	27161.11	0	0
技术咨询合同	G3	942	5871.14	5844.14	0	0
技术服务合同	G4	1492	17981.13	17519.44	0	0

2003 年 12 月 21 日至 2004 年 12 月 20 日安徽省各类技术合同签定及执行情况统计表

表 4-6-36

		合同数	合同金额(元)		实现金额(元)	
		合 计	合 计	其中技术交易额	合 计	其中技术交易额
合 同 类 别	编号	10	20	21	30	31
合 计	G0	4092	90674.7	79860.99	0	0
技术开发合同	G1	1123	41006.14	33517.29	0	0
技术转让合同	G2	465	17499.38	15316.18	0	0
技术咨询合同	G3	977	8564.44	8301.14	0	0
技术服务合同	G4	1527	23604.74	22726.38	0	0

2004 年 12 月 21 日至 2005 年 12 月 20 日安徽省各类技术合同签定及执行情况统计表

表 4–6–37

		合同数	合同金额(元)		实现金额(元)	
		合 计	合 计	其中技术交易额	合 计	其中技术交易额
合 同 类 别	编号	10	20	21	30	31
合 计	G0	5113	142553.09	129058.77	0	0
技术开发合同	G1	1387	61718.71	52774.27	0	0
技术转让合同	G2	509	20594.95	18186.05	0	0
技术咨询合同	G3	1321	15472.17	15377.06	0	0
技术服务合同	G4	1896	44767.26	42721.39	0	0

第七章　科技合作与交流

第一节　国际科技合作与交流

主要合作与交流活动　1986—2005 年，安徽省科技外事口派出参加各类国际会议,计 520 个团组,1069 人次;派出考察访问、参加科技展览、培训、项目洽谈和科技交流与合作等活动,计 514 个团组,2158 人次。邀请外国科技专家、学者、科技工作者到安徽省科技考察、参观访问计 236 个项目,1858 人;邀请外国科技专家、学者、科技工作者到安徽省参加会议、开展学术交流、进行科技合作洽谈、参加科技展览等活动,计 419 个项目,2559 人。1986—2005 年,安徽省科技外事活动涵盖世界 64 个国家和地区。

1996 年 8 月,首次安徽省科技外事工作会议在合肥召开。成立安徽省国际科技合作协会。由 130 多人组成理事会,其中有 20 多名厅局长兼任常务理事。特聘中国国际科技合作协会会长吴贻康、副省长张润霞作为协会名誉会长。在科技部合作司和中国国际科技合作协会的支持下,协会开展一些建立关系,项目交流等方面工作,创办《安徽国际科技合作信息》内刊。

1996 年,省科委协助合肥高新技术开发区申报挂牌亚太经合组织开发园区。经国务院批准,合肥高新技术开发区成为亚太经合组织的开发区之一。中共中央总书记江泽民亲自为开发区题名。省科委为芜湖经济技术开发区与英国文化委员会共建科技园建立关系。

1997 年,省科委促进行署市科委确立科技外事工作任务,配备相应的外事干部,如安庆市设立外事机构。组织一批行署市科委主任和部分委办厅局科技处、外事处人员赴德国进行“国际科技进步与合作”培训。全年经省科委审核审批的各类科技出国(境)团组共 102 批 250 人次,其中审批 40 批 56 人次,确认 25 批 30 人,审核 37 批 164 人。接待国家和地区的来访 21 批 55 人。邀请西澳州政府部长埃得沃兹女士,就与西澳开展合作培训签订协议。参与省外办等部门接待德国下萨克森州和美国马里兰州政府代表团。

1998 年，省科委审核审批全省各类科技团组 90 批 180 人次赴境外从事科技交流与合作工作,其中审核 19 批 72 人,审批 90 人,确认 15 批 18 人。邀请境外科技人员及专家来华并签发签证函电 20 批 40 人次。接待境外来宾 30 批 70 人次。组织三个省级团出访:副省长张平访澳大利亚,省科委副主任周建强等随行,洽谈合肥高新区与西澳的合作及商办中澳学院事宜,签订有关协议。副省长卢家丰访美,参加马里兰98技术之夜活动,省科委组织20个项目在美参展。副秘书长张俊访澳大利亚、新西兰,洽谈科技项目合作。

1998年,省科委举办两个培训班:科技部安排,10月与荷兰经济学院在合肥举办一次经济管理培训班,请荷兰专家讲授有关项目评估等知识,为期10天。省政府及经济、科技等有关部门23人参加培训。省政府批准,于11月—12月在德国举办一期"科技产业化及国际合作"培训班,地市科委负责人、部分创建全国科技先进县(市)科委负责人,部分省直及企业有关人员21人参加培训。

至1998年年底,科技外事工作基本实现1996年确定的"第一年打基础,第二年边打基础边发展,第三年有较大发展"的目标,并为以后的发展创造条件。

1999年10月25—28日,省科委与中国科技交流中心在合肥联合承办科技部合作司和联合国亚太技术转让中心主办的"技术管理促进农村经济发展国际研讨会"。

2000年,省科技厅共审核审批77批,94人次出国(境)参加各类科技活动(其中审批49批,60人次,审核12批,15人次,确认16批,19人次)。其中组织3个厅级团,有3名厅领导出访乌兹别克斯坦、格鲁吉亚、南非及中国台湾地区,参加星火技术展及参加双边项目会谈、科技考察等,共择选23个项目与外方进行商谈,谈成合作项目一项。选派6名研修生赴日本参加JICA渠道进修,日方提供全部经费。邀请境外科技人员及专家来华并签发签证函电20批,32人次。接待境外来宾23批,84人次。

1996—2000年,省科委审批400多个团,1000多人出国。邀请150个团,400多外宾到皖。先后在境内外举办7个专门培训班,其中选送30多名地市科委的领导及科技外事干部赴欧、美等国参加"科技产业化及国际合作""中小企业技术创新"等专题培训。到2000年为止,安徽省已与46个国家与地区建立科技交流的渠道,签订多项合作协议。如:合肥市在引进畜牧新品种、工业产品的先进生产设备以及先进生产技术等领域都取得很好的效果;六安市霍山县争取的联合国开发计划署UNDP信息扶贫项目获得数十万美元的资金,以建设科技扶贫信息工程;利用中荷扶贫项目资金进行食用菌开发和沼气推广利用都取得一定的效益;淮北市医院与西班牙开展医疗技术合作,利用西班牙政府贷款,进行技术培训,引进3000多万元的先进医疗急救设备;安庆市的"多功能自动冲压成型机"产品技术交流带动产品出口创汇;马鞍山市"城市生活垃圾卫生填埋及填埋气回收利用示范工程"项目接受联合国环境计划署的援助,其技术示范性为全省城市环保项目的合作探索出一条新的路子;芜湖电真空研究所与俄罗斯、乌克兰合作,共同开发出机载彩管等多项高新技术产品,填补国内空白,创产值1500多万元。

全省高校和科研院所的国际交流与合作在规模、层次和效益上不断发展。安徽师范大学通过互派学者讲学、交流和合作研究,先后有5人在国外获得博士学位,并取得丰硕的研究成果,其中金属有机化学、富勒烯化学、有机材料化学、生态学、计算数论等研究领域的部分成果达到国际先进水平。安徽工业大学与日本早稻田大学和京都大学、俄罗斯国家莫斯科钢铁学院、瑞典皇家工学院、美国弗吉尼亚州立大学、英国利物普大学等国际著名院校建立合作与交流关系。通过双方密切合作,使该校科研水平明显提高,缩小与国际前沿研究水平的差距,为学校培养一批科研骨干队伍。1999年,安徽工业大学与韩国国立昌原大学联合成立工业技术联合研究所,双方设立合作研究项目课题组,合作研究,成果共享。省农科院从欧盟科技计划中获得“应用生物技术从事油菜菌核病综合防治策略研究”项目,通过与法国和英国合作,发现100多份抗性较强的材料,应用到抗病育种研究中,配成20个新核不育组合。对全省油菜优质品种选育研究起到较大的推动作用。

全省科技外事工作成就带来显著经济与社会效益。安徽叉车集团与日本TCM公司开展长期合作与交流,建立高新技术产品研究开发试验基地,加快成果转化过程,使产品开发换代的周期缩短到3年时间,提高自主开发能力和产品的市场竞争力,使该集团的合力叉车一举成为世界名牌产品。合肥荣事达集团引进设备和生产线,不到两年时间,摆脱对外方设备维护的依赖,使引进的技术和设备发挥应有作用。安徽江淮汽车集团公司与国际知名汽车集团建立良好的合作与交流关系,迅速完成产品结构的升级换代。2000年,江淮汽车集团公司产销各类汽车47269辆,实现销售收入26.7亿元,出口创汇573万美元。科苑集团、铜峰电子、丰原生化、新力药业等一批高新技术企业以及合肥、芜湖、蚌埠等三大高新技术开发区与20多个国家和地区开展广泛合作,提高管理水平,促进技术进步。全省还通过组织或参加各种国内的科技招商活动,直接利用外资4230多万美元,引进外资企业3家。获得一批援助资金和器材、设备。如:“安徽省初级卫生保健技术培训中心”项目总援助规模为5亿日元;安徽中澳继续教育学院外方投资120万澳元;欧盟油菜项目援助40万美元;荷兰援助老年痴呆研究24万荷兰盾等。

2001年,审核审批73批,190人次出国(境)参加各类科技活动(其中审批52批,96人次,审核19批,92人次,确认2批,2人次)。邀请境外科技人员及专家来华并签发签证函电20批,35人次。接待境外来宾27批,56人次到来安徽省从事科技交流与合作。组团出访12个,其中1个省级团,5个厅级团。省科技厅组织一行19人于11月赴德国进行为期21天的“国际科技合作高级管理人才培训班”培训,学习德国的经验和做法。

2001年5月,召开全省第二次科技外事工作会议。会议总结“九五”安徽省国际科技合作工作,提出“十五”工作意见。

2001年6月,由中国工程院主办,省科技厅和省农科院共同承办的国际水稻大会第二次筹备会在合肥召开。中国工程院副院长沈国舫院士等国内外30多位著名专家出席会议。省长许仲林会见参加会议的全体代表,副省长卢家丰出席会议开幕式并致辞。此次筹备会的召开对宣传安徽,促进安徽省水稻科技工作者与国内外的水稻专家建立经常性的联系,在水稻种植技术的开发和研究方面进一步加强合作起到推动作用。

2002年,省科技厅直接审批出国科技团组57个,选派174名科技人员出访。全省649人次出境从事科技活动,比2001年增长7.6%。省科技厅机关组织并派出科技团组13个,出国进行科技考察、项目洽谈及人才培训。各市有58人出国参加各种科技学术活动,其中市局人员14人参加厅团组。签发邀请函电26批,43人来皖(外交部授权二类对外发函电部门)。接待近30批70多名外宾、外商的来访。

2003年,虽然受"非典"的重大影响,但科技外事及国际科技合作仍有新的发展。当年全省直接派出从事科技交流与项目合作的团组50批,123人次出访。签发邀请函电17批,29人来皖从事科技交流与合作工作。接待28批60多外宾、外商的来访。成功接待比利时瓦隆布拉邦省政府代表团,召开两省科技合作会议,成立两省科技合作联合委员会。

2004年,省科技厅派出与接待从事科技活动的外宾、华人华侨130批650人次,比2002年增长21.3%,比2003年增长30.7%。由省科技厅组织的各项外事活动,共签约55个,其中招商38个,合同利用外资逾8亿美元。

2004年,组织高层交往活动,突出人才交流与项目合作。省科技厅牵头组织5次有省领导参加的重大外事活动。5月,"安徽香港科技教育人才交流座谈会暨签约仪式"在香港隆重举行。省长王金山、副省长文海英出席。中国科技大学等6所安徽高校与香港大学等7所香港高校的校长或副校长等参加会议并交流情况。王金山致辞。厅长徐根应介绍安徽科技、教育和人才情况。会上,两地高校签订9项合作协议。9月,以省委副书记张平为团长的省科技团出访欧州,获得圆满成功。代表团出访期间:举行安徽省与比利时瓦隆布拉邦省科技合作联委会第二次会议;参观5所大学、研究所;3次会见访问国的省、区高级政府官员;会见华人华侨7场计250人次;4次拜访驻在国使领馆;洽谈19个科技项目,签署5项合作协议;访问给安徽与马德里大区开展经贸合作带来商机。11月,比利时瓦隆布拉邦瓦省省长和一位常任议员等配合比利时王储访华率团访问安徽。访问期间,在合肥召开两省科技合作联委会第三次会议。双方就两省科技人员交流的经费承担方式、双方提出的14个合作项目实施方案等进行磋商。厅长徐根应和弗拉欧常任议员分别代表两省科技部门在会议备忘录上签字。省人大副主任黄岳忠会见参会客人。11月22日,由省科技厅、省卫生厅、日本国际协力机构联合主办的"21世纪初级卫生保健国际研讨会"在合肥举行。包括世界卫生组织西太区代表在内的11位国外专家学者和兄弟省市及本省代表约130人与会。厅长徐根应主持开幕式,卫生部副部长蒋作君、副省长徐立全到会讲话。

2004年,省科技厅根据科技部《2004—2010年国际科技合作发展纲要》的要求,将安庆、铜陵两市申报为科技部国际科技合作试点城市,将奇瑞汽车有限公司申报为部国际科技合作项目示范基地。

2004年7月,安徽省国际科技合作协会第二届会员代表大会在合肥召开。58个会员单位95名会员代表出席大会。

2005年,省科技厅接待来访42批155人次。共审核审批65批278人次出国(境)参加各类科技活动,签发邀请函电17批22人到皖从事科技交流与合作。2个省级团组、6个厅级团组出国(境)访问:6月,省委副书记张平率领安徽科技经贸代表团访问智利、阿根廷。在南美期间,团组会见阿根廷矿业部长,访问恩特里奥斯省、科尔瓦多省、卡塔马卡市,以及智利SKBERGE公司、ESCONDIDA矿业公司、布宜诺斯艾利斯大学、阿根廷稻谷联盟、阿根廷SOCMA公司等,签署《铜陵市与卡塔马卡市建立友好市意向书》《安徽省农科院与阿根廷稻谷联盟水稻合作协议书》《铜陵学院与布宜诺斯艾利斯大学语言中心合作协议书》等文件。9月,组织省政协副主席卢家丰率领安徽科技友好代表团访问德国、瑞典和芬兰。先后组织赴英国、德国纳米技术考察团,赴芬兰、丹麦科技创新体制考察团,赴意大利、西班牙人力资源管理考察团、赴德国、瑞典科研院所体制考察团,赴美国、加拿大知识产权考察团,赴印度参加“中国适用技术展览会”团等6个厅级团组37人次出访。

2005年5月27日,全省科技外事工作会议暨安徽省国际科技合作协会理事会在合肥召开。

2001—2005年,全省共派出各类科技人员560批1907人前往60余个国家和地区从事科技活动;接待50余个国家和地区的专家、科技管理人员522批5000余人次到访。省科技厅共组织和参加30余次有省部级领导参加的重大科技外事活动,组织全省科技人员出国考察培训254人次。高层交往和考察培训逐年增多。

主要计划项目 1997年,安徽省首次从国家科委获得21项国际科技合作计划项目,其中政府间科技合作项目14项,欧盟项目1项,日本JICA渠道培训项目6项。中国与南斯拉夫政府间科技合作项目“红黄壤改造”是针对全省占面积1/3的低产田地红黄壤改造进行的。项目获得各方资助经费423万元人民币,其中省农科院获欧盟资助20万美元开展油菜、育种技术研究,安医大第一附属医院获荷兰皇家科学院资助18万荷兰盾开展医学研究。

从1998年起,省科委在全国率先开展国际科技合作项目计划。在三项经费比较紧缺的情况下,拿出20万元拨款和300万元贷款指标,作为启动经费。1998—2000年,三年下达52个项目。重点放在大项目管理上。如:1998年中日政府间技术合作项目——中日合作建立“安徽省初级卫生保健技术培训中心”,省科委与省卫生厅合作先后接待日方项目基础调查团、事前调查团和实施调查团。签署项目会谈纪要,确立项目的框架和基本内容。成立项目协调机构与管理机构,使5亿日元的援助项目实施好。又比如省科委与澳大利亚西澳州继续教育与就业培训部合作在合肥共建“安徽中澳继续教育学院”,总投资1800万元,其中中方1200万元人民币,澳方120万澳元(约600万元人民币)。

1999年,省科委领导率团出访,携带项目与外方进行商谈,开辟新渠道,建立合作关系。省科委组织省农科院、丰乐种业公司赴新加坡,与新加坡大学农业分子生物研究院就转基因技术在农业上应用签订合作协议。协议第一阶段,由中方派员赴新培训和学习,同时邀请新专家到皖指导。

2000 年,省科技厅下达 14 个计划项目(除选派 JICA 研修生项目),其中工业类合作研究 8 项,农林类合作研究 4 项,其他 2 项。项目涉及生物技术、信息及软件技术、能源及环保技术等,资助三项经费 43 万元。向科技部申报政府间科技合作项目 9 项,获批 4 项,经费 15 万元。

2001 年,省科技厅下达 24 项国际科技合作计划项目。涉及生物技术、信息及软件技术、新能源、现代农业及环保技术等,资助科技三项经费 40 万元。向科技部申报政府间科技合作项目 12 项,获批 7 项,得到经费 109 万元。

2002 年,省科技厅下达 11 项安徽省国际科技合作计划项目。申报科技部 l6 项,获准 6 项,得到经费 210 万元。同时获境外支持经费 80 万美元。

2003 年,省科技厅下达 8 项安徽省国际科技合作计划项目。申报科技部 15 项,获准 7 项,得到经费 80 万元。同时获境外支持经费 100 多万美元。日本 JICA 援助安徽省"初级卫生保健技术培训中心"项目获日方再资助近 500 万元人民币。

2004 年,省科技厅下达 11 项安徽省国际科技合作计划项目,资助经费 50 万元。获得 6 项科技部国际科技合作计划项目,其中与英国合作的芜湖奇瑞"混合动力轿车"和中俄合作的芜湖电真空所"特种液晶显示模块"项目,获得经费支持 240 万元。历时 5 年日方援助 5 亿日元的"安徽省初级卫生保健技术培训中心"项目于 2004 年 2 月召开项目联委会第四次会议。中日双方商定,延长项目实施时间 9 个月,由日方提供追加性援助约 195 万元人民币,用于开展健康教育和召开国际学术会议。日方还援助 11 个县 11 辆健康教育车,价值 660 万元人民币。"家蚕天然彩色茧丝研制与开发"通过科技部国际合作司组织的验收,并列入科技部国际科技合作重点项目计划,获得 30 万元的经费支持。

2005 年,省科技厅下达 25 项国际科技合作计划项目,资助经费 100 万元。获得科技部国际科技合作重点项目 3 项,获得资金支持 250 万元。其中,中德政府间科技合作项目"巢湖富营养化"于 1 月签订正式实施协议。德方投入 80 万欧元,科技部支持资金 90 万元,地方配套和项目单位自筹 257.1 万元,省科技厅先后支持项目引导资金 8 万元。

2005 年,省科技厅向科技部申报政府间合作项目 9 项(其中科技人员培训项目 3 项),获准 3 项。执行政府间科技合作项目 5 项,科技部资助部分出访经费。向省外办提供与法国孔泰大区科技合作项目 8 项。与比利时瓦省的科技合作项目执行 4 项,其中,皮尔丹猪的引进与养殖技术项目已就引进种猪事宜与合肥国家大学科技园合作签订合作协议。中日技术合作项目"安徽省初级卫生保健技术培训中心"在实施 5 年、延长 9 个月后于 4 月正式结束。2005 年 3 月下旬,省科技厅、省卫生厅和日本国际协力机构联合在黄山召开“农村健康教育国内研讨会”。

主要政策文件　1987年1月，省政府办公厅转发省科委、省经贸委联合制定的《关于开展技术出口工作的报告》。主要内容有：(1)大力推进工业化技术的出口。中小型实用技术、传统技术和农业技术，只要客观需要，又不影响外贸口商品市场，都应鼓励出口。可根据出口技术的类别、技术使用的范围等，分别采取许可证贸易、合作设计、合作生产、技术咨询与服务等方式出口。(2)凡在国内拥有专利权的技术，出口前应通过省经贸委转报国家专利基金会，使用专利基金，并请国家贸促会代为向技术输入国申请专利。(3)安徽省技术出口工作，由省经贸委和省科委统一归口管理。各技术出口单位在技术出口项目列入省级计划后，即可有组织地开展对外技术交流，并编写可行性研究报告。一般技术出口项目的可行性研究报告，由省科委、省经贸委分别进行技术审查和贸易审查，并联合批复。重大的技术出口项目由省科委、省经贸委进行技术和贸易审查后，报国家科委、经贸部进行技术核准和贸易核准后，方可对外谈判签约。

1990年4月，经省政府批准，省经贸委、省科委联合颁发《安徽省技术出口管理暂行办法》，主要内容有：省经贸委、省科委统一管理全省技术出口工作。省科委负责技术出口项目的技术审查和保密审查。省经贸委负责技术出口项目的贸易审查和合同审批。技术出口实行项目审批制度。以下项目必须报批：工业产权的转让或许可；工艺、配方、产品、设计、质量控制、菌种培养、植物栽培、动物饲养和繁殖，以及经营管理等方面的专有技术的转让和许可；技术服务，包括提供工程设计、工艺设计、产品设计、地质勘探、计算机软件编制、技术培训、技术咨询以及其他形式的技术服务；含有工业产权转让或许可，专有技术许可和技术服务，任何一项内容的成套装置、生产线、关键设备和产品的出口；含有工业产权转让或许可，专有技术许可和技术服务任何一项内容的合作生产、合作设计、合作经营、补偿贸易、合资经营和工程承包。项目报批程序。各出口单位必须填写《安徽省技术出口项目审查申请书》报送所在行署、市科委进行技术审查后，转送地、市经贸局(委)进行贸易审查，再由科委和经贸局(委)联合报送省科委、省经贸委审查。省厅、局直属单位的技术出口项目，经各自主管部门审查后，报省科委和省经贸委审查。审查通过的项目，由省科委和省经贸委联合批复。省属高等院校科研单位的技术出口项目，直接报省科委和省经贸委审批。中央在皖单位的技术出口项目，也可向省科委和省经贸委申报办理审批手续。技术出口项目依据其技术水平和对国家安全、经济利益的影响情况划分为一般技术出口项目和重大技术出口项目。一般技术出口项目由省科委和省经贸委审批，重大技术出口项目由省科委和省经贸委审查后报国家科委、对外经济贸易部审批。

1995年9月，省科委转发国家科委国际科技合作司《关于印送〈关于在华举办国际科技会议、科技展览会报批细则〉、〈参加国际科技组织的规定〉的通知》，并就有关问题提出如下意见：(1)安徽省各地、各单位申请举办国际科技会议、科技展览会以及参加国际科技组织事项的文件，由各行署、市科委(需经行署、市人民政府审核同意)或省直主管部门向安徽省科委申报。(2)申请举办国际科技会议、科技展览会,如涉及两个或两个以上部门、地区时,由主办部门、地区商有关部门、地区会签后报送;未经批准,不得在活动中使用“国际科技会议”和“国际科技展览会”的名称;经批准的国际科技会议、科技展览会结束后,主办部门、地区要督促主办单位在一个月内做出工作总结报安徽省科委和有关部门、地区备案,有重大收获或重要情况并做专题报告。(3)对本地、本部门所属单位科技人员已参加国际科技组织和外国科技组织的情况进行一次全面登记,于11月20日前汇总寄送安徽省科委外事处,对其中未经批准的,按本通知转发国家科委国际科技合作司的规定,予以补办审批手续。

1999年,省科委、省外办、合肥海关转发科技部、外交部、海关总署《关于进一步加强境内国际科技会议及展览会管理的通知》,并结合安徽省实际情况,提出如下实施意见:(1)安徽省科委归口管理在全省举办国际科技会议和以科研、技术交流、研讨为内容的国际展览会的项目审查、协调、上报等事项。(2)安徽省各单位举办国际科技会议或举办展览面积在1000平方米以上的科技展览会,须由主办单位所在地的市、行署科委(申报前须经市人民政府、行署同意)或省直各部门按照国科发外字[1999]012号对申报材料的要求报安徽省科委。安徽省科委在请示省人民政府同意后,直接具文向科技部申报。(3)各单位申请国际科技展览会的办展资格,须按照国科发外字[1999]012号文的要求,在经市人民政府、行署或省直主管部门审查同意后,由市、行署科委或省直主管部门报安徽省科委,安徽省科委直接具文向科技部申报。(4)具有国际科技展览会主办资格的单位,可自行举办展览面积在1000平方米以下的国际科技展览会,但应报安徽省科委、省外办及有关单位备案。(5)举办国际科技展览会有进口展品的,应在申报的同时向当地海关或合肥海关备案,展品进口后接受海关监管。对违反海关规定的,海关将依法处理。

2000年,省科技厅与省外办、省委统战部、省经贸委制订《关于非公有制经济组织人员从因公渠道办理临时出国(境)手续的若干意见(试行)》文件。此项突破性的规定,解决安徽省非公有制经济组织人员从因公渠道出国(境)难的问题,方便他们走进国际市场。

招商引资活动 在第39届尤里卡发明展和82届巴黎发明博览会上,安徽省参展项目所获得的金奖和银奖数均名列国内参展部(省)的前茅。1993年,在香港经济贸易洽谈会上,不少外商对安徽有这样雄厚的科技力量、高技术产品和高新技术产业开发区感到震惊。1994年,安徽省赴美招商,带去一批高新技术项目和高新技术产业区材料,增进马里兰州各郡对安徽省高新技术的了解,他们联合向州经济部提出要求,使该部与安徽省科委签订促进两省州高新技术园区合作的协议。许多单位特别是各高新技术产业开发区,在国际科技交流中加大吸引外资工作的力度,利用外资取得显著成绩,到1995年年底,达成利用外资21640多万美元的协议或意向,其中:合肥和芜湖高新技术开发区17800万美元,科技招商和其他形式引资3840多万美元。同时,一些部门和单位得到一批国外资助，1986—1996 年，获实物和资金折合人民币 1900 多万元（按接受时的汇率计算），其中：中德友谊示范奶牛场获德方的物资器材、设备和良种奶牛等共约 1000 万元；科研和高校等单位获国外资金共 500 多万元，仪器和设备约 400 万元；得到国外赠送的各种汽车 59 辆和一批图书资料、软件等。此外，省科委还配合省外经贸部门组织安徽省技术以及技术产品出口，仅 1993 年创汇达 2400 万美元。

1997 年，省科委制定安徽省“九五”科技招商发展规划，对外介绍科研攻关、技术开发、成果应用等合作合资项目 400 多项，重点宣传高新技术项目促进招商引资。当年在合肥、芜湖、蚌埠三大高新技术开发区内新批准入区外商投资企业 33 家，协议利用外资 1.37 亿美元。

1998 年，省科委根据“九五”科技招商发展规划提出的以农业的品种、环保及高新技术产业为发展重点，利用科技项目引资。其中省科委与省环保局合作，向西班牙提出 12 项利用外资项目，项目总投资 24 亿元，利用外资 1.45 亿美元。通过民间渠道利用外援和引进外资有安徽省国际科技合作协会与日本川之江市国际交流协会联系，日川之江市政府捐赠安徽省 208 块体育柔道垫和 50 套衣服，价值 500 万日元（约合 30 万人民币）。省科委高新技术产业协会 1997 年为蚌埠八一化工厂引进外资 2650 万美元，当年到位 1500 万美元。1998 年，该协会选送 20 个项目参加在上海举办的驻沪美、德企业对口投资洽谈活动。

1999 年，省科委向省外资办推荐 20 多个对外招商项目。

1995—2000 年，省科委先后组织参加省政府 1996 年（合肥）皖港招商会、厦门招商会，上海驻沪美、德企业对口投资洽谈会、埃及星火成就及实用技术展览会、美国马里兰’98 技术之夜活动。直接利用外资 4230 多万美元，直接引进 3 家外资企业。

2001 年，省科技厅制订科技招商引资工作方案，成立招商引资工作领导小组，下设办公室，办公室设在外事处。同年 5 月组织参加北京“高新技术产业国际周”活动。7 月组织参加北京“国际经贸合作与投融资项目招商洽谈会”；9 月组织参加厦门“第五届中国投资贸易洽谈会”等。在全省范围内征集大项目，建立项目库。到年底，完成 1137.87 万美元的招商引资任务，超额完成省政府下达的全年目标任务。

2002 年 5 月，省科技厅组织参加省政府皖港投资洽谈会；6 月，组织和参加黄山生物医药论坛暨投资洽谈会，签订一批引资项目合同，全年引资 1228 万美元，超额完成省政府下达的任务。

2003 年，省科技厅克服 SARS 影响等困难，成功组织几次大型活动。提前超额完成省政府下达的 100 万美元招商任务，引进境外资金 176 万美元，国内资金 6594.5 万元。

2004 年，省科技厅牵头组织省教育厅、省信息产业厅及合肥、安庆、芜湖、铜陵 4 市组成高新技术组于 5 月赴香港参加“皖港投资说明会”，率高新技术分团 157 人赴港招商，签约 38 项合同或协议，投资总额 16 亿美元，协议外资 10.2 亿美元，引进外资 8.8 亿美元，居省政府赴港招商六个专业分团之首。

2005年,省科技厅积极参与和配合省计划、经济、外贸等部门的招商引资工作。5月,参加首届"中国国际徽商大会"的组织工作,邀请与会单位及代表;审核参展高新技术企业、产品及项目;协助组织"徽商论坛—中医药发展研讨会";接待香港汽车零部件工业协会、香港生产力促进局等单位客商,并访问奇瑞汽车有限公司等企业。7月,协助组织由科技部高新司与香港创新科技署联合在芜湖召开的"内地与香港科技合作委员会汽车零部件合作小组会议"。11月,组织参加省政府赴沪"上海国际工业博览会"。

第二节 区域科技合作与交流

2001—2005年,安徽省加强区域科技合作,建立新型合作关系,分别与浙江省、江苏省、上海市、广东省、山东省建立起"政府与政府、政府与企(事)业、企(事)业与企(事)业"的新型科技合作关系,先后签署皖苏、皖沪、皖粤、皖鲁和皖浙科技合作框架性协议, 签署38个省际科技合作项目,9个皖港高校合作项目,19个皖沪市县区对口科技合作协议。如铜陵金隆公司与南昌有色金属设计研究院合作的"闪速熔炼技术"项目推动节能、治污,每年可新增利税2.3亿元。铜陵有色集团、马鞍山矿山研究院与中南工业大学、北京矿冶研究总院合作的"地下矿连续开采工艺与装备研究"项目每年可节约增效8亿元。这两个项目均被评为国家科技进步一等奖。安徽省与清华大学、北京大学、浙江大学、上海交通大学、中国科学院、大连实德集团等几十个著名大学、研究院所和知名企业联合实施科技合作项目210余项, 直接通过科技合作项目引进资金1.3亿元。其中安徽科苑集团与大连实德集团合作的"异型材生产线"项目,对方一次性投人1亿元。滁州市通过开展"百名博士引进工程"项目,引进日本早稻田大学、北京大学、清华大学等国内外知名大学110名博士,到滁州市政府部门、企事业单位任职。

2003年9月,省科技厅参加省委、省政府组织的"皖苏沪经济技术合作活动",组团赴江苏省、上海市洽谈、签约。省科技厅代表团与江苏省和上海市签署两个科技合作框架协议和27个项目协议,协议直接金额4010万元,同时签署多项科技合作协议。签约项目涉及农业、化工、机械、生物、医药、新材料、纳米技术应用、大型精密仪器协作共用、人才交流、文化资源开发等领域。其中中科院固体物理所的纳米材料应用技术研究,安徽大学的碳纤维材料开发等项目均居世界先进水平。省科技厅通过网络等形式发布"木聚糖酶生产技术"等80个科技招商项目。11月,省科技厅组织开展"安徽省、上海市市、县、区科技对口合作活动",安徽省17个市科技局与上海市19个区县科技管理部门分别签定对口科技合作协议。同时在上海组织召开"安徽科技发展(上海)恳谈会",近40位皖籍及曾在安徽工作过的科技界、企业界知名人士应邀出席。

2004年,省科技厅参加皖粤、皖鲁经济技术合作活动,3月,安徽省科技厅与广东省科技厅签署《安徽省与广东省科技合作协议书》,10月,与山东省科技厅签署《安徽省与山东省科技合作协议书》。

2005年,省科技厅组织参加安徽省政府赴浙江经济技术合作活动,与浙江省科技厅签署《浙江省—安徽省科技合作协议书》,考察浙江省部分民营企业及科技园区。11月,“华东地区国际科技合作座谈会”在合肥召开。来自华东地区六省一市科技厅(委)和青岛、济南、厦门市科技局以及会议特邀新疆、内蒙古、甘肃等部分中西部省(自治区)科技厅国际合作处、科技交流中心的代表、安徽省17个市科技局分管负责人和科技外事干部约50多人参加会议。

第八章 知识产权保护

第一节 知识产权管理机构

安徽省专利管理局 1984 年 3 月 12 日，第六届全国人民代表大会常务委员会通过《中华人民共和国专利法》,1985 年 4 月 1 日起施行。1984 年 12 月 16 日,省编制委员会《关于成立安徽省专利管理处的批复》,同意成立安徽省专利管理处,县级建制,属省科委领导,定事业编制 10 名;同时成立省专利服务中心,为省专利管理处下属事业单位,县级建制,定事业编制 20 名。

1990 年 9 月 15 日,省编委《关于增挂"省科技创业服务中心"牌子及"省专利管理处"更名的批复》,同意"安徽省专利管理处"更名为"安徽省专利管理局",更名后,其隶属关系、机构规格及人员编制不变。

1997 年 6 月 16 日,省编委《关于印发安徽省科学技术委员会直属事业单位分类管理实施方案的通知》,安徽省专利管理局,县级建制,列入全额预算事业单位管理序列。其主要职责是:负责制订全省专利事业发展规划和发展战略及有关政策,并组织实施;依法受理、审查专利申请事项;调解专利纠纷和查处冒充专利行为;负责专利代理机构的审批和专利队伍的培训工作,宣传普及专利法知识。省专利管理局事业编制 13 名。其中:领导职数 2 名(局长、副局长各 1 名),专业技术人员 11 名。内设机构 4 个:办公室、法律部、管理部、信息部。

2004 年 10 月 26 日,省编委办公室《关于同意安徽省专利局增挂安徽省知识产权局牌子的批复》,同意省专利局增挂安徽省知识产权局的牌子。

安徽省知识产权局 2006 年 7 月 12 日,省编委办公室《关于省知识产权局机构规格有关问题的批复》,同意省知识产权局由处级升格为副厅级建制,仍为省科技厅直属事业单位,列入全额拨款事业单位序列。同意该局内设 3 个处(副处级):综合规划处(挂办公室牌子)、专利管理处(增挂国家知识产权局专利局合肥代办处牌子)、协调指导处。核定全额拨款事业编制 18 名,其中局长 1 名(副厅)、副局长 2 名(正处),内设机构副处级领导职数 3 名。

截至 2005 年年底,全省 17 个市有 11 个市成立知识产权局,其中 6 个市为正县级建制(与市科技局一个机构,两块牌子),9 个市为副县级建制;有 5 个市成立正科级专利管理局;有 1 个市成立正科级专利代理处。全省 105 个县(市、区)有 62 个成立了知识产权局,占59%。

第二节　专利申请与授权

1986—2005年,安徽省共申请专利27406件,其中发明专利申请5093件;共授权专利16385件,其中发明专利授权1051件。

1986—2005安徽省年专利申请授权统计表

表4-8-1　　单位:件

年	申请量	其中发明申请量	授权量	其中发明授权量
1986	150	48	37	0
1987	342	57	57	1
1988	439	55	179	4
1989	365	56	242	14
1990	471	78	296	11
1991	688	123	255	20
1992	931	149	351	19
1993	1041	189	915	37
1994	932	151	597	20
1995	1026	152	574	18
1996	1243	223	555	19
1997	1404	239	637	19
1998	1484	231	933	20
1999	1721	285	1422	48
2000	1877	301	1482	104
2001	2045	296	1278	71
2002	2312	367	1419	99
2003	2676	532	1610	139
2004	2943	658	1607	150
2005	3516	903	1939	238

第三节 知识产权保护与专利应用

《安徽省专利保护条例》 1998年6月20日,安徽省第九届人民代表大会常务委员会第四次会议通过《安徽省专利保护条例》,1998年10月1日起施行。2005年10月21日,安徽省第十届人民代表大会常务委员会第十九次会议修订、通过《安徽省专利保护和促进条例》,2006年1月1日起施行。该条例首次将专利执法权下放到设区的市人民政府管理专利工作的部门。

专利执法检查 "省际间专利行政执法协助机制",与公安、工商、质监等部门建立联系执法制度。深入落实"5·26"工程实施方案,推进执法工作的机制建设、条件建设、队伍建设,全省共培养专利执法人员448名。

开展"雷雨""天网"知识产权执法专项行动和打击侵犯知识产权和制售假冒伪劣商品专项行动。

1986—2005年,全省共立案查处假冒专利案件65件,涉及商业场所近500家,检查商品2.3万件,限期改正商品数500多件;与其他部门联合执法20多次。全省共受理各类专利纠纷72件,结案61件,结案率为78%;出具专利鉴定报告16份。

省、设区的市和部门县(市)人民政府建立专项资金,用于资助单位和个人进行专利申请、专利实施。

截至2005年年底,全省有全国第一批企事业专利工作试点单位4家:合肥美菱股份有限公司、合肥荣事达集团有限责任公司、奇瑞汽车股份有限公司、安徽省科苑(集团)股份有限公司;国家专利技术展示交易中心2家:蚌埠、淮北。

中国(安徽)知识产权维权援助中心 经国家知识产权局批准,成立中国(安徽)知识产权维权援助中心。维权援助的对象是因经济困难不能支付知识产权纠纷处理和诉讼费用的中国公民与法人,以及遇到难以解决的知识产权事项或案件的中国公民与法人,以及遇到难以解决的知识产权事项或案件的中国公民、法人或其他组织。维权援助内容包括为具有较大影响的涉外知识产权纠纷以及无能力支付纠纷处理和诉讼费用的中国当事人提供一定的经费资助、协调有关机构、研究促进重大涉外知识产权纠纷与争端合理解决的方案等。在16个市全部开通"12330"知识产权维权援助公益热线,规范受理程序,明确专人负责,遍布全省的知识产权维权援助网络逐步形成,成功地为安徽贝克生物制药有限公司等多家企业提供维权援助。

建立专利专项资金 2003年,省科技厅出台《安徽省专利申请费用资助办法(试行)》,2010年,省科技厅、省财政厅联合出台《安徽省专利发展专项资金管理办法》,加大了资金支持力度,扩大了资金使用范围,涵盖专利创造、运用、保护和管理的各个环节。各设区的市和部分县(市)人民政府也建立了专利专项资金,用于资助单位和个人进行专利申请与专利应用。

建立知识产权运用与产业化支撑体系。投资1000万建成省专利服务系统，实现网上专利技术展示、评估与交易，重点建设合肥、蚌埠、淮北3个国家专利技术展示交易中心。组织“中国专利周”安徽地区活动，协助办好中国(合肥)自主创新要素对接会和中国(淮北)专利技术交易会。出台《合芜蚌自主创新综合试验区专利权质押贷款试点工作实施办法》，帮助中小科技型企业解决融资难问题。开展知识产权优势企业培育工程，探索建立促进知识产权运用的长效机制。帮助企业建立专利管理机构和工作制度，促进企业成为自主创新的主力军。全省现有全国企事业知识产权试点单位46家、示范单位2家，全国专利工作交流站3家，省知识产权优势企业50家。

第四节　专利管理与服务

合肥专利代办处　2008年12月17日，国家知识产权局专利局合肥代办处正式开业。专利代办处是国家知识产权局专利局在各省、自治区、直辖市知识产权局设立的专利业务派出机构，主要承担专利局授权或委托的专利业务工作及相关的服务性工作，主要业务包括：专利申请文件的受理、费用减缓请求的审批、专利费用的收缴、专利转让许可合同备案等相关服务。

设立全国专利代理人资格考试合肥考点，全省考生通过率逐年提高。全省现有专利代表机构13家，从业的专利代理人75名。在没有专利代表机构的市开设专利代理服务窗口，引进外省优秀专利代理机构前来设立分支机构。

知识产权试点工作　全省现有国家知识产权试点示范城市8个、试点园区1个、知识产权强县工程试点县6个、传统知识知识产权保护试点县1个；省知识产权强县工程首批试点县19个，经过两年培育，授予省知识产权工作示范县9个，同时又选定20个开展第二批试点工作。开通覆盖全省16个市的专利工作专网，帮助奇瑞公司等多家企业建立专利专题数据库。

知识产权保护媒体宣传　发挥各类新闻媒体的作用，提高全社会的知识产权保护意识。在“3·15”消费者权益日“4·1”专利法周年纪念日“4·26”世界知识产权日“12·4”法制宣传月及保护知识产权宣传周和中国专利周等活动期间，组织召开新闻发布会，开展大规模街头宣传咨询活动，向全社会传播专利知识。组织“知识产权文化建设”巡回报告会，开展知识产权进机关、进企业、进党校、进高校、进社区“五进”活动。发挥《中国知识产权报》安徽通联站通讯员队伍的作用，宣传报道安徽省专利工作的动态和信息；开展“安徽专利万里行”“保护知识产权——我们在行动”等新闻采访活动，对全省知识产权重大事件进行集中报道，与安徽电视合作开办《金点子行动》栏目，举办“天大杯”全省知识产权知识电视大赛，在《安徽科技》杂志开办“知识产权”专栏。

知识产权专家讲师团　2008年9月，安徽省知识产权专家讲师团成立，为知识产权制定政策、科学决策提供咨询；为全省机关企事业单位宣讲知识产权法律法规及国家知识产权战略纲要;承担国家局、省局、市局及企事业单位有关的研究课题;建立相互交流、相互学习、共同提高的平台;为省知识产权维权中心的运行提供法律及技术支撑。

知识产权培训中心 依托中国科技大学成立安徽省知识产权培训中心,现已被列为"国家知识产权培训(安徽)基地"。组织各类知识产权培训,普及知识产权知识,提高全民知识产权意识。加强知识产权人才队伍建设,全省现有国家百千万知识产权人才工程培养对象5人。制定《安徽省专利工程专业技术资格评审标准条件》,已评审初、中、高级专利工程师130多名。

第五节 安徽省与国家知识产权局会商

2005年9月14日,安徽省人民政府和国家知识产权局在北京会商,达成如下重要协议:

1.共同推进重点领域自主创新。围绕建设汽车研发平台、建立安徽汽车研发专利数据库,探索合力推进的机制,提高汽车自主创新能力。

2.建立安徽省重点企业、重点项目专利审查快速通道,建立国家知识产权局审查部门与安徽省重点企业工作联系制度,共同创造条件设立中国专利局合肥专利代办处。

3.共同探索知识产权试点城市工作。合肥市、芜湖市作为全国知识产权试点城市,研究、探讨如何进一步整合合肥市、芜湖市现有科技资源,搭建知识经济平台和知识产权转化实施平台,提高合肥市、芜湖市自主创新能力。

4.共同主办"中国·合肥高新技术项目资本对接会",展示国内高新技术与知识产权项目,举办知识产权论坛,促进专利技术的实施与转化,促进区域经济的发展。

5.建立国家知识产权局与安徽省重点联系工作会商制度,原则上每年会商一次,总结部署有关工作,协调重大合作事项。具体会商制度内容由安徽省科技厅(安徽省知识产权局)与国家知识产权局相关司(室)协商提出。

第五篇　科技群众团体

第一章　科协组织

安徽省科学技术协会是安徽省科学技术工作者的群众组织，是中国共产党安徽省委领导下的人民团体，是党和政府联系科学技术工作者的桥梁和纽带，是推动科学技术事业发展的重要力量。科协工作是党的群众工作的重要组成部分，也是国家科技工作的重要组成部分。

第一节　历次代表大会

1951年年初，由皖北区参加全国自然科学工作者代表会议的代表发起，成立"皖北区科学技术普及筹委会"；1953年2月，安徽省科学技术普及协会筹委会成立；1956年9月，正式成立安徽省科学技术普及协会。1957年3月，中华全国自然科学专门学会联合会安徽分会筹委会宣布成立，并于1959年11月，与安徽省科学技术普及协会联合召开第一次代表大会，决定两个组织合并，成立安徽省科学技术协会（简称安徽省科协）。"文革"中安徽省科协被撤销，1977年11月，中共安徽省委批准恢复全省各级科协及其所属学会和科普组织。1978年全国科学大会胜利召开后，全省各级科协组织团结带领广大科技工作者，积极响应"向科学进军"的伟大号召，艰苦奋斗、团结协作，埋头钻研、攻坚克难，为安徽省科技进步和经济社会发展作出历史性贡献。

省科协第四次代表大会　省科协第四次代表大会于1986年12月2日至6日在合肥召开。省委书记李贵鲜、省长卢荣景等党政领导出席会议。出席会议的代表841人，特邀代表59人。大会总结安徽省科协"三大"以来的工作，提出进一步动员全省自然科学学会会员、科普会员和广大科技工作者，投身改革，开拓进取，为实现"七·五"计划，振兴中华，建设安徽，团结奋斗，贡献才智。大会选举新的领导机构，158名委员组成第四届委员会，其中常委36人。主席：管惟炎，副主席：王明濂、何济成、李光恒、赵乃刚、贾轩伟、柳曾典、徐叔云、徐静斐（女）、顾绳谷、霍裕平。秘书长：黄其清。1987年管惟炎因工作调动不再担任主席，1988年补选徐叔云为主席。

省科协第五次代表大会　省科协第五次代表大会于1992年5月5日至7日在合肥召开。省委、省顾委、省人大、省政府、省政协、省纪委、省军区领导卢荣景、王光宇、孟富林、杨永良、方兆祥、刘广才、邵明、陈光琳、应宜权、张润霞、王泽农、刘正宗、秦光宇和中共中央候补委员、中国科协副主席高镇宁出席会议。卢荣景、高镇宁作讲话。参加会议的代表695名，特邀代表40名，列席代表21名。大会通过徐叔云主席代表五届委员会作题为《深化改革,团结奋进,为科技兴皖建功立业》的工作报告,选举产生由157名委员组成的第五届委员会,其中常委36名,主席:徐叔云,副主席:尹鸿钧、李光恒、李泽震、赵乃刚、张良震、顾绳谷、徐静斐(女)、倪承新、常印佛、阚永盛。1991—1994年先后增补高志新、程荣朝为省科协常委、副主席。

省科协第六次代表大会 省科协第六次代表大会于1997年12月18—20日在合肥召开。省党政领导卢荣景、回良玉、孟富林、王太华、方兆祥、汪洋、沈善文、乔传秀、史钧杰等出席会议。中国科协书记处书记宋南平到会祝贺。省委书记卢荣景在大会开幕式上发表讲话。出席会议的代表701人,特邀代表22人。会议期间,回良玉、方兆祥、乔传秀、王明方等省党政领导与参加会议的部分代表座谈,共商面向新世纪的科教兴皖大计。大会选举155人组成省科协第六届委员会,其中常委37人,主席:王秀智,副主席:万文平、王绍虎、韦穗(女),尹鸿钧、朱清时、李增智、陈心昭、金会庆、赵乃刚、唐国贵、常印佛、程荣朝。秘书长:朱克陶。会上表彰257名全省科协系统先进工作者。

省科协第七次代表大会 省科协第七次代表大会于2003年8月7—9日在合肥召开。省领导王太华、王金山、方兆祥、王明方、张平、任海深、朱成林、车俊、臧世凯、王贺文、季昆森、田唯谦、陈心昭、刘光复、王秀智、张润霞;中国科协书记处书记程东红;中国科学院院士朱清时、刘有成、王水、施蕴瑜、钱逸泰,中国工程院院士范维澄出席大会。755名科技英才代表全省百万科技工作者参加会议。大会选举173人组成省科协第七届委员会,其中常委46人,主席:季昆森,副主席:韦穗、刘光复、刘登义、华应明、安进、朱清时、宋礼华、张学军、李增智、陈心昭、金会庆、周建强、凌永顺、常印佛、程荣朝、谢纪康,常务副主席:周建强。开幕式上,举行省科协门户网站—“安徽公众科技网”开通仪式,省委书记王太华为“安徽公众科技网”电子剪彩。省长王金山为“安徽公众科技网”题写网名并主持召开部分院士和科技专家座谈会。根据科技专家建议,决定设立“省长科技信箱”,广泛听取科技专家的建议。每年拨出专款,支持省科协举办“安徽青年科技奖”、创办“安徽博士科技论坛”。

大会之后,省委、省政府下发《关于进一步加强科协工作发挥科协作用的决定》,省科协提出的“三主两业一家”的发展思路,受到省委、省政府以及中国科协书记处的肯定和支持。

第二节 宗旨和任务

安徽省科协实施《中国科学技术协会章程》细则(2008年8月22日安徽省科学技术协会第八次代表大会审议通过),其宗旨任务主要是:

宗旨 高举中国特色社会主义伟大旗帜,以邓小平理论和“三个代表”重要思想为指导,深入贯彻落实科学发展观,团结和动员科学技术工作者以经济建设为中心,坚持科学技术是第一生产力的思想，弘扬科学精神，发展创新文化，实施科教兴皖战略、人才强省战略、可持续发展战略和创新推动战略，建设创新型安徽。促进科学技术的繁荣和发展，促进科学技术的普及和推广，促进科学技术人才的成长和提高，促进科学技术与经济的结合。反映科学技术工作者的意见，维护科学技术工作者的合法权益。为经济社会发展服务、为提高全民科学素质服务、为科学技术工作者服务，不断加强自身建设，为推动社会主义经济建设、政治建设、文化建设和社会建设，为促进加快崛起、建设创新型安徽、构建社会主义和谐社会而努力奋斗。

任务 开展学术交流，活跃学术思想，促进学科发展，推动自主创新。

组织科学技术工作者为建立以企业为主体的技术创新体系、全面提升企业的自主创新能力作贡献。依照《中华人民共和国科学技术普及法》和《安徽省科学技术协会条例》，实施《全民科学素质行动纲要》，普及科学知识，弘扬科学精神；传播科学思想，倡导科学方法。推广先进技术，大力发展科普事业和科普产业，开展青少年科学技术教育活动，提高公民科学素质。反映科学技术工作者的建议、意见和诉求，维护科学技术工作者的合法权益。捍卫科学尊严，促进学术道德建设和学风建设，营造健康学术氛围。组织科学技术工作者参与科学技术政策、法规制定和有关社会事务的政治协商、科学决策、民主监督工作。表彰奖励优秀科学技术工作者，举荐人才。开展科学论证、咨询服务，提出政策建议，促进科学技术成果转化和科技咨询业发展；接受委托承担项目评估、成果鉴定，参与技术标准制定、专业技术执业资格评审和认证等任务。开展民间国际科学技术交流活动，促进国际科学技术合作，发展同国外的科学技术团体和科学技术工作者的友好交往。开展继续教育和培训工作。对授权管理的省级学会、科技类民办非企业单位等履行业务主管单位的管理、监督职责。兴办符合安徽省科学技术协会宗旨的社会公益性事业。

第三节 组织状况

省科协由省级学会、协会、研究会（以下简称学会）和省辖市科协组成。省辖市科协由市级学会、县（市、区）科协及企业事业单位科协等基层组织组成。县（市、区）科协由同级学会和基层组织组成。

省、市级学会 2010年，省科协主管的省级学会共151个，其中理科学会30个、工科学会40个、农科学会18个、医科学会35个、交叉学科学会28个，会员22万余人。此外，还有市级学会1963个。各级学会覆盖全省理、工、农、医和交叉等学科，已发展成为学科齐全、人才荟萃、智力密集、网络健全，具有鲜明特色的科技团体。

市县科协及基层组织 市县科协包括市级科协和县级科协，2010年，122个，其中市级科协17个，县级科协105个，遍布城乡的组织网络已初步形成。其中，乡镇科协1478个，街道科协371个，3100多个农村专业技术协会（研究会）联系农民会员近80万人,一批企业和高校也先后组建科协组织。各级科协及所属团体联系全省100多万名科技工作者。

省科协机关部室及直属单位 省科协机关设有办公室、组织部、宣传部、学会部、科普部、国际部、机关党委7个部门。直属事(企)业单位共8个,包括:安徽省科学技术馆、安徽省青少年活动中心、安徽省科协干部学校、安徽省科技咨询中心、安徽科技报社、安徽省科技信息中心、安徽省科普服务部(安徽省农村致富技术函授学校)、安徽科技开发公司(企)。

第四节 主要工作概述

省委、省人大、省政府、省政协一直高度重视科协工作,为科协工作营造有利的政策法律环境。1987年4月,省科协党组向省委常委会议汇报省科协工作主要情况和需要解决的重大问题。省委常委会议认真讨论后,就有关事项发出《省委常委会议纪要》;1992年,省委、省政府印发《关于加强和改善党对科协工作领导的通知》;1997年8月,省委、省政府印发《关于进一步加强科协工作的决定》;2000年3月,省人大颁布《安徽省科学技术协会条例》;2003年11月,省委、省政府印发《关于进一步加强科协工作发挥科协作用的决定》。这一系列政策法规的颁布实施,使省科协工作走上规范化、法制化的轨道,极大地改善科协的工作环境和条件,有力地推动科协工作创新发展。

围绕省委、省政府的中心工作和全省经济社会发展的重大问题,省科协动员和组织广大科技工作者,积极开展多种形式的科技服务活动。从20世纪80年代开始,省科协联合有关部门和单位先后组织开展"农村科普红旗竞赛""百万回乡知青适用技术培训""创建科普县、乡、村、社区""双百"活动、"讲理想、比贡献"竞赛、"金桥工程、厂会协作行动"、送科技下乡、青少年科技创新大赛等活动;为帮助科技工作者发挥作用、服务社会,创建全省第一家科技咨询服务机构——安徽省科技咨询中心。进入21世纪,在"三主两业一家"创新发展思路的指导下,省科协积极探索深入贯彻实施《科普法》和《全民科学素质纲要》的办法和途径,率先在全国提出"大力发展科普产业",并成功举办四届中国(芜湖)科普产品博览交易会,以"产学研用"的创新理念创建全国首家省级科普产品工程研究中心,与芜湖市政府联合创建全国首家科普产业园,推动科普产业集聚发展。

安徽青年科技奖自1992—2005年连续举办七届。历届获奖人员名单见下表。

安徽省青年科技奖有关情况一览表

表 5-1-1

年份	届别	主办单位	获奖名单
1992	第一届	省科协	王运敏　刘文清　江隆植　吴华夏　汤　坚　李道群　张作仿 居　弘(女)　岳永德　罗畅安　黄建波　董立民　熊克仁 董树文　葛宁洁　韩江洪　蒋　勇　林英任　崔　涛　洪　一 赵　韩　查良松　唐幼纯　杨俊杰
1993	第二届	省科协	门国捷　王　瓔　刘　钊　刘　新　石　磊　李　俊　乔建永 宋礼华　陈跃华　杭　寅　赵云德　官伟力　胡先进　唐　淳 柴小青　谢广祥　裴金泉　蔡福泉　潘一新　魏　伟
1996	第三届	省委组织部 省人事厅 省科协	金会庆　杨士友　任　军　蒋作君　吴福朝　李荣杰　刘　勇 孙月长　许和本　虞邦义　吴文彬　杨学明　杨　玲　方庆洲 郜洪文　吴跃进　杨剑波　蔡　平　杨惠成　赵建勋
1998	第四届	省委组织部 省人事厅 省科协	宛晓春　潘必才　田玉鹏　李　键　江来利　袁忠杰　李立功 吕国强　杨民刚　许　强　徐　峰　郭厚英(女)　杨安国 袁宏永　罗志祥　吴明楼　戴祖云　方　严　李晓强　尹宗生
2003	第五届	省委组织部 省人事厅 省科协	胡　可　俞书宏　刘　健　吴德华　李进华　李　平　李泽福 马传喜　韦永保　魏　臻　杨　凯　殷　伟　胡杏保　王　冰 姚建铭　刘庆峰　陈学东　刘克胜　李湖生　常海青
2004	第六届	省委组织部 省人事厅 省科协	蔡敬民　花日茂　刘劲松　刘　宁　史　敏　叶山东　李晓光 梁　樑　鲁付俊　饶瑞中　王德正　王继献　王家捷　徐广友 刘泽功　刘海燕　宋　扬　张　辉　袁广龙　李赛明
2005	第七届	省委组织部 省人事厅 省科协	范清林　高　隽　俞汉青　刘明平　吴孝兵　吴　健　孟国文 曹仁贤　陆　阳　路曦结　罗　斌　马芹永　王官武　闫子才 赵时运　赵子福　艾志斌　朱纯祥　熊　焰　周松林

说明：2003 年，省科协积极争取省委、省政府支持，加大表彰力度，由省政府每年拿出 40 万元表彰奖励 20 名作出突出贡献的安徽优秀青年科技工作者，安徽青年科技奖改为每年评选一次；由原来的精神奖励为主改为精神奖励与物质奖励并重；参评人员年龄由原来的 40 周岁放宽至 45 周岁

第二章 学术活动

安徽省科协引导和组织所属省级学会和市科协围绕党委、政府的中心工作,围绕行业的热点、难点问题,精选学术活动主题,充分发挥学术交流主渠道作用,举办多学科、综合性、高层次的学术研讨,形成一系列品牌学术活动。

第一节 品牌学术活动

安徽科技论坛 2000年,首届安徽科技论坛以“面向21世纪,加快科技进步,提高安徽综合实力”为主题,围绕科技进步、经济建设和学科发展以及省委、省政府关心的热点、难点问题,进行前瞻性、导向性讨论,为加快科技进步、提高安徽综合实力献计献策。论坛分综合报告会、研讨会、青年学者论坛和专题讨论会四大部分。科学家周光召、卢良恕、侯云德为代表的38位两院院士先后到皖参加论坛并作学术报告。两万多名科技工作者参加此次学术盛会。

2002年,第二届安徽科技论坛以“加入WTO与安徽科技、经济、社会发展”为主题,由2场综合报告会、20个省级分论坛和15个市级分论坛组成。中国工程物理研究院原院长胡思得等20多位院士,国家标准化管理委员会主任李忠海、交通部总工凤懋润等一批部、司级领导和美、英、日、澳大利亚及中国台湾地区的50余位学者以及段永基、史玉柱等著名企业家来皖参加论坛并作专题报告。论坛吸引全省万余名专家和科技工作者参加。征集论文和调研报告近1000篇,专家建议近百份,形成论文集30余册。

2004年,第三届安徽科技论坛以“树立科学发展观,全面建设小康社会”为主题,由22个省级学会分论坛和17个省辖市分论坛组成。常印佛等12位院士及一大批国内相关领域的著名专家学者参加论坛并作专题报告。近2万名科技工作者、企业家和党政领导干部参与论坛活动。征集论文和调研报告近1000篇,编辑出版论文集30多册,提交科技建议50多份。

安徽省自然科学学术年会 2001年,首届安徽自然科学学术年会以“加快知识创新和科技创新,促进科技成果转化,为加快发展富民强省服务”为主题,由院士专家科技报告会、12个专题分会场、10个卫星会场和35个自办会场组成。朱清时等10多位院士作学术报告。形成科技建议50多份。

2003年,第二届安徽省自然科学学术年会以“科技与全面建设小康社会”为主题,由20个省级、16个市级专题活动项目组成。年会期间举办院士、专家科技报告150多场次，征集交流学术论文1000多篇，形成科技建议近100份。

2005年，第三届安徽自然科学学术年会以“奋力崛起与科技工作者的责任”为主题，由22个省级学会专题和16个市科协专题组成。8位院士和一批国内知名专家、国家部委办领导作学术报告。近万名科技工作者、企业家和党政领导干部参与年会活动，征集学术论文和调研报告近1000篇，编辑论文集23本，形成科技建议20多份。本届年会被中国科协评为一等重点学术活动资助项目。

安徽省兴皖之光青年学术年会 省科协与省委组织部、省人事厅自1992年开始联合创办安徽省兴皖之光青年学术年会，每三年举办一届。

1992年12月1日—3日，中国科协首届学术年会的卫星会议——兴皖之光学术交流会在中国科技大学召开。436名青年科技工作者出席会议。征集论文848篇，讨论论文348篇。

1996年，第二届兴皖之光青年学术年会以“科技振兴安徽、青年开创未来”为主题，由中国科技大学郑永飞教授担任执委会主席。241名代表(其中博士26位，硕士68位，教授6位，副教授59位，代表平均年龄34岁)参加年会。征集论文近400篇，有238篇论文汇编成册，编印出版。

1999年，安徽省第三届兴皖之光青年学术年会以“科技增强国力，青年开创未来——携手走向辉煌的新世纪”为主题，征集论文400多篇。260多位论文作者、企业代表、部分重点高校的青年教师、研究生400多人参加会议。22家科研单位和企业到会进行新产品展示和信息发布。中国科协副主席、党组书记张玉台到会并讲话，省委、省政府、省人大、省政协领导汪洋、王秀智、苏平凡、朱维芳、陈心昭等到会，凌永顺院士等著名专家作报告。85篇论文入选论文集。会议向全省青年科技工作者发出《科技增强国力，青年开创未来》的倡议。

2002年，安徽省第四届兴皖之光青年学术年会，省委副书记王明方，中国科协书记处书记冯长根，中国科学院资深院士刘有成等领导和著名科学家出席会议，副省长文海英和省委组织部、省人事厅、省科协的负责人召集部分代表围绕“青年科技工作者创业与环境”进行座谈。400多篇学术论文中，遴选出119篇论文结集成册、公开出版。周光召、朱光亚等著名科学家和领导为论文集题词。年会向全省青年科技工作者发出《致全省青年科技工作者的倡议书》。

2005年，安徽省第五届兴皖之光青年学术年会，省委常委王秀芳，两院院士常印佛等领导和专家出席会议并讲话，中国科学院郭光灿院士、西安卫星测控中心着陆场站科技处和红站处长等专家作报告，200多位青年科技工作者参加年会。年会征集论文260篇，116篇优秀论文编辑成论文集，年会发出《致全省青年科技工作者倡议》。

安徽博士科技论坛 2003年，省科协组织举办首届安徽博士科技论坛。论坛以“安徽公共卫生体系建设”为主题，安徽医科大学校长张学军博士、魏伟博士等组成的执委会组织省内外医药卫生和生命科学领域的60余位博士和部分市卫生局、疾病控制中心专家及在读医药博士生、硕士生共200多人参加。征集论文100多篇,83篇论文入选《首届安徽博士科技论坛论文集》,形成《关于进一步加强安徽公共卫生体系建设的建议》。周光召、王太华、王金山等领导和院士为论坛题词,省委副书记张平为论文集作序。中国工程院院士、中国人民解放军第三军医大学教授程天民、卫生部法规监督司副司长孟群博士和北京市卫生局副局长梁万年博士应邀作专题学术报告。论坛期间,省人大常委会副主任季昆森和副省长蒋作君主持召开博士座谈会,参会博士与卫生厅等省直有关厅局领导共商安徽省公共卫生体系建设大计。

2004年,"生态安徽"博士科技论坛由安徽师范大学和黄山市人民政府承办。省科协副主席、安徽师范大学常务副校长刘登义博士担任本次论坛活动执委会主席。100多位博士和专家参加论坛活动。中国工程院王文兴院士、孙铁珩院士和省人大常委会副主任季昆森作报告。省人大常委会副主任朱维芳主持召开博士座谈会,与博士们共商生态安徽建设大计,征集论文120余篇,116篇入选论文集。形成《关于加速生态安徽建设促进安徽可持续发展的建议书》。

安徽制造业发展博士科技论坛由合肥工业大学承办。省政协副主席、省科协副主席、合肥工业大学校长陈心昭博士担任本次论坛执委会主席。200多位博士和专家参加论坛。省委副书记张平出席开幕式并作讲话,省人大常委会副主任黄岳忠主持召开博士座谈会。中国工程院郭重庆院士和中国科学院熊有伦院士作主题报告。论坛征集论文160多篇,114篇入选论文集。省长王金山为该书作序。论坛组织中国科技大学、合肥工业大学等高校和科研院所的博士与部分企业签订8项合作对接协议。

2005年,"数字安徽"博士科技论坛由省科协与省信息产业厅联合主办,中国科技大学和省计算机学会承办,200多位博士和专家参加。副省长黄海嵩为论坛发来致贺电,中国科学院院士刘盛纲、郭光灿,微软亚洲研究院李世鹏博士作主题报告。论坛征集学术论文115篇,93篇入选论文集,省长王金山为论文集作序,企业与博士签订2项合作协议。

安徽省食品安全博士科技论坛由安徽农业大学和省农委承办,省药监局和省质监局等单位协办。200多位博士和专家参加。中国工程院院士蔡道基、陈宗懋作主题报告。论坛征集学术论文200多篇,178篇入选论文集。

其他学术活动 1987年,省科协和省交通厅组织省航海学会进行"开发利用长江水道,发展航运交通"考察论证工作。

1988年,省水利学会与省水利厅联合举办"安徽省淮北地区水利综合治理及旱作物灌溉问题学术讨论会"。省航海、铁路、交通学会联合召开"安徽省大交通学术研讨会"。

1990年,省科协参加中国科协组织的"1990年全国分区食物发展学术讨论会",组织有关学会撰写《安徽省食物发展研究报告》,为食物结构趋于合理化提供科学依据。

1993年,省科协组织农学、水利、林学、农业经济等10多个省级学会研讨,并会同省政协科技委筹办"安徽省发展高产、优质、高效农业学术研讨会",得到省领导重视,获得省政府专项经费。

1994年，省科协围绕省委、省政府加快安徽农业发展的工作重点，与省政协科技委联合召开发展“两高一优”农业学术研讨会。与会80多名专家根据全省农业发展实际，撰写论文90余篇。省农垦学会围绕加速产业结构调整，召开“安徽农垦市场经济发展战略学术研讨会”，形成《关于加快发展安徽农垦市场经济的建议书》。

1995年12月，省科协牵头发起由13个农口学会联合组织的“安徽省市场农业发展战略和对策学术研讨会”，征集论文280篇。

1998年，省公路学会组织专家对安徽省高速公路建设与管理问题进行调研，形成《关于我省高速公路建设与管理的调研报告》，省长回良玉、副省长汪洋作重要批示。省农学会、农业区划学会对安徽省江淮丘陵地区农业结构调整、农业资源等问题开展调研，提出《江淮易旱地区种植制度调整调查报告》，编印《江淮分水岭易旱地区农业资源综合评价》优秀论文集。

1998年，“安徽省生命科学和生物技术与21世纪社会、经济发展研讨会”在合肥召开，院士施蕴渝为组长，生命科学界专家为组员，大会征集省内外学术论文28篇，选入论文集72篇。省领导王秀智、张平作讲话。大会形成《关于加强我省生命科学研究及发展生物技术产业的建议》。

1999年，省科协与省科委组织有关单位和在皖专家学者编写《世纪之交的安徽科技进步与学科发展》，全书分三个篇目：院士篇、行业篇、学科篇，收录论文185篇，近130万字。

2004年，安徽县域经济发展论坛在宁国市举办。论坛以“新型工业化道路与县域经济发展”为主题，由省科协与省委组织部、政研室、省政府研究室联合主办，宁国市政府承办。200多名代表参加会议。省委副书记张平出席论坛开幕式并作讲话。全国县域经济基本竞争力评价中心主任刘福刚、浙江绍兴县委书记徐纪平、江苏通州市委书记陈照煌作报告。两院院士常印佛主持报告会。论坛征集论文150多篇，96篇论文结集成书。张平为该书作序，常印佛题写书名。该论坛被中国科协评为当年学术交流重点资助项目。

第二节　安徽省自然科学优秀学术论文评选

安徽省自然科学优秀学术论文评选活动从20世纪80年代中期开始，延续至今。1986年，从全省近万篇参评论文中，评选出优秀学术论文，一等47篇、二等344篇、三等1635篇。1987年，省科协系统内评选出153个先进学会和2180篇优秀学术论文，一等47篇，二等324篇，三等1799篇。1989年，全省1万多篇论文参评，评选出优秀论文一等34篇、二等288篇、三等1112篇。1991年，评出优秀论文一等33篇，二等207篇、三等721篇。1994年开始，该项活动由省科协、省人事厅和省科委联合开展，每三年评选一次。

安徽省第1—4届科学优秀学术论文获奖情况统计表

表5-2-1　单位:篇

年份	届别	一等	二等	三等	合计
1994	第一届	41	167	1013	1221
1997	第二届	32	182	1015	1229
2000	第三届	20	240	930	1190
2003	第四届	33	187	977	1197

第三节　学术期刊

省科协主管、省级学会主办的学术期刊10种,公开出版的5种。

学术期刊一览表

表5-2-2

刊名	主办单位	刊号
生物学杂志	合肥市科协 省生物工程学会	CN34—1081 / Q
茶业通报	省茶业学会	CN34—1079/S
实用肝病杂志	省医学会	CN34—1270/R
科教文汇	省老科技工作者协会	CN34—1274/G
少儿科技	省老科技工作者协会	CN34—1245/N
安徽公路	省公路学会	
安徽测绘	省测绘学会 省测绘信息站	
华东公路	省公路学会	
安徽林业科技	省林学会 省林科所	
生物科学进展	省细胞生物学会	

第四节　学术交流

国际民间学术交流　1990 年，省科协向英国、德国、新加坡和日本选派进修生 33 人，“皖籍联谊会”积极开展联谊和技术引进工作。

1991 年 5 月，省科协组织科技咨询代表团赴英国参加“国际咨询业学术论文会”，这是国家多年来唯一一个参加咨询业学术讨论交流的代表团。代表团带回一批科技界急需的世界各国咨询行业的学术资料。安徽省经中国科协系统向日本、德国派遣科技进修人员 26 名。

1995 年，省科协选派厂矿科技人员去德国、日本、英国、新加坡等国家进修学习，从高校和科研院所选派高级教研人员到英国、德国进行合作研究和短期进修，选送各类出国人员 39 人，选派人员回国后成为技术骨干和高级管理人员。

1998 年，省科协接待“美国妇女计算机协会代表团”一行 19 人。

2000 年，省科协与中国科技大学联合举办第三届全球智能控制与智能自动化大会。会议征集来自中国、美国、英国、澳大利亚、日本等 17 个国家和地区的论文 1372 篇，大会交流论文 840 篇。大会邀请美籍华人学者、日本学者和中科院院士等 6 人作学术报告，400 多位中外学者参加盛会。副省长张平致欢迎词，省委书记王太华、省长许仲林会见并宴请出席会议的海内外著名学者。

2004 年，21 世纪公共卫生中日国际研讨会在合肥召开。会议由省科协、日本国立职业卫生研究所联合主办，三联学院和三联事故预防所共同承办。联合国秘书长办公厅高级顾问 Fred Dubee、国际劳工组织北京局官员朱常有、日中友好协会事务局局长酒井诚等著名人士出席会议。中国工程院院士于维汉、王正国、庄辉等中方专家和来自日本东京大学、京都大学等著名高校、研究机构的 20 余位日本学者，以及马来西亚、美国等国公共卫生研究领域的专家学者，共 100 多人参加会议。一批公共卫生研究领域的世界最前沿科学研究成果得到交流和展示。

对台民间学术交流　2005 年，第十三届海峡两岸都市交通研讨会在合肥召开。会议以“都市区及区域交通现代化”为主题，由省科协与上海市科协、台北市交通安全促进会联合主办，安徽省公路学会承办。来自海峡两岸的 280 余名（其中台湾方面 90 余名）专家学者参加会议。交通部以及台湾和安徽省交通方面的专家作主题报告。会议征集论文 360 多篇，132 篇入选论文集。

第三章 科普工作

第一节 农村科普

科技培训 省科协与省委组织部、省农委等有关部门、团体合作,对农民进行多层次、多渠道、多形式、分批次农村实用技术培训。1987—2009年,累计培训人员达756万人次。其中1992—2000年,省科协、省委组织部联合开展农村党员、基层干部实用技术培训,培训近150万人次。通过培训后掌握1—2个实用技术有328.4万人,达到农村技术员水平的有42.9万人。在全省共建农函校4所,学员3.9万多人。

2001年,省科协与省委组织部联合制定《2001—2005年农村党员、基层干部科技素质培训计划》,在全省农村开展实用技术和市场经济知识培训。省科协还针对省委组织部选派到村任职干部培训工作,进行专门部署。会同省科技厅编印农业科技培训教材,积极组织开展培训工作。

2003年,全省培训农村基层党员干部54206人次。省农函校全年招生5300多名,培训内容涉及蔬菜、小麦、棉花、畜禽、水产等30多个类别。

科技推广 省科协自1988年开始在全省试点创办技术服务实体。各基层科协通过自办的技术服务实体引进、试验、示范、推广新技术、新品种、新产品10773项,产生经济效益6.9亿元。

1990年,省科协会同有关部门选择"棉花前期少施药、摘早蕾增产新技术"作为重点推广项目,在13个重点产棉县进行示范推广44.77万亩,创经济效益3557.9万元。

1991年,省科协与有关部门配合继续加强"棉花前期少施药、摘早蕾"新技术的推广,虽遇严重水灾,推广面积仍达56.65万亩。

1998年,省科协与省委组织部开展的农村党员基层干部实用技术培训成绩显著。全年培训近百万人次,其中党员干部约30万人次,通过培训约20万人掌握1—2项实用技术,其中达农民技术员水平近万人。

科技扶贫 1987—1989年,各级科协与各级民政部门联合组织全省广大科普会员、能工巧匠,根据贫困户需要,大力开展送技术、传信息、指门路、扶持生产,进行"一帮一""一户带多户"等多种形式的科技扶贫活动,帮扶困难群众10万余人,使全省8000余名贫困群众达到当地脱贫标准,部分群众走上富裕道路。

2003年,淮南市潘集区作为省科协定点帮扶对象,根据当地经济结构实际情况,以科技扶贫为着力点,采取科技培训、新技术新产品试点推广、援建科普基础设施、以奖代补等多种方式扶持基层农技协组织发展壮大等措施,帮助解决当地扶贫开发中遇到的困难和问题,收到较好成效。

科技下乡　1987年,各级科协组织1540名科技人员下乡、上山、进厂对口服务,帮助专业户、科技示范户提高技术,促进“庭院经济”和“一村一品”“一乡一品”的区域商品经济发展。

1998年,全省17个地市60多个县科协开展送科技下乡活动,赠送科技图书27.5万册,科普挂图4万多张,科技录像带1500多盒,举办科技讲座和展览、田间诊断、报告会近千次,推广先进实用技术170多项,放科教电影、录像2000场次,受益农民200万人次。省科协组织省农科院、安农大、省中医学院的专家教授深入基层为农民服务,省领导王秀智、汪涉云亲自带领科协工作人员分别到亳州等地,送科技下乡。

1999年,省科协与11个市科协和11个县联合送科技下乡出动科普宣传车80多车次,行程2000多公里,深入到11个受灾和贫困乡镇,组织1000多名科技人员参加活动,向农民发放科普30多万册(份),赠送科普书籍7万册、科普挂图近2000张、科普录像200多盘,举办科技报告会20场次,听讲的农民1600多人、学生2400多人,有15万人接受现场咨询。

2000年,省科协组织中国科大、省农科院、安徽农大、省中医学院20名具有高级职称的科技人员赴贵池、六安、肥东、定远、固镇的5个乡镇送科技下乡,发放科普资料10万册(份),送科普录像带50部,举办科技讲座12场,听众约2500人次,受益农民约7万人次。按照中央文明办、中国科协的统一部署,省科协在合肥等12个市举办“崇尚科学文明,反对迷信愚昧”大型科普巡回展览,在广大群众中深入进行马克思主义唯物论、无神论教育和科学精神教育,参观人数上百万人次。

2001年,省科协组织一批农业科技专家、医务工作者为农民进行科普讲座、科技咨询、技术服务和义诊等活动,深受广大群众欢迎。活动行程3万余里,途经17个市近30个县(城区)100多个乡镇(社区、学校),发放科普读物、实用技术和科普光盘等科技资料54种近8万余册(盘),吸引约20余万群众和青少年参与。

2005年,在全省科协系统开展主题为“科技服务三农,促进农村经济发展,带动农民致富”的“七个一百”实践活动,即“百名农村贫困儿童进科技馆”“百名党员科技专家进百村送科技”“面向农村百场科普报告会”“科技帮扶百名农村贫困党员”“百个学会与百个农技协技术合作”“培训百名农技协带头人”“送百项科技进百家示范户、架农民致富金桥”。省、市、县科协及所属学会积极参与,受到农民欢迎。

农村专业技术协会　20世纪80年代,以家庭联产承包责任制为主要内容的农村改革全面推进,农民获得经营自主权,生产积极性普遍高涨,对农业科学技术需求十分强烈。在这一背景下,省内出现如天长市界牌镇水产研究会、和县城南乡蔬菜研究会等一批新型的民间技术合作组织——农村专业技术协会。这些农技协的成立,在广大农民中,掀起一股学科学、用科学的热潮,促进农业科技成果的推广和普及,增强农村吸收、消化和推广实用技术的能力,培养一批懂技术的科技户、专业户。

1994年,省科协开始在基层科协开展农村科普试点工作,在全省建立农技协1870个,创办技术服务实体709个,组织推广新技术1386项,创造经济效益55839.5万元。

1998年,各级科协为进一步巩固和发展农村科协基层组织,相继成立多种形式的农民技术协会和专业研究会。全省有乡镇科协组织1301个,农技协1772个,会员近30万人。有企业科协200多个,会员2万多人。

2004年12月10日,安徽省首届农村专业技术协会工作会议在合肥召开。省委副书记张平,中国科协科普部副部长、中国农技协副秘书长王慧梅出席并讲话。省人大常委会副主任、科协主席季昆森主持会议,科协党组书记、常务副主席周建强作工作报告。会议讨论并通过《2005—2010年安徽省农村专业技术协会发展规划》,表彰25个农技协工作先进集体、30名先进个人、30个优秀农技协、30名优秀农技协理事长(会长)。

2004年12月18—19日,省食用菌技术协会与阜南县人民政府联合主办“安徽省食用菌产业新技术新产品交流大会暨安徽省食用菌技术协会2004年年会”,省科协副主席李增智到会并讲话。

科技队伍 1988年以来,全省各级科协会同农、林、水等部门,开展对农村中有技术专长的技术人员进行职称评定工作,评定农民技术员39933人,涉及17个专业。

1990年,省科协会同有关部门制定《关于对获得农民技术职称人员管理使用的暂行规定》,经省政府同意下发,从而使农民技术职称评定工作进入制度化、规范化轨道,初步建设起一支养得起、留得住的农村科技人员队伍。

1991年,省科协在全省开展“讲精神文明,比科技致富,创建科普文明村”活动。全省有900个乡村达到“科普文明村”的标准,其中有75个乡村是由县委、县政府命名的,还评选出县科技致富能手1358名。

科普设施 科普活动站、科普宣传栏、科普员(简称“站栏员”)建设有效解决基层科普阵地薄弱、科普设施缺乏、科普队伍不健全等问题。从20世纪80年代中期开始,科协系统开始抓科普阵地建设。到80年代后期,全省大部分乡镇建立科普图书阅览室、科教电影站、科普电影放映队,条件好的城市还相继建成科普画廊。总体来说,当时还是处于较低水平。进入90年代,省科协在合肥市中心建设第一座科普画廊。

科普示范县 1998年,省科协拟定创建全国科普示范县意见,对创建工作的指导思想、目标和实施步骤提出具体要求。肥东、濉溪、怀远和桐城等9个县市被中国科协确立为首批全国科普示范县。

2001年,中国科协“六大”上,安徽省有6个县(市)和1个城区被中国科协正式授牌命名,肥东县由于创建工作成效显著,在大会上作典型发言。

科普示范基地 1998年,全省建立850多个科普示范基地。

1999年,9个首批列入创建全国科普示范县和省科协垂直领导的8个科普示范基地，都制定创建规划和实施办法，加大经费投入，开展技术服务、技术培训和新技术、新品种引进示范推广，取得良好的社会和经济效益，带动周围农民依靠科技致富。

第二节 城市科普

科技活动周 “科技活动周”是2001年批准设立的大规模群众性科学技术活动，每年5月的第三周为“科技活动周”，由科技部会同中宣部、中国科协等19个部门单位组成科技活动周组委会，同期在全国范围内组织实施。

1994和1995年在中国科协的统一部署下，省科协在合肥、芜湖等10个城市举办规模较大的科普宣传周(月)活动，活动840场次，受教育群众250万人。

2001年，省科协会同合肥市科协联合举办以“科技在我身边”为主题的首届安徽科技活动周。省科技馆、省气象局多普勒气象中心和中国科技大学2个国家级重点实验室免费对外开放。活动有10万余人参加。

2002年，成立以副省长卢家丰为主委，省直有关单位参加的安徽省第二届科技活动周组委会。开展以“科技创造未来”为主题的科技活动周。蚌埠市举办广场科普集市，组织20多个市级学会开展科技宣传活动。全省各地通过举办科技报告、科技讲座、科技咨询、科普培训等多种方式开展活动，参加群众155万人次。

2003年，科技活动周主题为“依靠科学，战胜非典”。活动期间，省科协协同省直有关部门组织召开科技专家农村非典防治工作座谈会，组织专家编写《“非典”问答》，编印“传染性非典型肺炎预防常识”科普挂图，印制科技周宣传画等科普读物。组织专家赴合肥市、肥东县的部分社区、乡镇开展防治非典展板巡回展览，赠送防治非典科普资料和消毒药品、器材等物资。发放《农村“非典”防治手册》近4万份，覆盖全省2.9万多个行政村。

2004年5月15—21日安徽省第四届科技活动周在合肥开幕。本届活动周由省科技厅、省委宣传部和省科协共同主办，以“科技以人为本，全面建设小康”为主题，组织开展走进科技馆、科普大片展映、全国科普产品博览会、SARS病毒、禽流感病毒、艾滋病病毒等相关疾病预防的图片展览和科普讲解等30项活动，宣传公共卫生健康问题，倡导健康文明的生产生活方式。

2005年5月14日，以“科技以人为本，全面建设小康”为主题的2005年安徽省暨合肥市科技活动周在合肥市府广场开幕。省领导张平、孙金龙、张春生、田唯谦、赵培根等出席开幕式。省委副书记张平宣布科技活动周开幕。专家在现场开展咨询和义诊，向市民介绍环境保护、食品药品安全、预防艾滋病、科技与文明健康生活方式等知识。省市科技馆等多个科普教育基地向公众免费开放。

科普日 全国科普日由中国科协发起，纪念《中华人民共和国科学技术普及法》的颁布和实施，定于每年九月的第三个双休日，通过组织开展全国科普日活动标识、主题征集活动,在全社会进一步营造“人人都是科普之人、处处都是科普之所”的良好氛围,激发全体公民学科学、爱科学、用科学热情。省科协积极组织省级学会、各市科协开展形式多样的主题活动,为中国科普活动的可持续发展提供不竭源泉和动力。

科普日活动情况一览表

表 5-3-1

主题	时间	特色活动	备注
科学普及——你我共参与	2004 年 6 月 27 日	向社会和公众宣传普及地球科学知识,努力提高公众地球科学意识	安徽地质学会承办
树立科学发展观,共建和谐社会——科学普及,你我共参与	2005 年 9 月 17 日	“建设节约型社会,从你我做起”“合理用药、疾病预防及卫生健康知识和心理健康”“破除迷信,科学生产,健康生活”等	池州科协主办

科技报告会 1998 年 10 月 30 日,省科协与省委办公厅、省委组织部、省委宣传部联合举办院士科技报告会。省领导回良玉等以及省直机关厅局领导和科技工作者 400 多人出席。中国工程院院士、副院长朱高峰以“工程技术与产业发展”为题作报告。

马鞍山、合肥、淮南、凤台等市县科协先后举办科技报告会,邀请凌永顺院士、朱高峰院士、黄吉虎教授、贾海基教授等为市县领导、市县直单位负责人和部分科技人员“充电”。

2000 年,省科协与省委办公厅、组织部、宣传部邀请中国科学院院士、中国著名自动化专家戴汝为和美国华盛顿大学教授谈自忠到皖给厅局级以上领导和科技工作者作《新经济形势下的集智慧之大成》和《计算科学的过去、现在与未来》的科技报告。省党政军领导和省直机关、在合肥大学、科研院所及合肥市的部分领导干部听取科技报告。

2001 年,省科协与省委组织部邀请国内纳米研究领域首席科学家张立德,为省直厅局级以上领导干部和科技工作者作《纳米技术是 21 世纪科技发展的制高点,是新工业革命的主导技术》的科技报告。

淮南市科协围绕“科技兴市、加快发展”的主题,举办“淮南市加快发展研讨会”,中国科协书记处书记、博士生导师、教授冯长根作“21 世纪科学技术发展趋势”科技报告。

著名科学家杨福家到合肥作《科技发展与经济转型》主题报告。省直机关厅局级干部、在合肥大学、科研院所的部分领导干部和科技工作者听取报告。

2003 年 10 月 17 日,省科协与省委组织部联合邀请中国科学院院士陈述彭和庄逢甘,在合肥作《把握“数字地球”战略、与时俱进》和《我国航天技术的发展与应用》的科技报告。400 多名省直机关、在肥企业和省级学会负责人及科技工作者聆听报告。

2004 年 10 月 28 日,省科协与省委组织部联合邀请中国绕月探测工程总指挥、国际宇航科学院院士栾恩杰,为省直机关领导干部和科技工作者作《航天科技领域发展趋势》科技报告。省直机关、在肥高等院校、科研院所和部分大型企业负责人,省科协常委、部分省级学会负责人和科技工作者400多人参加报告会。

省地震学会邀请中国科学院院士陈运泰、中国地震学会理事长、中国科学院院士陈颙为广大会员和地震科技工作者作《地震灾害的预测预警与防治对策研究》《地震预报新思路》学术报告。省数学学会邀请中国科学院数学与系统科学研究院院士严加安为有关高校从事数学教学和科研的100位代表作题为《金融数学发展与展望》报告。合肥市科协创办的"中国合肥科学家企业家讲坛",邀请中国证监会主席周道炯、中科院院士陈达、中国工程院院士范维澄、小天鹅总裁徐源等著名专家学者和企业家进行专题演讲,成功举办14讲。安庆市科协邀请中国科学院院士钱逸泰作《科学研究的开始和评价》学术报告。

科普法宣传　2002年6月29日,《中华人民共和国科普法》颁布实施。7月19日,省科协和合肥市政府共同举办科普法大型宣传活动,省委、省人大、省政府、省政协四大班子主要领导参加活动。各地通过散发宣传材料、举办科普展览、开展科普法知识竞赛和科普法宣讲等多种形式,在全省掀起学习科普法的热潮。蚌埠、安庆等地负责同志撰写文章、发表讲话,带头学习宣传科普法。活动当日全省各地共散发科普法读本3万余本,科普资料5万余份,10余万群众参加活动。各地还积极与新闻媒体合作,充分利用电台、电视台、报刊和网络等宣传媒体进行宣传。

2003年,各级科协为纪念科普法颁布两周年,开展多种形式宣传活动。省科协与芜湖市科协共同举办6.29科普日开幕式和系列宣传活动。省科协组织近4万人参加由中国科协举办的科普法知识竞赛,受到中国科协表彰。

2004年7月20至31日,省人大组织在全省开展科普法执法调研活动,省人大常委会副主任苏平凡、季昆森、张春生分别率三个调研组赴合肥、蚌埠、巢湖、滁州、铜陵、宣城等地开展调研,检查科普法贯彻落实情况。

专题科普宣传　1990年,省科协与省委组织部、宣传部、省人事局联合组织由安徽省十位优秀科技专家组成的"安徽省科学家精神文明宣讲团"在安徽剧院和合肥七所大学宣讲,2.6万多名科技工作者和师生聆听报告。

1998年,省科协与20多个省级学会、高校,开展"9·19大型科普宣传日"活动,中国科协主席周光召和省委、省政府、省人大、省政协负责人及在肥的300多名科技工作者参加。

1998年,省科协与省人事厅在省直单位和各地科技管理人员中开展"面向21世纪的500讲活动"。省科协在安徽科技报社开辟"走近科学"系列科技宣传专版,20多个省级学会提供稿件。

2001年,全省各级科协和学会利用"地球日""环境日"等国际性纪念日和中国传统节日,开展各种专题科技宣传活动。省地质、地球物理、通信、环境科学、气象、灾害防御、护理、防痨等学会面向广大城乡居民开展科普宣传活动。

2001年,省科协与合肥、安庆、阜阳、蚌埠等市科协先后开展“反对邪教,保障人权”百万公众签名活动,各界群众15万人参加。同时组织开展各种科普作品编写工作,编印《生活百科》等科普读物10万多册。为提高全省科普作品的编写水平,省科协开展省第五届优秀科普作品评选活动,共有300多件科普作品参选,其中65件作品获奖,《地球“四极”奇趣》和《科学家谈21世纪》两种科普图书被评为全国优秀科普作品三等奖。

2003年,省科协按照中央文明办、中国科协等十一部委《关于继续深入开展科教、文体、法律、卫生“四进社区”活动的通知》精神,通过科普讲座等方式,在全省范围内开展主题为“讲科学生活,建文明社区”的科普进万家宣传活动。

2005年,围绕“树立科学发展观、共建和谐社会”这一主题,全省各级科协广泛开展各类科普宣传活动。举办科普讲座179场、培训班503期,赠送科普挂图9431张,展出科普展板5514块,放映科普电影292场,开展为群众义诊等重点活动1752项,有1.7万人次深入街道、社区,发放科普宣传资料83万份,参与群众107万人次。全省有3个集体、6名个人、5个单位因开展活动成果显著,被评为全国“科教进社区”活动先进集体、个人和优秀组织单位。

科技馆 1984年6月1日,蚌埠科技馆建成开馆,1985年被中国科协青少年部确立为“与联合国儿童基金会社区非正规教育合作项目”的科普展教分项目执行单位。

1999年,安徽省科技馆建成开馆。

2002年,合肥市建成科技馆,铜陵市、桐城市科技馆相继建成。省科技馆对原有展品进行改进、更新,通过科普大篷车研制成流动科普馆。蚌埠市科技馆发挥展品制作方面的优势,不断向全国各地科技馆输送各类展品。

2003年,省科技馆全年接待观众13.4万人次,流动科技馆开展活动20场次,接纳观众7万人次,改造更新展品、展项14项,开发研制科普展项28件(套),完成大小展区改造和技术改进10项,新增展品10多项。承制科普大篷车3辆、车载展品120件。蚌埠市科技馆承接全国有关科技馆200多万元展品研发任务,为全国200多个科技馆提供展教品,为31个省、市、自治区制作艾滋病大型展览展板。

2004年4月,芜湖市决定政府投资兴建科技馆,列入市社会事业重点工程项目,于2005年12月开工,2008年12月开馆。该馆占地面积2万平方米,建筑面积1.6万平方米。新建11个科普图书室,配发各类科普图书2000册;编印科普宣传资料7万多册,发放科普宣传画、农村生态卫生建设、防灾减灾基本知识等科普挂图3000多套。

科普大篷车 2000年,中国第一台科普大篷车在安徽省研制生产成功,并在全国推广。科普大篷车成为开展科普宣传活动的重要工具。

开展科普大篷车下乡万里行活动。省科协经过努力,按时完成2批9辆科普大篷车的制造任务。并以此为亮点,举行科普大篷车下乡万里行活动。开展大篷车科技展品展示、科普挂图与展板展示、散发实用技术、身边科学等方面科普资料和放映科技电影等内容。

2001年，受中国科协委托，省科技馆牵头研制Ⅰ型科普大篷车4辆、Ⅱ型科普大篷车1辆，设计研制多功能的Ⅲ型科普大篷车1辆。中国科协为安徽省配发Ⅰ型科普大篷车一辆。

2003年，省科协全年组织开展科普大篷车科技下乡20余场次，行程5000多公里，参加群众7万人次。

科普教育基地　2000—2002年，省科协与市县共建科普画廊72座，约2000多米，援建科普图书室27个，提供科普图书1万余册，成立科普示范基地14个。新建、改造科技场馆9个，接待群众12万人次。

2003年，中国科大火灾科学实验室、蚌埠市科技馆、合肥气象科技园等8家被确定为省级科普教育基地。

2005年，安徽省科技馆、合肥气象科技园和合肥市科技馆被中国科协命名为全国科普教育基地；黄山市风景区被省科协批准为安徽省生物多样性科普教育基地和安徽地质科普教育基地。

科普网　2003年8月7日，省科协开通“安徽科普网”，加强科普工作信息化建设。

科普示范市　1999年，省科协召开城市科普工作会议，在创建文明城市中，加强社区科协组织建设，把安庆市迎江区立为城区科普示范点。

2000年，继安庆迎江区被中国科协命名全国科普示范城区后，合肥东市区等7个城区被批准为创建科普示范城区。

2001年，全省12个县(市)和8个省辖市城区开展科普示范城区创建工作。中国科协“六大”上，安徽省有6个县(市)和1个城区被中国科协正式授牌命名。

2002年，全省有7个县(市、区)被列入科普示范创建工作。科普示范城区创建工作促进科普工作向城市社区、楼院、家庭延伸，提高居民的科学素养，加快城市社区的文明建设步伐。安庆市科协坚持城区科普工作常抓常新，成立首家民营企业科协。

2003年，20个县(区)和8个城区开展科普示范县(市、区)创建工作。其中6个经中国科协验收通过，5个经省科协验收通过，9个创建中，8个开展科普示范城区创建活动的城区中，安庆市迎江区通过中国科协检查验收，6个通过省科协检查验收，其中2个进入全国科普示范城区创建行列。

2005年，黄山市屯溪区、安庆市大观区、淮南市田家庵区、芜湖市镜湖区、合肥市蜀山区、天长市被中国科协批准为全国科普示范区。

科普示范社区　2005年，在全省开展省级科普示范社区创建活动，命名安庆市迎江区新河路街道地质社区等10家单位为省级科普示范社区。

第三节　科普调研及科普工作会议

公众科学素质调查　省科协参与中国科协自1992年以来共开展8次中国公众科学素质调查。2007年,省科协与中国科学技术大学开展面向15至69周岁的公民调查,在全省17个城市,57个县区,256个乡镇、街道、,抽样调查12909个样本。结果显示,2007年全省18至69周岁公民具备基本科学素质的比例为2.31%,其中科学知识、科学方法、科学与社会三个指标的达标比例分别为10.2%、9.3%、77.9%。

农技协调研　1998年,省科协对全省农村专业技术协会情况进行调研,形成报告上报省政府,引起省政府办公厅的重视,在93期《安徽政办通报》上全文登载,要求全省各地、各有关部门贯彻落实报告中的意见。

2003年年初,省科协召开专题工作会议,研究部署全省农技协工作,明确提出建设和发展农技协工作是今后各级科协工作的重要任务之一。省科协当年完成《全省农村专业技术协会发展情况调查报告》初稿。芜湖、滁州、宿州等市级科协也都从调研入手,总结交流本市农技协工作经验,探讨扎实推进农技协健康发展的工作思路和方法。省科协加强对农技协的指导,使农技协的试点工作向高层次发展。

2004年,省科协组织何济成等老同志赴黄山市对农技协现状、作用、深层问题以及今后发展趋势、对策进行调研,形成专题报告,刊登在《安徽科协》。

科普工作会议　1992年,省科协在肥东县召开全省农村科普工作研讨会,会议全面总结几年来科普工作,交流经验,分析形势,布置任务。

2000年4月,省科协召开全省科普工作会议,表彰全省科普工作先进集体、先进个人。会议期间,与会领导和代表参观"崇尚科学文明,反对迷信愚昧"大型科普展,邀请专家与代表作专题报告。省委宣传部、省科技厅、省科协等9个部门出台《关于贯彻全国〈2000—2005年科学技术普及工作纲要〉的实施意见》。

第四节　青少年科普

中小学生科技活动　1985年,省科协举办"安徽省首届青少年科技活动成果展览"。至1988年,全省有30多万名青少年参加此项活动。

1986年9月,省青少年科技活动领导小组在蚌埠召开工作会议,领导小组组长、副省长王厚宏作"着眼未来,开阔视野,努力探索青少年科技活动新路子"的工作报告,有力推动青少年科技活动向纵深发展。

1991年,全省组织30多万中小学生参加全国首届生物百项科技活动。

1992年,全省组织21万余名中小学生参加各种类型的科技活动。

1998年,省科协与安徽经济广播电台联合开办"与科学家对话"系列直播节目,历时两个多月，举办10期。施蕴渝、伍小平等10位院士、专家先后到电台与青少年朋友交谈，有近100名少年朋友打来许多生动有趣的电话。各地科协围绕“珍惜生命之水”主题，开展青少年科技传播活动。

1999年，各地科协围绕“青少年生物和环境科学实践活动”开展科技教育活动。各地在青少年中开展“111活动”（即让青少年认识100种树、100种动物和至少种植1棵树的活动）。编写《安徽常见树木100种》《安徽常见动物100种》等科技读物及影像资料。

2000年，省科协组织贫困地区青少年和城市青少年开展“手拉手共迎新世纪科技活动”，来自大别山贫困山区的学生和合肥市的学生共同参加此项活动。

2002年，芜湖市举办首届中、小学生科技节，2万多名中小学生参加活动。

科技夏令营　1993年，省科协举办首届“世纪之光”大学生学术科技作品评选活动。其中青少年生物百项活动的省级评审工作以及上报全国参赛作品的评定工作，受到全国评审组委会表扬。同年全省有7万多名小学生参加暑期智力开发夏令营。

1995年，省科协组织各种类型的青少年夏令营。省青少年科技活动中心于5月组织寿县、六安等地的青少年到合肥参观中国科大的国家重点实验室——同步辐射和火灾科学实验室，听取该校教授的科普报告，培养同学们对科学的兴趣。

1998年，省科协系统共举办科技夏令营活动50余次，参加人数2400余人，其中贫困山区青少年通过“希望之光”夏令营活动，听院士、教授科普讲座、学习计算机、参观国家重点实验室、高新技术开发区和有关高校等一系列活动，拓宽视野。

1998年，省科协支持省原子核学会组织“98海峡两岸核科技夏令营”，选派10名优秀大学生参加。省地质、计算机、铁道、通信、物理等省级学会，举办科技夏令营。

2000年，省青少年科技活动中心与中科院合肥分院联合组织“合肥科学岛夏令营”，来自芜湖、马鞍山、滁州市和巢湖市的100名中学生参观研究室和科研设备，聆听科学家的科普报告。与省地质学会、省天文学会、省动物学会组织科技夏令营，请魔芋专家何家庆教授做科学考察及科技扶贫报告，还进行“我爱我的绿色家园”主题绘画长卷集体创作活动。

2001年，省青少年科技活动中心在暑假期间与省级学会举办青少年数学、化学、生物学、天文学、信息（计算机）夏令营及北京科技夏令营，来自全省各市600余名优秀中学生参加夏令营活动。

青少年活动中心及青少年活动基地　1994年，安徽省青少年科技活动中心被列为中国科协与联合国儿童基金会非正规教育合作项目分项单位。

1998年，省青少年科技活动中心分别在合肥、肥东、蚌埠、阜阳、马鞍山、安庆等地举办12场青少年科普报告会，其中院士报告会4场，参加学生1.2万余人。全省组织科普报告讲座400多场，参与人数8万多人次。

1998年，省青少年科技活动中心和省博物馆举办“当代著名科学家业绩展”，分别在合肥市、安庆市展出一个多月,学生参观近4万人次。

1999年,省青少年科技活动中心配合科技下乡活动,邀请专家为受灾的沿江六个市青少年做六场大型科普报告会。编印各种科普读物2万份。

1999年,省科协会同省委宣传部、省教委、省科委修订青少年科技教育基地和科技示范学校标准,以此标准评选出8个省级青少年科技活动基地和8个省级青少年科技活动示范学校,其中2个省级基地被批准为全国青少年科技活动基地。

1999年,将全省青少年在历届"全国青少年发明创造比赛"中36项获奖作品制成活动展板陆续在全省8个市进行巡回展出,被称为"创造发明大篷车",激发青少年学科学、爱科学兴趣。

1999年,省科协完成中国科协与联合国儿童基金会合作项目。建立示范县、示范点,举办各种实用技术培训班和信息工作人员培训,开展以生命知识、环保知识、防止碘缺乏病为主题的科普宣传活动。

2000年,由省科协、省教育厅、省科技厅、省委宣传部评选出2个"全国青少年科技教育基地"、8个"安徽省青少年科技教育基地"和8所"安徽省青少年科技活动示范学校",对被命名的单位挂牌进行实地检查。

2000年2月,省青少年活动中心组与中国科学技术大学共同倡议的"安徽省科普讲师团"成立,中国科大校长朱清时院士为团长。4月20日在中国科大举行安徽省科普讲师团成立暨首场科普报告会。组织科普讲师团成员分别赴马鞍山市、滁州市、芜湖市、黄山市、合肥市、舒城县等地为中学生举办33场科普报告会,聆听科普报告的中学生近1万人。

2000年,通过广播、图片、板报等多种媒体进行宣传,把非正规教育项目扎根于人们心中,79500人次接受各种形式的宣传,发放资料2.4万份。安徽省与甘肃省、山东省举办甘、鲁、皖三省青少年非正规教育培训班,进行项目管理、传播方法等培训。

2001年,开展青少年生物与环境科学实践活动。组织省级优秀项目参加"第六届全国青少年生物和环境科学实践活动"展评,在展评中共获优秀项目一等奖并获英特尔少年英才奖1项,二等、三等奖9项,优秀活动二、三等奖5项,有3个单位获优秀组织奖。省科协组织"2001年安徽省青少年科学论坛",全省重点中学选拔推荐28篇优秀科学论文参加。

2001年,开展专项科技教育活动。举办尊重保护知识产权的书法大赛。开展青少年信息技术教育。为迎接9月份联合国大会儿童特别会议的召开,组织"支持儿童"中国区的网上投票活动,全省17个市都组织儿童、青少年和成人参加。组织8150人参加中国科技在线"首届网上科普动画大赛"评选活动。

2002年,省青少年科技活动中心组织省科普讲师团到合肥、马鞍山等地举办科普报告16场,吸引8000多名青少年学生参加。

2005年,继续举办安徽省青少年科学论坛;开展以"物理照耀世界"为主题的光束传递活动,为中学生与物理学家搭建交流与沟通的平台。举办“2005 年安徽省青少年科技创新大赛”。

青少年科技竞赛　1990 年,省科协组织 5 万多名中小学生参加数学、物理、化学、计算机、生物等学科竞赛,数学化学成绩突出。在世界中学生第三十一届数学、第二十二届化学奥林匹克竞赛中获得金牌(全国仅获 11 枚金牌)。

1992 年,省科协组织 21 万余名中小学生参加各种类型的科技活动。其中 2 名中学生获得国际奥林匹克竞赛金奖,4 名被选拔进第三十四届国际中学生数学奥林匹克竞赛选手冬令集训营,3 名被选拔进第二十五届国际中学生化学奥林匹克竞赛选手冬令营。

1995 年,省科协会同教育、环保部门联合举办第三届生物百项活动。活动材料上报全国后获优秀项目二等奖 2 个,三等奖 4 个,探索奖 4 个,优秀活动奖 7 个,优秀组织奖 4 个。

1998 年,省科协开展青少年发明创造比赛和科学讨论活动。参加“第九届全国青年发明创造比赛和科学讨论会”,评选出省级发明创造类一等奖 7 项,二等奖 13 项,三等奖 42 项;科学论文类一等奖 4 篇,二等奖 9 篇,三等奖 29 篇。从中遴选 11 项作品赴香港参赛,获一等奖 1 项,二等奖 4 项,三等奖 6 项。

1998 年,省科协在学会的支持下,完成中学生奥林匹克学科竞赛的组织、评审和选手的选拔、培训工作。全年各学科培训教师 400 余人,学生 800 余人,近万名中学生参加各学科的竞赛。申办“第十届全国青少年发明创造比赛和科学讨论会”成功。

1999 年,举办“99 安徽省青少年发明创造比赛和科学讨论会”。为迎接 2000 年在安徽省举办的全国青少年发明创造比赛和科学讨论会,各地市举办基层比赛,精选出本地最优秀的项目参加省级比赛。征集参赛作品 101 件,论文 74 篇。

2000 年,第十届全国青少年科技创新大赛于 8 月 2 日至 9 日在合肥举行。本届大赛收到参赛作品 2631 件,其中发明创造作品 290 件、科学论文 172 篇、科学幻想画 1787 幅、创新方案设计 382 项。有 12 个少数民族的 153 个项目(约占全部项目的 5.8%)参加本次比赛。

2000 年,安徽省青少年在全国五学科奥赛中取得较好成绩,其中计算机共有 3 名选手入选国家队代表中国参加国际奥赛。

2001 年,全省少年儿童科幻画比赛,175 幅作品参加展评,评出 60 幅优秀作品,30 幅被推荐参加 2002 年的全国青少年科技创新大赛少年儿童比赛。

2002 年,安徽省在第十七届全国青少年科技创新大赛中取得好成绩。

2003 年,在主题为“在新世纪展翅翱翔”的“大手拉小手青少年科技传播行动”中,省科技活动中心设计的“飞向蓝天”被评为全国优秀活动方案。

2005 年,参加第二十届全国青少年科技创新大赛,获得优秀项目奖 13 项,优秀科技实践活动与组织奖 12 项。

科技辅导员队伍建设　1995 年 5 月,在六安市举办项目示范县和服务县的科普知识培训班,培训41名科技辅导员,随后各县又分层次组织县、乡、村级的培训,培训科技辅导员1360人次,在6个项目县建立一支青少年科技活动骨干队伍,并通过这支队伍在贫困地区开展多种形式的科普教育活动。

1998年,在全省范围内开展评优工作。省青少年科技活动领导小组评选出省级优秀科技辅导员25人,优秀青少年科技活动组织工作者19人,先进青少年科技活动集体7个。

1998年,省科协举办“安徽省青少年科技辅导员培训班”,全省46名科技辅导员参加,邀请3名专家进行讲座。

第四章　科普产业

2002年,围绕贯彻落实《中华人民共和国科学技术普及法》关于"国家支持社会力量举办科普事业"的要求,省科协党组书记、常务副主席周建强在全国率先提出培育发展科普产业的理念和思路。经过近10年的探索和实践,发展科普产业已成为贯彻落实2006年,国务院颁布实施的《全民科学素质行动计划纲要(2006—2010—2020年)》的重要措施。

第一节　科普产业理论研究与政策支持

2003年以来,省科协先后组织开展《科普产业形成研究》《科普产业发展研究》和《科普产品标准研究》等课题的研究;2003年11月,省委、省政府将"大力发展科普产业"写入《中共安徽省委、安徽省人民政府关于进一步加强科协工作、发挥科协作用的决定》;中国科协将《科普产业形成研究》《科普产业发展研究》和《科普产品标准研究》等列入重大软课题研究项目。2005年9月,举办首届全国科普产业论坛,从科普产业的相关概念、科普产业的市场形成、科普产业结构及产业要素、科普产业发展战略、科普产品的分类和标准、科普产品研发生产企业以及科普产业的相关扶持政策等进行全方位的探索研究,取得一批理论研究成果。

第二节　科普产业市场培育和开发

安徽在开展科普产业理论研究的基础上,开发和培育科普产品市场,2004年5月,创办全国第一个专业性科普产品博览交易会——中国(芜湖)科普产品博览交易会(简称科博会),为供需双方搭建展示交易平台。在中国科协和省委、省政府的大力支持下,2004年以来,省科协与芜湖市政府合作承办四届科博会,1300多家国内外厂商参展,展品展项2万多件,交易额11.5亿多元,参与公众110多万人次。2008年,中国科协决定中国科普产品博览交易会举办权永久落户安徽芜湖。科博会上既有科普产品的现场交易、贸易洽谈、信息发布、技术转让和合同签约,又有面向公众的科普产品与技术展示、科普报告会、专题科普展、科普资源共建共享论坛、院士专家与青少年见面会等内容丰富的公益性科普活动。科博会向社会展示科普产业的巨大市场潜力,吸引众多高等院校、科研院所和企业投入科普产品的研发与生产,推动科技成果向科普资源的转化应用,引导社会力量参与到科普工作中来。芜湖科博会成为安徽省自主创新要素服务的重要平台,成为推进皖江城市带承接产业转移示范区、国家技术创新工程试点省和合芜蚌自主创新综合试验区建设的重要抓手。科博会以其“富有特色、影响广泛”被安徽省“十二五”规划列为全省会展经济三大平台之一。

第三节 科普产业技术研发与创新

安徽省充分发挥自身的科教资源优势,组织有关高等院校、科研机构、高新技术企业和省科协等组建“产、学、研、用”相结合的科普产业战略联盟,2008 年建立全国第一家省级科普产品工程研究中心——安徽省科普产品工程研究中心,其任务是开展科普产品的创意设计和研发、创新成果与创意设计的工程化、技术集成与应用系统集成、行业标准制定,以及开展科普人才培训和推进科普企业孵化;重点是做好科技展馆展品、科普教育器材、家庭益智科普用品等重点研发领域。工程研究中心占地约 16 亩,总建筑面积约 2 万平方米,工程中心已开发科普产品近百件,申请专利 23 项。工程中心建设还获得省创新基金 300 万元支持,并募集社会资金 1100 万元。

省科学素质工作领导小组研究决定,由省科协、省教育厅、团省委等部门联合,每年举办“安徽省百所高校百万大学生科普创意创新大赛”。首届大赛吸引全省 98 所高校、科研院所的 1.2 万余名大学生、研究生参赛,辐射影响近百万大学生群体。大赛征集各类科普作品 5000 余件,被誉为全省培养科技创新人才的“摇篮工程”。

第四节 科普产业园区和基地建设

在中国科协的高度重视和社会各界的共同努力下,参与科普产品研发、制造的单位不断增加,仅安徽区域内已有包括中国科学技术大学、中科院合肥物质研究院、科大讯飞等高等院校、科研院所、高新技术企业在内的 20 多家单位参与科普产品的研发和制造。为推动科普产业的集约化、规模化发展,国务院办公厅《科学素质纲要》工作督查组到安徽督查后,对安徽省以创新的思路,大力发展科普产业,积极探索公益性科普事业与经营性科普产业并举的机制,推进《科学素质纲要》贯彻落实,给予充分肯定。

经过紧张筹备,国内首个科普产业园——中国(芜湖)科普产业园开园。中国科协常务副主席、书记处第一书记、党组书记邓楠等领导出席揭牌仪式。中国(芜湖)科普产业园位于国家级芜湖高新技术产业开发区内,分为产品展示区、创意研发区、生产加工区、仓储物流区。一期启动区建筑面积 3.5 万平方米已建成投入使用,16 家科普产品研发企业入驻。二期用地 300 亩,正在规范建设中,按照创意设计、研发生产、仓储物流和展示交易为一体的综合园区建设。力争用 5 年时间,引进 50 家左右研发、生产、销售科普产品企业,使产业园初具规模,成为芜湖经济发展的新亮点。

第五节　发展科普产业大事纪要

2003 年 7 月 17 日，省委副书记张平带领省科协党组书记、常务副主席周建强，芜湖市副市长王安等专程到北京，向中国科协副主席、党组书记、书记处第一书记张玉台汇报创办中国科普产品博览交易会的工作思路，并申请在安徽芜湖举办首届中国科博会。这个创新发展思路得到中国科协领导的肯定和大力支持，并同意与安徽省政府共同在芜湖市举办首届中国科普产品博览交易会。

2003 年 8 月，在省科协第七次代表大会上，"发展科普产业"首次写入大会工作报告，成为安徽省科协事业发展的战略任务。

2003 年 11 月 3 日，"大力发展科普产业"写入《中共安徽省委、安徽省人民政府关于进一步加强科协工作、发挥科协作用的决定》。

2004 年 5 月 28 日—31 日，首届中国科普产品博览交易会在芜湖市会展中心举办。中国科协党组副书记、副主席、书记处书记徐善衍，省委副书记张平，省人大副主任苏平凡、季昆森，副省长田唯谦，省政协副主席陈心昭、刘光复等领导出席开幕式。六位院士和专家作科技报告。来自全国 21 个省、市、自治区及香港、台湾地区和加拿大、德国、新加坡等国参展。

2005 年 9 月 22 日，中国(合肥)科普产业论坛在合肥市科技馆举行。论坛由中国科普研究所、省科协、合肥市人民政府共同举办，中国科协科普部、中国科技馆为特别支持单位。这是国内首次关于科普产业发展的全国性高峰论坛。省人大副主任、省科协主席季昆森，中国科协科普部部长彭友东，合肥市委副书记黄同文等领导出席论坛。省科协党组书记、常务副主席周建强作《我国科普产业形成研究》的主题报告。

2006 年 4 月 29 日，省科协七届四次全委会议在合肥召开。省委常委王秀芳出席会议并讲话。会议充分肯定科普产品研发等方面取得的成绩。

2006 年 6 月 27 日，中国科协党组书记、常务副主席、书记处第一书记邓楠在京听取副省长田唯谦等关于首届科博会所取得成果和第二届科博会筹备情况的汇报。

2006 年 9 月 13 日，周建强作为"科普产业发展研究"课题的主持人赴中国科协参加答辩。省科协与中国科大合作的"科普产业发展研究""公众科学素养指标体系与实证研究"两项课题中标中国科协 2006 年度重点政策性软科学研究课题，获得科研经费 40 余万元。

2006 年 10 月 19 日，2006 年中国(芜湖)科普产品博览交易会组委会在北京中国科技会堂举办新闻发布会，中国科协书记处书记程东红等出席新闻发布会。省科协党组书记、常务副主席周建强和芜湖市副市长王容川分别作新闻发布，首都 20 多家主流新闻媒体 40 多名记者参加发布会。

2006 年 11 月 18 日，由中国科协、安徽省人民政府主办，省科协、芜湖市人民政府承办的2006年中国(芜湖)科普产品博览交易会在芜湖国际会展中心隆重开幕。中国科协领导宋南平、徐善衍,省委常委詹夏来、王秀芳,省人大副主任朱先发,副省长田唯谦,省政协副主席陈心昭,石元春、范维澄院士等著名科学家,“神六”航天英雄费俊龙、聂海胜,中国航天科工集团科技委主任夏国洪,中国科学技术大学党委书记郭传杰等领导和专家出席开幕式。以打造“中国科普资源集散中心”为主题的科博会吸引来自北京、上海等25个省市和台湾地区以及美国、新加坡、德国、日本500多家科普产品和技术研发单位、生产企业参展。展会期间举办多场院士、专家科技报告会、“英雄航天员事迹报告”中国科协科普资源建设工程信息发布会、全国科普场馆馆长论坛、皖沪苏浙四省市科协加强合作签字仪式、优秀科普产品评审奖励等活动。30万群众前来参观,意向性成交额逾3亿元,国内57家新闻媒体对科博会进行报道。

2007年3月14日,省委书记郭金龙、省委常委王秀芳在京参加全国“两会”期间,听取省科协主席范维澄,省科协党组书记、常务副主席周建强的工作汇报。郭金龙书记对科协工作取得的成绩,尤其是在搞好科普工作,发展科普产业,成功举办中国芜湖科普产品博览交易会等方面给予肯定。

2007年3月15日,省委常委王秀芳率队,向中国科协党组书记、常务副主席、书记处第一书记邓楠,中国科协党组副书记、副主席、书记处书记齐让汇报工作。王秀芳受省委书记郭金龙委托,介绍安徽省经济社会发展情况、2006年中国(芜湖)科普产品博览交易会的盛况和成果,并就由中国科协、安徽省政府共同在芜湖举办第三届科博会提出建议。邓楠表示继续支持与安徽共同主办第三届中国科博会。

2007年3月30—31日,省科协召开七届五次全委会暨第八届安徽青年科技奖、第二届中国(芜湖)科博会表彰会议。省人大党委会副主任高福明,副省长田唯谦,省政协副主席陈心昭、刘光复,省科协主席范维澄院士,省科协名誉主席、省人大原副主任季昆森等出席会议开幕式。会上,省委常委王秀芳作重要讲话;范维澄主席作工作报告。会议表彰第八届安徽青年科技奖获奖者,颁发2006中国(芜湖)科博会组织奖、贡献奖。

2007年4月26—29日,全国人大常委会副委员长、中国科协主席周光召院士来皖考察科技工作,视察中科大、中科院合肥物质研究院、科大讯飞公司、省科技馆和芜湖奇瑞公司,并在芜湖市向领导干部和公务员作科技报告。在视察省科技馆期间,周光召听取省科协工作的情况汇报,对安徽省科协工作、特别是发展科普事业和科普产业方面给予充分肯定。

2007年12月12—14日,科技部政策体改司和上海市科委联合举办国家科普能力建设培训班暨上海论坛,来自国务院有关部委、各省市科技厅(委)分管科普工作的领导以及相关方面专家出席会议,省科协党组书记、常务副主席周建强应邀出席论坛并作题为《发展科普产业,提高公民科学素质》的研究报告。

2008年8月19—21日,中国科协党组书记、书记处第一书记、常务副主席邓楠先后深入芜湖、合肥等地调研。19 日下午，省委书记王金山等在合肥稻香楼宾馆会见邓楠。省委常委、省委秘书长詹夏来，省委常委、省总工会主席王秀芳，省政协副主席田唯谦等会见时在座。20 日，邓楠在詹夏来等陪同下，深入芜湖市科技馆新馆、奇瑞公司考察调研。21 日，邓楠在王金山、孙金龙、詹夏来、王秀芳等陪同下，到合肥市中科院合肥等离子体研究所、科大讯飞公司调研。在会见和考察中，邓楠对安徽省科协工作和科普产业发展给予充分肯定。

2008 年 10 月 14 日，省委、省政府下发《关于合芜蚌自主创新综合配套改革试验区的实施意见》，"大力发展科普产业""办好中国(芜湖)科普产品博览交易会""大力发展咨询服务等中介机构"等写入文件，为科普产业和科技咨询业发展创造良好的政策环境。

2008 年 11 月 4—5 日，省科协党组书记、常务副主席周建强带队，省科协中心组成员集体赴芜湖开展专题调研活动。先后参观考察华东电真空研究所和芜湖市科技馆，与芜湖市委、市政府领导及市直有关部门负责人进行专题会商，达成"联合打造中国科普资源集散中心"的共识，研究确定五个方面的工作目标。

2008 年 12 月 12—14 日，2008 年中国（芜湖）科普产品博览交易会在安徽芜湖举办。从本届科博会开始，经中国科协批准，科博会永久落户安徽芜湖，每两年举办一次。省委、省政府《关于合芜蚌自主创新综合配套改革试验区的实施意见》将科博会作为科技成果转化的重要平台，使科博会成为安徽自主创新建设的标志性展会。本届科博会由中国科协和安徽省人民政府主办，省科协和芜湖市人民政府承办，主题为"共享科普资源、提高公众素质"。中国科协副主席、书记处书记齐让，著名科学家陈国良、范维澄等出席开幕式。此次科博会吸引海内外 400 余家高校、企业和科研院所参展。科博会举办院士报告会、航天科普报告会等活动，吸引观众 34.5 万人次，成交额 3.8 亿元。全国 60 余家主流媒体报道展会盛况。科博会写入中国科协七届四次全委会工作报告和省政府 2008 年工作报告，被全国会展行业协会评为"2008 年度中国最具成长性的品牌展会"。

附　　录

重要文献辑存

安徽省人民政府关于科研事业费拨款管理的暂行规定

皖政〔1986〕100号　　1986年11月

第一条　根据《国务院关于科学技术拨款管理的暂行规定》的原则，结合我省实际，制定本规定。

第二条　省、地、市、县各部门的下列科研事业费，从一九八七年度起，由各级财政部门直接拨交同级科委统一管理：

（一）从各部门事业费中开支的科学研究费和科学事业费（包括科协的事业费）；

（二）原由财政拨款，不在科学研究费中开支的独立科学研究单位的经费；

（三）原在科学研究费中开支的同一部门所属的自然科学和社会科学研究单位的经费。

社会科学研究单位的事业费和不在科研事业费内开支的企业、高等院校、医院所属研究单位的经费不划转。

第三条　科研事业费划转数额为：

（一）一九八六年度调整预算数；

（二）因改革试点减拨的经费；

（三）经常性的专项经费；

（四）逐年增加的经费。

科研事业费财政拨款的增长率，应高于财政经常性收入增长率，其高出部分为财政经常性收入增长率的5%以上。

第四条　科研事业费划归各级科委管理后，各专业科研院所的事业费年度计划，由科委审核下达，抄送同级财政部门和科研院所的主管部门。

各级科委负责向同级财政部门报送科研事业费年度预决算和资金使用情况。

第五条　科研单位的科研经费按下列规定管理：

（一）主要从事技术开发工作和近期可望取得实用价值的应用研究工作的单位，政府拨给的科研事业费逐年减少，直至完全或基本停拨。

（二）主要从事基础研究和近期不能取得实用价值的应用研究工作的单位，其研究经费应逐步做到主要依靠申请科学基金，政府只拨给一定数额的事业费，以保证必要的经常费用和公用设施费用。

(三)从事医药卫生、劳动保护、计划生育、灾害防治、环境科学等社会公益事业的研究单位和从事情报、标准、计量、观测等技术基础、技术服务工作的单位及农业科学研究单位,其科研事业费近期内仍由政府拨给,实行包干。这些单位在完成政府规定的任务以外取得的合理收入,其纯收入不超过本单位当年事业费25%的,全部留给本单位;超过25%的,超过部分,一半用于冲减下一年度的事业费拨款,一半留给单位。单位留用部分,分别用作科技发展基金、集体福利基金和奖励基金,其中科技发展基金不得少于50%。

(四)从事多种类型研究工作的单位,其经费来源可以根据具体情况,通过多种渠道解决。

第六条 省直科研单位减下来的科研事业费,50%由省科委统一管理,作为科技发展基金,50%留给主管部门,作为部门的科技发展基金,不得挪作他用。

各地、市、县科研单位减下来的科研事业费的管理,由地、市、县自行决定。

第七条 各类科研单位离、退休人员离、退休金,由科研事业费开支的不予减拨,完全停拨事业费的单位,离、退休金仍继续拨给。

第八条 各类科研单位基本建设投资,按照国家基本建设管理规定办理。

第九条 科研事业费划归科委管理后,各主管部门对所属科研单位的其他经费,应照常拨给。

第十条 本规定自发布之日起执行,由省科委负责解释。

安徽省人民政府关于放活科研机构放宽科技人员政策的若干规定

皖政〔1987〕62号　　1987年9月

为促进我省科技体制改革和经济发展，根据《国务院关于进一步推进科技体制改革的若干规定》和《国务院关于推进科研设计单位进入大中型工业企业的若干规定》，结合我省实际情况作如下规定：

一、实行政研职责分开。科研机构成为自主的科技研究、开发实体。政府部门对科研机构的管理应由直接控制为主转变为间接管理为主。政府部门不能与科研机构一个机构两块牌子，也不得占用科研机构的编制和经费，已占用的，必须在一九八七年底以前退还；逾期不退的，由编委收回编制，科委停拨事业费。科研机构不能行使属于政府部门的职权。

二、扩大科研机构自主权。科研人员按照国家规定的流向进行调动，科研机构可在编制范围内自行办理；调往省外和反向调动的按干部管理权限报批。科研机构从不同渠道取得的经费，可按国家规定自主安排使用。科研机构可以直接购买科研需要的仪器设备，有权处理国家投资的大型精密仪器设备以外的多余设备、物资，所得款额应全部用于设备更新，不得挪作他用。有条件的科研机构，经省政府批准，可以进行对外科技协作和交流，所需外汇可按规定向外汇管理部门申请。

三、全面实行所长负责制。所长是独立科研机构的法人代表，全权负责科研机构的业务和行政管理工作。所长可由行政管理部门任命或聘任，也可由职工大会或职工代表大会民主选举产生，报主管部门批准。副所长由所长任命或聘任，报主管部门备案。所长可以按照规定任命本单位中层行政干部，聘任专业技术人员。所长、副所长均实行任期目标制和离任经济责任审计制，任期三至五年。符合条件的可以连任。凡改革成效显著、事业费达到自立的科研机构，经主管部门批准，其所长、副所长的个人收入可高于本所职工平均收入的二至三倍；完不成任期目标的，扣减其个人收入百分之五至十；工作能力差，不适合工作要求的，应及时免去其职务；因失职造成损失的，主管部门要追究其行政和经济责任。

四、支持、鼓励以技术开发为主的独立科研机构逐步进入大中型企业和企业集团。进入后，仍可以保持相对的独立性，继续实行独立经济核算，继续承担国家或部门委托的科研设计任务和行业技术管理任务，在保证完成国家指令性计划和企业技术开发任务的前提下，可以对外承担技术性业务，这部分收入的分配由企业和科研机构商定。这些科研机构，仍可享受原税收优惠待遇；其科研事业费以进入企业的前一年为基数长期拨给；其工资、奖金、福利标准可以按事业单位标准执行，也可以按企业标准执行，但只能执行一种标准;其研究开发经费可从企业或企业集团的产品销售总额中税前提取,具体比例报科技管理部门和财税部门审批。

五、未进入企业、企业集团的科研机构,可以根据自愿互利的原则,组成或参加各种形式的科研生产联合体,少数对行业发展影响较大的,可以成为行业技术开发中心,有的可面向中小企业、乡镇企业群体,成为其技术开发部门或技术服务中心;有的可与设计、施工单位联合,组成成套技术工程承包公司;还有的可吸收生产企业,发展科研先导型或科研生产型企业。科研生产联合体可从其研制、开发新产品实现的利润中,连续三年税前提取百分之二十作为科技发展基金。

六、逐步实行科研机构所有权与经营管理权分离。人员、固定资产规模较小或经营不好、效益很差的技术开发科研机构,可试行承包、租赁。规模较大的技术开发科研机构可进一步划小核算单位,实行课题承包责任制等多种核算形式,并积极探索新的经营管理形式。实行承包、租赁的科研机构,由承包、承租人当所长,并与主管单位签订合同,其原有隶属关系、原有资金、固定资产所有制和原有职工身份不变,主管单位不再下达指令性任务和直接干预承租、承包人的经营活动。

七、放开搞活企业科研机构。企业科研机构在保证完成本企业任务的前提下,可以对外承接科研业务,进行成果转让、技术承包、技术服务,组织行业技术协作网,参与技术市场活动。企业可提取其纯收入的百分之二十至三十,其余部分留所,并参照独立科研机构的规定,建立科技发展基金、集体福利基金、奖励基金和所长基金。

八、积极扶植集体、个体科技机构。新建集体、个体科技机构,由县以上科委审批,其中从事科技咨询、技术贸易的营利性技术服务机构还须到当地工商行政管理局登记注册。集体、个体科技机构可以申请承担国家和省下达的科研任务,可以与企业组成科研生产联合体,可以向银行申请科技贷款。集体科技机构通过技术转让、技术服务、技术咨询、技术培训所得的净收入,年度总额不超过三十万元的,免征所得税;超过三十万元的部分,减半征收所得税。个体科技机构应依法纳税,有困难的,可以按税收管理权限,向税务机关申请减免所得税。

九、支持、鼓励科研机构、高等学校和党政群机关有计划有组织地选派科技人员(包括管理人员,下同)到山区、老区、贫困地区和乡镇企业工作。受援单位与选派单位应按照互惠互利的原则,签订合同或协议。科技人员在派出期间,除继续享受原单位待遇外,可以领取一定数额的技术服务费。

十、支持、鼓励科技人员以调离、停薪留职、辞职等方式走出科研机构、高等学校和党政群机关,到城镇和农村承包、承租全民所有制中小企业,承包或领办集体、乡镇企业、兴办经营各种所有制性质的技术开发、技术服务、技术贸易机构,创办各类中小型合资企业,股份企业。调离、辞职人员必须向所在单位提出书面申请,按干部管理权限报批;停薪留职人员由所在单位审批,所在单位在接到申请后一个月内应予答复,如有争议,按干部管理权限报请上一级主管部门裁决。申请被批准后,应办理调离、辞职或停薪留职手续。承包、承租企业或科技机构，由承包、原租者（集体或个人）依法与被承包、承租企业或科技机构的主管部门签定合同，明确各自的权利和义务；创办、领办企业或科技机构，由创办、领办者按照有关规定报政府部门审批。

十一、承包、承租全民所有制中小企业或科技机构者，可按合同规定对所承包、承租的单位行使人、财、物的经营管理自主权；承包、承租或创办、领办集体、乡镇企业、中小型合资企业，以及集体、个体科技机构者，可根据国家有关规定，实行招工、用工自主，工资、奖励形式自定。承包创业所需资金，可向银行和有关部门申请解决。招聘人员可以带股入厂（所），科技人员也可以技术入股。

十二、科技人员到集体、乡镇企业和集体、个体科技机构工作的，可以享有优厚的工资、福利待遇，具体数额由用人单位与本人商定。评聘专业技术职务，原则上比照全民所有制单位有关规定执行。调入上述单位工作的人员，其国家职工身份不变，离休、退休待遇不变。

十三、停薪留职的科技人员，应与本单位签订停薪留职协议书，其收入高于原工资额的部分，百分之八十五归个人，百分之十五交原单位，到山区、老区、贫困地区工作的可以免交。停薪留职期限一般为三年，期满后可以回原单位工作，也可以续订合或办理正式调动、辞职手续。停薪留职期间，其编制、户口、粮油关系、住屋标准不动，原单位对其子女就学、就业以及房租标准等应与其他职工一样对待。医疗费和因工伤亡费用，由用人单位解决。

十四、辞职的科技人员，其住房和房租标准可以不动，户口、粮油关系可以随迁，也可以不迁。一九八七年一月一日后辞职的，可按每一年工龄补助一个月的基本工资、职务工资和工龄工资计算，累计发给一次性辞职补助金（工龄不满一年的按一年计算）。以后如有新单位录用或回原单位，人事部门应优先办理录用手续，但辞职补助金应如数退回，上交录用单位。辞职前和录用后的工龄可累计计算。调回原城市工作、回原城市自谋职业或离、退休回原城市定居的，公安、粮食部门应予办理入户和粮油关系。

十五、允许在职科技人员在保证完成本职工作定额指标和不侵犯本单位技术、经济权益的前提下，从事兼职科技活动。业余时间兼职的，其收入全部归个人。占用工作时间兼职或使用原单位设备、器材的，必须经所在单位同意，其收入一部分归个人，一部分交单位，具体比例由本人和所在单位商定。

十六、鼓励离、退休的科技人员受聘从事各种科技活动。受聘的离、退休科技人员可以领取适当报酬，原离、退休待遇不变。自愿到老区、山区、贫困地区、乡镇企业和集体、个体科技机构工作的，可以提前五年办理离、退休手续。有条件的单位对科技人员可以试行劳动保险制度。

十七、大中型企业、国家各部门驻皖单位，可参照本规定执行。

十八、本规定自发布之日起施行，由省科委负责解释。各地区、各部门可根据本规定制定具体实施办法。

安徽省人民政府关于深化科技体制改革的若干规定

皖政〔1988〕44号　　1988年8月

为了进一步加快和深化科技体制改革，提高科学技术水平，推动经济和社会发展，根据《国务院关于深化科技体制改革若干问题的决定》，结合我省实际情况，制定如下规定：

一、进一步放宽对科技人员政策，充分发挥他们在促进技术进步中的骨干作用

1.科研单位可有计划地组织科技人员创办、领办、承包、租赁中小企业和乡镇企业，或到农村进行有偿服务和经济技术承包。对有组织选派出去的科技人员(包括管理人员和技术工人，下同)，工作一年后，可允许一名具备招工条件的子女经考核在同等条件下优先招收为合同制工人。家属符合“农转非”规定的，可优先办理手续。承包、领办、创办企业的，生产、经营资金不足，经银行核准可优先贷款。在基层工作两年以上，对发展生产力作出贡献的，返回原单位后保留被聘或相应职务。

2.重视从工人、农民及其他劳动者中选拔和培养各种技术人才，引导和鼓励工人、农民和各行各业中有志者自学成才。对有培养前途的，可通过岗位职务培训和选送到高等院校及电大、函大、职大、夜大学习，提高技艺水平。逐步在企业中实行工人技师职务制度。进一步完善乡镇企业的技术职务聘任制度，根据乡镇企业的特点；制定各系列技术职务评聘标准。要切实加强对群众性技术革新、技术发明活动中各项成果的评价和推广应用工作，对成绩突出者予以表彰和奖励。

3.在重视发挥本省人才作用的同时，积极引进省外人才，包括有特殊技艺的能工巧匠。对省外人才来我省工作的，实行下列优惠政策：

(一)以受聘兼职、技术咨询和转让、承包、合作开发等形式来我省合作者，聘金至少高出原工资一倍，数额不限。

(二)我省急需的人才，调入后即予以解决住房：聘评技术职务不受指标限制；已工作的配偶可随调，未就业的可照顾就业，还可解决一名符合条件的子女就业、配偶和十五周岁(在学者十八周岁)以下的子女属农村户口的，可转为城镇户口；全家迁入可适当发给安家补助费。

(三)有重大贡献者，由各级政府授予荣誉称号，晋升一至三级工资；凡能使受援企业纯利润增加五万元以上的，除按合同规定的比例分成外，可再提取增加额的百分之五至百分之十；凡能帮助受援企业创省优、部优、国优产品的，除按规定奖励外，根据获奖产品的经济效益给予重奖。本省人才做出同外省人才相同贡献的，也可享受同样的待遇。

(四)对自愿调往我省山区、老区、贫困地区和集体、乡镇企业工作的,采取比以上各条更优惠的政策。

(五)毕业研究生到我省工作,满编、超编的高等院校、其他事业单位和各大中型企业,允许超编接收。

4.分配到区、乡(镇)、村工作的大中专毕业生,到职即享受定级工资待遇。本科、专科、中专毕业生工作分别满一年、二年、三年,并保证继续在当地工作五年以者上者,可解决直系亲属一人“农转非”。

具有中级以上专业技术职称或工作满十五年的科技人员,到十七个贫困县连续工作五年以上,其子女高中毕业考省属院校,其录取分数可比考生所在地最低控制分数降低二十分。考生家长所在单位和在贫困县工作单位应同时出具证明,由考生所在学校验证,经当地教育部门核准,提供给录取院校。当地劳动部门招工时,上述科技人员未就业子女在同等条件下可优先招工一人。

二、鼓励科研机构引入竞争机制,积极推行承包经营责任制

5.、实行所长负责制的科研机构要进一步推行承包经营责任制,把承包指标作为所长任期目标的重要考核内容。承包期一般为四年。所长离任时要进行经济审计。

6.科研机构承包经营的主要内容,一是包经济社会效益,着重考核科研机构取得的经济效益和社会效益;二是包科学技术水平,着重考核成果获奖率、专利获准率,以及成果和专利在生产中的应用率;三是包技术进步的后劲,着重考核人才培养、项目储备及科研设施的建设。

7.承包指标完成情况同工资总额或奖励福利基金挂钩。挂钩方式主要有以下三种:

(一)科研事业费完全自给的科研机构,实行“核定收支,目标承包,工资总额与经济效益浮动挂钩”的办法。在切实保证事业发展的前提下,其纯收入由单位自主分配和使用。奖金税起征点放宽为人均六个月基本工资。单位有权自费对贡献突出的职工奖励晋级,年奖励晋级面不超过百分之三。

(二)科研事业费部分自给的科研机构,实行“核定收支,定额补助或补助递减包干,超支短收不补,节支超收全留”的办法。奖励福利基金比例与事业费减拨进度接钩,凡全面完成承包任务,其事业费在一九八六年基数上,递减百分之三十以下的(含百分之三十),奖金限额为人均五个月基本工资,年奖励晋级面为百分之一;递减百分之三十至百分之六十,奖金限额为人均五个半月基本工资,年奖励晋级面为百分之二;递减百分之六十以上的,奖金限额为人均六个月基本工资,年奖励晋级面为百分之三。

(三)科研事业费包干的科研机构,实行“预算包干,节余留用,超支不补,收入全留”的办法,也可以实行“单项经费包干”和“工资总额包干”的办法。全面完成承包任务的,全年发放奖金限额为人均四个半月基本工资。创收的纯收入不超过本单位当年事业费百分之二十五的，全部留给本单位；超过百分之二十五的，超过部分，一半用于冲抵下一年度的事业费拨款，一半留给本单位。冲抵幅度达到第二种挂钩接方式规定的，可按照第二种挂钩方式发放工资、奖金和调整年奖励晋级面。

8.在实行承包经营责任制过程中，要统筹兼顾，搞好收益的合理分配。对承担国家重点科研任务的科技人员，在确保任务完成前提下，允许从课题承包经费结余中，提取百分之三十，作为课题承包节约奖金。

三、鼓励和支持科研机构以多种形式长入经济，发展科研生产经营实体

9.科研机构可以和企业联合经营，可以互相承包、租赁、参股、兼并，或进入企业、企业集团，或发展成科研型企业等；可以充分利用中心城市、智力密集区的优势，面向国际市场，创办或联办多种形式的分所、公司、企业、企业集团；也可以在沿海开放地区设立窗口，或直接在国外布点，建立各种独资、合资机构，促进外向型经济的发展和新技术产业的形成。智力密集的省辖市，应积极创造条件试办新技术产业开发区，并研究制定相应扶持政策。

10.由科研机构兴办的科研生产经营实体，其收入免交能交基金和所得税，三年内免征产品税、营业税、增值税。自筹资金兴办科研生产经营设施免交建筑税。科研机构同十七个贫困县联合兴办科技扶贫经济实体，免交各种税、费五年。自一九八八年起，科研机构出口创汇以一九八七年为基数，新增部分三年内全额留成，用作单位的发展基金，自主使用。科研机构与企业联合创汇，按先分后税的原则处理，科研机构所得，享受上述待遇。

11.鼓励创办民办科技机构，发挥其自筹资金、自主经营、自负盈亏以及技工贸、技农贸一体化等运行机制方面的优势，逐步改变科研机构所有制的单一模式，形成国家、集体、个人一起兴办科技事业的新局面。民办科技机构在承包科研课题、进行技术服务和申请科研成果奖励、银行贷款等方面，与全民所有制科研单位具有同等地位。

四、充分发挥厂办科研机构的作用，强化企业的技术开发能力

12.企业要把新产品投产率、产值率；利税率和技术改造、引进技术的消化吸收、产品更新率、产品质量，降低消耗等技术进步指标纳入企业承包经营责任制、厂长(经理)任期目标责任制和企业上等级的考核指标系，考核不合格，企业不得升级。

企业，特别是大中型企业和企业集团，应建立健全技术开发机构，或吸收科研、设计单位进入企业或企业集团。新组建的企业集团，如果没有科研、设计单位参加，本身也没有技术开发机构，主管部门一般不予批准。

13.企业技术开发机构实行厂长领导下的所长负责制。所长可以与厂长签订承包合同，实行承包经营责任制。所长有人、财、物方面的指挥权和调配权。在完成本企业任务的前提下，有组织地面向社会承接各种技术开发和技术服务的前提下，允许企业技术开发机构独立核算，其科技人员的工资、奖金和福利不低于生产岗位职工的待遇。可以从对外技术转让、技术咨询、技术服务、技术培训所得的纯收入中提取百分之五至百分之十，奖励直接作出贡献的有关人员。此项费用不计入本单位的奖金总额。

14.企业科技机构人员工资和购置单台价值在五万元以下的仪器设备，可摊入企业生产成本；五万元以上的仪器设备，经同级财政部门批准，可分三至五年摊入成本。其他所需资金，可从企业的更新改造资金、生产发展基金、新产品试制基金等自有资金以及新产品的减免税款、上级拨给的科技三项费用、对外转让科技成果、提供技术服务、销售小批量产品所得收入中列支，也可向银行申请贷款解决。

15.独立核算、自负盈亏的企业中的科技机构。技术性收入暂免征收营业税和所得税。开发的新产品按规定减免产品税、增值税。在自己的试验车间里生产小批量产品实现利润，报经税务部门批准，可减免所得税。用自筹资金兴建科研设施，免征建筑税。

五、改革现行农村技术开发服务机构的运行机制、发展以科技为支柱的农村商品经济

16.现有农村技术开发服务机构，应发展成独立的技术经济实体，根据当地产前、产中、产后的需要，通过有偿技术服务、技术经济承包和经营与技术服务有关的农用生产资料等业务，改变单纯依赖政府拨款的状况，逐步形成自我发展能力。

17.加快农村区乡科委的建设，把决策、管理、开发、经营、培训、服务等多方面功能协调起来，形成新的农村科技管理体系。大力发展农村各种专业合作组织、技术协会、科普协会以及村办、联户办、户办等各种形式的民间科技组织。鼓励农民通过集资、入股等方式，兴办各种所有制的农业技术服务组织或技术经济实体。

六、重视科技工作，增加科技投入

18.“七五”期间省和地方财政应按照科技拨款的增长高于财政预算支出的增长率的原则，逐步增加对科技的投入，科技三项费用应占财政支出的百分之一，科研事业费财政拨款的增长率应高于财政经常性收入增长率的百分之五以上。

19.各级科技主管部门要管好用活科技经费。科技“三项”费用、科研基本建设投资、科研事业费等各种科技经费，须按“择优投放、择优扶持”的原则使用，并通过建立发展基金、匹配投资、招标、经费有偿回收等形式，提高科技投资效益，以保证科技和经济发展目标的实现。

20.各级金融机构应进一步开辟和疏通科技信贷渠道，增加科技信贷额度。贷款贴息可由科技部门从科技发展基金中列支。要鼓励和支持各级科技主管部门和金融机构联合创办科技信贷和投资机构。经营效益好的科研机构，经有关部门批准可以多种方式向社会集资。贷款和投资办法，由科技主管部门与金融机构研究制定。

21.本规定自发布之日起施行。国家各部门驻皖科研设计单位，可依照本规定执行。过去本省有关规定与本规定不一致的，以本规定为准。本规定由省科学技术委员会负责解释。

安徽省科学技术进步条例

(1994 年 7 月 16 日安徽省第八届人民代表大会常务委员会第十一次会议通过)

第一章　总　　则

第一条　为了推进本省科学技术进步,发挥科学技术第一生产力的作用,促进经济建设和社会发展,根据《中华人民共和国科学技术进步法》和有关法律、法规,结合本省实际,制定本条例。

第二条　各级人民政府、企业事业组织都必须坚持经济建设和社会发展依靠科学技术,科学技术工作面向经济建设和社会发展的基本方针。

第三条　各级人民政府必须把发展科学技术放在优先的地位, 实施科技兴皖,改革和完善科学技术体制,促进科技经济一体化,使科技进步对经济增长的贡献率逐年提高。

第四条　省人民政府负责制定全省科学技术发展规划、计划,确定重点领域和重大项目,并组织实施。

行署和市、县人民政府根据上级人民政府科学技术发展规划、计划,结合地本实际,制定本行政区的科学技术发展规划,并组织实施。

各地人民政府执行科学技术规划、计划的情况,列入本级政府及其主要负责人政绩考核的内容。

第五条　各级人民政府、企业事业组织和社会各界应当不断优化科学技术进步环境,多渠道筹集科技经费,完善各项奖励制度,加强国际国内科学技术合作与交流,保护知识产权,在公民中普及科学技术知识。

第六条　各级人民政府应当鼓励科学研究和技术开发, 推广应用科学技术成果,改造传统产业,发展高新技术产业,以及应用科学技术为经济建设和社会发展服务的活动。

第七条　各级人民政府应当促进社会事业科学技术进步, 并采取措施加强对人口、医药卫生、社会服务、公共基础设施,环境和生态保护,以及劳动安全保护、灾害监测和防御等方面的研究和技术开发,鼓励应用先进的科学技术,促进教育、文化、卫生、体育等各项事业的发展。

第八条　省人民政府科学技术行政部门负责全省科学技术工作的宏观管理和统筹协调。行署和市、县人民政府科学技术行政部门负责本行政区的科学技术工作。

政府其他有关行政部门依照国家和省规定的职责范围负责有关的科学技术进步

工作，接受同级科学技术行政部门的业务指导。

第九条　各级科学技术行政部门应当推动技术市场的发展，建立健全技术市场的交易、中介和仲裁管理制度，促进技术成果转化为现实生产力。

第十条　推动科学技术进步是全社会的共同责任。

重视发挥各级科学技术社会团体在促进当地科技进步中的作用。

全省各级国家机关、企业事业组织、社会团体和公民，都要增强科学技术意识，注重学习、传播和运用科学知识和方法，积极参与和支持科学技术进步活动。

全社会都要尊重知识、尊重人才。

第二章　农业科学技术进步

第十一条　各级人民政府必须依靠科学技术进步，振兴农村经济。加强农业科学技术研究和农业技术推广工作的领导，注重发展以科学技术为依托的区域性支柱产业。按照市场需求调整农村产业结构，发展优质、高产、高效的现代化农业。保护农业资源、生态和环境。

第十二条　各级人民政府必须加强农业、科技、教育等部门的统筹协调，建立健全农科教紧密结合、互相促进、协调发展的运行机制。

大力发展农村科学技术教育，培养农民技术骨干，逐步推行“绿色证书”制度，不断提高农民的科学文化素质。

第十三条　建立和完善农业技术推广机构与农业科研单位、有关学校以及群众性科技组织、农民技术人员相结合的农业技术推广体系。

各级人民政府要采取有效措施，加强县、乡（镇）两级农业技术推广机构的建设，巩固和发展农业科学技术服务网络，充实稳定基础农业技术队伍。

第十四条　农业科研机构要搞好产前、产中、产后研究，为农业生产和市场经济服务。省农业、科学技术行政部门要指导科研机构有计划地建设农业技术成果推广基地、农业资源综合开发基地和良种基地，推广先进适用的科学技术成果；市、县应当根据地方优势，建立农业科学技术综合开发实验示范区；乡、镇应当发展扶持科学技术示范村、组、户。

各级人民政府有关行政部门要因地制宜推广适用技术，帮助贫困地区发展经济。

第十五条　各级科学技术行政部门和行业主管部门应当支持乡镇企业的科学技术进步，帮助解决人才、技术等问题。

鼓励科研院所、大专院校、企业事业组织、社会团体和科学技术人员以各种方式为乡镇企业提供技术服务。

乡镇企业应当积极引进和培养人才，开发新产品，加强科学管理，提高企业竞争能力。

第三章 企业科学技术进步

第十六条 企业科学技术开发实行厂长(经理)领导下的总工程师(技术负责人)负责制。企业应当充分发挥技术人员在企业科学技术进步中的作用,逐步建立健全技术开发和技术管理体系和市场、科研、生产一体化的技术进步机制。

第十七条 企业必须采用科学的管理方法和管理技术,加快推广、使用国际标准,依法完善质量、标准和计量的规范管理。

第十八条 鼓励企业建立和完善技术开发机构,鼓励企业与研究开发机构、高等院校联合和协作,增强研究开发、中间试验和工业性试验能力。对纳入省科技开发计划的项目,有关部门应优先安排信贷资金。

第十九条 企业应当注重技术改造和技术引进的消化、吸收和创新,研究开发新技术、新产品、新材料、新工艺,发展和生产高水平、高效益、高附加值的产品。

企业进行技术改造和从国外引进技术和设备,应当经过研究开发机构或有关方面专家参与的咨询论证,贯彻国家的产业政策和技术政策。

第二十条 企业应当严格实行职工岗位技能考核制度,通过岗位培训和专业培训等多种形式,不断提高职工的技术素质。

企业应当鼓励、支持职工开展群众性的技术革新、发明创造和合理化建议活动。

第二十一条 企业科学技术进步指标列入厂长(经理)任期目标责任制的考核范围,并在任职期满后综合考评。

第四章 高新技术研究和高新技术产业

第二十二条 发展高新技术研究和高新技术产业,应立足本省科学技术和经济状况,面向市场,统筹规划,突出重点,逐步发展。

省人民政府科学技术行政部门和其他有关行政部门,组织全省范围内的科学技术力量,实施高新技术研究,推广高新技术研究成果,推行高新技术产业化。

第二十三条 对国务院批准设立的高新技术产业开发区,实行国家和省规定的优惠政策。

鼓励高等院校、研究开发机构和企业参与开发区的建设。

第二十四条 省人民政府科学技术行政部门会同省人民政府计划、经贸、教育、农经、财政等部门编制省重点高新技术开发项目。对省确定的重点高新技术开发项目,各级人民政府应当积极协调、落实资金。

第二十五条 从事高新技术产品开发、生产和经营的企业,应当建立符合国际规范的管理制度,生产符合国际标准的高新技术产品,参与国际市场竞争,推动高新技术产业的国际化。

对在高新技术产业开发区和高新技术产业开发区外从事高新技术产品开发、生产的企业和研究开发机构，实行国家和省规定的优惠政策。

第二十六条　鼓励和引导有较强研究开发能力的研究开发机构、高等院校，建立为高新技术产业发展服务的高新技术服务中心。

第五章　研究开发机构

第二十七条　省人民政府科学技术和计划行政部门根据经济建设、社会发展和科学技术进步的需要，统筹规划和指导全省科学技术研究开发机构的布局，建立现代化的科学技术研究开发体系。

第二十八条　各级人民政府和有关部门应当鼓励和支持科学技术工作者按照自筹资金、自愿结合、自主经营、自负盈亏的原则，创办各种民营研究开发机构。

民营研究开发机构在计划立项、科技贷款、技术职务评聘、出国审批、科学技术奖励等方面，享受全民所有制研究开发机构同等待遇，其合法权益受法律保护。

国外组织或个人可以在本省依法设立研究开发机构，也可以与本省的研究开发机构或者其他组织开办合资、合作研究开发机构。

第二十九条　研究开发机构实行院（所）长负责制。

研究开发机构依照国家有关规定享有研究开发、生产经营、经费使用、内部分配、机构设置、人员聘用等方面的自主权。

第三十条　研究开发机构享受国家规定的减免税等方面的优惠待遇。

第三十一条　研究开发机构的基础设施、重点实验室、中试基地的建设，由省有关部门统筹规划，分期分批列入基本建设计划。

第三十二条　研究开发机构应当根据市场需要选择科研课题，促进经济发展。研究开发机构可以单独或者与企业事业组织联合开发技术成果，实行技术（农）贸一体化经营。

鼓励和引导科学技术咨询、科学技术信息服务和社会公益型的研究开发机构，逐步实行企业化经营或者有偿服务。

第三十三条　鼓励中央各部门设在本省的研究开发机构、高等院校参加和支援我省经济建设。各级人民政府和有关部门应当为他们的科学研究、技术开发、产业发展创造有利条件。

第六章　科学技术工作者

第三十四条　各级人民政府和企业事业组织应当采取措施，提高科学技术工作者的社会地位，通过各种途径培养和造就各种专门的科学技术人才，并不断改善其工作和生活条件，充分发挥科学技术工作者的作用。

科学技术工作者应当发扬奉献、务实、创新、协作精神，遵守职业道德，维护所在单位的合法权益，完成本职工作，不断提高自身的专业水平。

第三十五条 各级人民政府和企业事业组织应当为科学技术工作者的合理流动创造环境和条件,发挥其专长。对于自愿到贫困地区工作的科学技术工作者,各有关部门和用人单位应当给予鼓励和优惠待遇。

对承担国家、省重大科学研究、攻关项目的科学技术工作者,由项目主持单位发给科研补贴;有突出贡献的科学技术工作者,按照国家有关规定享受政府特殊津贴。

第三十六条 实行科学技术工作者直接从履行技术合同的技术性纯收入中提取酬金的制度。

企业应当按照有关规定,从实施技术成果的新增利润中提取一定的比例,奖励直接完成技术成果的科学技术工作者。

第三十七条 实行科学技术工作者继续教育制度。政府有关部门和企业事业组织,应当有计划地安排科学技术工作者参加专业进修、培训,拓宽、更新其专业知识。

第三十八条 研究开发机构、高等院校和大中型企业必须采取有效措施,加强对重点专业领域技术骨干和学科带头人的培养。

第三十九条 科学技术工作者可以根据其学术水平、业务能力和工作实绩,取得相应的专业技术职务任职资格。

对在推进科学技术进步中作出突出贡献的中青年科学技术工作者,按国家有关规定,可以破格评聘高级专业技术职务。

第四十条 科学技术工作者在完成本职工作和不侵犯本单位技术经济权益的前提下,可以从事经单位批准的有报酬的业余科技活动。

第四十一条 具有高级职称的科学技术工作者,其离休、退休年龄,根据国家有关规定经批准可以适当延长。

离休、退休的科学技术工作者可以继续发挥业务专长,从事科学技术活动。

第四十二条 科学技术工作者享有依法创办或参加科学技术社会团体的权利。

科学技术社会团体应当在推进学科建设,促进学术交流,普及科学技术知识,开展咨询服务,维护科学技术工作者的合法权益等方面,发挥积极作用。

第七章　科学技术进步的保障措施

第四十三条 建立以财政拨款、金融贷款、企业事业组织自筹资金和吸引民间、海外资金等多层次、多渠道的社会化科学技术投资体系,使科学技术投入的总体水平逐年提高。

第四十四条 县级以上各级财政每年用于科学技术的经费的增长幅度,高于本级财政经常性收入的增长幅度。

县级以上财政科研事业费拨款的增长率高于本级财政经常性收入的增长率。

县级以上财政每年安排的科技三项费用不低于本级财政支出的1%。财政特别困难的县,经本级人民代表大会或其常务委员会批准,比例可适当降低。

有关行政部门和企业事业组织必须加强科技经费管理，任何单位和个人不得挪用、克扣、截留财政用于科学技术的经费。

第四十五条 省人民政府设立高新技术风险投资基金,用于高新技术产业化。

各级人民政府可以根据需要,设立其他科学技术进步基金。企业应当普遍建立技术开发基金。

第四十六条 金融机构应当积极支持科学技术开发,按照国家信贷政策对科技项目贷款实行倾斜,促进科学技术成果商品化、产业化。

第四十七条 从事技术开发的研究开发机构,可以按照国家有关规定,采取多种形式向社会筹集研究开发资金。

第四十八条 企业应当增加研究开发和技术创新的投入。企业的技术开发费可以按照省有关规定从销售收入中提取,并按实际发生额计入成本费用。

企业技术开发费的提取和使用列入企业年终审计。

第四十九条 鼓励国内国外的组织或个人在本省设立各类科学技术基金,或向科学技术基金组织捐款赠物,资助科学研究和技术开发。

第五十条 健全科学技术经费审计监督制度,保证科学技术经费高效、合理使用。

健全科学技术档案管理制度,有效地保护和利用科学技术档案。

健全科学技术保密制度,保护涉及国家安全和利益的科学技术秘密。

第五十一条 建立全省性科学技术统计指标体系。各级人民政府统计部门和科学技术行政部门负责对本地区科学技术进步状况进行统计监测和分析评价，发布统计结果。

第五十二条 各级人民政府应当采取措施,发展科学技术信息事业,建立和完善科学技术信息网络和科学技术信息服务体系。

第五十三条 县级以上人民政府应当逐步建立和完善科学技术展示交易中心、青少年科学技术活动中心、公共图书馆、自然博物馆、动物园、植物园等科学技术公用设施。

第八章 科学技术奖励

第五十四条 各级人民政府及其有关部门对在科学技术进步活动中做出重要贡献的公民或组织应当予以表彰和奖励。

省人民政府设立自然科学奖、科学技术进步奖和农村科技奖,授予在该领域或该方面做出突出贡献的公民或者组织。

省人民政府可以根据需要设立其他科学技术奖。

第五十五条 鼓励国内国外组织或者个人在我省设立科学技术奖励基金,奖励在科学技术进步活动中做出突出贡献的公民或者组织。

第九章　法律责任

第五十六条　有下列行为之一的,依照《中华人民共和国科学技术进步法》第五十七条至第六十条的有关规定处理:

(一)违反国家财政制度、财务制度,挪用、克扣、截留财政用于科学技术的经费的;

(二)滥用职权、压制科学技术发明创造或者合理化建议的;

(三)在新技术、新产品开发和科学技术成果申报中采取欺骗手段,获得优惠待遇或者奖励的;

(四)参加科学技术成果鉴定的人员故意做出虚假鉴定的;

(五)剽窃、篡改、假冒或者以其他方式侵害他人著作权、专利权、发现权、发明权和其他科学技术成果权的;

(六)非法窃取技术秘密的。

第五十七条　对科技活动中的违纪、违法行为,按下列规定处理:

(一)对技术开发、技术转让、技术咨询、技术服务中的严重违纪行为,由有关部门给予行政处分;

(二)对在技术成果转让活动中,利用职务上的便利,擅自转让单位的职务技术成果,从中索取或者非法接受他人财物的,以受贿论处;

(三)以盈利为目的,强行推广没有经过试验的新技术、新品种、造成严重后果或者重大损失的,依照国家有关法律的规定处理。

第十章　附　则

第五十八条　本条例具体应用中的问题,由省科学技术行政部门负责解释。

第五十九条　本条例自公布之日起施行。

安徽省人民政府关于印发《安徽省促进科技经济一体化“三个百亿元工程”规划》的通知

皖政〔1995〕59号　　1995年11月

各行署，各市、县人民政府，省政府各部门、各直属机构：

现将省科委、省经贸委、省农经办、省农业厅、省林业厅、省乡镇企业局等六部门编制的《安徽省促进科技经济一体化“三个百亿元工程”规划》印发给你们，请认真贯彻执行。

安徽省促进科技经济一体化“三个百亿元工程”规划

去年六月，省委、省政府召开了全省科技大会，决定在全省组织实施推进科技经济一体化“三个百亿元工程”。工程的具体目标，一是大力发展高新技术产业，到本世纪末实现技工贸总收入100亿元；二是用高新技术和先进适用技术改造传统工业和发展乡镇企业，到本世纪末依靠科技进步新增利税100亿元；三是用现代科学技术改造传统农业，大力发展“两高一优”农业和农村经济，到本纪末依靠科技进步新增产值100亿元。

为了分解、落实“三个百亿元工程”的各项目标任务，推动、指导各地、市的工程实施，省科委会同省经贸委、农经办、农业厅、林业厅、乡镇企业局等有关部门编制了“三个百亿元工程”规划。这个规划明确了依靠科技进步发展高新技术产业、工业、乡镇企业、农业和农村经济的指导思想，就分阶段目标任务、考核指标提出了宏观指导意见，并对各地、市分解目标和重点实施产业领域作了原则性规定。各级政府要把实施“三个百亿元工程”纳入重要的议事日程，切实加强领导，制定规划，组织实施，确保工程所确定的各项任务圆满完成。

一、指导思想

通过实施火炬计划和其他计划，发展高新技术产业，努力提高高新技术产业的规模效益和在国民经济中的比重，使高新技术产业逐步成为我省国民经济的支柱产业和21世纪的主导产业。

以增强企业技术进步为主线，重点抓好国有大中型企业和企业集团，集中力量，加大开发改造力度，优化产品结构，提高产品质量，增强企业市场竞争能力。

努力提高乡镇企业技术水平和管理水平，运用各类先进技术开创新的产业领域，引导其向技术密集、集约经营的方向发展，优化经济结构，提高运行质量。

坚持农业资源优势与技术优势相结合,大力发展“两高一优”农业,不断提高科技对农业和农村经济发展的贡献份额,使我省农村经济跨上一个新的台阶。

二、目标任务

(一)高新技术产业

1.总体目标:到1997年实现技工贸总收入50亿元,到2000年实现技工贸总收入100亿元。

2.主要任务:

新材料领域:重点发展超细粉体技术及其制品,到2000年实现技工贸总收入20亿元;

生物技术领域:重点发展生物制药技术及其制品,到2000年实现技工贸总收入15亿元;

电子与信息领域:重点发展数字压缩技术和模糊控制技术及其产品,到2000年实现技工贸总收入30亿元;

机电一体化领域:重点发展数字控制技术及其装备,到2000年实现技工贸总收入20亿元;

节能与环保领域:重点发展环境保护技术及其设备,到2000年实现技工贸总收入10亿元;

其他高新技术领域:到2000年实现技工贸总收入5亿元。

(二)传统工业

1.总体目标:用高新技术、先进适用技术改造传统工业,到2000年实现新增利税50亿元。

2.主要任务:

抓好电子信息与自动化技术、现代生物技术、新材料技术、精细化工技术、高效节能技术、环保技术等新技术、先进适用技术的开发和推广,提高企业产品档次,加快产品更新换代。到2000年新增利税4亿元;

大力发展多媒体技术、体外诊断技术、高能束加工技术等高技术,通过同大专院校联合开发,共办经济实体等形式,开辟新的产业领域,到2000年新增利税3亿元;

采用先进适用成熟技术改造传统产业,重点是黑色和有色金属工业、汽车和工程机械、家用电器、建筑材料、纺织、精细化工和医药以及通信电子等行业的关键技术改造,到2000年新增利税43亿元。

(三)乡镇企业

1.总体目标:用高新技术和先进适用技术改造乡镇企业,到2000年新增利税50亿元。

2.主要任务:

大力发展区域性支柱产业,重点是皖南、皖西茶叶系列开发,亳州中药材开发,阜阳黄牛皮革开发，皖西机械基础件生产，宁国密封件和耐磨材料生产等；到2000年实现新增利税20亿元；

加速现有企业的技术改造，到2000年实现新增利税20亿元；

大力发展星火技术密集区，到2000年实现新增利税10亿元。

(四)农业

1.总体目标：以良种、良法为突破口，大力推广应用先进适用的农业生产技术，大力推广应用农副产品深加工和综合利用技术，到1997年新增产值60亿元，到2000年新增产值100亿元。

2.主要任务：

通过水稻、小麦、油菜、棉花等主要农作物新品种的推广，到1997年新增产值6亿元，到2000年新增产值 1 1 亿元；

通过先进栽培技术的推广，到1997年新增产值10亿元，到2000年新增产值15亿元；

通过林业新品种、新技术的推广，到1997年新增产值4亿元，到2000年新增产值6亿元；

通过畜禽新品种的推广，到1997年新增产值17亿元，到2000年新增产值30亿元；

通过高效渔业的规模开发，到1997年新增产值15亿元，到2000年新增产值25亿元；

通过重大病虫(草)害综合防治，到1997年新增产值3亿元，到2000年新增产值5亿元；

通过农副产品加工、贮藏、保鲜技术开发，到1997年新增产值3亿元，到2000年新增产值6亿元；

通过高新技术在农业上的应用，到1997年新增产值1亿元，到2000年新增产值2亿元。

三、政策措施

(一)提高认识，加强领导。实施我省科技经济一体化“三个百亿元工程”，是省委、省政府作出的重大决策，其根本目的是把我省资源优势、经济基础和比较雄厚的科技实力结合起来，提高科技进步对经济发展的贡献份额，从根本上改变高投入、低产出、低效益的粗放型经济增长方式，提高经济运行的质量和效益。因此，各级政府、各有关部门要把组织实施“三个百亿元工程”摆上重要议程，切实加强领导，加大工作力度，确保这项工作圆满完成，并以此来推动本地区、本部门科技经济一体化的进程，促进全省经济持续、快速、健康发展。

(二)制定规划，明确任务。各地、各部门要按照“三个百亿元工程”规划的要求，制定出本地区、本部门的工作计划，并积极组织实施；要把计划的实施作为考核各级领导政绩的一项重要指标,纳入任期目标责任制。

(三)广开渠道,增加投入。各级政府及有关部门要加大对“三个百亿元工程”的资金投入;各专业银行在贷款安排上要向“三个百亿元工程”项目倾斜;企业是技术进步的主体,要不断增加对技术开发和技术改造的投入;要采取融资,引进外资等各种形式,多方筹措“三个百亿元工程”所必需的资金。

(四)检查督促,表彰奖励。对“三个百亿元工程”的实施情况,各地市要定期开展自查,在此基础上,省科委会同有关部门进行一年一次的全面检查,并通报全省。各级政府和有关部门要对为“三个百亿元工程”作出贡献的单位和个人予以表彰奖励。

附:表 1:安徽省科技经济一体化“三个百亿元工程”区域目标任务分解一览表;

表 2:安徽省科技经济一体化“三个百亿元工程”行业目标任务分解一览表。

安徽省科技经济一体化“三个百亿元工程”区域目标分解一览表

表1　　　　单位:亿元

序号	地、市	高新技术产业技工贸易总收入	改造传统工业新增利税	发展乡镇企业新增利税	发展农业和农村经济新增产值
1	合肥市	35	10.6	6	7
2	芜湖市	8	5.2	3	6
3	蚌埠市	7	5.2	3	6
4	淮南市	3	2.2	1.2	4
5	马鞍山市	4	3.6	1.2	3
6	淮北市	4	1.8	0.8	3
7	铜陵市	5	1.8	0.8	1
8	安庆市	5	3.4	5	9.5
9	黄山市	4	0.5	2	7.5
10	滁州市	4	4.5	6	6
11	阜阳地区	5	4	6	11.5
12	宿县地区	3	1.4	4	7
13	六安地区	2	1.3	3	8.5
14	宣城地区	5	2.5	4	7
15	巢湖地区	3	1.6	3	7
16	池州地区	3	0.4	1	6
	全省总计	100	50	50	100

安徽省科技经济一体化“三个百亿元工程”行业目标分解一览表

表2 单位:亿元

行业领域		目标
高新技术产业	1 .新材料领域	20
	2.生物技术领域	15
	3.电子与信息领域	30
	4.机电一体化领域	20
	5.节能与环保领域	10
	6.其他高新技术产业	5
	小 计	100
工交企业	1.新产品、新技术开发	4
	2.高新技术产业化	3
	3.推广应用先进适用技术	43
	小 计	50
乡镇企业	1.区域支柱产业	20
	2.企业技术改造	20
	3.星火技术密集区	10
	小 计	50
农业	1.农作物新品种推广	11
	2.先进栽培技术推广	15
	3.林业新品种.新技术推广	6
	4.畜禽新品种推广	30
	5.高效渔业规模开发	25
	6.重大病虫(草)害综合防治	5
	7.农副产品加工、贮藏、保鲜技术	6
	8.高新技术在农业上应用	2
	小 计	100

安徽省人民政府办公厅关于印发《培育皖北星火技术密集区规划纲要》和《培育皖江高新技术产业带规划纲要》的通知

皖政办〔1998〕4号　　1998年1月

各行署,各市、县人民政府,省政府各部门、各直属机构:

省科委商省有关部门、有关地市编制的《培育皖北星火技术密集区规划纲要》和《培育皖江高新技术产业带规划纲要》已经省政府批准,现印发给你们,请结合实际,认真组织实施。

培育皖北星火技术密集区和皖江高新技术产业带,是实施科教兴皖战略的重要举措,对推进全省经济增长方式的转变与产业结构的调整和升级,有着十分重要的意义。省有关部门要各负其责,加强指导,帮助解决实施中的实际问题;各有关地市要因地制宜,抓住重点,精心组织实施,以确保规划纲要目标的实现。

培育皖北星火技术密集区规划纲要

为深入实施科教兴皖战略,加大星火计划的实施力度,培育皖北星火技术密集区,推进皖北地区经济增长方式的转变,结合皖北地区阜阳、淮南、蚌埠、淮北、宿县五个地市的实际,制定本纲要。

一、指导思想

以实施科教兴皖、外向带动和可持续发展三大战略,实现三大跨越为宗旨,以增加农民收入为核心,以发展科技为先导的区域性支柱产业为目标,面向市场,加大星火计划实施力度,优化农村产业结构,推进农业产业化,培育新的经济增长点,全面推进“三个百亿元工程”在该区的实施,振兴皖北农村经济。

二、2000年发展目标

到2000年,力争实现以下发展目标:

(一)区内有1/3的县(市)基本上达到省级以上星火技术密集区评价指标要求。

(二)达标县(市)的每个乡镇培育1~2个年产值占乡镇工农业总产值8%以上的主导产业;每个达标县(市)培育1~2个年产值亿元以上的支柱产业;区内培育出15个左右年销售额3亿~5亿元以上、利税3000万~5000万元以上的科技先导型龙头企业或企业集团,形成10个左右年产值10亿元以上的区域性支柱产业。

（三）培养和造就能领办区域性支柱产业的星火明星经营管理者30~40名，培训技术开发和经营管理人才1000名左右，培训职工和农技员100万人次。

（四）力争区内高新技术产业年增加值达到工业增加值的10%。

三、主要任务

（一）培育壮大支柱产业

推广先进适用技术，因地制宜开发丰富的农副产品等资源，大力发展高新技术，积极培育科技先导型的龙头企业和企业集团。重点发展以下支柱产业：

1.食品工业

进一步发展饮料生产，采用速冻、冷藏、保鲜、干燥等新技术，提高产品档次。努力发展营养食品、新型保健食品、方便食品、乳制品和提供出口的罐头食品等。“九五”期末，形成年销售额1亿元以上、利税1000万元以上的科技先导型龙头企业2个，形成年产值5亿元以上的产业规模。

2.果蔬种植及加工业

培育推广优良品种，提高果蔬质量及加工的深度，培育外联市场、内联农户的龙头企业，带动果蔬种植业的发展。“九五”期末，形成年销售额1亿元以上、利税1000万元以上的科技先导型龙头企业集团2~3个，形成年产值10亿元以上的产业规模。

3.特种水产业

推广工厂化养殖、保鲜贮运、深度加工等技术，大力发展特种水产品生产，培育农工商一体化的科技先导型龙头企业。“九五”期末，形成年销售额1亿元以上、利税1000万元以上的龙头企业1~2个，形成年产值5亿元以上的产业规模。

4.黄牛产业

建立养殖示范基地，推广黄牛优良品种、应用细管冻精、桔杆青贮氨化、饲料添加剂、肉牛快速育肥等技术，提高牛肉产量；同时，应用酶工程和发酵工程等新工艺、新技术，开发利用牛内脏、牛血清、牛骨等，增加附加值；应用高新技术大力发展皮革加工业。“九五”期末，形成年销售额2亿元以上、利税2000万元以上的科技先导型龙头企业或企业集团2个，形成年产值20亿元以上的产业规模。

5.长毛兔产业

建立养殖示范基地，大力推广优良品种、科学养殖技术及管理方法，扩大养殖规模，大幅度提高兔毛制品产量和质量。“九五”期末，形成年销售额1亿元以上、利税1000万元以上的科技先导型龙头企业或企业集团1~2个，形成年产值5亿元以上的产业规模。

6.油料及油脂加工业

引进、推广油料作物新品种和栽培新技术，提高油料作物产量和技师用高新技术改造油脂加工业，充分利用动植物油及油脚资源，提高油脂开发的深度和综合利用率。“九五”期末，形成年销售额1亿元以上、利税1000万元以上的科技先导型龙头企业集团1个,形成年产值5亿元以上的产业规模。

7.林木产业

利用本地速生林木资源,引进先进的木材加工技术和设备,开发一次性成型板、中密度纤维板、轻质隔墙板等新产品,大力发展木材加工业。“九五”期末,形成年销售额1亿元以上、利税1000万元以上的龙头企业或企业集团3个,形成年产值10亿元以上的产业规模。

8.中药材产业

开发推广白芍、板兰根、薄荷等中药材的栽培技术,发展壮大中药材生产基地,“九五”期末,培育交易市场和发展中药材加工及中成药生产,形成年成交额40亿元以上的产业规模。

9.饲料作物及饲料加工业

引进饲料作物新品种,利用动植物副产品等饲料蛋白源,开发饲料新品种。“九五”期末,形成年销售额1亿元以上、利税1000万元以上的科技先导型龙头企业或企业集团1~3个,形成年产值15亿元以上的产业规模。

10.化工业及轻工、纺织、机械等产业

推广节能、降耗、清洁的新工艺、新技术,提高技术水平,提高产品的竞争力,重点发展农用化工、精细化工。“九五”期末,形成年销售额3亿元以上、利税5000万~8000万元以上的科技先导型龙头企业或企业集团3个,形成年产值20亿~25亿元以上的产业规模。有条件的地方,还可根据自身优势,发展轻工、纺织、机械等产业,形成一定规模的科技先导型龙头企业或企业集团。

(二)区域发展重点及任务

——阜阳市:

重点发展中药材种植与加工、林木加工、黄牛养殖及其系列加工、蔬菜种植与加工、长毛兔养殖与兔毛精加工、烟草栽培与卷烟加工、酿酒等支柱产业。“九五”期末,形成年销售额3亿~5亿元以上、利税3000万~5000万元以上的科技先导型龙头企业或企业集团6个,其中年销售额20亿元以上、利税2亿元以上的龙头企业或企业集团3个,培育各具特色的星火技术密集县(市)4个。

——蚌埠市:

重点发展特种水产养殖及加工、机械、化工、卷烟加工等支柱产业。“九五”期末,形成年销售额2亿~5亿元、利税2000万~5000万元以上的科技先导型龙头企业或企业集团3个,其中年销售额20亿元以上、利税2亿元以上的科技先导型龙头企业或企业集团2个,培育各具特色的星火技术密集县(区)3个。

——淮南市:

重点发展医药、化工、轻工、特种水产、轻纺等支柱产业。“九五”期末,形成年销售额3亿~5亿元以上、利税3000万~5000万元以上的科技先导型龙头企业和企业集团

2~3 个,培育各具特色的星火技术密集县(区)3 个。

——淮北市:

重点发展优质小麦及其精加工,纺织、服装、皮革加工,饲料作物种植、加工以及林木种植与加工等支柱产业。“九五”期末,形成年销售额 2 亿 ~5 亿元以上、利税 2000 万 ~3000 万元以上的科技先导型龙头企业和企业集团 2 个, 建成 1 个国家级青年星火人才培训基地,培育各具特色的星火技术密集县(区)2 个。

——宿县地区:

重点发展林果、油料作物种植及动植物油脂加工、中成药生产、黄牛及其系列加工、家禽养殖及加工等支柱产业。“九五”期末,形成年销售额 3 亿 ~5 亿元以上、利税 3000 万 ~5000 万元以上的科技先导型龙头企业和企业集团 2 个,培育各具特色的星火技术密集县(市)3 个。

四、主要措施

(一)加强组织领导。在省科技领导小组领导下,成立由省科委牵头、五地市和各有关方面参加的协调指导小组,负责研究制定并组织实施发展规划和政策措施等。协调指导小组办公室设在省科委,负责日常工作。五地市成立相应的组织机构。

(二)建立稳定的技术依托。帮助建立由有关高等院校、科研院所组成的专家顾问组,搞好皖北星火技术密集县的建设。各地、市、县也要建立较固定的技术依托单位。科技先导型的龙头企业,要建立健全科技开发机构,其他企业要争取建立技术中心。有条件的企业还要针对自身的发展,同有关大专院校、科研机构建立长期稳定的合作关系。

(三)加强人才培训。一是充分发挥现有各级各类培训机构的作用,完善培训手段,健全师资队伍;二是在皖北地区建立皖北星火培训基地;三是重点培育和造就星火企业家和星火带头人,建立一支科技意识强,有开拓精神并具有优良素质的企业家队伍。

(四)多方融资,增加投入。各级、各部门要从政策、资金等方面对星火项目予以支持,形成科技贷款适当引导、基本建设和技术改造资金倾斜投入、企业自身筹措资金为主的投入机制。

(五)开展考核评比奖励。省政府将此项工作列入“三个百亿元工程”考核和奖励范围。

培育皖江高新技术产业带规划纲要

为深入实施科教兴皖战略,培育皖江高新技术产业带,根据《中国火炬计划“九五”发展计划》,结合皖江地区实际,制定本纲要。

一、指导思想和基本原则

(一)指导思想

结合实施“三个百亿元工程”,充分利用皖江地区开发开放的有利条件,以市场为导向,以两个根本转变为动力,大力培育一批能够出口创汇的高新技术企业、一批具有自主知识产权的高新技术产品、一批应用高新技术改造传统产业的示范企业、一批具有支柱产业的高新技术产业园区、一批发展高新技术产业的人才,加快实现高新技术产业化、传统产业高新化,逐步形成以高新技术产业为主导的经济发展新格局。

(二)基本原则

1.分阶段实施,分层次推进。从现在起到2000年为培育阶段,芜湖、安庆、铜陵、马鞍山4市的高新技术产业形成规模,滁州市及贵池、宣州、巢湖、宁国、天长、桐城、明光、绩溪等县(市)的高新技术产业有较大发展;2001年到2010年为发展阶段,基本建成皖江高新技术产业带。

2.突出发展重点,提高科技含量。重点发展新材料、电子与信息、机电一体化、生物与医药4个新兴产业,重点支持高新技术园区和高新技术企业,提高经济技术开发区和星火技术密集区的科技含量。

3.强化创新,加强集成。依托大企业和大专院校、科研院所,开展技术研究,技术开发和技术创新;所有有条件的企业,都要通过"三改一加强",形成技术进步机制,增强企业技术创新能力。科技、经济、金融等各有关部门要积极参与,从政策、资金等多方面予以支持。

4.开发开放,外向带动。加强对外科技交流与合作,引进国外智力,引进国外关键技术及设备并进行消化、吸收和创新,增强产品的市场竞争能力和出口创汇能力。

二、发展目标

1.力争到2000年,实现以下发展目标:芜湖、安庆、铜陵、马鞍山4市(不含县)高新技术产业增加值占工业增加值的比重超过10%,力争达到15%;高新技术产业出口额占出口总额的比重力争达到12%;其他地、市、县在1997年的基础上分别增加3~4个百分点。

2.芜湖高新技术产业开发区(芜湖经济技术开发区)工业总产值达60亿~70亿元,高新技术产业产值达30亿元,全员劳动生产率达15万元/人·年。安庆、铜陵经济技术开发区内分别建立科技工业园,在绩溪县培育科技工业走廊。安庆、铜陵、滁州等经济技术开发区和桐城、当涂等星火技术密集区引进消化高新技术成果100项,高新技术产业产值占区内工业总产值的比重分别达到25%和15%。

3.培育高新技术企业150家,高新技术产品300项,发展民营科技企业1500家,建立中试基地2~3个,组织实施攻关、火炬、星火、成果推广、高新技术产业化、国际科技合作等科技计划项目500项,培训高新技术产业开发、经营、管理人才1000名。

三、主要任务

(一)培育高新技术新兴产业

1.新材料产业:重点发展新型电子材料、高档磁性材料及制品、超细超硬材料及制品、高性能陶瓷、新型建筑材料、新型工程塑料及塑料合金、功能高分子材料、有机硅及氟系材料、特种合成纤维、精细化工产品、有机涂料和胶粘剂、复合材料及制品等12种高新技术产品群,实现增加值14亿元以上。

2.电子与信息产业:重点发展新型电真空器件、新型电力电子器件、智能化电源、办公自动化设备与系统、计算机软件产品、高档家用电子产品、高性能数字程控交换机、通信雷达设备、新型特种电线电缆及光缆等9种高新技术产品群,实现增加值11亿元以上。

3.机电一体化产业:重点发展高性能数控机床及加工中心、汽车摩托车仪表、新型工业自动化仪表、新型发动机、新型测量计量仪器、新型低压高压电器、新型大功率电源、新型医疗器械产品等8种高新技术产品群,实现增加值20亿元以上。

4.生物与医药产业:重点发展新型诊断试剂与试剂盒、新型化学合成半合成药物、新型中药及制剂、新型生物保健产品、新型有机酸及氨基酸、天然色素及高档香精香料、新型高档食品添加剂、高产优质动植物新品种、新型高效生物饲料及添加剂、微生物农药及微生物肥料等10种高新技术产品群,实现增加值5亿元以上。

(二)建设高新技术产业开发园区

1.芜湖开发区进一步完善"软、硬"环境,积极吸纳高等院校、科研院所、大中型企业和民营科技企业的高新技术成果进区转化;进一步办好高新技术创业服务中心,继续吸引国外大企业、大财团到开发区投资;增加对支柱产业项目的支持力度,促进一批企业提高技术档次,增加经济规模。

2.安庆、铜陵、滁州等经济技术开发区加强基础设施建设,增加产业化项目,逐步形成支柱产业。安庆、铜陵经济技术开发区内的科技工业园和绩溪县的科技工业走廊发挥自身优势,突出重点产业,争取"一园一业"。

(三)应用高新技术和先进适用技术改造传统工业

采用电子信息技术、先进制造技术、新材料技术、节能降耗技术和环境保护技术等共性技术以及现代化生产管理技术,提高传统产业技术水平和管理水平,带动产业结构升级,促进传统产业高新技术化。

1.冶金工业:钢铁工业重点开发高性能特种合金材料,推广综合节能技术;有色金属工业推广应用采、选、冶高效节能技术和设备,开发生产稀有金属及贵金属,重视二次资源开发。

2.建材工业:重点推广水泥综合节能技术、自动化控制技术和环保技术等。

3.机械工业:重点应用CAD/CAM技术、精密成型加工技术、精密铸造技术等。

4.石油化学工业:重点应用深度加工技术、高硫含量原油加工技术、新型分离技术、自动化控制技术等。

5.轻纺工业:轻工业重点应用模糊控制、新型模具、塑料改性等技术和机电一体化新设备;开发酶工程和新型发酵工程等。纺织工业重点开发新型化纤、新型纺纱、新型织机、新型染整、新型成衣等技术。

(四)应用现代科学技术改造传统农业

应用生物、等离子体、激光等技术,加快农作物高产、优质、多抗新品种选育;培育品质优良的畜禽新品种;应用生物工程和农业工程相结合的综合技术进行中低产土壤改良,研制新一代生物农药、有机无机复合肥和生长调节剂,发展绿色食品和生态农业;应用计算机技术进行信息管理,推广"两高一优"栽培模式和农业节水技术。

引导和支持乡镇企业与高等院校、科研院所合作开发、生产技术含量高的产品,使乡镇企业逐步升级为科技先导型企业或高新技术企业。

四、主要措施

(一)在省科技领导小组领导下,建立由省科委牵头、有关地市和省有关部门组成的皖江高新技术产业带协调指导小组。将培育皖江高新技术产业带工作列入省政府"三个百亿元工程"考核范围。

(二)为发展高新技术产业创造良好的条件。高新技术企业、高新技术产品和火炬计划项目,继续享受省有关扶持高新技术产业发展的优惠政策;科技开发贷款、科技产业工程和技改、三高、双加等计划重点向高新技术产业倾斜,省和有条件的地市要规范和建立高新技术产业发展基金;积极争取国际科技合作项目,引进技术、人才和先进的管理方法;鼓励高新技术企业申报自营出口权,申请外贸发展基金,对高新技术及其产品出口给予信贷、出口退税支持;支持具备条件的高新技术企业发行债券和股票上市;建立和完善高新技术创业服务中心、技术市场和科技信息网络,为培育皖江高新技术产业带提供技术、资金、政策、市场等信息服务。

(三)实行政府奖励与企业奖励相结合的办法。省科委设立"省高新技术产业奖",奖励为发展高新技术产业作出重要贡献的单位和个人。高新技术企业对有突出贡献的科技人员可给予物质奖励,也可按照国家有关规定折算为股份或出资比例,作为受奖人员对企业的投入,受奖人依据其所持股份或者出资比例分享收益。

(四)合肥作为全省科教基地和开发开放的重点,在继续加快本地区高新技术产业发展的同时,要积极向皖江地区辐射技术、输送人才、传递信息,支援皖江高新技术产业带的发展。

安徽省人民政府关于进一步扶持高新技术产业发展的若干规定

皖政〔1999〕48号 1999年11月

为认真贯彻落实《中共中央、国务院关于加强技术创新,发展高科技,实现产业化的决定》(中发〔1999〕14号)和《中共安徽省委、安徽省人民政府关于贯彻〈中共中央、国务院关于加强技术创新,发展高科技,实现产业化的决定〉的意见》,进一步实施"科教兴皖"战略,加速推进经济技术升级计划,加大对高新技术产业发展的扶持力度,增强安徽在跨世纪发展中的综合竞争力,现就有关扶持高新技术产业发展的政策措施规定如下:

一、实行高新技术产业化认定制度。在各级政府的科技工作领导机构(小组)的领导下,由政府科技行政主管部门会同计划、财税、经贸、农业、金融等有关部门并组织专家,对高新技术企业(不分所有制性质,下同)、高新技术产业化项目、高新技术产品和高新技术成果,进行企业(或项目、产品、成果)性质、技术等级、市场前景、项目风险及知识产权等方面的认定。法人、经济组织和自然人均可按照国家和省有关规定提出认定申请。认定工作要做到公平、公开、公正,并向社会公布,接受监督。凡经认定的高新技术企业、高新技术产业化项目、高新技术产品和高新技术成果,均可享受本规定的有关政策措施。

对高新技术企业、高新技术产业化项目、高新技术产品和高新技术成果的认定实行动态管理,经考核不再具备条件的,取消其资格,终止享受本规定的有关政策措施。

二、经认定的高新技术成果产业化项目,分别纳入省和市地国民经济和社会发展年度计划,其中的重大项目列为重点建设项目,享受重点建设项目的有关优惠政策,优先安排用地、融资等,并按规定由有关部门进行过程管理并提供服务。

三、各级财政部门要加大对科技的投入力度,年投入的增长幅度应高于财政收入的年增长幅度。财政对科技的投入方式,由对企业、科研机构、科技人员的一般支持,改变为以项目为主的重点支持。

四、建立和完善以政府引导为主、多渠道筹资、市场化运作的高新技术产业投融资体系。1999年由省财政和有关部门、机构出资15000万元,建立省经济技术升级专项资金,并发起成立科技产业投资有限公司,支持高新技术成果产业化。

省和市地设立以政府出资为主、引导社会资金参与的技术创新专项资金,采用公司制和市场化运作方法,用于高新技术成果转化风险投资和支持科技型中小企业(不分所有制性质,下同)的技术创新。

五、金融机构要充分发挥信贷对高新技术及产业发展的支持、促进作用,积极探索多种行之有效的途径,努力为有较好信誉的企业实施高新技术产业化项目做好信贷服务。依据企业不同特点建立相应的授权授信制度、科技金融联审联贷制度,完善资金管理办法,增加信贷品种,拓展担保方式,扩大科技信贷投入。对符合条件、能提供合法担保的科技项目,要优先发放科技贷款和技改贷款;对于有市场发展前景、技术含量高、经济效益好、能替代进口的高新技术成果转化和技术改造项目,要加大贷款支持力度。省和市地对这类项目给予相应的贴息支持。对高新技术产品出口在信贷和贴息方面给予扶持。

各级政府和有关部门要尽快建立和完善科技型中小企业信用担保体系及实施办法。

六、优先支持有条件的高新技术企业在完成规范化的股份有限公司改造后申请发行股票。积极支持高新技术企业、科技型中小企业进入香港联合交易所创业板块和即将设立的上海、深圳证券交易所高新技术企业板块。支持有前景、效益好的高科技上市公司在证券市场上进行再筹资,支持上市公司发展高新技术产业、进行高新技术概念的资本运作,支持高新技术企业通过资产重组进入证券市场。

七、鼓励设立各种类型和形式的科技投资或风险投资机构。凡在我省注册、对我省高新技术产业领域的投资额占其项目投资总额的比重不低于70%的投资机构,比照执行高新技术企业税收及其他优惠政策,并可按当年总收益3%~5%提取风险补偿金,用于补偿以前年度和当年在我省的投资性亏损。风险补偿金余额可按年度结转,但其金额不得超过该企业当年年末净资产的10%。

八、经财税部门审批,高新技术企业研制开发新产品、新技术、新工艺当年所发生的各项费用,不受比例限制计入管理费用;对此项费用年增长幅度在10%以上的,可再按实际发生额的50%抵扣应税所得额。企业为开发新技术、研制新产品所购置的试制用关键设备、测试仪器,单台价格在10万元以下的,可一次或分次摊入管理费。经财税部门批准,高新技术企业中试设备的折旧率可在国家规定的基础上加速30%~50%。

经财税部门批准,高新技术企业购买国内外先进技术、发明和专利所发生的费用,可一次或分次在成本中列支。

九、从开始获利年度起,经认定的高新技术企业按规定税率征收所得税后,其超过15%的部分,经同级财政、地方税务机关审核批准,5年内按50%返还给企业。其中,新办的高新技术企业自开始获利年度起,前2年按规定税率征收的所得税,经同级财政、地方税务机关审核批准全部返还给企业,后3年按规定税率征收所得税后超过15%的部分,经同级财政、地方税务机关审核批准,按50%返还给企业。对被认定为高新技术企业的生产性外商投资企业,生产经营期在10年以上的,可从获利年度起免征所得税2年,第3年至第5年减按10%的税率征收所得税。

合肥高新技术产业开发区内经认定的高新技术企业,从开始获利年度起减按15%

的税率征收所得税。其中，新办的高新技术企业，经企业申请，税务机关批准，自开始获利年度起免征所得税 2 年；高新技术企业出口产品的产值达到当年总产值 70%以上的，经税务机关核定，减按 10%的税率征收所得税。

对各类企业以自有资金或银行贷款从事国家鼓励的、符合国家产业政策的技术改造项目（如高新技术产业、新兴行业和新产品）的国产设备投资，实行按 40%比例抵免企业所得税。

十、经认定的高新技术产品，从被认定之日起 3 年内所缴纳增值税的 25%（地方分享部分），按收入归属级次，经当地主管征收的税务机关核实后，由同级财政部门返还给企业。

经认定的开发生产软件产品的企业，其软件产品，从被认定之日起减按 6%的征收税率计算缴纳增值税。对软件销售企业给予扶持政策，软件开发生产企业的工资支出按实际发生额在企业所得税税前扣除。

对高新技术产品的出口，实行增值税零税率政策。

经省批准的作为高新技术产业孵化基地的机构，属孵化项目在 5 年内缴纳的各项税收的地方收入部分，由同级财政列收列支返还。

科研机构的技术转让收入继续免征营业税，高等学校的技术转让收入免征营业税；科研机构、高等学校服务于各业的技术成果转让、技术培训、技术咨询、技术承包所取得的技术性服务收入暂免征收企业所得税。

企业进行技术转让，以及在技术转让过程中发生的与技术转让有关的技术咨询、技术培训、技术服务所得，年净收入在 30 万元以下的部分，经税务机关核定，免缴企业所得税。

十一、国家级和省级高新技术产业开发区在区内依法出让国有土地使用权的收入，按照规定上缴财政。财政部门清算、拨付出让土地开发费用后的净收益，可以全部留给开发区用于基础设施建设。

十二、经认定的高新技术产品价格、高新技术产业化项目产品价格和服务价格，政府价格主管部门在必要时可以核定支持性价格。

十三、科研机构、高等学校及其科技人员可以采取多种方式转化高新技术成果，创办高新技术企业。以高新技术成果向有限责任公司或非公司制高新技术企业入股的，高新技术的作价金额可达到公司或企业注册资本的 35%，另有约定的除外。

十四、企业、科研机构、高等学校转化职务科技成果，应当按照国家和省有关规定对研究开发该项科技成果的职务科技成果完成人和为成果转化做出重要贡献的其他人员给予奖励。其中，以技术转让方式将职务科技成果提供给他人实施的，应当从技术转让所取得的净收益中提取不低于 20%的比例用于一次性奖励；自行实施转化或与他人合作实施转化的，企业、科研机构或高等学校应当在项目成功投产后，连续在 3 ~ 5 年内，从实施该科技成果的年净收入中提取不低于 5%的比例用于奖励，或者参照此比例,给予一次性奖励;采用股份形式的企业实施转化的,也可以用不低于科技成果入股时作价金额20%的股份给予奖励,该持股人依据其所持股份分享收益,在研究开发和成果转化中作出主要贡献的人员,所得奖励份额应不低于奖励总额的50%。

企业、科研机构、高等学校转化职务科技成果以股份或出资比例等股权形式给予个人奖励,获奖人在取得股份、出资比例时,暂不缴纳个人所得税;取得按股份、出资比例分红或转让股权、出资比例所得时,应依法缴纳个人所得税。

十五、鼓励高新技术企业与科研机构、高等学校合作。对重大的产学研联合研究开发并实现产业化的高新技术项目,或从科研机构、高等学校引进成果,并成功实现转化的高新技术项目,由项目承担单位提出申请,经认定,由所在地政府给予一定的研究开发或成果购买补助经费。

十六、提倡科研机构、高等学校的科技人员、管理人员兼职办科技企业,兼职从事高新技术成果的转化工作,所在单位应继续为科技人员从事应用研究开发提供科研实验条件。科研机构、高等学校的科技人员和管理人员中离岗办科技企业或从事高新技术成果转化工作的,允许3年内保留其在原单位的工作关系。

科技人员和管理人员兼职或离岗办科技企业、从事高新技术成果转化工作,应遵守国家有关法律法规及与原单位的约定,保守原单位的商业秘密和技术秘密;使用原单位或他人商业秘密和技术秘密的,应与原单位或他人签订许可或转让协议。

十七、从事应用性研究开发和实施高新技术产业化项目的专业技术人员和管理人员,其高新技术成果转化工作的业绩可作为晋升高一级专业技术职务的主要条件;业绩突出的,可不受学历、资历和岗位职数等条件限制,破格申报评定相应的技术职务任职资格,申报授予各种荣誉称号和享受政府津贴。

十八、经认定的高新技术企业,其工资发放不受工资总额限制,企业可参照市场劳动力价格和当年政府颁布的工资增长指导线,自行决定其高级科技、管理人员和员工的工资发放水平,并可全额列支成本。

十九、允许和鼓励技术、管理等生产要素参与收益分配。在部分国有高新技术企业中进行试点,从近年国有净资产增值部分中拿出一定比例作为股份,奖励有贡献的职工特别是科技人员和经营管理人员。此类股份总额一般以净资产增值部分的30%为最高限。

二十、进一步改进高新技术企业注册登记办法,注册资本金在国家规定的幅度范围内从低要求。注册资本不能一次到位的,可在两年内分期缴清,但首期到位率(含以技术成果作价部分)不能低于注册资本总额的50%;注册资本分期缴付的,在首期缴付的出资中,高新技术成果作价部分不能超过首期出资额的50%。

二十一、外省市科技人员和留学回国人员携带高新技术成果来我省实施转化的,可优先享受技术创新专项资金的支持,并准予其本人、配偶及未成年子女户口迁入,迁入时各地、各部门不得收取任何费用。

二十二、对高新技术企业和高新技术产业化项目承担单位的科技人员、商务人员因公出国(境)从事科技和商务活动,继续实行一次审批一年内有效的办法。对来皖工作的外籍专家,邀请或聘用单位可按有关规定,为其申报半年或一年内多次有效入境签证审批手续,特殊情况可适当延长。各有关部门要为从事高新技术及产业化国际合作与交流的中外人员提供往来方便。

凡来安徽工作的留学回国人员,若再次出国工作或者学习的,有关部门要根据来去自由的原则简化审批手续。短期回国的留学人员,只要持有我国政府有效护照和外国出入境有效签证,即可随时出境,不再履行审批手续。

二十三、鼓励和支持有条件的高新技术企业,申报并取得自营进出口权。享有自营进出口权的高新技术企业和外商投资企业为生产出口产品而进口的原材料和零部件,免征进口关税和进口环节增值税。企业为研究开发新产品、新技术,需要进口国内不能生产的仪器、设备以及配套件的,按照国家规定免征关税和进口增值税。海关对上述企业具备设立保税仓库、保税工厂条件的,可批准其设立备料保税仓库或保税工厂。在高新技术产业开发区内可批准设立公共型保税仓库。外商投资的高新技术企业的外方常驻人员,携带进口自用数量的应税生活用品,除国家限制进口的商品外,可享受一定的税收减免优惠。

对科研机构、高等学校进口的直接用于教学和科研的仪器仪表等,符合国家对科教用品免税规定的物品,免征进口关税和进口环节税。

二十四、发挥政府采购政策对高新技术企业的扶持作用,通过预算控制、招投标等形式,引导和鼓励政府部门、企事业单位择优购买、使用本省高新技术产品。对本省生产的价格低、疗效好的新特药,在省内优先推广使用,对其中符合条件的优先推荐在国家《药品目录》中作为新药增补。

二十五、省直有关部门和各市地应根据本规定制定实施细则,认真抓好本规定的贯彻落实。各级监察、督查部门要定期进行检查,做好本规定的监督实施工作。本省已颁布的有关扶持高新技术产业发展的政策与本规定不一致的,以本规定为准。

安徽省人民政府关于批转安徽省“十五”高新技术产业发展规划的通知

皖政〔2001〕52号　　2001年7月

各市、县人民政府,省政府各部门、各直属机构:

省政府同意省计委、省科技厅制定的《安徽省“十五”高新技术产业发展规划》,现批转给你们,请认真贯彻执行,精心组织实施。

安徽省人民政府

二〇〇一年七月十一日

安徽省“十五”高新技术产业发展规划

前　言

近些年来,世界范围的重大科学发现和技术创新取得了突破性进展,以信息技术、生物技术、新材料等为代表的高新技术产业迅速崛起,成为全球经济发展的动力。高新技术产业的发展水平决定着经济竞争力的高低以及在国际经济中的分工地位。

就我省而言,无论是扩大需求、促进消费、拉动经济的即期增长,还是立足于国民经济长期持续稳定发展,高新技术产业都具有举足轻重的作用。“十五”及以后一个时期,加快发展高新技术产业是经济结构战略性调整最重要的任务之一。

为贯彻落实省委、省政府《关于贯彻〈中共中央、国务院关于加强技术创新,发展高科技,实现产业化的决定〉的意见》(皖发〔1999〕13号),从战略的高度,明确“十五”期间我省高新技术产业发展的指导思想与原则,确定发展目标、任务和重点,制定政策措施优化发展环境,引导市场主体的行为与方向,促进高新技术产业加速发展,根据《安徽省国民经济和社会发展第十个五年计划纲要》,制定本专项规划。

一、发展现状与发展环境

(一)发展现状

“九五”期间,我省高新技术产业有了较快的发展,已成为新的经济增长点。

1.高新技术产业发展迅速。通过组织实施火炬计划、高技术产业发展计划、技术创新计划等,促进了高新技术产业的发展,2000年,我省高新技术产业实现技工贸总收入

333 亿元，是 1995 年的 5.2 倍；高新技术产业出口创汇 3.5 亿美元，占全省出口额的 15.9%；高新技术产业增加值占工业增加值的 10.7%，超额完成了“九五”计划确定的发展目标。

2.有利于高新技术产业发展的环境正在形成。省委、省政府高度重视高新技术及其产业发展工作，先后下发了《关于贯彻〈中共中央、国务院关于加速科学技术进步的决定〉的实施意见》（皖发〔1996〕2 号）《关于贯彻〈中共中央、国务院关于加强技术创新，发展高科技，实现产业化的决定〉的意见》（皖发〔1999〕13 号）和《关于进一步扶持高新技术产业发展的若干规定》（皖政〔1999〕48 号），省直有关部门先后制发了 19 个配套实施办法，在各级政府、各部门的共同努力下，扶持高新技术产业发展的政策体系基本建立，发展环境逐步优化。

3.初步形成了具有特色的高新技术产业。截止 2000 年底，全省高新技术企业达到 445 家，其中，技工贸总收入超亿元的 50 家，上市企业 14 家，高新技术产品 339 项。目前，我省高新技术产业主要分布于光机电一体化、新材料、电子与信息、生物工程及新医药等领域，其技工贸总收入分别占全省高新技术产业的 37%、34%、10%和 7%，已呈现出良好的发展态势。

4.应用高新技术改造传统产业取得较大进展。推广应用了计算机辅助设计（CAD）、计算机集成制造系统（CIMS）、柔性制造系统（FMS）、制造资源计划（MRP-Ⅱ）等一批共性关键技术和先进管理方法，采用先进生产工艺和装备，增强了工业企业的技术水平和竞争力；信息技术、生物技术在农业方面的应用，推动了农业可持续发展；信息技术在金融、商贸等服务业的应用，促进了第三产业发展。

5.高新技术研究开发实力进一步增强。“九五”期间，全省共取得省级以上重大科技成果 2500 多项，专利授权 4168 项；建成国家级和省级重点实验室 8 个，工程技术研究中心（中试基地）9 个，省级以上企业技术中心 132 个。产学研结合进一步深化，科研机构市场意识增强，“省院共建”“省校合作”取得初步成效，技术创新体系正在形成。

6.高新技术产业化基地初具规模。2000 年，合肥、芜湖、蚌埠高新技术产业开发区实现技工贸总收入 226 亿元；合肥、蚌埠、芜湖、安庆创业服务中心，合肥大学科技园、留学生创业园和安庆、合肥民营科技园生机勃勃。国家火炬计划铜陵电子材料产业基地、合肥软件园产业基地、国家 863 计划科大讯飞产业化基地、天长光电缆高新技术产业基地等，产业特色鲜明，经济效益显著。

但是，与先进省、市相比，我省高新技术产业发展差距较大，主要表现在：一是总量小、比重低，对全省经济结构调整与升级的带动作用不明显，牵动性大的龙头高新技术企业较少。二是人才队伍结构不合理，高素质的研究开发人才、经营管理人才少，特别是从事创新创业的技术带头人和资本运营人才十分匮乏。三是面向市场的高新技术成果少、转化率低，企业吸纳科技成果的能力弱。四是多层次、多渠道的投入体系不健全，资金投入不足,高新技术风险投资机制尚未形成,有利于高新技术产业发展的机制和环境有待进一步完善。

(二)"十五"面临的基本形势

当前,全球范围的新的技术突破与融合,推动着高新技术产业继续高速增长。在经济全球化趋势下,特别是随着我国加入WTO后,我省高新技术产业发展将面临着新的挑战:一方面,有利于我们通过参与国际分工来加速高新技术产业的发展;另一方面,跨国公司利用其雄厚的资本和技术优势对我国的技术及市场进行更大规模的渗透和控制,高新技术竞争将更加激烈。

经济结构的战略性调整,对高新技术产业的发展提出了更高的要求。我们已不可能再依靠大量消耗自然资源和廉价劳动力的比较优势来积累资本、换取技术、发展经济。因此,必须加快科技进步,加强技术创新,发展高科技,实现产业化,为经济结构的战略性调整和现代化建设不断提供强大的技术支持。

二、指导思想与发展目标

(一)指导思想与基本原则

1.指导思想

紧扣"加快发展、富民强省"这一主题,围绕全省经济结构战略性调整这条主线,坚持"加强技术创新,发展高科技,实现产业化"的方针,以国内外市场为导向、以政策为调控手段、以企业为主体、以高等学校和科研机构为依托、以孵化器建设为突破口、以高新技术产业化基地和重大项目为重点,增强持续创新能力,加快实现优势领域的跨越式发展,不断提高高新技术产业规模和综合竞争力,逐步形成全省高新技术产业群体优势,从整体上提高我省国民经济的质量和素质。

2.基本原则

——发展高新技术产业与改造提升传统产业相结合。一方面发挥我省若干领域的科技优势,大力推进成果转化,加快发展具有比较优势的先进技术及产品。另一方面,积极采用高新技术和先进适用技术,改造我省传统优势产业,推动产业优化升级。

——技术创新与体制创新相结合。体制创新是技术创新的保证,在加强技术创新的同时,通过深化经济、科技、教育体制改革,形成符合市场经济要求和高新技术产业发展规律的新机制,推进高新技术产业发展。

——自主创新与引进吸收创新相结合。以产业化为目标,优化科技资源配置,支持具有自主知识产权的高新技术研究开发及其产业化,在优势领域实现技术跨越。同时,积极引进国内外先进技术,鼓励并组织在消化吸收基础上的再创新。

——市场主导、企业主体、政府引导相结合。把满足市场和社会需求作为主要导向,充分发挥市场机制在资源配置上的基础性作用。企业是技术创新、发展高新技术产业的决策主体、开发主体和投资主体,政府主要是通过制定政策规划、创造环境、协调服务等,促进高新技术产业发展。

——培养人才与引进人才相结合。人才是发展高新技术及其产业的根本，既要大力培养人才，又要加大引进人才的力度，努力为科技人员创新创业营造良好的环境。

（二）发展目标

1.到2005年，力争全省高新技术产业实现年技工贸总收入800亿元以上，其增加值占全省工业增加值20%左右，高新技术产业出口创汇占全省总出口额20%左右。

2.合肥、芜湖高新技术产业开发区建设成为国内一流的高新技术产业开发区，新建3~5个有特色的高新技术产业基地，省级以上高新技术园区和产业基地实现年技工贸总收入500亿元。

3.发展壮大一批具有较强竞争力的高新技术龙头企业和企业集团，其中，技工贸总收入超过10亿元的10家；重点扶持30家左右科技型中小企业和民营科技企业；高新技术创业服务中心在孵企业达到400家。

三、主要任务与发展重点

（一）主要任务

"十五"期间，着力提高科技持续创新能力，研究开发一批高新技术产品；应用高新技术改造提升传统产业，增强产业竞争力；大力发展新兴产业，培育新的经济增长点；突出重点，在优势区域、领域和重大项目上取得跨越式发展；加强技术创新和体制创新，大力培育创新主体；加强创新创业人才队伍建设，营造良好发展环境。

（二）发展重点

"十五"高新技术产业发展重点是，组织实施四大高新技术产业工程、十六个重大专项、一批高新技术产业化重大项目，加强高新技术研究开发和高新技术产业化基地建设。

1.四大高新技术产业工程

软件产业基地。依托合肥、芜湖软件园及骨干软件开发企业，建设高水平、上规模的软件产业基地。大力发展软件开发平台、数据库管理系统和网络管理系统等支撑软件，加快推进有特色、有竞争力的应用软件产业化。

信息化网络及应用。加快推进覆盖全省范围的移动通信网、多媒体宽带网、接入网、广播电视网及计算机网等网络建设，推进电信、广播电视和计算机网络的融合，促进网络传输及网络终端产品的产业化。

生物工程和新医药。利用基因工程和细胞工程技术培育动植物优良品种，构建新酶种及选育高产菌，开发酶工程及发酵工程新产品，研制高效、低毒、低残留的新型农药。增强新药的自主开发能力，加速基因工程药物、生物疫苗及化学合成药的产业化，鼓励引进国内外先进的基因工程药物及生物疫苗产品。

现代中药。利用我省丰富的中药材资源，采用先进适用技术，建设道地绿色规范化中药材种植和加工示范基地；应用先进的提取、分离、制剂及生产过程控制技术，使我省中药骨干企业在生产工艺技术和装备水平上全面实现技术提升，促进中药产业的结构调整和升级;加速具有自主知识产权、高技术含量、高附加值的现代中药产品产业化。

2.十六个重大专项

计算机软件。以提升软件开发能力为中心，推动我省软件企业积极进行 ISO9000 和 CMM(软件能力成熟模型)认证。开发中文语音平台、嵌入式操作系统等有自主知识产权的商品化软件。建设省软件工程技术研究中心。“十五”末,力争形成 1～2 个国内著名的软件品牌。

制造业信息化。在全省选择 20 家不同层次的示范企业，加强企业内部信息的集成。重点培育 3 家示范企业,构建基于网络的快速响应制造系统,辐射带动 100 家企业,开展计算机辅助设计(CAD)、制造资源计划 / 企业资源计划(MRP-Ⅱ/ERP)、快速原型制造(RPM)等基础信息化建设。形成专业化的咨询服务体系,开发 1～2 个信息化技术产品。

光电子产品。以我省成熟的光电子技术成果为基础,重点促进新型激光加工设备、新型激光医疗设备、环境光学检测设备、光纤通信和光信息关键器件、功能晶体材料的产业化。加快形成小型高亮度、高分辨率彩色显示器和太阳能电池板材料、导电膜玻璃、新型太阳能光电转换系统及风光互补发电系统的规模化生产。

智能化信息家电。重点发展智能化电冰箱、洗衣机、彩色电视机、空调,高密度数字激光视盘机、数字视音频系统设备等。

电子商务。支持适应电子商务的金融监管系统、认证和信用系统、支付和结算系统等关键软件开发,逐步建立现代化物流配送系统,推动电子商务的应用。

电子材料及元器件。依托铜陵电子材料产业基地,重点发展电容器薄膜、特种漆包线、集成电路封装模具、电解铜箔、铜带、化成铝箔、高档磁性材料、液晶材料等,培育一批单项产品规模和效益居全国同行业前列的企业。

纳米材料及应用。发挥我省的技术优势和资源优势,以纳米材料应用为重点,带动纳米材料的制备和相关产业的发展。加强纳米材料在化工、建材、轻工等基础产业中的应用,建设省纳米材料工程技术研究中心。

新型建筑材料。建设超薄玻璃生产线,推进用 PS、PVC 生产复合木及内外墙用新型轻质板材等新型建筑装饰材料的产业化。扩大化学建材生产能力,壮大硬聚氯乙烯异型材、管材的产业规模。

高性能金属材料。重点发展微合金化高强高韧结构钢应用产品,高性能(高强、高韧、高导电、高导热)铜合金产品,非晶态材料,高耐磨耐蚀耐冲击工程金属材料,阻尼合金,泡沫金属材料的开发应用产品。

有机高分子材料。重点发展纳米复合高分子材料、纳米改性高分子材料,天然与合成高分子复合材料,光功能高分子材料母体,导电高分子材料,水性高分子材料,卤化高聚物系列材料,动态光交联热塑性弹性体新材料,高档出口型聚氨酯合成革。

化学合成药物。鼓励和扶持国家一、二类新药的研制和产业化，新制剂技术应用研究及其产业化，扶持利用新技术合成新结构化合物、对已知活性化合物及天然药物进行结构开发的新药。重点发展抗菌素类、抗肿瘤类、老年病用心脑血管药物，新制剂技术在化学药物产业中的应用，缓控释制剂、靶向制剂、速释制剂、新包装输液等。

数控系统及装备。以数控技术为核心，发展新一代开放式、智能化的数控系统，推动其在机床及其它设备制造业中的广泛应用。壮大加工中心、数控数显机床、数控成缆机、数控轻工机械等的产业规模。

高效节能产品。重点发展新型电机及电机调速系统，高效节能柴油机，节能型泵，逆变式电焊机，大功率智能化快速充电机，智能逆变电源，新型电力变压器、配电变压器。

环保技术及设备。重点发展先进的工业和城市污水处理成套技术与设备，固体废弃物处理与利用设备，高效低投资烟气脱硫脱硝除尘设备，汽车尾气净化技术及设备，以及环境及大气监测仪器。

良种优质化。重点抓好优质水稻、专用水稻、优质小麦、双低油菜和杂交棉花等新品种的选育和产业化，西、甜瓜新品种选育和产业化，每年推出10个左右优质、高产、高抗新品种(组合)。加快发展牛羊等大宗、高附加值畜牧产品的胚胎移植与养殖产业化。

农产品加工。重点抓好以甘薯、玉米等为主的淀粉精深加工，大米精深加工，植物油料副产品的综合利用，以葛根、果蔬为主的经济作物加工，畜禽、水产和乳制品加工等，实现初级加工区域化，精深加工集约化，贸工农一体化，建立2～3家农产品生产加工基地，创2～4个名牌产品，建立1～2个农产品特种加工技术示范工程。

3.高新技术产业化重大项目

在省高新技术产业化工作领导小组领导下，实行分工负责制，在科学论证的基础上，每年滚动实施50项高新技术产业化重大项目。各有关单位从项目组织、资金投入、业务指导、检查监督等方面，对项目进行全过程管理。通过高新技术产业化重大项目的实施，引导社会资金投向，并对相关产业发展起重要的示范作用。

4.高新技术研究与开发

重点围绕四大高新技术产业工程、十六个重大专项和高新技术产业化重大项目，开展高新技术研究开发与引进创新。加强研究开发体系建设，进一步促进产学研合作，形成以企业为主体，高等学校、科研机构、中介服务机构和政府部门之间相互联动的创新网络。加快科研机构改革步伐，优化科研力量布局和资源配置，建立现代企业制度，提高技术创新能力。加强研究开发基础条件建设，以竞争择优的方式，支持一批重点实验室和工程技术研究中心建设，“十五”期间再新建3～5家省级工程技术研究中心，争取新建1家国家级工程技术研究中心。

5.高新技术产业化基地

以合肥、芜湖、蚌埠高新技术产业开发区为重点，进一步优化环境、规范服务，率先探索建立风险投资机制，完善以创业中心为核心的创新服务体系，使之成为全省重要的成果转化基地、高新技术产品出口基地和高新技术企业孵化基地。合肥高新区采取“一区多园”的模式,广泛争取多方面的支持,重点建设合肥大学科技园、软件园、留学生创业园和民营科技园,到“十五”末,力争成为国内一流、国际有重要影响的高新技术园区。皖江高新技术产业带以沿江四市为重点,以孵化器建设为突破口,引导、支持各类面向特定领域、特定对象的专业孵化器建设,进一步释放各类科技资源的能量,为高新技术企业成长营造优良的环境。

建立区域创新体系,全面提升高新技术产业化基地的技术创新能力,在全省建设软件、电子材料、生物医药、现代中药等若干个产业基地,形成一批具有地方特色的高新技术产业群。围绕特色产业,组织基地内骨干企业加大技术创新力度,拉长产业链,壮大产业规模。

四、主要措施

(一)提高认识,加强领导

发展高科技,实现产业化,已成为综合竞争力的焦点,在此背景下,我们一定要增强忧患意识和发展的紧迫感。无论从长远看还是从近期看,高新技术都是我省最重要的经济增长点之一,是实现跨越式发展的技术支撑。因此,各级政府要进一步提高对高新技术产业发展重要性的认识,摆上重要议事日程,纳入“十五”社会经济发展规划。要加强对高新技术产业发展工作的领导,建立和完善高新技术产业发展协调领导组织机构。各级政府、各经济实体要切实履行规划实施责任,因地制宜地细化规划要求,并在编制和实施年度计划时加以落实。省计划、科技等部门要加强对计划实施的监测、预警、预报工作,及时衔接和协调计划实施中的有关问题。确保计划目标的实现。

(二)进一步优化社会主义市场经济条件下高新技术及其产业发展的环境

认真贯彻执行省委、省政府《关于贯彻〈中共中央、国务院关于加强技术创新,发展高科技,实现产业化的决定〉的意见》和省政府《关于进一步扶持高新技术产业发展的若干规定》及相关配套实施办法,加强政策宣传,加大政策落实和督促检查的力度,确保财税、土地管理、人才等激励政策落实到位,加强科技创新全过程的知识产权保护。营造宽松的创业环境,突出创业文化建设,鼓励创新,宽容失败。完善孵化器的服务体系和服务设施,促进其向专业化、网络化、市场化、国际化和投入主体多元化的方向发展。进一步引导和扶持各类科技中介服务机构的发展,通过转换机制、拓展功能,提高服务能力和服务水平。各级、各有关部门要牢固树立服务意识,不断提高服务效率,为各种经济成分的企业发展高新技术产业提供良好的服务环境。

根据高新技术产业发展的新情况、新问题,研究制订《安徽省高新技术产业发展条例》《安徽省科技成果转化条例》,修改《安徽省专利保护条例》,制定鼓励科技人员创新创业的政策。

(三)积极发挥科技人才的作用

建立科技人才激励机制,推进技术股、创业股、管理股的实施,在有条件的企业推行期权、期股,加速技术资本化进程。鼓励有条件的高等学校建立大学孵化器。支持专业技术人员从事高新技术成果转化工作和创新创业,对技术要素参与收益分配和转化成果收益按省有关规定予以保障。除国家另有规定的单位和行业外,允许企、事业单位专业技术人员在完成本职工作且不损害本单位权益的前提下,利用业余时间到外单位兼职,从事技术开发、咨询、承包等,其合法收入予以保护。

积极培养中青年学科带头人和高素质的高科技企业家。每年选拔20名左右中青年优秀科技人员,通过自然科学基金等科技计划进行滚动扶持。通过国际科技合作计划,选拔一批35岁左右的优秀企业家到海外进修、深造,提高其综合素质。

(四)积极推进各种形式的产学研合作

充分发挥中国科技大学、中科院合肥分院等高等学校和科研机构的科技优势,继续开展"省院共建""省校合作"。积极从体制上解决研究开发、企业与市场之间的脱节问题。组织开展经常性的高等学校、科研机构与企业的对接活动,实施一批产学研结合的项目。鼓励和支持企业特别是重点高新技术企业与高等学校、科研机构建立长期、稳定的合作关系,共建工程技术研究中心等经济实体,共同投资高新技术产业。积极鼓励有条件的企业以研究开发的核心技术为支撑,创办新的高新技术企业。

进一步加强国内外科技合作与交流,鼓励企业引进国外先进技术与关键设备,组织产学研联合攻关,实现在消化吸收基础上的再创新。

(五)建立和完善高新技术产业投资体系

企业要加大对高新技术研究开发的投入,其中,高新技术企业研究开发投入必须达到年技工贸总收入的5%以上,并作为这类企业认定、考核的重要条件。各级政府要逐年增加对高新技术产业的投入,同时要进一步拓宽思路,从政策环境、社会服务等方面大力引导社会资金投入高新技术产业。大力引导社会资金投入高新技术产业。逐步建立担保体系,建立并壮大高新技术风险投资资金,为科技型中小企业、民营科技企业和创业孵化企业拓宽融资渠道。推行拨款资金匹配、贷款贴息等财政资助方式。

充分利用资本市场,积极支持高新技术企业上市融资。鼓励国有大中型企业与中小高新技术企业之间的收购、兼并、联合、重组,充分发挥存量资产的作用。适时建立高新技术企业产权交易市场。

(六)加大对外开放力度

进一步扩大利用外资,引导外商重点投资高新技术产业,落实引进外资的奖励政策。认真组织实施"科技兴贸"行动计划,进一步发挥合肥国家高新技术产品出口基地的作用,积极争取国家出口信贷和出口退税的支持,促进高新技术产品出口。加强合肥高新技术产业开发区与亚太经合组织成员国在经济、科技领域的合作,扩大信息和人才交流,促进高新技术产业国际化。

安徽省科技厅等部门关于深化省属科研机构管理体制改革的实施意见

省编办　省科技厅　省财政厅　省计委　省经贸委　省人事厅
省劳动和社会保障厅　省教育厅　省国土资源厅　省外经贸厅
省工商局　省地税局　省质量技术监督局　合肥海关

(2001年11月20日)

根据《国务院办公厅转发科技部等部门关于深化科研机构管理体制改革实施意见的通知》(国办发〔2000〕38号)和《中共安徽省委、安徽省人民政府关于贯彻〈中共中央、国务院关于加强技术创新,发展高科技,实现产业化的决定〉的意见》(皖发〔1999〕13号)精神,对省属科研机构管理体制改革提出以下实施意见。

一、改革的目标、原则和主要任务

(一)改革的目标和原则。

改革的目标是,按照省委、省政府关于实施科教兴皖战略、加强技术创新和加速科技成果转化的总体要求,遵循社会主义市场经济规律和科技自身发展规律,优化科技力量布局和资源配置,从体制上促进科技与经济紧密结合;政府以支持项目为主,通过竞争择优方式扶持技术创新活动;财政科技投入集中用于政府支持、亟需发展的领域和少数精干、高水平的重要科研机构;建立"开放、流动、竞争、协作"的管理和运行机制,为加快发展、富民强省提供有力的科技支撑。

省属科研机构管理体制改革要遵循面向市场、优化资源配置、择优扶持的原则,积极稳妥地进行。

(二)改革的主要任务。

对不同类型的科研机构实行分类改革:

1.技术开发类科研机构改革实行企业化转制。

技术开发类科研机构总体上要通过企业化转制,成为政事分开、产权清晰、权责分明、自主经营、管理科学的科技型企业。具有自我发展能力和产业开发实力的科研机构,要整体转为科技型企业,也可兼并、联合其他科研机构、企业,组建科技型企业或企业集团;与企业有较好合作基础的科研机构,要全部或部分进入企业,成为企业内部的技术开发机构;有技术服务能力的科研机构,要转为面向社会的技术咨询、技术经纪、技术评估、成果推广等中介服务机构。对规模小、科研开发能力弱、无法依靠自身力量转为企业或中介服务机构的科研机构,要撤并、调整,也可由其他科研机构、企业兼并或收购,还可由职工参股进行股份合作制改造。

2.社会公益类科研机构分别不同情况实行分类改革。

公益研究和应用开发并存的科研机构,有面向市场能力的按技术开发类科研机构实行企业化转制;以提供公益性服务为主的科研机构,有面向市场能力的也要向企业化转制。

主要从事应用基础研究或提供公共服务,无法得到相应经济回报,确需政府给予经常性经费补助的科研机构,按非营利性机构运行和管理,今后主要从事社会公益的科技研究、咨询与服务活动;其中,具有面向市场能力的部分,要与原科研机构分离,向企业化转制。科研机构按非营利性机构管理的认定条件,按国务院有关文件执行。

政府部门所属以社会科学研究为主的科研机构,视情撤并或进入相关社会科学综合研究机构、决策咨询研究机构。

对不具备科研条件和能力、既不能向企业化转制也不能按非营利性机构管理的科研机构,要撤并、调整,也可由其他科研机构、企业兼并或收购。

鼓励科研机构进入高等学校。未经省编制、科技、财政行政管理部门批准,不得将非财政拨款的事业单位并入财政拨款的科研机构。

二、改革的政策措施

对省属科研机构实行企业化转制,过渡期为5年,即2002年1月1日至2006年12月31日。为支持科研机构企业化转制,实行以下配套政策和措施:

(一)转制单位必须依法进行资产评估、产权界定,对现有资产中的国有资产应转为国家资本金或股本金(土地使用权另行处理),其处置和管理参照我省国有企业改革的有关规定从宽从优执行;本意见有更优惠政策的,执行本意见。转制单位转制前形成的不良资产可从净资产中核销;对截止到2001年12月底未予核销的应收账款余额,可从净资产中提取一定比例的坏帐准备金。

(二)转制单位原使用的国有划拨土地应办理有偿使用手续。需要继续保留划拨土地使用权的,经批准其保留期限一般不得超过5年;以出让方式处置的,若不改变用途,可按土地评估价的20%补交出让金;以租赁方式处置的,在过渡期的2~3年内可减免年租金;以作价出资方式处置的,其作价出资额可按土地评估价的50%确定。根据科研机构隶属关系,经县级以上人民政府批准,转制单位土地资产可按政府应收取的土地出让金额计作国家资本金或者股本金。

(三)科研机构转制为股份制企业的,鼓励对其国有股权部分出让,允许其国有股权全部出让;以现金认购并一次性付款的可下浮10%股价;净资产为零或负数的,可零价出售。科研机构转制为股份制企业,可从近3年内财政拨款直接形成资产以外的净资产中提取20%的额度,作为奖励股,按贡献大小奖励给职工,享有收益权。奖励股的分配方案,应经过职代会(或工会代表大会)审议。

(四)科研机构转制为股份制企业的,可用已经完成并正在实施转化的职务科技成果作价入股,最高达到注册资本的35%,并可提取其中不低于20%的股份奖励科技成果完成人和实施转化的有关人员,其中作出主要贡献的人员(含管理、营销人员),所得份额应不低于奖励股份总额的50%。对主要科技人员和管理人员可实行期股等长期性激励措施,其持股方案可参照我省国有企业改革的有关规定执行。

(五)转制单位可从净资产中提取职工安置费,安置费计发标准参照我省国有企业改革的有关规定执行。领到安置费的职工,自动解除与原单位的劳动关系,自谋职业;符合条件的,可享受失业保险待遇。转制单位历年应付工资和应付福利费的结余和国有资产变现资金,可首先用于安置富余职工和补充职工社会保险费用,也可用于扶持转制单位发展科技产业。

(六)鼓励转制单位实行属地化管理,支持有条件的科研机构整体或部分进入高等学校;与属地化管理或进入高等学校相关的事业费划转,参照国务院有关文件执行。

(七)对科研机构转制中的各种手续性收费,要严格执行国家和省有关减免的政策。凡只是名称变化而主体未发生变化的非产权性交易的土地、房产等权属变更,只收取工本费,免收有关契税、过户费等。

(八)转制单位要按照国家和省有关规定,参加当地企业职工养老、医疗、失业等保险,纳入当地社会保障体系。从2002年1月1日起,转制单位和个人要按规定的比例缴纳基本养老保险费,建立基本养老保险个人账户。转制单位的职工,2001年12月底以前可计算的连续工龄视同缴费年限,单位和个人不再补缴养老保险费。转制单位在转制前已经参加事业单位职工养老保险统筹的,从转制之日起改为参加企业职工基本养老保险社会统筹,单位和个人已缴纳的养老保险费余额并入企业职工基本养老保险社会统筹基金。

(九)转制单位2002年1月1日前按国家规定已经退休的人员,原退休待遇标准不变;离休人员的离休金按照省劳动厅等4部门《关于调整我省企业离休人员离休金的通知》(劳险字〔1995〕315号)进行套改,执行我省国家机关同类离休人员待遇。对有事业费的单位,由社会保险经办机构分别按当地2002年1月企业离退休人员人均养老金标准支付离退休人员养老金,与原待遇标准的差额部分由原单位用事业费或自有资金支付;没有事业费的单位,由社会保险经办机构按国家规定的事业单位养老金标准支付养老金。转制后,退休人员基本养老金调整,按企业退休人员待遇调整办法执行;离休人员离休金调整,按机关离休人员待遇调整办法执行;离退休人员调整基本养老金所需费用从基本养老保险统筹基金中支付。

(十)转制前参加工作、转制后退休的人员,基本养老金的计发按照《安徽省统一企业职工基本养老保险制度实施方案(试行)》(皖政〔1997〕63号)规定的计发办法执行。为保证离退休人员待遇水平平稳衔接,在过渡期内按照企业基本养老金计发办法计发的养老金,如低于按原事业单位退休金计发办法计发的养老金,其差额部分,采用加发补贴的办法解决;补贴基数为2002年1月当地企业退休人员人均养老金标准与本人

2002 年 1 月按事业单位办法计算的养老金的差额，一次核定后不再变动；具体补贴标准由省劳动和社会保障厅另行制定；过渡期内退休人员按企业计发办法计发的养老金和加发的补贴，从基本养老保险统筹基金中支付。转制后参加工作的人员，按照我省城镇企业职工基本养老保险的有关规定执行。

（十一）距法定退休年龄 5 年以内或工龄满 30 年的人员，在改制后无法安排上岗的，经本人申请、单位批准，可采取企业内部退养的办法予以安置，由单位支付生活费，单位和个人按规定缴纳各项社会保险费，达到法定退休年龄时正式办理退休手续，领取养老金。

（十二）转制单位原有的正常事业费（含离退休人员经费），以转制当年预算为基数维持不变，继续由财政拨付，主要用于解决转制单位的社会保障问题。首先支付离退休人员养老金差额、在职人员应缴纳社会保险费用、内部退养人员生活费，如有结余仍用于转制单位发展科研事业。

（十三）转制单位在过渡期内，具有法人地位的，可按科研机构的审批条件申报自营进出口权；转制为科技型企业或进入企业成为企业内部技术开发机构的，进口直接用于科研的仪器、仪表等，可继续享有进口税收优惠政策。除上述情况以外的转制科研机构进口科研用品，不再享受原税收优惠，但对原已批准的科研课题和项目进口科研用品，可在过渡期内继续享受原税收优惠政策。

（十四）转制单位原内设的经省质量技术监督部门认定的技术认证、质量监督检验中心（站），根据工作需要依法重新审核认定后，可继续承担技术认证和质量监督、检验任务。

（十五）对转制的科研机构在 2006 年底前免征技术转让收入的营业税，免征科研开发自用土地的城镇土地使用税；符合企业所得税纳税人条件的，免征企业所得税。

三、改革的组织实施

（一）省属各技术开发类科研机构的改革方案，由其行政主管部门组织制定，于 2002 年 4 月底前报省编办、省科技厅。省编办会同省科技厅等部门完成各科研机构改革方案的审批，报省政府备案后组织实施。

（二）改革方案实施涉及资产处置、产权变更和财务变动的，按规定程序报省财政厅审批后执行；涉及土地使用权处置的，按审批权限报国土资源部门审批后执行；其他各项政策涉及审批事项的，按省政府各有关部门规定报批后执行。

（三）科研机构改革的具体实施及过渡期的日常管理，由各科研机构的行政主管部门负责，省编办、省科技厅等有关部门做好协调工作。

（四）技术开发类科研机构实行企业化转制的，2002 年 10 月底前完成企业登记。

（五）2002 年进行社会公益类科研机构分类改革试点。

（六）市、县属科研机构管理体制改革工作，由各地参照本实施意见进行。

附：2002 年完成改革转制的省属技术开发类科研机构名单

附件:

2002年完成改革转制的省属技术开发类科研机构名单

1.安徽省化工研究院
2.安徽省电子科学研究所
3.安徽省农业机械研究所
4.安徽省机械科学研究所
5.安徽省光电技术研究所
6.安徽省建筑材料科学技术研究所
7.安徽省冶金科学研究所
8.安徽省轻工科学技术研究所
9.安徽省交通科学研究所
10.安徽省生物研究所
11.安徽省粮油科学研究所
12.安徽省服装纺织研究所
13.安徽省纺织工业科学研究所
14.安徽省商标设计研究所
15.安徽省科技研究开发中心
16.安徽省商业科技研究所
17.安徽省芜湖仪器仪表研究所
18.安徽省蚌埠工业自动化研究所
19.安徽省淮南煤炭化工研究所

安徽省人民政府令

第 136 号

《安徽省科学技术奖励办法》已经 2001 年 8 月 25 日省人民政府第八十八次常务会议通过，现予发布。

省长　许仲林

二〇〇一年十一月二十一日

安徽省科学技术奖励办法

第一章　总　则

第一条　为奖励在我省科学技术进步活动中做出突出贡献的科学技术人员和组织，推动科学技术进步，促进我省经济和社会发展，根据《国家科学技术奖励条例》的规定，结合本省实际，制定本办法。

第二条　省人民政府设立安徽省科学技术奖（以下简称省科技奖）。

省科技奖分以下类别：

（一）自然科学类；

（二）科学技术进步类；

（三）技术合作类。

第三条　科学技术奖励工作贯彻尊重知识，尊重人才，促进科学技术创新和科学技术成果转化的方针。

第四条　省科技奖的评选实行公开、公平、公正的原则，不受任何组织或者个人的非法干涉。

第五条　省科学技术行政部门负责省科技奖评审的组织工作。

设立安徽省科学技术奖励评审委员会，负责省科技奖的评审工作。评审委员会的组成人选由省科学技术行政部门提出，报省人民政府批准。评审委员会下设若干专业（学科）评审组，具体负责省科技奖的评审。专业（学科）评审组由评审委员会聘请的专家、学者组成。

第六条 鼓励社会力量在本省行政区域内设立面向社会的科学技术奖。

社会力量设立面向社会的科学技术奖应当依法在省科学技术行政部门登记。

社会力量经登记设立的面向社会的科学技术奖,在奖励活动中不得收取任何费用。

第二章 省科技奖授予的对象和条件

第七条 省科技奖自然科学类授予在基础研究和应用基础研究中阐明自然现象、特征和规律,做出重大科学发现的人员。

第八条 省科技奖科学技术进步类授予下列人员、组织:

(一)运用科学技术知识在产品、工艺、方法、

材料及其系统等方面做出重大技术发明的人员;

(二)在实施技术开发项目中,完成重大科学技术创新、科学技术成果转化,创造显著经济效益的人员或者组织;

(三)在实施社会公益项目中,长期从事科学技术基础性、社会公益性工作,创造显著社会效益的人员或者组织;

(四)在实施重大工程项目中,采用先进技术方法,保障工程达到国内领先水平的组织。

第九条 省科技奖技术合作类授予省外、境外的下列人员、组织:

(一)在我省传播先进科学技术知识、培养人才,成效特别显著的;

(二)与我省合作进行技术开发和科学技术成果转化,产生重大经济、社会效益的;

(三)促进我省与省外、境外进行科学技术合作,做出突出贡献的。

第十条 省科技奖除技术合作类不分等级以外,分为一等奖、二等奖、三等奖。

对在科学技术创新、科学技术成果转化和高新技术产业化中,创造巨大经济、社会效益或者在当代科学技术前沿取得重大突破的人员,授予重大科技成就奖。重大科技成就奖每年授予人数不超过2名。

省科技奖每年奖励项目总数不超过180项。

第三章 省科技奖的评审和授予

第十一条 省科技奖每年评审一次。

第十二条 省科技奖候选人由下列组织和个人推荐:

(一)设区的市人民政府;

(二)省人民政府的组成部门、直属机构;

(三)高等学校、中央驻皖科研机构;

(四)省科学技术行政部门认定的其他组织、科学技术专家。

第十三条 本办法第十二条规定的组织，推荐省科技奖候选人时，应当组织有关方面的科学技术专家对候选人完成的科学技术成果进行初审，并提出奖励类别、等级的建议。

第十四条 推荐组织和个人限额推荐省科技奖候选人；推荐时，应当填写统一格式的推荐书。推荐人为组织的，应当提供科学技术成果初审结论；推荐人为个人的，应当提供推荐人对科学技术成果的评价意见。

第十五条 专业（学科）评审组作出认定科学技术成果的结论，并向评审委员会提出获奖人选和奖励等级的建议。

评审委员会根据专业（学科）评审组的建议，作出获奖人选和奖励等级的决议。

省科学技术行政部门对评审委员会的决议进行审核，报省人民政府批准。

第十六条 省科学技术行政部门应当在获奖人选和奖励等级决议报省人民政府批准前，在《安徽日报》上刊登公示公告，公开征求公众对获奖人选及其获奖项目的意见。公开征求意见期为30日。任何组织和个人对获奖人选及其获奖项目有异议的，均可在征求意见期内以书面形式向省科学技术行政部门提出。

第十七条 省科技奖由省人民政府颁发证书、奖金，其中的重大科技成就奖由省长签署。

第十八条 省科技奖一等奖、二等奖、三等奖的奖金数额由省科学技术行政部门会同省财政部门规定；重大科技成就奖的奖金数额由省人民政府规定。

第十九条 省科技奖的奖励经费由省财政列支。

第四章 法律责任

第二十条 剽窃、侵夺他人科学技术成果，或者以提供虚假数据、材料等不正当手段骗取省科技奖的，由省科学技术行政部门报省人民政府批准后，撤销奖励，追回奖金。

第二十一条 推荐组织或者个人提供虚假数据、材料，协助他人骗取省科技奖的，由省科学技术行政部门通报批评；情节严重的，取消其推荐资格；对负有直接责任的主管人员和其他直接责任人员，依法给予行政处分。

第二十二条 参与省科技奖评审及有关活动的人员，在评审活动中弄虚作假、徇私舞弊的，依法给予行政处分。

第二十三条 社会力量未经登记设立面向社会的科学技术奖的，由省科学技术行政部门予以取缔。

社会力量经登记设立的面向社会的科学技术奖，在奖励活动中收取费用的，由省科学技术行政部门没收所收取的费用，并处所收取的费用1倍以上3倍以下的罚款；情节严重的，撤销登记。

第五章　附　则

第二十四条　省科技奖的评审规则由省科学技术行政部门规定。

第二十五条　省人民政府组成部门、直属机构不设立面向全省的科学技术奖。

第二十六条　本办法自发布之日起施行。省人民政府1986年2日3日发布的《安徽省科学技术进步奖励暂行规定》、1993年9月14日发布的《安徽省人民政府关于奖励有突出贡献科技人员的暂行规定》、1997年8月19日发布的《安徽省农村科技奖励办法》《安徽省自然科学奖励办法》同时废止。

安徽省促进科技成果转化条例

（2003年10月24日安徽省第十届人民代表大会常务委员会第五次会议通过 2003年10月24日安徽省人民代表大会常务委员会公告第4号公布）

第一章 总 则

第一条 为促进科技成果转化，根据《中华人民共和国促进科技成果转化法》和有关法律、行政法规，结合本省实际，制定本条例。

第二条 在本省行政区域内实施科技成果转化，适用本条例。

第三条 本条例所称科技成果转化，是指为提高生产力水平，对科学研究与技术开发所产生的具有实用价值的科技成果所进行的后续试验、开发、应用、推广直至形成新产品、新技术、新工艺、新材料，发展新产业的活动。

第四条 实施科技成果转化应当有利于提高经济效益和社会效益，有利于保护环境与资源，有利于可持续发展。

第五条 实施科技成果转化应当维护国家利益和社会公共利益，遵循自愿、互利、公平、诚实信用的原则。

科技成果转化中的知识产权和相关的合法权益受法律保护。

第六条 各级人民政府负责管理、指导和协调本行政区域内的促进科技成果转化工作，并将科技成果的转化纳入国民经济和社会发展计划。

县级以上地方各级人民政府科学技术行政部门和其他有关部门在各自职责范围内负责促进科技成果转化的具体工作。

第二章 促进措施

第七条 促进科技成果转化工作，应当建立政府扶持和市场引导相结合，有偿与无偿服务相结合，国家促进科技成果转化机构和社会力量相结合的促进科技成果转化机制，促使科技成果尽快用于生产。

第八条 省人民政府应当根据经济和社会发展的需要，定期发布科技成果目录和重点科技成果转化项目指南，优先扶持下列科技成果转化项目的实施：

（一）明显提高产业技术水平和经济效益、社会效益的；

（二）形成产业规模或者高新技术产品、产业，并具有市场竞争能力的；

（三）合理开发和利用资源、节约能源、降低消耗、保护环境、清洁生产、改善劳动条件的；

(四)有利于保障公民生命安全和身体健康的;

(五)促进安全、优质、高产、高效农业和农村经济发展的;

(六)加速山区、库区和贫困地区社会经济发展的。

第九条 地方各级人民政府应当采取措施促进科技成果转化。县级以上地方各级人民政府应当制定适合本地实际的促进科技成果转化优惠政策,将国家和地方促进科技成果转化的优惠政策向社会公布,并对所属部门和下级人民政府落实优惠政策情况进行监督。

第十条 省和设区的市人民政府科学技术行政部门组织建立科技成果转化服务中心,建设科技成果信息库、科技信息网络,为社会提供服务。各有关部门应当按照各自职责为科技成果转化提供支持。

第十一条 各级财政用于科学技术、固定资产投资和农业发展的经费,应当有一定比例用于促进科技成果转化。科技成果转化的财政经费,主要用于科技成果转化的引导资金、贷款贴息、补助资金以及其他促进科技成果转化的资金用途。

第十二条 省、设区的市和有条件的县(市、区)人民政府应当设立并逐年增加促进科技成果转化专项资金,用于扶持重点科技成果转化项目,支持为科技成果转化提供服务的中间试验基地、工业性试验基地、农业试验示范基地等技术基础设施建设。

专项资金设立和使用管理办法,由科学技术行政部门会同财政部门拟定,报本级人民政府批准后实施。

第十三条 企业、高等学校、科研机构独立或者联合建立的技术基础设施经有关行政部门认定符合政府支持条件的,由认定部门给予经费支持。

第十四条 各级人民政府应当支持企业从事科研、开发和技术改造,引导企业成为科技成果转化的主体。

鼓励企业与高等学校、科研机构开展产学研合作,实施科技成果转化。

企业实施省重点科技成果转化项目,自投产之日起2年内,上缴的增值税和企业所得税的地方收入部分,由财政安排列为该项目的扶持资金。

第十五条 农业科研机构和高等学校为推进科技成果转化,可以依法经营其独立研究开发或者合作研究开发的农作物、水产、畜禽、林木等新品种和良种。

第十六条 各类投资、担保机构在本省投资、担保科技成果转化项目,投资、担保额累计超过该机构投资、担保总额70%的,比照享受高新技术企业优惠政策,并可以按当年总收益的一定比例提取风险补偿金。风险补偿金余额可以按年度结转,但其金额不得超过该企业当年年末净资产的10%。

第十七条 鼓励科技中介机构、高等学校和科研机构进行科技成果转化活动。

科技中介机构、高等学校和科研机构开展科技成果转让、技术培训、技术咨询、技术服务、技术承包等技术性服务,享受国家和省的有关优惠政策。

第十八条 技术交易中从事代理或者居间服务的中介机构和从事经纪业务的人

员,应当依法开展经营活动,不得欺骗委托人或者与当事人一方串通欺骗另一方当事人;对有关当事人的技术秘密,负有保密义务。

科技成果检测和评估机构对科技成果检测和评估,必须遵循公正、客观的原则,如实提供检测报告和评估证明。

第十九条 转化的科技成果取得国内外发明专利的,省或设区的市人民政府专利管理部门对专利申请费应当给予补助。

第二十条 以高新技术成果出资入股的,高新技术成果的作价金额可以达到企业注册资本的35%。国家另有规定的,从其规定。

第二十一条 科技人员在完成本职工作和不损害本单位权益的前提下,可以兼职从事科技成果转化活动。

第二十二条 国家设立的高等学校、科研机构和其他事业单位的科技人员、管理人员经单位批准可以离岗从事科技成果转化活动。自离岗之日起3年内,所在单位应当保留其人事关系;所在单位实行人员竞争上岗的,应当允许其回单位竞争上岗。重新上岗者享受与连续工作的人员同等待遇。

高等学校、科研机构的学生可以休学从事科技成果转化活动。休学期限由本人与就学单位约定。

第二十三条 科技人员在科技成果转化中取得的实绩,可以作为科技人员评定职称和晋级考核的重要依据。成绩突出的,可以破格申报相应的专业技术职务任职资格和申报享受政府特殊津贴。

第三章 技术权益

第二十四条 科技成果转化中有关权益的归属,依法由各方约定;未作约定的,依照有关法律规定办理。

任何单位和个人不得侵占他人科技成果,侵犯他人合法权益。

第二十五条 企业、事业单位应当建立健全技术秘密保护制度,保护本单位的技术秘密。职工应当遵守本单位的技术秘密保护制度。

企业、事业单位可以与参加科技成果转化的有关人员签订在职期间或者离职、离休、退休后一定期限内保守本单位技术秘密的协议;有关人员不得违反协议规定,泄露本单位的技术秘密和从事与原单位相同的科技成果转化活动。

职工不得将职务科技成果擅自转让或者变相转让。

第二十六条 国家设立的高等学校、科研机构持有的非专利科技成果和主要由政府资助完成的非专利科技成果,完成后1年未实施转化的,成果完成人、参加人在不变更成果权属的前提下,可以与成果持有单位签订合同,实施该项成果的转化,并享有合同约定的权益。成果持有单位在成果完成人、参加人提出签订实施转化的合同之日起3个月内,无正当理由不与其签订合同的,成果完成人、参加人可以直接实施转化,成果持有单位按照不高于35%的比例享受转化后的收益。

第二十七条 科技成果完成单位转化职务科技成果后,应当按照下列规定奖励成果完成人和为成果转化做出重要贡献的人员:

(一)以技术转让或者许可使用方式提供给他人实施转化的,从转让或者许可使用所得净收入中提取不低于20%的比例用于一次性奖励,并在转让或者许可使用所得收入到账之日起30日内兑现;

(二)自行或者与他人合作实施转化的,项目投产后,连续5年从年净收入中提取不低于5%的比例用于奖励,每年支付一次,或者参照此比例,给予一次性奖励;以作价入股方式实施转化的,也可以从作价金额中提取不低于20%的比例以股权形式给予奖励。

在研究开发和成果转化中作出主要贡献的人员所得奖励份额不低于奖励总额的50%。

第二十八条 职务科技成果转让的,成果完成人在同等条件下享有优先受让权。

第四章 法律责任

第二十九条 各级人民政府及其所属部门不履行本条例规定的职责,或者不按照规定落实国家和地方制定的促进科技成果转化优惠政策的,有关国家机关应责令其改正;情节严重的,对直接负责的主管人员和其他直接责任人员依法给予行政处分。

第三十条 有下列情形之一的,由县级以上人民政府科学技术行政部门或者其他有关部门在其职权范围内依法予以警告,有违法所得的,没收违法所得;违法所得2000元以上的,处违法所得2倍以上5倍以下罚款;没有违法所得或者违法所得不足2000元的,处2000元以上10000元以下罚款。给他人造成经济损失的,依法承担民事责任;构成犯罪的,依法追究刑事责任。

(一)在科技成果转化活动中弄虚作假,骗取奖励和荣誉称号、诈骗钱财、非法牟利的;

(二)对科技成果进行检测或者价值评估,故意提供虚假检测结果或者评估证明的;

(三)以唆使窃取、利诱胁迫等手段侵占他人科技成果,侵犯他人合法权益的;

(四)技术交易中从事代理或者居间服务的中介机构和从事经纪业务的人员,欺骗委托人的,或者与当事人一方串通欺骗另一方当事人的。

有前款第(一)项情形,骗取奖励和荣誉称号的,除依照前款规定处罚外,取消该奖励和荣誉称号;有前款第(二)项、第(四)项情形的,除依照前款规定处罚外,情节严重的,依法吊销营业执照和资格证书。

第三十一条 违反本条例规定,未经单位允许,泄露本单位技术秘密的,或者擅自转让、变相转让职务科技成果的,或者违反与本单位的协议,在离职、离休、退休后约定的期限内从事与原单位相同的科技成果转化活动的,依照有关规定承担法律责任。

第五章　附　则

第三十二条　本条例自2004年1月1日起施行。

中共安徽省委　安徽省人民政府关于进一步加强科协工作发挥科协作用的决定

皖发〔2003〕17号　　2003年11月

科协是党和政府联系科技工作者的桥梁和纽带，是推动科技事业发展的重要力量。为深入贯彻落实“三个代表”重要思想和党的十六大、十六届三中全会精神，进一步加强科协工作，充分发挥各级科协在加快发展、富民强省，全面建设小康社会中的重要作用，特作出如下决定。

一、充分认识科协工作的重要地位和作用，加强和改善对科协工作的领导

1.随着新科技革命的蓬勃发展和经济全球化进程的不断加快，科技进步与创新越来越成为经济社会发展的决定性因素。科学技术作为第一生产力的重要作用及其社会功能更加受到重视。科协工作既是党的群众工作的重要组成部分，又是国家科技工作的重要组成部分。各级党委和政府要从实践“三个代表”重要思想的战略高度，从党的群众工作和科技事业发展的大局出发，充分认识科协的地位和作用，积极支持科协沿着“三主两业一家”的创新思路，在发挥学术交流主渠道、科普工作主力军、国际民间科技交流与合作主要代表作用，在发展科普产业、科技咨询产业，建设科技工作者之家等方面开展工作，为积极推动社会主义物质文明、政治文明和精神文明建设作出新的贡献。

2.各级党委、政府要把科协工作纳入重要议事日程，纳入经济社会发展规划。要主动向科协提要求、交任务、压担子，支持科协依照法律和章程独立自主地、创造性地开展工作。党委要明确一位负责同志分管科协工作，政府要明确一位负责同志联系科协工作。县以上党委常委会每年要听取科协工作汇报，研究解决科协工作中的重要问题。

3.按照干部“四化”方针和德才兼备的原则，配好配强科协领导班子，注意班子的年龄结构和科技背景，尤其要选配好主持日常工作的主要负责人。县级以上科协主要负责人应参加同级人大或政协常委会。加强科协干部队伍的培养、使用和交流，保持县(市、区)科协机构和人员的稳定。县级以上科协机关工作人员参照国家公务员管理。

二、充分发挥科协在发展先进生产力中的作用，支持科协发挥人才智力优势，为我省现代化建设服务

4.支持科协充分发挥人才智力优势，大力开展多种形式的为经济建设服务活动。组织科技工作者围绕我省经济和社会发展中的重大课题、项目，开展科学论证、决策咨询及建议活动，促进决策的科学化、民主化。积极开展科学技术攻关活动，形成一批拥有自主知识产权的核心技术,为我省发展高新技术产业、走新型工业化道路贡献力量。大力开展科技咨询、“金桥工程”“厂分协作”等活动,加快科技成果转化,推动企业成为技术创新主体,增强我省企业的竞争力。进一步抓好农村科普、科技下乡和农函大培训等工作,特别是要抓好农村科协组织农技协的建设,充分发挥农技协在推动农业科技进步,推进农业和农村经济结构调整、农业产业化经营,提高农民进入市场的组织化程度等方面的作用,为增加农民收入、推进农业现代化服务。

5.牢固树立“人才是第一资源”的观念,积极发挥科协在实施人才战略方面的重要作用。支持科协开展综合性、跨学科、开放式的学术活动,大力构建高水平学术舞台和科技基础支撑平台,引导学科交叉融合,推动创新人才脱颖而出。进一步开展安徽科技论坛、安徽自然科学学术年会、“兴皖之光”青年学术年会、博士科技论坛等品牌学术活动,扩大与国际和港澳台地区的民间科技交流与合作,进一步加强和规范安徽青年科技奖表彰奖励工作,激励青年科技人才成长。

三、充分发挥科协在弘扬先进文化中的作用,大力开展科普工作,不断提高全省人民的科学文化素质

6.科普工作是提高公众科学文化素质的主要手段和途径。要充分发挥科协作为科普工作主要社会力量的法定功能和作用,组织广大科技工作者大力开展科普活动,实施“全民科学素质行动计划”。以提高全民族科学文化素质为根本目标,以弘扬科学精神、传播科学思想、倡导科学方法、普及科学知识为基本内容,以农民、社区居民、青少年、领导干部、教师为主要对象,以科普设施、大众传媒、科普组织和科普队伍为重要依托,积极开展群众性、社会性、多样性、经常性的科普活动,努力推动全社会形成崇尚科学、鼓励创新、反对迷信和伪科学的良好氛围,促进形成全民学习、终身学习的学习型社会,促进人的全面发展与社会全面进步。

7.切实加强科普设施和科普阵地建设,丰富科普手段。各级政府要把科学会堂、科技馆、青少年科技活动中心等科普设施建设纳入国民经济和社会发展计划,所需经费列入同级财政预算,并逐步加大对各级各类科技馆等科普设施建设的投入。对科学会堂、科技馆、青少年科技活动中心等科普设施的建设用地,要给予政策优惠。省辖市要在“十一五”末期建成或开工建设科技馆。要切实保证科技场馆正常运转所需的人员和经费,充分发挥科技馆、“科普大篷车”等设施的科普展教功能。各有关部门对科协创办的综合类科技报刊要给予政策扶持。报刊、电视、广播和信息网络等大众媒体要与各级科协密切合作,保证充足的版面和时段,通过各种生动形象的方式开展科普工作。

四、充分发挥科协的桥梁纽带作用,支持科协加强自身建设,建设好“科技工作者之家”

8.支持科协切实履行在政治协商、民主监督和参政议政方面的职能。各级科协作为各级政协组成单位,要积极引导科技工作者在依法参与管理国家和社会事务中发挥应有的作用。在维护和实现全体人民根本利益的同时,努力维护和实现科技工作者的合法权益。

9.通过科协把党和政府的路线、方针、政策贯彻落实到广大科技工作者中去。科协要搭建舞台,沟通渠道,为科技工作者“各尽其能”提供机会;要排忧解难,营造氛围,为科技工作者“各得其所”创造条件。积极探索在民营企业、外资企业等非公有制企业建立科协组织,扩大科协工作覆盖面。做好在社会变革中出现的新的社会阶层和社会组织中的科技工作者的工作,对他们的创业精神进行鼓励,对他们的合法权益予以保护,对他们中的优秀分子给予表彰。

10.各级科协组织要积极适应社会主义市场经济体制发展的新形势,不断加强组织建设,提高服务能力。要提升省、市、县三级学会的服务功能。建好省、市、县和乡镇、街道及社区科协组织网络,广泛建立农技协和街道、社区科普组织。各级科协要结合组织建设,加强和完善为经济建设服务的工作体系,努力成为全省科技服务体系的主要力量,成为知识和技术转移、扩散与运用的有效渠道。要充分挖掘科协所属科技咨询、科技服务等中介组织中蕴含的丰富潜能,促进产学研结合,促进科技与经济结合,加速科技成果向现实生产力转化,特别是要为我省中小型民营科技企业发展壮大提供有力的科技智力支持。

11.科协作为科技类学术性、技术性、科普性学会(协会、研究会)的业务主管部门,要切实履行对所属团体的组织领导、业务指导和工作管理职能。要积极推进学会改革,增强学会活力,规范学会管理。学会挂靠单位要支持学会改革、发展,帮助解决人员、经费和活动场所等方面的困难,为学会开展工作创造良好的环境。企业科协活动经费可据实计入管理费用在成本中列支。

五、加大对科协工作支持力度,努力为科协工作创造良好环境和条件

12.各级政府要为科协工作提供必要的经费保障,为科协创造良好的工作条件。各级财政要依法保证科协事业经费的法定增长并加强对经费和财务的监督管理。从现在起到“十五”末,省级科学技术普及经费在达到总人口年人均0.2元;市级科学技术普及经费力争达到行政区域总人口年人均0.3元,经济发达的市应更高一些;县级科普经费要按照皖发〔1997〕10号文件要求,达到县域总人口年人均0.2元,有条件的应在此基础上有所增长。

13.支持科协吸纳社会资金用于科协公益性事业。鼓励境内外社会组织和个人资助或捐赠资产发展科协事业。凡对科技馆等科协公益性事业的捐赠,经税务机关审核,纳税人缴纳企业所得税时,在年度应纳税所得额的10%以内的部分,准予扣除;纳税人缴纳个人所得税时,捐赠未超过纳税人申报的应纳税所得额30%的部分,可从其应纳税所得额中扣除。

14.大力支持科协及所属团体发挥人才荟萃、智力密集、地位超脱的优势,承接政府转移的职能;鼓励和支持科协承担或参与科技项目评估与论证、科技成果鉴定、科技标准制定与修改、专业技术职务资格评审等事务。

15.重视和支持发展科普产业、科技咨询产业。努力营造政策环境，支持鼓励包括民间资本在内的各类资本进入，积极培育引导产业形成。要对科普产业和科技咨询产业实行税收优惠。经认定享受税收优惠政策的科普基地和科普活动，由税务部门凭相关证明办理税收优惠政策。

支持科协开展对科普企业及科普产品的认定工作。其中，符合高新技术企业及产品条件的，有关部门应及时予以认定，享受相关优惠政策。要支持省科协尽快组建科普产品研究发展中心，其科普产品研究开发项目应纳入省计委、省科技厅的项目计划。积极扶持科普企业创立知名品牌，做大做强。鼓励有条件的市在高新技术产业开发区、经济技术开发区内设立科普产业园区，形成科普产业集群。

16.支持科协加快全省科技咨询网络体系和队伍建设，培育科技咨询龙头企业，建立安徽咨询业协会，整合资源，规范管理，开展咨询师认证和培训工作，提升队伍素质，提高服务水平，积极与国际咨询业接轨，促进我省科技咨询产业健康发展。

安徽省科学技术国防动员办法

安徽省人民政府令第176号

《安徽省科学技术国防动员办法》已经2004年10月11日省政府第17次常务会议通过,现予发布,自2005年1月1日起施行。

省长 王金山

二〇〇四年十月十五日

第一条 为了实施科学技术国防动员,建设和巩固国防,根据《中华人民共和国国防法》《中华人民共和国兵役法》等法律的有关规定,制定本办法。

第二条 本办法适用于本省行政区域内的国家机关、企业事业组织和公民。

第三条 本办法所称科学技术国防动员,是指对与国防有关的科学技术组织、人员、成果、设施和设备等科学技术资源(以下简称科技资源)进行调查,并根据动员的需要,征召相关科学技术人员,征用相关科学技术成果、设施、设备的活动。

第四条 科学技术国防动员的基本任务是:对科技资源进行调查,及时、准确地掌握科技资源的状况;制定科学技术国防动员实施的预案;征召、征用科技资源;对被征召的科学技术人员进行安置,对被征用的科学技术成果、设施、设备进行处理。

第五条 县级以上地方人民政府依照法律规定的权限,管理本行政区域内的科学技术国防动员工作,统筹安排由地方负担的科学技术国防动员经费。县级以上地方人民政府国防动员机构具体负责科学技术国防动员工作。

县级以上地方人民政府科技、统计、财政、民政等部门,依照各自职责做好科学技术国防动员的有关工作。

第六条 从事科学技术国防动员工作的国家机关及其工作人员应当依法保守国家秘密和商业秘密。

第七条 科技资源调查方案由省人民政府国防动员机构会同省人民政府有关部门制定。县级以上地方人民政府国防动员机构、统计部门共同负责科技资源调查工作。

被调查的组织和个人应当如实提供调查所需的数据、材料,不得拒绝调查。

调查形成的材料不得用于非国防目的,任何组织和个人不得将其向社会公开。

第八条 县级以上地方人民政府科技行政部门在开展科学技术信息工作中,发现与国防有关的科学技术信息,应当及时向同级国防动员机构通报。

第九条 县级以上地方人民政府国防动员机构应当建立科技资源数据库,并根据科技资源情况变化,及时更新数据。

第十条　省人民政府国防动员机构根据科技资源调查结果和军事需求,确定科学技术国防动员对象。

第十一条　被确定为科学技术国防动员对象的科学技术人员,作为预备役专业技术人员进行登记;符合民兵条件的,编入民兵组织。

第十二条　被确定为科学技术国防动员对象的科学技术成果、设施、设备,由国防动员机构组织制定其转军事使用的方案。

第十三条　县级以上地方人民政府国防动员机构负责拟定科学技术国防动员实施的预案,报本级人民政府批准。预案应当报上一级人民政府国防动员机构备案。

预案应当包括以下基本内容:

(一)拟实施征召、征用的地区;

(二)拟征召、征用对象的类别、数量;

(三)拟征召、征用对象的任务或者用途;

(四)拟征召、征用对象的集结、交接方式;

(五)征召、征用工作的组织和指挥;

(六)被征召的科学技术人员的安置和被征用的科学技术成果、设备、设施的处理;

(七)预案启动的条件和程序;

(八)法律、法规要求包括的其他内容。

第十四条　国家宣布进入战争状态,发布动员令后,省人民政府国防动员机构根据国家要求,启动科学技术国防动员实施的预案。

第十五条　国防动员机构应当做好被征召的科学技术人员,被征用的科学技术成果、设备、设施的安全保护工作。

第十六条　被征召的科学技术人员及其家属享受国家规定的待遇。

因征用造成被征用的科学技术成果、设备、设施的所有人或者使用人的直接经济损失,按照国家有关规定予以补偿。

第十七条　对在科学技术国防动员工作中做出显著成绩的组织和公民,县级以上人民政府应当给予表彰和奖励。

第十八条　国防动员机构、统计部门的工作人员违反本办法规定,故意或者过失泄露国家秘密、商业秘密的,依法给予行政处分;构成犯罪的,依法追究刑事责任。泄露商业秘密,造成当事人直接经济损失的,依法予以赔偿。

第十九条　国家工作人员在科学技术国防动员中收受贿赂、玩忽职守或者徇私舞弊的,依法给予行政处分;构成犯罪的,依法追究刑事责任。

第二十条　违反本办法规定,拒绝科技资源调查,或者虚报、瞒报统计资料的,由县级以上人民政府统计部门依照《中华人民共和国统计法》和《安徽省统计监督管理条例》的有关规定处理。

第二十一条 违反本办法规定,拒绝、逃避征召的,依照《中华人民共和国兵役法》的有关规定处理。

违反本办法规定,拒绝征用,构成犯罪的,依法追究刑事责任。

第二十二条 本办法自2005年1月1日起施行。

安徽省专利保护和促进条例(2005 修订)

安徽省人民代表大会常务委员会公告(第 63 号)

《安徽省专利保护条例》已经 2005 年 10 月 21 日安徽省第十届人民代表大会常务委员会第十九次会议修订,现将修订后的《安徽省专利保护和促进条例》公布,自 2006 年 1 月 1 日起施行。

安徽省人民代表大会常务委员会

2005 年 10 月 21 日

(1998 年 6 月 20 日安徽省第九届人民代表大会常务委员会第四次会议通过 2005 年 10 月 21 日安徽省第十届人民代表大会常务委员会第十九次会议修订)

第一章　总　则

第一条　为保护发明创造专利权,促进自主创新和专利技术的推广应用,维护市场秩序,根据《中华人民共和国专利法》和其他有关法律、行政法规,结合本省实际,制定本条例。

第二条　本条例适用于本省行政区域内的专利保护、专利促进、专利纠纷的处理和调解、专利违法行为的查处等工作。

第三条　县级以上地方人民政府应当加强对专利保护和促进工作的领导,鼓励和支持专利的开发和利用,为专利保护和促进工作提供必要的条件和保障。

第四条　省人民政府管理专利工作的部门负责本省行政区域内的专利保护和促进工作。市、县人民政府管理专利工作的部门依照本条例规定,在省人民政府管理专利工作的部门指导下,开展有关专利保护和促进工作。

发展改革、商务、工商行政管理、公安、质量技术监督、税务、教育、农业、海关等部门按照各自职责,做好有关专利保护和促进工作。

新闻、出版、广播、电视等单位应当加强专利知识的宣传,提高全社会的专利意识。

第二章　专利保护

第五条　管理专利工作的部门应当建立专利保护工作的协调机制;依法查处专利违法行为,处理专利侵权纠纷,保护专利权人的合法权益。

第六条　任何单位和个人不得侵犯他人专利权、假冒他人专利;不得以非专利产品冒充专利产品或者以非专利方法冒充专利方法(以下简称冒充专利)。

任何单位和个人不得为侵犯他人专利权、假冒他人专利、冒充专利提供资金、场所、生产设备、运输、广告、印刷等生产经营的便利条件。

管理专利工作的部门在调查专利侵权、查处假冒他人专利或者冒充专利时,有关单位或者个人不得拒绝提供或者隐瞒、转移、销毁与案件有关的资料,不得擅自转移、处理、销毁登记保存的物品。

本条第一款、第二款所列行为,经管理专利工作的部门作出处理决定,当事人未提起行政复议、行政诉讼的,管理专利工作的部门应当将有关情况向企业和个人信用信息征集机构通报,由信用信息征集机构向社会公布。

第七条 专利产品或者该产品的包装上可以标注专利标记和专利号。专利标记和专利号的标注形式,应当符合国务院专利行政部门的有关规定。

第八条 展览会、交易会、展示会、推广会等会展的举办者,对标注专利标记的参展产品或者技术,应当查验其专利证书或者其他证明文件。对未能提供专利证书或者其他证明文件的,举办者应当拒绝其以专利产品、专利技术名义参展。

会展期间,举办地设区的市人民政府管理专利工作的部门接到假冒他人专利或冒充专利行为举报的,应当立即进行现场调查,必要时可依法采取抽样取证或证据先行登记保存措施;可以认定专利违法行为成立的,应当责令参展商撤出其参展产品或者技术。

第九条 利用广播、电视、报刊等媒体宣传专利产品或者专利方法的,广告主应当向广告审查机关和广告经营者、发布者提供有关专利真实、合法、有效的证明文件。对未提供专利证明文件的,有关单位不得为其设计、制作或者发布广告。

第十条 中介机构从事专利代理等专利服务的,应当具备国家规定的资质,并依法办理登记注册手续。

从事专利服务的中介机构及其执业人员应当依法开展专利中介服务,不得出具虚假报告,不得泄露、剽窃委托人的发明创造内容,不得与当事人串通牟取不正当利益,不得损害专利权人及其他当事人的合法权益,不得损害社会公共利益。

第十一条 依法成立的专利鉴定机构可以接受有关部门及当事人的委托,组织有关方面的专家独立进行与专利保护有关的鉴定活动。

第十二条 管理专利工作的部门应当建立专利违法行为的举报制度,公布举报方式。

第三章 专利促进

第十三条 鼓励企业、事业单位和个人进行发明创造,申请专利。

省、设区的市及有条件的县(市)人民政府应当建立专项资金,用于资助单位和个人进行专利申请、专利实施。资助的具体办法由管理专利工作的部门和财政部门共同制定。

第十四条 省人民政府对进行发明创造,取得专利并实施,为促进本省经济和社会发展作出突出贡献的专利权人予以奖励。

第十五条　鼓励企业、事业单位增加研究开发专利的投入,其专利研究开发经费按照国家和省有关规定计入成本费用,享受相应的优惠政策。

第十六条　专利实施许可合同经依法备案的,当事人双方享受国家和省有关技术交易的优惠政策。

第十七条　被授予专利权的单位应当依法给予职务发明创造的发明人、设计人奖金和报酬。转让专利权的,应当参照许可他人实施专利的规定,给予职务发明创造的发明人、设计人报酬。

第十八条　对政府财政资金支持的科技计划项目,科学技术、发展改革等行政部门应当与项目承担单位约定专利目标,并将专利目标的实现情况纳入科技项目的验收内容。

第十九条　具有下列情形之一且涉及专利技术的,申请人或者申报人应当向有关行政部门提交专利检索报告;申请人或者申报人不提交专利检索报告的,有关行政部门不予立项、认定或者授奖:

(一)申请政府资助技术开发或者技术改造项目;

(二)申报政府资助科学技术成果转化项目;

(三)申报政府科学技术奖。

第四章　专利纠纷的处理和调解

第二十条　未经专利权人许可而实施其专利的,专利权人或者利害关系人可以向人民法院起诉,也可以请求省、设区的市人民政府管理专利工作的部门处理。

第二十一条　请求管理专利工作的部门处理专利侵权纠纷,应当符合下列条件:

(一)请求人与专利侵权纠纷有利害关系;

(二)有明确的被请求人和具体的请求事项、事实;

(三)当事人未向人民法院提起诉讼;

(四)属于受案管理专利工作的部门的受案范围和管辖。

请求管理专利工作的部门处理专利侵权纠纷的,应当提交请求书和相关证据。

第二十二条　管理专利工作的部门应当自收到专利侵权纠纷处理请求书之日起7日内作出是否立案的决定,并书面通知请求人。决定立案的,应当自立案之日起7日内将请求书副本送达被请求人。被请求人应当自收到请求书副本之日起15日内提交答辩书和相关证据。

被请求人未提交答辩书和相关证据的,不影响管理专利工作的部门对专利侵权纠纷的处理。

第二十三条　在处理专利侵权纠纷过程中,被请求人提出无效宣告请求并被专利复审委员会受理的,可以请求管理专利工作的部门中止处理。

管理专利工作的部门认为被请求人提出的中止理由明显不能成立的,可以不中止处理。

第二十四条 管理专利工作的部门处理专利侵权纠纷,可以行使下列职权:

(一)询问当事人、利害关系人和证人;

(二)进行现场勘验;

(三)查阅或者复制与案件有关的书证和视听材料;

(四)抽样取证。

在证据可能灭失或者以后难以取得,又无法进行抽样取证的情况下,管理专利工作的部门可以登记保存。

第二十五条 管理专利工作的部门处理专利侵权纠纷,应当自立案之日起3个月内作出处理决定。情况复杂,不能在规定期限内作出处理决定的,经管理专利工作的部门的负责人批准,可以适当延长,但延长期限不超过3个月。

第二十六条 管理专利工作的部门认定专利侵权行为成立,作出处理决定的,应当责令侵权人立即停止侵权行为,并采取下列制止侵权行为的措施:

(一)侵权人制造专利产品的,责令其立即停止制造,销毁制造侵权专利产品的模具、专用设备,并且不得销售、使用、转移尚未售出的侵权产品或者以其他形式将该产品投放市场。

(二)侵权人使用专利方法的,责令其立即停止使用,销毁实施专利方法的模具、专用设备,并且不得销售、使用依照专利方法直接获得的产品或者以其他形式将该产品投放市场。

(三)侵权人销售侵权专利产品或者依照专利方法直接获得产品的,责令其立即停止销售,并且不得使用尚未售出的侵权产品或者以其他形式将该产品投放市场。

(四)侵权人许诺销售专利产品或者依照专利方法直接获得产品的,责令其立即停止许诺销售行为,消除影响,并且不得进行任何实际销售行为。

(五)侵权人进口专利产品或者依照专利方法直接获得产品的,责令其立即停止进口行为;侵权产品已入境的,不得销售、使用该侵权产品或者以其他形式将其投放市场;侵权产品尚未入境的,可以将处理决定通知海关。

前款第(一)(二)(三)(五)项所列侵权产品难以保存的,责令侵权人销毁该产品。

第二十七条 管理专利工作的部门或者人民法院作出侵权处理决定或者判决之后,被请求人对同一专利权再次作出相同类型的侵权行为,专利权人或者利害关系人请求处理的,管理专利工作的部门可以直接作出责令其立即停止侵权行为的处理决定。

第二十八条 管理专利工作的部门应当事人请求,可以就下列专利纠纷进行调解:

（一）侵犯专利权的赔偿数额；

（二）专利申请权和专利权归属纠纷；

（三）发明人、设计人资格纠纷；

（四）职务发明的发明人、设计人的奖励和报酬纠纷；

（五）在发明专利申请公布后专利权授予前使用发明而未支付适当费用的纠纷。

对于前款第（五）项所列的纠纷，专利权人请求管理专利工作的部门调解，应当在专利权被授予之后提出。

经调解达成协议的，管理专利工作的部门应当制作调解书；不能达成协议的，管理专利工作的部门应当告知当事人可以向人民法院提起诉讼。

第五章　假冒他人专利和冒充专利行为的查处

第二十九条　下列行为属于假冒他人专利的行为：

（一）未经许可，在其制造或者销售的产品、产品的包装上标注他人的专利号；

（二）未经许可，在广告或者其他宣传材料中使用他人的专利号，使人将所涉及的技术误认为是他人的专利技术；

（三）未经许可，在合同中使用他人的专利号，使人将合同涉及的技术误认为是他人的专利技术；

（四）伪造或者变造他人的专利证书、专利文件或者专利申请文件。

第三十条　下列行为属于冒充专利的行为：

（一）制造或者销售标有专利标记的非专利产品；

（二）专利权被宣告无效后，继续在制造或者销售的产品上标注专利标记；

（三）在广告或者其他宣传材料中将非专利技术称为专利技术；

（四）在合同中将非专利技术称为专利技术；

（五）伪造或者变造专利证书、专利文件或者专利申请文件。

第三十一条　管理专利工作的部门发现假冒他人专利、冒充专利或者接到对假冒他人专利、冒充专利的举报，应当立案查处。

第三十二条　假冒他人专利、冒充专利行为由行为发生地的管理专利工作的部门管辖。

管理专利工作的部门对管辖权发生争议的，由其共同的上一级人民政府管理专利工作的部门指定管辖；无共同上级的，按国家有关规定指定管辖。

第三十三条　管理专利工作的部门查处假冒他人专利、冒充专利案件，可以行使本条例第二十四条规定的职权。

第三十四条　管理专利工作的部门认定假冒他人专利、冒充专利行为成立的，应当责令行为人采取下列改正措施：

（一）在制造、销售的产品、产品的包装上标注他人的专利号的，或者制造、销售有专利标记的非专利产品的,责令行为人立即消除该专利标记和专利号;专利标记和专利号与产品难以分离的,责令行为人销毁该产品。

(二)在广告或者其他宣传材料中使用他人的专利号的,或者在广告或者其他宣传材料中将非专利技术称为专利技术的,责令行为人立即停止发布该广告或者停止散发该宣传材料,消除影响,并上缴尚未发出的宣传材料。

(三)在合同中使用他人的专利号的,或者在合同中将非专利技术称为专利技术的,责令行为人立即通知合同的另一方当事人,改正合同的有关内容。

(四)伪造或者变造他人的专利证书、专利文件或者专利申请文件的,责令行为人立即停止上述行为,上缴其伪造或者变造的专利证书、专利文件或者专利申请文件。

第三十五条 管理专利工作的部门查处假冒他人专利、冒充专利的案件,应当自立案之日起3个月内依法作出处理决定。涉外的案件,可以延期作出处理决定。

第六章 法律责任

第三十六条 违反本条例第六条第三款规定,拒绝提供或者隐瞒、转移、销毁与案件有关的资料,或者擅自转移、处理、销毁登记保存的物品的,由管理专利的工作部门依法处理;违反治安管理处罚法律规定的,由公安机关依法处罚。

第三十七条 专利标记或者专利号的标注不符合规定的,由省、设区的市人民政府管理专利工作的部门责令其限期改正。

专利标记或者专利号的标注不当,构成冒充专利行为的,由省、设区的市人民政府管理专利工作的部门依法处罚。

第三十八条 展览会、交易会、展示会、推广会等会展的举办者违反本条例第八条第一款规定,允许未提供专利证书或者其他证明文件的产品或者技术以专利产品或者专利技术名义参展的,由省、设区的市人民政府管理专利工作的部门责令改正,可以并处2000元以上10000元以下罚款。

第三十九条 从事专利服务的中介机构及其执业人员违反本条例第十条第二款规定的,由省人民政府管理专利工作的部门给予警告,或者提请上一级管理专利工作的部门依法吊销《专利代理人资格证书》。给当事人造成经济损失的,依法承担民事责任。

第四十条 违反本条例第十九条规定,对未提交专利检索报告的项目予以立项、认定或者授奖,造成国有资产或者政府公信受损的,由其所在单位或者上级主管部门对直接责任人员依法给予行政处分。

第四十一条 假冒他人专利的,除依法承担民事责任外,由省、设区的市人民政府管理专利工作的部门责令改正并予公告,没收违法所得,可以并处违法所得3倍以下罚款;没有违法所得的,可以并处50000元以下罚款;构成犯罪的,依法追究刑事责任。

第四十二条 冒充专利的,由省、设区的市人民政府管理专利工作的部门责令改正并予公告,可以处 50000 元以下罚款。

第四十三条 从事专利管理工作的国家工作人员玩忽职守、滥用职权、徇私舞弊,尚不构成犯罪的,依法给予行政处分;情节严重,构成犯罪的,依法追究刑事责任。

第七章 附 则

第四十四条 本条例自 2006 年 1 月 1 日起施行。

图表索引

一、插图索引

图 1-3-1 1991—1995 年安徽省自然科学技术领域科研机构经费筹集变化趋势图 …… 第 40 页
图 1-3-2 1995—2000 年安徽省科技经费筹集变化趋势图 …… 第 44 页
图 1-3-3 2000 年安徽省 R&D 经费按执行部门分布比例图 …… 第 46 页
图 1-3-4 2000—2005 年安徽省科技经费筹集变化趋势图 …… 第 52 页
图 2-6-1 成桥后直线梁效果图 …… 第 240 页
图 2-6-2 成桥后曲线梁效果图 …… 第 240 页
图 2-6-3 工程实景图 …… 第 241 页
图 2-6-4 九龙岗连续梁拱桥效果图 …… 第 241 页
图 2-6-5 桥址处现场照片 …… 第 242 页
图 2-6-6 五湖大道立交桥安全防护措施效果图 …… 第 242 页
图 4-6-1 世界上第一台全超导非圆截面托卡马克核聚变实验装置 EAST 图 …… 第 368 页
图 4-6-2 合肥同步辐射加速器及光束线试验站图 …… 第 369 页
图 4-6-3 智能语音交互关键技术及应用开发平台图 …… 第 369 页
图 4-6-4 开流高产水泥管磨技术图 …… 第 370 页
图 4-6-5 中国道路机动车交通事故主要预防技术研究及应用图 …… 第 370 页
图 4-6-6 异步电机分层多目标优化设计系统软件现场图 …… 第 371 页

二、表格索引

表 1-1-1 2005 年安徽省属科研院所一览表 …… 第 19 页
表 1-3-1 1991—1995 年“八五”期间安徽省自然科学技术领域经费筹集情况统计表 …… 第 40 页
表 1-3-2 1991—1995 年“八五”期间安徽省自然科学技术领域科研机构经费支出情况统计表 …… 第 41 页
表 1-3-3 1991—1995 年“八五”期间安徽省大中型工业企业科技经费筹集情况统计表 …… 第 41 页
表 1-3-4 1991—1995 年“八五”期间安徽省大中型工业企业科技经费支出情况统计表 …… 第 42 页
表 1-3-5 1991—1995 年“八五”期间安徽省理科高校科技经费筹集额及来源结构变化情况统计表 …… 第 42 页
表 1-3-6 安徽省高校科技经费内部支出额及部分支出项目比重情况统计表 …… 第 43 页

表 1-3-7 1991—1995 年“八五”期间安徽省理科高等学校科技经费筹集和支出情况统计表 …… 第 43 页
表 1-3-8 全国和安徽省 R&D 经费投入增长情况统计表 …… 第 45 页
表 1-3-9 全国和安徽省 R&D 经费按活动类型的分布比例比较情况统计表 …… 第 45 页
表 1-3-10 安徽省独立科研机构科技经费筹集额及来源结构变化情况统计表 …… 第 46 页
表 1-3-11 1996—2000 年“九五”期间安徽省独立科研机构科技经费筹集情况统计表 …… 第 46 页
表 1-3-12 1996—2000 年“九五”期间安徽省独立科研机构科技经费支出情况统计表 …… 第 47 页
表 1-3-13 1996—2000 年“九五”期间安徽省大中型工业企业科技经费筹集情况统计表 …… 第 48 页
表 1-3-14 1996—2000 年“九五”期间安徽省大中型工业企业科技经费支出情况统计表 …… 第 48 页
表 1-3-15 “九五”期间安徽省大中型工业企业 R&D 经费情况统计表 …… 第 49 页
表 1-3-16 安徽省高校科技经费筹集额及来源结构变化统计表 …… 第 49 页
表 1-3-17 安徽省高校科技经费内部支出额及部分支出项目比重情况统计表 …… 第 50 页
表 1-3-18 安徽省高等学校 R&D 经费增长情况统计表 …… 第 50 页
表 1-3-19 2001—2005 年“十五”期间安徽省财政科技投入情况统计表 …… 第 51 页
表 1-3-20 2001—2005 年“十五”期间安徽省科技活动经费筹集情况统计表 …… 第 51 页
表 1-3-21 2001—2005 年“十五”期间安徽省科技活动经费支出情况统计表 …… 第 52 页
表 1-3-22 2001—2005 年“十五”期间安徽省财政科技投入结构情况统计表 …… 第 53 页
表 1-3-23 2001—2005 年年“十五”期间安徽省 R&D 经费支出及其占地区生产总值的比重情况统计表 …… 第 54 页
表 1-3-24 2001—2005 年“十五”期间安徽省 R&D 经费按活动类型分布情况统计表 …… 第 54 页
表 1-3-25 2001—2005 年“十五”期间安徽省 R&D 经费按执行机构分布情况统计表 …… 第 54 页
表 1-3-26 “十五”期间安徽省独立科研机构科技经费筹集额及来源结构变化情况统计表 …… 第 55 页
表 1-3-27 2001—2005 年“十五”期间安徽省独立科研机构科技经费筹集情况统计表 …… 第 55 页
表 1-3-28 2001—2005 年“十五”期间安徽省独立科研机构科技经费支出情况统计表 …… 第 56 页
表 1-3-29 “十五”期间安徽省独立科研机构科技经费筹集和支出情况统计表 …… 第 57 页
表 1-3-30 2000—2005 年安徽省大中型工业企业科技经费筹集 情况统计表 …… 第 57 页
表 1-3-31 2000—2005 年安徽省大中型工业企业科技经费支出情况 统计表 …… 第 58 页
表 1-3-32 “十五”期间安徽省大中型工业企业 R&D 经费支出情况统计表 …… 第 58 页

表 1-3-33 “十五”期间安徽省高等学校科技经费筹集和支出情况 统计表 ………… 第 59 页
表 1-3-34 “十五”期间安徽省高校科技经费内部支出增长情况 统计表 …………… 第 59 页
表 1-3-35 “十五”期间安徽省高等学校 R&D 经费增长情况 统计表 ……………… 第 60 页
表 1-3-36 1991—1995 年“八五”期间安徽省科技三项费用投入情况统计表 ……… 第 61 页
表 1-3-37 1995—2000 年安徽省财政科技拨款占财政支出比重情况统计表 ……… 第 63 页
表 1-3-38 2000 年周边邻省及中部地区各省财政科技拨款情况比较一览表 ……… 第 63 页
表 1-3-39 2000—2005 年安徽省科技三项费用情况统计表 ……………………… 第 64 页
表 1-5-1 1984—2005 年安徽省科技出版物情况一览表 ………………………… 第 72 页
表 2-1-1 1984—1988 年安徽河蟹产量与出口量情况统计表 …………………… 第 94 页
表 2-2-1 1986—2005 年安徽省水电装机容量情况统计表 ……………………… 第 119 页
表 2-2-2 1986—2005 年取得的主要省部级以上成果一览表 …………………… 第 122 页
表 2-2-3 1986—2005 年各电压等级输电线路统计表 …………………………… 第 122 页
表 2-2-4 1986—2005 年各电压等级变电容量的变化统计表 …………………… 第 123 页
表 2-2-5 1986—2005 年安徽电力部门取得的主要省部级以上成果一览表 ……… 第 125 页
表 2-2-6 安徽省化学工业获省级成果奖情况统计表 ……………………………… 第 162 页
表 2-3-1 1986—2005 年安徽省建筑节能及建筑材料典型专利一览表 ………… 第 186 页
表 2-4-1 1986—2005 年安徽省中医药科研成果一览表 ………………………… 第 189 页
表 2-4-2 1986—2005 年安徽省新安医籍整理成果一览表 ……………………… 第 191 页
表 2-4-3 1986—2005 年安徽省新安医学研究专著一览表 ……………………… 第 195 页
表 2-5-1 KS-2000 宽频带数字地震观测系统建设内容一览表 ………………… 第 211 页
表 2-5-2 1986—2005 年省部级地震科技项目研究课题一览表 ………………… 第 215 页
表 2-5-3 国家科学技术进步奖获奖项目情况一览表 ……………………………… 第 218 页
表 2-5-4 安徽省科技进步奖获奖项目一览表 ……………………………………… 第 219 页
表 2-5-5 国家地震局科技进步奖获奖项目一览表 ………………………………… 第 219 页
表 2-5-6 国家地震局防震减灾优秀成果奖获奖项目一览表 ……………………… 第 220 页
表 2-5-7 1986—2005 年地震或相关的科技论著、读物一览表 …………………… 第 221 页
表 2-6-1 安徽省公路及公路运输行业获省科技进步奖情况一览表 ……………… 第 228 页
表 2-6-2 安徽省水路及水路运输行业获省科技进步奖情况一览表 ……………… 第 229 页
表 2-6-3 宁安铁路专利、工法奖 ……………………………………………………… 第 234 页
表 2-6-4 宁安铁路合理化建议和技术改进成果奖 ………………………………… 第 236 页
表 2-6-5 宁安铁路优秀论文奖 ……………………………………………………… 第 237 页
表 2-6-6 安徽移动主要网络能力指标 ……………………………………………… 第 252 页
表 2-6-7 运动技术研究项目及成果一览表 ………………………………………… 第 262 页
表 2-6-8 运动训练研究成果一览表 ………………………………………………… 第 266 页
表 2-6-9 运动生理生化研究成果一览表 …………………………………………… 第 267 页
表 2-6-10 运动营养研究成果一览表 ……………………………………………… 第 270 页
表 2-6-11 运动心理研究成果一览表 ……………………………………………… 第 270 页
表 2-6-12 情报资料研究成果一览表 ……………………………………………… 第 271 页

表 2-6-13 医疗保障研究成果一览表 …… 第 272 页
表 2-6-14 社区体育研究成果一览表 …… 第 273 页
表 2-6-15 1999 年安徽省成年人体质监测评定级别情况统计表 …… 第 274 页
表 2-6-16 1999 年安徽省五类人群合格级以上标准所占比重情况统计表 …… 第 274 页
表 2-6-17 1999 年安徽省成年人体质监测各项指标均值与全国均值对照表 …… 第 275 页
表 2-6-18 2005 年安徽省与全国国民体质评定等级人数百分比对照表 …… 第 276 页
表 2-6-19 2005 年安徽省与全国幼儿体质评定等级人数百分比对照表 …… 第 276 页
表 2-6-20 2005 年安徽省与全国成年人体质评定等级人数百分比对照表 …… 第 276 页
表 2-6-21 2005 年安徽省与全国老年人体质评定等级人数百分比对照表 …… 第 276 页
表 2-6-22 1985 年安徽、山东、浙江、湖南、内蒙、湖北七省素质位次一览表 …… 第 277 页
表 2-6-23 科研成果应用及获奖情况一览表 …… 第 285 页
表 3-1-1 计算机及通信技术项目一览表 …… 第 290 页
表 3-1-2 应用软件项目一览表 …… 第 290 页
表 3-1-3 计算机辅助设计及制造与系统管理项目一览表 …… 第 291 页
表 3-1-4 生物工程和新医药项目一览表 …… 第 292 页
表 3-1-5 医疗器械项目一览表 …… 第 293 页
表 3-1-6 金属材料项目一览表 …… 第 293 页
表 3-1-7 非金属材料项目一览表 …… 第 294 页
表 3-1-8 先进装备和新工艺项目一览表 …… 第 294 页
表 3-1-9 新能源与高效节能技术项目一览表 …… 第 295 页
表 3-1-10 现代农业技术项目一览表 …… 第 296 页
表 3-1-11 资源与环境保护技术项目一览表 …… 第 298 页
表 3-2-1 国家火炬计划重点高新技术企业一览表 …… 第 301 页
表 3-2-2 安徽省上市高新技术企业一览表 …… 第 302 页
表 3-2-3 2005 年全省火炬计划项目按地域分布情况一览表 …… 第 303 页
表 3-2-4 1999—2005 年安徽省争取国家创新基金项目情况一览表 …… 第 304 页
表 3-2-5 2005 年安徽省科技企业孵化器一览表 …… 第 307 页
表 3-3-1 2001—2005 合肥高新区各项经济指标及其增长情况统计表 …… 第 312 页
表 4-1-1 安徽省科委负责人一览表 …… 第 322 页
表 4-1-2 1986—1999 年安徽省科技厅机关人员编制变化情况统计表 …… 第 323 页
表 4-1-3 安徽省科技厅负责人一览表 …… 第 325 页
表 4-1-4 2000—2005 年安徽省科技厅机关人员编制变化情况统计表 …… 第 326 页
表 4-2-1 1990—2008 年安徽省享受政府特殊津贴人员统计表 …… 第 330 页
表 4-2-2 1999—2006 年博士后站点设立情况一览表 …… 第 331 页
表 4-2-3 1994—2005 年安徽省引进国外技术管理人才项目情况一览表 …… 第 333 页
表 4-2-4 1994—2005 年安徽省出国(境)培训项目一览表 …… 第 334 页
表 4-3-1 2005 年度安徽省国家重点新产品计划项目一览表 …… 第 339 页
表 4-3-2 安徽省“十五”一期科技攻关计划项目一览表 …… 第 341 页

表 4-6-1 至表 4-6-19　1986—2005 年度安徽省科技进步一、二等奖获奖项目一览表 …… 第 371 页
表 4-6-20 至表 4-6-37　1986—2000 年安徽省各类技术合同签订及执行情况一览表 …… 第 437 页
表 4-8-1　1986—2005 年安徽省年专利申请授权统计表 …… 第 459 页
表 5-1-1　安徽省青年科技奖有关情况一览表 …… 第 469 页
表 5-2-1　安徽省第 1—4 届科学优秀学术论文获奖情况统计表 …… 第 474 页
表 5-2-2　学术期刊一览表 …… 第 474 页
表 5-3-1　科普日活动情况一览表 …… 第 480 页

编纂始末

根据安徽省人民政府部署,《安徽省志·科学技术志(1986—2015)》(以下简称《科技志》)由安徽省科技厅和安徽省科协共同组织编纂。2009年10月,成立由省科技厅、省科协牵头、省直数十家单位组成的编纂委员会,下设编辑室,列入软科学项目计划,落实人员和经费,起草编纂方案和编写大纲,编纂工作正式启动。

省科技厅高度重视科技志编纂工作。厅长徐根应于2010年4月和12月先后两次批示:"望突出时代特征、安徽特色和重点内容,兼顾各方面协调,综述和大事记要选好写好""这项工作很重要,希望各单位高度重视,按省里要求做好相关工作,力争在科技事业发展好时期也同时有一份高质量的科技志"。编委会组织人员调研省直单位、高校、科研院所、高新区编史工作状况,组织编辑人员参加省地方志办公室举办的修志培训班,参加国家科委组织的科技史志研究会活动,并先后赴北京市科委、河北省科技厅学习编纂经验。2011年5月,在合肥召开《安徽省志·科学技术志》编纂工作动员大会,省直有关单位、高校、科研院所、省科技厅有关处室的编纂人员参加会议,省科技厅副厅长王洵作动员,会上还邀请省地方志办公室省志处处长王晖讲课,会后王百江、巫业玖起草《如何编写科技志》的要求之一、之二,发到承编单位,使撰稿人员做到心中有数。编辑室每月召开一次会议,对征集来的志稿进行反复修改。2012年7月,省地方志办公室主任朱文根、副主任吴静来科技厅调研,检查指导编写工作。2013年7月,王洵副厅长就如何加快编写进度再次作出批示和安排。

2015年2月,科技志稿评议会召开,省地方志办公室主任朱文根、副主任刘成典、省志处处长吴良琴、特约编辑杨永成,特邀专家省人大法工委副主任纪荣荣、省档案局征集利用处处长张敏、省经信委科技处调研员杨亚军、省科协办公室副主任张彤出席评议会,与会专家、学者提出了修改意见。2017年9月,志稿经修改后形成送审稿,送省方志办和方志出版社审查,2017年12月省志办刘成典、吴良琴、杨永成反馈审稿意见,同时方志出版社也发来审稿意见。之后按照双方的修改意见,编辑室对志稿作进一步修改,修改完成后,进新华印刷厂排版校对,形成会审稿,2018年4月召开会审会,省地方志办公室主任郭德成、副主任吴静、省志处处长吴良琴、副处长余祖本、特约编辑杨永成等到会,并提出修改意见。省科技厅副巡视员王学雷、政策处处长聂中生及编辑室相关同志出席评审会。会上原则同意修改后交付印刷。

科技志共设5篇,26章,107节。卷首照片63幅,插图16张,表格153张,约75万字。全志上限为1986年,下限为2005年。首轮志书中未记及的重要内容,个别章节越过上限作了追述;为保证全书完整,一些重要史实和图片,也适当作了下延。

本志第一篇“科技资源”,由安徽省科技厅、中央驻皖科研院所、安徽省农业科学院承编。第二篇“应用科技”分别由安徽省农委、省林业厅、省水利厅、省科技厅、省经济和信息化委员会、省发展改革委员会、省交通运输厅、省住房与城乡建设厅、省卫生和计划生育委员会、省环境保护厅、省地震局、省气象局、省邮政公司、省通信管理局、省测绘局、省体育局、省广电局、省文物局、省质量技术监督局承编。第三篇“高新技术及其产业”主要由安徽省科技厅高新处、合肥高新区、芜湖高新区、蚌埠高新区承编。第四篇“科技管理与服务”主要由安徽省科技厅的有关处室和直属单位、安徽省人社厅、安徽省知识产权局承编。第五篇“科技群众团体”主要由安徽省科协承编。本志“概述”由名誉主编王百江撰写。主编左抗援、副主编巫业玖负责总纂,副主编苏锦负责与各单位联络以及对全卷进行总校阅。英语目录由陈晓华翻译。向《安徽省志》总编室报送的大事记、人物志资料由左抗援、陈肥光、苏锦整理汇集。2018 年 5 月,按省地方志办公室(皖志办〔2018〕9 号)要求,左抗援、苏锦等同志对《安徽省志·人物志》“学术带头人”提出修改意见。

《安徽省志·科学技术志》的编辑出版是省科技厅、省科协共同努力、有关单位大力支持、各方通力合作的结果。《安徽省志·科学技术志》编纂委员会主任徐根应、兰玉杰、宛晓春,副主任王洵、王学雷、朱建基、任鸣、刘明平、江皓、严一民、陆秀宗、罗平、罗宏、周宏、夏辑、梁寿南、曾永春、蔡宜骅对编修工作提出很好的意见,省科协党组书记、常务副主席周建强亲自对第五篇科技群众团体进行修改。

在此,特别感谢中央驻皖科研院所为志书提供了 1986—2005 年单位组织改革沿革,20 年来取得的重大科研成果,图文并茂,丰富了志书的内容。提供资料的单位有:中科院合肥物质科学研究院、中国电子科技集团第 8 研究所、第 16 研究所、第 38 研究所、第 40 研究所、第 41 研究所、第 43 研究所、中国兵器工业集团第 214 研究所、合肥水泥研究设计院、合肥通用机械研究院、蚌埠玻璃工业设计研究院、中钢集团马鞍山矿山研究院、机械工业第一设计院、东华工程科技股份有限公司、中冶华天工程技术有限公司、安徽华东光电技术研究院、省科技情报所、省科技档案馆。省直单位参加编写或组织编写的有:杨盛、王安平、袁仲、占家礼、王再涛、王学进、张鹏远、李俊峰、钱广发、周良、唐敬。省科技厅机关及直属单位参与编写或提供资料的有:张玉华、章新淮、杨燕珍、王孟忠、李振祥、刘涛、王学雷、李林、岳杰、姚群、胡明、李银安、范丽、周晓辉、方太升、童亚丹、赵菁奇、潘勇、陈军民、王士武、黄洁、张怡、李新、孙刚。相关单位提供了大量图片和资料,在此一并表示感谢。

由于编者水平有限,书中错漏之处,敬请读者批评指正。

《安徽省志·科学技术志》编辑室

2018 年 11 月 30 日